C000018901

ISBN 978-0-265-99201-2
PIBN 10671459

FB &c Ltd, Dalton House, 60 Windsor Avenue, London, SW19 2RR.
Company number 08720141. Registered in England and Wales.

For support please visit www.forgottenbooks.com

LES JÉSUITES

ET LA

NOUVELLE-FRANCE

AU XVIIe SIÈCLE

D'APRÈS BEAUCOUP DE DOCUMENTS INÉDITS

PAR

LE P. CAMILLE DE ROCHEMONTEIX
de la Compagnie de Jésus

AVEC PORTRAITS ET CARTES

TOME SECOND

PARIS
LETOUZEY ET ANÉ, ÉDITEURS
17, RUE DU VIEUX-COLOMBIER, 17

1896

LES JÉSUITES

ET LA

NOUVELLE-FRANCE

AU XVIIe SIÈCLE

LIVRE PREMIER

(*Suite.*)

CHAPITRE HUITIÈME

Etat de la Colonie Française vers 1640. — Les Iroquois ; leur situation géographique, leur organisation sociale. — Ils font la guerre aux Hurons, aux Algonquins et aux Français. — Prise, captivité et délivrance du P. Jogues ; ses compagnons de captivité, René Goupil, Guillaume Couture, Ahasistari, Totiri, etc. — Le P. Bressani : sa captivité et sa délivrance. — Grand conseil aux Trois-Rivières, où la paix se conclut. — Le P. Jogues et Bourdon chez les Iroquois. — Troisième voyage du P. Jogues, chez les Agniers ; sa mort et celle de son compagnon, Jean Lalande. — Reprise des hostilités.

Nous avons laissé Québec en 1639, et Montréal en 1642. A Québec, le chevalier de Montmagny a succédé à Champlain, le collège des Jésuites est ouvert, l'hôpital est fondé, et le séminaire pour les filles sauvages grandit sous la direction de Mère Marie de l'Incarnation. Sillery se développe, et les sauvages qui viennent s'y fixer mettent en culture les terres environnantes. Champflour commande aux Trois-Rivières et s'y fait respecter des sauvages. A Montréal, Chomedey de Maisonneuve a protégé sa bourgade naissante d'une enceinte fortifiée ; ses quarante colons sont en même temps soldats, défricheurs et manœuvres. Les Jésuites desservent les chapelles de Québec, de Sillery, de Montréal et des Trois-Rivières. Les Français ne sont pas nombreux : on en compte trois cents environ, et cependant la Compagnie de Richelieu est fondée depuis plus de quinze ans.

En la formant, le grand Cardinal avait mis au premier plan, la conquête, l'évangélisation et le peuplement de la Nouvelle-France ; le profit commercial devait être le moyen et la résultante de son entreprise coloniale. Tout son système est là. Mais les Associés, soit par incurie, soit par impuissance, soit par d'autres motifs qu'il ne nous convient pas d'apprécier, s'éloignèrent peu à peu de l'objectif de Richelieu : ils firent passer au premier plan l'intérêt commercial et reléguèrent au second la question coloniale.

Plus occupés des profits à retirer que des obligations à remplir, ils se partagent de vastes seigneuries, ils exportent du royaume à destination de la colonie des marchandises exemptes de *tous impôts et subsides*, ils débarquent les produits du Nouveau-Monde dans les ports de la Métropole ; ils jouissent, à l'exclusion de tous autres Français, du monopole du commerce, qui leur est assuré par la charte royale. Mais l'exploitation du domaine français extra-Européen est négligée ; les émigrants ne se recrutent pas. Le gouverneur n'a même pas les forces suffisantes pour faire respecter par les Iroquois le drapeau de la France et protéger contre leurs attaques les parcelles de terre mises en culture aux environs de Québec, de Sillery et des Trois-Rivières.

Deux grands partis se divisaient, à cette époque, les vastes régions canadiennes : d'un côté, la peuplade sauvage des Iroquois ; de l'autre, les Français et leurs alliés, les Hurons et les Algonquins.

Nous connaissons les alliés des Français, et, dans le cours de notre récit, nous avons donné quelques renseignements sur les Iroquois[1]. Ces renseignements sont insuffisants ; car, de toutes les races barbares du Nouveau-Monde, ces sauvages tiennent sans contredit la première place dans l'histoire du XVIIe siècle de l'Amérique du Nord.

Ambitieux, agressifs, patients et féroces, ils étaient plus rusés et plus habiles que les Hurons, d'une stature plus haute et plus carrée, d'une force plus résistante. Intrépides au combat, les armes à feu des Européens ne les firent pas broncher. « Ils tinrent ferme au sifflement des balles et au bruit du canon, comme s'ils les eussent entendus toute leur vie ; ils n'eurent pas l'air d'y faire plus d'attention qu'à un orage. Fins politiques autant que guerriers indomptables, ils s'aperçurent vite de la rivalité entre les Français et les Anglais, et ils firent alliance avec ces derniers qu'ils n'aimaient pas, contre les premiers qu'ils estimaient, mais qui s'étaient unis aux Algonquins et aux Hurons. Cependant ils ne voulaient pas le triomphe complet d'un des deux partis étrangers[2], » dans la crainte d'être un jour chassés de leur pays ou réduits en servitude par le parti vainqueur.

1. « Leur nom propre était *Agonnosionni*, C. A. D., faiseurs de cabanes. Le premier nom qui leur a été donné par les Français, vient du mot *Hiro*, par lequel ils finissaient ordinairement leurs discours et qui équivaut à *J'ai dit* ; et du mot *Koué*, ou de joie ou de tristesse, selon qu'il était prononcé long ou court. » (Garneau, t. I, p. 88.) — Consulter *Ferland*, t. I, p. 93 ; — *Lafitau*, t. I, pp. 101 et 102, etc... ; — *Charlevoix*, t. I, p. 271.

2. *Voyage en Amérique*, par Chateaubriand, chap. : *Les Hurons et les Iroquois*.

Voir sur les *Mœurs des Iroquois* : Lafitau, *Mœurs des sauvages*, de

Ils habitaient au sud du lac Ontario[1], dans l'état de New-York, du Genesée à la rivière Richelieu[2]. Divisés en cinq cantons, indépendants les uns des autres et pouvant faire la paix et la guerre séparément, ils se rencontraient cependant dans un même accord, du moins à la première moitié du XVIIe siècle, quand il s'agissait de l'intérêt commun. Ils sacrifiaient tout à l'honneur et au salut de la nation.

Le canton des Agniers[3], sur les bords de la rivière Mohawk, du côté du lac Champlain, à quelques lieues d'Orange[4], colonie hollandaise, comptait trois villages : Ossernenon[5], le plus important de tous, entouré d'une

tous les anciens écrivains, le plus satisfaisant, dit Parkman dans l'introduction des *Pionniers français ;* — *Charlevoix*, t. 1er et 3e, *passim* ; — *La ligue des Iroquois*, de Lewis-Morgan ; — les *Notes sur les Iroquois*, de Schoolcraft ; — les *Relations* des Jésuites au Canada, *passim ;* — l'*Histoire générale des Voyages*, t. XV ; — *La Potherie*, et enfin *La Hontan*, dont le témoignage doit être contrôlé.

1. Le lac Ontario a porté différents noms : *lac Saint-Louis*, *lac Frontenac*, *lac des Iroquois*, *lac Catarakoui* et *lac Skanadaris*.

2. Appelée rivière *des Iroquois*. — Charlevoix, t. I, p. 144, dit : « Champlain entra dans une rivière qui fut longtemps nommée la *rivière des Iroquois*, parce que ces sauvages descendaient ordinairement par là, pour faire leurs courses dans la colonie, et qui porte aujourd'hui le nom de *Sorel*. »

3. *Agniers*. On trouve aussi *Aniers*, *Agnéchronnons*, *Agnongherronons*, *Annierronons*, *Anniengehronnons*. Cette nation était appelée *Maquois* et *Maquas* par les Hollandais, et *Mohawks* par les Anglais. En 1643, elle comptait 7 à 800 guerriers ; en 1661, de 3 à 400. En 1646, on lui donna le nom de *Mission des Martyrs*.

4. *Orange* ou *fort Orange*, aujourd'hui *Albany*. On l'appelait aussi *Renselaerswich*. — V. *Vie du P. Jogues*, par le P. Martin, p. 344 et suiv.

5. *Ossernenon*, appelé aussi *Agnié*, *Aniégué*, *Oneougiouré* (2e voyage du P. Jogues), *Osserion*, *Ossenreron*, *Asserua* (J. Megapolensis, ministre des Hollandais), *Carenay* (Vanderdonk, 1656), *Gandawague*, *Cahniaga*, *Gannaouague*, *Gaanaouagué*, *Andarague*, *Andaouague*. En 1646, le P. Jogues le nomme Ste *Trinité* ; en 1673, il est appelé *S. Pierre*.

triple palissade, Andagaron[1], Tionnontogen[2]. D'une audace présomptueuse et d'une violence rare, les Agniers furent souvent la terreur des autres cantons; ils furent les plus hostiles à la France, les plus rebelles à toute proposition de paix.

Plus loin, dans la direction de l'Ouest, en tirant légèrement vers le lac Ontario, près du lac Oneida[3], se trouvaient les Oneiouts[4], nation la plus faible de toutes et la moins nombreuse, dont le seul village important s'appelait Oneioute[5].

Au delà, vers le couchant, sur un agréable monticule, se dressait le village d'Onnontagué[6], capitale des tribus iroquoises, où se tenaient d'ordinaire les assemblées générales des cinq cantons. Les Onnontagués[7] étaient la tribu la plus puissante; ils n'avaient que trois villages, Onnontagué ou Onondaga, Cassoneta et Touenho, tous bien peuplés et protégés par de fortes palissades.

Toujours vers l'Occident, dans une vaste plaine bordée de magnifiques forêts, entre les lacs Caiuga[8] et Seneca, on voyait trois villages, admirablement situés, Goiogoüen[9], Onnontaré et Tiohero : c'est le pays des Goio-

1. *Andagaron*, ou *Gandagaro*, *Canagero* (Vanderdonk), *Gannagaro*.

2. *Tionnontoguen* (gen), *ou Tionnontego* et *Teonnontogen*. — Il est parlé quelquefois d'un quatrième village, *Ossaragué* (chaussée du castor), ou *Oiogué*, *Osahrah-ka* (Marcoux), lieu remarquable pour la pêche, dont la position n'est pas bien déterminée.

3. *Oneida*, ou *Goienho*, *Oneiyuta* (pierre levée).

4. *Oneiouts*, ou *Onneioutheronnons*, *Onneoutchoueronnons*.

5. *Oneioute*, ou *Onnieoute*, *Oneiote*.

6. *Onnontagué*, ou *Onnontae*, *Onondaga*.

7. *Onnontagués*, ou *Onnontagueronnons*, *Onnondaetonnons*, *Onnontaeronnons*.

8. *Cayuga*, *autrefois Tiohero*.

9. *Goiogoen*, *Óiogouen* ou *Oyogouin*.

gouins[1], *le plus beau que j'aie vu dans l'Amérique*, dit le P. Raffeix. Les chevreuils y abondent; les cygnes, les outardes et le saumon en sont la richesse.

Enfin, à douze lieues environ du lac Ontario, vivaient les Tsonnontouans[2], disséminés dans les quatre gros bourgs de Tontiacton[3], Gannouata[4], Gandagan[5] et Gannagaro[6].

Les Iroquois, colonie de Hurons, étaient, comme eux, sédentaires, livrés à la culture des terres. Jamais ils ne transportaient leurs villages d'un lieu à un autre, leur génie agricole ayant trouvé le moyen de remuer et de féconder le sol sans l'épuiser. Mêmes notions religieuses que chez les Hurons, mêmes mœurs, mêmes usages, mêmes lois, mêmes habitudes de vie : les différences sont peu sensibles.

La forme de gouvernement est aussi la même dans les grandes lignes; mais elle se rapproche davantage des peuples civilisés; elle fonctionne avec plus de netteté, de précision et de vigueur. « Tous les villages, dit Lafitau, se gouvernent par eux-mêmes, et comme s'ils étaient indé-

1. *Goiogoens* (faiseurs de canots), *Oiogoens* ou *Oiogoenohronnons*.

2. *Tsonnontouans*, ou *Sonnontouans*, *Sonnontouehronnons*, *Entouoronnons* (Champlain); *Sénécas* par les Anglais.

Ce canton, le plus populeux de tous, comptait en 1672 de douze à treize mille âmes, et en 1661 il fournit près de douze cents guerriers. La mission de la *Conception* fut établie à Tontiacton, celle de Saint-Michel à Gannouata et celle de Saint-Jacques à Gannagaro.

Les Tuscaroras, nation dn nord de la Caroline que les Anglais détruisirent en grande partie, en 1713, pour venger la mort de quelques-uns des leurs, demandèrent asyle aux Iroquois vers cette même époque et formèrent un sixième canton.

3. *Tontiacton*, ou *Tonhaiton*, *Totiacton*, *Tontacton* (mémoire de Denonville, 1687).

4. *Gannouata*, ou *Gannondata*, *Gannongaroe*, *Gandongaraghue*.

5. *Gandagan*, ou *Gaenteca*, *Gandachiragon*.

6. *Gannagaron* ou *Cannagaro*.

pendants les uns des autres. On voit dans chacun la même distribution des familles, les mêmes lois de police, le même ordre ; en sorte que qui en voit un les voit tous[1]. » Chaque village est partagé en trois tribus (ou familles), qui portent chacune, en signe distinctif, le nom d'un animal. Chaque tribu a son chef, ses *Agoianders*, ses anciens, ses guerriers ; leur réunion compose le corps administratif du village. Le pouvoir est héréditaire ; la succession se continue par les femmes. Si la ligne du chef vient à manquer, la plus noble matronne de sa tribu choisit un nouveau chef. *L'arbre est tombé*, disent les sauvages, et *il est ainsi redressé*. Si l'élu est trop jeune, on lui donne un tuteur, qui exerce l'autorité au nom du mineur. La cérémonie de l'élection et de l'installation s'accomplit au milieu des festins, des danses et des chants.

L'autorité du chef s'étend sur tous les membres de sa tribu : il conseille, il engage, il prie, il ne commande pas. L'obéissance est entièrement libre : l'inférieur obéit, parce qu'il le veut et non pas parce que le supérieur ordonne. Grande cependant est l'autorité du chef, grand le respect dont on l'entoure. Toutefois, de peur qu'il ne se rende absolu, la tribu lui donne des adjoints (Agoianders), qui partagent avec lui la souveraineté. Dans chaque tribu, chaque famille en fournit un ; il est nommé par les femmes qui choisissent souvent une femme pour les représenter.

Le conseil des Agoianders est le conseil suprême. Ses délibérations sont portées en appel au conseil des Anciens, qui prononce en dernier ressort. Le nombre des vieillards n'est pas déterminé, chacun ayant droit d'entrer dans ce conseil, quand il a atteint la limite d'âge exigée et la matu-

1. *Mœurs des sauvages*, t. I, p. 465.

rité de la prudence. Le conseil des Anciens est le modérateur entre les Agoianders et le corps des guerriers ou des jeunes gens en état de porter les armes.

Des orateurs, choisis par chaque tribu, exposent devant ces conseils les affaires soumises à leurs délibérations; ils font une étude particulière des annales de la nation, des usages, de la politique et de l'éloquence. Si les archives faisaient défaut, leur mémoire surprenante, aidée de signes mnémoniques, suppléait à tout[1].

Aucun membre des trois conseils ne se regarde comme individuellement lié par la délibération des conseils, la liberté particulière n'étant jamais sacrifiée à la liberté générale; personne cependant ne refusait ordinairement de s'y soumettre.

Les intérêts généraux des cinq nations se traitent dans une diète, tenue, à l'entrée de la nuit, ou sur la lisière du bois, ou dans la cabane de l'un des chefs, ou dans une vaste salle affectée aux réunions publiques. La diète se compose de tous les membres des divers conseils. La discussion épuisée, on procède au vote. C'est dans ces assemblées générales que se discutaient le plus souvent la guerre, la paix et les ambassades, tandis que les affaires civiles et criminelles se traitaient devant les conseils privés des Agoianders et des Anciens.

La guerre était le thème le plus ordinaire des délibérations de la Diète; elle faisait, avec les ambassades, le fond de la politique iroquoise. Une fois décidée, on la dénonçait. Des guerriers, peints en noir de la tête aux pieds, se glissaient, à la faveur des ténèbres de la nuit, sur les terres ennemies, et parvenus aux premières cabanes, ils suspen-

1. *Les Pionniers français*, par F. Parkman, introduction, p. XLVII.

daient à un arbre, à un poteau, dans un endroit apparent, un casse-tête peint en rouge. Cet usage se pratiqua longtemps, puis on y renonça. « Les Iroquois ne pensant qu'à accabler leurs ennemis, ne visèrent aussi qu'à les surprendre et à tomber sur eux lorsqu'ils y penseraient le moins[1]. »

La hache levée[2], on proclamait la guerre dans tous les villages de la nation. Le chef des guerriers de chaque canton convoquait tous ses hommes et les invitait à le suivre. On pouvait refuser le service. Le guerrier qui l'acceptait, remettait à son chef un petit morceau de bois peint en rouge et marqué d'un sceau particulier. C'était le signe de sa volonté très arrêtée de prendre part à l'expédition, un engagement *privé* qui le liait irrévocablement. Désormais, s'il recule, il sera traître ou lâche.

Aussitôt on s'engage dans une file de cérémonies superstitieuses, propres à enflammer les courages et à donner à la guerre un caractère sacré. On commence par le jeûne, qui dure deux ou trois jours. Le chef se renferme dans l'étuve pendant ce temps, et là il jeûne, il sue, il consulte les songes. Le troisième jour, les combattants, barbouillés de noir et de rouge, la poitrine découverte, les bras nus, se réunissent en armes autour du chef dans la cabane du conseil, pour prendre part au grand festin de la guerre. Les chiens sont égorgés, offerts à Areskoui, le dieu des combats, et jetés dans d'immenses chaudières. « Ils sont la matière principale du sacrifice, » dit Lafitau[3].

A la fin du repas, le chef se lève, et d'une voix forte il prie : « Je t'invoque, ô Dieu de la guerre, afin que tu me

1. *Mœurs des sauvages*, t. II, p. 174.
2. La hache est le symbole de la guerre. Lever la hache, c'est déclarer la guerre.
3. T. II, p. 189.

sois favorable dans mon entreprise, que tu aies pitié de moi et de toute ma famille ; j'invoque aussi tous les esprits bons et mauvais, tous ceux qui sont dans les airs, sur la terre et dans la terre, afin qu'ils me conservent et ceux de mon parti, et que nous puissions, après un heureux voyage, retourner dans notre pays [1]. »

Les assistants répondent : ho! oh! cri d'approbation et de prière ; et le chef entonne la chanson de mort. Elle renferme le plus souvent des détails atroces : « Que la rage suffoque mes ennemis! Puissé-je les dévorer et boire leur sang jusqu'à la dernière goutte! J'enlèverai des chevelures ; je boirai dans le crâne de mes ennemis. Je leur couperai les doigts avec les dents ; je leur brûlerai les pieds et ensuite les jambes. Je laisserai les vers se mettre dans leurs plaies ; je leur enlèverai la peau du crâne ; je leur arracherai le cœur et je le leur enfoncerai dans la bouche [2]. » Les guerriers redisent ces chants de mort et de vengeance.

La danse de l'*Athonront* commence. Le chef frappe un des poteaux de la cabane et se met à danser. Après lui, chaque guerrier en fait autant : c'est la déclaration *publique* de l'engagement *privé* qu'il a pris de suivre son chef, de combattre à ses côtés. Tout se termine par la danse guerrière, danse générale où les combattants exécutent, chacun à leur façon, tous les mouvements d'une troupe en marche ou au combat : ils poussent des cris de mort, des hurlements de vengeance ; ils imitent les travaux d'un siège, les attaques d'une palissade ; ils font des marches et des contremarches ; ils brandissent leurs casse-têtes ou leurs haches, ils manient leurs arcs et agitent leurs couteaux, ils franchissent des fossés, ils semblent se jeter à la nage. Rien ne

1. *Lafitau*, t. II, p. 190.

2. Chateaubriand, *Voyage en Amérique*, ch. : *La guerre* ; — *Histoire générale des voyages*, t. XV ; — *Charlevoix*, t. III, lettre XIV.

manque à cette pittoresque et effrayante pantomime, simulacre infernal d'une guerre sauvage[1].

Ces festins, ces danses, ces chants exaltent leur ardeur martiale !

Avant le départ, on interroge les Jongleurs, on consulte les songes, on prend son manitou. Et le guerrier, rassuré à si peu de frais, part, convaincu qu'il n'a rien à craindre, que la victoire est à lui. « L'imagination enflammée par le récit des exploits de ses ancêtres, il brûle de se distinguer comme eux dans les combats[2]. »

A l'époque où notre récit est arrivé, la population iroquoise s'élevait à vingt-cinq mille âmes environ et comptait de deux mille à deux mille cinq cents guerriers. C'était peu, mais leur situation géographique les protégeait contre toute attaque du dehors; eux-mêmes avaient l'accès facile, à l'Ouest et au Nord, sur l'Ohio, le Mississipi et les grands lacs, et à l'Est, par la rivière Richelieu, sur le Saint-Laurent et ses affluents du Nord. Avec leurs légers canots, ils pouvaient se transporter rapidement sur tous les points où ils espéraient surprendre l'ennemi.

Cet ennemi — les Hurons, les Algonquins et les Français, — qui leur était bien supérieur en nombre, ne jouissait pas de la même puissance de cohésion, d'entente et de discipline. Puis, ils avaient au Sud une barrière de défense dans la colonie hollandaise, établie à Manhatte[3]. Ils lui procuraient de riches pelleteries, et ils en recevaient en

1. *Lafitau*, t. II, p. 190. — Chateaubriand, *Voyage en Amérique*, ch. : *La guerre*.

2. *Garneau*, t. I, p. 92.

3. Les Hollandais colonisaient alors le haut de la vallée de l'Hudson, aux environs du Fort-Orange, aujourd'hui Albany, au nord de Manhatte. Ils appelaient Manhatte la *Nouvelle Amsterdam* et la contrée qu'ils occupaient (dans l'état de New-York), la *Nouvelle Belgique*.

échange des armes à feu, des munitions de guerre et de chasse, ce qui leur assurait une grande supériorité sur les autres tribus sauvages. Aussi devinrent-ils en peu de temps la première puissance militaire de l'Amérique du Nord.

Sûrs désormais d'eux-mêmes, fiers de leur génie guerrier, ils ne gardèrent plus de bornes. On les voyait s'embusquer sur les bords du Saint-Laurent et à l'embouchure des rivières, pour y attaquer les canots et les vaisseaux de passage, chargés de pelleteries. Ils rôdaient autour de Québec et des Trois-Rivières, ils s'avançaient au cœur même du pays des Algonquins, ils remontaient la rivière d'Ottawa jusqu'à l'île des Allumettes, attaquant partout les campements mal gardés, surprenant leurs ennemis, les massacrant ou les emmenant prisonniers. Ils allaient enlever les travailleurs sous le canon de Québec. Les Hurons, qui descendaient chaque année à Québec pour la traite, les rencontraient souvent, et, chaque fois, c'était une lutte sanglante, où la victoire tournait d'ordinaire à l'avantage des Iroquois. « Ils venaient en renards, dit Charlevoix, ils attaquaient en lions et fuyaient en oiseaux; ils agissaient le plus souvent à coup sûr[1]. »

Lorsque Champlain rentra à Québec, après la paix de Saint-Germain, il vit du premier coup la gravité de la situation. Il n'y avait pas à se faire illusion, il fallait y apporter un prompt remède, si l'on ne voulait, croyait-il, compromettre l'avenir de la colonie. Pour cela, il avait besoin de cent vingt soldats; il les demanda à Richelieu. « Avec cette troupe guerrière, qui serait accompagnée de deux à trois mille sauvages de guerre, nos alliés, on se rendrait dans un an, écrivait-il en 1633, maître absolu de

1. *Histoire de la Nouvelle-France*, t. III, p. 202.

tous ces peuples [1]. » L'année suivante, il écrivait encore : « Six vingts hommes de France, bien équipés, avec nos alliés les sauvages, suffiraient pour exterminer les Iroquois ou pour les faire venir à la raison [2]. »

Ces cent vingt soldats, il ne les obtint pas. Le Cardinal, engagé dans la guerre contre la maison d'Autriche, ne pouvait venir au secours de la colonie française. Le successeur de Champlain, Huault de Montmagny, ne fut pas plus heureux auprès du ministre, et, impuissant à attaquer, il prit le parti de se tenir sur la défensive. Cette sage et prudente conduite parut aux Iroquois le signe manifeste d'une grande faiblesse. Jusque là ils avaient conçu une haute idée de la valeur militaire des Français; mais de ce jour cette idée se modifia et fit place à une autre bien différente, parce qu'ils ne comprenaient pas les motifs réels de l'attitude effacée et expectante du gouverneur. Leur audace s'accrut de cette faiblesse apparente; bientôt elle ne connut plus de bornes.

En 1641, le P. Vimont, supérieur de Québec, écrivait à son Provincial [3], à Paris : « La Nouvelle-France se va perdre si elle n'est fortement et promptement secourue : le commerce de ces Messieurs (les Cent-Associés), la colonie des Français, et la religion qui commence à florir parmi les sauvages, sont à bas, si on ne dompte les Iroquois. Si on n'a ce peuple pour amy ou si on ne l'extermine, il faut abandonner à leurs cruautés tant de bons néophytes, il faut perdre tant de belles espérances [4]. » Puis il ajoutait : « Les

1. Lettre du 15 août 1633, au cardinal de Richelieu (Minist. des aff. étrangères, à Paris, fol. 101).

Consulter sur les démarches que fit Champlain pour avoir des soldats, le *Mercure français*, t. XIX, pp. 841 et suiv.

2. 18 août 1634 (Min. des aff. étr., fol. 117).

3. P. Jacques Dinet.

4. *Relation* de 1641, p. 58.

Iroquois sont venus à un tel point d'insolence qu'il faut voir perdre le pays, ou y apporter un remède prompt et efficace[1]. »

L'année suivante, il exprime les mêmes craintes : « Les Iroquois, vrai fléau de notre Église naissante, perdent et consomment nos néophytes avec les armes et le feu; ils ont juré une cruelle guerre à nos Français; ils bouchent tous les passages de notre grande rivière, empeschent le commerce de ces messieurs et menacent de ruiner tout le pays[2]. »

Ces paroles sont l'expression de l'opinion générale de la colonie. « La crainte des Iroquois a tellement abattu les cœurs, qu'on ne vit que dans les appréhensions de la mort[3]. » Il n'y a de sûreté, et elle n'est pas complète, qu'au fort de Québec. Les Algonquins, chrétiens et catéchumènes, qui s'étaient fixés aux Trois-Rivières, se sont enfuis épouvantés. « Plusieurs, dit Marie de l'Incarnation, sont allez en leurs païs, et les autres se sont réfugiez ici » (à Québec)[4]. Les Iroquois n'ont pas encore découvert, vers la fin de 1642, la colonie établie à Montréal au printemps de cette même année; mais, les hostilités commenceront l'année suivante, et, suivant l'expression de l'historien de Villemarie, « on ne sera plus en assurance dès qu'on aura franchi le seuil de sa porte[5]. » La voie entre le pays des Hurons et Québec, fréquentée chaque année, à l'époque de la traite, après les grands froids d'hiver, par des flotilles de trente, cinquante et même cent canots, est aujourd'hui si peu sûre que les convois de marchandises deviennent de plus en plus rares.

1. *Relation* de 1641, p. 38.
2. *Relation* de 1642, p. 2.
3. *Ibid.*
4. De Québec, 16 sept. 1641. V. *Lettres*.
5. *Histoire du Montréal*, par M. Dollier de Casson de 1642 à 1643.

Les canots sont arrêtés et pris, les pelleteries et tous les objets de fabrique française enlevés, les correspondances des missionnaires saisies et détruites. A Sainte-Marie des Hurons, l'inquiétude est grande, parce que les expéditions de Québec se font rarement et n'arrivent pas toujours à destination. Les missionnaires en sont réduits à écraser les raisins du pays pour obtenir le vin nécessaire au Saint-Sacrifice de la messe, et à faire des hosties avec un peu de froment récolté dans leur jardin. Ajoutons que depuis le Saguenay jusqu'à l'île des Allumettes, les meilleurs terrains de chasse sont souvent visités par l'ennemi ; la famine, les maladies de toutes sortes et la peste sont les premières conséquences de ces incursions et des razzias ; la mortalité, qui s'en suit, jointe aux ravages de la guerre, est effrayante parmi les Algonquins et les Montagnais. Le supérieur de la mission écrit en 1644 au Provincial de Paris, Jean Filleau : « Là où l'on voyait il y a huit ans, quatre-vingt et cent cabanes, à peine en voit-on maintenant cinq ou six ; et tel capitaine, qui commandait pour lors à huit cents guerriers, n'en compte plus à présent que trente ou quarante, et au lieu des flottes de trois ou quatre cents canots, nous n'en voyons plus que de vingt ou trente [1]. »

La colonie française déploie cependant un courage et une énergie que rien ne lasse. Montmagny à Québec, Champflours aux Trois-Rivières, Maisonneuve à Montréal, donnent à tous l'exemple de la bravoure. Ce dernier, poursuivi un jour par une bande d'Iroquois, qui veulent le prendre vivant, recule pas à pas, le pistolet au poing, la face à l'ennemi, tue raide le premier qui l'approche, et parvient, à force de sang-froid, à gagner le fort de Montréal. Ses hommes le considèrent avec raison comme un héros.

1. *Relation* de 1644, p. 3.

Montmagny, qui a reçu du cardinal de Richelieu (1642) un renfort de quarante soldats, sort de Québec et se dirige vers la rivière des Iroquois, pour y élever à l'embouchure le fort Richelieu [1]. C'est par là que les Agniers opéraient leurs descentes sur le Saint-Laurent. On espérait les arrêter. Le fort ne rendit pas tous les services qu'on en attendait : L'ennemi débarquait à quelques milles en amont, portait ses canots à travers la forêt et les lançait sur le grand fleuve.

Montmagny avait quitté Québec sur la fin de juillet de 1642. Quelques jours après, le 1er août, douze canots hurons partaient des Trois-Rivières et remontaient lentement le Saint-Laurent, chargés de provisions et ayant à bord une quarantaine de personnes. Parmi les passagers se trouvaient le P. Isaac Jogues, deux donnés de la Mission, René Goupil et Guillaume Couture, une jeune Huronne, Thérèse Oïouhaton [2], élève des Ursulines de Québec, et quelques Hurons baptisés et fervents chrétiens, Joseph Téondéchoren, Charles Tsondatsaa, Etienne Totiri, Paul Ononhoraton, enfin Eustache Ahasistari [3]. Les autres étaient des Hurons qui venaient de faire la traite à Québec et retournaient dans leur pays.

1. Dans la note 3, p. 85 de la *Vie du P. Isaac Jogues*, le P. Martin dit : « Richelieu, aujourd'hui *Sorel* ou *William Henri*. Ce fort ne doit pas être confondu avec un fort du même nom bâti par Champlain en 1634, dans l'île de Sainte-Croix, soixante kilomètres plus haut que Québec, et qui ne fut pas conservé longtemps. » Cette note n'est pas très exacte. L'îlot, situé en face de Deschambault, où Champlain bâtit un petit fort, s'appelait l'*islet de Richelieu*, en sauvage Kaouapassiniskakhi. (*Relations* de 1635, p. 13.)

2. Thérèse Oïouhaton, du bourg d'Ossossané, élève depuis deux ans des Ursulines de Québec. V. la *Vie du P. Jogues*, par le P. Martin, 4e édition, note C, pp. 315 et suiv., et p. 84.

3. *Vie du P. Jogues*, pp. 84 et 85.

René Goupil, chirurgien, et Couture, menuisier, étaient, dit Jérôme Lalemand, « incomparables dans leur genre et très propres pour ce pays-ci[1]. » L'un et l'autre s'étaient dévoués corps et âme à la mission. On pouvait attendre beaucoup de la mâle vertu de ces jeunes hommes, que l'esprit de sacrifice et le zèle des âmes avaient seuls conduits au Canada.

Totiri, capitaine huron, du bourg de Saint-Joseph, embrassa un des premiers le christianisme et convertit la moitié de sa cabane en chapelle. Les païens voulurent la détruire et forcer auparavant leur capitaine d'en sortir. « J'en sortirai, répondit le fier chrétien, quand les Pères qui nous instruisent quitteront eux-mêmes la bourgade, et ce sera pour les suivre en quelques lieux qu'ils aillent. Je suis plus attaché à eux qu'à ma patrie et à tous mes parents, car ils nous portent les paroles d'un bonheur éternel. Mon âme ne tient pas à mon corps; un moment peut les séparer, mais jamais on ne me ravira la foi[2]. »

Vicieux et joueur avant sa conversion, Téondéchoren, devenu chrétien, fut, par la beauté et la fermeté de sa vertu, l'étonnement de ses compatriotes. « Que t'ont fait les Robes-Noires, lui disaient-ils, pour t'avoir changé de la sorte? — Ils m'ont arraché tout ce qui était mauvais en moi. Croyez vous-mêmes comme il faut à la prière, et vous l'éprouverez mieux que je ne puis vous le dire[3]. »

Tsondatsaa, jongleur émérite, fils d'un capitaine de vil-

1. *Relation* de 1643; — *Le P. Isaac Jogues*, par le P. Martin, p. 83.

2. *Vie du P. Isaac Jogues*, par le P. Martin, note B, pp. 311 et suiv.; — *Relation* de 1641; — *Relation* de 1644, pp. 86, 91, 97; — *Relation* de 1646, pp. 57 et 59.

3. *Relation* de 1641, ch. III, pp. 63 suiv.; — *Relation* de 1642, pp. 65 et 68; — de 1652, p. 8; — *Vie du P. Isaac Jogues*, par le P. Martin, note D, pp. 320 et suiv. — On écrit aussi *Théondéchoren*.

lage, fut baptisé à Sillery, où il eut pour parrain le Gouverneur, qui lui donna son nom de Charles. Revenu au pays, il réunit dans un grand festin tous les capitaines et les anciens, et, après le repas, il leur dit : « Vous voyez un homme, qui, depuis qu'il vous a quittés est devenu chrétien, et avec tant de résolution qu'il est décidé à mourir mille fois plutôt que de renoncer à sa religion. Mes biens, ma vie et mon courage sont à vous, pourvu que vous n'exigiez rien de moi qui soit contre Dieu. » Jamais il ne dévia de cette ligne de conduite[1].

Le plus célèbre de tous était Ahasistari, le premier guerrier de sa nation ; nul n'avait pris part à plus de combats et ne comptait plus de hauts faits. Chose merveilleuse ! Il avait couru, depuis sa plus tendre jeunesse, les dangers les plus graves. Aucun de ses compagnons d'armes n'y avait échappé ; quant à lui, la mort semblait le fuir. Ce fut là le point de départ de sa conversion. En 1641, il disait, avant le baptême, à un missionnaire de Sainte-Marie : « Avant que vous fussiez dans le pays, je m'estais vu échappé de mille périls où mes compagnons demeuraient ; je voyais bien que ce n'estait pas moi qui me tirais de ces dangers. J'avais cette pensée que quelque génie plus puissant qui m'estait inconnu, me prestait un secours favorable. Quoy que les Hurons attribuent à leurs songes les causes de tout leur bonheur, j'étais convaincu que tout cela n'estait que sottise, mais je n'en sçavais pas davantage. Lorsque j'ai entendu parler des grandeurs du Dieu que vous prêchez, et de ce que J.-C. a fait estant sur la terre, je l'ai reconnu pour celui qui m'avait conservé, et me suis résolu de l'honorer toute ma vie. Allant en guerre, soir et matin, je me recommandais à

1. Tsondatsaha ou Sondatsaa. — *Relation* de 1641, p. 21 ; — *Relation* de 1642, pp. 12, 62 et 63 ; — *Relation* de 1644, p. 83 ; — *Vie du P. Isaac Jogues*, par le P. Martin, note E, pp. 327 et suiv.

luy; c'est de luy que je tiens toutes mes victoires; c'est en luy que je croy; et je vous demande le baptême, afin qu'après ma mort il ait pitié de moy[1]. »

Dans la simplicité de ce récit, quelle élévation de pensée!

Téondéchoren, Ahasistari et Etienne Totiri avaient escorté le P. Jogues, à son retour du pays des Sauteurs, de Sainte-Marie des Hurons à Québec, où son Supérieur, à bout de ressources, l'envoyait chercher des objets de première nécessité. La mission offrait de grands périls, toutes les voies de communication étant sévèrement surveillées par les bandes iroquoises; mais les périls n'effrayaient pas l'apôtre, qui semblait les chercher avec une sorte de passion. « Quelque temps avant son départ des Hurons, il se trouvait seul, à genoux, devant le Saint-Sacrement; il suppliait le Seigneur de lui accorder la faveur et la grâce de souffrir pour sa gloire. Une voix se fit alors entendre, qui lui dit au fond de son âme : Ta prière est exaucée; ce que tu m'as demandé, je te l'accorde; sois courageux et constant[2]. »

Le courage et la constance! il n'en manquait pas. Ces deux vertus faisaient le fond de cette nature, chétive d'apparence, riche de qualités naturelles et de dons d'en haut. On le confondait facilement avec Charles Garnier, tant les analogies étaient frappantes entre ces deux hommes. D'un tempérament grêle et délicat, plutôt maladif, il cachait sous des dehors peu séduisants une âme forte et intrépide. A le voir, avec la tête légèrement penchée et les yeux à demi

1. *Relation* de 1642, pp. 58 et 59. — Les *Relations* l'appellent *Ahatsistari*. — *Vie du P. Isaac Jogues*, par le P. Martin, note F, pp. 337 et suiv.

2. *Relation* de 1644, p. 17.

fermés dans l'attitude de la prière, on l'aurait cru timide, craintif et embarrassé ; et cependant il déploya, dans les situations les plus difficiles, une hardiesse qui frisait l'audace, un calme et un sang-froid qu'on trouverait difficilement ailleurs à ce degré. Aucun missionnaire ne fut plus infatigable que lui, ni doué de plus d'activité. Le Canada a compté peu d'apôtres de cette trempe, et Dieu sait s'il y en eut, à cette époque, de fortement trempés !

Le protestant Parkman ne tarit pas d'éloges sur ce beau caractère, où tout est grand sans effort, et il ajoute : « Il avait fait des études complètes et il eût pu prétendre à une renommée littéraire [1]. » N'exagère-t-il pas les aptitudes littéraires du Jésuite ? Quoi qu'il en soit, celui-ci avait fait de brillantes études au collège de la Compagnie de Jésus, à Orléans, sa ville natale. Plus tard, le professeur d'humanités lut sur le théâtre du collège de Rouen, à la rentrée scolaire, un poème latin qui fit quelque bruit [2].

L'amour passionné des âmes le conduisit, jeune encore, à l'âge de dix-sept ans, au noviciat des Jésuites de Paris. Il désirait alors être envoyé et mourir sous le ciel brûlant de l'Ethiopie. Il en parla au recteur du noviciat, le P. Louis

1. *The Jesuits in North America*, ch. VIII et XV.

2. *Vie du P. Jogues*, 4e édition, par le P. Martin, chap. I ; — *La Vie du P. Isaac Jogues, d'Orléans, de la Compagnie de Jésus, missionnaire chez les Hurons et martyr chez les Iroquois*, par M. Jean-Baptiste-Pierre Forest, prêtre d'Orléans ; à Orléans, 1792. *Manuscrit* conservé aux archives de l'école Sainte-Geneviève, rue Lhomond, 14 *bis*, Paris ; — *Vita Patris Isaaci Jogues*, manuscrit de la Bibliothèque publique d'Orléans, fonds Desnoyers, II. 3155. M. 846, vie composée de neuf chapitres ; — *Novum Belgium*, du P. Jogues, donné par M. Shea ; — *Isaac Jogues*, premier missionnaire de New-York, dans la collection des *Précis historisques, littéraires et scientifiques* de Bruxelles. 1er avril 1855, 79e livraison ; — Alegambe, *Mortes illustres*, et Andrade, *Varones ilustres*, t. IV, pp. 838-841 ; — Parkman, *The Jesuits in North America*, chap. XV. ; — L'*Univers*, journal, 14 avril 1885.

Lalemant, qui lui répondit : « Mon Frère, vous ne mourrez pas ailleurs qu'au Canada[1]. »

Ces paroles, prophétiques ou non, devaient se vérifier à la lettre. Douze ans après son entrée dans la Société, il mettait le pied sur la terre canadienne.

Le 1er août 1642, il remontait, comme nous l'avons dit, le Saint-Laurent, en compagnie d'une troupe de Hurons. Pour éviter le courant, les canots longeaient le bord du fleuve, et, le 2, ils avaient atteint l'extrémité du lac Saint-Pierre, quand ils tombèrent dans une embuscade de

1. Le P. Isaac Jogues, né à Orléans, le 10 juin 1607, fit ses études au collège des Jésuites de cette ville, et entra dans la Compagnie de Jésus, au noviciat de Paris, le 24 octobre 1624. Après son noviciat, il fut envoyé au collège royal de la Flèche pour y faire ses études philosophiques (1626-1629). Ensuite, il est professeur à Rouen; de cinquième (1629-1630), de quatrième (1630-1631), de troisième (1631-1632), de seconde (1632-1633); de Rouen, il va à Paris faire sa théologie au collège de Clermont (1633-1636). Il part pour le Canada en 1636 et arrive à Québec le 2 octobre. (Arch. gén. S. J.) Dès le noviciat, le P. Jogues montra ce qu'il devait être un jour, un apôtre. Voici ce que raconte de cette époque de la vie du futur missionnaire, le P. Vimont, supérieur de la mission du Canada, qui le connaissait particulièrement. La lettre est adressée au général Vitelleschi, et datée de Québec, oct. 1642 : « Tyrocinii biennium exegit Parisiis; quo tempore cùm omnium virtutum studio haud segnis incubuit, tùm præcipuè excitando in se majori in dies zelo animarum, adeò ut P. Ludovicus Lalemant, quo tunc moderatore utebatur, non dubitavit ei sæpè prædicere nullibi unquam eum, quam in Canadensi regione esse moriturum, quamquam hoc tempore religiosi adolescentis vota aliò spectabant; quippè vixdum herbescente in Canada segete, jam albescere ad messem Æthiopicæ regiones videbantur; in hoc tam ubere agro operam collocare actutùm gestabat. Philosophiæ tùm forte dabat operam in Flexiensi collegio cum impatiens moræ, tum superiores per litteras, tum superos flagrantissimis precibus atque acerbissimis iisque assiduis corporis afflictationibus super eâ re sollicitare cœpit. Verùm omni spe sibi ereptâ Æthiopicæ profectionis, in Canadam atque missionem huronicam studia convertit. » (Arch. gen. S. J.) — Voir le *P. Isaac Jogues*, par le P. Martin, p. 5.

soixante-dix Iroquois. Les Hurons, épouvantés, laissent canots, armes et bagages, sautent à terre et disparaissent dans la profondeur de la forêt. Seuls, les Français, les néophytes et les catéchumènes Hurons, en tout quinze, soutiennent le combat. La lutte était inégale. La plupart sont faits prisonniers, ainsi qu'une dizaine de fuyards. Goupil, Téondéchoren, Tsondatsaa, Totiri, Ononhoraton et la jeune Thérèse sont du nombre. Eustache Ahasistari et Guillaume Couture étaient parvenus à se sauver et s'étaient cachés dans le bois; le P. Isaac Jogues n'avait pas été aperçu et semblait hors d'atteinte sur les bords du fleuve[1].

Ici se passe une scène de grandeur généreuse et de dévouement chrétien, que l'historien a le devoir de raconter.

Le P. Jogues avait suivi toutes les péripéties du combat; il en connaît l'issue : presque tous ses enfants sont prisonniers. Il se dit aussitôt : « Pourrais-je abandonner ce bon René Goupil, les autres Hurons captifs, et ceux qui vont bientôt le devenir, dont plusieurs ne sont pas encore baptisés? » Et n'écoutant que son cœur d'apôtre, il va se constituer prisonnier[2]. Eustache, de son côté, apprend que

1. *Relation* de 1642, p. 47; — *Le P. Isaac Jogues*, ch. V, pp. 83 et suiv.; — *Breve relatione*, d'Alcuni missioni del P. F.-G. Bressani, parte 3a, cap. 2 : Del P. Isaac Jogues. Les deux chapitres consacrés au P. Jogues (parte 3a, cap. 2 et 3), par le P. Bressani dans « Breve relatione » ne sont que la traduction très libre de la lettre latine adressée par le P. Jogues, en 1652, au R. P. Provincial, à Paris.

2. *Historiæ S. J.* à P. Juvencio, pars VI, Liber XIII, res gestæ per Societatem Jesu in Americâ septentrionali : « Poterat P. Isaacus captare latebras et hostem ancipiti prælio distractum eludere. Ceteris fugientibus constitit in ipso pugnæ loco et ab iroquæis, dùm fugaces persequuntur, quasi prætermissus et ignoratus, addubitavit aliquamdiù quid consilii caperet. Demum apud se statuit christianos ab hoste captos, ac præsertim Goupilium, qui deducendum ipsum ad Hurones susceperat, non deserere. Igitur ultrò se barbaris obtulit ejusdem

son Père est au pouvoir des ennemis. Il revient sur ses pas et se livre à eux. « Mon Père, dit-il au P. Jogues en se jetant dans ses bras, je t'avais juré de vivre et de mourir près de toi; nous voilà réunis! » Guillaume Couture était jeune, ardent, agile. A peine en dehors de tout danger, il se retourne et ne voyant pas le P. Jogues, il se dit : « Comment ai-je bien pu l'abandonner et le laisser seul exposé à la rage des Iroquois? » Aussitôt il retourne au lieu du combat et prend sa place parmi les captifs[1].

Ces trois hommes savaient à quels tourments la férocité des vainqueurs destinait les vaincus. Le dévouement l'emporta sur toute considération personnelle.

Guillaume est dépouillé de ses vêtements et frappé à coups de bâtons. On lui arrache les ongles, on lui broie les doigts avec les dents, on lui perce la main, on lui scie l'index droit avec l'écaille d'un coquillage. Aucun trait du visage ne trahit la douleur, tant l'âme est ferme et résignée[2].

cum ceteris captivis fortunæ socium. Miratus Iroquæus, cui tradita captivorum custodia, tam insolentem in tanto periculo fiduciam, cunctari primo, demum postulantem ceteris addere. » (Mss.).

1. *Le P. Isaac Jogues*, 4e édit., par le P. Martin, pp. 90-97. — On lit dans l'*Historiæ S. J.* à P. Juvencio, p. VI, l. XIII : « Costuræus, juvenis Gallus, ætate viribus que pollens, nec militiæ rudis, irruentes barbaros non sustinuerat modo, verum etiam repulerat, cæso ex eorum ducibus fortissimo, cujus nece dùm attoniti trepidant, conjecerat se in densum nemus. Jam evaserat, cum abesse P. Isaacum respexit. Ubi te reliqui, mi Pater, exclamat! Rursus perplexum iter sylvæ revolvens, ad amicum et hostes properat. Audit inconditos clamores et insanos orantium ululatus; nec diu moratus, Patrem videt constrictum cum reliquo captivorum agmine. Ruit in medios et ejus genibus advolvitur. (Mss.)

2. *Le P. J. Jogues*, p. 95. — *Historiæ S. J.*, p. VI, l. XIII : « Barbari, ut juvenem conspexerunt irâ et furore æstuantes, ob ducem suum ab eo interfectum, invadunt catervatim, spoliant, et arreptis manibus ungues mordicus avellunt digitosque comminuunt. Unus etiam manum mediam adacto gladii mucrone perforavit. »

Finalement, après avoir enduré toutes les tortures de la faim et du feu, il est envoyé à Tionnontogen, village des Agniers, et confié à une famille dont le chef a péri à la guerre [1]. Il eût pu s'enfuir, et le P. Jogues le lui conseillait : « Mon Père, lui répondit Guillaume, taschez vous-même de vous sauver; si tost que je ne vous verrai plus, je trouveray les moyens d'évader. Vous sçavez bien que je ne demeure dans cette captivité que pour l'amour de vous; faites donc vos efforts de vous sauver, car je ne puis penser à ma liberté et à ma vie, que je ne vous voye en assurance [2]. »

Eustache endura des traitements encore plus atroces. Arrivé chez les Agniers, au bourg d'Andagaron, il est soumis aux mêmes tourments que Guillaume; puis on lui arrache la chevelure, on lui coupe les deux pouces, et par les deux plaies on fait pénétrer dans les chairs jusqu'aux coudes un bâton pointu, durci au feu; enfin, après avoir brûlé lentement toutes les parties de son corps, on lui tranche la tête avec un couteau. Le P. Jogues était présent et l'encourageait : « Souviens-toy, lui disait-il, qu'il y a une autre vie que celle-cy; souviens-toy qu'il y a un Dieu qui voit tout et qui sçaura bien récompenser les angoisses que nous souffrons à son occasion. » « Je m'en souviens très bien, répond le néophyte, et je tiendrai ferme jusques à la mort [3]. »

1. « Lorsque les Iroquois laissent la vie à un prisonnier, ils le donnent à une famille dont un membre a péri à la guerre, afin qu'il tienne sa place, et il est entièrement à la disposition du chef, qui a sur lui droit de vie et de mort. Aucun autre n'oserait le frapper dans l'enceinte du village. » (*Vie du P. Jogues*, par le P. Martin, p. 125.)

2. *Relation* de 1643, p. 76.

3. *Relation* de 1647, p. 21.

Totiri, Charles Tsondatsaa et Téondéchoren parvinrent à briser leurs liens et à s'échapper. Paul Ononchoraton, le neveu d'Eustache, périt d'un coup de hache; et la jeune Thérèse, forcée d'épouser un guerrier iroquois, ne se laissa jamais ébranler dans ses convictions religieuses. Douze ans plus tard, un missionnaire l'ayant rencontrée à Onnontagué, écrivait sur son journal : « Mon Dieu! quelle douce consolation de rencontrer tant de foi en des cœurs sauvages vivant dans la captivité sans autres secours que le ciel! Dieu fait des apôtres partout... Nous sommes redevables à la piété de cette Huronne du premier baptême d'adulte fait à Onnontagué[1]. »

René Goupil ne tarda pas à suivre dans la mort le brave capitaine Ahasistari. Comme tous les prisonniers, il souffrit grandement de la faim, du feu, de tous les mauvais traitements que peuvent inventer des sauvages; mais la douleur n'arrêtait pas son zèle. Ce jeune homme cherchait dans la captivité toutes les occasions de répandre la foi. Un jour, un vieillard chez lequel il habitait, le vit tracer le signe de la croix sur le front de son petit-fils, et les Hollandais lui avaient appris que ce signe ne pouvait qu'attirer de grands malheurs. « Va! Tue ce chien de Français, » dit le vieillard à son neveu. Le soir, René Goupil se promenait dans le bois avec le P. Jogues. Le neveu s'approche de lui et décharge sur sa tête un violent coup de hache. Le P. Jogues perdait dans ce jeune *donné* un ami dévoué, le plus cher de ses compagnons de captivité. Il fut tué le 29 septembre 1642, après avoir prononcé les vœux qui le liaient d'une manière définitive à la Compagnie de Jésus[2].

1. *Relation* de 1654, ch. VI : Voyage du P. Simon Le Moyne dans le païs des Iroquois.

2. *Relation* de 1647, p. 25. — *Notice* sur René Goupil, par le P. Jogues, dans la *Vie du P. Jogues*, p. 335.

Nous n'avons encore rien dit des horribles traitements infligés au missionnaire. Son martyre, qui dura douze mois, fut de tous le plus long et le plus cruel[1]. Bressani en donne les raisons dans sa *Relation abrégée* : « Les Iroquois, dit-il, regardaient le prêtre comme leur ennemi, non en sa qualité d'Européen, puisqu'ils sont amis des Hollandais, mais parce que nous sommes amis et protecteurs des sauvages Hurons que nous travaillons à convertir et avec lesquels ils ne veulent pas la paix... En outre, ils haïssent notre sainte Foi, qu'ils croient et qu'ils appellent un sortilège... Ils ont surtout en horreur le signe de la croix, parce que les Hollandais leur ont fait croire que c'était une vraie superstition[2]. »

Le supplice du P. Jogues commença le jour même où il se constitua prisonnier. Nous n'entrerons pas dans des détails que le lecteur trouvera ailleurs longuement décrits par les acteurs de cette scène sauvage et par les lettres des Hollandais établis à Orange. Qu'il nous suffise d'indiquer quelques excès de férocité auxquels se portèrent les bourreaux. Dès le premier jour, ils lui arrachent les ongles des doigts jusqu'à la racine, ils lui mâchent les deux index avec les dents et ils le frappent si violemment à coups de bâtons et de massue qu'il tombe à demi mort. Ils le ramassent, le mettent sur leurs canots et le conduisent au pays des Agniers, en remontant la rivière Richelieu jusqu'au lac Champlain. En route, ils le traitent comme un esclave, ils s'en servent comme d'une bête de somme pour porter leurs fardeaux. Chez les Agniers, on le promène avec ses compagnons de bourgade en bourgade, d'Ossernenon à

1. Le P. Jogues fut pris le 2 août 1642 et il quitta le village Iroquois, où il était captif, le 31 juillet 1643, d'après ce qu'il en écrivit lui-même au P. Charles Lalemant, le 30 août 1643. V. la *Relation* de 1643, p. 75.

2. *Breve relatione*, p. 46.

Andagaron, d'Andagaron à Tionnontogen, en le livrant partout à la risée publique sur une estrade improvisée au milieu du bourg. Là, chacun se donne le plaisir de le *caresser*, comme disent les Iroquois. On lui arrache la barbe et les cheveux, on lui scie le pouce gauche, on lui fait plusieurs fois subir la bastonnade entre deux haies de sauvages. Ses chairs sont tailladées et déchiquetées avec les ongles jusqu'aux os, et les enfants, pour faire leur apprentissage de cruauté, enfoncent des poinçons dans les chairs endolories et jettent sur le corps nu du prêtre des charbons ardents et des cendres brûlantes. Avec des cordes faites d'écorces d'arbre, ils le suspendent par les bras à deux poteaux. « L'excès de mes douleurs fut alors si grand, dit le patient, que je conjurai mes bourreaux de relâcher un peu mes liens; mais Dieu permit avec raison que plus mes instances étaient vives, plus ils s'efforçassent de les resserrer. » La nuit ne lui apportait pas de repos; les femmes et les enfants venaient le tourmenter de toutes manières[1].

La gangrène finit par se mettre dans les plaies, si bien qu'il devint bientôt un objet d'horreur. Les sauvages poussent la raffinerie de la cruauté jusqu'à suspendre à propos les tortures, et à laisser la victime vivre plus longtemps afin de souffrir plus longuement; sans quoi il serait impossible de s'expliquer comment le P. Jogues ne succomba pas à la violence et à la continuité de ses tourments.

Pendant deux mois, après le meurtre de Goupil, il s'attendait chaque jour à être assommé; et ce n'est que par une protection spéciale de la Providence qu'il échappa à la massue de ses bourreaux. Il servait alors d'esclave au sau-

1. *Le P. Isaac Jogues*, par le P. Martin, ch. VI; — *Breve relatione*, del P. Bressani, parte 3a, cap. 2.

vage, qui lui coupa le pouce[1]. Pendant l'hiver, on le confia tantôt à une famille, tantôt à une autre. Il suivait ses maîtres à la chasse, portant sur ses épaules leurs sacs de blé, la viande fumée et le bois; la nuit, il couchait le plus souvent en plein air, à demi vêtu. Comment ne mourut-il pas de fatigue et de froid ?

Au retour du printemps, l'esclave alla avec ses maîtres à la pêche. Le jour, on le traitait, dit-il, *comme une bête de somme*; on l'employait aux besognes les plus dures et les plus révoltantes; le soir, on lui donnait un peu de liberté, et il en profitait pour se retirer sur la colline voisine et y goûter dans le calme de la solitude quelques moments de paix. Il gravait sur l'écorce d'un arbre le signe sacré de la croix, et, à genoux, les yeux pleins de larmes, il méditait sur les exemples du Sauveur, il parcourait en esprit toutes les stations du calvaire. Quand il se croyait seul, il fredonnait un chant liturgique, et par des sentiers détournés il revenait à la cabane de ses maîtres. Il se gardait bien d'entrer; on l'eût jeté à la porte. Il s'étendait sur la terre ou il s'asseyait sur le vieux tronc d'un arbre, et, brisé de fatigue, souvent dévoré par la faim, il s'endormait dans la pensée de Dieu et attendait le réveil des sauvages pour reprendre son labeur d'esclave. « Que de fois alors, dit-il, *j'ai versé des larmes au souvenir de Sion*, non seulement de la Sion triomphante dans les cieux, mais de celle qui glorifie Dieu sur terre! Que de fois, *bien que sur une terre étrangère, j'ai chanté le cantique du Seigneur* et j'ai fait retentir les forêts et les montagnes des louanges de leur auteur! Que de fois j'ai gravé le nom de Jésus sur les arbres élevés de la forêt[2]! »

1. Consulter sur ce qui suit : *Relation* de 1647, ch. V et VI; — *Breve relatione*, ibid.; — *Le P. Isaac Jogues*, par le P. Martin, ibid.

2. *Breve relatione*, parte 3a, cap. 2.

Dans ces jours de liberté relative, il eût pu facilement prendre la fuite. Il ne le fit pas, *bien qu'il fût condamné à une vie plus pénible que mille morts*[1]. « J'ai résolu de vivre et de mourir sur cette croix, dit-il. Qui pourrait, en effet, en mon absence, consoler et absoudre les captifs français? Qui rappellerait aux chrétiens Hurons leurs devoirs? Qui prendrait soin de régénérer les enfants dans les eaux du baptême, de pourvoir au salut des adultes moribonds, et d'instruire ceux qui sont en santé[2]? »

Dieu bénit un si grand zèle. « Sans compter les prisonniers Français et Hurons, que j'ai aidés, consolés et confessés, j'ai régénéré, dit-il, depuis ma captivité, dans les eaux sacrées, soixante-dix personnes, enfants, jeunes gens et vieillards de cinq nations et de langues différentes[3]. »

Dans la poitrine de cet apôtre battait un cœur français. Malgré la surveillance dont il était l'objet, il put se rendre compte des forces des Iroquois et pénétrer leurs desseins; et, au risque d'être découvert et brûlé vif, il écrivit au chevalier de Montmagny, gouverneur du Canada : « Craignez sans cesse et partout les embûches de ces hommes, car des bandes de guerriers quittent chaque jour le village pour aller à la guerre et il n'est pas à croire que le fleuve (le Saint-Laurent) soit débarrassé de ces sauvages avant la fin de l'automne[4]. Ils sont ici au nombre de sept cents, possèdent trois cents fusils dont ils se servent avec une

1. *Breve relatione*, *ibid.*
2. *Ibid.*
3. *Ibid.*
4. Cette lettre, écrite de chez les Agniers, est du 30 juin 1643. Le P. Jogues en avait déjà écrit trois autres qui ne parvinrent pas à destination. Celle-ci était partie en latin, partie en français, partie en huron, afin qu'elle fût inintelligible pour les ennemis, si elle tombait entre leurs mains.

grande adresse et connaissent plusieurs chemins pour arriver à la station des Trois-Rivières. Le fort Richelieu arrête bien un peu, mais n'empêche pas tout à fait leurs excursions. Une nouvelle bande vient de se mettre en campagne... Ils n'en veulent pas moins aux Français qu'aux Algonquins... Voici, autant que je peux le deviner, le dessein des Iroquois : prendre tous les Hurons, s'il leur est possible ; faire périr les chefs avec une grande partie de la nation, et former avec les autres un seul peuple et un seul pays [1]. »

Cet apôtre au cœur français n'avait qu'une pensée, en écrivant cette lettre : rendre un service signalé à la Colonie française et à ses alliés, les Hurons et les Algonquins. Quant à lui, il veut être oublié et traité comme une quantité négligeable. « Ne tenez, dit-il au gouverneur, aucun compte de ma personne, et qu'aucune considération ayant rapport à moi ne vous empêche de prendre toutes les mesures qui vous paraîtront plus propres à procurer la plus grande gloire de Dieu... Je forme la résolution de jour en jour plus arrêtée, de rester ici aussi longtemps qu'il plaira à Notre-Seigneur, et de ne pas chercher à conquérir ma liberté, quand même il s'en offrirait des occasions. Je ne veux pas priver les Français, les Hurons et les Algonquins des secours qu'ils reçoivent de mon ministère [2]. »

Après avoir lu cette lettre, le supérieur de Québec écrivait à son Provincial de France : « Elle est composée d'un stile plus sublime que celuy qui sort des plus pompeuses écoles de la rhétorique [3]. » Cette lettre, écrite d'une

1. *Vie du P. Jogues*, par le P. Martin, p. 179.
2. *Ibid.*
3. *Relation* de 1643, p. 67. Elle est du P. Vimont et adressée au P. Jean Filleau, à Paris.

main mutilée, est, en effet, dans sa belle et calme simplicité, l'expression la plus pure qui se puisse voir d'une âme élevée, admirable de patriotisme.

Ce service ne fut pas le seul que le prisonnier des Iroquois rendit à ses compatriotes. On sait que le Gouverneur avait élevé, quelques jours après la prise de Jogues et de ses compagnons, le fort Richelieu, à l'embouchure de la rivière des Iroquois. Ceux-ci voulurent, dès le mois d'août 1642, renverser cette barrière, qui gênait leurs marches vers le Saint-Laurent; mais leurs bandes furent héroïquement repoussées, et pendant près d'un an ils n'osèrent pas diriger contre le fort une nouvelle attaque. Au mois de juillet 1643, une troupe d'Iroquois se décida enfin à agir, et un jeune Huron, *Iroquisé*, qui faisait partie de l'expédition, offrit au Jésuite, s'il voulait écrire au commandant de Richelieu, de lui porter sa lettre. Cette offre cachait un piège; le Jésuite accepta néanmoins. « Je connaissais fort bien, dit-il, les dangers où je m'exposais; je n'ignorais pas que s'il arrivait quelque disgrâce à ces guerriers, on m'en ferait responsable et on en accuserait mes lettres; je prévoyais ma mort, mais elle me semblait douce et agréable, employée pour le bien public et pour la consolation de nos Français et des pauvres sauvages qui écoutent la parole de Notre-Seigneur. Mon cœur ne fut saisi d'aucune crainte à la vue de tout ce qui en pourrait arriver, puisqu'il y allait de la gloire de Dieu[1]. »

Le P. Jogues se trouvait en ce moment sur les bords de l'Hudson, près du fort d'Orange, où ses maîtres se livraient à la pêche depuis plusieurs semaines. C'était au mois d'août 1643. Il demande du papier à un Hollandais et il écrit au commandant de Richelieu d'être sur ses

1. *Relation* de 1643, p. 75.

gardes. Le Huron prend la lettre, et, arrivé au fort, il se présente en qualité de parlementaire et la remet au commandant. Celui-ci la lit et, pour toute réponse, il envoie une décharge de canon aux Iroquois, qui s'enfuient à la hâte, laissant aux mains des Français un canot, des arquebuses, de la poudre et du plomb[1].

Honteux et furieux de l'insuccès de leur entreprise, ils reviennent sur leurs pas, résolus de brûler vif le missionnaire.

Les Hollandais apprennent leurs mauvais desseins; ils préviennent le P. Jogues et s'offrent à lui pour procurer son évasion. L'apôtre hésite et demande à réfléchir; il voulait examiner devant Dieu ce qu'il convenait de faire en la circonstance. La nuit entière se passe à prier, à se rendre un compte exact de sa propre situation. Par suite de l'échec des Iroquois et de leurs fâcheuses dispositions à son égard, la situation d'aujourd'hui n'était plus la même que celle d'hier; la grande raison qui l'avait empêché jusqu'ici de songer à son évasion n'existait plus, attendu que désormais son ministère ne pourrait être d'aucune utilité. Dans ces conditions, ne valait-il pas mieux accepter les offres des Hollandais et revenir au pays des Hurons, pour convertir les payens à la foi et affermir les chrétiens dans leur croyance? L'apôtre le pensa ainsi, et, au lever du jour, il fit part de sa résolution au commandant hollandais du fort, qui parvint à le soustraire aux recherches des sauvages[2]. Un mois plus tard, le martyr s'embarquait

1. *Relation* de 1643, p. 75.

2. Voir les détails de son évasion dans la *Relation* de 1643, ch. XIV, p. 74; — *Relation* de 1647, ch. VII, p. 33. — *Narré* de la prise du P. Jogues, par le P. Buteux.

Les nombreux récits sur la prise du P. Jogues, sa captivité et son évasion portent le caractère d'une entière sincérité, dit le protestant

à la Nouvelle-Amsterdam[1], et, le jour de Noël 1643, il abordait sur les côtes de la Basse-Bretagne, près de Saint-Pol de Léon[2].

La nouvelle de son arrestation et de sa longue captivité avait produit à Québec la plus douloureuse impression. Toute la colonie avait aussi ressenti vivement les tourments horribles infligés à Goupil et aux trois chrétiens Hurons, Eustache, Paul et Étienne; il y eut un moment de stupeur, quand on apprit leur mort.

Au pays des Hurons, la douleur fut plus grande encore; car la mission perdait, dans le P. Jogues, qu'elle n'espérait plus revoir, un de ses meilleurs ouvriers; dans René Goupil, un de ses *donnés* les plus dévoués et les plus généreux, et dans les trois Hurons, martyrs de la cruauté iroquoise, les plus fermes appuis de son église naissante, les prémices de sa foi. Ne recevant aucun secours de Québec, d'où lui venait la majeure partie de ses approvisionnements, elle vivait dans une immense détresse; elle envisageait l'avenir avec inquiétude, mais sans découragement. A Québec, les courages n'étaient pas non plus défaillants, quoique la tristesse fût générale. Et plusieurs tentatives

Parkman; ils se corroborent entre eux et sont appuyés par le témoignage des prisonniers hurons qui purent s'échapper et les lettres des Hollandais établis à Renselaerswich. Le pasteur hollandais, Jean Megapolensis, qui traita le P. Jogues avec les plus grands égards pendant son évasion, a aussi écrit sur les tortures que ce Père endura. Tous les historiens modernes et les Pères Tanner (*Societas militans*), du Creux (*Historia Canadensis*) et Charlevoix ont tiré en partie leurs renseignements sur le P. Jogues des *Relations* du Canada et de la *Breve relatione* du P. Bressani.

1. Aujourd'hui New-York.

2. Voir aux *Pièces justificatives* n° 1, le récit, par le P. Jouvency (Res gestæ in Americæ septentrionalis parte, quæ Canada dicitur), de la captivité du P. Jogues.

furent faites, après la prise du P. Jogues, pour rétablir les relations avec Sainte-Marie des Hurons. Toutes échouèrent, les issues étant trop bien gardées par les ennemis.

Les Iroquois, que l'expérience rendait tous les jours plus habiles dans la guerre de surprises, avaient, en effet, changé de tactique, et divisé leurs forces, dès 1643, en dix bandes de guerriers, destinées à envelopper toute la Colonie française comme dans un immense réseau. Les deux premières bandes stationnaient au portage des *Chaudières*[1]; la troisième restait au pied du *Long sault*; la quatrième, au dessus de Montréal; la cinquième, dans l'île même de Montréal; la sixième, dans la rivière des *Prairies*; la septième, dans le lac Saint-Pierre; la huitième, près des Trois-Rivières; la neuvième, près du fort Richelieu; la dixième devait envahir le territoire des Hurons et porter partout le fer et le feu[2].

« Les positions prises par les Iroquois étaient si bien choisies, dit le P. Lalemant, qu'ils pouvaient voir l'ennemi de quatre à cinq lieues sans être aperçus eux-mêmes, et ils n'attaquaient que quand ils étaient les plus forts[3]. » On est étonné de trouver dans une tribu sauvage cet art stratégique; mais elle offre un grand exemple du développement auquel peut parvenir une nation, fière de son indépendance et de sa liberté.

La nouvelle organisation des forces iroquoises avait un double but : d'abord affaiblir les Français par des attaques continuelles et imprévues, empêcher toute communication entre les forts de Richelieu, de Montréal, des Trois-Rivières et de Québec, ruiner le commerce des Européens avec les

1. Près de l'ancienne Bytown, qui a changé son nom en celui d'Ottawa, capitale de la Confédération canadienne.

2. *Relation* de 1644, p. 42.

3. *Relation* de 1644.

peuples d'en haut; ensuite isoler les Hurons, pour les battre plus facilement et les détruire. Le premier objectif était, pour l'instant, le moins important.

Le second, celui que le P. Jogues avait si nettement indiqué au chevalier de Montmagny, fut poursuivi avec une précision et une rigueur implacables. Les Tsonnontouans, aidés d'une forte bande d'Oneiouts, tombèrent à l'improviste, dès 1643, sur les bourgades huronnes et semèrent, partout où ils passèrent, la désolation et la mort. « La désolation est extrême dans ce pays, écrivait le P. Lalemant... La guerre y a continué ses ravages ordinaires pendant l'été. Presque tous les jours, de pauvres femmes se sont trouvées assommées dans leurs champs ; les bourgs ont été dans des alarmes continuelles, et toutes les troupes qui s'étaient levées en bon nombre pour aller donner la chasse à l'ennemi sur les frontières, ont été défaites et mises en déroute, les captifs emmenés à centaines ; et souvent nous n'avons point eu d'autres courriers et porteurs de ces funestes nouvelles, que de pauvres malheureux échappés du milieu des flammes, dont le corps demi brûlé et les doigts des mains coupés, nous donnaient plus d'assurance que leur parole même, du malheur qui les avait accueillis eux et leurs camarades. Ce fléau du ciel en était d'autant plus sensible qu'il était accompagné de celui de la famine, universelle parmi toutes ces nations à plus de cent lieues à la ronde. Le blé d'inde, qui est ici l'unique soutien de la vie, y était si rare que les plus accommodés à peine avaient-ils pour ensemencer leurs terres ; plusieurs ne vivaient que d'un peu de gland, de potirons et de chétives racines qu'ils allaient souvent chercher bien loin en des lieux de massacre et qui n'étaient battus que des pas de l'ennemi... Mais la plus forte épine que nous ayons, est que les ennemis de ces peuples, ayant le dessus par le moyen des arquebuses, qu'ils ont de quelques Européens, nous sommes maintenant comme investis et assiégés de tous côtés, sans pouvoir soulager la misère d'une infinité de peuples qui vivent encore dans l'ignorance du vrai Dieu, ni recevoir même du secours de la France qu'avec des peines incroyables[1]. »

Cette lettre, écrite de Sainte-Marie des Hurons, est datée du dernier jour de mars 1644.

Un mois plus tard[2], le P. Vimont, supérieur de Québec, chargeait le P. Bressani de porter aux missionnaires Hurons des *lettres* et *plusieurs paquets*[3]. Ils n'avaient rien reçu depuis trois ans.

François-Joseph Bressani, né à Rome le 6 mai 1612, était entré dans la Compagnie de Jésus à l'âge de quatorze ans, après sa première année de philosophie[4]. Les épreuves du noviciat et ses études philosophiques, puis sa théologie terminées, il occupa, tour à tour et avec succès, les chaires de littérature, de philosophie et de mathématiques. On le destinait à l'apostolat des grandes villes; il préféra l'apostolat des sauvages du Nouveau-Monde. Arrivé à Québec en 1642, il y commença sa vie d'apôtre, auprès des Français,

1. *Relation* de 1644, pp. 105, 106 et 107.
2. 27 avril 1644.
3. *Relation* de 1644, p. 41.
4. Le P. Bressani entra dans la Compagnie de Jésus, au noviciat de Rome, le 15 août 1626. Après le noviciat, il termine sa philosophie au collège Romain (1628-1630). Il est professeur à Sezze de cinquième (1630-1631), de quatrième (1631-1632), et à Tivoli de troisième (1632-1633); il fait trois ans de théologie au collège Romain (1633-1636) et une quatrième année au collège de Clermont, à Paris (1636-1637). Après sa troisième année de probation faite à Paris, il enseigne la rhétorique, la philosophie et les mathémathiques, et il part pour le Canada, en 1642. (Arch. gén. S. J.)

et la continua, aux Trois-Rivières, auprès des Algonquins. Il se formait, il s'essayait à de plus rudes labeurs ; il se préparait par le travail et la prière à une destinée qui lui avait été prédite. Avant de quitter la France, une grande âme, éclairée de Dieu, lui avait dit ce qui lui arriverait un jour[1].

Le P. Bressani partit des Trois-Rivières le 27 avril, accompagné de six sauvages chrétiens et d'un jeune Français, montés sur trois canots. Le troisième jour, il tomba dans une embuscade d'Iroquois, non loin du fort Richelieu. Tous sont faits prisonniers; les lettres sont saisies et déchirées, et toutes les provisions, destinées aux missionnaires Hurons, capturées.

Un brave Huron, Bertrand Sotrioskon, avait été tué en se défendant. Les Iroquois lui coupent par morceaux les bras et les jambes, ils les font bouillir avec le cœur dans la marmite; ils les dévorent, puis ils se mettent en route et remontent la rivière Richelieu jusqu'au canton des Agniers. Iroquois et prisonniers s'arrêtent au village d'Ossernenon.

Comme Jogues, Bressani a raconté ses propres souffrances. Son récit, modèle de pureté littéraire et de simplicité, est inséré dans sa *Breve relatione*, publiée de son vivant à Macérata et dédiée au cardinal de Lugo. En le lisant, on éprouve je ne sais quel sentiment d'horreur et de dégoût mêlé à une profonde et religieuse sympathie. Rien de plus émouvant que cette narration, où les plus douloureuses péripéties se mêlent aux plus belles luttes intérieures et aux sentiments les plus élevés. Nous ne donnerons pas ici

1. *Biographie du P. Bressani*, par le P. Martin, pp. 13 et suiv., dans la « *Relation abrégée* de quelques missions des Pères de la Compagnie de Jésus dans la Nouvelle-France », traduction de *Breve relatione* du P. François-Joseph Bressani.

tous les détails de cette dure captivité : il faudrait pour cela transcrire toutes les lettres du P. Bressani. Celui qui les écrit n'a plus qu'un doigt entier à la main droite, et le sang, qui coule de ses plaies ouvertes, salit son papier. L'encre est faite de poudre à fusil délayée et la terre lui sert de table[1].

« Je ne raconterai pas, dit-il, tout ce que j'eus à souffrir pendant le voyage, *du fort Richelieu à Ossernenon*. Il suffit de dire que nous avions à porter nos bagages dans les bois, par des chemins non frayés, où on ne trouve que des pierres, des ronces, des trous, de l'eau et de la neige; celle-ci n'avait pas encore entièrement disparu. Nous étions nu-pieds, et nous restions à jeun quelquefois jusqu'à trois ou quatre heures de l'après-midi, et souvent pendant la journée entière... Le soir venu, j'étais chargé d'aller chercher le bois et l'eau, et de faire la cuisine quand il y avait des provisions. Lorsque je ne réussissais pas ou que je comprenais mal les ordres que je recevais, on n'épargnait pas les coups.

« Le quatrième jour, qui était le 15 de mai, nous nous trouvâmes vers trois heures et avant d'avoir rien pris, sur les bords d'une rivière où étaient réunis pour la pêche quatre cents sauvages. Ils vinrent au devant de nous et à deux cents pas de leurs cabanes, ils enlevèrent tous nos vêtements et me firent marcher en tête. Les jeunes gens formaient une haie à droite et à gauche, tous armés d'un bâton, à l'exception du premier, qui tenait un couteau. Quand je voulus m'avancer, celui-ci me barra le passage, et saisissant ma main gauche, il la fendit avec son couteau, entre l'annulaire et le petit doigt; il le fit avec tant de force et de violence que je crus qu'il voulait m'ouvrir la

1. Lettre au R. P. Général. Du pays des Iroquois, 15 juillet 1644. (*Breve relatione*, p. 31.)

main entière. Les autres commencèrent alors à me frapper avec leurs bâtons, et ils ne cessèrent que quand je fus arrivé au théâtre qu'ils avaient préparé pour nous tourmenter. Il nous fallut monter sur ces écorces grossières, élevées de neuf palmes au dessus de terre, de manière à donner à la foule le loisir de nous voir et de se moquer de nous. J'étais tout couvert du sang qui coulait de toutes les parties de mon corps, et le vent, auquel nous étions exposés, était assez froid pour le geler immédiatement sur ma peau... Un capitaine, me voyant transi de froid, me rendit la moitié d'une vieille soutane d'été en lambeaux : c'était assez pour me cacher, mais non pour me réchauffer...

« On nous retint quelque temps dans ce lieu, entièrement à la discrétion et à l'indiscrétion des jeunes gens et des enfants, qui me piquaient, me frappaient, m'arrachaient les cheveux et la barbe, etc...

« Le soir venu, les capitaines criaient à pleine voix autour des cabanes : réunissez-vous, jeunes gens, et venez *caresser* nos prisonniers. Ils accouraient et se réunissaient dans une grande cabane. Là, on m'enleva le lambeau de vêtement qu'on m'avait donné, et dans cet état de nudité, ceux-ci me piquaient avec des bâtons aigus, ceux-là me brûlaient avec des tisons ardents ou des pierres rougies au feu ; d'autres se servaient de cendres brûlantes ou de charbons enflammés. Ils me faisaient marcher autour du feu sur la cendre chaude, sous laquelle ils avaient planté en terre des bâtons pointus... Puis ils passaient environ un quart d'heure à me brûler un ongle ou un doigt. Il ne me reste maintenant qu'un seul doigt entier, et encore ils en ont arraché l'ongle avec les dents. Un soir, ils m'enlevaient un ongle, le lendemain la première phalange, le jour suivant la seconde. J'étais obligé de chanter pendant ce supplice. Ils ne cessaient de me tourmenter jusqu'à une heure ou deux heures de la nuit. Ils me laissaient alors ordinairement lié à terre et sans abri. Je n'avais pour lit et pour couverture qu'un morceau de peau, la moitié trop petit. J'étais même souvent sans aucun vêtement, car ils avaient déjà déchiré le morceau de soutane qu'on m'avait donné...

« Nous partîmes de là le 26 mai, et, après plusieurs jours de marche, nous arrivâmes au premier village de la nation, à Ossernenon. Ici, notre réception ressembla à la première et fut encore plus cruelle ; car outre les coups de poing et les coups de bâton que je reçus dans les parties les plus sensibles du corps, ils me fendirent encore une fois la main gauche entre le doigt du milieu et l'index, et leur bastonnade fut telle que je tombai à terre demi-mort. Comme je ne me relevais pas parce que j'en étais incapable, ils continuaient à me frapper surtout sur la poitrine et sur la tête. J'aurais certainement expiré sous leurs coups, si un capitaine ne m'eût pas fait traîner à force de bras sur un théâtre formé d'écorces comme le premier. Là, ils me coupèrent le gros doigt de la main gauche et fendirent l'index. Le soir, un sauvage me fit entrer dans sa cabane. Nous fûmes tourmentés dans cette circonstance avec plus de cruauté et d'audace que jamais..... Ils disloquèrent les doigts des pieds et me percèrent un pied avec un tison. Je ne sais ce qu'ils n'essayèrent pas.

« Après avoir satisfait à leur cruauté, ils nous envoyèrent dans un village, à neuf ou dix mille plus loin. Ici on ajouta aux tourments dont j'ai parlé, celui de me suspendre par les pieds, tantôt avec des cordes, tantôt avec des chaines que leur donnaient les Hollandais. Pendant la nuit, je restais étendu sur la terre nue, et attaché, selon leur coutume, à plusieurs piquets, par les pieds, les mains et le cou. Pendant six ou sept nuits, les moyens qu'ils prirent pour me faire souffrir sont tels qu'il ne m'est pas permis de les décrire.

« Après un pareil traitement, je devins si horrible que tout le monde s'éloignait de moi; on ne m'approchait que pour me tourmenter... J'étais couvert d'insectes, sans pouvoir m'en délivrer ni m'en défendre. Les vers naissaient dans mes plaies. J'étais devenu un fardeau pour moi-même, de sorte que, si je n'avais consulté que moi, j'aurais regardé la mort comme un gain... Je la désirais et je l'attendais, mais non sans éprouver une vive horreur du feu... Cette mort ne vint pas. Le 19 juin, contre mon attente, je fus donné à une vieille femme, afin de remplacer son aïeul, tué autrefois par les Hurons; au lieu de me brûler selon les désirs et l'avis de tous, elle me racheta de leurs mains, au prix de quelques grains de porcelaine[1]. »

La vieille Iroquoise trouva son nouveau parent trop infirme et trop maladroit pour lui rendre des services. Elle le vendit aux Hollandais pour une somme de deux cent cinquante à trois cents francs. Sa captivité avait duré quatre mois. Les Hollandais le firent conduire à La Rochelle, où il arriva au mois de novembre 1644[2].

Dans sa lettre au R. P. Général, Mutio Vitelleschi, le P. Bressani faisait cette réflexion à la suite de l'énumération de ses horribles tourments : « Je n'aurais jamais cru que l'homme eût la vie si dure! » On s'étonne, en effet, qu'il ait pu résister à un si douloureux martyre. Ce qui étonne encore plus, c'est la parfaite liberté, c'est la sérénité de l'âme dans la douleur. « Quoique je fusse à chaque instant à deux doigts de la mort, mon esprit, dit-il, a toujours conservé la même liberté et je pouvais donner à

1. *Breve relatione*, part. II, cap. II. — Nous avons donné la traduction du P. Martin, *Relation abrégée*, pp. 116 et suiv.

2. Voir aux *Pièces justificatives*, n° II, le récit de la captivité du P. Bressani, fait par le P. Jouvancy et extrait de son ouvrage inédit : « Res gestæ in Americæ Septentrionalis parte quæ Canada dicitur. »

chaque action une attention complète. Mon corps était dans un abattement extrême ; je pouvais à peine ouvrir les lèvres pour réciter un *Notre Père*, tandis qu'intérieurement je m'occupais avec la plus entière liberté... Dieu me fit la grâce d'arrêter en moi jusqu'au premier mouvement d'indignation contre mes bourreaux et de m'inspirer même des sentiments de compassion pour eux... Je n'étais pas insensible à la douleur ; je la sentais vivement. Mais j'avais intérieurement une telle force pour la supporter, que j'étais étonné de moi-même, ou plutôt de l'abondance de la grâce, et je croyais me trouver dans le même état que David, lorsqu'il disait : *Au milieu de mes tribulations vous avez dilaté mon cœur* [1]. J'estime plus cette grâce que celle de ma délivrance [2]. »

Cette page est le plus beau panégyrique du P. Bressani : l'apôtre et le religieux s'y révèlent dans leur perfection.

On raconte que la reine-régente, Anne d'Autriche, ayant entendu le récit de la captivité et de la délivrance du P. Jogues, dit aux dames de la cour : « On fait tous les jours des romans qui ne sont que mensonges. En voici un qui est une vérité, et où le merveilleux se trouve joint à l'héroïsme le plus admirable. » Elle eût pu dire la même chose du martyre du P. Bressani ; et aucune parole ne saurait résumer en termes plus vrais le long et douloureux supplice de ces deux hommes.

Le séjour en Europe du P. Bressani ne fut pas de longue durée. La Nouvelle-France, arrosée de son sang, restait toujours l'objet de ses désirs ; il y revint l'année suivante. Le P. Jogues l'avait précédé depuis un an, n'ayant d'autre

1. In tribulatione dilastasti me. (Ps. VI, 2.)
2. Lettre à ses amis, datée de l'île de Rhé, 16 novembre 1644. (*Breve relatione*, pp. 46 et suiv.)

ambition que de vivre et de mourir sur la terre de ses premiers travaux et de ses sanglantes douleurs. Il semblait même, à l'entendre parler, qu'elle eût un attrait de plus, depuis qu'il y avait souffert. Tous deux avaient les mains mutilées ; c'était un empêchement canonique pour la célébration des Saints-Mystères. Leur piété s'alarmait justement d'une privation, qui devenait pour le prêtre le plus grand des sacrifices. Les Pontifes de Rome levèrent l'obstacle. Urbain VIII répondit au P. Isaac Jogues : « Il serait indigne de refuser à un martyr de Jésus-Christ de boire le sang de Jésus-Christ[1]. » Innocent X baisa avec respect les cicatrices du P. Bressani et lui dit affectueusement : « Vous avez été mutilé pour la publication de l'Évangile ; vous ne devez pas être privé de l'honneur d'offrir le Saint-Sacrifice[2]. »

Quand ce dernier rentra à Québec vers le milieu de 1645, un grave évènement s'accomplissait, d'où l'on semblait attendre beaucoup pour la pacification de la Nouvelle-France. Iroquois, Hurons, Algonquins, Montagnais, Attikamègues et Français, réunis aux Trois-Rivières, y traitaient de la paix.

Le gouverneur de Montmagny avait provoqué cette réunion. Ses alliés étaient en partie démoralisés. Lui-même ne pouvait faire la loi aux Iroquois ni punir leur audace ; il avait à peine assez de soldats pour faire respecter les postes français. Le commerce et l'agriculture étaient en souffrance par suite de la guerre. Il n'y avait de sécurité nulle part. Toute la colonie souhaitait la paix, pourvu qu'elle se fît sans compromettre l'honneur et la dignité de la France.

1. Indignum esset Christi martyrem, Christi non libere sanguinem.
2. *Histoire de l'Hôtel-Dieu de Québec*, p. 53.

Un fait, assez insignifiant en soi, fournit au Gouverneur le moyen d'entrer en négociation avec l'ennemi. Il retenait prisonniers quelques guerriers iroquois, dont l'un était un chef agnier. Il renvoya ce dernier dans son pays et le chargea de dire aux Cantons, que s'ils voulaient sauver la vie aux autres captifs, il fallait envoyer sans délai des ambassadeurs avec pleins pouvoirs pour conclure la paix.

La Confédération iroquoise s'affaiblissait de jour en jour, malgré ses succès, à cause des pertes considérables que la guerre causait dans les rangs des soldats. Aussi un parti puissant, surtout dans le canton des Agniers, demandait ou à enterrer la hache de guerre [1] ou à la jeter dans la rivière [2].

La démarche du gouverneur produisit l'effet désiré. Deux mois après, le chef agnier, accompagné de deux ambassadeurs du même canton, se présentait au commandant des Trois-Rivières, M. de Champflour, et demandait une audience au grand *Ononthio* [3]. C'est ainsi que les tribus indiennes appelaient M. de Montmagny. A la tête de l'ambassade se trouvait un grand capitaine, parleur infatigable, Kiotsaeton, le plus fourbe et le plus rusé sauvage de son canton. Guillaume Couture [4], qu'on avait rendu à la liberté, était avec les députés, vêtu à l'iroquoise.

1. Faire une paix définitive.

2. Suspendre les hostilités pour un temps. *Repêcher* la hache, c'est recommencer la guerre.

3. *Ononthio, grande Montagne*; interprétation du nom de *Montmagny*. Ce fut le nom donné depuis par les tribus sauvages à tous les gouverneurs du Canada.

4. Couture alla très jeune au Canada, et travailla d'abord dans la mission huronne. On le voit dès 1640 sur la liste des *donnés*. Dans le catalogue des emplois, il figure tantôt comme menuisier, tantôt avec la simple indication *ad multa*, preuve de l'utilité de ses services. Il fut négociateur de la paix avec les Iroquois, ce qui lui valut la fin

Le 12 juillet, l'audience eut lieu sous une tente dressée dans la cour du fort. A une extrémité, siégeait le gouverneur, ayant à ses côtés le commandant de Champflour, le P. Vimont, le P. Jogues et tout l'état-major en grande tenue. En face, à l'autre extrémité, se tenaient les Algonquins. Les Français et les Hurons avaient pris place à droite et à gauche de la vaste salle. Au milieu, l'ambassade iroquoise avait étalé ses présents, quatorze colliers de porcelaine.

Kiotsaeton se lève, regarde le soleil, prend l'un après l'autre les colliers, explique longuement le sens de chacun, les offre au gouverneur, et, après avoir parlé, chanté, gesticulé comme un pitre pendant près de trois heures, il demande que *les nuages se dispersent et que le soleil de la paix luise sur tout le pays*. Sa harangue se termine par une danse à laquelle prennent part tous les sauvages. Le lendemain, grand festin offert par le gouverneur aux amis et aux ennemis.

Le 14, nouvelle réunion sous la grande tente. M. de Montmagny répond par quatorze présents à ceux des Iroquois; et les articles du traité de paix sont arrêtés. Piescaret, capitaine des Algonquins de l'île, présente aux ambassadeurs quelques peaux de castor et leur dit au nom de sa nation : « Voici une pierre que je mets sur la fosse de ceux qui sont morts aux derniers combats, afin qu'on ne remue plus

de sa captivité. Laissé libre de rompre son contrat comme *donné*, il se maria et fut la souche d'une nombreuse famille. Il ne mourut qu'en 1702 à l'âge de quatre-vingt-quatorze ans. (*Vie du P. Jogues*, p. 261.)— Dans une consulte tenue par les Pères Jésuites à Québec, le 26 avril 1646, le mariage de Couture fut approuvé : « Le mariage de Cousture, approbatum omnium consensu. » (*Journal des Jésuites*, p. 43.)

V. le *Dictionnaire généalogique des familles canadiennes*, par l'abbé Cyprien Tanguay, t. I, p. 147.

leurs os, et qu'on perde la mémoire de ce qui leur est arrivé, sans plus jamais songer à la vengeance. » Noël Negahamat, capitaine Montagnais, se lève à son tour et offre cinq grandes peaux d'élans : « Voilà, dit-il aux Iroquois, de quoy vous armer les pieds et les jambes, de peur que vous ne vous blessiez au retour, s'il restait encore quelque pierre au chemin que vous avez applany. »

Trois coups de canon annoncent la fin de la séance et la conclusion de la paix.

Le lendemain, les ambassadeurs montent sur leurs canots et regagnent leur pays.

La tâche n'était pas terminée. La paix était conclue avec les Agniers; mais les autres cantons tenaient toujours la hache levée; et la plupart des chefs des nations alliées de la France ignoraient ce qui venait de se passer aux Trois-Rivières. Avant le départ des Iroquois, il fut convenu que les ambassadeurs feraient ratifier le traité par l'assemblée générale des Cantons confédérés et que le gouverneur le soumettrait à l'approbation des capitaines Hurons et Algonquins, absents lors de la réunion des Trois-Rivières.

Une seconde réunion pour la confirmation de la paix fut fixée au mois de septembre. Jusque là tout acte d'hostilité était absolument interdit.

Ce fut pour toute la colonie française une heure de vrai soulagement, de joie indicible, quand elle apprit la conclusion de la paix. Ses alliés ne furent pas moins heureux. De l'embouchure du Saint-Laurent à l'Ottawa, de l'Ottawa au lac Huron, on remarquait dans les guerriers comme une lassitude générale; tout le monde semblait fatigué de la guerre, et l'on appelait de ses vœux ce jour où la paix règnerait dans les sombres et sanglantes forêts du Nouveau-Monde. Les missionnaires la désiraient plus que personne, espérant à sa faveur, faire mieux connaître et révérer le nom adorable de Jésus-Christ.

Soixante canots hurons, chargés de pelleteries, profitèrent de ce moment de paix pour descendre à Québec, et le P. Lalemant, nommé supérieur général de la mission, en remplacement du P. Vimont, vint prendre possession de ses nouvelles fonctions. Avant de quitter Sainte-Marie des Hurons, il avait remis l'autorité entre les mains du P. Ragueneau.

Le 20 septembre eut lieu la grande assemblée générale pour la confirmation de la paix, sous la présidence du gouverneur de Québec. A la fin de la séance, le chef de l'ambassade iroquoise se leva, fixa quelque temps le soleil, et dit : « Ononthio, tu as dissipé tous les nuages; l'air est serein, le ciel paraît à découvert, le soleil est brillant. Je ne vois plus de trouble, la paix a tout mis dans le calme; mon cœur est en repos, je m'en vais content. » La paix fut signée[1].

Mais quelle certitude pouvait-on avoir à Québec de sa sincérité? Les négociateurs iroquois avaient-ils agi en toute franchise? Représentaient-ils la Confédération des cinq nations, ou seulement le canton des Agniers? La paix qu'ils avaient signée ne cachait-elle pas un piège? A en juger par les *Relations*, le doute et la crainte troublaient le cœur des Jésuites, qui savaient par une longue expérience tout ce qu'il y a dans la nature sauvage de ruses, de fausseté, de caprices et de méchanceté. Le gouverneur ne semblait pas ajouter plus de foi que les missionnaires aux déclarations pacifiques des ambassadeurs agniers, déclarations

1. Voir, pour tout ce qui précède sur la paix, la *Relation* de 1646, ch. VII, VIII, IX, X et XI; et le *Cours d'histoire*, par Ferland, t. I, ch. IV, p. 330.

qu'ils renouvelèrent solennellement, l'année suivante, aux Trois-Rivières [1].

Il importait cependant, dans l'intérêt de la colonie et de la propagation de l'Évangile, de maintenir le traité de paix. Pour y aider, M. de Montmagny eut la pensée d'envoyer une ambassade chez les Iroquois, avec mission de leur témoigner sa satisfaction et sa joie de voir enfin la bonne harmonie si heureusement rétablie [2].

Cette ambassade demandait un homme d'un courage éprouvé, au courant des usages iroquois et possédant à fond leur langue. Elle n'était pas sans dangers auprès de ces sauvages aussi crédules qu'inconstants, et dont le tomahawk était médiocrement respectueux des immunités diplomatiques [3]. Le gouverneur jeta les yeux sur le P. Jogues et communiqua son projet au P. Jérôme Lalemant [4]. Celui-ci l'approuva sans hésiter [5], car il voyait, à côté de la mission diplomatique, une mission d'un ordre supérieur; il espérait que l'ambassadeur jésuite parviendrait peut-être à poser sur cette terre des *martyrs*[6] les fondements d'un futur centre d'apostolat.

1. 22 février 1646 (*Relation* de 1646, p. 60).
2. *Relation* de 1646, p. 14.
3. *Ibid.*, et *Au Pays des Hurons*, par le P. Rouvier, p. 120.
4. *Relation* de 1646, p. 14.
5. Nous lisons dans le *Journal des Jésuites*, commencé en 1645 par le P. Jérôme Lalemant : « 26 avril 1646. Je tins consulte pour le voyage du P. Jogues aux Annier. Les consulteurs étaient, P. Vimont, P. de Quen, P. Deudemare, P. P. Pijart : *omnium consensu approbata profectio.* »
6. « Quand je parle d'une mission iroquoise, écrit le P. Lalemant (*Relation* de 1646, p. 14), il me semble que je parle d'un songe, et néanmoins c'est une vérité; c'est à bon droit qu'on lui fait porter le nom des *Martyrs*; car, outre les cruautés que ces barbares ont déjà fait souffrir à quelques personnes amoureuses du salut des âmes, outre les peines et les fatigues que ceux qui sont destinez à cette mission doivent encourir, nous pouvons dire avec vérité qu'elle a

Le P. Jogues desservait alors, depuis quelques mois, la chapelle de Montréal. C'est là que vint le chercher le désir de son supérieur.

Comme le fait remarquer son historien, si bien domptée que soit la nature dans le cœur des saints, elle n'y meurt jamais entièrement. Irrésistiblement gouvernée par une volonté que la grâce fortifie, elle garde en face du sacrifice ses répugnances et ses tressaillements[1]. Le P. Jogues l'éprouva à la réception du message du P. Lalemant. Il y eut au cœur de ce vaillant apôtre un premier mouvement de terreur involontaire. Et comment en eût-il été autrement? Le souvenir des affreux tourments qu'il avait endurés chez les Agniers était si récent! Et la mission qu'on lui confiait était peut-être une nouvelle voie du calvaire, le chemin du martyre!

« Mais lui qui avait soutenu le poids de la guerre, dit le P. Lalemant, n'était pas pour reculer dans la paix[2]. » Le 2 mai 1646, il écrit à son supérieur : « Croiriez-vous bien qu'à la lecture des lettres de votre Révérence, mon cœur a été comme saisi de crainte au commencement... La pauvre nature qui s'est souvenue du passé a tremblé ; mais Notre-Seigneur, par sa bonté, y a mis et y mettra le calme encore davantage. Oui, mon Père, je veux tout ce que Notre-Seigneur veut, au prix de mille vies. Oh! que j'aurais de regret de manquer une si bonne occasion! Pourrais-je souffrir la pensée qu'il a tenu à moi que quelques âmes ne fussent sauvées! J'espère que sa bonté, qui ne m'a

déjà été empourprée du sang d'un martyr, car le Français (René Goupil) qui fut tué aux pieds du P. I. Jogues, perdit la vie pour avoir fait exprimer le signe de notre créance à quelques petits enfants iroquois. »

1. *Au pays des Hurons*, p. 127.

2. *Relation* de 1646, p. 14.

jamais abandonné dans les autres rencontres, m'assistera encore : lui et moi nous sommes capables de passer sur le ventre de toutes les difficultés qui se pourraient opposer[1]. »

Il termine sa lettre par cette demande : « Il faudrait que celui qui viendra avec moi fût bien vertueux, capable de conduite, courageux, et qu'il voulût endurer quelque chose pour Dieu[2]. »

Le Gouverneur lui donna, en effet, un compagnon tel qu'il le désirait, Jean Bourdon, « homme énergique, plein de bon sens et de ressources, dévoué à son pays d'adoption et toujours prêt à lui rendre service. Tour à tour ingénieur, arpenteur, légiste, soldat, ambassadeur, découvreur, conseiller, ce Français se montra toujours digne des fonctions qui lui furent confiées ; avant tout, il était honnête homme et bon chrétien[3]. »

Le 16 mai, les deux ambassadeurs s'embarquent aux Trois-Rivières, accompagnés de quatre Agniers et de deux Algonquins, et porteurs de nombreux présents. Le jour

1. *Vie du P. Jogues*, p. 253.

2. *Relation* de 1647 ; — *Vie du P. Jogues*, p. 255.

3. *Cours d'histoire*, t. I, p. 342. — Jean Bourdon, né à Rouen, arriva au Canada en 1633 ou 1634. Il s'occupa activement de découvertes sur la côte du Labrador et dans la baie des Esquimaux (P. Martin). — L'abbé Gosselin, dans un article, publié sous ce titre : *Les Normands au Canada* (*Revue catholique de la Normandie*, 15 novembre 1892), étudie plusieurs Normands, qui émigrèrent au Canada dans la première moitié du XVIIe siècle. Le premier personnage qu'il étudie est *Jean Bourdon*. M. l'abbé Sauvage en parle également dans la *Semaine religieuse de Rouen*, 26 novembre 1892. Ces articles renferment plus d'une erreur sur quelques détails de l'histoire de la Nouvelle-France. Quant à Jean Bourdon, il était, d'après l'abbé Sauvage, ingénieur et architecte ; à son arrivée au Canada, août 1634, il fut attaché à la personne du Gouverneur, et joua un grand rôle dans l'organisation du pays et de la ville de Québec ; il traça aussi la première carte du Canada français.

de la Fête-Dieu, ils touchent à l'extrémité Nord du lac Andiatarocté, que le P. Jogues nomme *Saint-Sacrement* [1]; ils passent à *Ossaragué* [2], où le missionnaire revoit la jeune Thérèse, la console et la fortifie; enfin ils arrivent à Ossernenon, la veille de la Sainte-Trinité [3].

Le 10 juin, assemblée générale des capitaines et des anciens du canton des Agniers, à laquelle assistent quelques Iroquois Onnontagués.

Le P. Jogues se lève, et, au milieu d'un profond silence, il exprime, au nom d'Ononthio et de tous les Français, la joie immense et universelle qu'a excitée dans la colonie la paix conclue entre les Iroquois, les Français, les Hurons et les Algonquins. « Le feu du conseil est allumé aux Trois-Rivières, ajoute-t-il; il ne s'éteindra plus [4]. » Le discours fini, il donne et reçoit en retour beaucoup de présents, et la paix est de nouveau confirmée.

Paix apparente! L'ambassadeur ne se fait aucune illusion sur l'avenir de cette harmonie de surface. Il ne tarde pas, en effet, à s'apercevoir que les Agniers seuls ont signé la paix, et uniquement avec les Français; sa conviction intime est qu'ils la rompront à la première occasion

1. Aujourd'hui lac *Georges*. — Le général Johnson remplaça par le nom de Georges, qu'il ne faut pas confondre avec Saint-Georges, patron de l'Angleterre, le nom chrétien de *Saint-Sacrement*. Ce fut en souvenir de George IV d'Angleterre. Le romancier Cooper a fait du lac George le théâtre de plusieurs de ses romans. Le lac a trente-quatre milles de long, et sa largeur varie d'un à quatre milles; il est semé d'îles. Pendant plus d'un siècle, il fut la grande voie de communication entre le Canada et le fleuve Hudson. V. *En Canot de papier*, par N. H. Bishop, traduit par Héphell, pp. 39-41.

2. *Chaussée du Castor*, lieu de pêche fréquenté par les Iroquois. C'est le 4e village des Agniers, dont on ne connaît pas au juste l'emplacement.

3. Le P. Jogues donna alors à ce village le nom de *Sainte-Trinité*.

4. *Relation* de 1646, pp. 15 et 16.

et au moindre prétexte. Il apprend aussi que les autres cantons font toujours la guerre à leurs ennemis et qu'une bande de guerriers, postée en ce moment sur les rives de l'Ottawa, guette au passage les Hurons descendant à Québec[1].

Il visite à la hâte les cabanes pour confesser les prisonniers chrétiens et, le seize du même mois, il reprend avec son escorte la route des Trois-Rivières.

L'impression n'était pas et ne pouvait pas être favorable sur les dispositions pacifiques de la confédération[2]; mais l'accueil personnel qu'il avait reçu, principalement de la famille du Loup, la plus considérable de la nation, l'avait profondément touché. Il vit là une indication de la miséricordieuse Providence de Dieu et « il ne songea, écrit le P. Lalemant, qu'à renouer un second voyage pour s'y en retourner, et surtout auparavant l'hiver, ne pouvant souffrir d'être si longtemps absent de son épouse de sang. Il fit si bien qu'il en trouva l'occasion sur la fin de septembre, et partit des Trois-Rivières le 24 de ce mois (1646), en compagnie d'un jeune homme français, de quelques Iroquois et autres sauvages[3]. »

1. *Relation* de 1646, p. 17.

2. Le P. Jogues écrivait, au retour de son ambassade, à un Jésuite de France : « La paix a été conclue au grand contentement des Français. Elle durera ce qu'il plaira à Notre-Seigneur. » (*Vie du P. Jogues*, p. 272.)

3. *Relation* de 1646, p. 17. — Au sujet du retour du P. Jogues chez les Iroquois, le *Journal des Jésuites* dit (an 1646) : « Le 9 juillet je (P. Lalemant) tins consulte pour le retour aux Iroquois du P. Jogues. Le P. Le Jeune, le P. Vimont et le P. Jogues y estaient. Il fut conclu que, si autre chose n'arrivait, il n'y irait point hyverner, et se tiendrait à Montréal et aux Trois-Rivières; que si quelque occasion belle se présentait d'y aller, il ne la fallait pas refuser. » Le même *Journal* ajoute, au mois de septembre : « Le P. Jogues devait partir le 24 pour son hyvernement aux Iroquois, avec Lalande, Otrihouré, Huron

Avant de s'embarquer, il eut comme un vague pressentiment de ce qui devait bientôt lui arriver. Il écrivait à un Jésuite de France, dépositaire des secrets de son âme : « Le cœur me dit que si j'ai le bien d'être employé dans cette mission, *ibo et non redito*, j'irai et je ne reviendrai pas ; mais je serais heureux si Notre-Seigneur voulait achever le sacrifice là où il l'a commencé, et que le peu de sang répandu en cette terre fût comme les arrhes de celui que je lui donnerais de toutes les veines de mon corps et de mon cœur[1]. »

Ces graves pressentiments ne devaient pas tarder à se réaliser. En route, on prévient les voyageurs qu'un revirement subit de l'opinion publique s'est produit chez les Agniers ; les sauvages, effrayés, refusent d'aller plus loin et abandonnent le P. Jogues, qui se met au gouvernail et continue sa marche sur la rivière des Iroquois avec le jeune *donné*, Jean Lalande, chrétien de marque, natif de Dieppe[2].

yroquisé et deux ou trois autres Hurons qui allaient voir leurs parents captifs. » D'après la *Relation* de 1646, p. 17, le P. Jogues partit, en effet, des Trois-Rivières, le 24 septembre.

Le 21 septembre, trois jours avant son départ, le P. Jogues écrivit à Nantes, au P. André Castillon, jésuite, une lettre intéressante qu'on trouvera aux *Pièces justificatives*, n° III.

1. *Relation* de 1647, p. 37.

2. M. N.-E. Dionne dit dans un article intitulé : *Figures oubliées de notre histoire* (*Revue Canadienne*, juin 1888, p. 389) : « Le *Journal des Jésuites* mentionne la mort tragique de deux donnés, Lalande et Robert Le Coq, surnommé Le Bon. Le 24 septembre 1646, le P. Jogues partit pour passer l'hiver, amenant Jean de Lalande et Le Coq, comme compagnons de voyage et de dangers. Le P. Jogues et Lalande furent massacrés par ces barbares. Le Coq échappa à la fureur de ces monstres. Mais le 20 août 1650, il fut pris près des Trois-Rivières; par les sauvages de la même tribu et massacré sans miséricorde. » Le Coq, d'après le *Journal des Jésuites*, p. 142, fut en effet massacré en août 1650 : « Le 22 arriva la nouvelle de la mort de Robert Le Coq..., proche des Trois-Rivières; mais le *Journal* ne

Le revirement de l'opinion était réel. Comment était-il donc survenu?

Sa mission diplomatique terminée, le P. Jogues avait confié à son hôte, au moment de repartir pour les Trois-Rivières, une petite caisse renfermant divers objets à son usage personnel. Ayant alors la pensée bien arrêtée de venir se fixer dans ce pays sur la fin de l'automne, il voulut ainsi s'éviter la peine d'un nouveau transport. Toutefois, comme il connaissait la nature inquiète et soupçonneuse des barbares, il eut soin d'ouvrir la malle et de leur montrer tout ce qu'elle contenait; puis il la referma. Or, quelque temps après, une maladie contagieuse, qui fit beaucoup de victimes, s'abattit sur la contrée, et des vers détruisirent presque complètement la récolte. La désolation était grande; on consulta les Jongleurs, on étudia les songes, et, faute de mieux, on finit par découvrir que la malle du P. Jogues était ensorcelée, qu'elle était l'unique cause des maux qui désolaient la nation. Des Hurons et des Algonquins, prisonniers chez les Iroquois, les confirmèrent dans cette croyance[1].

Aussitôt deux partis se forment parmi les Agniers : le parti de l'Ours réclame la guerre, le parti du Loup et de la Tortue prêche pour le maintien de la paix. Le premier, celui de l'action et de la violence, devait prévaloir. Il lève la hache, et, divisé en deux bandes, il se dirige sur Montréal. L'une d'elles rencontre le P. Jogues et son compagnon près du lac Saint-Sacrement.

dit pas qu'il accompagna le P. Jogues chez les Iroquois; il ne parle, p. 65, que de Lalande : « Le P. Jogues devait partir le 24 (septembre) pour son hyvernement aux Iroquois avec Lalande. »

1. *Relation* de 1647, chap. VIII, pp. 36 et suiv.; — Parkman, *The Jesuits in North America*, cap. XVIII; — *Le P. Isaac Jogues*, par le P. F. Martin, ch. XIII, pp. 267 et suiv.

On se jette sur eux, on les dépouille, et, à coups de poing et de bâton, on les conduit à Ossernenon. « Vous mourrez demain, leur disait-on ; mais ne craignez pas, vous ne serez pas brûlés. Vos têtes tomberont sous nos haches et nous les planterons sur les pieux qui entourent notre village, pour les montrer longtemps à ceux de vos frères que nous prendrons. » Le P. Jogues essaye, à plusieurs reprises, de leur faire comprendre la gravité de leur conduite. Il est venu à eux, dit-il, sur la foi des traités, en pleine paix, sur l'invitation formelle qui lui en a été faite par les chefs de la nation.

Les représentations de la victime ne font qu'exaspérer les bourreaux. Un sauvage lui coupe des morceaux de chair sur les bras et sur le dos, et les dévore en disant : « Voyons si cette chair blanche est une chair de manitou ! » Le patient le regarde et lui répond avec un grand calme : « Non, je ne suis qu'un homme comme vous tous. Mais je ne crains ni la mort ni les tourments. Pourquoi me faites-vous mourir ? Je suis venu dans votre pays pour cimenter la paix, affermir la terre et vous montrer le chemin du ciel ; et vous me traitez comme une bête fauve ! Craignez les châtiments du maître de la vie. »

La division, cependant, existait dans le canton. Les familles du Loup et de la Tortue voulaient sauver la vie des prisonniers et invoquaient le traité de paix signé avec les Français, à la demande des ambassadeurs iroquois ; la famille de l'Ours réclamait la mort dans les termes les plus violents. Pour ne pas créer une haine irréconciliable entre les trois familles, il fut convenu qu'on en référerait à une assemblée générale des anciens et des capitaines du canton, et l'assemblée se réunit le 18 octobre à Tionnontogen, la plus considérable des bourgades des Agniers. Là, le parti de la paix l'emporta : on décida de remettre les captifs en liberté.

Mais, pendant que l'assemblée délibérait, quelques sauvages de la famille de l'Ours formèrent le complot de se débarrasser eux-mêmes, de leur autorité privée, des deux prisonniers français. Le P. Jogues priait dans sa cabane, quand on vint l'inviter à prendre son repas chez le capitaine de ces sauvages. Il se lève et s'y rend sans défiance; et au moment où il franchit le seuil de la cabane, un Indien, caché derrière la porte, lui fend la tête d'un violent coup de hache. Le lendemain, Lalande subit le même sort[1]. On trancha la tête des deux martyrs et on les plaça sur des pieux de la palissade d'enceinte, la face tournée vers le chemin par où ils étaient venus. Le corps fut jeté à la rivière.

Lorsque les députés de Tionnontogen apportèrent a Ossernenon la décision de l'assemblée, le crime était consommé. Ils blâmèrent les assassins; mais là se bornait le droit de répression[2].

1. « Jean Lalande, de Dieppe, voyant les dangers où il s'engageait dans ce périlleux voyage, protesta, à son départ, que le désir de servir Dieu, le portait en un pays où il s'attendait bien d'y rencontrer la mort. » (*Relation* de 1647, p. 39.) Il était *donné* de la Compagnie (*Journal des Jésuites*, p. 196).

2. Voir, pour tout ce qui concerne le martyre du P. Jogues : *Relation de la Nouvelle-France*, année 1647, ch. VIII; — Lettre de Labatie, datée du fort d'Orange, à M. Lamontagne, 30 oct. 1646, insérée dans la *Vie du P. Jogues*, par le P. Martin; — Lettre de Guillaume Kieft, gouverneur de Manhatte, à M. de Montmagny, datée du fort d'Amsterdam en la Nouvelle-Belgique, 14 nov. 1646; — Lettre du P. de Quen au R. P. Lalemant; — Récit. ms. du P. Buteux; — *Vie du P. Jogues*, par le P. Martin; — *Histoire de la Nouvelle-France*, par le P. de Charlevoix, p. 274 et suiv., t. I; — *Cours d'histoire*, pp. 343 et 344; — *Lettres de la Mère Marie de l'Incarnation*, p. 419 et suiv.; — *The Jesuits in North America*, cap. XVIII; — Bressani, *Breve relatione*, parte 3a, cap. III; — Tanner, *Societ. Jesu usque ad sanguinem militans*, p. 510; — Alegambe, *Mortes illustres*, p. 616; — Cassani, *Varones ilustres*, t. I, p. 601; — Ferland, *Cours d'histoire*, l. III, ch. III; — Bancroft, *History of the United States*, t. II, pp. 790 et suiv.;

Le P. Jogues fut assassiné le 18 octobre 1646, au village d'Ossernenon [1].

Dans la lettre que nous avons citée plus haut, le P. Jogues formait le vœu d'être *inséparablement uni à Notre-Seigneur*. Ce vœu était exaucé; il le fut peut-être plus tôt qu'il ne le pensait, pas plus qu'il ne le désirait, car son cœur avait toujours aspiré à souffrir et à mourir pour le nom sacré de Jésus-Christ [2].

En apprenant sa mort, la colonie et les missionnaires le regardèrent comme un martyr de la foi. « Nous avons respecté cette mort, écrit le P. Lalemant, comme la mort d'un martyr. Quoique nous fussions ici séparés les uns des autres quand nous l'avons apprise, plusieurs, sans pouvoir se consulter, n'ont pu se résoudre à célébrer pour lui la messe des trépassés. Mais ils ont présenté l'adorable sacrifice en actions de grâces des bienfaits que Dieu lui avait élargis. Les séculiers qui l'ont connu plus particulièrement, et les maisons religieuses, ont aussi respecté cette mort, et se sont trouvés portés à l'invoquer plutôt qu'à prier pour son âme.

« En effet, c'est la pensée de plusieurs hommes doctes (et cette pensée est plus que raisonnable), que celui-là est

— Faillon, *Histoire de la Colonie française au Canada*, t. II, pp. 60, 61, 65 et 66; — Shea, *History of the catholic missions among the indian tribes*, p. 497; — *Vita P. Isaaci Jogues*, ms. de la Bibliothèque d'Orléans; — Isaac Jogues, dans les *Précis historiques*, 1er avril 1855.

L'assassin du P. Jogues fut fait prisonnier par les Algonquins et condamné à mort. Avant de mourir, il se convertit et raconta toutes les circonstances des derniers moments du missionnaire; son récit est de tout point conforme à celui des Hurons, prisonniers des Agniers, qui parvinrent à s'échapper. (*Lettres de Marie de l'Incarnation*, p. 436; — *Relation* de 1647, ch. VIII.)

1. *Relation* de 1668, p. 6. La *Relation* appelle ce village *Gandaoüagué*.

2. *Relation* de 1647, ch. VIII; — *Lettres de la M. Marie de l'Incarnation*, p. 421.

vraiment martyr devant Dieu, qui rend témoignage au ciel et à la terre, et qui fait plus d'état de la foi et de la publication de l'Évangile que de sa propre vie, la perdant dans les dangers où il se jette pour Jésus-Christ, protestant devant sa face qu'il veut mourir pour le faire connaître. Cette mort est la mort d'un martyr devant les anges. Et c'est dans cette vue que le P. Jogues a rendu sa vie à Jésus-Christ et pour Jésus-Christ.

« Je dis bien davantage : non seulement il a embrassé les moyens de publier l'Évangile, qui l'ont fait mourir, mais encore on peut assurer qu'il a été tué en haine de la doctrine de Jésus-Christ.

« En effet, les Algonquins, les Hurons et ensuite les Iroquois, à la persuasion de leurs captifs, ont eu, et quelques-uns ont encore une haine et une horreur extrême de notre doctrine, disant qu'elle les fait mourir et qu'elle contient des sorts et des charmes qui causent la destruction de leurs blés et qui engendrent des maladies contagieuses et populaires, dont maintenant les Iroquois commencent à être affligés. C'est pour ce sujet que nous avons pensé être massacrés en tous les endroits où nous avons été, et encore ne sommes-nous pas de présent hors d'espérance de posséder un jour ce bonheur.

« Or tout ainsi qu'on reprochait jadis en la primitive Église aux enfants de Jésus-Christ qu'ils causaient des malheurs partout, et qu'on en massacrait quelques-uns pour ce sujet, de même sommes-nous persécutés parce que par notre doctrine, qui n'est autre que celle de Jésus-Christ, nous dépeuplons, à ce qu'ils disent, leurs contrées, et c'est pour cela qu'ils ont tué le P. Jogues. On le peut donc tenir pour martyr devant Dieu[1]. »

1. *Relation* de 1647, p. 38. — On sait que le troisième concile plénier de Baltimore a signé un postulatum au Saint-Siège pour faire

Isaac Jogues

L'auteur du *Cours d'histoire* termine le récit de la mort de ce vaillant apôtre par un portrait d'une merveilleuse ressemblance : « Il était, dit-il, d'une simplicité et d'une douceur admirables dans le commerce ordinaire de la vie; cependant, s'agissait-il de l'accomplissement d'un devoir, il se montrait ferme et inébranlable. Dans les occasions importantes, avant de se décider à prendre un parti, il examinait l'affaire longuement et devant Dieu; sa décision une fois prise, il la suivait sans bruit, avec une grande simplicité, mais aussi avec la force et la persévérance que la conscience du devoir peut seule inspirer. *Ondessonk*[1], lui disaient les Agniers, *tu fais l'enfant quand on te commande quelque chose, mais tu fais bien le maître quand tu veux. Tu te feras tuer; tu parles trop hardiment. Tu es prisonnier dans notre pays, tu es seul de ton parti, et tu nous tiens tête. Que ferais-tu si tu étais en liberté parmi tes gens*[2]*?* Il s'étonnait quelquefois lui-même de la hardiesse avec laquelle il les reprenait. Comme il avait fait par avance le sacrifice de sa liberté et de sa vie, il se montrait élevé au dessus de toute crainte, et par son courage et sa noble franchise il forçait les plus intelligents de ces barbares à le respecter. Lors de sa mort, le P. Jogues n'avait que quarante-huit ans[3]. »

Cette mort devint le signal de la rupture de la paix et de la reprise des hostilités. Pour ne pas se brouiller ni créer au sein de la nation des haines irréconciliables, les trois grandes familles des Agniers, l'Ours, le Loup et la Tortue

introduire la cause de la Béatification du P. *Isaac Jogues*, de *René Goupil* et de la Vierge iroquoise *Catherine Tegakouita*, morte en odeur de sainteté dans la mission du Sault-Saint-Louis.

1. C'est le nom que les Iroquois donnaient au P. Jogues.
2. *Relation* de 1647, p. 41.
3. *Cours d'histoire*, p. 344.

finirent par voter la guerre, malgré les protestations de quelques capitaines influents comme Le Berger[1] et Kiotsaeton. C'était la minorité qui imposait ses volontés à la majorité. Les autres cantons n'avaient pas désarmé. A partir de ce jour, la lutte sera plus chaude que jamais; nous allons assister à une guerre d'extermination.

Dès le mois de novembre, les guerriers entrent en campagne. A Montréal, ils surprennent et massacrent des Hurons et deux colons, qui n'étaient pas sur leurs gardes, se croyant en pleine paix[2]. Ils pillent et livrent aux flammes le fort Richelieu, *laissé sans monde*, au dire de Dollier de Casson[3]. Aux environs des Trois-Rivières, ils rencontrent Piescaret, leur plus redoutable ennemi, qui vient à eux, comme à des amis, en chantant *un chant de paix*; ils le transpercent d'un coup d'épée et le scalpent[4]. Aux Trois-Rivières, ils pénètrent, pendant le Saint-Sacrifice de la messe, dans deux maisons, un peu écartées du fort, et

1. Le Berger avait été fait prisonnier par les Algonquins et mis en liberté par M. de Montmagny. Il fut si touché de ce procédé qu'il jeta sa hache au feu en s'écriant : « Voilà ma fureur vaincue; je mets bas les armes; je suis votre ami pour toujours. » Il tint parole. A Ossernenon, il fit tous ses efforts pour sauver le P. Jogues. N'ayant pu empêcher la rupture de la paix, il refusa de prendre les armes. Plus tard il se fit chrétien, et mourut en France. Kiotsaeton, le chef de l'ambassade de 1644, traita de perfidie criminelle l'assassinat du P. Jogues et devint, par son franc parler, suspect à la famille de l'Ours.

2. *Relation* de 1647, pp. 3 et 74.

3. *Histoire du Montréal*, 1646, 1647.

4. *Relation* de 1647, p. 7; — *Mémoire* de N. Perrot, p. 108. — Piescaret était le plus illustre des chefs algonquins et la terreur des Iroquois. Nicolas Perrot raconte dans son *Mémoire* ses exploits et ses aventures, qui tiennent de la légende. (*Mémoire* imprimé par le P. Tailhan, pp. 107 et 108.) Consulter sur ce capitaine, qui se convertit et devint bon chrétien, tout en conservant sa rudesse sauvage : *Relation* de 1647, pp. 68 et 72; — *Relation* de 1650, p. 43; — *Charlevoix*, t. I, pp. 266 et 277; — *Cours d'histoire*, p. 334, etc...

emportent tout ce qui s'y trouve, habits, couvertures, arquebuses, poudre, plomb, etc.[1]; puis, partagés en deux bandes, ils vont à la recherche des Algonquins, en ce moment à la chasse, les uns au Nord, les autres au Sud du Saint-Laurent. Ils massacrent les vieillards, les femmes et les enfants; ils tuent le capitaine Jean-Baptiste Manitounagouch, vaillant chrétien, filleul du commandant d'Ailleboust, et Bernard Ouapmangouch, un des chefs algonquins les plus braves et les plus adroits. Pour tourner en dérision le mystère sacré de la croix, ils étendent un enfant de quatre à cinq ans sur une écorce, à laquelle ils clouent ses mains et ses pieds avec des bâtons aigus[2]. Puis ils emmènent prisonniers plusieurs capitaines, tous les guerriers et les jeunes gens, à l'exception de cinq qui parviennent à s'échapper[3]. Il n'y avait parmi les captifs que des néophytes et des catéchumènes. Arrivés chez les Agniers, ils sont distribués dans tous les villages, et là *battus*, *brûlés*, *bouillis* et *rôtis*[4]. Dans l'horreur des tourments, ils montrent un courage héroïque et meurent tous en chrétiens. Des femmes, traînées en captivité, qui ont trouvé le moyen de s'enfuir, apportent ces nouvelles aux Trois-Rivières[5].

1. *Journal des Jésuites*, p. 79; — *Lettres de la M. Marie de l'Incarnation*, p. 422; — *Relation* de 1647, p. 4.

2. *Relation* de 1647, pp. 4, 5 et 6; — *Lettres de la Mère Marie de l'Incarnation*, pp. 422, 423, 424.

3. *Ibid.*

4. *Lettres de la Mère Marie de l'Incarnation*, p. 424.

5. *Ibid.*, p. 425. — Parmi les captives se trouvait Marie, femme de Jean-Baptiste Manitounagouch, qui, après deux mois d'aventures les plus extraordinaires, arrive à Villemarie et de là est conduite aux Trois-Rivières (V. *Lettres de Marie de l'Incarnation*, p. 425). Une autre Algonquine, prisonnière des Iroquois, était attachée, pendant la nuit, par les mains et par les pieds à quatre piquets. Elle parvient à se défaire de ses liens, casse la tête d'un coup de hache à un Iro-

L'audace des Iroquois grandit à tel point qu'ils songent à enlever d'assaut Trois-Rivières. Le plan est arrêté, les positions sont prises, quand surviennent inopinément deux cents Hurons, qui les battent, les mettent en fuite, s'emparent de leurs armes et de leurs bagages et font un grand nombre de prisonniers[1].

Cette victoire n'empêche pas l'épouvante de se répandre chez les nations, situées au nord du Saint-Laurent, de Tadoussac à l'Ottawa, des Laurentides au grand fleuve. Elles n'osent plus descendre à Québec ni aux Trois-Rivières pour vendre leurs pelleteries et se faire instruire[2]. Les colons s'éloignent peu des forts, de crainte d'être surpris et massacrés. Les sauvages de Sillery n'osent sortir de l'enceinte fortifiée pour aller à la chasse ou à la pêche; et pour les mettre à l'abri d'un coup de main, au temps de la moisson et des semailles, le gouverneur fait construire un fort au milieu des champs[3].

Quoique la situation soit grave, le courage des missionnaires et des Français ne faiblit pas. Le supérieur de Québec écrit à la date du 20 octobre 1647 : « Il ne faut pas s'imaginer que la rage des Iroquois et la perte de plusieurs chré-

quois, couché près de la porte de la cabane, et s'enfuit, sans vêtements. On se met à sa poursuite, mais inutilement. Après trente-cinq jours de fatigues, de privations, de souffrances de toutes sortes, elle arrive aux Trois-Rivières (*Lettres de la M. Marie de l'Incarnation*, p. 429).

1. *Lettres de la M. Marie de l'Incarnation*, p. 438; — *Journal des Jésuites*, p. 113.

2. *Lettres de la M. M. de l'Incarnation*, p. 431. — Nic. Perrot fait remarquer dans son *Mémoire*, que les tribus algonquines cherchèrent à se réunir pour combattre l'ennemi commun; mais le peu d'union qui régnait entre les Algonquins rompit toutes leurs mesures et fit avorter tous leurs projets (*Mémoire*, p. 79).

3. *Journal des Jésuites*, p. 88; — *Relation* de 1647, pp. 7 et 8.

tiens et de plusieurs catéchumènes soient capables d'évacuer le mystère de la croix de Jésus-Christ, ny d'arrêter l'efficacité de son sang. Nous mourrons, nous serons pris, nous serons brûlés, nous serons massacrés, passe. Le lit ne fait pas toujours la plus belle mort. Je ne vois icy personne baisser la tête; au contraire, on demande de monter aux Hurons, et quelques-uns protestent que les feux des Iroquois sont l'un de leurs motifs pour entreprendre un voyage si dangereux [1]. »

Ces hommes qui allaient si hardiment aux feux des Iroquois s'appelaient Joseph Bressani, Adrien Daran, Gabriel Lalemant, Jacques Bonnin et Adrien Grelon, tous prêtres; Nicolas Noirclair, Frère coadjuteur. Ils étaient accompagnés de vingt-cinq à trente Français, qui « entreprenaient un voyage si long, si rude et si dangereux, dit la *Relation* de 1648, par amour du salut des âmes et non dans l'espoir d'un lucre passager [2]. » Quant aux missionnaires, ajoute la *Relation*, la joie paraissait si grande sur leurs visages, qu'on eût dit qu'ils allaient tous prendre possession d'une couronne et d'un empire [3]. »

Ils partirent au mois d'août 1648 [4], au risque d'être pris et massacrés en route par les Iroquois. Hélas! Ils *n'allaient pas prendre possession d'une couronne et d'un empire;* ils allaient assister à la dernière heure d'une tribu agonisante, à la dispersion des tristes débris de la nation huronne!

1. *Relation* de 1647, p. 8.
2. *Relation* de 1648, p. 14.
3. *Ibid.*
4. *Journal des Jésuites*, p. 113.

CHAPITRE NEUVIÈME

Cession de la traite aux colons. — Règlements de 1647 et de 1648. — M. d'Ailleboust, gouverneur de Québec. — Prise de la bourgade de Saint-Joseph par les Iroquois ; mort du P. Daniel. — Destruction des bourgs de Saint-Ignace et de Saint-Louis ; supplice des PP. de Brébeuf et G. Lalemant. — Découragement des Hurons ; leur dispersion. — Abandon et incendie de Sainte-Marie. — Les Hurons et les missionnaires à l'île de Saint-Joseph. — Prise du bourg de Saint-Jean ; mort des PP. Garnier et Chabanel. — Les Hurons à l'île d'Orléans. — Derniers débris de cette nation.

Pour ne pas interrompre la suite de notre récit, nous avons omis quelques évènements qui doivent trouver place ici à cause de leur importance.

La mort de Louis XIII et celle de son ministre, le cardinal de Richelieu, ne modifièrent en rien les dispositions du gouvernement de la métropole en faveur de la colonie canadienne. La reine régente, Anne d'Autriche, se déclara hautement sa protectrice ; et un de ses premiers actes fut de remettre au baron de Renty, directeur de la compagnie de Montréal, *une grande somme d'argent pour aider à l'Église naissante du Canada*[1]. Elle donna encore à Montréal *deux petites pièces de fonte*[2], au nom du jeune roi, son fils. Enfin elle envoya à Québec une compagnie de soixante soldats, levés et équipés à ses frais, avec ordre de les distribuer dans les divers postes du pays [3]. Le sieur de la

1. *Vie de M. de Renty*, par le P. J.-B. Saint-Jure, édit. de 1833, p. 228.

2. Arch. du Min. des Affaires étrangères, Amérique, de 1592 à 1660 fol. 164.

3. *Histoire du Canada*, par M. Belmont.

Barre, hypocrite qui cachait sous les dehors de la vertu une vie d'immoralité, arriva à Québec avec ce renfort[1] dans le courant de l'été (1644), et vingt-deux de ces soldats, à peine débarqués, furent dirigés sur Sainte-Marie des Hurons où leur seule présence arrêta l'invasion iroquoise et préserva le pays d'une ruine totale. L'année suivante, immédiatement après la conclusion de la paix, ils rentrèrent à Québec, chargés de pelleteries, dont le prix pouvait s'élever de trente à quarante mille francs[2].

Nous signalons ce dernier fait, parce qu'il se rencontre pour la première fois dans les annales de la colonie et qu'il marque un changement profond dans l'administration des affaires commerciales. En effet, la compagnie des Cent-Associés venait de céder la traite aux habitants, moyennant une redevance annuelle et en faisant peser sur eux toutes les charges que l'édit de sa fondation lui avait imposées[3]. Ces habitants, réunis en communauté à Québec, aux Trois-Rivières et à Villemarie, avaient, dans chacun de ces forts, un procureur syndic, chargé de leurs intérêts.

La cession de la traite aux colons fut le point de départ d'autres changements dans le gouvernement général de la colonie. On créa un conseil, composé du gouverneur géné-

1. Il fut renvoyé en France en 1645 à cause de son inconduite.

2. *Journal des Jésuites*, p. 9. — L'église paroissiale de Québec et la résidence des Pères Jésuites avaient été brûlées le 14 juin 1640; et depuis cette époque les offices se célébraient dans la maison des Cent-Associés; aussi, les habitants donnèrent, sur ces trente à quarante mille francs, six mille livres aux Jésuites pour construire le presbytère, *sauf à eux d'y ajouter si bon leur semblait*; et le produit de douze cent cinquante castors fut appliqué à la construction de l'église. (*Journal des Jésuites*, p. 9, et Arch. du Séminaire de Québec, catal. des bienfaiteurs de Notre-Dame-de-Recouvrance.)

3. *Cours d'histoire*, p. 338.

ral, siégeant à Québec, du supérieur de la mission [1] et du gouverneur particulier de Villemarie. Ce conseil réglait, à la pluralité des voix, les affaires concernant la police, le commerce et la guerre [2]. Le général de la flotte ainsi que les syndics pouvaient y prendre part ; mais les syndics n'avaient voix délibérative que pour les objets relatifs à leur communauté particulière, et le général de la flotte pour les affaires relevant directement de son autorité. Le gouverneur général présidait le conseil ; sa voix, en cas de conflit, devenait prépondérante [3]. Plus tard (1648), des modifications considérables furent faites à ce règlement, le nombre des membres du conseil fut porté à cinq, et même à sept, quand les gouverneurs particuliers de Montréal et des Trois-Rivières se trouvaient à Québec le jour de la réunion [4].

Le conseil des trois venait à peine d'être organisé, lorsque M. de Montmagny fut rappelé en France et remplacé, le 20 août 1648, dans sa charge de gouverneur général [6], par M. d'Ailleboust.

M. de Montmagny partit, emportant les justes regrets de

1. On lit dans le *Journal des Jésuites*, p. 93, 6 août 1647 : « Consulte sur le règlement venu de France qui portait l'établissement d'un conseil de trois, dont le supérieur (des Jésuites) était l'un. Je fis (P. Lalemant) consulte pour savoir si j'y devais consentir. Le P. Vimont, le P. Deudemare et le P. Le Jeune y estaient. Il fut conclu que ouy, qu'il le fallait faire. » — Le supérieur des Jésuites fit partie du conseil jusqu'à la création d'un évêché à Québec, et le P. Jérôme Lalemant fut le premier Jésuite, membre du conseil.

2. Ferland, *Cours d'histoire du Canada*, t. I, p. 357. — Le « Règlement pour établir un bon ordre et police au Canada » fut donné par le Roi, en son conseil, le 27 mars 1647 (*Ibid.*, p. 356) ; il fut publié au Canada le 11 août (*Ibid.*, p. 358).

3. Ferland, *Ibid.*, pp. 357 et 358.

4. Cette nouvelle organisation du conseil eut lieu au commencement de l'administration de M. d'Ailleboust. Le nouveau règlement royal est du 5 mars 1648. V. Ferland, pp. 363 et suiv.

5. *Journal de Jésuites*, p. 115.

toute la colonie[1]. « Depuis douze ans qu'il était chargé des affaires du Canada, il avait appris à en connaître les besoins et les ressources ; il savait quels dangers l'on avait à redouter, quelles espérances l'on pouvait nourrir, quelles mesures étaient les plus convenables pour les circonstances. Ayant reçu des mains de Champlain la colonie naissante, il l'avait gouvernée et protégée avec toute l'affection d'un père. Suivant soigneusement la marche tracée par son prédécesseur, il s'attacha à asseoir la petite colonie sur les seules bases solides d'un état, la religion et l'honneur. Avec des ressources très faibles, M. de Monmagny réussit à conjurer les dangers qui menacèrent la colonie, surtout du côté des Iroquois. Pendant tout le cours de son administration, il ne cessa de montrer une prudence et un courage qui inspiraient de la confiance aux colons et tenaient les sauvages dans le respect. Il possédait à un haut degré la persévérante énergie, qui ne se lasse jamais devant les difficultés toujours renaissantes. Après avoir lui-même fait les honneurs d'une réception officielle à son successeur, il déposa l'autorité entre ses mains et l'assista de ses conseils[2]. »

1. *Relation* de 1648.

2. *Cours d'histoire* de Ferland, p. 362.— Le P. de Charlevoix fait de M. de Montmagny un portrait de tout point semblable à celui qu'en donne l'abbé Ferland. Ce dernier semble même s'inspirer du P. de Charlevoix, quand il ne le copie pas. M. l'abbé Faillon, un peu trop occupé peut-être de faire l'éloge des membres de la société de Montréal et de ceux qui commandèrent à cette époque à Villemarie, loue avec exagération M. d'Ailleboust au détriment de M. de Montmagny, auquel il ne rend pas assez justice dans l'*Histoire de la Colonie française*, t. II, ch. VII, *passim*.

Dans une lettre du P. Jacques Buteux, adressée au P. Vincent Caraffe, général de la Compagnie de Jésus, et datée des Trois-Rivières, 19 octobre 1643, M. de Montmagny est appelé *Vir pietatis insignis ;* par sa fermeté il contient chacun dans le devoir, ajoute le Père : *Continet in officio provinciæ aut potius regionis prorex* (Arch. gen. S. J.).

« M. d'Ailleboust, dit Charlevoix, était un homme de bien, rempli de religion et de bonne volonté [1]. » Il avait commandé à Montréal, en l'absence de M. de Maisonneuve, et achevé les fortifications de Villemarie. Il connaissait le pays, il l'aimait, et il ne manquait pas des qualités qui, dans les temps ordinaires, font les bons gouverneurs. Malheureusement pour lui, il fut promu au gouvernement en chef du Canada à une heure des plus critiques, au moment où la guerre se rallumait plus vive que jamais entre les Iroquois et les Hurons.

Résolus de frapper un coup décisif, les Tsonnontouans avaient concentré une grande partie de leurs forces dans la tribu des Neutres et, six semaines avant l'installation de M. d'Ailleboust, ils avaient franchi la frontière qui sépare les Aondironnons [2] de la nation huronne. Ce rapide coup de main avait pour but, d'abord de faire échouer un traité d'alliance qui se préparait entre les Hurons, les Onnontagués et les Andastes; ensuite de surprendre les Hurons, afin d'en faire un massacre général [3]. Les missionnaires n'étaient pas plus sur leurs gardes que les sauvages.

La mission comptait alors dix-huit Pères, dont trois résidant à Sainte-Marie, trois employés chez les Algonquins, quatre dans la nation du Petun et huit dans les diverses résidences de la contrée huronne [4]. Ces Pères

1. *Histoire de la Nouvelle-France*, t. I, p. 282.

2. Ou nation *neutre*.

3. *Relation* de 1648, pp. 47 et 49.

4. Voici, d'après le catalogue de 1648, le nom des Pères employés alors à la mission huronne : P. Paulus Ragueneau, super., linguæ huronicæ peritus; P. Franciscus de Mercier, procur., agit cum barbaris undique domum adventantibus ; ling. hur. peritus ; P. Petrus Chastelain, præf. spir., ling. hur. peritus; P.-J. de Brebeuf, ling. hur. per.., algonquineæ nonnihil sciens ; P. Cl. Pijart, operarius apud hurones et algonquineos adjacentes ; PP. Ant. Daniel, Simon le

avaient à leur service quatre Frères coadjuteurs, vingt-quatre français dévoués, domestiques, donnés ou soldats[1].

Depuis la mort du P. Jogues, un grand mouvement de conversion s'était opéré dans tous les centres d'apostolat, et la ferveur des néophytes se montrait partout ardente et sincère[2] ! Le P. Ragueneau, supérieur de la mission[3], voulut s'en rendre compte par lui-même et fit la

Moyne, Car. Garnier, operarii apud hurones; P. Ren. Ménard, apud hur., linguæ algonq. aliquid sciens; P. Fr. du Peron, apud hur.; P. Nat. Chabanel, vacat linguæ hur.; P. Leonardus Garreau, apud Algonq., vacat linguæ hur.; P. Jos. Poncet, utriusque linguæ aliquid scit; P. Jos. Chaumonot, apud Hurones; P. Adrianus Grelon, apud Hurones; PP. Adrianus Daron, Jacobus Bonnin et Amabilis du Frétat. (Catal. Prov. Franciæ in Arch. Rom.). — Ces trois derniers Pères ne se trouvent pas sur le catalogue de 1648.

1. *Relation* de 1648, p. 48; — *Relation* 1649, p. 6. — Le P. Poncet créa à l'automne de 1645 une mission algonquine dans l'île de Sainte-Marie. En 1649, le nombre des Français est de trente-huit. (*Doc. inéd.*, XII, p. 232.)

2. « Depuis notre dernière *Relation* (1647), nous avons baptisé près de treize cents personnes; mais ce qui nous console le plus, c'est de voir la ferveur de ces bons néophytes. » (*Relation* de 1648, p. 47.)

3. Le P. Paul Ragueneau, né à Paris le 18 mars 1608, entra au noviciat des Jésuites, à Paris, le 21 août 1626, après avoir fait deux ans de rhétorique et trois ans de philosophie au collège de Clermont. Il fit son noviciat sous le P. Guy Le Meneust, et le noviciat terminé, il fut envoyé à Bourges, où il professa la cinquième (1628-1629), la quatrième (1629-1630), la troisième (1630-1631), et les humanités (1631-1632); il suivit ensuite dans ce collège, pendant quatre ans, les cours de théologie (1632-1636), tout en faisant l'office de surveillant au pensionnat. Le 28 juin 1636, il arrive à Québec, et en 1638, il est chez les Hurons. En 1645, il devient supérieur de la mission huronne. — Plusieurs dates varient dans les catalogues. Ainsi un catalogue fait naître le P. Ragueneau en 1607, et un autre le fait arriver le 28 juin 1638 au Canada, après avoir enseigné un an la philosophie à Amiens. — A Bourges, il fut le professeur du grand Condé, en quatrième, troisième et humanités. — Dans *L'Éducation du grand Condé*, d'après des documents inédits, I, *Le Collège de*

visite de toutes églises huronnes. A son retour, il écrivit au P. Jérôme Lalemant : « Je n'eusse jamais cru pouvoir voir après cinquante ans de travail, la dixième partie de la piété, de la vertu et de la sainteté, dont partout j'ai été témoin dans les visites que j'ai faites de ces Eglises [1]. » Les plus ferventes étaient celles de la Conception, de Saint-Joseph, de Saint-Ignace et de Saint-Louis. Le P. Chaumonot dirigeait la Conception ; le P. Daniel, Saint-Joseph ; le P. de Brébeuf et le P. Gabriel Lalemant, Saint-Ignace et Saint-Louis. Au bourg de Saint-Jean, chez les Pétuneux, le P. Garnier, aidé du P. Chabanel, avait formé, au prix des plus grands sacrifices, une mission de foi et de vertu ; et à quelques lieues de là, à Saint-Mathias, les Pères Léonard Garreau et Adrien Grelon instruisaient une chrétienté, peu nombreuse encore, mais docile et zélée. Dans ces églises, aussi bien que dans les bourgades de moindre importance, à Saint-Michel, à Saint-Jean-Baptiste, à Sainte-Elisabeth et à Saint-François-Xavier, les progrès de la foi étaient considérables. « Ils ont surmonté nos espérances, écrivait le P. Ragueneau ; la plupart des esprits, même autrefois les plus farouches, se rendent si dociles et si souples à la prédication de l'Évangile, qu'il paraît assez que les anges y travaillent bien plus que nous [2]. »

Tel était, vers le milieu de l'année 1648, l'état de la mission huronne, lorsque le 4 juillet, au lever du soleil, le

Bourges, — janvier 1630 à octobre 1632 — le P. H. Chérot dit : « Ce jeune professeur n'était pas prêtre. Encore dans la force juvénile de ses vingt-deux ans et dans la ferveur de sa récente entrée en religion, il consacrait à M. le Duc les prémices d'une ardeur que ne devait point éteindre un quart de siècle d'apostolat dans les sauvages missions du Canada » (p. 14).

1. *Relation* de 1649, p. 7.

2. *Relation* de 1649, p. 6.

cri : *Aux armes!* retentit à Saint-Joseph, bourg d'environ quatre cents familles, le plus rapproché de la frontière. Le P. Daniel venait d'achever le Saint-Sacrifice de la messe, et les fidèles, réunis dans la chapelle, récitaient les prières du matin. Les ennemis, qu'on ne savait pas en campagne, avaient fait leurs approches la nuit et attaquaient les palissades. L'alarme dans le bourg est générale : les uns fuient épouvantés, les autres marchent hardiment au combat [1]. Ces derniers étaient malheureusement peu nombreux, car l'élite des guerriers se trouvait à la chasse.

Pendant qu'on se bat sur les palissades, le P. Daniel parcourt les cabanes, confère le baptême aux catéchumènes et absout les néophytes. Puis, il revient à la chapelle, où se sont réfugiés en grand nombre, vieillards, femmes et enfants, pour y recevoir, les uns une absolution générale et les autres le baptême par aspersion [2].

Des guerriers viennent apprendre la fatale nouvelle : les palissades sont renversées, les Iroquois sont dans l'enceinte, ils mettent tout à feu et sang, ils s'avancent vers la chapelle. On entendait, en effet, leurs hurlements effroyables. « Fuyez, mes frères, dit le P. Daniel à ses chrétiens, fuyez et portez avec vous votre foi jusqu'au dernier soupir. Pour moi, je dois rester ici, tandis que j'y verrai quelque âme à gagner pour le ciel; et y mourant pour vous sauver, ma vie ne m'est plus rien; nous nous reverrons dans le ciel [3]. » Et leur montrant le chemin par où ils peuvent encore s'échapper : « Fuyez par là, ajoute-t-il, la route est libre [4]. »

1. *Cours d'histoire*, p. 371.
2. *Lettre latine* du P. Ragueneau au R. P. Général, 1650. (Archives gen. S. J.)
3. *Relation* de 1649, p. 4.
4. « Capescite fugam quà parte liber adhuc est exitus. » (*Lettre lat.* du P. Ragueneau au R. P. Général, 1649.)

Pour lui, afin de retarder la marche de l'ennemi et de donner à ses chrétiens le temps de s'enfuir, il sort de la chapelle par le côté opposé et marche seul au devant des Iroquois. Ceux-ci, étonnés, s'arrêtent un instant. Revenus bientôt d'un premier moment de surprise, ils l'accablent d'une grêle de flèches et l'achèvent d'un coup de feu; puis ils se précipitent sur ce corps inanimé, ils le dépouillent, ils lavent leurs mains dans son sang, et, après avoir mis le feu à la chapelle, ils jettent au milieu des flammes le cadavre défiguré du serviteur de Dieu [1]. Cette victime héroïque de la charité mourut, le nom de Jésus sur les lèvres : sa mort sauva du massacre quelques centaines de Hurons, qui allèrent en partie chercher un refuge à Sainte-Marie, auprès des missionnaires.

Les vainqueurs sortirent de Saint-Joseph, emmenant près de sept cents prisonniers, dont beaucoup furent tués en chemin. Avant de partir, ils avaient mis le feu à toutes les cabanes; et de là ils se rendirent à Saint-Michel qu'ils livrèrent également au pillage et à l'incendie [2].

Le P. Daniel fut le premier Jésuite qui reçut la couronne du martyre au pays des Hurons. Il y travaillait depuis quatorze ans, et il avait passé les neuf dernières années de son apostolat dans les bourgades les plus exposées à l'ennemi [3]. C'était un missionnaire comme on en voit peu, dit son supérieur dans une lettre intime au Général de la Compagnie [2]. *Humble, obéissant, d'une union parfaite avec Dieu, d'une patience à toute épreuve, d'un courage qui ne reculait*

1. *Relation* de 1649, pp. 4 et 5; — *Breve relatione*, cap. IV, p. 105; — Epistola P. Ragueneau ad R. P. Generalem, 1650, ms.; — *Creuxius*, pp. 525, 526 et 527; — *Narratio historica* à P. G. Gobat, p. 21 et seq.; — Alegambe, *Mortes illustres*, p. 642.

2. *Ibid.*

3. Lettre du P. Ragueneau, 1er mars 1649, au R. P. Vincent Caraffe. (*Documents inédits*, XII, p. 233.)

devant aucun obstacle, il était grandement estimé des Pères et aimé des sauvages. Il n'avait pas de désir plus ardent que de donner sa vie pour son troupeau[1]. Il apparut deux fois, après sa mort, rayonnant de gloire, au P. Chaumonot. Une autre fois, les Pères étant réunis en conseil, à Sainte-Marie, pour traiter des affaires de la mission, il se montra au milieu d'eux, les guidant de ses conseils et les animant de l'esprit divin dont il était rempli[2].

1. Le P. Antoine Daniel, né à Dieppe le 27 mai 1601, entra au noviciat des Jésuites à Rouen, le 1er octobre 1621, après avoir fait deux ans de philosophie et un an de droit. Le noviciat terminé, il professa à Rouen la sixième (1623-1624), la cinquième (1624-1625), la quatrième (1625-1626), et la troisième (1626-1627). Après sa théologie (1627-1630) au collège de Clermont, à Paris, il enseigna à Eu les humanités (1630-1631) et exerça ensuite dans ce même collège les fonctions de ministre jusqu'à son départ pour le Canada en 1634. Il était le frère du capitaine Daniel, qui aborda au cap Breton avec le P. Vimont et y construisit le premier fort français, en 1629.

Voir sur la vie du P. Daniel : *Relations de la Nouvelle-France*, de 1633, p. 30 ; — de 1634, p. 88 ; — de 1635, pp. 25 et 37 ; — de 1636, pp. 27, 69-75, 82 ; — de 1637, pp. 55-71, 89, 103, 119 ; — de 1639, p. 53 ; — de 1640, pp. 90-95 ; — de 1641, pp. 67, 81 ; — de 1642, p. 82 ; — de 1644, p. 99 ; — de 1649, pp. 3 et suiv. ; — Tanner, *Societ. Jesu usque ad sanguinem militans*, p. 531 ; — *Charlevoix*, t. I, p. 290 ; t. II, pp. 3 et suiv. ; — Cassani, *Varones ilustres*, t. I, p. 634 ; — Ferland, *Cours d'histoire*, pp. 268, 283, 371 et suiv. ; — Bancroft, *History of the United States*, pp. 763, 795 ; — Parkman, *The Jesuits in North America ;* — Théoph. Raynaud, *Opera*, t. XVII, p. 340, 2e col. ; — *Nadasi*, 4 jul., p. 12 ; — Drews, *Fasti Soc. Jesu*, 4a jul., p. 254.

Nous donnons aux *Pièces justificatives*, n° IV, deux documents inédits : 1) Une lettre du P. Paul Ragueneau sur la mort du P. Daniel, adressée au R. P. Claude de Lingendes, provincial de France, et datée de la résidence de Sainte-Marie des Hurons, le 1er mai 1649 (Arch. de l'école Sainte-Geneviève, Paris.) — 2) Une lettre du même au R. P. Général, Vincent Caraffe, datée du 1er mars 1649. (Arch. gén. S. J.) Cette dernière a été traduite en français par le P. Carayon (*Documents inédits*, XII, pp. 233 et suiv.).

2. Epistola P. Ragueneau ad R. P. Generalem, 1er mars 1649. (Arch. gen. S. J.) ; — Traduction française (*Doc. inéd.*, XII, pp. 242) ; — Le P. Ragueneau parle également des *trois apparitions* dans

Le triomphe des Iroquois ne s'arrêta pas là; mais, en habiles tacticiens, ils se gardèrent bien de poursuivre l'ennemi, car ils savaient que celui-ci se fortifierait partout et qu'il serait impossible de le déloger de ses positions. Ils avaient aussi tout à craindre d'être écrasés par le nombre. Ils rentrent donc dans leur pays, poussant devant eux comme un troupeau des centaines de prisonniers; ils organisent en secret une nouvelle expédition et, au mois de mars (1649), ils arrivent, à travers les bois, inaperçus et au nombre de plus de mille, au cœur même de la contrée huronne. Les vaincus, trompés par des apparences de paix, dormaient dans une fatale sécurité; et beaucoup d'entre eux chassaient au loin l'orignal. Le 16 mars, à la première lueur du jour, les Tsonnontouans et les Agniers qui font campagne ensemble, s'approchent de Saint-Ignace, où tout

sa *Relation* de 1649, p. 5; le même fait est rapporté dans la *Continuation de la vie du P. Chaumonot*, p. 84, dans Creuxius, p. 527, et dans *Narratio historica*, p. 31. — Bressani, dans son *Breve relatione*, p. 107, dit : « Après sa mort, il ne cessa pas de porter intérêt à son troupeau; on en donnera peut-être un jour la preuve. » L'historien fait ici allusion aux apparitions du serviteur de Dieu. La Mère Marie de l'Incarnation écrivait en 1649 aux Ursulines de Tours : « Ce saint martyr apparut peu de temps après sa mort à un Père de la Compagnie (P. Chaumonot) et de la mission. Celui-ci l'ayant reconnu, lui dit : Ah! mon cher Père, comment Dieu a-t-il permis que votre corps ait été si indignement traité après votre mort, que nous *n'ayons pu recueillir vos cendres?* Le saint martyr lui répondit : Mon très cher Père, Dieu est grand et admirable! Il a regardé mon opprobre et a récompensé en grand Dieu les travaux de son serviteur; il m'a donné après ma mort un grand nombre d'âmes du purgatoire, pour les emmener avec moi et accompagner mon triomphe dans le ciel. Il est encore apparu dans un conseil, comme y présidant et y inspirant les résolutions qu'on devait prendre pour la gloire de Dieu. » (*Lettres hist.*, p. 441.) Elle ajoute : « Le corps du P. Daniel fut tellement réduit en cendres, qu'on n'a trouvé aucuns restes. » (*Ibid.*, p. 445). Consulter aussi le *Societa militans* du P. Tanner, p. 533.

repose encore, pénètrent sans résistance dans le bourg, et tuent ou prennent les habitants éveillés en sursaut. Le village n'est bientôt qu'un monceau de ruines [1].

Trois hurons, échappés à la hache des envahisseurs, courent au village de Saint-Louis, distant d'une lieue, pour prévenir du désastre auquel ils viennent d'assister. C'est là que se trouvaient en ce moment le P. de Brébeuf et le P. Gabriel Lalemant [2].

Les capitaines font aussitôt sortir les femmes et les enfants et ils engagent les deux missionnaires à les suivre : « Votre présence, leur disent-ils, ne peut nous être d'aucun secours. Vous ne savez manier ni le casse-tête ni le mousquet [3]. » — « Il y a quelque chose de plus nécessaire que les armes, répond le P. de Brébeuf ; ce sont les sacrements ; et nous seuls pouvons les administrer. Notre place est au milieu de vous [4]. » Frappé de ce dévouement, Etienne Annaothalia, capitaine de foi robuste, dit à un infidèle désespéré qui parle de fuir : « Pourrions-nous abandonner ces deux Pères, qui exposent leur vie pour nous ? L'amour qu'ils ont de notre salut, sera la cause de leur mort... Mourons avec eux et nous irons de compagnie au ciel [5]. »

Les deux apôtres se partagent aussitôt la besogne ; le P. Lalemant baptise les catéchumènes et le P. de Brébeuf confesse les néophytes. Il ne restait dans la place que quatre-vingts guerriers et quelques vieillards infirmes. Les Iroquois arrivent. Un premier et un second assaut sont vaillamment repoussés ; mais attaqués par un millier d'assail-

1. *Relation* de 1649, p. 10 ; — *Breve relatione*, p. 108.
2. *Ibid*.
3. *Breve relatione*, p. 109.
4. *Breve relatione*, p. 109.
5. *Relation* de 1649, p. 11.

lants de divers côtés à la fois, les Hurons finissent par succomber. Ils sont tués ou pris, le feu est mis aux cabanes et les deux missionnaires, saisis dans l'exercice de leurs fonctions sacerdotales, sont dépouillés de leurs habits et conduits à Saint-Ignace avec les autres prisonniers. Ils marchaient en tête des captifs.

Avant d'arriver au bourg, ils traversent une longue et double rangée de sauvages, qui les accablent de coups de bâton sur les épaules, sur les reins, sur les jambes et sur le visage[1]. C'est la première station du Calvaire.

Dans le village, on avait dressé des poteaux pour y attacher les victimes. A la vue de ces instruments de supplice, le P. de Brébeuf s'adresse aux chrétiens captifs : « Mes enfants, leur dit-il, levons les yeux au ciel dans le plus fort de nos douleurs; souvenons-nous que Dieu est le témoin de nos souffrances et sera bientôt notre grande récompense. Mourons dans cette foi et espérons de sa bonté l'accomplissement de ses promesses. J'ai pitié plus de vous que de moi ; mais soutenez avec courage le peu qui reste de tourments, ils finiront avec vos vies ; la gloire qui les suit n'aura jamais de fin. » — « Éehon[2], lui répondent les néophytes, notre esprit sera dans le ciel, lorsque nos corps souffriront en terre. Prie Dieu pour nous qu'il nous fasse miséricorde ; nous l'invoquerons jusqu'à la mort. » Tous restèrent fidèles jusqu'au dernier soupir.

En approchant du poteau où doit se consommer leur sacrifice, les deux missionnaires s'agenouillent, et, comme saint André, ils baisent avec transport leur croix bénie. « C'est maintenant, s'écrie le P. Lalemant, que nous sommes donnés en spectacle, au ciel, aux anges et aux hommes[3]. »

1. *Relation* de 1649, p. 13.
2. C'est le nom que les sauvages donnent au P. de Brébeuf.
3. *Vie du P. de Brébeuf*, par le P. Martin, p. 273.

Suivons séparément ces deux victimes dans la longue suite de leurs tourments. C'est sur elles principalement que s'acharnent les bourreaux, Dieu le permettant ainsi, comme étant les plus pures et les plus agréables à sa divine Majesté. Et puis, il y avait parmi les ennemis, des Hurons *iroquisés*[1], autrefois chrétiens, aujourd'hui apostats, qui tenaient à récompenser le prêtre, par un surcroît de cruauté, du bien qu'il leur avait fait ; ils voulaient peut-être effacer en eux le caractère ineffaçable du baptême, en se montrant plus ardents que les Iroquois eux-mêmes à tourmenter les deux serviteurs de Dieu.

Le P. de Brébeuf est attaché au poteau. Là, on enfonce dans ses chairs des alênes brûlantes, on promène sur ses membres des charbons embrasés, on suspend à son cou un collier de haches rougies au feu[2]. Ferme comme un rocher et impassible sous la violence des tourments, l'apôtre, oublieux de ses souffrances, élève, comme le Christ sur la croix, sa voix la plus forte, et s'adressant tantôt aux

1. *Relation* de 1649, p. 14.

2. Dans un document inédit sur la mort des Pères de Brébeuf et Lalemant, trouvé par M. D. Brymner et inséré dans les *Archives du Canada*, année 1884, p. LXX, note E, le F. coadjuteur, Christophe Régnaut, compagnon des deux Pères et auteur du document, dit : « Voici la façon que j'ai vu faire ce collier de haches. Ils font rougir six haches, prennent une grosse hart de bois vert, passent les six haches par le gros bout de la hart, prennent les deux bouts ensemble et puis le mettent au cou du patient. Je n'ai point vu de tourment qui m'ait plus ému de compassion que celui-là. Car vous voyez un homme tout nu, lié au poteau, qui ayant ce collier au cou ne saurait en quelle posture se mettre, car s'il se penche en avant, celles de dessus les épaules pèsent davantage ; s'il se veut pencher en arrière, celles de son estomac lui font souffrir le même tourment ; s'il se tient tout droit, les haches ardentes de feu appliquées également des deux côtés lui causent un double tourment. » (Lettre adressée aux Jésuites de Caen, en 1678.)

Hurons chrétiens, tantôt à ses bourreaux, il encourage les premiers et leur montre la couronne du ciel, il menace les seconds de la justice divine et des feux de l'enfer. Devant tous, il prêche Jésus-Christ.

Tant de liberté, jointe à une telle force d'âme, étonne les bourreaux et les exaspère. Pour l'empêcher de parler et de prêcher, ils lui coupent les lèvres, la langue et le nez, ils lui fendent la bouche jusqu'aux oreilles, ils enfoncent un fer rouge dans son gosier, ils mettent dans sa bouche des charbons enflammés. « Mais l'invincible missionnaire, dit Charlevoix, paraît avec un visage si assuré et un regard si ferme qu'il semble encore donner la loi à ses ennemis[1]. »

Ceux-ci inventent de nouvelles tortures. On lui arrache les cheveux, on enlève la peau de sa tête en forme de couronne, on coupe sa chair, morceau par morceau, et on lui dit avec une sanglante ironie : « Tu as dit aux autres que plus on souffrait dans cette vie, plus la récompense de l'autre vie serait grande. Remercie-nous donc puisque nous embellissons ta couronne[2]. »

A l'instigation d'un Huron renégat, et, en *haine du baptême*[3], on verse par trois fois sur sa tête et sur ses épaules de l'eau bouillante : « Vah ! lui disent-ils, nous te baptisons, afin que tu sois bienheureux dans le ciel ; car sans un bon baptême, on ne peut être sauvé[4]. »

Enfin, on entoure son corps d'écorces enduites de résine, auxquelles on met le feu, afin de griller lentement le martyr, toujours calme et serein dans la douleur. L'intrépidité du héros aurait pu se communiquer à ses compagnons. Les bourreaux le craignent et décident d'en finir avec lui. Un

1. *Histoire de la Nouvelle-France*, t. I, p. 293.
2. *Breve relatione*, p. 11.
3. *Ibid.*
4. *Relation* de 1649, p. 14.

chef lui ouvre le côté, arrache le cœur et le dévore, tandis que les sauvages boivent le sang qui découle de la plaie.

Le P. de Brébeuf expira le mardi seize mars, vers quatre heures du soir, à l'âge de cinquante-six ans.

« Dans toute l'histoire du Canada, on ne rencontre pas de plus grande figure[1], » dit Ferland ; et « la vérité qui ressort de sa vie sublime, ajoute le protestant Parkman, est que ce missionnaire recelait un cœur de saint et de héros[2]. » Ces dernières paroles résument parfaitement la merveilleuse et sainte existence du P. de Brébeuf. Nous avons décrit ailleurs son beau caractère et ses travaux. Religieux d'une mortification d'anachorète, il jeûnait souvent, allait revêtu d'un cilice aux pointes de fer, veillait la plus grande partie de ses nuits, et, le reste du temps, il s'étendait sur une écorce ou sur la terre nue. Homme d'oraison et de prière, il vivait uni à Dieu par la pensée et par le cœur, il avait de fréquentes apparitions de Notre-Seigneur, de la Sainte-Vierge, de Saint-Joseph, des anges et des saints. Jésus-Christ se montrait surtout à lui portant sa croix. Trois jours avant le martyre, le maître révéla à son serviteur, le moment et les circonstances de sa mort; le P. de Brébeuf en prévint ses frères, avec des transports de joie[3].

Il ne désirait rien tant que de verser son sang pour Jésus-Christ. Dès 1639, il avait fait ce vœu : « Je fais vœu de ne jamais manquer à la grâce du martyre, si dans votre miséricorde, ô mon Dieu, vous l'offrez à votre indigne serviteur... Si les occasions de mourir pour vous se présentent, je ne les éviterai pas ; et lorsque le coup de mort me sera

1. *Cours d'Histoire*, p. 376.

2. *Les Jésuites dans l'Amérique du Nord*, traduction de la comtesse de Clermont-Tonnerre, p. 317, *note*.

3. *Relation* de 1649, ch. V ; — *Lettres de Marie de l'Incarnation*, oct. 1649 ; — *Breve relatione*, p. 112 et suiv.

Joannes de Brebeuf soc. Jes

donné, je l'accepterai d'un cœur joyeux et triomphant[1]. » Son supérieur lui avait ordonné de consigner par écrit ses nombreuses visions, grâces et révélations, « du moins celles dont il pouvait se souvenir, dit le P. Ragueneau, car la multitude en était telle qu'il n'eut pu les relater toutes. » Puis le supérieur ajoute : « Je ne trouve rien de plus fréquent dans ses mémoires, que l'expression de son désir de mourir pour Jésus-Christ : *Sentio me vehementer impelli ad moriendum pro christo*[2]. »

Son compagnon de martyre, le P. Gabriel Lalemant, n'avait ni la même vigueur physique, ni la même force morale.

1. *Relation* de 1649, p. 19.

2. *Relation* de 1649, p. 18. — Consulter sur la sainte vie et la mort du P. de Brébeuf : *Relations de la Nouvelle-France*, de 1626, de 1632, etc... surtout de 1649, ch. IV, intitulé : *De l'heureuse mort du P. Jean de Brébeuf et du P. G. Lalemant*; — Bressani, *Breve relatione*, cap. V, pp. 107 et suiv.; — Alegambe, *Mortes illustres*, pp. 644-652 ; — Creuxius, *Historiæ Canadensis*, pp. 158, 161, 539, 542; — Tanner, *Societas Jesu militans*, p. 533; — Cassani, *Varones ilustres*, pp. 572 et suiv.; — P. Martin, *Vie du P. de Brébeuf*; — Marie de l'Incarnation, *Lettres*, pp. 440 et suiv.; — *Charlevoix*, t. I, p. 290 ; t. II, pp. 13 et suiv.; — Ferland, *Cours d'histoire*, t. I, ch. 7, pp. 374 et suiv.; — *Narratio historica* eorum quæ Societas Jesu in novâ Franciâ fortiter egit et passa est, à P. Georgio Gobat, S. J.; — *Chroniques de l'ordre des Carmélites* de la réforme de Sainte-Thérèse depuis leur introduction en France, Troyes, 1861, t. IV, pp. 21 et suiv.; — *La vie de la mère Catherine de Saint-Augustin*, par le P. Ragueneau, Paris, 1671. — D'après ce qui est dit dans sa vie, la Mère Catherine de Saint-Augustin fut visitée souvent par le P. de Brébeuf, qui, après son martyre, assista particulièrement cette religieuse, et la dirigea dans les voies de Dieu. On trouvera encore d'autres détails sur ce missionnaire dans l'*Ann. dier. mem.*, du P. Nadasi; les *Fasti*, du P. Drews; le *Menologio*, du P. Patrignani; les *The Jesuits in North America*, de Parkman, cap. XVI, et l'*History of the United States*, de G. Bancroft, vol. II, pp. 783, 785 et 797. — Voir aux *Pièces justificatives*, n° V, une lettre du P. Garnier (27 avril 1649) au R. P. Pierre Boutard, sur la mort des PP. G. Lale- et J. de Brébeuf.

D'une complexion très délicate, d'une nature impressionnable et sensible à l'excès, il ne semblait pas fait pour les pénibles travaux de l'apostolat parmi les sauvages de l'Amérique du Nord ; aussi, malgré ses vives instances, ses supérieurs lui refusèrent-ils cette mission pendant seize ans. Les refus ne le découragèrent pas. Dès le noviciat, il s'était engagé par vœu à aller au Canada ; chaque année, il renouvela ses engagements et sa demande. Il se disait avec raison que la grâce de Dieu peut opérer des merveilles dans un cœur où réside la bonne volonté, et donner au corps et à l'âme une vaillance qui, par droit de naissance, n'appartient ni à l'un ni à l'autre[1].

Depuis sept mois seulement il était chez les Hurons, et le Seigneur le trouva prêt pour le sacrifice !

Le martyre du P. de Brébeuf dura trois heures ; le sien, une partie du jour et une nuit. Lié au poteau, il eut, comme le P. de Brébeuf, les membres brûlés et rôtis : alênes et collier de haches rougies, tisons ardents, baptême d'eau bouillante, on mit tout en œuvre pour le tourmenter. Comme le P. de Brébeuf, il fut grillé à petit feu dans une écorce de sapin, il eut le nez et la langue coupés, la bouche fendue ; et, pour l'empêcher de prier et de parler, on lui introduisit jusqu'au fond de la gorge des charbons brûlants. Comme le P. de Brébeuf, il vit ses chairs enlevées par lambeaux et mangées, son crâne déchiqueté.

1. *Relation* de 1649, p. 16 : « Sa complexion était très délicate et son corps n'avait point de force. » — *Breve relatione*, p. 111 : « Di debolissima complessione. » — *Marie de l'Incarnation* : « C'était l'homme le plus faible et le plus délicat qu'on eût pu voir » (*Lettres*, p. 441). — On trouve dans les « Chroniques de l'ordre des Carmélites de la réforme de Sainte-Thérèse, » t. IV, pp. 21 et suiv., des détails très intéressants sur le jeune Gabriel Lalemant et sa famille, et une lettre sur son martyre adressée par le P. Joseph Poncet, son cousin, à la Mère Anne du Saint-Sacrement, prieure du Carmel et sœur du P. Gabriel.

Quels supplices pour un homme faible et délicat! La cruauté des barbares lui en ménageait cependant de plus terribles, sans doute parce qu'ils espéraient triompher de sa faiblesse, à force de tourments, et l'obliger à demander grâce à ses ennemis[1].

Son martyre avait commencé, d'après les uns avec celui du P. de Brébeuf, d'après les autres à six heures du soir; il se prolongea toute la nuit jusqu'à neuf heures du matin, et rien ne lui fut épargné de tout ce que peut inventer la plus habile férocité[2].

Sur toute la longueur latérale de la cuisse gauche on lui fait une large entaille jusqu'à la profondeur de l'os, et, dans cette blessure, on glisse lentement le tranchant d'une hache rougie au feu. Sur la cuisse droite, on pratique, à une égale profondeur, une double incision, en forme de croix, et avec le fer on brûle peu à peu les chairs vives[3]. Au milieu de ses douleurs inénarrables, le patient levait souvent les yeux au ciel, pour demander courage et persévérance au Dieu de toute force; les bourreaux lui arrachent les yeux et mettent à la place des charbons ardents. Nous n'en finirions pas de raconter les horribles tourments auxquels ils soumirent le jeune missionnaire.

Une grande partie de la nuit, ils l'abandonnent aux mains des jeunes gens, avec permission de le torturer suivant leur caprice, pourvu qu'ils ne lui enlèvent pas complètement la vie, car un condamné ne devait pas mourir entre le coucher et le lever du soleil. Longues et doulou-

1. *Relation* de 1649, ch. IV; — *Breve relatione*, ch. V; — *Lettres de la Mère Marie de l'Incarnation*, pp. 444 et suiv.

2. *Chroniques de l'ordre des Carmélites* : Lettre du P. Poncet à la mère Anne du Saint-Sacrement.

3. *Ibid.*

reuses heures pendant lesquelles la victime épuisée reste le jouet sans défense de ces petits sauvages[1]! Quand ses mains étaient libres, quand les liens, qui l'attachaient au poteau, se relâchaient un peu, le patient se jetait à genoux, joignait les mains, et, le regard en haut, il priait; mais les barbares croyant trouver là le secret de son inexplicable force, l'obligeaient à coups de bâtons ou de cordes à se relever et à baisser les bras. « Il n'y eut, dit le P. Ragueneau, aucune partie de son corps, depuis les pieds jusqu'à la tête, qui ne fut grillée et dans laquelle il ne fut brûlé tout vif[2]. »

Un historien a dit qu'au fort de la douleur *il jetait des cris capables de percer les cœurs les plus durs et qu'il paraissait quelquefois hors de lui-même*[3]; un autre, plus soucieux peut-être de l'effet d'un mot ou d'une phrase que de l'exactitude historique, a parlé de *plaintes déchirantes qui fendaient l'âme*; il a écrit que le *jeune* religieux *se tordait dans d'intolérables douleurs*[4]. Si l'on s'en rapporte aux correspondances des missionnaires de Sainte-Marie des Hurons et aux récits du temps, il est bien évident que ces expressions sont, à tout le moins, empreintes d'une réelle exagération[5]. On s'explique du reste que la violence inouïe

1. *Au pays des Hurons*, p. 79.
2. *Relation* de 1649, p. 15.
3. *Histoire de la Nouvelle-France*, par le P. de Charlevoix, p. 295.
4. *Marie de l'Incarnation*, par l'abbé Casgrain. Introduction, p. 45.
5. *Relation* de 1649, p. 14 : « Dans le plus fort de ces tourments, le P. G. Lalemant levait les yeux au ciel, jettant des soupirs à Dieu qu'il invoquait à son secours. » — Le P. Poncet, dans sa lettre à la mère Anne du Saint-Sacrement, dit qu'il n'a pas de paroles de plainte, qu'il ne fait que prier et *jeter des œillades au ciel*. — *Bressani*, p. 110 : « La loro Constanza fù maravigliosa, massime quella del Padre Brebeuf. Mai diede un minimo segno di dolore, mai aprì la bocca per gridare... » — *Narratio historica*, p. 110 : « Invictus heros lumina vultumque cœlo tendebat atque ad Deum precabatur, suspiria imo

des tourments ait arraché des gémissements involontaires à une nature frêle et sensible, qu'elle l'ait mise par instants malgré elle comme hors d'elle-même. Mais l'âme resta toujours inébranlable et le cœur uni à Dieu. « Nous savons, écrit le P. Poncet, à la date du 18 mai 1649, qu'au lieu de sentiments de colère et d'indignation contre ses bourreaux, ou de paroles de plainte que la nature eut dû lui arracher, son esprit était tellement en Dieu qu'il ne faisait autre chose que prier et jeter des œillades vers le ciel, et joindre les mains avec une grande ferveur... Après avoir passé un soir, une nuit et une matinée sans relâche au milieu des plus cruels tourments, cependant, avant de mourir, sa force d'esprit et sa foi étaient si vigoureuses, que, nonobstant ses plaies, il se mit à genoux pour embrasser son poteau et faire à Dieu sa dernière offrande[1]. » Vers les neuf heures du matin, un sauvage fatigué de le voir souffrir si longtemps, lui fracassa le crâne avec sa hache, le 17 mars 1649. Le P. Gabriel Lalemant avait trente-neuf ans[2].

ex corde ducta jactabat. — Tanner, *Societas militans* : « Deum suspirans vocabat in opem (p. 539). — Enfin Marie de l'Incarnation, *Lettres historiques*, p. 442 : « Il avait les yeux élevés au ciel, souffrant tous ces outrages, sans faire aucune plainte et sans dire mot.

1. Lettre du P. Antoine-Joseph Poncet, missionnaire aux Hurons, à un de ses frères en France. Sainte-Marie des Hurons, 18 mai 1649.

2. *Relation* de 1649, p. 15. — Consulter sur le martyre du P. G. Lalemant : *Relation* de 1649, ch. IV ; — *Breve relatione*, p. 111, cap. V ; — *Marie de l'Incarnation*, lettres d'oct. 1649 ; — Gabat, *Narratio historica* ; — *Creuxius*, p. 538 et suiv. ; — Tanner, *Societas militans*, p. 534 et suiv. ; — P. J. Poncet, lettre à la mère Anne du Saint-Sacrement, *Chroniques de l'ordre des Carmélites* ; — *Vie du P. de Brébeuf*, par le P. Martin ; — *Au pays des Hurons*, par le P. Rouvier ; — *Histoire de la Nouvelle-France*, par le P. de Charlevoix ; — *Archives du Canada*, 1884, p. LXX et suiv. ; — *Georges Bancroft*, t. IV, c. XX, pp. 783-797 ; — Parkman, *The Jesuits in North America*, cap. XVI ; — *Chroniques de l'ordre des Carmélites*, t. IV.

Après sa mort, on trouva dans ses papiers un précieux manuscrit, où lui-même avait exposé les raisons de son ardent désir de la mission du Canada; et dans cet écrit, on lisait ces admirables paroles : *Quoniam ego in flagella paratus sum, hic ure, hic seca, ut in œternum parcas*[1]. Ces paroles devaient se vérifier à la lettre pendant son long martyre au bourg de Saint-Ignace. Il fut flagellé, brûlé; on lui coupa les chairs. Est-il téméraire d'ajouter avec son supérieur, *qu'il vit dans le repos des saints et qu'il y vivra éternellement*[2]?

Neveu des Pères Charles et Jérôme Lalemant, fils de Jacques Lalemant, avocat au Parlement de Paris, il montra jeune encore de singulières aptitudes pour les lettres et les sciences. Sa famille fondait sur lui de légitimes espérances. Elles se réalisèrent, mais d'une façon tout autre qu'elle ne l'espérait. « Sous ses faibles dehors, dit un de ses historiens, il cachait une âme ardente, généreuse dans laquelle fermentait un insatiable désir de se sacrifier[3]. » Le sacrifice, il vint le chercher dans la Compagnie de Jésus. Là, successivement professeur de grammaire, de littérature, de philosophie et de sciences, puis préfet des études, il sentait d'année en année, de jour en jour, croître en lui sa soif d'immolation pour le salut des sauvages. Il était à Bourges, quand une lettre de son Provincial l'avertit de son prochain départ. Sa mère vivait encore et deux de ses sœurs avaient revêtu l'habit de Sainte-Thérèse. L'aînée gouvernait, en

1. « Puisque je suis prêt à être flagellé, brûlez, retranchez ici-bas, afin de pardonner devant l'éternité. » (*Relation* de 1649, p. 16). — L'écrit trouvé parmi les papiers du P. Lalemant a été imprimé dans cette *Relation*, ch. IV.

2. *Relation* de 1649, p. 15.

3. *Au pays des Hurons*, par le P. Bouvier, p. 62.

Gabriel Lalemant Soc. Jesu

qualité de prieure, le couvent de Paris. Quand le P. Gabriel[1] vint lui faire ses derniers adieux, elle lui remit quelques reliques de martyrs, providentielle annonce du genre de gloire qui attendait le jeune Jésuite de l'autre côté de l'Océan. Sa mère, femme forte et de devoir, l'embrassa et le bénit. L'une et l'autre se disaient qu'elles auraient bientôt un martyr au ciel; elles ne se trompaient pas.

La mère, en apprenant l'héroïque mort du P. Gabriel, remercia Dieu de la grâce insigne qu'il avait accordée au

1. Le P. Gabriel Lalemant naquit à Paris le 10 octobre 1610. Son père mourut assez jeune laissant la mère chargée de six enfants. Bruno, l'aîné des garçons, entra chez les Chartreux, le cadet devint maître des requêtes; les trois sœurs se firent religieuses. *Anne du Saint-Sacrement*, l'aînée des trois, qui devint prieure du Carmel de Paris, aimait particulièrement le P. Gabriel, le plus jeune de la famille. C'est avec elle qu'il correspondait ordinairement. On a conservé quelques-unes de ses lettres à cette sœur. Après la mort du P. Gabriel, sa mère se consacra à Dieu et mourut religieuse récollette.

Gabriel entra dans la Compagnie de Jésus, au noviciat de Paris, le 24 mars 1630, après avoir fait deux ans de rhétorique et trois ans de philosophie. Au sortir du noviciat, il professa à Moulins la quatrième (1632-1633), la troisième (1633-1634), et la seconde (1634-1635), puis il fit quatre ans de théologie (1635-1639) à Bourges, où il fut en même temps employé, en qualité de *præfectus morum*, au pensionnat. Après sa théologie, la faiblesse de sa santé obligea ses supérieurs de l'envoyer passer quelque temps au collège royal de la Flèche, où il surveilla les pensionnaires. De là, il alla professer la philosophie à Moulins (1641-1644), et enfin il devint préfet du collège de Bourges (1644-1646). Le 13 juin 1646, il s'embarqua à la Rochelle pour le Canada avec les Pères Claude Quentin, procureur de la mission, Adrien Daran et Amable du Frétat, et le F. coadjuteur, Pierre Masson. A Québec, il trouva, pour supérieur de la mission, le P. Jérôme Lalemant, son oncle, qui l'employa près de deux ans à divers ministères apostoliques, à Québec, à Sillery et aux Trois-Rivières. Le 6 août 1648, il arriva à Sainte-Marie des Hurons, et fut donné comme compagnon au P. de Brébeuf. En six mois, *il fit tant de progrès dans la langue huronne*, dit le P. Ragueneau, *que nous ne doutions pas que Dieu voulût se servir de lui en ce pays pour l'avancement de sa gloire* (*Relations* de 1649, p. 17). La Providence en décida autrement.

fils et à la mère; au fils, mort victime de sa foi et de sa charité; à la mère qui comptait un martyr parmi ses enfants. La sainte prieure du Carmel, prévenue par le P. Jérôme Lalemant des derniers moments de son frère aimé, se jeta à genoux et chanta le *Magnificat*. Le reste de sa vie fut un cantique d'actions de grâces.

Cependant, quelques Hurons chrétiens, échappés des mains des Iroquois et qui avaient été témoins de tout ce qui s'était passé à Saint-Louis et à Saint-Ignace, apportèrent à Sainte-Marie la nouvelle du martyre des Pères et ses moindres particularités [1]. Le Frère Malherbe, accompagné de quelques Français, se rendit, aussitôt après le départ des ennemis, au bourg de Saint-Ignace et transporta les corps des deux victimes à la Résidence, où on les ensevelit, le 21 mars, « avec tant de consolation et des sentiments si tendres, dit le P. Ragueneau, que je n'en sçache aucun parmi nous qui ne souhaitât une mort semblable plutôt que de la craindre [2]. »

1. *Breve relatione*, p. 110; — *Relation* de 1649, ch. III et IV.

2. *Relation* de 1649, p. 15. On a trouvé, il y a quelques années, dans un coin de l'ancienne chapelle de Chicoutimi, un manuscrit contenant la notice nécrologique du Frère coadjuteur, François Malherbe; cette notice dit que ce religieux se rendit à Saint-Ignace, en compagnie de quelques Français et trouva les corps de deux missionnaires au pied du poteau où on les avait martyrisés. Mr N.-E. Dionne a inséré (*Revue canadienne*, juin 1888, pp. 386-387) dans les *Figures oubliées de notre histoire* une courte notice sur ce Frère, qu'il dit être *une des figures les plus remarquables* parmi les Frères coadjuteurs de cette époque au Canada : « Il avait prononcé ses vœux le 15 août 1665. D'abord *engagé*, il fit preuve de vocation religieuse chez les Hurons, où il avait suivi les PP. de Brébeuf et G. Lalemant; après le martyre de ces deux missionnaires, il transporta (à Sainte-Marie) sur ses épaules les corps grillés et rôtis de ces religieux. A sa mort, arrivée le 12 avril 1696, il était parvenu à l'âge de 60 ans et 3 mois, dont il avait passé 42 dans la Compagnie. Il séjourna pendant 13 à 14 ans à la mission Saint-Charles du lac Saint-Jean, à l'embouchure de la

Avant de les déposer dans la tombe, chacun voulut voir et toucher leurs plaies[1]; on embrassait avec respect les glorieuses cicatrices de ces héros; au lieu de prier pour eux, on regardait au ciel, demeure de ceux qui ont ici-bas vaillamment combattu, et on leur demandait

Métabetchouane, consacrant une grande partie de son temps à voyager de Chégoutimy au lac Peokouagamy (Saint-Jean). Ce fut lors d'une de ces excursions pénibles, durant l'hiver de 1686, qu'il faillit mourir de faim et de froid. Le chef Montagnais de Chégoutimy, Louis Kestabistichit, le trouva, après de longues recherches, et l'apporta sur ses épaules, gelé et presque mourant... Il le ramena ensuite à Québec en canot d'écorce. »

1. *Breve relatione*, p. 110. — Le F. Regnaut, témoin oculaire, écrivait aux Jésuites de Caen : « Nous trouvâmes les corps des deux Pères à Saint-Ignace, mais un peu écartés l'un de l'autre. On les rapporta à notre cabane et on les exposa sur des écorces de bois, où je les considérai à loisir plus de deux heures de temps, pour voir si ce que les sauvages nous avaient dit de leur martyre et de leur mort était vrai. Je considérai premièrement le corps du Père de Brébeuf qui faisait pitié à voir, aussi bien que celui du Père Lalemant. Le Père de Brébeuf avait les jambes, les cuisses et les bras tous décharnés jusqu'aux os. J'ai vu et touché quantité de grosses ampoules, qu'il avait en plusieurs endroits de son corps (provenant) de l'eau bouillante que ces barbares lui avaient versée en dérision du Saint Baptême. J'ai vu et touché la plaie d'une ceinture d'écorce toute pleine de poix et de résine qui grilla tout son corps. J'ai vu et touché les brûlures du collier des (de) haches qu'on lui mit sur les épaules et sur l'estomac. J'ai vu et touché ses deux lèvres, qu'on lui avait coupées à cause qu'il parlait toujours de Dieu, pendant qu'on le faisait souffrir. J'ai vu et touché tous les endroits de son corps, qui avait reçu plus de deux cents coups de bâton. J'ai vu et touché le dessus de sa tête écorchée. J'ai vu et touché l'ouverture que ces barbares lui firent pour lui arracher le cœur. Enfin j'ai vu et touché toutes les plaies de son corps, comme les sauvages nous l'avaient dit et assuré.

Nous ensevelîmes ces précieuses reliques le dimanche 21e jour de mars 1649 avec bien de la consolation. J'eus le bonheur de les porter en terre et de les inhumer avec celles du Père Gabriel Lalemant. Lorsque nous partîmes du pays des Hurons, nous levâmes les deux corps de terre et nous les mîmes à bouillir dans de forte lessive. On gratta bien tous les os, et on donna le soin de les faire sécher. Je les

pour les mêmes luttes l'héroïsme qu'ils avaient si généreusement déployé. C'est qu'en effet, les missionnaires s'attendaient chaque jour à une attaque des ennemis, et Sainte-Marie ne semblait pas en mesure d'opposer une résistance sérieuse.

Jusque là, la Résidence se trouvait protégée par une quinzaine de bourgades, placées entre elle et lès Iroquois. Maintenant, cette barrière n'existe plus, les Hurons ayant abandonné leurs villages, dans un moment de frayeur et d'affolement, et les ayant incendiés, afin que l'ennemi ne puisse pas s'y réfugier et s'y fortifier. « Il en résulte pour nous, écrivait le P. Ragueneau, que notre Résidence se trouve au point le plus avancé et à la vue des Iroquois [1], » et, pour se défendre, elle n'avait que huit soldats, vingt-trois donnés et sept domestiques [2].

Il ne fallait pas compter sur les guerriers Hurons,

mettais tous les jours dans un petit four de terre que nous avions, après l'avoir un peu chauffé. Et étant en état de les serrer, on les enveloppa séparément dans de l'étoffe de soie, puis on les mit en deux petits coffres, et nous les apportâmes à Québec, où ils sont en grande vénération.

(Lettre adressée de Québec aux Jésuites de Caen, en 1678. Archives du Canada, 1884, LXXI.)

« On conserve, chez les Dames hospitalières de Québec, le crâne du P. de Brébeuf, enchâssé dans le socle d'un buste d'argent, qui fut envoyé en Canada par la famille de l'illustre martyr. » (Note de M. l'abbé Casgrain; *Marie de l'Incarnation*, p. 46.)

1. *Lettre du P. Ragueneau* au R. P. Général, Vincent Caraffe. Sainte-Marie des Hurons, 1er mars 1649. (*Documents inédits*, XII, p. 233.)

2. Carayon, *Doc. inéd.*, XII, pp. 233 et 234. En 1648, il n'y avait à Sainte-Marie, comme nous l'avons dit plus haut, que 24 Français. Les autres montèrent l'année suivante au pays des Hurons avec les Pères Daran, Bonin et du Frétat. — Voir aux *Pièces justificatives*, n° IV, la lettre déjà citée du P. Ragueneau au P. Vincent Caraffe, 1er mars 1649.

qui se précipitaient à leur ruine tête baissée, comme emportés par cette fatale pensée, que leur. nation était destinée à périr. Bien supérieurs en nombre aux Iroquois, ils auraient pu se rallier, les poursuivre et les rejeter au delà du Niagara; ils n'en firent rien, ils ne songèrent qu'à fuir et à chercher un asyle au loin chez les peuplades sauvages, leurs alliées. Chaque jour, surtout depuis la prise de Saint-Ignace et de Saint-Louis, ils arrivaient par centaines à Sainte-Marie, sans chefs, sans organisation, désunis, démoralisés, paralysés par la peur, brisés par les maladies, mourant de misère et de faim. Ils restaient là quelques jours, les uns pour s'y reposer et s'y nourrir, les autres pour s'y fortifier dans la grâce des sacrements, d'autres aussi pour se faire instruire et recevoir le baptême. En 1648, les Pères donnèrent ainsi l'hospitalité à plus de six mille sauvages, et à plusieurs mille encore dans les six premiers mois de l'année suivante [1]. On a dit que le *sang des martyrs est une semence de chrétiens*. Cette parole, qui avait commencé à se réaliser après la mort du P. Jogues, se vérifia à la lettre la dernière année de la mission huronne; car, depuis la mort du P. Daniel jusqu'au milieu de 1649, les missionnaires administrèrent le sacrement du baptême à plus de deux mille sept cents personnes [2].

Parmi ces milliers de Hurons, qui traversèrent Sainte-Marie, en route pour une patrie meilleure et plus sûre, trois cents familles, presque toutes chrétiennes, se réfugièrent dans l'île de Saint-Joseph [3]. D'autres bandes se

1. *Relation* de 1649, ch. VI, pp. 25 et suiv.

2. « Sans compter ceux qui furent baptisés à la Breche et ceux qui ont été faits chrestiens ès autres endroits. » (*Relation* de 1649, p. 31.) — Voir aussi, dans les *Documents inédits*, XII, la lettre du P. Ragueneau au R. P. Vincent Caraffe, p. 233.

3. Ile du lac Huron, aujourd'hui Charity ou Christian Island, près de Penetanguishene. — Voir : 1° *La lettre latine*, 13 mars 1650, du

dispersèrent de différents côtés : les unes se retirèrent à Michillimakinac, à l'entrée du lac Michigan ; les autres, à Sainte-Marie, aujourd'hui île Manitoualine[1] ; d'autres enfin, dans quelques îles, voisines de Sainte-Marie et alors inconnues des Iroquois.

Toutefois, ces fugitifs étaient loin de constituer la majorité de la nation huronne. Les habitants de Saint-Michel et de Saint-Jean-Baptiste en appelèrent à la générosité du vainqueur et furent incorporés dans le canton des Tsonnontouans, où ils formèrent le village de Saint-Michel[2] et devinrent le premier noyau du christinianisme dans la confédération iroquoise. Les missionnaires les y retrouveront vingt ans plus tard et rencontreront parmi eux des prodiges de foi et de vertu. D'autres bandes fugitives demandèrent asile et protection aux Neutres[3] et aux Ériés[4] ; elles furent peut-être les plus malheureuses de toutes, car elles disparurent dans la ruine totale de ces deux pays, dont les guerriers furent battus quelque temps après par les Iroquois, et les habitants massacrés ou dispersés. Les Andastes[5] recueilli-

P. Ragueneau au P. Vincent Caraffe, aux *Pièces justificatives*, n° VI ; 2° la traduction de cette lettre dans les *Doc. inéd.*, XII, du P. Carayon, pp. 247 et suiv. ; — la *Relation* de 1650, ch. I et II, pp. 2 et suiv.

1. Appelée par les sauvages *Ekaentoton*. On dit aussi *Manitoalets* ou *Manitoualin*. C'est une grande île du lac Huron, nommée par Perrot ile des Outaouais, et habitée primitivement par les *Ondaouaouats* (Outaouais proprement dits), *cheveux relevés*.

2. En sauvage, *Gandongarne*, *Gannogarae*, *Gannongarae*.

3. La ruine des *Attionandaronk* ou *Nation neutre*, commencée en 1650, fut complétée en 1651. (*Relations* de 1650 et de 1651.)

4. Ou *Nation du Chat*, *Errieronnons*. — Les Eriés disposaient de 200 guerriers, très habiles à manier l'arc. Ils lançaient huit à dix flèches pendant que les Iroquois tiraient un coup d'arquebuse. Ils furent, ainsi que les Hurons qu'ils avaient recueillis, détruits par les Iroquois, vers 1656. (*Relation* de 1656).

5. Ou *Andastaeronnons*, à cent cinquante lieues environ des Hurons, vers le Sud.

rent aussi de nombreux débris de l'infortunée nation. Enfin, beaucoup de Hurons se réfugièrent dans les montagnes de la nation du Petun [1]. C'est là aussi que se retirèrent quelque temps les néophytes de la Conception, suivis du P. Chaumonot, leur dévoué pasteur; les guerriers du bourg, presque tous chrétiens, avaient été défaits, tués ou faits prisonniers par les Iroquois [2].

Pendant ce temps, que devenait la résidence de Sainte-Marie, découverte de tous côtés depuis l'abandon des bourgades huronnes et l'incendie de Saint-Ignace et de Saint-Louis? Quelques missionnaires seulement s'y trouvaient réunis, occupés nuit et jour auprès des Hurons fugitifs: les Pères Ragueneau, Le Mercier, Chastelain, Daran, Bonin et Amable du Frétat. Les autres vivaient dispersés dans les missions encore debout des Pétuneux [3] et des Algonquins [4]; quelques-uns avaient accompagné leurs néophytes dans l'exil, errant avec eux sur les lacs et les fleuves et à travers des forêts inconnues [5].

1. *Mission des Apôtres*, dont les deux villages les plus importants, Saint-Jean et Saint-Mathias, étaient évangélisés par quatre Jésuites, comme nous l'avons déjà dit.

2. *Autobiographie du P. Chaumonot*, pp. 48 et 49. — V. pour tout ce qui précède : *Relation* de 1650, *passim*; — *Breve relatione*, par. III, cap. 8; — *Narratio historica*; — *Précis historique sur la mission huronne*, par le P. Martin, *Appendice*, p. 309, dans la *Relation abrégée* du P. Bressani; — *Relation* de 1649, p. 28. — Les Hurons du bourg de la Conception ne séjournèrent pas longtemps dans les montagnes de la nation de Petun; une lettre du P. Chaumonot du 1er juin (*Relation* de 1649, p. 28), datée de l'île de Saint-Joseph, nous apprend qu'il se rendit avec ses néophytes dans cette île.

3. Pères Garnier et Noël Chabanel, au village de Saint-Jean; Pères Léonard Garreau et Adrien Grelon, à Saint-Mathias.

4. Pères Claude Pijart, René Ménard, Joseph Poncet.

5. Pères S. Le Moyne, du Peron et Chaumonot. Nous lisons dans la *Relation abrégée* du P. Bressani, p. 281 : « Plusieurs d'entre nous suivirent les fugitifs sur les rochers de la mer douce et dans les

Or, dans les premiers jours du mois de juin (1649), douze capitaines Hurons, venant de l'île de Saint-Joseph, se présentèrent à Sainte-Marie et demandèrent à conférer avec le supérieur de la mission et les autres missionnaires. « Nous venons à vous au nom de notre peuple désolé, leur dirent-ils ; nous voulons nous réunir et former un établissement nouveau sur l'île que vos Pères ont appelée Saint-Joseph ; mais votre aide nous est indispensable. Ayez pitié de notre misère ; sans vous, nous serons la proie de l'ennemi ; avec vous, nous nous estimerons trop forts pour ne pas nous défendre avec courage ; ayez compassion de nous et de pauvres enfants chrétiens ; tous ceux qui restent infidèles sont résolus d'embrasser notre Foy. Vous ferez de cette île une île de chrétiens. » Le P. Ragueneau, qui nous donne dans sa *Relation* le résumé des harangues des capitaines[1], ajoute : « Après avoir parlé plus de trois heures entières, avec une éloquence aussi puissante pour nous fléchir, que l'art des orateurs en pourrait fournir au milieu de la France, ils firent montre de dix grands colliers de porcelaine et nous dirent que c'était là la voix de leurs femmes et enfants[2]. »

Les Jésuites avaient bien l'intention d'abandonner Sainte-Marie, où leur séjour devenait désormais inutile[3], et où leurs hommes pouvaient au premier jour être surpris et massacrés par les ennemis ; mais ils auraient préféré fixer le nouveau siège de la mission à l'île Manitoualine, où la pêche semblait plus abondante qu'à Saint-Joseph, et le sol plus propre à la culture. Cette île avait aussi

forêts à plus de trois cents milles de distance, afin de les consoler et de cultiver la foi, à peine naissante dans leurs cœurs. » — V. *Relation* de 1649, du ch. VI à la fin de la *Relation*, et *Relation* de 1650.

1. *Relation* de 1649, p. 27.
2. *Ibid.*
3. *Relation* de 1649, ch. VI.

l'avantage inappréciable de se trouver en communication plus immédiate, par la rivière des Français et l'Ottawa, avec les établissements de Montréal, des Trois-Rivières et de Québec. Toutefois, incapables de résister aux raisons et aux touchantes invitations des députés Hurons, ils renoncèrent à leur premier projet et décidèrent de transporter la résidence de Sainte-Marie à l'île de Saint-Joseph [1].

Le jour du départ est fixé au 14 juin [2]. On embarque sur un petit navire et un large radeau toutes les provisions en réserve à Sainte-Marie, puis les objets du culte, tout le mobilier, même le bétail et la volaille; on met le feu à la résidence, à tous les bâtiments et aux palissades, et les Pères, suivis des donnés, des domestiques et des soldats, quittent sur le soir cette demeure bénie où ils laissent de si chers souvenirs. En moins d'une heure l'incendie consume le résultat de dix années de labeur, d'efforts persévérants [3].

A peine dans l'île de Saint-Joseph, tous les Français se mettent à l'ouvrage. On abat des arbres dans la forêt, on creuse des fossés, on élève des palissades d'enceinte, on construit des cabanes, on bâtit en maçonnerie un fort, qui mesure cent vingt-trois pieds entre les angles des deux bastions sud, et soixante-dix pour la muraille reliant entre elles ces deux défenses. On retrouve encore sur la rive sud-est de l'île, dans l'enceinte de la bourgade, les ruines des bastions et de la muraille, l'emplacement de la chapelle et de la maison des missionnaires, le tout en parfaite ressemblance avec les descriptions que nous en ont laissées les

1. *Relation* de 1649, ch. VI.

2. *Relation* de 1650, p. 3. — Dans la *Relation* de 1649, p. 30, on dit que Sainte-Marie fut abandonnée le 15 mai; c'est une erreur.

3. *Relation* de 1650, p. 3.

Relations et correspondances du temps[1]. La nouvelle résidence reçut le nom de Sainte-Marie en souvenir de celle qu'on venait de quitter sur le continent.

Les travaux furent poussés avec tant d'activité que le fort fut, au commencement de l'hiver, à l'abri de toute attaque. Les terres furent également défrichées et ensemencées. Encouragés par les Français, les Hurons se montraient ardents au travail; leur vie était exemplaire, leur piété admirable. Le 13 mars 1650, le P. Ragueneau écrivait au supérieur général de la Compagnie, à Rome : « Jamais nous n'avons recueilli de si grands fruits de nos travaux; jamais la Foi n'a poussé de si profondes racines dans les cœurs ; jamais le nom chrétien n'a été plus glorieux qu'au milieu des ruines de cette malheureuse nation. L'année dernière nous avons baptisé plus de trois mille sauvages. Nous touchons du doigt la vérité de cette parole de l'apôtre : *Flagellat Deus omnem filium quem recipit*[2]. »

Le fort de Sainte-Marie se terminait, quand des courriers

1. *Relation* de 1650; — *Lettre* du P. Ragueneau au R. P. Vincent Caraffe, à Rome; 13 mars 1650 (*Pièces justificatives*, n° VI, et *Documents inédits*, XII, p. 247.) — *Creuxius*, pp. 557 et suiv.

« Le P. Félix Martin qui a visité les lieux consacrés par les travaux et les souffrances des anciens missionnaires, a publié des détails d'un grand intérêt sur le pays des Hurons, dans les notes qu'il a jointes à sa traduction de l'ouvrage du P. Bressani. » (*Cours d'histoire*, p. 380.) — C'est au mois de juin 1845 que le P. Martin visita les ruines du fort Sainte-Marie dans l'île de Saint-Joseph. « Elles se dessinent encore très bien, dit-il, sur ce sol aujourd'hui solitaire. » (*Relation abrégée* du P. Bressani, p. 333.)

2. « Neque enim hactenus laborum nostrorum fructus major extitit; nunquam altius descendit fides in pectora, neque hic usquam christianum nomen fuit illustrius quam inter ruinas afflictæ gentis. Numeramus hoc posteriore anno, baptisatos barbaros supra tria millia. Verissime ut nobis dictum appareat effatum illud apostoli : *Flagellat Deus omnem filium quem recipit.* » (Epist. ad R. P. V. Carafa, præpos. generalem S. J., Romæ, 13 mart. 1650, ex domo Sanctæ-Mariæ in insulâ Sancti-Josephi, apud Hurons. V. *Pièces justicatives*, n° VI.)

apportèrent au P. Ragueneau la nouvelle d'un nouveau malheur qui venait de fondre sur la mission. Les Iroquois, après avoir ravagé tout le pays des Hurons, massacré, fait prisonniers, ou mis en fuite tous ses habitants, avaient pénétré, au cœur de l'hiver, dans les montagnes de la nation du Petun et s'étaient avancés à une faible distance de la bourgade de Saint-Jean.

Hommes de main et de courage[1], les guerriers du bourg les attendent, plusieurs jours, de pied ferme; et ne les voyant pas paraître, ils vont courageusement à leur rencontre. C'était une imprudence. Les Iroquois, qui surveillaient l'ennemi, font un immense détour pour cacher leur marche, et pendant qu'on les cherche au loin, ils forcent les portes et se précipitent dans le bourg en poussant des hurlements épouvantables. Vieillards, femmes et enfants s'enferment dans les cabanes et dans l'église, quelques-uns prennent la fuite. Partout, c'est l'épouvante et le désordre[2].

Le P. Garnier, alors occupé à instruire des catéchumènes dans une cabane, court à l'église. « Nous sommes perdus, mes frères, leur dit-il; priez Dieu, et prenez la fuite par où vous pourrez échapper. Portez votre foi avec vous le reste de votre vie et que la mort vous trouve songeant à Dieu[3]. » Les néophytes le pressent de s'enfuir avec eux; il refuse, la place du prêtre étant au milieu de ceux qui ont besoin de son ministère. Il leur donne à tous une absolution générale et se rend dans les cabanes pour y baptiser les enfants et les catéchumènes et préparer les chrétiens à bien mourir[4].

1. *Relation* de 1650, ch. III, p. 8.
2. *Ibid.*
3. *Ibid.*, p. 9.
4. *Ibid.*

Pendant ce temps, les ennemis promenaient partout l'incendie et la mort. Deux balles l'atteignent et le renversent baignant dans son sang. Quoique frappé à mort, le missionnaire recueille ses forces, et, afin de mourir dans l'exercice de ses fonctions apostoliques, il se traîne vers un chrétien, mortellement blessé à quelques pas de lui. Un Iroquois l'aperçoit et lui assène deux coups de hache sur les deux tempes. Le martyr n'était âgé que de quarante-quatre ans[1].

L'œuvre de destruction ne dura pas longtemps. Les assaillants, craignant un retour offensif de la part des guerriers absents, avaient hâte de quitter le bourg; ils en sortirent le soir même de cette journée fatale, 7 décembre 1649.

Lorsque les guerriers y rentrèrent deux jours après, ils ne trouvèrent que des ruines fumantes, des cadavres horriblement mutilés ou calcinés. Ce fut une heure d'indicible douleur. Assis à terre, sur les ruines de ce qui fut une bourgade, ils restent là un jour entier, semblables à des statues de bronze, silencieux, immobiles, la tête penchée et les yeux fixés sur le sol. Pas un cri, pas une larme; car les pleurs et gémissements sont indignes d'un homme, disent les sauvages[2].

1. *Relation* de 1650, p. 9; — *Breve relatione*, part. 3a, cap. VI, p. 114; — Creuxius, *Historia Canad.*, l. VII, pp. 564 et suiv.; — Alegambe, *Mortes illustres*, pp. 659 et suiv.; — Tanner, *Societas Jesu militans*, p. 539 ; — Cassani, *Varones ilustres*, t. I, p. 649; — Charlevoix, *Histoire de la Nouvelle-France*, t. II, pp. 23 et 24; — Mère Marie de l'Incarnation, *Lettres*, p. 132; — Ferland, *Cours d'histoire*, l. III, ch. VIII, p. 384; — Shea, *History of the Catholic missions*, p. 193; — Parkman, *The Jesuits in North America*, cap. XXVIII; — *Pièces justificatives*, nº VI : Lettre du P. Ragueneau au P. V. Caraffe; — P. Carayon, *Doc.*, XII, p. 248.

2. *Relation* de 1650, ch. III, p. 10.

Prévenus la veille par les fugitifs, les Pères Garreau et Grelon, qui habitaient au village de Saint-Mathias, étaient venus recueillir les précieux restes du saint missionnaire. Ils le trouvent sous un amas de cendres, dépouillé de ses vêtements, le corps tout en sang, la tête ouverte des deux côtés, le visage défiguré. Ils l'enveloppent de leurs habits et l'ensevelissent dans une fosse creusée au milieu des débris de la chapelle [1].

Le P. Garnier écrivait à son frère, en France, le 25 avril de la même année, cinq semaines après la mort du P. de Brébeuf et du P. Lalemant : « Bénissez Dieu pour moi de ce qu'il me donne des frères martyrs et des saints qui aspirent tous les jours à cette couronne. Priez-le qu'il me fasse la grâce de le servir fidèlement et d'accomplir le grand ouvrage qu'il a mis entre mes mains, enfin de consommer ma vie à son service. Véritablement, je me regarde dorénavant comme une hostie qui est à immoler [2]. » Comme ses Frères qui l'ont précédé dans la gloire sanglante, il espère, il

1. *Relation* de 1650, ch. III, p. 9 ; — *Breve relatione*, part. III, cap. 6 ; — *Creuxius*, pp. 563 et suiv.

Les Pères Garreau et Grelon apprirent par les habitants de Saint-Jean, réfugiés à Saint-Mathias, une partie des tragiques événements accomplis le 7 décembre dans leur bourg, et aussi le zèle et le dévouement du P. Garnier, qui refusa de s'enfuir, pour administrer le sacrement de pénitence aux néophytes et le baptême aux catéchumènes et aux enfants. Mais les derniers moments du P. Garnier furent racontés par une chrétienne, Marthe Tecndiotrahwi, qui fut frappée d'un coup de hache à la tête, à côté du missionnaire, quand celui-ci fut blessé par deux balles. Laissée pour morte, elle fut relevée par les guerriers de Saint-Jean, à leur retour à la bourgade, et vécut encore trois mois. Elle mourut des suites de sa blessure à Sainte-Marie, dans l'île de Saint-Joseph. Le P. Ragueneau, qui l'assista à ses derniers moments, lui fit confirmer, avant sa mort, la vérité de son récit sur le martyre du P. Garnier. (*Breve relatione*, p. 115 ; — *Relation* de 1650, p. 9.)

2. A son frère Henry de Saint-Joseph, carme, à Paris. (Ms. de l'école Sainte-Geneviève, 14 *bis*, rue Lhomond, Paris.)

souhaite mourir martyr. C'était, du reste, la sainte aspiration de tous les missionnaires des hurons : « Ils sont prêts à tout, écrivait leur supérieur : croix, dangers, tortures, rien ne les effraye ; la mort même, ils la désirent[1]. »

Le P. Garnier la désirait plus que personne. Le 12 août 1649, il écrivait à son frère : « Si ma conscience ne me convainquait de mon infidélité au service de mon bon Maître, je pourrais espérer quelque faveur approchant de celle qu'il a faite à nos bienheureux martyrs... Mais sa justice me fait craindre que je ne demeure toujours indigne de cette couronne (du martyre). Toutefois, j'espère que sa bonté me fera la grâce de l'aimer un jour de tout mon cœur, et cela me suffit. C'est ce que je vous prie de lui demander pour moi ; et, quand il me l'aura donné, il m'importe peu de quelle mort je mourrai[2]. »

Cette grâce du martyre qu'il désirait tant, et dont il se croyait indigne, le Seigneur la lui accorda. « Il avait fait vœu de défendre jusqu'à sa mort le dogme de l'Immaculée-Conception ; « il mourut la veille de cette auguste fête, pour aller la solenniser plus augustement dans le ciel[3]. »

1. Paratum habent pectus ad omnia : non cruces, non pericula, non cruciatus ullos exhorrent. Mori habent in votis. » (Epist. ad R. P. Gener. Vincentium Carafa, 13a mart. 1650 ; — *Pièces justificatives*. n° VI.)

2. *Lettre* manusc. à son frère, Henry de Saint-Joseph, religieux carme, à Paris. (Arch. de l'école Sainte-Geneviève, 14 *bis*, rue Lhomond, Paris.)

3. *Relation* de 1650, p. 10 ; — V. sur le P. Garnier, la même *Relation*, pp. 10 et suiv. ; — *Breve relatione*, part. III, cap. VI.

On lit dans les *Lettres spirituelles* de Marie de l'Incarnation, p. 132 : « Il faudrait un gros livre pour décrire la vie de ce Révérend Père. Il était éminemment humble, doux, obéissant et rempli de vertus acquises par un grand travail. On avait du plaisir à voir la suite de ses vertus dans la pratique. Il était dans un continuel colloque et devis familier avec Dieu. »

Le lendemain de ce martyre, un autre Jésuite, Noël Chabanel, mourait de la main d'un Huron apostat. Sur l'ordre de son supérieur, il venait de quitter Saint-Jean, et, en compagnie de quelques Hurons, il se rendait au nouveau fort de Sainte-Marie. Dans la nuit du 7 au 8 décembre, les voyageurs s'arrêtent dans la forêt et s'endorment. Le Père seul veillait. Vers minuit, il entend un bruit de pas, des voix confuses ; il éveille ses compagnons. C'était l'armée iroquoise qui revenait victorieuse, traînant à sa suite un petit nombre de captifs. Les Hurons, épouvantés, prennent la fuite ; mais lui, trop fatigué pour les suivre, il reste avec un seul Huron : « Peu importe que je meure, leur dit-il ; cette vie est peu de chose. Le bonheur du Paradis est le seul vrai bien, et les Iroquois ne peuvent l'enlever [1]. »

Ceux-ci passent sans l'apercevoir ; et le lendemain à l'aube du jour, il se remet en route avec son compagnon. Bientôt ils se trouvent arrêtés par une rivière. Bressani ajoute : « Nous ne savons ce que le Père est devenu ensuite, s'il a été tué par les ennemis, s'il s'est perdu dans les bois, s'il est mort de froid ou de faim, ou s'il a été massacré par le Huron, de qui nous tenons les dernières nouvelles et qui était revêtu de ses dépouilles. Mais on peut croire facilement que ce Huron lui donna la mort, car, peu auparavant, il s'était vanté qu'il tuerait un Jésuite [2]. » La *Relation* de 1650 n'est pas mieux renseignée, bien qu'elle exprime les mêmes soupçons [3]. Ces soupçons n'étaient que trop fondés. Le Huron était un apostat ; on pouvait tout attendre d'un sauvage renégat. Et de fait, il finit par avouer, bien plus tard, qu'il avait assommé le missionnaire en haine de la foi, parce que depuis que lui et sa famille avaient embrassé le

1. *Breve relatione*, part. III, ch. VII ; — *Relation* de 1650, ch. IV.
2. *Breve relatione*, p. 120.
3. P. 16.

christianisme, les malheurs n'avaient cessé de fondre sur eux[1].

Le P. Chabanel, encore dans la force de l'âge, pouvait rendre de grands services aux missions indiennes, d'autant plus qu'il ne manquait ni de talent ni d'une certaine culture littéraire. Il avait enseigné, en France, plusieurs années, les humanités et la rhétorique. Mais, rarement, on vit une nature plus rebelle aux langues sauvages ; après avoir étudié quatre ou cinq ans la langue huronne, à peine pouvait-il se faire comprendre[2]. De plus, tout, dans la vie du missionnaire, révoltait ses instincts : nourriture, logement, coucher, voyages, dangers. Aussi eut-il, dans les premières années de son séjour chez les Hurons, de cruels moments de découragement et de tristesse[3]. Ne pouvoir enseigner les

1. « Une note autographe du P. Paul Ragueneau ajoutée au précieux manuscrit de 1652, et affirmée sous serment, ne laisse aucun doute sur ce point. Ce missionnaire dit qu'il tient de témoins très dignes de foi, les détails suivants. Ce Huron apostat, nommé Louis Honareenhax, a fini par avouer qu'il avait donné la mort au P. Noël en haine de la foi, parce que depuis que lui et sa famille avaient embrassé la foi, il voyait que tous les malheurs avaient fondu sur eux. La mère, qui se nommait Geneviève, ayant partagé depuis ce moment l'impiété de son fils, fut aussi enveloppée dans le même châtiment. Deux ans s'étaient écoulés après ce crime, que tous les membres de cette très nombreuse famille, en recevaient leur part. Les Iroquois furent les instruments de la vengeance divine. Les uns périrent dans les flammes, les autres par le fer, et la jeunesse des deux sexes fut réduite à un triste esclavage. » (Note du P. Félix Martin, *Relation abrégée* du P. Bressani, p. 276).

2. On lit dans la *Relation* de 1650, p. 17 : « Après les trois, les quatre, les cinq ans d'études pour apprendre la langue des sauvages, il s'y voyait si peu avancé, qu'à peine pouvait-il se faire entendre dans les choses les plus communes. »

3. *Relation* de 1650, p. 17 : « Son humeur estait si éloignée des façons d'agir des sauvages qu'il ne pouvait quasi rien agréer en eux; leur veüe lui estait onéreuse, leur entretien, et tout ce qui

sauvages, ni se faire comprendre d'eux; avoir horreur ou peur de tout, quelle épreuve pour un apôtre! Souvent il se dit: Ne ferais-je pas mieux de rentrer en France où je me rendrais plus utile qu'ici? J'y trouverais une existence conforme à mes goûts, des emplois en rapport avec mes talents. J'y vivrais, du reste, d'une vie dévouée et religieuse. Dieu ne demande pas de tous les mêmes sacrifices, le même degré de mortification et de dévouement. S'il me voulait dans ce pays, il me donnerait les moyens d'y être utile et la grâce de surmonter les répugnances invincibles que je rencontre, malgré moi, en tout et partout. Toutes ces pensées, qui agitaient son âme, influaient sur sa santé; et ses frères s'aperçurent fort bien qu'il se faisait en lui un douloureux travail. Ceux qui le connaissaient plus intimement, lui prodiguèrent encouragements et consolations; ils lui disaient que le temps adoucirait tout, qu'il finirait par se faire à tout, qu'il apprendrait assez de huron pour travailler utilement au salut des âmes; ils ajoutaient que le Seigneur permettait cette pénible tentation pour l'éprouver et l'épurer.

C'était bien, en effet, une tentation, et d'autant plus grave qu'elle se présentait au religieux sous l'apparence du bien. Fidèle à la devise de Saint-Ignace, *tout pour la plus grande gloire de Dieu*, il se demandait et il pouvait se demander s'il ne procurerait pas plus de gloire à son divin Maître en France qu'au Canada. Il faut avoir passé par cet état pour comprendre les violents orages d'une âme qui cherche alors où est le devoir, où se trouve du moins le mieux, et qui, au milieu de tiraillements en sens contraires, ne sait que faire ni décider.

venait de ce costé là. Il ne pouvait se faire aux vivres du pays, et la demeure des missions estait si violente à toute sa nature, qu'il y avait des peines extraordinaires : toujours coucher à plate terre... »

Le P. Chabanel, arrivé chez les Hurons au mois d'août 1644, resta trois ans dans cette lutte mortelle, se demandant s'il était bien à la place où la Providence le voulait, souffrant, priant, et ne trouvant ni dans la lumière de la grâce divine, ni dans la raison éclairée de la foi, la solution de son doute et le calme de sa pensée [1].

Un jour, cependant, c'était le 20 juin 1647, il entend au fond de sa conscience une voix qui le presse d'en finir avec tant de fluctuations cruelles. Et s'élevant, par un violent et généreux effort, au dessus de toutes les considérations naturelles, il s'engage par vœu à vivre et à mourir dans la mission du Canada. Ce vœu est trop beau pour ne pas être rapporté ici [2] : « Jésus-Christ, mon Sauveur qui, par une disposition admirable de votre paternelle providence, avez voulu que je fusse le coadjuteur des saints apôtres de cette vigne des Hurons, quoique j'en sois tout à fait indigne, me sentant poussé du désir d'obéir au Saint-Esprit, en travaillant à avancer la conversion à la foi des barbares Hurons : Je fais vœu, moi, Noël Chabanel, étant en la présence du très saint Sacrement de votre corps et votre sang précieux, qui est le tabernacle de Dieu avec les hommes, je fais vœu de perpétuelle stabilité en cette mission des Hurons ; entendant toutes choses selon l'interprétation des Supé-

1. *Relation* de 1650, p. 17.

2. Domine Jesu Christe, qui me Apostolorum sanctorum hujus vineæ huronicæ adjutorem, licet indignissimum admirabili dispositione tuæ paternæ Providentiæ voluisti, Ego Natalis Chabanel impulsus desiderio serviendi spiritui sancto, in promovendâ barbarorum huronum ad tuam fidem conversione, voveo coram sanctissimo sacramento pretiosi corporis et sanguinis tui, Tabernaculo Dei cum hominibus, perpetuam stabilitatem in hâc missione huronicâ : omnia intelligendo juxta Societatis et Superiorum ejus interpretationem et dispositionem ; obsecro te igitur, suscipe me in servum hujus missionis perpetuum, et dignum effice tam excelso ministerio. Amen.

Vigesima Die Junii 1647.

rieurs de la Compagnie et selon qu'ils voudront disposer de moi. Je vous conjure donc, mon Sauveur, qu'il vous plaise me recevoir pour serviteur perpétuel de cette mission, et que vous me rendrez digne d'un ministère si sublime. Le 30 juin 1647, fête du Saint-Sacrement[1]. »

On l'a dit : les croix sont partout; quand on les fuit, on les trouve. Les plus heureux sont ceux qui les embrassent. Le vœu prononcé par le P. Chabanel ne mit pas un terme aux épreuves et aux croix. Comme par le passé, il éprouva les mêmes difficultés dans l'étude de la langue huronne, les mêmes répugnances pour la vie torturante du missionnaire; mais il ne regarda plus en arrière; de ce jour, il embrassa sa croix avec générosité, et, sous l'action de la grâce d'en haut, il en vint à souhaiter *martyrium sine sanguine*[2], et aussi le martyre du sang. « Je supplie tous les Pères de notre Province, écrivait-il à son frère en France[3], de se souvenir de moi au Saint-Autel, comme d'une victime destinée peut-être au feu des Iroquois : *Ut merear tot sanctorum patrocinio victoriam in tam forti certamine*[4]. »

1. Cette traduction du vœu se trouve dans la *Relation* de 1650, p. 18. — On lit dans les *Lettres spirituelles* de Marie de l'Incarnation, p. 192 : « Le R. P. Chabanel, un de ceux qui ont été massacrés cette année, avait naturellement une si grande aversion de vivre dans les cabanes des sauvages qu'elle ne le pouvait être davantage; pour ce sujet on l'en avait voulu souvent exempter afin de l'envoyer aux autres missions où il n'eût pas été engagé à cette sorte de vie. Mais par une générosité extraordinaire, il fit vœu d'y persévérer et d'y mourir s'il plaisait à Dieu de lui faire cette miséricorde. »

2. *Relation* de 1650, pp. 17 et 19 : « Martyre sans effusion de sang. » — *Breve relatione*, p. 122.

3. Son frère, Pierre Chabanel, était religieux de la Compagnie, dans la province de Toulouse.

4. *Relation* de 1650, p. 19 : « Afin que par l'entremise de tant de saints, je remporte la victoire dans ce rude combat. » — *Breve relatione*, p. 122.

Lorsque son supérieur l'envoya dans la nation du Petun, peu de temps avant sa mort, le P. Noël dit à un de ses frères, au moment de partir : « Que ce soit tout de bon cette fois que je me donne à Dieu et que je lui appartienne. » Puis il ajouta : « Je ne sais ce qu'il y a en moi et ce que Dieu veut disposer de moi ; mais je me sens tout changé en un point. Je suis fort appréhensif de mon naturel ; toutefois, maintenant que je vais au plus grand danger et qu'il me semble que la mort n'est pas éloignée, je ne sens plus de crainte. Cette disposition ne vient pas de moi[1]. » Elle venait certainement de Dieu, qui le préparait ainsi à la suprême immolation.

Au bourg de Saint-Jean, où il travaille sous la direction du P. Garnier, il ne montre plus ni timidité, ni crainte ; s'il se défie de sa propre faiblesse, il attend tout de la puissance divine ; il ne fuit pas la souffrance, il ne recule pas devant la peine, il n'a pas peur de la mort. Il écrit alors à son frère : « Je tâche de faire mon *martyre dans l'ombre, Martyrem in umbrâ*... Et peu s'en est fallu que Votre Révérence n'ait eu un frère martyr ; mais, hélas ! il faut devant Dieu une vertu d'une autre trempe que la mienne pour mériter l'honneur du martyre[2]. » Il le mérita cependant, et ce martyre ressembla à ce *martyre dans l'ombre* qu'il rencontrait jour et nuit dans sa vie d'apôtre et que l'œil de Dieu seul voyait. L'ombre du mystère environna ses derniers moments sur la terre ; mais « sa mort, dit avec raison l'historien de la Nouvelle-France, pour n'avoir point eu autant d'éclat aux yeux des hommes, n'en fut peut-être pas moins précieuse devant Celui qui nous juge suivant les dispositions de notre cœur, et ne nous tient pas moins compte de ce que nous avons voulu faire

1. *Relation* de 1650, p. 18 ; — *Breve relatione*, pp. 121 et 122.
2. *Relation* de 1650, p. 18.

pour lui, que de ce que nous avons réellement fait et souffert[1]. »

La nouvelle de la glorieuse mort des deux apôtres et de la destruction du bourg de Saint-Jean arriva sur la fin de décembre à l'île de Saint-Joseph et y causa une immense douleur.

Là aussi le deuil était grand et la consternation générale. Des milliers de sauvages, presque tous chrétiens, s'y étaient réfugiés auprès des missionnaires, sans se demander s'ils trouveraient de quoi vivre sur ce sol, où la terre n'a pas encore été remuée. De leur côté, les Jésuites voyaient avec bouheur se grouper autour de leur modeste chapelle ces nombreux enfants de tout âge qu'ils avaient enfantés à Jésus-Christ dans ces dernières années. Personne ne sem-

1. *Charlevoix*, t. I, p. 298.

Consulter sur le P. Noël Chabanel : *Relation* de 1650, ch. IV ; — *Breve relatione*, part. III, cap. VII ; *Mémoire touchant la mort et les vertus des Pères ; — Abrégé de la vie du P. Chabanel*, ms. de 1652 ; — Creuxius, *Hist. Can.*, pp. 573 et suiv. ; — Alegambe, *Mortes illustres*, p. 660 ; — Tanner, *Societas Jesu... militans*, pp. 542-543 ; — Cassani, *Varones ilustres*, p. 650 ; — *Lettre* du P. Ragueneau, 13 mars 1650, au R. P. Vincent Caraffe (*Pièces justificatives*, n° VI, et *Documents inéd.*, XII, pp. 247 et suiv.) ; — Parkman, *The Jesuits in North America*, cap. XXVIII ; — Shea, *Hist. of the Catholic missions*, pp. 193 et suiv.

Le P. Noël Chabanel, né le 2 février 1613, dans le diocèse de Mende, entra le 9 février 1630 au noviciat de la Compagnie de Jésus, à Toulouse. Elève de philosophie à Toulouse (1632-1634), puis professeur, au collège de cette ville, de cinquième (1634-1635), de quatrième (1635-1636), de troisième (1636-1637), d'humanités (1637-1638), de rhétorique (1638-1639), il fit, enfin, à Toulouse même, deux ans de théologie (1639-1641), et fut de là envoyé à Rhodez pour y enseigner encore la rhétorique (1641-1642). Après avoir fait sa troisième année de probation (1642-1643), il partit pour le Canada en 1643, et arriva à Québec le 15 août de la même année. Il resta à Québec un an, et de là monta à Sainte-Marie des Hurons. Il mourut le 8 décembre 1649.

blait ou ne voulait prévoir les tristes conséquences d'une pareille agglomération.

Les premiers arrivés dans l'île avaient, il est vrai, ensemencé la terre ; mais la récolte, suffisante pour l'entretien de quelques familles, ne pouvait nourrir plusieurs milliers de bouches. Elle fut vite épuisée. Faute de mieux, la plupart des émigrés vécurent, durant l'été, de racines, de fruits sauvages et de quelques poissons ; et ce régime, tout maigre qu'il était, ne parut pas nuire sensiblement à la santé de ces Indiens, accoutumés dès l'enfance à supporter les plus dures privations. L'hiver venu, ces ressources manquèrent ; dès lors, ce fut, dans toutes les cabanes, la misère noire.

Les Jésuites avaient apporté au fort Sainte-Marie une provision assez considérable de blé d'Inde ; de plus, ils avaient recueilli dans les bois de l'île et mis en réserve beaucoup de glands et de racines. Ils connaissaient de longue date le caractère imprévoyant du sauvage, et ils savaient qu'à un moment donné ils seraient forcés de venir à son secours pour ne pas le voir mourir de faim.

Malheureusement, les ressources dont ils disposaient étaient bien peu de chose pour une population si nombreuse. Ils les mirent à sa disposition, en *ne gardant que le strict nécessaire pour sustenter vaille que vaille* les donnés, les domestiques, les soldats et les religieux[1]. « Nous nous efforçons de subvenir charitablement, écrit le P. Ragueneau, aux besoins extrêmes de nos pauvres chrétiens. Il n'y en a guère qui ne vivent de nos aumônes. Si bien qu'on nous

1. « Nihil ut nobis reliqui faceret, quo possemus nos utcumque sustentare. » (Epist. P. Ragueneau ad R. P. Vinc. Carafa, 13 mart. 1650. — Le Père dit dans cette lettre : « Gallinas decem, par unum porcorum, boves duos totidemque vaccas, quantum scilicet servandæ proli sit satis, reservavimus. » *Pièces justificatives*, n° VI.

appelle publiquement les Pères de la patrie, et de fait, nous le sommes... Pour l'avenir, nous comptons sur la Providence ; à chaque jour suffit son mal... Nous avons pour toute nourriture un peu de blé, des raisins et des herbes, et de l'eau pour boisson. Les peaux de bêtes nous servent de vêtements... Cependant, quand tout viendrait à nous manquer, nous espérons qu'avec la grâce de Dieu, le courage, la confiance et la patience ne nous manqueront pas. Je puis le promettre au nom de tous les Pères qui sont ici[1]. »

Dans cette même lettre, le P. Ragueneau ajoutait : « Nous avons deux sujets de crainte : d'un côté, les Iroquois, nos ennemis ; de l'autre, le manque prochain de vivres. Nous ne voyons pas trop comment nous pourrons obvier à ce dernier inconvénient[2]. »

De fait, il fut impossible d'y obvier. Les provisions des Pères finirent par s'épuiser ; et, la terre étant couverte de neige, les fleuves et les lacs étant changés en glace, on ne trouva nulle part aucune ressource. La famine commença. « C'était un spectacle horrible, de voir au lieu d'hommes, des squelettes de moribonds, semblables aux ombres de la mort

1. « Christianorum paupertati ac miseriis misericorditer subvenimus. Vix ut ullus restet in vicis, qui auxilio nostro non vivat... Sic adeò ut *parentes patriæ* publicè jam vocemur, et ommino simus. De futuro, Dominus providebit ; sufficit enim diei malitia sua... Arcendæ fami, partim frumenta, partim radices atque herbæ sufficiunt ; nullo utimur potu, nisi aquæ frigidæ. Vix ullo vestitu, nisi ferarum pellibus, quas natura sine arte præbet... Si tamen omnia desint, Deo adjuvante, nunquam deerunt animi, nunquam spes deerit, nunquam patientia. Hoc polliceri certè possum de omnibus, quotquot hìc degunt, Patribus. » (*Ibid.*)

2. « Tamen duæ res sunt undè multum timemus huic missioni ne ruinam trahat ; alterùm, ab hostibus Iroquœis ; alterum, à defectu annonæ ; neque enim nobis apparet, undè huic malo obviam iri possit. » (*Ibid.*)

plutôt qu'à des corps vivants, aller et venir, et prendre pour se nourrir les choses les plus répugnantes à la nature[1]. » — « On déterre les cadavres et les frères se nourrissent de la chair de leurs frères, les mères de la chair de leurs fils, et les enfants de celle de leurs pères et mères. Cet affreux spectacle s'est vu plus d'une fois ; nos sauvages n'ont pas moins de répulsion pour ces horribles mets que les Européens ; mais la faim ne réfléchit pas[2]. »

La famine ne va jamais seule ; elle marche accompagnée ou suivie des maladies contagieuses. Ces deux fléaux firent un nombre incalculable de victimes[3].

Il ne manquait plus que la guerre pour achever de détruire cette malheureuse nation, et elle ne tarda pas à venir. La faim, dit-on, fait sortir les loups des bois. Aussitôt que les glaces commencèrent à fondre et la terre à se découvrir, les Hurons, poussés par la faim, sortirent du fort Sainte-Marie pour aller à la pêche. « Mais là où ils espéraient trouver la vie, ils ne rencontrèrent que l'esclavage ou la mort. Ils tombèrent entre les mains des Iroquois, qui leur faisaient partout la chasse, surtout pendant la nuit[4]. » Pour comble de misères, if fallait monter la garde jour et nuit, parce que les Iroquois s'étaient portés en nombre sur l'île et épiaient le moment favorable de pénétrer dans le fort et d'en massacrer tous les habitants[5].

1. *Breve relatione*, p. 124, et la traduction du P. Martin, p. 283.

2. « Effossa passim è sepulchris cadavera ; nec fratribus modo fratres, sed ipsis etiam matribus filii, filiisque parentes sui pabulum non semel dedêre : inhumanum quidem, nostrisque barbaris haud insuetum minus quam Europæis ; sed nihil in cibo discernunt dentes familici. » (Epist. P. Ragueneau ad R. P. Vinc. Carafa, 13 mart. 1650) — *Documents inédits*, XII, p. 248 ; — *Relation* de 1650, ch. VIII.

3. « Funestâ fame et contagiosâ lue Hurones nostri miserè pereunt. » (*Ibid.*)

4. *Breve relatione*, p. 124 ; — *Relation* de 1650, ch. VIII.

5. *Relation* de 1635, ch. VIII.

La situation était devenue intenable. Aussi, à l'arrivée du printemps, deux capitaines Hurons vinrent trouver le supérieur des Jésuites et lui dirent au nom de tous les chefs : « Cette nuit, dans un conseil, on a pris la résolution d'abandonner cette île. La plupart veulent se retirer dans les bois, afin d'y vivre solitaires, loin de leurs ennemis. Quelques-uns ont l'intention de fuir à six grandes journées d'ici ; les autres iront s'unir à nos alliés, les Andastes ; d'autres, enfin, vont se jeter entre les bras de l'ennemi, où ils ont beaucoup de leurs parents qui les désirent... Toi seul, mon frère, peux nous donner la vie, si tu veux faire un coup hardi. Choisis un lieu où tu puisses nous rassembler et empêche cette dispersion. Jette les yeux du côté de Québec pour y transporter les restes de ce pays perdu. N'attends pas que la famine et que la guerre nous tuent jusqu'au dernier. Tu nous portes dans tes mains et dans ton cœur. La mort t'en a ravi plus de *dix mille* ; si tu diffères davantage, il n'en restera plus un seul et alors tu auras le regret de n'avoir pas sauvé ceux que tu aurais pu retirer du danger et t'en ouvrent les moyens. Si tu écoutes nos désirs, nous ferons une Eglise à l'abri du fort de Québec. Notre foi n'y sera pas éteinte[1]. »

Ces paroles, dictées par un sentiment très élevé de foi, émurent profondément le P. Ragueneau. Elles présentaient du reste la seule solution possible et raisonnable aux graves difficultés du moment ; elles indiquaient le seul vrai moyen de sauver les restes dispersés de l'Église et de la nation huronne. Le supérieur des Jésuites et ses confrères l'adoptèrent, après mûre discussion, à l'unanimité[2] ; ce ne

1. *Breve relatione*, p. 125 ; — *Relation abrégée*, p. 286 ; — *Relation* de 1650, p. 24.

2. « Ayant entendu le discours de ces capitaines, j'en fis le rapport à nos Pères, dit le P. Ragueneau. L'affaire était trop importante pour

fut pas sans un grand saignement de cœur. Pouvait-on s'éloigner sans regrets, sans une douleur poignante, d'une terre si longtemps stérile et aujourd'hui féconde, d'un sol arrosé pendant seize ans de la sueur des apôtres, rougie du sang de cinq martyrs [1] ! Et puis, en abandonnant ce poste de l'Ouest, n'allait-on pas, peut-être, fermer derrière soi pour toujours la porte au christianisme vers les nations innombrables de l'Occident?

Ordre est donné à tous les missionnaires, absents de Sainte-Marie, de s'y rendre au plus tôt; et le 10 juin 1650, les missionnaires, leur personnel et trois cents Hurons chrétiens [2] s'embarquent en silence sur une longue file de

la conclure en peu de jours. Nous redoublons nos dévotions; nous consultons ensemble, mais plus encore avec Dieu; nous faisons des prières de quarante heures, pour reconnaître ses saintes volontés; nous examinons cette affaire quinze, seize et vingt fois. Il nous semble de plus en plus que Dieu avait parlé par la bouche de ces capitaines... Ce fut le sentiment si général de tous nos Pères que je ne pus y résister. » (*Relation* de 1650, p. 25.)

1. *Ibid.*, p. 26.

2. « En partant pour Québec, le P. Ragueneau laissa au fort Sainte-Marie *plusieurs familles* qui devaient le suivre dans l'automne de 1650; mais des circonstances imprévues les empêchèrent de tenir leur promesse. » (*Cours d'histoire*, p. 385.) — Parkman (*Amérique du Nord*, ch. XXX), prétend que le *plus grand nombre* des Hurons préféra rester dans l'île de Saint-Joseph. Quoi qu'il en soit, à l'automne, les Iroquois élevèrent un fort sur la terre ferme, en face de Sainte-Marie, mais à l'insu des Hurons. Un capitaine chrétien, Etienne Anahotaha, parvint, à force de ruses, à attirer une trentaine de guerriers iroquois au fort de Sainte-Marie, et là ils furent massacrés. Les autres Iroquois, épouvantés, reprirent précipitamment le chemin de leur pays; puis ils revinrent en forces pour attaquer les Hurons, qui quittèrent Saint-Joseph au printemps de 1651 et allèrent se fixer dans l'île d'Ekaentoton. (*Relation* de 1651, ch. II.)

Il n'entre pas dans le plan de cette histoire de raconter les migrations diverses des Hurons. Ce que nous avons dit plus haut de leur

barques, longent la côte orientale de la baie Géorgienne et entrent dans la rivière des Français. Les bords du lac Nipissing sont déserts[1] ; les Algonquins ont quitté l'île des Allumettes; les rives de l'Ottawa, jadis si peuplées et si vivantes, présentent aujourd'hui la triste image de la mort[2]. Les Iroquois ont passé partout et partout ils ont laissé les traces de la plus cruelle désolation; partout ils ont fait la solitude.

A mi-chemin, la caravane rencontre quarante Français, vingt Hurons et le P. Bressani, qui montaient de Québec, ignorant encore les malheurs irréparables de la nation huronne, la mort violente de la plupart de ses enfants et la

dispersion et ce que nous en disons ici suffit pour le but que nous nous proposons. On trouvera du reste d'amples renseignements sur la destinée de ce peuple dans les ouvrages suivants : *Relations* de 1654, 1660, 1667, 1670, 1671, 1672, etc...; — *Mémoire* sur les mœurs, coutumes et religions des sauvages de l'Amérique septentrionale, chap. XIV et XV, et *Notes* du P. Tailhan sur ces deux chapitres de ce *Mémoire* ; — *Histoire de l'Amérique du Nord*, par de la Potherie, t. II, chap. VII. — La nation du Petun, protégée par ses montagnes, se maintint plus longtemps dans son pays que le peuple Huron; mais elle fut aussi obligée de le quitter. Elle se réfugia d'abord à Michillimakinak, puis dans l'île huronne placée à l'entrée de la baie des Puans, dans le Michigan-Ouest et le Wisconsin actuels, etc. (*Mémoire* de Perrot, *loc. cit.*; — *Relations* de 1654, IV, p. 9 ; — de 1658, p. 21 ; — de 1660, pp. 12 et 127; — de 1663, pp. 20 et 21 ; — de 1667, pp. 9, 13, 14, 15 et 17; — de 1670, pp. 86 et 87 ; — de 1671, p. 39; — de 1672, pp. 35 et 36, etc...; — *Histoire de la Nouvelle-France*, par le P. de Charlevoix, III, p. 279.)

1. Les Nipissings s'enfuirent vers le Nord, par crainte des Iroquois. (*De la Potherie*, t. II, pp. 51, 52 et 53; — *Mémoire* de Perrot, *loc. cit.*)

2. Les Outaouais se retirèrent dans l'île huronne avec les gens du Petun; puis on les trouve à Chagouanigon, à Michillimakinak, dans l'île Manitouline, etc. (*De la Potherie*, liv. II, pp. 31-53 ; — *Relation* de 1667, p. 17; — de 1670, pp. 86 et 87 ; — de 1671, p. 39; — de 1655 p. 21 ; — de 1661, p. 12 ; — de 1664, p. 3 ; — *Mémoire* de Perrot, *loc. cit.*)

dispersion des survivants[1]. Tous se joignent à la caravane et reviennent sur leurs pas. On atteint Montréal où les Hurons refusent de s'établir, l'île étant trop exposée aux incursions des ennemis[2]. Enfin, le 28 juillet, on débarque à Québec[3].

Ce fut pour la colonie française une lourde charge que l'arrivée de ces sauvages, dénués de tout, n'ayant ni de quoi se nourrir, ni de quoi se loger, ni de quoi se procurer par l'échange un peu de blé ou quelques pois. Cent d'entre eux furent secourus et entretenus par les Ursulines, les Hospitalières et les familles françaises les plus aisées ; les autres restèrent à la charge des Jésuites[4] qui, pour fournir à tant de dépenses, renvoyèrent en France quelques-uns de leurs ouvriers[5]. Un mois après l'arrivée de ces Hurons à

1. Le P. Ragueneau raconte que la troupe du P. Bressani s'était laissée surprendre par les Iroquois, quelques jours auparavant, sur la rivière des Outaouais. Les Français et Hurons, campés sur les bords de la rivière, dormaient paisiblement, quand dix guerriers ennemis s'approchèrent en silence et firent sur eux une décharge qui leur tua sept hommes. Le P. Bressani cria aux armes, et reçut trois blessures ; mais les alliés, réveillés par ses cris, se précipitèrent sur les Iroquois, en tuèrent six et firent deux prisonniers. (*Relation* de 1650, p. 27.)

2. *Relation* de 1650, p. 28.

3. *Ibid.*

4. *Relation* de 1650, p. 28.

5. On lit dans la *Relation* de 1650, p. 49 : « Les Pères que j'ai laissés pour les emplois des missions et fonctions de Québec et de ses apartenances, sont au nombre de dix-neuf ou vingt. Le reste a repassé en France par les *premiers* vaisseaux et par ce *dernier* (2 novembre 1650) au nombre de huit. » (Lettre du P. Jérôme Lalemant au R. P. de Lingendes, provincial de la province de France ; Paris, mois de décembre).

On lit, à ce sujet, dans le *Journal des Jésuites* : 23 août, départ pour la France des Pères Pierre Pijart, Grelon et François du Peron ; — 21 septembre, départ des Pères de Lyonne, Bonin, Daran ; — 2 novembre, départ des Pères Jérôme Lalemant et Bressani.

D'après le même journal, on renvoya en France les *Frères coadju-*

Québec, le P. Ragueneau écrivait : « Par les chemins nous les avons nourris ; dans leur propre pays, Dieu nous fournissait les moyens de soulager une partie de leurs misères ; nous avons répandu pour eux notre sang et nos vies ; pourrions-nous après cela leur refuser ce qui est hors de nous, qui puisse être en notre pouvoir ? Ils viennent tous les jours

teurs Claude Loyer et Nicolas Noircler (21 septembre), et François Liégeois (2 novembre), quatre *donnés*, Bernard et Rolant (21 septembre), Joseph Molère et Christophe Renant (2 novembre).

Les Pères J. Lalemant, du Peron et de Lyonne revinrent plus tard au Canada.

Le P. Bressani rentra dans sa province, en Italie, et mourut à Florence le 9 septembre 1672.

Le P. Jacques Bonin, né à Ploermel (Morbihan), le 1er septembre 1617, était entré dans la Compagnie à Paris, le 10 juin 1634. Après ses trois ans de philosophie à la Flèche (1636-1639), il professa à Quimper la cinquième (1639-1640), la troisième (1640-1841), et les humanités (1641-1642), et après une seconde année d'enseignement des humanités à Rennes (1642-1643), il fit sa théologie au collège de Clermont, à Paris (1643-1647). En 1647, il part pour le Canada. Le 19 septembre 1650, Marie de l'Incarnation écrivait à son fils : « Le P. Bonnin est un des plus fervents missionnaires qui se puissent rencontrer ; c'est pour cela qu'on a bien eu de la peine à le laisser partir (pour la France). Mais comme il est très capable pour les emplois de la prédication, qu'il avait quittés pour obéir à l'attrait de Dieu, qui l'appelait à la conversion des Hurons, on le renvoie dans l'exercice de ses premières fonctions, en attendant que les affaires de cette église se rétablissent. Vous connaîtrez aussitôt que ce n'est pas un homme du commun ; mais je l'honore plus de ce qu'il est un grand serviteur de Dieu que pour tous ses grands talents. » (*Lettres historiques*, p. 449.) Il mourut à la Martinique le 4 novembre 1659.

Le P. Adrien Daran, coadjuteur spirituel de la Compagnie, naquit à Rouen le 9 septembre 1615, et entra au noviciat des Jésuites, à Paris, le 7 septembre 1635. Après deux ans de philosophie au collège de Clermont, à Paris (1637-1639), il enseigna la cinquième à Nevers (1639-1640), fit une année de morale à Rouen (1640-1641), fut de nouveau professeur, à Alençon, de cinquième (1641-1642), de quatrième (1642-1646) ; puis il fit une seconde année de morale à Rouen (1646-1647) et partit pour le Canada. Rentré en France, il fut envoyé à Alençon (1650-1651), et de là à Vannes, où il mourut en 1670, après

quérir chez nous la portion qu'on leur distribue ; ils se sont bâtis eux-mêmes leurs cabanes ; ils tâcheront par leur travail de chercher quelque partie de leur nourriture. Si après nous être épuisés, nous nous voyons dans l'impuissance de continuer nos charités, et qu'ils meurent ici de famine proche de nos Français, au moins aurons-nous cette consolation qu'ils y mourront chrétiens [1]. »

Un mois plus tard, le 29 septembre, la Mère Marie de Saint-Bonaventure, religieuse hospitalière de Québec, écrivait à Paris : « Voici quatre cents de ces pauvres Hurons réfugiés à Kébec, et cabanés auprès de la porte de notre hôpital où ils viennent à la Sainte-Messe tous les jours. Je n'ai jamais rien vu de si pauvre et de si dévot ; une petite sagamité, c'est-à-dire un potage de pois ou de blé d'inde, les passe pour un jour, et encore bien heureux d'en avoir et bien heureux d'avoir moyen de leur en donner. Notre petite salle de malades est aussi pleine de pauvres soldats français, blessés au combat des Iroquois [2]. »

L'hôpital de ces religieuses fut toujours, mais cette année principalement « un asyle assuré pour les pauvres, tant français que sauvages ; elles y rendirent tout le cours de l'année, et aux uns et aux autres, toutes les charités possibles, au dessus de leurs forces, quoiqu'au dessous de leur courage... Elles faisaient plus qu'elles ne pouvaient... Elles

avoir exercé les divers emplois de missionnaire, de ministre du collège et de directeur de la Congrégation des *Artisans*.

Le P. Adrien Grelon, né à Périgueux en 1617, entra au noviciat de la Compagnie de Jésus à Bordeaux le 5 novembre 1635 et arriva au Canada le 14 août 1647. Il est mort en France en 1697.

1. *Relation* de 1650, p. 28.

2. *Relation* de 1650, p. 51. — Dans cette lettre il est parlé de quatre cents sauvages, parce que les Hurons avaient hiverné à Québec en 1649 et d'autres encore vinrent s'unir aux exilés amenés par les Jésuites de l'île de Saint-Joseph.

se passaient de fort peu, aimant mieux tout souffrir que de se plaindre, ou de manquer aux pauvres, qu'elles préféraient à leurs propres besoins [1]. »

Les Ursulines ne se montrèrent ni moins généreuses, ni moins dévouées. Ruinées par les énormes dépenses qu'avait nécessitées l'érection de leur monastère, elles se condamnèrent avec bonheur aux plus dures privations dans le but de secourir les sauvages qui venaient frapper à la porte du cloître. Marie de l'Incarnation écrivait : « En qualité de dépositaire, c'est moi qui distribue la nourriture et les vêtements à ceux dont nous sommes chargées, ce qui est pour moi un sujet d'intarissables consolations [2]. » Mais ce ministère de charité ne dura pas longtemps; dans la nuit du 29 décembre, l'incendie dévora le monastère des Ursulines, et les Hospitalières, dont rien ne lassait l'infatigable générosité, mirent aussitôt leur maison à la disposition des filles de Sainte-Ursule.

Telle fut donc, au mois de janvier 1651, la situation réelle de Québec : les Ursulines, réduites à la dernière misère et forcées d'implorer la charité publique [3]; le nombre des Hurons allant chaque jour grossissant; et, pour nourrir les

1. *Relation* de 1651, p. 3.

2. *Histoire de la Mère Marie de l'Incarnation*, par l'abbé Casgrain, p. 368.

3. Après trois semaines de séjour à l'Hôtel-Dieu, elles s'installèrent dans la maison de Madame de la Peltrie, au nombre de treize, sans compter quelques pensionnaires. Là, elles occupaient deux chambres, qui servaient en même temps de dortoir, de réfectoire, de cuisine, de salle d'infirmerie, de tout. (*Relation* de 1651, p. 3; — *Lettres spirituelles* de Marie de l'Incarnation, p. 138; — *Les Ursulines de Québec*, t. I, pp. 170 et suiv.) « Elles firent des emprunts, avec lesquels elles commencèrent la reconstruction de leur maison, et, moins de dix-huit mois après l'incendie, elles prirent possession de leur nouvelle demeure. » (*Cours d'histoire*, t. I, p. 390.)

religieuses et les exilés, peu ou point de ressources dans la colonie française. Sans doute que la *charité était plus grande encore*, au dire de Marie de l'Incarnation, *que la pauvreté du pays*; toutefois, la charité a des bornes, et les moins regardants ne peuvent les franchir, même avec la meilleure volonté du monde [1]. Pour comble d'infortune, les Augustines avaient à peine reçu, l'année précédente, la moitié des aumônes qu'on leur envoyait chaque année de Paris [2]. Les Jésuites se trouvaient dans le même cas; aussi le P. J. Lalemant était-il allé en France [3] exposer le triste état de Québec et faire appel à la charité : mais son retour ne pouvait s'effectuer au plus tôt qu'au printemps [4]. L'inquiétude envahit la colonie, malgré la puissance de sa foi et de ses espérances. Aurait-il pu en être autrement?

Le départ des Hurons de Québec vint diminuer, sinon dissiper, l'angoisse générale et les préoccupations d'avenir.

1. Marie de l'Incarnation écrivait à son fils le 3 septembre 1651 : « Nos Révérends Pères nous ont secourues de toute l'étendue de leur pouvoir, jusqu'à nous envoyer les étoffes qu'ils avaient en réserve pour se faire des habits, afin de nous revêtir. Il nous ont encore donné des vivres, du linge, des couvertures, des journées de leurs frères et de leurs domestiques; enfin, sans leur extrême charité, nous serions mortes de faim et de misère. M. le gouverneur d'Ailleboust et Madame sa femme nous ont aussi assistées. Enfin nous avons été l'objet de la compassion et de la charité de tous nos amis. La compassion est passée même jusqu'aux pauvres : l'un nous offrait une serviette, l'autre une chemise, l'autre un manteau. Un autre nous donnait une poule, un autre des œufs, et un autre d'autres choses... Vous savez la pauvreté du pays, mais la charité y est encore plus grande. » (*Lettres historiques*, p. 455.) V. aussi le *Journal des Jésuites*, 30 décembre 1650 et 2 janvier 1651, p. 147.
2. *Relation* de 1650, p. 51.
3. Il partit de Québec le 2 novembre 1650. (*Journal des Jésuites*, p. 144.)
4. La colonie ne reçut que le 13 octobre 1651 les secours qui auraient dû arriver au printemps. (*Relation* de 1651, p. 1.)

C'était une charge de moins pour les colons français et pour les hospitalières.

A la pointe de l'île d'Orléans, aujourd'hui nommée l'anse du Fort, les Jésuites avaient acquis un assez vaste terrain [1]. Sur la fin de mars, ils y conduisent les Hurons, qui bientôt y sont rejoints par d'autres familles de la nation, établies aux Trois-Rivières et à Beauport. Le P. Chaumonot est chargé de cette colonie [2].

Le village s'élève rapidement dans un site admirablement choisi, près d'une anse du Saint-Laurent, où les canots peuvent facilement aborder. Autour de la chapelle et de la maison du missionnaire se dressent de nombreuses cabanes sur le modèle des anciennes demeures huronnes. De fortes palissades protègent de tous côtés le nouvel établissement; et les exilés, qui trouvent là une seconde patrie, lui donnent le nom de *Sainte-Marie*, en souvenir des lieux qu'ils ont été forcés d'abandonner [3].

Pendant que le village s'élève, on travaille à la culture de la terre. « Nous fîmes abattre du bois aux Hurons et faire des champs, dit le P. Chaumonot. Sans parler des Français que nous employâmes à ce travail, en les payant,

1. « Éléonore de Grandmaison, veuve du sieur Chavigny de Berchereau, vendit (aux Jésuites) pour un établissement de Hurons, une partie des terres cultivées de son fief, aujourd'hui connu sous le nom de fief Beaulieu ou Gourdeau. La maison de Noël Bowen, écuyer, occupe aujourd'hui le milieu de l'emplacement du fort des Hurons. » (*Cours d'histoire*, t. I, p. 388, *note*.) — Le contrat de vente fut passé le 19 mars 1651. (*Journal des Jésuites*, p. 149.)

2. « Le printemps, je les (Hurons) conduisis à l'île d'Orléans (à une lieue et demi au dessous de Québec) sur les terres que nous y avions. » (*Autobiographie* du P. Chaumonot, p. 50). — On lit dans le *Journal des Jésuites*, p. 140 : « 25 mars 1651, le P. Chaumonot, Eustache et Lapierre vont demeurer à l'île d'Orléans. »

3. *Cours d'histoire*, par l'abbé Ferland, t. I, p. 388; — *Relation* de 1652, p. 10.

nous engageâmes aussi les sauvages à s'aider eux-mêmes. Voici comment. Ils n'avaient rien de quoi subsister, et tous les jours nous leurs donnions par aumône du pain et de la sagamité, c'est-à-dire du potage fait avec des pois, du riz ou du blé d'inde, et assaisonné avec de la viande ou du poisson. Leur part de ces vivres était plus grande ou plus petite à proportion qu'ils avaient plus ou moins travaillé. D'abord quelques-uns murmurèrent, s'imaginant que nous profitions de leur travail; mais lorsqu'ils virent qu'après les avoir nourris et habillés à nos dépens, depuis leur arrivée à Québec, nous ne nous retenions pas un seul pouce des terres nouvellement défrichées à nos frais, qu'au contraire nous les partagions également à toutes leurs familles, ils nous chargèrent de bénédictions. Ils nous remerciaient, non seulement des champs que nous leur donnions, mais même de ce que nous les avions fait travailler. Aussi, dès la seconde année, ils commencèrent à recueillir là autant de blé d'inde qu'ils avaient coutume d'en recueillir dans leur pays [1]. »

1. « Mais, la première année, il a fallu les nourrir à nos frais. Pour cela seul nous n'en avons pas été quittes à huit mille livres, donnans avec plaisir ce qu'on nous envoie de France. Mais c'est une charité bien placée, puisqu'elle n'a d'autre but que le salut des âmes. » (*Relation* du P. Ragueneau, 28 oct. 1651). — La *Relation* de 1652, p. 10, dit : « Les Hurons ont recueilli cette année (la seconde) une assez bonne quantité de blé d'inde; tous néanmoins n'en auront pas suffisamment pour leur provision. Nous les secourrons comme nous avons secouru les autres, des charités que l'on nous envera de France. » — Le P. Mercier, supérieur de la mission, écrivait encore en 1654 : « Il fallut les nourrir, hommes et enfants, les deux premières années; il fallut leur bâtir une église et un réduit; il a fallu leur fournir des chaudières et des haches, et même de quoi se couvrir à la plus grande partie des familles. Nous avons été obligés de continuer (depuis lors) cette dépense pour quantité de pauvres, de malades et de personnes invalides : en un mot, nous leur servons de pères, de mères et de tout. Les frais vont à l'excès pour le nombre de cinq à six cents personnes; mais la charité des saintes âmes (de France) qui ont voulu contribuer à ce grand entretien est encore plus excessive. » (*Relation* de 1654, pp. 20 et 21.)

La colonie huronne, composée d'abord de quatre cents personnes environ, s'éleva bientôt au chiffre de six cents; et le P. Chaumonot en fit une chrétienté modèle, qui rappelait un peu les édifiantes réductions du Paraguay.

Outre les prières que chacun faisait en particulier soir et matin dans sa cabane, les Hurons assistaient encore aux prières publiques récitées à l'église. Les jours ouvriers ne se distinguaient des dimanches et des fêtes que par le nombre des communions et la récitation à haute voix du chapelet[1]. Trois fois par jour, la cloche appelait séparément les fidèles à la chapelle, d'abord les congréganistes, puis ceux qui ne l'étaient pas, et enfin les enfants au dessous de quatorze à quinze ans. Ceux-ci, au sortir de la chapelle, se rendaient à la maison du missionnaire, pour y entendre une leçon de catéchisme. Les hommes et les femmes, les filles et les garçons étaient toujours séparés aux réunions pieuses[2]. L'auteur de la *Relation* de 1654 raconte avec beaucoup de détails les divers exercices de dévotion et la ferveur persévérante des néophytes, et en particulier des congréganistes du fort Sainte-Marie[3].

Mais il était dans la destinée de ce peuple, depuis l'ère de ses premières défaites par les Iroquois, de ne plus trouver de demeure fixe. Ceux qui s'étaient réfugiés au Nord, à l'Ouest et au Midi de la contrée huronne errèrent de pays en pays, sans pouvoir poser nulle part leur tente d'une manière définitive. A peine établis dans un endroit, un besoin impérieux de changement ou la force des évènements

1. Leur principale prière était le chapelet qu'on leur faisait réciter en leur langue. La récitation du chapelet et le chant de quelques cantiques en langue sauvage remplaçaient, le dimanche, le chant des vêpres.

2. *Relation* de 1654, p. 21.

3. *Ibid.*, ch. IX et X.

les poussait ailleurs. Peut-être la main vengeresse de Dieu punissait-elle ainsi de sa longue résistance à l'enseignement de l'Évangile cette malheureuse nation, douée sans doute de quelques bonnes qualités, mais féroce, perfide, dissimulée, immorale, peu fidèle à la parole donnée, portée d'instinct au vol.

Le seigneur voulait peut-être aussi, en dispersant cette tribu dans les forêts du Nord et du Midi et à l'Ouest des grands lacs, montrer la lumière de la vérité aux sauvages qui ne la connaissaient pas ; il voulait encore préparer les voies aux prédicateurs qu'il devait bientôt leur envoyer. Car, on ne peut le nier, il se trouva, parmi ces exilés, beaucoup de chrétiens ; les missionnaires eurent lieu de s'en apercevoir dans l'avenir.

Des auteurs ont prétendu qu'un grand nombre de Hurons embrassèrent le christianisme soit par calcul, soit par peur, soit pour plaire aux *Robes-Noires*. Cette affirmation est exagérée ; on n'a qu'à lire les *Relations* pour s'en convaincre. Ce qu'il y a de vrai et de certain, c'est que dans les trois dernières années avant la dispersion, il y eut beaucoup de conversions vraiment sincères, quelqu'ait pu en être le motif. La vie de ces convertis et la mort admirable de la plupart d'entre eux en sont le plus éclatant témoignage [1].

1. Benjamin Sulte, dans l'*Histoire des Canadiens-Français*, t. III, p. 21, dit : « Prise dans son ensemble, cette race n'était susceptible, ni d'être amenée à la vie européenne, ni d'être imbue de notre foi religieuse. Honneur aux missionnaires qui ont tout sacrifié pour le salut de son âme ! Honneur aussi aux Français qui ont travaillé à rendre son existence terrestre moins misérable ! Quant aux résultats, ils furent nuls ou à peu près, si ce n'est que par l'intervention généreuse et persistante des Jésuites, nous avons contrebalancé avec avantage l'influence des Anglais parmi ces barbares. » Certes, ce témoignage est à recueillir de la part d'un adversaire, souvent peu scrupuleux, de la Compagnie de Jésus. Le point où se trompe l'historien, est celui-ci : *Les résultats furent nuls ou à peu près*. Ils ne furent

Les Hurons de l'île d'Orléans, dont la vie fut moins tourmentée que celle de leurs compatriotes des régions occidentales, n'échappèrent cependant pas à cette loi inéluctable du changement qui semblait faire partie de leur destinée à tous. Obligés d'abandonner cette île par la crainte des Iroquois, ils se divisèrent : les nations de l'Ours et du Rocher demandèrent la paix à l'ennemi, et allèrent habiter, la première chez les Agniers, la seconde chez les Onnontagués [1]; la nation de la Corde préféra rester avec les Français et se fixa à Québec au dessus du fort, au nombre environ de cent cinquante personnes [2]. Elle ne devait pas y

pas aussi considérables que les Jésuites l'auraient souhaité et que leurs travaux le méritaient; c'est là ce qui ressort de la lecture des *Relations*. Mais que ces *résultats aient été nuls ou à peu près*, c'est une assertion absolument fausse, qui ne s'appuie sur aucun document historique. Que d'enfants, que d'adultes baptisés avant de mourir, pendant les seize ans d'apostolat des Pères chez les Hurons! Que de guerriers, que de femmes, morts en vrais chrétiens pendant les trois années qui précédèrent la dispersion totale de ce peuple! Sans compter les néophytes, qui refusèrent de suivre les six cents exilés de l'île d'Orléans, que de fervents convertis parmi ces derniers! En vérité, ces résultats sont loin d'être nuls et ils sont consignés tout au long dans les *Relations*.

1. *Relation* de 1657, ch. III.—Le 20 mai 1656, les Iroquois attaquèrent à l'improviste 80 Hurons qui travaillaient dans les champs de l'île d'Orléans; ils en tuèrent plusieurs et emmenèrent les autres prisonniers, à la vue des habitants de Québec, qui auraient voulu les défendre. Le nouveau gouverneur, M. de Lauson, s'y opposa, montrant en cela *plus de prudence que d'énergie* (*Cours d'histoire*, p. 430); le P. de Charlevoix blâme la conduite du gouverneur, t. I, p. 324. Les Hurons furent blessés de cette conduite et en conservèrent un pénible souvenir contre les Français. L'année suivante, au printemps, la nation de l'Ours suivit les Agniers (*Relat.* de 1657, ch. VI) dans leur pays, où elle fut traitée en esclave (*Relat.* de 1658, p. 13); la Nation du Rocher se rendit à Onnontagué, où elle eut beaucoup à souffrir de la perfidie des ennemis (*Relat.* de 1657, ch. VII et XXII).

2. Parkman (*Jésuites dans l'Amérique du Nord*, p. 352, trad. de Madame G. de Clermont-Tonnerre) dit à tort : *Sept cents âmes*. La *Relation* de 1657 donne le chiffre de *cent cinquante* (ch. VI). Ils étaient situés au côté nord de la place d'Armes.

demeurer longtemps. Onze ans plus tard (1668), ces Hurons s'établissent, sous la conduite du P. Chaumonot, sur la côte Saint-Michel, près de Québec, où ils fondent la mission de Notre-Dame de Foye[1]. Quelques années après, nous les trouvons à quelque distance de là, à l'*Ancienne Lorette*[2];

1. « Quand la paix fut enfin conclue avec les Iroquois, après l'expédition du marquis de Tracy, les Hurons se transportèrent à une lieue et demie de la ville, et fondèrent là, en 1667, la mission de N.-D. de Foye. Ce nom lui fut donné à l'occasion d'une statue de la Sainte-Vierge, envoyée par les Jésuites belges pour être honorée dans une Mission sauvage. Elle était faite avec le bois du chêne au milieu duquel on avait trouvé la statue miraculeuse de N.-D. de Foye, près de Dinan dans le pays de Liège. Cet endroit est aujourd'hui appelé village de *Sainte-Foye*. » (P. Martin, *Relation abrégée*, appendice.)
V. la *Relation* de 1669, ch. VIII; — de 1670, p. 22; —de 1671, p. 7; —de 1672, p. 2; — *Relations inédites*, t. I, pp. 149 et 295; — *Vie du P. Chaumonot*. New-York, 1858, p. 87; — *La triple couronne de la B. V. Mère de Dieu*, par le P. Poiré, S. J., traité I, ch. XII. — La mission de N.-D. de Foye avait d'abord été consacrée à la Sainte-Vierge sous le titre de son *Annonciation*.

2. « Le 29 décembre 1673, les Hurons durent encore s'éloigner de *Sainte-Foye*. Ce n'étaient plus les craintes que leur inspirait l'Iroquois, mais le besoin de se rapprocher du bois et d'avoir des terres plus étendues. Ils trouvèrent à une lieue et demie plus loin, un air pur, un terrain avantageux et des eaux abondantes. Les missionnaires disposèrent avec symétrie toutes les cabanes autour d'une place quarrée, au milieu de laquelle s'élevait la maison de Dieu. Le P. Chaumonot joignit à l'église une chapelle en l'honneur de la très Sainte Vierge, parfaitement semblable pour la forme, les matériaux, les dimensions et l'ameublement à la célèbre *Casa Santa* de Lorette en Italie. C'est ce qui valut au village le nom de N.-D. de Lorette, connu aujourd'hui sous le nom d'Ancienne Lorette. Il est à regretter qu'en reconstruisant cette église, il y a quelques années, on n'ait pas respecté davantage les proportions et les détails qui donnaient à cet ancien édifice un caractère historique et pieux, que la grandeur et la richesse du temple nouveau ne peuvent pas compenser. » (P. Martin, *ibid.*)
V. *Relation* de ce qui s'est passé de plus remarquable aux missions des Pères de la Compagnie de Jésus en la Nouvelle-France, les années 1673 à 1679, par le R. P. Claude Dablon. Québec, Cramoisy,

et enfin, vers le commencement du XVIIIe siècle, à la *Jeune Lorette*[1], pays sauvage, couvert de forêts et traversé par la rivière tortueuse du Saint-Charles, courant à travers un ravin profond, des plus accidentés.

C'est là que les touristes vont encore visiter ce qui reste de cette nation célèbre. « Nouveau débarqué, raconte M. de Lamothe, je ne pouvais laisser échapper l'occasion qui m'était offerte de rencontrer des rejetons de la race indigène. Je savais qu'à Lorette, à dix milles (seize kilomètres) environ de Québec, vivait une petite colonie de Hurons, descendants des quelques familles échappées à la destruction de toute leur nation par les Iroquois. Je partis à la recherche de ces hommes rouges, débris presque ignorés d'une catastrophe, qui date pourtant de deux siècles à peine... Le village de la jeune Lorette vaut d'ailleurs par lui-même les frais d'une promenade. C'est une grosse paroisse canadienne-française de trois mille habitants, agréablement située au milieu d'un pays accidenté. Une jolie rivière aux eaux brunes, comme toutes celles qui prennent leur source dans les sapinières du Nord, traverse son territoire et se précipite dans la plaine par une pittoresque cascade. Cette rivière franchie, nous nous trouvons tout à coup transplantés sans transition en pays

1860, pp. 258 et suiv.; — *Relations inédites*, t. I, pp. 295 et suiv.; — *Vie du P. Chaumonot*, pp. 90 et suiv.; — *Relations inédites*, t. II, pp. 71 et suiv., 181 et suiv.; — *Les vœux des Hurons* à N.-D. de Chartres; Chartres, chez Noury-Coquard, 1858.

La *Relation* de 1671 parle de 150 Hurons établis à N.-D. de Foye; la *Relation* du P. Dablon (*Relations inédites*, t. II, p. 71) donne le chiffre de 300 âmes à Lorette.

1. *Le P. de Charlevoix*, t. III, 4e lettre, p. 81, raconte un voyage fort intéressant qu'il fit en 1721 à la *Jeune Lorette*. — On verra plus loin les raisons qui forcèrent les Jésuites à quitter l'ancienne Lorette.

indien. Devant nous s'offre un hameau dont les habitations présentent un contraste frappant avec les habitations canadiennes que nous venons de laisser sur l'autre rive. Une sorte de hangar fait de poutres mal équarries, à la toiture basse, aux larges ouvertures; pour tout meuble un lit de camp dressé le long des parois; au centre la place du foyer, dont la fumée s'échappe par une ouverture pratiquée dans le toit, non sans avoir rempli le local de ses âcres senteurs... Le Huron reste encore fidèle, dans les dispositions et l'aménagement de sa cabane, à quelques-unes des traditions qu'observaient ses ancêtres.

« Il y a à Lorette soixante ou soixante-dix familles de Hurons ou d'individus réputés tels dans les évaluations officielles. Sont-ce bien les descendants authentiques et sans mélange des terribles guerriers du XVIIe siècle?... Il ne paraît pas qu'il existe à Lorette un seul individu de race indigène pure. Depuis deux cents ans, les alliances contractées avec les Canadiens ont tellement modifié le type original de ces Indiens, qu'on ne retrouve plus parmi eux les caractères physiques si tranchés de la race rouge... En revanche, tous, riches ou pauvres, conservent avec un soin jaloux les traditions de la tribu et le costume de guerre des ancêtres, qu'ils revêtent encore dans les occasions solennelles[1]... Hommes et femmes paraissent vivre assez

1. Dans son ouvrage *Au Canada*, M. Georges Demanche dit, p. 52 : « Leur costume est, sauf les jours de fête, le costume des blancs; leur langue n'est plus parlée, par quelques-uns d'entre eux, que comme une langue morte; leurs noms, dans la vie réelle, sont ceux qui sont répandus partout : *Vincent*, *Bastien*, etc. : et ce n'est que dans les rares fêtes indiennes encore existantes qu'ils arborent leur nom de guerre ainsi que leur coiffure à plumes. L'un des chefs de la tribu cumulait naguère ses fonctions de grand sachem avec celles de notaire! La maison du chef actuel est meublée à l'européenne; dans son salon se trouve un piano à l'usage de la fille de la maison, et sur ce piano, des sonates de Mozart et les partitions en vogue. » (*Au Canada*, Hachette, 1890.)

à l'aise du produit des bois de leur *réserve* et de leur petite industrie locale. Ils fabriquent à demeure de larges raquettes... Ils font aussi des paniers en bois de bouleau, des mocassins, des ouvrages en plume, des costumes indiens, des calumets en bois, des tomahawks et toutes sortes d'autres armes indigènes qu'ils disposent en trophées dans leurs habitations et qu'ils vendent aux étrangers ou aux marchands de curiosités [1]. »

Chrétiens, civilisés, ces derniers descendants de la race huronne, qui ont contracté avec les blancs des alliances répétées, ont subi une métamorphose complète au contact des missionnaires et des Français. Aujourd'hui, comme par le passé, ils restent fidèles à leur foi et au souvenir de leurs premiers apôtres.

1. *Cinq mois chez les Français d'Amérique*, par H. de Lamothe. Paris, Hachette, 1880, pp. 60 et suiv.

Dans ses notes sur le *Mémoire* de Nicolas Perrot, le P. Tailhan dit à la page 311 : « Les Hurons, réfugiés à Lorette, près de Québec, ont servi la France jusqu'à la fin avec un dévouement et un courage à toute épreuve. Aujourd'hui encore, ils sont Français par la langue et par la religion. D'après le dernier recensement du Canada (1861), on compte, à la Nouvelle-Lorette, 261 Hurons, tous catholiques ; ce qui n'a pas empêché certains revues d'annoncer, en 1862, la mort du dernier d'entre eux. »

CHAPITRE DIXIÈME

Les Iroquois attaquent les Français. — M. de Maisonneuve va chercher du secours en France. — Négociations du gouvernement de Québec avec les Colonies anglaises ; le P. Druillettes et Jean-Paul Godefroy à Boston. — Le gouverneur, M. d'Ailleboust, remplacé par M. de Lauson. — Dangers et alarmes de la Colonie française. — Mort de Plessis-Bochart. — Le P. Poncet fait prisonnier par les Iroquois. — Marguerite Bourgeois. — Mort du P. Garreau. — Les Iroquois demandent la paix ; délivrance du P. Poncet. — Le P. Le Moyne chez les Onnontagués et les Agniers. — Première mission des Onnontagués : PP. Dablon, Chaumonot, Le Mercier, Mesnard, Frémin, Ragueneau ; succès des missionnaires. — Garnison française à Gannentaha. — Conspiration des Iroquois. — Fin de la première mission iroquoise. — Les Jésuites au Canada en 1658 ; leurs ennemis ; état de la Colonie et de la mission.

Le lecteur n'a pas oublié ces quelques lignes que le P. Jogues écrivait de la bourgade d'Ossernénon au gouverneur de Québec, M. de Montmagny : « Le dessein des Iroquois est de prendre tous les Hurons, de faire périr les chefs avec une grande partie de la nation, et de former avec les autres un seul peuple et un seul pays. »

Une partie de ce programme est accomplie : les Hurons sont dispersés, beaucoup ont succombé sous la hache du vainqueur, les autres ont demandé grâce à l'ennemi et se sont constitués prisonniers. Libres du côté des Hurons, les Iroquois vont désormais diriger toutes leurs forces *contre les restes des Algonquins et des Hurons* et contre les *habitations françaises*[1]. Leur haine contre les Français a autant la religion pour motif que la politique. Aussi les Indiens

1. *Relation* de 1650, pp. 28 et 29.

convertis des Trois-Rivières disaient-ils : « C'est pour combattre les ennemis de la prière que volontiers nous exposons nos vies ; et, si nous mourons en combattant, nous croyons mourir pour la défense de la foi[1]. »

Conduits par un chef, connu sous le nom de Bâtard Flamand, *homme fort bien fait, subtil et vaillant, né d'un Hollandais et d'une Iroquoise*[2], les Agniers se répandent partout, par bandes plus ou moins nombreuses, dans les bois, dans les vallées, dans les moindres accidents de terrain, sur le Saint-Laurent et ses affluents, guettant les colons qui travaillent aux champs, les chasseurs qui parcourent la forêt, les pêcheurs qui jettent leurs filets, les habitants, indiens ou français, qui s'éloignent des forts. C'est une vraie chasse à l'homme. A peu de distance des Trois-Rivières, ils attaquent une soixantaine de Français et ils en tuent plusieurs[3] ; le poste est lui-même serré de si près que les habitants attribuent leur salut à un miracle[4]. Ils rôdent autour de Québec et de l'île d'Orléans, étudiant les lieux et cherchant à surprendre quiconque s'aventure en dehors de l'enceinte fortifiée[5]. Montréal, plus rapproché de l'ennemi, a plus à souffrir : « C'est une merveille, écrit le P. Ragueneau, que les Français n'aient pas été exterminés par les surprises fréquentes des troupes iroquoises[6]. »

1. *Relation* de 1651, p. 8.
2. *Lettres historiques de M. de l'Incarnation*, p. 515.
3. *Relation* de 1650, p. 29.
4. *Relation* de 1651, p. 2 ; — *Journal des Jésuites*, août 1651.
5. *Cours d'histoire*, t. I, p. 398 ; — *Relation* de 1651, pp. 2 et suiv. ; — *Journal des Jésuites*, année 1651.
6. *Relation* de 1651, p. 2 ; — Dollier de Casson, 1650-1651 ; — *Lettres historiques de Marie de l'Incarnation*, p. 467 ; — *L'abbé Faillon*, t. II, p. 122.

Dans cette situation alarmante, M. de Maisonneuve, gouverneur de Villemarie, part pour la France, afin de se procurer des recrues, d'exciter la foi et le patriotisme des sociétaires de *Notre-Dame de Montréal.* Le gouverneur de Québec, M. d'Ailleboust, qui n'a pas de secours à attendre de la Métropole, où la guerre de la Fronde paralyse le bon vouloir de Mazarin, tourne ses regards du côté des Anglais et sollicite leur alliance.

Les Anglais, au nombre de quarante mille, comptaient alors dans le Massachusets quatre colonies, celles de Boston, de Plymouth, de Connecticut et de New-Haven, formant une confédération sous le nom de *Colonies unies de la Nouvelle-Angleterre* [1]. Boston avait dans son ressort quarante bourgs ou villages; Plymouth, vingt; Connecticut [2], dix. New-Haven [3] semblait la moins importante des quatre colonies. Une assemblée, dite *Cour des Commissaires*, laquelle se réunissait à Boston, décidait de la paix, de la guerre et des alliances; chaque colonie s'y faisait représenter par deux députés. Quand il n'y avait pas unanimité dans les décisions, une proposition ne pouvait être adoptée qu'à la

1. Pour tout ce qui suit, consulter le récit que le P. Druillettes a fait de son voyage dans la Nouvelle-Angleterre, intitulé : « *Narré du voyage* faict pour la mission des Abnaquiois et des connaissances tirez de la Nouvelle-Angleterre et des dispositions des magistrats de cette République contre les Iroquois, ès années 1650 et 1651, par le R. P. Gabriel Dreuillette, de la Compagnie de Jésus. — Imprimé *par Shea* d'après la copie de l'original déposé parmi les papiers du Bureau des biens des Jésuites, à Québec. »

2. Le P. Druillettes écrit *Keneligout.* Maurault dans son *Histoire des Abénakis*, p. 132, dit, note (2), à propos de ce nom : « De *Kunateguk*, a la rivière longue, d'où les Anglais ont fait le mot *Connecticut.* »

3. Le P. Druillettes dit : *New-Haven* ou *Kouinopiers* et *Kouinopeia.* Maurault, *ibid.*, note (3), ajoute : « *Kouinopeia* de *Kinnipiia*, la grande eau. C'était le pays des sauvages Kinnipiaks. »

condition d'être votée par les députés de trois colonies. Les affaires intérieures de chaque colonie se réglaient dans la colonie elle-même par une législature particulière, composée du gouverneur et des principaux habitants. Chaque colonie avait à sa tête un gouverneur, indépendant des autres ; et toutes avaient à Londres un même agent général, dont la mission était de surveiller, de défendre et de promouvoir leurs intérêts[1].

En 1647, la *Cour des Commissaires* avait manifesté le désir de nouer avec les Français du Canada des relations commerciales. Ces avances n'aboutirent à aucun résultat, on ne sait trop pourquoi. Deux ans plus tard, les Anglais revinrent à la charge : « ils proposaient une alliance éternelle entre les deux colonies, indépendamment de toutes les ruptures qui pourraient survenir entre les deux couronnes[2]. » Le conseil de Québec décida à l'unanimité de donner suite à cette proposition, à la condition toutefois que les deux colonies s'uniraient pour faire la guerre aux Iroquois ; et il chargea le P. Druillettes de se rendre dans le Massachusets, afin d'en conférer avec les gouverneurs anglais et de sonder leurs dispositions.

Le P. Druillettes venait de passer plusieurs hivers dans les cabanes enfumées des Oumamiouek et des Papinachois, à trois ou quatre cent milles des habitations françaises[3]. « Aucun missionnaire ne travaillait alors avec plus de fruit dans le Canada, parce que le ciel l'avait rendu puissant en œuvres aussi bien qu'en paroles. Les sauvages qui l'accompagnaient dans ses courses, ne parlaient que des merveilles opérées par son moyen, ce qui joint aux vertus éminentes qu'ils lui voyaient pratiquer, lui rendait facile tout ce qu'il

1. *Narré du voyage,...*
2. *Charlevoix,* t. I, pp. 296 et suiv.
3. *Cours d'histoire,* t. I, p. 395.

entreprenait pour la gloire de Dieu. Les Français avaient la même opinion de sa sainteté et de son pouvoir auprès du Seigneur[1]. » Il parlait les langues sauvages aussi bien que les indigènes ; et il avait parcouru une première fois les contrées[2], où le gouvernement de Québec l'envoyait en mission extraordinaire.

Muni d'un *passeport et congé* de M. d'Ailleboust, il part le premier septembre 1650, accompagné de Noël Negabamat, chef des Algonquins chrétiens de Sillery, et de Jean Guérin, homme de foi et de dévouement, attaché au service des missionnaires[3]. Il remonte la Chaudière, descend le Kénebec et arrive à Narantsouak (aujourd'hui Norridgwock)[4], premier bourg des Abénakis, d'où il se rend à Koussinoc, puis à Boston et enfin à Plymouth.

On était au mois de décembre. Le froid, la neige, la glace, rien ne l'arrête. Avant la fin du mois, il avait terminé sa mission, et, après avoir passé l'hiver au milieu des catéchumènes Abénakis, il rentre à Québec dans les premiers jours de juin. Le major général, Gibbons ; le gouverneur de Boston, Dudley, et Bradfort, gouverneur de Plymouth, lui avaient fait un accueil des plus courtois[5]. Tous trois, ainsi que

1. *Charlevoix*, t. I, p. 310.
2. Nous avons parlé au ch. IV du voyage du P. Gabriel Druillettes, en août 1646, chez les Abénakis. Sa *Relation* de 1647 raconte ce voyage.
3. *Narré de voyage....*, p. 2.
4. *Ibid.*, p. 2.
5. Le major général Gibbons (Le P. Druillettes l'appelle Gebin, p. 7) voulut que le missionnaire logeât chez lui : « Il me reçut, dit le P. Druillettes, p. 7, comme vray ambassadeur du Gouverneur (de Québec) et me donna une clef d'un département en sa maison où je pouvais en toute liberté faire ma prière et les exercices de ma religion, et me pria de ne point prendre d'autre logis pendant que je séjournerais à Boston. »

Winthrop, gouverneur de Connecticut, lui semblaient favorables, non seulement au traité de commerce, mais à une alliance offensive et défensive. Il ne connaissait pas suffisamment les dispositions de la colonie de New-Haven ; il avait tout lieu de croire qu'elles n'étaient pas hostiles. Du reste, il ne se prononçait pas sur le résultat définitif des négociations engagées, les traités et les alliances dépendant uniquement de la Cour des Commissaires, qui ne s'était pas encore réunie[1].

Cette réunion devait se tenir incessamment. Le Conseil de Québec pria le P. Druillettes de repartir de suite avec le conseiller, Jean Godefroy, et d'aller à Boston, pour exposer aux députés de la Cour les avantages du traité de commerce et d'alliance perpétuelle entre les deux colonies[2]. A son arrivée, il trouva les dispositions des Anglais complètement modifiées. Tous acceptaient le traité de commerce ; la majorité refusait de signer une ligue offensive et défensive. Le gouverneur de Plymouth, qui ne voulait pas courir le risque d'attirer sur sa colonie les armes des Iroquois, avait déterminé les commissaires à voter dans ce sens. Il fut impossible aux ambassadeurs de Québec de faire reve-

1. *Narré de voyage*... passim. — Dans ce voyage, le P. Druillettes visita, à Roxburg, le ministre Eliot, appelé par les Anglais l'apôtre des sauvages. Celui-ci « retint le missionnaire chez lui, à cause que la nuit le surprenait, et le traita avec respect et affection, et le pria de passer l'hiver avec lui. » (*Narré du voyage*, p. 11.)

2. Ferland, *Cours d'histoire*, t. I, p. 395 ; — *Collection de manuscrits*, contenant lettres, mémoires, etc., à la Nouvelle-France, recueillis aux Archives de la Province de Québec..., Québec, 1883. Vol. I, p. 127 : lettre du conseil de Québec aux commissaires de la Nouvelle-Angleterre, Québec 20 juin 1651 ; — *ibid.*, p. 128 : Nomination de Mr Godefroy pour traicter avec les commissaires de la Nouvelle-Angleterre.

Le P. Druillettes est appelé dans ces deux documents, *Braillettes* et *Bruillettes*.

nir la Cour sur sa décision, et les négociations furent rompues[1].

Or, pendant que ces négociations se poursuivaient à Boston, M. d'Ailleboust était relevé de son commandement et remplacé par M. de Lauson, membre de la Compagnie des Cent-Associés, dont il avait été le premier intendant. Ce fut le nouveau gouverneur qui supporta les fâcheuses conséquences de l'insuccès des deux députés auprès de la Cour des Commissaires. Il débarqua à Québec le 13 octobre 1651.

M. de Lauson était sans doute un homme pieux, droit, doué des meilleures intentions. L'historien de la Nouvelle-France lui rend ce témoignage[2], et ce témoignage est confirmé par les lettres confidentielles des missionnaires, adressées à Rome. Toutes louent sa probité, sa vertu, sa vie exemplaire, son grand zèle pour les choses de Dieu et pour la conversion des sauvages. Mais là s'arrête l'éloge. Les mêmes lettres ajoutent : il n'a pas d'expérience, il manque de décision, il est mal conseillé et n'est pas suffisamment secondé dans son administration; de plus, il est trop âgé, il est gêné dans ses affaires, il a beaucoup d'enfants qu'il faut établir; il prend la direction de la colonie dans un état déplorable, et il n'a pas les qualités voulues pour maîtriser les situations difficiles[3].

1. *Narré du voyage* fait par le P. Druillettes; — *Histoire de la Nouvelle-France*, t. I, pp. 310 et suiv.; — *Cours d'histoire*, t. I, pp. 391 et suiv.; — *Hist. of Massachusett's Bay*, t. I; — *Registres* de la colonie de Massachusets; — *Records of the* Colony of Plymouth, June 5th 1651; — *Histoire des Abénakis*, par Maurault, p. 153; — *Relations* de 1651, pp. 14 et 15; de 1652, ch. VII, p. 22, et ch. VIII, p. 26.

2. T. I, p. 309.

3. Archives générales S. J. : Lettre du P. Ragueneau au R. P. Général, G. Nickel, oct. 1653; — Le même au même, 9 sept. 1654 : « D. de Lauson vir antiquæ probitatis, pietatis eximiæ, rari

Qu'attendre d'un tel gouverneur, qui ne pouvait en outre compter, ni sur les Hurons et les Algonquins, tremblant de peur à la seule vue des Iroquois; ni sur les Anglais, escomptant à l'avance l'échec des Français et ne demandant pas mieux que de les voir quitter le Canada; ni sur Mazarin, tout occupé de la guerre européenne et de la Fronde, et gémissant de ne pouvoir secourir les domaines d'outre-mer; ni sur les colons, braves sans doute et décidés, mais trop inférieurs en nombre aux ennemis, et disséminés sur les rives du Saint-Laurent depuis Montréal jusqu'à Tadoussac ?

L'année même de son élévation au gouvernement de la Nouvelle-France, M. de Lauson prit à cœur de réformer le département de la justice; c'est de lui que datent les charges de grand sénéchal, de lieutenant général civil et criminel, de lieutenant particulier et de procureur fiscal. Mais, cette même année, la situation de la colonie s'aggrave d'une manière effrayante. Aux Trois-Rivières, le gouverneur de la place, du Plessis-Bochart, est tué dans une sortie contre les Iroquois avec quinze de ses hommes; plusieurs Francais, et des plus vaillants, Normanville, Francheville et autres,

exempli...; » — Lettre du Père Le Mercier au même, 28 sept. 1654 : « Zelum animarum singularem... Magnus animus ad christianam rem magis ac magis promovendam; » — Lettre du P. Poncet au même, 31 juillet 1655 : « Dum de Lauson, hominem domesticæ rei penuriâ laborantem et liberorum multorum alendorum collocandorumque difficultate pressum, rerum gerendarum praxeos omnique administratorum opera et studio destitutum...; » etc..., etc...

On lit dans *Ferland*, t. I, p. 401 : « Des raisons particulières, tout aussi bien que des motifs d'intérêt public, avaient porté M. de Lauson à se rendre au Canada. Ayant plusieurs fils, il désirait s'y créer pour pour eux des établissements; et dans cette vue il s'était fait concéder la seigneurie de Lauson, l'île de Montréal, qu'il céda à la Compagnie de Montréal, et la seigneurie de la Citière qui s'étendait d'abord de la rivière Saint-François, près du lac Saint-Pierre, jusqu'au dessus du lac Saint-Louis. »

sont faits prisonniers [1]. Le P. Buteux tombe frappé de deux balles à la poitrine, et son corps est jeté dans la rivière Saint-Maurice [2]. Le P. Poncet est surpris avec un Français au Cap-Rouge, près de Québec, et emmené en captivité [3]. La petite garnison de Montréal, harcelée nuit et jour, ne parvient à se maintenir qu'à force d'audace et de courage. Les moissons sont en partie détruites, les habitations éloignées des postes incendiées, le commerce suspendu. « Le magasin de Montréal, écrit le P. Le Mercier, n'a pas acheté un seul castor depuis un an [4]. » Cinq cents Agniers assiègent Trois-Rivières ; ils s'en seraient emparés sans l'héroïque résistance du nouveau commandant Boucher et l'habile manœuvre du français Bellepoire [5].

1. Ferland, *Cours d'histoire*, t. I, pp. 405 et 406.
2. V. sa mort ch. IV.
3. *Ferland*, t. I, p. 411.
4. *Relation* de 1653, p. 28. — On trouve aux Archives nationales, à Paris, registre E 1702, fol. 3, un arrêt, signé *Séguier*, *Molé*, etc... qui accorde aux habitants de Québec, sur leur requête, un délai pour payer leurs créanciers. Il est dit dans cet arrêt : « Sur la requête présentée au Roy en son conseil par les manans habitants et communaulté de Québec en la Nouvelle-France, contenant que depuis deux ans en ça, la guerre a été si forte en ce pays et particullièrement contre les Iroquois qui les tenaient assiégés jusques dans leurs maisons, qu'elle en a causé la ruyne et la désolation toute entière, de manière que les Hurons et les Algonquins qui en faisaient et composaient une partie ont été contraints de l'abandonner après que la pluspart d'entre eux y ont été faictz prisonniers, ce quy non seulement a ruyné le commerce de la pelletterie, mais encore a tout à fait préjudicié à l'establissement de la foy et relligion crestienne qui commençait à s'augmenter en ces contrées par l'assistance des Reverendz perres Jesuistes et des aumosnes que l'on recevait de France, et encore par un surcroist de malheur lorsque les supplians estaient sur le point de traitter de quelque accommodement avec les Iroquois, les Anglais se seraient saisis et emparés de plusieurs forts appartenant aux Français, ce qui les a mis en une telle perplexité qu'ils sont presque tous résolus d'abandonner le pays..... » Fait à Paris le 23 février 1655.
5. *Ferland*, t. I, p. 409.

Telle est la gravité de la situation que Marie de l'Incarnation écrit aux Ursulines de Tours, le 12 août 1653 : « Les ennemis ont tant fait de ravages en ces quartiers, qu'on a cru quelque temps qu'il fallait repasser en France[1]. » Elle ajoute quelques lignes plus bas : « Nous attendons le secours que M. de Maisonneuve, gouverneur de Montréal, amène de France, où il est allé exprès[2]. »

M. de Maisonneuve débarquait, en effet, à Québec quelques semaines plus tard[3], avec une recrue de plus de cent hommes, que la Compagnie de Montréal s'engageait à nourrir et à loger pendant cinq ans. Sur le même vaisseau se trouvaient le P. Jérôme Lalemant et une jeune fille de Troyes, Marguerite Bourgeois, qui devait bientôt fonder à Villemarie un institut nouveau, voué à l'enseignement, sous le nom de Congrégation de Notre-Dame de Montréal[4].

Cette recrue, sur laquelle Québec et Trois-Rivières comptaient pour leur défense, ne profita ni à l'un ni à l'autre de ces deux forts, elle était destinée à Villemarie[5]; et le malheur redouté par Marie de l'Incarnation, l'abandon du Canada, serait immanquablement arrivé, si la Providence, touchée des prières qui s'élevaient au ciel de toutes parts, n'avait ménagé à la Nouvelle-France une paix momen-

1. *Lettres historiques*, p. 504.

2. *Ibid.*; — Consulter pour tout ce qui précède : *Relations* de 1651, 1652 et 1653; — *Lettres de Marie de l'Incarnation*, de 1651 à 1654; — *Histoire de la Nouvelle-France*, t. I, p. 309 et suiv.; — Dollier de Casson, année 1650-1651, 1652 et 1653; — *Histoire de la Colonie française*, 2e partie, ch. VII, VIII et IX; — *Cours d'histoire*, t. I, ch. IX, p. 398 et suiv.

3. D'après les écrits autographes de la sœur Bourgeois, M. de Maisonneuve arriva à Québec le jour de la Saint-Maurice, 22 septembre 1653.

4. *Histoire de la Colonie française*, t. II, pp. 176 et suiv.

5. *Ibid.*, p. 181.

tanée. Les Agniers la demandèrent au moment où il semblait impossible d'arrêter leurs succès et leurs dévastations [1]. Les Onnontagués s'unirent à eux et vinrent à Québec prier le gouverneur d'enterrer la hache de guerre.

Personne ne se faisait illusion sur la sincérité des propositions pacifiques d'une nation, qui offrait souvent la paix, sans déposer les armes; on savait que l'évènement le plus insignifiant pouvait faire échouer les négociations, et que, la paix conclue, il suffisait d'un brouillon, d'un jongleur ou d'un capitaine mal disposé pour déterminer tout un peuple à déchirer le traité le plus solide en apparence. Le songe d'un halluciné pouvait faire déterrer la hache. Néanmoins, la gravité de la situation ne permettait pas de refuser la paix; elle fut acceptée, à la condition que le P. Poncet serait d'abord rendu à la liberté [2]. Il avait déjà subi le supplice des prisonniers : les Agniers lui avaient arraché des ongles et coupé un doigt; il avait enduré la bastonnade au milieu de deux longues files d'hommes et de femmes; et, depuis lors, il vivait, au pays des Agniers, dans la cabane d'une vieille Iroquoise [3].

Les Agniers le ramenèrent à Québec [4], où les Onnon-

1. *Ferland*, t. I, p. 411.

2. *Relation* de 1653, pp. 23 et 19; — *Histoire de la Colonie française*, p. 169.

3. *Relation* de 1653, pp. 9-17.

4. *Ibid.*, p. 24. — Les Agniers ayant dépouillé le P. Poncet de sa soutane, la vendirent aux Hollandais, qui, à leur tour, la revendirent très cher aux Iroquois (*Relation* de 1657, p. 36). — Le missionnaire quitta le pays des Agniers le 26 oct. 1653, conduit par quelques Iroquois et habillé en Hollandais. Il entra à Québec le 5 novembre. Voir : 1) *Relation* de 1653, pp. 10, 14 et suiv.; —2) Lettre 50e, 24 sept. 1654, de la Mère Marie de l'Incarnation, p. 508; — 3) Mémoires de M. d'Allet. Ce dernier dit que le feu était déjà allumé pour brûler le P. Poncet, lorsqu'on le détacha du poteau auquel on l'avait lié; et on le donna à une vieille femme en remplacement d'un Iroquois qui avait été tué.

tagués les attendaient, afin de signer ensemble le traité de paix avec les Français. C'était au mois de novembre 1653. Sur l'assurance donnée par les ambassadeurs iroquois de laisser désormais *croître l'herbe dans les sentiers de la guerre*, M. de Lauson accepta leurs propositions de paix, et promit aux Onnontagués d'envoyer le P. Simon Le Moyne pour visiter leur canton et délivrer les prisonniers.

Né à Beauvais, le 22 octobre 1604, Le Moyne[1] était entré dans la Compagnie de Jésus, à Rouen, à l'âge de dix-huit ans. Dès son arrivée au Canada (1638), il fut attaché à la mission huronne[2], où il déploya beaucoup d'activité et de zèle, d'abord chez les Arendahronons[3], puis à Saint-Joseph des Attiguenonghec[4].

D'humeur enjouée et d'un tempérament robuste, il se pliait facilement à tous les caprices des sauvages, à leurs habitudes. Il connaissait leur caractère, leurs mœurs et ce singulier code de courtoisie que nul ne pouvait enfreindre sans encourir l'indignation publique. Seul, le P. Chaumonot le surpassait dans la connaissance de la langue huronne-iroquoise, dont il avait fait une étude spéciale. Il mimait à merveille, et ce n'était pas un mince talent aux yeux des sauvages, la voix, les gestes, les poses des orateurs indiens. Il n'était pas jusqu'à leur style figuré,

1. Le P. Simon Le Moyne, entré dans la Compagnie de Jésus, au noviciat de Rouen, le 10 décembre 1622, fit, après son noviciat, ses trois années de philosophie (1624-1627) au collège de Clermont à Paris; puis il enseigna à Rouen la grammaire et les humanités (1627-1632), et fut de là envoyé à la Flèche, où il étudia quatre ans la théologie (1632-1636). De 1636 à 1637, il professe de nouveau les humanités à Rouen, et il fait dans cette même ville sa troisième année de probation. Le 30 juin 1638, il est au Canada.

2. *Relation* de 1638, p. 30; — de 1639, p. 53.

3. *Relation* de 1640, p. 90.

4. *Relation* de 1641, p. 67; — de 1642, p. 76; — de 1644, p. 87.

aux tournures pittoresques qu'il n'employât avec élégance et facilité. Il avait aussi appris, dans ses longs entretiens avec le P. Bressani, l'histoire généalogique des tribus iroquoises, les prouesses des grands capitaines des cinq cantons, le nom des familles et des personnages connus, l'organisation sociale de ce peuple, mélange étonnant de barbarie et de civilisation [1].

A défaut du P. Chaumonot, retenu auprès des Hurons dans l'île d'Orléans, le choix du P. Le Moyne était tout indiqué en qualité d'ambassadeur au pays des Onnontagués, où nul Européen n'avait encore pénétré. Il part le 2 juillet 1654 [2]; à Montréal, un jeune Français se joint à lui. Le 30, ils sont au lac Ontario, et, à peine ont-ils mis le pied sur la terre iroquoise qu'ils se voient entourés d'une bande nombreuse de Hurons captifs, restés fidèles à leur foi religieuse.

Jusqu'au bourg d'Onnontagué, le voyage du missionnaire est un vrai triomphe. « Dans les chemins, dit-il, ce ne sont qu'allans et venans, qui me viennent donner le bonjour. L'un me traite de frère, l'autre d'oncle, l'autre de cousin; jamais je n'eus une parenté si nombreuse. A un quart de lieue du bourg, je commençai une harangue, qui me donna bien du crédit : je nommais tous les capitaines, les familles et les personnes considérables, et d'une voix traînante, en ton de capitaine. Je leur disais que la paix marchait avec moi, que j'écartais la guerre dans les nations plus éloignées, et que la joie m'accompagnait. Deux capitaines me firent leur harangue à mon entrée, mais avec une joie et un épanouissement de visage, que jamais je

1. *Arch. dom.*, r. de Sèvres, 35, Paris; — *Elogia defunctorum* prov. Franc. in Arch. gen. S. J.

2. *Relation* de 1654, p. 11 et suiv.

n'avais vu dans les sauvages. Hommes, femmes et enfants, tout était dans le respect et dans l'amour [1]. »

Le 10 août, grande assemblée composée d'Onnontagués, d'Oneiouts, de Tsonnontouans et d'Agniers [2]. Le P. Le Moyne parle pendant deux heures, *en se promenant, comme un acteur sur un théâtre* [3], souvent interrompu par les *acclamations puissantes* des sauvages [4]. Un capitaine Onnontaerrhonnon lui répond : « Ecoute, Ondessonk [5]; cinq nations entières te parlent par ma bouche; j'ai dans mon cœur les sentiments de toutes les nations iroquoises, et ma langue est fidèle à mon cœur. Tu diras à Ononthio : Nous voulons reconnaitre Celui dont tu nous a parlé, qui est le maître de nos vies, qui nous est inconnu... Nous vous conjurons de choisir sur les rivages de notre grand lac, une place qui vous doive être avantageuse, pour y bâtir une habitation de Français. Mettez-vous dans le cœur du pays, puisque vous devez posséder notre cœur. Là nous irons nous faire instruire, et de là vous pourrez vous répandre partout. Ayez pour nous des soins de Pères, et nous aurons pour vous des soumissions d'enfants [6]. »

1. *Relation* de 1654, p. 13.
2. *Ibid.*, p. 15.
3. *Ibid.*, p. 16.
4. *Ibid.*, p. 16.
5. Nom sauvage du P. Le Moyne.
6. *Ibid.*, p. 16. — Voir sur ce qui précède *la lettre 50e*, pp. 508 et suiv., de la mère Marie de l'Incarnation; — *Creuxius*, p. 705 et suiv.; — *Ferland*, t. I, p. 418; — *Bancroft*, t. II, p. 798. — Le P. Le Jeune, fixé définitivement à Paris depuis quelque temps, écrit le 8 déc. 1654, à la première annonce de ces bonnes nouvelles, au R. P. Général, Goswin Nickel : Navium appulsus ex novâ Franciâ in Galliam, ut nos, ità et Paternitatem vestram novâ, uti spero, lætitiâ afficiet. Iroquæi, antiqui hostes nominis gallici, imò et à quibusdam annis, nominis christiani, non modo pacem nobiscum inierunt, sed et à Prorege novæ Franciæ et à superiore missionis, enixè precati sunt, Galli ut in medio regionis illorum arcem fundarent, et eò quidam è nostris mitte-

Touché de ces heureuses dispositions, qui paraissaient sincères et qui l'étaient alors, le P. Le Moyne revient à Québec[1], pour exposer à son supérieur l'état des esprits, et il se remet aussitôt en route, sur le désir du Gouverneur, pour se rendre chez les Agniers et s'assurer des sentiments de ce canton à l'égard des Français et de leurs alliés[2].

Pendant qu'il remonte la rivière Richelieu, les Pères Chaumonot et d'Ablon s'engagent dans la rivière, nommée aujourd'hui Oswégo, et arrivent à Onnontagué, où ils fondent une résidence[3], à la grande satisfaction des Onnontagués et des Hurons captifs. Ces derniers connaissaient de longue date le P. Chaumonot, qui avait déjà fait parmi eux

rentur, qui vitæ autorem et reparatorem totam gentem edocerent. Hæc sane est mutatio dexteræ Excelsi, eo magis grata quò minus expectata. Sic ideò factum iri primo vere scribunt Patres, postulantque à R. Provinciali nostro sex Patres et duos Fratres sibi mittantur in auxilium. Quatuor superiori anno desideraverant; nullus missus est..... Paternitatem vestram obtestor precorque ex intimis medullis ut Provincialibus rescribendum curet omnem moveant lapidem ut mittant operarios. (Arch. gen. S. J.)

1. *Relation* de 1654, p. 19. D'après la *Relation*, il est à Québec, le 11 sept. 1654.

2. *Relation* de 1655, p. 5.

3. *Ibid.*, pp. 3, 4 et 5; — *Autobiographie* du P. Chaumonot, pp. 51 et 52; — Marie de l'Incarnation, *Lettres historiques*, 12 oct. 1665 : « Les RR. PP. d'Ablon et Chaumonot sont ceux sur qui le sort est tombé. Ils s'estiment heureux d'avoir été choisis pour cette entreprise, et il ne se peut dire avec combien de zèle et de ferveur ils s'abandonnent aux hazards qui en peuvent arriver. Car sans parler des dangers de mort où la férocité de ces peuples les peut jeter, ils vont endurer des travaux qui ne sont pas imaginables aux personnes qui ne savent pas ce que c'est que d'être dans un pays barbare dénué de tous les secours dont les Européens semblent ne se pouvoir passer. Cependant ces braves ouvriers de l'Evangile y volent comme s'ils allaient en Paradis, et, quand il s'agit de gagner des âmes à J.-C., c'est en cela qu'ils mettent leur bonheur, s'oubliant eux-mêmes et tous les intérêts de la nature. »

un dur apprentissage de la vie du missionnaire. « Il savait si bien allier, dit Ferland, le langage poétique et figuré des sauvages aux ressources que lui fournissait son instruction classique, qu'il jetait ses auditeurs dans l'admiration[1]. »

Son compagnon faisait ses premiers pas dans la carrière apostolique[2].

Né à Dieppe en 1619, encore dans la vigueur de l'âge, il venait réaliser, dans les forêts du Nouveau-Monde, au milieu des barbares, un des plus chers désirs de ses jeunes années. La vocation apostolique avait germé dans son cœur sur les bancs de l'école; et c'est dans la pensée de se rendre plus utile aux Indiens qu'il avait appris à jouer de plusieurs instruments de musique; il en jouait même *fort bien*[3], au dire du P. Chaumonot. Quand il s'agit de gagner les âmes à Jésus-Christ, la charité est industrieuse.

Le missionnaire du Paraguay avait eu recours à ce moyen, pour attirer les sauvages, qui, à son approche, le fuyaient comme un enchanteur, saisis d'une frayeur étrange. Ne sachant comment arriver à eux, il imagina de remonter le fleuve sur des pirogues avec des catéchumènes, tous chantant des cantiques de leur voix la plus douce. Entraînés par ces chants, les sauvages descendaient de leurs montagnes sur les bords du fleuve, afin de mieux entendre; peu à peu ils mêlaient leurs voix aux voix des chrétiens; puis

1. *Cours d'histoire*, p. 423.

2. Le P. Claude Dablon ou d'Ablon, né à Dieppe le 21 janvier 1619 (*alias*, février 1618), entra au noviciat des Jésuites, à Paris, le 17 septembre 1639, après avoir fait deux ans de philosophie. Le noviciat terminé, il se rendit à la Flèche, où il consacra un an à l'étude de la philosophie, et cinq ans (1642-1647) à l'enseignement de la grammaire et des humanités. De 1647 à 1651, il étudie la théologie, puis de 1651 à 1653 il enseigne les humanités et la rhétorique dans ce même collège. De 1653 à 1654, nous le trouvons à Eu; c'est de là qu'il part pour Québec, où il arrive en 1655 (Arch. gen. S. J., catal.)

3. *Autobiographie*, p. 52.

subjugués par l'accueil aimable et les chaudes paroles de l'apôtre, ils tombaient à ses pieds et laissaient couler sur leur front l'eau régénatrice du baptême.

Si nous en croyons les récits des voyageurs, les sauvages du Canada n'étaient pas aussi sensibles à la musique que ceux du Paraguay ; l'arc et la flèche n'échappaient pas de leur main, aux doux accents d'une belle voix ; ils ne se jetaient pas dans les eaux du fleuve pour suivre à la nage la pirogue enchantée, où des voix redisaient en chœur les louanges de Dieu et les merveilles de la création. Cependant ces natures énergiques et dures écoutaient avec plaisir les sons mélodieux d'un chant, les accords que la main de l'artiste sait tirer de la lyre. On le vit bien à Onnontagué, où le P. d'Ablon forma un chœur de jeunes filles, dans le but d'attirer les Indiens à la chapelle. Ils accouraient nombreux pour les entendre ; et c'était pour eux « grande merveille, écrit le P. Chaumonot, quand le P. d'Ablon jouait, d'entendre son bois qui parlait et qui avait l'esprit de redire tout ce que les enfants avaient dit[1]. »

Le P. d'Ablon, qui ne parlait pas l'iroquois, fut pour le P. Chaumonot un puissant auxiliaire : il attirait les sauvages et les charmait ; son confrère les ravissait par sa parole imagée et les instruisait ; tous deux, en s'aidant mutuellement, faisaient tant de bien « que leur chapelle d'écorce ne désemplissait point. Ils ne pouvaient trouver de temps pour dire la messe et leur office que celui de la nuit[2]. » Les Hurons captifs, fidèles à leur foi, avaient pré-

1. *Autobiographie*, p. 52.

2. *Lettres historiques*, p. 530. — La Mère Marie de l'Incarnation dit dans sa lettre du 14 août 1656 : « Le R. P. Chaumonot commença à parler de la foi et à enseigner à faire des prières publiquement. Il fut écouté et admiré de tous, en sorte qu'on le tenait pour un homme prodigieux. »

paré ce mouvement vers l'Évangile. Dans le courant de la semaine, païens, catéchumènes et néophytes, se réunissaient chaque jour, et, plusieurs fois par jour, dans la petite chapelle, pour la prière et les instructions. En dehors des exercices, les missionnaires visitaient, dans les cabanes, les enfants et les malades. Les dimanches et les fêtes, on faisait le catéchisme partout où il semblait possible de réunir les Indiens, à la chapelle ou dans les cabanes.

Les travaux des missionnaires sont couronnés de tels succès, qu'ils croient le moment venu d'établir dans le pays un poste français conformément au désir que les Onnontagués en ont exprimé au P. Le Moyne. « Le P. d'Ablon part aussitôt avec quelques Onnontageronons et Sonontouaeronons, dit la Mère Marie de l'Incarnation, et après bien des fatigues, ils arrivent à Québec, au temps de la Passion (1656). Ils font leur demande à Monsieur le Gouverneur et au R. P. Supérieur, qui ayant appris les beaux commencements de cette mission, et les grandes merveilles que Dieu y avait opérées en si peu de temps, conclurent qu'il la fallait fortifier par le secours d'un plus grand nombre de missionnaires. Alors *le P. d'Ablon*, qui est un homme vraiment apostolique, fit de si puissants efforts pour cette glorieuse entreprise qu'en peu de temps cinquante-cinq Français, y compris quatre Pères et trois frères, furent prêts. Ils partirent de Québec en mai avec un zèle et une ferveur non pareille[1]. » Dupuy,

1. *Lettres historiques*, 14 août 1656, p. 531. — Les Pères qui furent envoyés chez les Iroquois sont : Le Mercier, Mesnard, d'Ablon et Frémin. Le P. Chaumonot s'y trouvait déjà, et le P. Le Moyne était en ambassade chez les Agniers. Les Frères coadjuteurs qui accompagnèrent les missionnaires sont Ambroise Broard, Joseph Boursier et un troisième dont nous n'avons pu trouver le nom (*Relation* de 1657, p. 9). Le P. Ragueneau alla les rejoindre plusieurs mois plus tard (*Relation* de 1657, p. 54).

commandant du fort de Québec, était à la tête de l'entreprise[1].

A cinq lieues d'Onnontagué, près du lac Gannentaha, sur les bords de la rivière Oswégo, se trouvait une éminence, qui dominait tout le pays environnant. Loin des habitations iroquoises et entouré de palissades, ce lieu pouvait offrir à une garnison toute sécurité ; il avait une communication facile avec Montréal par l'Oswégo et le lac Ontario ; il était entouré de bois, de lacs et de prairies. Les forêts étaient giboyeuses, le lac Gannentaha abondait en poissons, et, à une petite distance de là, le P. Le Moyne avait découvert des sources, dont il avait lui-même tiré un très beau sel[2].

Du consentement des chefs Onnontagués, le commandant Dupuy choisit cet emplacement pour y établir le poste français ; il l'entoure de palissades, il construit des habitations, il élève la chapelle ; et bientôt le fort Sainte-Marie[3] de Gannentaha rappelle Sainte-Marie des Hurons. Les Hurons et les Iroquois s'y rendent de toutes parts pour visiter la maison des Européens ; les relations semblent des plus cordiales[4]. Pendant qu'un P. Jésuite instruit les curieux qui se présentent au fort, puis les catéchumènes et les néophytes, les autres missionnaires se répandent de village en village, dans les cantons d'Onnontagué, d'Onneyouth, de Goyogoüen et de Tsonnontouan[5]. Partout, ils

1. *Relation* de 1657, ch. IV et V ; — *Ferland*, t. I, l. III, ch. X.

2. Ces sources sont à Salina, près du lac Ondaga. — V. *Cours d'histoire*, p. 419 ; — *Relation* de 1654 ; — *Lettres historiques* de M. de l'Incarnation ; — *Relation* de 1656, p. 14 ; — *Relation* de 1657, ch. IV, V, XI.

3. *Relation* de 1657, p. 18.

4. *Relation* de 1657, ch. XIII.

5. *Relation* de 1657, ch. V, pp. 18 et 19. — Bancroft dit, en parlant de cette mission, au ch. XX du volume IV de son *Histoire des Etats-*

prêchent l'Evangile, et la parole divine ne tombe pas sur une terre inféconde. Marie de l'Incarnation écrit de Québec le 15 octobre 1657 : « J'ai appris depuis trois jours que le progrès de l'Évangile est grand dans les missions iroquoises. Le R. P. Mesnard seul a baptisé à Onneyouth et à Goyogoüen quatre cens personnes. Les autres missionnaires en ont baptisé à proportion dans les lieux de leur mission[1]. »

Ces commencements présageaient de belles espérances[2] ; mais une vague défiance restait au fond du cœur des mis-

Unis : « Dans une assemblée générale de la tribu, on débattit la question de savoir si l'on adopterait le christianisme pour religion. La chapelle d'Onnontagué, devenue trop petite pour la foule des adorateurs, fut agrandie. Les Goyogouins désirèrent aussi avoir un missionnaire et reçurent en cette qualité l'intrépide René Mesnard. Une chapelle s'érigea dans leur village, avec des nattes en guise de tapisseries ; et là, les images du Sauveur et de la Vierge, sa mère, furent exposées à l'admiration des enfants du désert. Les Onneyouts prêtèrent également l'oreille au missionnaire ; et, au commencement de 1657, Chaumonot pénétra dans le pays plus fertile et plus peuplé des Tsonnontouans. Les prêtres de la Compagnie de Jésus prêchèrent leur foi depuis le Mohawk jusqu'au Genesee, en prenant Onnontagué pour station centrale. »

1. *Lettres historiques*, p. 533 ; — *Relation* de 1657, ch. XIV, XV, XVI, XVII, XVIII.

2. Les lettres des missionnaires au R. P. Général sont toutes à l'espérance, de 1655 à 1657. Aussi, le Général, Goswin Nickel, répond au P. Vimont, le 25 déc. 1656 : « Lætamur mirum in modum insignes duas modo aperiri missiones, in quibus virorum apostolicorum desudet industria, scripsimusque ad P. Provincialem ut mittat, si fieri potest, *sex* operariorum subsidium quod postulatur. » — Le 25 déc. 1656 au P. Ragueneau : « Gratulor vobis missionem illam insignem hoc anno susceptam apud Iroquæos superiores, ubi magnus, ut ait Rev^a V^a litteris suis 25 Julii, aperitur campus labori nostrorum. » — Le 8 janvier 1657, au P. Le Mercier : « Magnam certe animi consolationem accepimus ex ultimis R^æ V^æ litteris 29 Aug. 1656, ad nos datis, ex quibus nobis innotuit quam avidè cœleste semen acceperit Iroquensis terra, calido adhuc PP. Nostrorum sanguine irrigata. »

sionnaires. Ils connaissaient trop le naturel instable et changeant des nations iroquoises, leur impressionnabilité crédule, pour se laisser aller à d'agréables illusions, que pouvaient dissiper le premier accès de mauvaise humeur, un songe, une fantaisie. Et puis, si l'ensemble de la population les accueillait ou paraissait les accueillir favorablement, ils étaient entourés de *traitres et de fourbes*[1], de Hurons apostats qui semaient sur la Robe noire les calomnies les plus odieuses, de capitaines et de sorciers, ennemis des Européens et hostiles aux enseignements de la Foi[2]. Beaucoup n'admettaient pas le précepte qui défend la pluralité des femmes et la dissolution du mariage. « Si la polygamie est interdite, disaient-ils, le pays ne se peuplera pas[3]. »

Il ne faut donc pas se figurer que le bien se fît sans difficulté, que l'Évangile se propageât sans péril. « Nous marchons, écrivait un missionnaire, la tête levée, au milieu des dangers, au travers des injures, des huées, des calomnies, des haches et des couteaux, avec lesquels on nous poursuit assez souvent pour nous mettre à mort. Nous sommes presque tous les jours à la veille d'être massacrés : *quasi morientes, et ecce vivimus*... Si Dieu, qui nous a amenés en cette Barbarie, nous y fait égorger, qu'il soit béni à jamais ! C'est Jésus-Christ, c'est son Évangile, c'est le salut de ces pauvres âmes, qui nous tient et nous

— Le 12 nov. 1657, au P. Ragueneau : « Ut video ex litteris R. V. 22 Junii proxime elapsi, Quebeco ad me datis, messis multa est apud Iroquæos, ad quos R. V. ex obedientiâ properavit ; sed operarii pauci. Scripsi ad omnes Galliæ provinciales, et præsertim ad Provincialem Franciæ, ut requirant aliquot bonos operarios quos mittant in subsidium. » (Arch. gen. S. J.)

1. *Relation* de 1657, p. 56.

2. *Relation* de 1657, *passim*.

3. *Autobiographie* du P. Chaumonot, pp. 54 et 55.

arrête presque au milieu des flammes. Nos yeux sont accoutumés à voir brûler et manger les hommes[1]. »

Ces ouvriers intrépides ne furent ni massacrés, ni brûlés, ni mangés. Peu s'en fallut cependant, comme nous allons le voir.

Les Agniers se montraient peu satisfaits de l'établissement des Français au centre même des nations iroquoises; ils y voyaient un danger permanent pour leur commerce avec les Anglais et les Hollandais. Les Hollandais et les Anglais, de leur côté, n'avaient pas appris, sans une profonde irritation, l'existence de ce nouveau poste : ils craignaient qu'il ne les empêchât un jour d'étendre leurs relations commerciales à l'ouest et au nord des grands lacs, et n'assurât peut-être à la France, dans un avenir peu éloigné, la domination des pays au sud de l'Érié et de l'Ontario, et la liberté des communications avec les peuplades sauvages de l'Occident. Aussi, tout en dissimulant les mobiles secrets de leurs agissements, excitèrent-ils les Agniers contre les Français. Les Agniers se laissèrent d'autant plus facilement persuader que, malgré leurs protestations pacifiques, ils n'avaient jamais déposé les armes. Fourbes et hypocrites, ils ne demandaient généralement la paix que pour éviter un échec, ou pour préparer un coup de main, à la faveur de la paix.

En ce temps-là, par exemple, pendant que le P. Le Moyne visitait leur pays en qualité d'ambassadeur et était reçu à Ossernenon avec toutes les démonstrations de joie, trois cents guerriers de ce canton attaquaient, à la pointe de Sainte-Croix, à douze lieues de Québec, les Onnontagués et les Français se rendant à Onnontagué, sous le prétexte

1. *Relation* de 1657, p. 56.

qu'ils les avaient pris pour des Hurons[1]. Ils avaient solennellement promis au même missionnaire de respecter les Hurons et les Algonquins au dessous des Trois-Rivières; et cependant, quelques mois plus tard, ils surprenaient les Hurons dans l'île d'Orléans et ils en emmenaient plus de soixante prisonniers[2]. Un autre jour, ils rencontrèrent le F. Liégeois, qui construisait un petit fort dans les champs, près de Sillery, et le mirent à mort[3]. Ils blessèrent aussi d'un coup d'arquebuse, sur l'Ottawa, le P. Léonard Garreau qui se rendait avec le P. Druillettes et trois Français, sur une flottille outaouaise, chez les nations situées autour du lac Michigan. Ces deux apôtres avaient appris des Outaouais, qui venaient de ces pays, des renseignements précieux sur les Sioux, les Assiniboines et les Cris, et ils allaient leur porter les lumières de la Foi. Le P. Garreau vint mourir à Montréal des suites de sa blessure[4].

1. *Cours d'histoire*, pp. 427 et 429.

2. *Relation* de 1657, p. 5; — *Cours d'histoire*, p. 430.

3. *Journal des Jésuites*, p. 196. — Nous en avons parlé au ch. III; Mr N.-E. Dionne consacre deux pages intéressantes à la mémoire de ce religieux, qui rendit les plus grands services à la mission canadienne (*Revue Canadienne*, juin 1888, Des figures oubliées de notre histoire, § II. *Frères Jésuites*, pp. 384-386).

4. *Cours d'histoire*, p. 431; — *Relation* de 1656, p. 40-44; — *Relation particulière* de la mort du P. Léonard Garreau, tué par les Iroquois en la mission du Canada, extraite d'une lettre du R. P. Claude Pijart, supérieur de la Résidence de la Compagnie de Jésus, à Montréal (Arch. de l'école Sainte-Geneviève, à Paris, *Canada*, cahier 2).

Le P. Léonard Garreau, né à Saint-Yrieix (dioc. de Limoges), au mois de septembre 1610, entra chez les Jésuites le 27 sept. 1628, et fit sa profession des quatre vœux, le 21 juin 1648. Après son noviciat, il professe la 5e à Poitiers (1630-1631), puis il suit les cours de philosophie à Pau (1631-1634), il professe à Agen la 4e (1634-1635), les Humanités (1635-1636), encore les humanités à Bordeaux (1636-1637) et enfin la rhétorique (1637-1638). De Bordeaux, il se rend à Pau, pour y faire une première année de théologie (1638-1639), et au mois d'octobre 1639, il part pour Rome où il suit trois ans les cours de

Ces faits et bien d'autres montrent assez que les Agniers ne cessaient, en pleine paix, de faire la guerre et la chasse à l'homme. La haine qu'ils avaient vouée aux Français et aux misérables restes des Hurons, leurs alliés, grandit encore, quand ils virent les premiers s'établirent dans leur propre pays, chez les Onnontagués; et ils s'efforcèrent par tous les moyens en leur pouvoir, sans toutefois découvrir leur jeu, d'amener les Onnontagués eux-mêmes à les chasser de leur canton ou à les massacrer.

Il existait alors dans ce canton une jeunesse folle, inquiète et sans discipline, supportant impatiemment la paix et désireuse de la rompre surtout depuis la défaite et la dispersion des Eriés[1]. Cela lui était facile, les traités n'enchaînant pas la liberté individuelle. Les Agniers la poussèrent à prendre les armes. Les jeunes capitaines, auxquels pesait l'inaction et qui voulaient s'illustrer comme leurs pères dans les combats, firent cause commune avec les jeunes gens; peu à peu le feu de la guerre envahit les autres nations, à l'insu des Français et des missionnaires;

théologie (1639-1642). Après sa troisième année de probation à Rouen (1642-1643), il s'embarque en 1643 pour le Canada. Ces détails sont tirés des archives génér. S. J. (Catal. Prov. Franc.). Arrivé à Québec (*Relation* de 1643, p. 5) en 1643, il monte l'année suivante au pays des Hurons (*Relat.* de 1644, p. 49) et est employé à la mission du Saint-Esprit chez les Nipissings (*Relat.* de 1646, p. 80); plus tard, après la dispersion de la nation huronne, nous le retrouvons à l'île d'Orléans (*Relat.* de 1652, p. 10); enfin, désigné pour accompagner un parti d'Outaouais, il fut blessé par les Iroquois (*Relat.* de 1656, pp. 40 et 41) et vint mourir à Montréal le 2 septembre 1656. Il avait été blessé le 30 du mois d'août. — Consulter : *Creuxius*, l. X, pp. 795 et suiv.; — *Relations* de 1643, 1644, 1646, 1652 et 1656; — *Charlevoix*, t. II, pp. 67 et suiv.

1. Les Onnontagués et les autres cantons de l'Ouest avaient engagé depuis trois ans contre les Eriés une guerre d'extermination. On en trouvera la raison à la page 30 de la *Relation* de 1656. Cette même *Relation*, p. 18, raconte la défaite des Eriés par les Iroquois. — V. la *Relation* de 1654, p. 10.

et, une fois qu'il eût échauffé les esprits, les Agniers convoquèrent les anciens de la Confédération à un conseil secret. C'était en 1658. Douze des leurs avaient été faits prisonniers par les colons français, et dix gardés à Québec comme otages; trois jeunes Agniers étaient aussitôt partis d'Ossernenon pour réclamer leur élargissement. Le conseil secret décida qu'on ferait main basse sur les Français de Gannentaha et sur les missionnaires, aussitôt que les prisonniers de Québec seraient en liberté; et que, dans le cas où Ononthio refuserait de rendre les captifs, on tuerait une partie des Français et offrirait les autres en échange. Les mêmes résolutions furent prises dans une assemblée tenue à Onnontagué[1].

Quelques mois avaient suffi pour opérer une révolution radicale dans l'esprit des populations iroquoises, tant ce peuple était mobile, inconstant et capricieux[2]. Et le complot, ourdi dans l'ombre contre la garnison de Gannentaha et contre les Jésuites, aurait certainement réussi, si quelques chefs, amis des missionnaires, n'avaient prévenu ces derniers. Il n'y avait pas un instant à perdre. Comme la fuite était le seul moyen d'échapper à la mort, et qu'il importait de profiter de la débâcle des glaces, les Français construisirent en cachette, dans les premiers jours de mars, des canots et des bateaux, et la veille du jour fixé pour le départ, ils eurent recours, afin de ne pas donner l'éveil, à un singulier stratagème[3].

1. Voir, pour tout ce qui précède : *Relations* de 1657 et de 1658; — *Journal des Jésuites*, années 1657 et 1658; — *Lettres historiques* de Marie de l'Incarnation, p. 535 et suiv.; — *Cours d'histoire*, pp. 428, 440 et suiv.; — *Histoire de la Nouvelle-France*, livre huitième, années 1657 et 1658.

2. Le P. Le Jeune explique ce revirement dans le ch. Ier de la *Relation* ès années 1657 et 1658, publiée à Paris en 1659.

3. *Relation* de 1658, ch. II : Lettre du P. Ragueneau au P. Procureur des missions de la Compagnie de Jésus en la Nouvelle-France.

Un jeune Français, adopté par un chef sauvage, feignit d'avoir un songe par lequel il était averti de faire un festin *à tout manger* s'il ne voulait mourir bientôt. « Tu es mon fils, répondit le chef, je ne veux pas que tu meures; prépare le festin et nous mangerons tout. » Les Iroquois et quelques Français y furent invités; personne n'y manqua, et ceux-ci firent de la musique pour charmer les convives. Le repas se continua bien avant dans la nuit[1]. Pendant ce temps, les Français, qui ne prenaient point part au festin, portaient à la rivière bateaux et provisions, ne laissant au fort que les chiens et les coqs. Quand tout fut prêt, le jeune amphitryon dit à ses convives : « C'est assez, j'ai pitié de vous; cessez de manger, je ne mourrai point. Je vais faire jouer la musique pour vous endormir. Dormez, et ne vous éveillez que demain, quand on fera l'appel pour la prière. » Ils s'endormirent, en effet, d'un profond sommeil, et les Français en profitèrent pour se retirer en silence et rejoindre leurs compagnons sur l'Oswégo[2].

Le soleil était déjà sur l'horizon,quand les sauvages se réveillèrent et vinrent rôder autour de l'habitation française. Ils n'entendirent que les aboiements des chiens, et ne voyant sortir personne dans la matinée, ils finirent par enfoncer les portes. La garnison était déjà loin, à l'abri de toute atteinte. Le 20 avril 1658, elle entrait au fort de Québec, amenant avec elle les missionnaires[3]. « Ces missionnaires, dit la *Relation* de 1658, voyant que leur mort et leur captivité serait plus nuisible que profitable à la colonie française, » et qu'elle serait inutile à l'église iroquoise,

1. *Relation* de 1658, pp. 6 et 7.

2. *Mère Marie de l'Incarnation*, Lettre 56ᵉ, p. 535; — *Relation* de 1658, ch. II et VIII; — *Ferland*, t. I, pp. 440-442.

3. *Ibid.*

prirent le parti le plus sage, celui de se retirer pour le moment, sauf à revenir en des temps plus tranquilles et plus favorables[1].

Ainsi se terminait la première mission iroquoise, inaugurée près de trois ans auparavant sous les plus heureux auspices ; et avec elle s'achevait l'enfance de la colonie française, et cette première époque, époque héroïque, de l'évangélisation des peuplades indiennes dans l'Amérique septentrionale.

Un âge nouveau commence pour la colonie et pour l'Église du Canada. L'administration civile, le gouvernement militaire, la direction religieuse, tout va se modifier, se transformer. Nous entrons dans une ère, qui ne ressemble en rien à la période de trente à trente-cinq ans que nous venons de traverser. Mais, avant de raconter les évènements de l'ère nouvelle, il importe de jeter un coup d'œil d'ensemble sur le passé, et de voir, dans un résumé rapide, la route parcourue jusqu'à ce jour et l'état de la France d'Outre-Mer à l'époque où nous sommes arrivés.

Quatre postes principaux s'échelonnent sur le Saint-Laurent, de son embouchure à Montréal : Tadoussac, Québec, Trois-Rivières et Villemarie. C'est là que les sauvages apportent chaque année les produits de leurs chasses qu'ils échangent contre les produits européens. A Tadoussac, il existe un fort, où s'abritent une centaine de trafiquants français, et une petite église en pierre, sous le vocable de la Sainte-Croix, construite par les Jésuites, où les Montagnais et les peuplades du Nord se rendent en foule, pendant la belle saison, pour y faire la traite, et, en même temps,

1. *Relation* de 1658, p. 6.

pour s'y faire instruire et y recevoir les sacrements de Baptême, de Pénitence et d'Eucharistie[1].

Québec compte quatre églises en pierre, celles de la paroisse, des Jésuites, des Ursulines et de l'Hôtel-Dieu[2]; un pensionnat pour les garçons, construit et dirigé par les Jésuites, « dont les études littéraires sont florissantes, et où l'éducation est sur le même pied que dans les établissements d'Europe[3]; » un pensionnat pour les jeunes filles,

1. « Ecclesia est sanctæ Crucis ad portum Tadoucensem, 30 circiter leucis Quebeco distantem. Hæc centum circiter animas numerat : ei præest unus aut alter è Societate Jesu sacerdos per æstatem. » (Epist. D[i] de Laval ad summum Pontificem, 22 oct. 1661.) — « Tadoussaci ecclesia est lapidea quam Patres Societatis Jesu extruxere neophytis suis, illuc æstate totâ confluentibus. » (*Relatio missionis Canadensis* ab eodem D[no] de Laval, 1660.)

2. Quebeci sunt ecclesia primaria et parochialis sub titulo Immaculatæ Conceptionis, lapidea ; secunda Patrum Societatis Jesu, lapidea ; tertia monialium ursulinarum lapidea ; quarta, monialium hospitalium, lapidea. (*Ibid.*). L'église paroissiale de Québec, Notre-Dame de Recouvrance, avait été brûlée avec la Résidence des Pères Jésuites, le 14 juin 1640. La nouvelle église, dédiée à l'Immaculée-Conception, fut commencée en 1647 et livrée au culte en 1657. (*Journal des Jésuites, passim.*) Les Jésuites construisirent à leurs frais le presbytère sur leur propre terrain. (*Journal des Jésuites*, pp. 226 et 227, note.)

3. Le pensionnat, construit par les Jésuites, vers 1635, devint la proie des flammes en 1640. Il fut reconstruit en 1650. — La *Relation* de 1651 dit qu'un modeste pensionnat fut placé sous la direction d'un honnête laïque, qui apprenait aux enfants à lire et à écrire et qui leur enseignait le plain-chant. Le P. Ragueneau, auteur de cette *Relation*, ajoute : « Ce séminaire, où les enfants sont en pension, est proche de l'église et du collège où ils viennent en classe et où ils se forment au bien. Il y avait donc à cette époque un *séminaire* qui servait de pensionnat et un *collège* (*Relation* de 1651, p. 4). A l'occasion de cette fondation, M. B. Sulte écrit (t. III, p. 27) : « A Québec, on commença, sous la direction de Martin Boutet, paraît-il, une école pour les enfants des Français... Il était temps que l'on se mît à songer un peu à la population, qui seule pouvait faire la force du pays. » Cet historien oublie dans le 3e vol. ce qu'il a écrit dans le second : « Déjà les Pères Lalemant et de Quen avaient commencé une école

tenu par les religieuses ursulines; un hôpital, où les sœurs hospitalières reçoivent et soignent avec un égal dévouement les Français et les sauvages; un tribunal, comprenant le sénéchal, le lieutenant général, civil et criminel, et le lieutenant particulier, civil et criminel; enfin un conseil, composé des gouverneurs de Québec, de Montréal et des Trois-Rivières, du supérieur des Jésuites et de trois principaux habitants de la colonie.

Cependant Québec n'est encore, bien que les historiens lui

pour les fils des Français (1635)... Les enfants des familles françaises trouvèrent dans le collège des Jésuites l'éducation qui a fait d'une notable partie des anciens Canadiens des hommes aptes à remplir tant et de si belles carrières qu'on s'en étonne aujourd'hui. » Il oublie aussi de citer ce qui est écrit dans la *Relation* de 1636 : « Nous avons commencé d'enseigner dès l'année passée : le P. Lalemant et puis le P. de Quen ont instruit *nos petits français*, et moi quelques petits sauvages (p. 4)... J'espère, si nous pouvons avoir du logement, de voir trois classes à Kébec : la première *de petits français*, qui seront peut-être 20 ou 30 escoliers; la seconde de quelques Hurons; la troisième de Montagnais » (p. 35). Et p. 44, il dit que des *personnes venues de France n'auraient jamais passé l'Océan, si elles n'avaient su qu'il y avait à Québec des personnes... capables d'instruire leurs enfants en la vertu et la connaissance des lettres.* — Nous savons par les *Catalogues* qui contiennent le personnel de la Résidence de Québec que le P. Davost est nommé officiellement professeur des petits français (præc. puer. gallic.) en 1637, 1638, 1639, 1640, 1641 et 1642, en remplacement des PP. Lalemant et de Quen. Après l'incendie du collège en 1640, les Pères durent, jusqu'en 1650, réunir quelque part les enfants pour l'enseignement des lettres, bien que les *Relations* n'en parlent pas. En effet, le 18 octobre 1651, les élèves reçoivent le gouverneur, M. de Lauson, *latina oratione* et *versibus gallicis* (*Journal des Jésuites*, p. 163). Evidemment, ces élèves n'ont pas appris le latin et le français en un an; leur instruction est le fruit de plusieurs années. Ce qui nous confirme dans cette persuasion, c'est ce mot que nous écrivait, le 31 janvier 1892, le directeur des Archives générales de la Compagnie :

« Nihil invenio de loco, in quo nostri Patres docebant post incendium collegii anno 1640, Quebeci. Sed dabant scholas primorum elementorum, ut Catologi nostri indicant. »

donnent le nom de ville, qu'un bourg de sept à huit cents âmes, divisé en haute et basse ville. Le long de la rivière se trouvent les comptoirs, les magasins et les habitations privées; et sur la hauteur, le fort, les édifices publics, les communautés, la maison des Cent-Associés et l'église paroissiale. La place d'armes s'étend entre le fort et la maison des Cent-Associés; et au nord de la place d'armes, au dessus du fort, on a établi, à l'intérieur des remparts, cent cinquante Hurons, qui s'étaient fixés, quelques années auparavant, sur l'île d'Orléans[1].

Trois-Rivières, beaucoup moins important que Québec, était, après ce dernier poste, le plus ancien de la Nouvelle-France. Il y avait une église en bois, bâtie par les Jésuites et à leurs frais, sous le vocable de l'Immaculée-Conception[1];

1. Le 20 août 1658, le P. Ragueneau écrivait au R. P. Général, à Rome : In monte Regio universim 200, sive viri sive feminæ; neque enim plures sunt illic incolæ. Apud Tria flumina, duo Patres illic sufficiunt pro 300 ad summum viris et feminis, tum etiam pueris. Quebeci et in circumjacentibus villis (Sillery, Beaupré, etc.) vix 1200 animæ numerantur. (Arch. gen. S. J.) Le même Père écrivait, huit ans auparavant, au Général Piccolomini, le 8 oct. 1650 : Collegium Quebecense decem habet è nostris Patribus, coadjutores septem, domesticos perpetuos duodecim, sex item famulos, quibus solis stipendia solvuntur. *Quebecum* urbs vocatur; ut verius tamen dicam, præter arcem, nostramque et duas monalium domos, vix quidquam occurrit ad aspectum, quod speciem habeat, non urbis dicam, sed ne vici quidem ignobilis. Triginta circiter domos Gallorum, hùc illùc nullo ordine sparsos, videre est. Alii Quebeco distant longissime ad unam, duas, imo ad quinque et decem leucas; disjuncta procul Mapalia, circa ripas magni fluminis, cui à S[to] Laurentio nomen est. Vix sexentæ omnino animæ, senes ac pueri, viri ac mulieres, ætatis omnis. Diebus festis, satis frequentes in sacram ædem conveniunt, nonnulli tamen rarissimè, qui longius nimirùm Quebeco distant. Quo sanè fit ut quoniam parochi hic vices gerimus, necesse sit unum è nostris Patribus identidem concursare in hæc loca adeò disjuncta, nulli ut opera nostra desit et auxilium spirituale. (Arch. gen. S. J.)

1. *Journal des Jésuites*, pp. 136, 137, etc.

une résidence, fondée en 1634, par le P. Le Jeune, et une mission florissante, surtout à la belle saison, quand les Algonquins et les Outaouais apportaient au fort leur cargaison de pelleteries.

Villemarie, grâce à l'association de *Notre-Dame de Montréal*, avait déjà, après quinze ans d'existence, outre sa modeste église en bois, un Hôtel-Dieu, à peu de distance du fleuve, fondé par Mlle Mance et desservi par elle et quelques pieuses filles d'un grand dévouement; une école, encore à l'état primitif, pour les petits garçons et les petites filles, où la sœur Bourgeois déployait toute l'activité de son zèle et préparait les éléments de l'importante congrégation enseignante de Notre-Dame de Montréal [1]. La population de ce poste pouvait être alors de deux cents âmes; et « ce petit peuple vivait en saints, tous unanimement, et dans une piété et une religion, telles que sont maintenant de bons religieux [2]. » Les murs de Notre-Dame de Bon-Secours s'élevaient rapidement : le P. Le Moyne en avait posé la première pierre.

En dehors de ces centres principaux de population française, il existait encore deux missions : celle de Sillery, dont l'église était fréquentée par les colons français, fixés çà et là autour de la résidence des Pères, par les sauvages sédentaires [3] et les Montagnais errants; celle de Miscou,

1. *Les servantes de Dieu en Canada*, par C. de Laroche-Héron. Articles : *Hôtel-Dieu de Montréal* et *Congrégation de N.-D. de Montréal.*

2. *Annales* de l'Hôtel-Dieu de Montréal.

3. Le P. Ragueneau au Gal Piccolomini, 8 oct. 1650 : Residentia Sylleriana S^ti^ Michaelis haud procul Quebeco distat, ad tria circiter Millaria. Hæc algonquinorum sedes est, quos Iroqæi, tot cladibus, atque hoc anno recens sic delevere, vix ut centum adhuc restent in vivis; tristes omnino atque exiguæ reliquiæ gentis olim et numerosæ et florentissimæ; sed quibus tamen christiana fides sapiat, miseris licet atque afflictis. (Arch. gen. S. J.)

où se trouvaient « bon nombre de Français, plus ou moins sédentaires, attirés là par le commerce, la chasse et surtout la pêche[1] ». Cette dernière mission comprenait le district de Miscou, Richibouctou et le Cap-Breton. « Le district de Miscou, dit la *Relation* de 1659, est le plus peuplé, le mieux disposé et où il y a le plus de chrétiens ; il comprend les sauvages de Gaspé, ceux de Miramichi et ceux de Nepigigoüet. » La résidence des missionnaires et la chapelle étaient situées dans l'île de Saint-Louis, auprès des habitations françaises ; de là les Jésuites rayonnaient sur le vaste territoire qui s'étend depuis Gaspé jusqu'au Cap-Breton[2].

Toutes ces églises, Québec, Trois-Rivières, Montréal, Tadoussac, Sillery et Miscou étaient gouvernées par les Pères de la Compagnie de Jésus. Ils y exerçaient seuls toutes les fonctions curiales : ils offraient le Saint-Sacrifice, ils administraient les sacrements, ils instruisaient le peuple, ils catéchisaient les enfants et les préparaient à la première communion. On rencontrait dans les environs de Québec, au Château-Richer, à Beaupré, sur le coteau Sainte-Geneviève, des habitations solitaires que s'étaient construites les colons sur la terre à eux concédée par le seigneur du lieu[3]. Les Jésuites n'abandonnaient pas cette portion dispersée du troupeau : « ils allaient aussi

1. *Vie de Mgr de Laval*, t. I, p. 145.
2. *Relation* de 1659, p. 7.
3. « Le système de colonisation consistait non seulement à distribuer des terres aux émigrants autour de Québec, mais encore à concéder d'immenses étendues de terrains à titre de tenure seigneuriale à ceux qui, par leur fortune et leur situation, paraissaient en état de créer eux-mêmes des centres de population... Les Seigneurs concessionnaires sous-concédaient à leur tour des portions de terrains moyennant une rente perpétuelle très minime. » (*La France aux Colonies*, par M. Rameau, 2e partie, pp. 14 et 15.)

souvent que possible, avec leurs chapelles portatives, célébrer une ou deux messes le dimanche dans quelques-unes des habitations les plus convenables, et quelquefois à de grandes distances pour procurer l'avantage des sacrements aux colons dispersés çà et là sur les rives du grand fleuve[1]. »

Dans sa *Relation* adressée au Souverain Pontife sur son vicariat apostolique, Mgr de Laval disait en parlant de ces Pères : « Ils me sont d'un grand secours, tant pour la desserte des Français que pour celle des sauvages. Toujours prêts à entendre les confessions et à annoncer la parole divine, ils enseignent le catéchisme aux enfants et aux ignorants, et forment tout le monde à la piété, en particulier comme en public. Ils visitent avec une égale attention les gens du peuple et ceux de la haute société, exercent les œuvres de miséricorde et répandent partout de nombreuses aumônes... Ils ne reçoivent rien pour l'administration des sacrements[2]. »

1. *Vie de Mgr de Laval*, p. 244. — V. la note 1 de la page 158. — Le 7 nov. 1652, le P. Le Mercier écrivait de Québec au Général Nickel : Hic animo quieti et læti vivimus, minimè quidem otiosi ; nam et audienis confessionibus, et piis per domos et pagos excursionibus, concionibus habendis, erudiendis in scholâ pueris, ac docendæ publicè in templo doctrinæ egregiam Patres nostri omnes operam navant. (Arch. gen. S. J.)

2. *Relatio missionis Canadensis*, 1660 : « Patres Societatis Jesu mihi auxilio sunt, tum apud Gallos, quamcumque in partem mittere eos velim, iisque ad omnia ministeria uti, tum apud barbaros, quos hactenus soli excoluere, et quorum linguas soli intelligunt et perfectè loquuntur (*Mandements,...* des Evêques de Québec, publiés par Mgr H. Têtu et l'abbé C.-O. Gagnon, t. I, p. 24)... Confessionibus et divini verbi prædicationi vacant, catechismum pueros et rudiores docent, publicè et privatim omnes ad pietatem informant, plebeios æquè ac primarios religiosè visitant, misericordiæ opera exercent, multisque eleemosynis pauperibus subveniunt Gallis æquè ac barbaris... Nihil recipiunt ex administratione sacramentorum. » (*Ibid.*, p. 25.)

Le même prélat écrivait, vers la même époque, au Général de la Compagnie, Goswin Nickel : « J'ai vu ici et j'ai admiré les travaux de vos Pères ; ils ont réussi, non seulement auprès des néophytes qu'ils ont tirés de la barbarie et amenés à la connaissance du seul vrai Dieu, *mais encore auprès des Français*, auxquels par leurs exemples et la sainteté de leur vie, ils ont inspiré de tels sentiments de piété, que je ne crains pas d'affirmer en toute vérité, que vos Pères sont ici la bonne odeur de Jésus-Christ, partout où ils travaillent[1]. »

Ces religieux n'accomplissaient pas seulement le ministère paroissial avec zèle, par la puissance de l'exemple, par la parole et par l'administration vigilante des sacrements, ils veillaient aussi avec efficacité à la conservation du bon ordre et des bonnes mœurs ; au grand mécontentement de plusieurs, et quelques historiens leur en font un reproche[2], ils détournèrent de la traite des hommes actifs et intelligents, et leur conseillèrent de s'adonner de préférence à la culture de la terre, croyant par là seconder le sage développement de la Colonie.

Quelques-uns furent victimes de leur dévouement pour les Français avec lesquels ils avaient identifié leur vie. A Saint-Charles de Miscou, le P. Turgis est atteint du *mal de terre* en soignant les malades, et y succombe. Son compagnon, le P. du Marché, frappé comme lui, est contraint par la violence de la maladie de repasser en France[3].

1. *Documents inédits*, XII, p. 258.
2. *Voir* surtout Garneau et B. Sulte.
3. Le P. Charles du Marché, né à Paris au mois de mars 1602, entra au noviciat de Rouen le 18 septembre 1621. Après avoir étudié un an la rhétorique à Rennes (1623-1624), trois ans la philosophie à la Flèche (1624-1627), deux ans la théologie au même collège (1627-1629), il fut nommé surveillant au pensionnat de Clermont (1629-1630), puis professeur de 5e à Nevers (1630-1631), de 5e, de 4e et

Le P. de Noüe est surpris par une tempête de neige, en allant desservir les Français du fort Richelieu, et est trouvé mort à genoux, les yeux levés vers le ciel. Aux Trois-Rivières, les Pères Le Jeune et Buteux se font les infirmiers des Français, presque tous victimes du mal de terre[1]; nuit et jour ils sont au chevet des malades. La petite vérole s'abat sur Québec, durant l'automne de 1639, et fait de grands ravages parmi les sauvages et les *Français*[2]; les religieuses hospitalières tombent aussi malades d'épuisement et de privations; et, pendant ce temps, jusqu'au rétablissement de ces infirmières dévouées, les missionnaires se chargent de l'hôpital[3]. C'était le zèle de la religion catholique, c'était l'amour patriotique qui animait ces dévouements, qui inspirait ces sacrifices.

Sans doute que les Jésuites ne firent alors auprès des Français que ce que d'autres ordres religieux, tous guidés par le même esprit de charité et par le même patriotisme, auraient fait à leur place; peut-être même que ces ordres auraient mieux réussi. Il n'en reste pas moins vrai que la Providence s'est servie des prêtres de la Compagnie de Jésus pour être, pendant près de trente ans, à l'exclusion de tous autres religieux et en l'absence du clergé séculier, les pasteurs et les pères, les guides et les

de 3e à Quimper (1631-1634), surveillant au pensionnat de la Flèche (1634-1635), enfin en 1635, il est à Notre-Dame des Anges, près Québec (*Relation* de 1635, p. 33), d'où il se rend à Miscou (*Relation* de 1637, p. 102; — de 1647, p. 76); il revint de là en France. (Arch. gen. S. J., catal.)

1. *Relation* de 1634, pp. 91 et suiv.

2. *Relation* de 1640, p. 39.

3. Le P. de Quen mourut en 1659 en visitant et soignant à l'hôpital de Québec les Français, victimes de fièvres pestitentielles, apportées par le vaisseau venu de France le 7 septembre. « Le P. de Quen, dit Marie de l'Incarnation (*Lettres historiques*, 57e), par sa grande charité a pris ce mal et en est mort. »

amis des colons français établis sur les bords du Saint-Laurent ; et cette mission providentielle, ils l'ont remplie avec empressement, avec édification, avec un désintéressement complet. C'est le témoignage que leur rendent les contemporains[1] ; c'est le jugement que porte sur eux Mgr de Laval, dans ses lettres « au Souverain Pontife, au Roi très chrétien et à la Reine sa mère, aux illustrissimes seigneurs de la Congrégation de la Propagande et à un grand nombre d'autres personnes[2]. » Tout le monde ne

1. *Voir*, par exemple, les lettres de Marie de l'Incarnation, les Annales des Ursulines et des Religieuses hospitalières de Québec, etc... Le gouverneur des Trois-Rivières, Pierre Boucher, un des premiers habitants de la Nouvelle-France, écrivait en 1663, dans son *Histoire véritable et naturelle* : « Nous avons icy les Pères Jésuites qui prennent un grand soin d'instruire le monde ; de sorte que tout y va paisiblement, on y vit beaucoup dans la crainte de Dieu ; et il ne se passe rien de scandaleux, qu'on n'y apporte aussitôt remède : la dévotion est grande dans tout le pays. » Et ailleurs : « Les Pères Jésuites secondent ses desseins (de Mgr de Laval), travaillant dans leur zèle ordinaire infatigablement pour le salut des *Français* et des sauvages. » (Edit. de 1882, Montréal, pp. 9 et 154.) V. également les *Voyages* de Champlain, les *lettres* officielles et intimes de Mgr de Laval.

2. Lettre de Mgr de Laval au Général de la Compagnie de Jésus, à Rome (*Documents inédits*, XII, p. 259.) — Le Général Nickel répondit à la lettre de Mgr de Laval, le 12 janvier 1660 : Magnâ cum animi voluptate legi litteras illust^mae ac rever^mae Dom^nis Vestræ mense augusto proximè elapso ad me datas. His enim ità suum ergà Societatem nostram affectum testatur, ut nostri omnium muneris sit tantæ benevolentiæ et charitati pro viribus respondere. Gratias ago quam maximas possum illust^mae Domin^ni Vestræ quod tam benevolè scripserit ad summun Pontificem et ad regem christianissimum aliosque de laboribus Patrum nostrorum, qui vineam Domini suis istic laboribus excolunt. Animati haud dubiè exemplis illust^mae Domin^nis Vestræ, Conantur suæ vocationi respondere et animarum salutem non imprigrè promovere. Gaudeo mirificè quod illust^mae Domin^ni V^ae satisfaciunt, eosque ipsius paternæ charitati commendo, Deum enixè precatus ut pro bono Ecclesiæ suam valetudinem diù servet. (Arch. gen. S. J.)

pensait sans doute pas comme cet évêque, il l'avoue lui-même : « Car vous avez ici, dit-il au général Goswin Nickel, des envieux ou des ennemis qui s'indignent contre vous et contre moi ; mais ce sont de mauvais juges qui se réjouissent du mal et n'aiment point les triomphes de la vérité[1]. »

La race de ces hommes, dont se plaint le prélat, n'a pas disparu ; elle se retrouve dans des écrivains, natures honnêtes, nourries de préventions et de préjugés, qui n'ont ni des doctrines certaines, ni des opinions entières, qui ont assez de sincérité pour voir et exposer bien les faits, et pas assez de liberté d'esprit pour en découvrir les causes avec certitude, pour en saisir les rapports avec justesse[2] ; elle se reconnaît aussi dans des historiens, qui semblent sacrifier de parti pris la justice et la vérité à des sentiments et à des calculs qu'il vaut mieux ne pas qualifier : ils voudraient faire croire que les colons français *n'ont pas été évangélisés*, que l'œuvre bienfaitrice des Jésuites dans la Colonie, de 1632 à 1660, est une *légende historique* ; et, à force d'affirmations osées sans preuves, ils en viennent à dire que l'*Histoire de la Nouvelle-France* est un livre de prières, qu'il y a de tout dans ce travail, excepté l'histoire de la Nouvelle-France ; ce qui n'empêche pas ces historiens de citer et d'analyser, dans la plus grande partie de leurs ouvrages, des écrivains de conscience et d'érudition, comme Ferland et Charlevoix[3].

1. *Lettre de Mgr de Laval* au Général de la Compagnie de Jésus, (*Documents inédits*, XII, p. 259.)

2. Article de Moreau (*Correspondant*, 1854) sur l'*Histoire du Canada*, par F.-X. Garneau.

3. Notre dessein n'est pas de faire de la polémique, mais de raconter les faits tels qu'ils nous ont été livrés par les relations et les correspondances de l'époque. Aussi, nous renvoyons le lecteur, qui voudrait s'édifier sur la manière dont tel écrivain écrit à notre

Cependant, si les Jésuites avaient des envieux et des ennemis dans la Colonie française, ils comptaient plus d'amis encore. Les gouverneurs et la population avaient confiance en eux. Le gouvernement canadien les employait dans les circonstances difficiles, ici pour ménager une alliance, là pour assurer l'exécution d'un traité, ailleurs pour représenter leurs intérêts en France. En 1641, le gouverneur, M. de Montmagny, et les *principaux Français de la colonie condamnent le P. Le Jeune d'entreprendre le voyage de Paris pour le bien public et commun*[1]; à deux reprises, le P. Druillettes est envoyé à Boston par le Conseil et le gouverneur de Québec, pour y conclure un traité d'alliance avec les Anglais; le P. Jogues va chez les Agniers, à la demande de M. de Montmagny, dans le but d'affermir la paix, que ces barbares cherchent à rompre; le P. Le

époque l'histoire du XVIIe siècle au Canada, aux « Histoires de M. Sulte; Protestation par J.-C. Taché-Montréal, 1883 ». S'il nous était permis d'ajouter un mot à cette *Protestation*, nous dirions volontiers que la cause des missionnaires du Canada, de 1632 à 1660, doit être excellente, puisque l'*Histoire des Canadiens français* est forcée de recourir au pamphlet pour la combattre.

1. *Relation* de 1641, p. 1. — M. Gosselin (*Vie de Mgr de Laval*, t. I, p. 314) écrit : « Le P. Le Jeune fut envoyé en 1660 (en France) pour solliciter (le secours), et Mgr de Laval avait tant de confiance dans l'heureuse issue de ce voyage qu'il écrivait cette même année au Souverain Pontife : *On attend de France, l'année prochaine, un puissant renfort de soldats contre les Iroquois.* » Ce passage est complètement inexact. Le P. Le Jeune rentra le 30 oct. 1649 en France, où il exerça les fonctions de procureur général de la mission du Canada. Sa correspondance avec le Général de la Compagnie et les *Catalogues* de l'Ordre en font foi. Il mourut à Paris le 17 août 1664. Quant à son voyage de 1641 en France, fait à la demande du gouverneur et des principaux habitants, on en verra le but dans une lettre inédite (*Pièces justificatives*, n° VII) du P. Charles Lalemant au P. Etienne Charlet, assistant de France à Rome. On verra aussi par cette lettre que le P. Ch. Lalemant n'approuvait pas entièrement les projets de son confrère.

Moyne est chargé d'aller négocier la paix, à Onnontagué d'abord, puis à Ossernenon, dans l'intérêt de la colonie; cinq fois il visite les Iroquois en qualité d'ambassadeur, la dernière fois il est saisi et condamné à mort; des ordres sont donnés pour lui fendre le tête. Mais le martyre ne l'épouvantait pas, habitué qu'il était à faire le sacrifice de sa vie chaque fois que le gouverneur l'envoyait en mission chez les Agniers et les Onnontagués. Il échappe cependant à la mort; et, après de longs mois passés en captivité, il revient à Montréal avec dix-huit Français dont il a obtenu la liberté[1].

« Les missionnaires ont encore été depuis Champlain, dit Moreau, les instruments les plus actifs et les plus utiles de la colonisation. Nous leur avons dû nos plus importantes découvertes... Souvent ils ont réussi, par l'ascendant qu'ils avaient pris sur les sauvages, à détourner la guerre qui menaçait la colonie; et toujours ce sont eux qui nous ont concilié les amitiés les plus fidèles, les plus inaltérables dévouements des tribus indigènes[2]. » De Quen remonte le

1. *Relations* de 1661 et de 1662; — *Histoire de la Nouvelle-France*, t. I, pp. 352-359; — *Cours d'Histoire*, t. I, ch. XIII, p. 469; — *Lettres de Marie de l'Incarnation*, 61e et 62e. — Le P. Jérôme Lalemant écrivait le 25 déc. 1662 au Général, P. Oliva : Ex missionibus *duæ* sunt majoris momenti.... De alterâ missione, etsi non tam remotâ, magis tamen anxii eramus utpote cùm qui illic inerat Pater Simon Le Moyne, in medio inimicorum nostrorum versaretur, cui proindè non immeritò non parum timebamus; sed quæ Dei gratia est, heri ad nos rediit salvus et incolumis, cum iis qui apud illos captivi tenebantur Galli octodecim, quorum vitam et libertatem periculo propriæ vitæ recuperavit. Hoc unum spectabant qui hoc à nobis officium expetierant. Sed aliud habebat in consilio Deus, ut scilicet per prædictum Patrem, multorum salutem operaretur : occasione enim cujusdam morbi popularis, infantes multos baptisavit, quorum major pars in cœlum evolavit; provisum et adultis moribundis, captivis quamplurimis, olim dum liberi essent, baptisatis. (Arch. gen. S. J.)

2. *Correspondant*, année 1854, p. 354.

Saquenay en 1652 et découvre le lac Saint-Jean, appelé en montagnais *Pacouagami*[1]; Jogues et Raimbault arrivent les premiers au Sault Sainte-Marie; Champlain et les Récollets abordent, avant les Jésuites, au pays des Hurons, mais les Jésuites fouillent dans tous les sens cette immense péninsule qui forme aujourd'hui la section orientale du Michigan et qui était habitée, dans la première moitié du XVIIe siècle, par les Hurons, les gens du Petun et la nation Neutre; Brébeuf et Chaumonot descendent jusqu'à la rivière du Niagara[2]; Le Moyne est le premier Français qui visite les Onnontagués, et, après lui, Ménard et Chaumonot prêchent la foi depuis le Mohawk jusqu'au Genesée, dans toutes les belles vallées de la partie occidentale de l'état de New-York; Druillettes remonte la rivière encore inexplorée, la Chaudière, jusqu'aux sources du Kenebec, il descend le Kenebec jusqu'à son embouchure[3], il évangélise les Abénakis, puis il va passer plusieurs hivers chez les Onmamiouck et les Papinachois dans les régions, au nord du Saint-Laurent, qu'aucun Européen n'a parcourues avant lui[4]; Buteux, vers la même époque, remonte le Saint-Maurice et se rend chez les Attikamègues, peuplade timide

1. *Vie de Mgr de Laval*, p. 168; — *Relation* de 1652, pp. 16-20.

2. Le P. Ragueneau est le premier écrivain qui ait mentionné la cataracte de Niagara. Dans la *Relation* de 1648, il écrit ce qui suit : « De la même nation Neutre, tirant vers le Midi, on trouve un grand lac, quasi de deux cents lieues de tour, nommé Erié, qui se forme de la décharge de la mer Douce, et qui va se précipiter par une chute d'eau d'une effroyable hauteur, dans un troisième lac nommé Ontario. » (*Note* de Ferland, t. I, p. 387.)

3. « Le P. Gabriel Druillettes fut le premier Européen qui entreprit le long et pénible voyage du Saint-Laurent aux sources du Kenebec; puis, descendant ce fleuve, jusqu'à son embouchure, dans un canot d'écorce, il continua sa course en pleine mer le long de la côte. » (Bancroft, *History of the U. S.*, t. IV, c. XX.)

4. *Relations* de 1648, ch. VII; — de 1650, ch. XII.

et docile qu'il a soumise à la foi[1]; la plupart des tribus algonquines et montagnaises reçoivent la visite de la Robe noire; et pendant que les Jésuites du vaste bassin du Saint-Laurent s'engagent dans le Saguenay, le Saint-Maurice, l'Ottawa, l'Oswégo, le Richelieu et la Chaudière, et vont, soit comme ambassadeurs, soit comme apôtres, chez des nations où nul Français n'a pénétré, les Pères de Miscou et du Cap-Breton parcourent toute la côte orientale de l'Acadie, à la recherche d'âmes à convertir[2].

On ne peut le nier, ces découvertes importantes, ces excursions aventureuses, ces relations intimes et fréquentes avec les sauvages contribuèrent grandement aux progrès de la colonie française; elles étendirent ses limites et ouvrirent de nouvelles routes à son commerce.

1. *Relation* de 1651, pp. 20-26.

2. L'écrivain des États-Unis, le protestant Bancroft, a écrit : « Les Jésuites furent les premiers d'entre les Européens à découvrir la plus grande partie de l'intérieur du Continent et à former des établissements sur les côtes du Maine. Ils explorèrent soigneusement le Saguenay, découvrirent le lac Saint-Jean et parcoururent le pays entre Québec et la baie d'Hudson... Cinq ans avant qu'Elliot de la Nouvelle-Angleterre eût adressé un seul mot aux sauvages qui se trouvaient à moins de six mille de Boston, les missionnaires français plantaient la croix au sault Sainte-Marie, d'où ils portaient leurs regards vers les pays des Sioux et la vallée du Mississipi. » (*History of the U. S.*)

Garneau n'est pas moins affirmatif : « De Québec, les Jésuites se répandirent parmi toutes les peuplades sauvages, depuis la baie d'Hudson jusque dans les pays qu'arrosent les eaux du Mississipi. Un bréviaire suspendu au cou, une croix à la main, ils devançaient souvent nos plus intrépides voyageurs. On leur doit la découverte de plusieurs vastes contrées... (*Histoire du Canada*, t. I, p. 223.)

Bancroft dit encore dans son histoire : « L'histoire des travaux des missionnaires se rattache à l'origine de toutes les villes célèbres de l'Amérique française; pas un cap n'a été doublé, pas une rivière n'a été découverte, sans qu'un Jésuite en ait montré le chemin (*History of the U. S.*)

De plus, l'autorité que les Pères conquirent sur les Indiens par leur caractère et leurs services fut une des principales forces du gouvernement de la Nouvelle-France[1]; il n'y a que les juges prévenus et passionnés à affirmer le contraire; les esprits droits et élevés leur ont de tout temps rendu cette justice d'avoir fait servir leur ascendant incomparable au grand intérêt colonial. Enfin, la conversion des sauvages ne fut pas seulement à leurs yeux un moyen excellent de sécurité et de prospérité pour la colonie, elle fit de ces mêmes sauvages, suivant l'expression d'un écrivain, *autant de barrières* entre les Français et les Anglais[2]. Tant que les Indiens convertis furent fidèles à leur foi, ils restèrent attachés à la cause française, et le Canada, avec le secours de ces puissants alliés, résista victorieusement à toutes les agressions britanniques. Mais « quand ces barrières eurent été affaiblies sur un point, abaissées sur un autre, quand les colonies anglaises, au moyen de la traite et de l'eau-de-vie, eurent pu faire, pour ainsi dire, des trouées dans cette longue ligne de défense, il ne lui fut plus possible que d'illustrer sa défaite par l'éclat de son courage[3]. » M. Garneau, qui n'est pas un ami des Jésuites, félicite Champlain « d'avoir assuré à son pays la possession des ruineuses contrées de la Nouvelle-France sans le secours presque d'un seul soldat et *par le seul moyen des missionnaires* et d'alliances contractées à propos[4]. » Par la propagation du catholicisme au sein des peuplades indiennes, les Jésuites firent donc de la bonne politique française, et la meilleure sans nul doute.

1. « La force entière de la colonie reposait dans les missions. » (Bancroft, *History of the U. S.*)
2. *Correspondant*, 1854, p. 361.
3. *Ibid.*, p. 362.
4. *Histoire du Canada*, t. I.

Faut-il ajouter, dans un ordre de choses moins élevé, que, grâce à leurs relations en France et aux amis de la Compagnie, ils obtinrent pour la colonie des ressources que sans eux elle n'eût jamais trouvées? Ces ressources permirent d'élever des chapelles, de bâtir un collège à Québec[1], de secourir beaucoup de malheureux, de contribuer au développement de l'œuvre coloniale et des missions sauvages.

Ces missions n'étaient pas seulement un moyen de sécurité et de prospérité pour la colonie, elles étaient encore le but assigné par le gouvernement du roi aux efforts de la colonisation. Sans doute que nos princes et les navigateurs avaient en vue, en fondant l'établissement colonial du Canada, l'accroissement de la puissance française, l'honneur des découvertes et les profits du commerce, mais l'œuvre évangélique eut une aussi grande place dans leurs pensées et leurs espérances. Toutes les commissions royales en font foi. C'est même pour aider à la propagation de l'Évangile parmi les Indiens qu'un arrêt du Conseil du Roi du 27 mars 1647 « fit donner la somme de cinq mille livres pour la nourriture et entretien des Jésuites qui travaillaient à la conversion des sauvages de l'Amérique septentrionale[2]. » C'est dans le *désir d'assister les pauvres sau-*

1. La fondation du collège des Jésuites attira au Canada des colons : « L'établissement du collège, dit le P. Le Jeune, sert beaucoup pour le bien du pays : aussi quelques personnes très honnêtes nous sçavent fort bien dire que jamais elles n'eussent passé l'Océan pour venir en la Nouvelle-France, si elles n'eussent eu connaissance qu'il y avait des personnes capables de diriger leurs consciences, de procurer leur salut et d'instruire leurs enfants en la vertu et en la cognoissance des lettres. » (*Relation* de 1636, p. 44.) — On sait que les Jésuites ne contribuèrent pas peu à faire venir au Canada les Hospitalières et les Ursulines; nous en avons parlé longuement au ch. II de ce livre.

2. *Collection de documents* relatifs à l'histoire de la Nouvelle-France, t. I, p. 131.

vages et les conduire au salut, que l'arrêt de juillet 1651 « alloua de nouveau la dite somme aux Pères et leur accorda, entre autres faveurs, celle de s'establir dans touttes les isles et dans tous les endroits de la terre-ferme que bon leur semblerait pour y exercer leurs fonctions sans estre troublez[1]. »

Sans rien sacrifier de ce qu'ils devaient à la population française en vertu de leurs fonctions ecclésiastiques, tout en faisant pour elle plus que ne leur imposait le devoir de leurs charges, les Jésuites regardèrent cependant les missions sauvages comme leur œuvre principale, et cela dès leur arrivée au Canada. Voilà pourquoi nous les avons vus s'y consacrer entièrement, avec un zèle et un dévouement auquel leurs ennemis eux-mêmes rendent hommage. Plusieurs d'entre eux, Jogues, Daniel, Brébeuf, Gabriel Lalemant, Garnier, Chabanel, Garreau, Buteux, ont généreusement donné leur vie dans ce laborieux ministère; les autres ont pu dire avec l'apôtre : « J'ai fait un grand nombre de voyages et j'ai couru divers périls : périls sur les rivières, périls de la part des payens, périls dans les déserts, périls sur la mer, périls parmi les faux-frères. J'ai souffert toutes sortes de peines et de fatigues, les veilles fréquentes, la faim, la soif, le froid, la nudité. » Tous ont conquis le respect, la confiance et l'affection des indigènes par les ardeurs d'une charité vraiment héroïque. Et quand la guerre vint chasser les Hurons de leur malheureuse patrie, les missionnaires s'appliquèrent à recueillir les restes dispersés de la nation; ils les aidèrent à fonder un établissement, d'abord dans la petite île de Saint-Joseph, puis à l'extrémité de l'île d'Orléans. Les Algonquins, les Montagnais, les Acadiens, les Abénakis et les Iroquois reçurent

1. *Collection de documents...*, t. I, p. 130.

aussi les preuves les plus marquées du dévouement apostolique des religieux de la Compagnie de Jésus. Nous l'avons raconté en son lieu. Et partout, dit l'historien de la Nouvelle-France, « leur dévouement héroïque et humble tout à la fois a étonné le philosophe et conquis l'admiration des protestants [1]. » Ce témoignage est précieux dans la bouche de Garneau.

Les travaux de ces missionnaires furent-ils couronnés du succès qu'ils méritaient? Non, s'il faut en croire les ennemis de ces religieux. Mais ces religieux parlent différemment. Le P. Jérôme Lalemant, dont personne n'a jamais suspecté ni la droiture, ni l'honnêteté, ni la valeur, écrivait en 1650 à son Provincial, immédiatement après la dispersion définitive de la tribu huronne : « Arrivant au pays, il y a douze ans, je n'y rencontrai qu'une seule famille huronne chrétienne, et deux ou trois qui composaient l'église algonquine

1. *Histoire du Canada*, par Garneau. — Les Annalistes du Canada au XVIIe siècle, et, depuis, la plupart des historiens de la Nouvelle-France ont rendu justice à la vertu et au dévouement des missionnaires de la Compagnie de Jésus. Aucun, parmi eux, ne s'était avisé de dire que les Jésuites avaient été au Canada « pour y mener une vie large, épicurienne, jusqu'à garder de la glace pour rafraîchir leur vin l'été ». Aucun n'avait écrit que la Société n'envoyait dans cette mission que « de saints idiots ou des membres compromis ». Cette trouvaille et beaucoup d'autres de la même valeur ont été faites par Michelet. Les lecteurs friands de ces morceaux d'histoire, si agréablement inventés, n'ont qu'à ouvrir le t. XVII, pp. 180 et suiv. de son *Histoire de France*; ils trouveront là les particularités les plus curieuses, pour ne pas dire les insanités les plus étranges, sur les missionnaires canadiens. Ils y apprendront aussi que les *Relations du Canada* étaient envoyées en France de mois en mois (!) — M. Eugène Réveillaud, dans un travail qu'il appelle *Histoire du Canada et des Canadiens français*, n'a trouvé rien de mieux que de reproduire comme vrai le portrait des Jésuites par Michelet (p. 97); il ne faut pas demander à cet historien, quand il parle des Jésuites, autre chose qu'une copie fidèle des sottes inventions de leurs ennemis.

et montagnese; et voilà qu'au bout de ce temps, sortant du pays[1], à peine y laissay-je aucune famille huronne, algonquine ou montagnèse, qui ne soit entièrement chrétienne[2]. »

Il est vrai que ces trois nations étaient alors bien moins nombreuses qu'en 1638. La guerre, la famine, les maladies les avaient décimées; les Hurons en particulier étaient réduits à quelques centaines d'âmes, et, huit ans plus tard, en 1658, on en comptait à peine cent cinquante à Québec; le reste vivait en captivité chez les Iroquois, ou dispersé çà et là chez les peuplades sauvages de l'Occident. Quoi qu'il en soit du nombre de ces nations, voici ce qu'écrivait, en 1660, Mgr de Laval sur la conversion des sauvages de la Nouvelle-France : « Jusqu'ici les nations barbares, appelées à la Foi, ont procuré plus d'habitants à l'église triomphante qu'à l'église militante. A peine une famille, un bourg, une nation, avaient-ils embrassé le christianisme, que beaucoup de chrétiens périssaient de maladies pestilentielles, de la faim ou des horreurs de la guerre. Ainsi le ciel s'est enrichi des dépouilles de la mort. Partout le travail des missionnaires a été fructueux; mais ils semblent n'avoir cultivé le champ du Seigneur que pour remplir d'élus ses greniers célestes[3]. »

Les Jésuites avaient donc envoyé au ciel, depuis leur retour au Canada en 1632, beaucoup d'enfants et d'adultes sauvages; mais relativement à ces élus, l'église de la terre ne devait compter que peu de fidèles en 1658 : les uns sédentaires, à Sillery, à Québec et à Montréal, c'était le

1. Le P. Jérôme rentrait en France pour y chercher du secours.

2. *Relation* de 1650, p. 48.

3. Lettre de Mgr de Laval aux illustrissimes et révérendissimes seigneurs de la Propagande, à Rome, aussitôt après son arrivée au Canada. (Arch. de la Propagande, à Rome; vol. 256, p. 18.)

petit nombre; les autres errants, beaucoup plus nombreux, composés de Montagnais, d'Algonquins, d'Abénakis et d'Acadiens. Il serait difficile d'évaluer, même approximativement, le nombre de ces chrétiens errants, les *Relations* ne donnant aucun chiffre précis. On sait seulement que plusieurs centaines se rendaient chaque année à Tadoussac pour y accomplir leurs devoirs religieux; d'autres venaient à Sillery, aux Trois-Rivières et à Montréal, à l'époque de la traite des pelleteries et s'y fortifiaient l'âme par la réception des sacrements; enfin les missionnaires de Miscou avaient des néophytes un peu partout dans la vaste étendue de leur mission, plus fervents que nombreux, croyons-nous. Si l'on ajoute à cette population chrétienne les néophytes que la crainte des Iroquois et l'éloignement retenaient loin des postes français et que les Jésuites visitaient chaque année, on s'expliquera cette parole de Mgr de Laval, dans sa *Relation* officielle de 1660 : « Les barbares convertis au christianisme, répandus çà et là, *en grand nombre*, hommes et femmes, font connaître l'évangile autour d'eux[1]. »

Avant de terminer ce chapitre, il nous semble utile de revenir sur une autre parole du même prélat au Général de la Compagnie de Jésus, Goswin Nickel : *Vous avez ici des envieux ou des ennemis, qui s'indignent contre vous et contre moi*[2]. Les Jésuites étaient en bonne compagnie avec

1. « Silvestres barbari christiani, huc atque illuc sparsi plerique per silvas, perque invia loca, *magno numero* viri et feminæ fidem suam circumferunt. Nonnulli semel in annos singulos eo conveniunt ubi doceri possint et Ecclesiæ sacramentis renovari. Alii vix post multos annos id possunt, tum quia iter est invium longiusque distant ad quingenta et amplius leucas; tum quia Iroquæorum hostium metus iter omne infectum reddit. Apud hostes Iroquæos multi omnino sunt neophyti christiani, viri ac feminæ, præcipuè Hurones... » (*Mandements des évêques de Québec*, t. I, pp. 19 et 20.)

2. *Documents inédits*, XII, p. 259.

leur évêque ; mais ils avaient des envieux et des ennemis, gens intéressés et peu recommandables, qui constituaient une infime minorité très remuante [1]. Ils avaient des envieux qui ne voyaient pas sans déplaisir et jalousie leur grand ascendant sur les sauvages, la religieuse affection que leur témoignait la colonie française, le respect et la vénération dont les entouraient les premiers gouverneurs, les missions importantes, et le plus souvent périlleuses, que l'autorité coloniale confiait à leur zèle et à leur dévouement.

Ils avaient des ennemis, et cela se comprend ; car il n'y a qu'un pas de l'envie à la haine, et les jaloux le franchissent d'ordinaire sans le moindre embarras. Et puis, étant ce qu'ils sont, comment les Jésuites n'auraient-ils pas eu d'ennemis ? La Compagnie de Jésus a toujours eu ce singulier privilège de compter de chauds amis à sa droite, et des ennemis déclarés à sa gauche. Elle avait alors au Canada quelques ennemis ; elle en avait beaucoup plus à la Métropole, et ceux-ci se faisaient l'écho des plaintes et des calomnies de ceux-là.

On reprochait aux missionnaires de faire la traite. Nous avons dit plus haut ce qu'il faut penser, ce que les *Cent-Associés* pensaient eux-mêmes de cette calomnieuse accusation [2].

1. Le P. Ragueneau écrivait de Québec, le 20 août 1658, après le départ des Jésuites de Montréal : « Amamur in monte regio universim ab omnibus ; apud tria flumina amamur etiam nisi à perpaucis, qui quærunt nimium quæ sua sunt ; Quebeci et in circumjacentibus villis amamur à plerisque. » (Arch. gen. S. J. ; lettre au R. P. Général, Goswin Nickel).

2. Le 3 septembre 1658, le P. de Quen écrivait au R. P. Général : « Improbant in nobis sordidam nescio quam negociationem pellium. Falsum est. Pellibus enim utimur in hâc mundi parte ad commercium velut pecuniâ communi, ab omnibus hujus regionis incolis usitatâ, sine quibus vix habemus quæ sunt ad vitam conservandam necessaria, neque mercedem famulis solvere possumus. » (Arch. gen. S. J.)

Le Général, qui n'ignorait pas que les missionnaires ne faisaient

On leur reprochait de ne pas *franciser* les sauvages, de crainte de perdre l'ascendant exclusif qu'ils avaient pris sur eux [1]. Nous avons répondu ailleurs à ce reproche immérité. Les Jésuites disaient à leurs contradicteurs : ce que vous

aucun commerce, leur recommandait d'en éviter même l'apparence, afin de ne pas donner prise aux calomnies de leurs ennemis. Il écrit au Provincial, à Paris, le 21 janvier 1658 : Ex litteris 13 Dec. Rae Vae, molestum audivi missionem canadensem turbari ab adversariis nostris, quibus ut omnis justæ querelæ præscindatur occasio, Ra Va nostris interdicat omni genere distractionis pellium castorearum quæ sapiat vel speciem mercaturæ. » — De son côté, le P. Renault, Provincial de Paris, répond au Général : Monebimus Patres missionis Canadensis ut abstineant vel ab omni specie Mercaturæ pellium Castorearum. (Arch. gen. S. J.) — Cette recommandation ne devait pas mettre un frein à la calomnie, comme nous le verrons dans la suite.

1. « Il a paru jusqu'à présent, dit Colbert dans ses *Instructions* à M. de Bouteroue du 5 avril 1668, que la maxime des Jésuites n'a point été d'appeler les habitants naturels du pays en communauté de vie avec les Français, soit en leur donnant des terres et des habitations communes, soit par l'éducation de leurs enfants et par les mariages. Leur raison a esté qu'ils ont cru conserver plus purement les principes et la sainteté de nostre religion en tenant les sauvages convertis dans leur forme de vivre ordinaire qu'en les appelant parmi les Français. » Colbert condamne cette conduite comme préjudiciable à l'État et à la religion. Mais l'avenir montra ou que les Jésuites avaient bien fait d'agir ainsi ou qu'ils n'avaient pu agir autrement. Du reste, la raison que donne Colbert de leur conduite n'était pas la seule, si elle existait réellement. La principale était que les Français auraient perdu beaucoup au point de vue moral et religieux, dans cette vie commune avec les sauvages, dans ces unions des deux races, surtout les premières années de notre établissement au Canada. L'errement de Colbert était assez répandu en France, où l'on s'imaginait qu'il suffisait d'un peu de bonne volonté pour amener les sauvages à vivre avec les Français, à contracter des alliances avec eux, à faire élever leurs enfants avec les petits Européens ; mais au Canada, les hommes sérieux et expérimentés, ceux qui connaissaient le pays, qui n'avaient pas de parti pris et ne cherchaient que le bien de l'Église et de l'État, pensaient tout autrement, et les faits montrèrent qu'ils n'avaient pas tort.

voulez est impossible ; nous avons fait un essai et l'expérience nous a montré que personne ne *francisera* les Indiens. Les contradicteurs, intéressés à convaincre leurs adversaires ou de mensonges ou de mauvais vouloir, s'obstinèrent. Mgr de Laval, l'abbé de Queylus, les Jésuites eux-mêmes firent de nouvelles tentatives de *francisation* ; et les tentatives échouèrent pitoyablement[1].

On reprochait aux missionnaires de sacrifier les intérêts de la colonie à l'évangélisation des Indiens. A entendre leurs ennemis, les Jésuites ont déployé dans cette œuvre d'évangélisation un zèle, un dévouement et un courage au dessus de tout éloge ; mais en revanche, ils se sont peu occupés des Français, ils ont négligé l'éducation des enfants, ils n'ont pas rendu dans les paroisses confiées à leur direction les services qu'on était en droit d'attendre de pasteurs vigilants. Le lecteur a pu voir par tout ce que nous avons dit quelques pages plus haut et dans le courant de cette histoire, jusqu'à quel point cette accusation s'écarte de la vérité. Les contemporains, Champlain, Boucher, Marie de l'Incarnation, Mgr de Laval et autres ont rendu sur ce point justice aux Jésuites, et les œuvres de ces derniers ont une éloquence qui parle assez en leur faveur. Les premières générations françaises vraiment chrétiennes du Canada ont été moins ingrates envers eux que certains historiens de nos jours, héritiers des haines de quelques esprits malveillants d'alors, de ces hommes dont Mgr de Laval écrivait : « Ce sont de mauvais juges qui se réjouissent du mal et n'aiment point les triomphes de la vérité... Ils n'aiment pas les religieux de la Compagnie, ou par jalousie, ou parce que les Pères ne

1. Voir le t. I, l. I, ch. V, de cette histoire.

favorisent en aucune manière ceux qui ont trop d'attache aux biens temporels[1]. »

On leur reprochait de *gêner les consciences*, attendu qu'ils avaient seuls la direction des âmes. L'intendant Talon renouvellera plus tard cette accusation, et, pour obvier aux graves inconvénients de la tyrannie exercée, d'après lui, sur les fidèles par les Jésuites, il demandera à Colbert de « faire passer au Canada quatre bons religieux (Récollets) qui ne contraignent et ne géhennent pas les consciences[2]. » Marie de l'Incarnation répondait ainsi, en 1658, à cette accusation : « Les personnes qui disent que les Jésuites gênent les consciences en ce pays, se trompent, je vous assure, car l'on y vit dans une sainte liberté d'esprit. Il est vrai qu'eux seuls ont la conduite des âmes, mais ils ne gênent personne ; et ceux qui cherchent Dieu, et qui veu-

1. *Relatio* missionis canadensis, 1660 ; — *Documents inédits*, XII, p. 259. — Dans un arrêt du 31 mars 1665, signé Seguier, Colbert (Archives nationales, registre E 1717, fol. 281), qui ordonne que les créanciers du Canada remettent leurs titres à M. Talon, on voit que les « habitants du Canada étaient constituez en de grandes dettes, qui ne procédaient la plus part que d'intérêts excessifs, aucuns ayant emprunté à trente et quarante pour cent. »

Nous savons aussi qu'on accusait les Jésuites de « *maintenir parmi les fidèles une trop grande sévérité de vie* ». (Instructions de Colbert à Bouterouë; Saint-Germain, 5 avril 1668.) S'ils avaient été moins sévères et moins exigeants, on les eût sans doute accusés de relâchement. Leur sévérité, si sévérité il y eut, obtint du moins ce résultat très important que la Nouvelle-France vit s'élever, sous leur ferme direction, une robuste génération de chrétiens, aux mœurs pures et aux convictions religieuses profondes. Aussi, « sur six cent soixante-quatorze enfants, dit Ferland (*Notes* sur les registres de N.-D. de Québec, p. 39), qui furent baptisés, depuis l'an 1621 inclusivement, jusqu'à l'année 1661 exclusivement, on ne compte qu'un seul enfant illégitime ».

2. *Mémoire* adressé à Colbert en 1669 (Arch. des Colonies, Min. de la marine, carton de la Nouvelle-France, n. I.)

lent vivre selon ses maximes, ont la paix dans le cœur. Il pourrait néanmoins arriver de certains cas où l'on aurait besoin de recourir à d'autres ; et c'est pour cela en partie que l'on souhaite ici un évêque[1]. » L'année même où Marie de l'Incarnation écrivait cette lettre à son fils, l'abbé de Queylus dirigeait la paroisse de Québec, aidé de deux ecclésiastiques séculiers ; or très peu de pénitents s'adressaient à eux, et le plus souvent il n'y en avait que trois ou quatre, tandis qu'on se portait en foule au confessionnal des Jésuites. « Preuve évidente, écrivait le P. Ragueneau à son Général, que ceux-ci étaient faussement accusés de faire peser sur les consciences un joug intolérable[2]. »

On leur reprochait encore, non seulement de s'opposer au commerce de l'eau-de-vie, mais d'éloigner des colons de la traite des pelleteries. Les deux reproches ne manquent pas de fondement : ils reposent sur des faits parfaitement exacts. Les religieux avaient-ils tort d'agir ainsi ? Leur conduite n'était-elle pas dictée par des raisons très sages et très pertinentes ? Toute la question est là. Eh ! bien, il faut l'avouer, ils s'imaginaient avec beaucoup d'autres, favoriser le grand et permanent intérêt de la colonie, c'est-à-dire la culture de la terre, en détournant de la traite exclusive des pelleteries des hommes actifs et intelligents ;

1. Lettre à son fils. Québec, 24 août 1658 (*Lettres spirituelles*, p. 198.)

2. Le P. Ragueneau écrivait de Québec au R. P. Général, à Rome, le 20 août 1658 : « Amamur Quebeci à plerisque, quod hâc hieme maximè innotuit, cum Dnus de Queylus et cum eo sacerdotes duo seculares parochiam occuparent : perpauci enim ac persæpè vix tres aut quatuor ad eos accedebant confessionis causâ, cum in ecclesiam nostram omnes confluerent. Quod eò dico Paternitati vestræ ut intelligat quam falsò jactatum fuerit ab iis qui Societati nostræ infesti sunt, conscientias hic premi intolerabili jugo Patrum nostrorum. » (Arch. gen. S. J.)

car ils augmentaient ainsi le nombre des véritables colons. Et ceux qui sont au courant de l'histoire ne peuvent ignorer que les marchands de pelleteries ne négligeaient pas seulement le défrichement du sol; ils le contrariaient; ils lui refusaient opiniâtrement toute satisfaction [1]. En dehors de ces intérêts matériels, une autre pensée plus élevée guidait les Jésuites, quand ils conseillaient à des colons de s'adonner de préférence à l'exploitation des terres : ils voyaient de leurs propres yeux à quels désordres moraux entraînait la traite; ils savaient que le commerce des pelleteries conduisait, par une pente insensible et irrésistible, au commerce de l'eau-de-vie, que le second était nécessaire au premier, une des conditions indispensables, du moins la plus importante, de son développement. Nous parlerons dans la suite de la traite de l'eau-de-vie. Pour le moment, n'est-il pas permis de dire que les Jésuites devaient à leur conscience de restreindre par les moyens en leur pouvoir, par leurs conseils et leurs exhortations, un commerce dont ils connaissaient les déplorables résultats ?

Enfin une dernière accusation, la plus grave de toutes, reprochait aux missionnaires de sortir des limites de leurs fonctions sacerdotales, de s'éloigner des règles de leur Institut, en prenant une part trop active et immédiate à

1. *Le Correspondant*, 1854, p. 364.

Garneau, dans son *Histoire du Canada*, dit à la page 147 du t. I, 1re édition : « Toutes les Compagnies (marchandes) se ressemblent en un point; c'est-à-dire qu'elles ne faisaient rien ou presque rien pour le Canada. Elles n'avaient pas fait défricher un seul arpent de terre; et il est constant qu'elles regardèrent en Canada comme en Acadie l'établissement du pays comme destructif de la traite. » Et p. 305 : « Les traitants, fidèles au système qu'ils ont suivi dans tous les temps et dans tous les lieux, faisaient tous leurs efforts pour entraver les établissements et décourager les colons. »

tout ce qui concernait les intérêts de la colonie. Colbert signalait ce grief dans ses *instructions* à l'intendant de la Nouvelle-France : « Les Jésuites, dont la piété et le zèle ont beaucoup contribué à attirer dans ce pays les peuples qui y sont à présent, y ont pris une autorité qui passe au delà des bornes de leur véritable possession, qui ne doit regarder que les consciences [1]. » Leur autorité était grande, en effet ; ils ne l'avaient pas prise, elle était venue à eux. Il y avait parmi eux des hommes de valeur et de gouvernement, des esprits distingués ; à cette époque, personne dans la colonie ne les égalait en intelligence et en savoir ; ils dirigeaient la conscience des gouverneurs, des magistrats, de tous les habitants ; on les consultait avant de prendre une décision importante ; on demandait leur avis sur les lois et les règlements, et ils provoquaient eux-mêmes les mesures les plus sages contre le libertinage, l'ivrognerie et les désordres de toutes sortes ; ils jouissaient d'un ascendant considérable sur les sauvages ; les missions les plus difficiles, d'un haut intérêt pour la colonie, leur étaient confiées ; ils étaient chargés de la direction des communautés de femmes, de l'instruction du peuple, de l'éducation des enfants et de l'évangélisation des sauvages ; enfin, un édit royal avait nommé le supérieur de Québec membre de droit du conseil supérieur. Il ne faut pas s'étonner, après cela, de la grande influence qu'avaient les Jésuites dans la Nouvelle-France ; c'est le contraire qui serait surprenant.

Cette influence même ne devait-elle pas être la source féconde de jalousies et de haines ? N'explique-t-elle pas suffisamment les plaintes des uns et les griefs des autres ?

1. *Instruction au sieur Talon*, s'en allant intendant de la Nouvelle-France. Paris, 27 mars 1665.

Il n'en fallait pas tant pour faire partir en guerre les envieux, les jaloux, les ambitieux et les affamés. Les Jésuites étaient en même temps conseillers et directeurs, on faisait remonter jusqu'à eux la responsabilité des mesures qui déplaisaient, des lois et des règlements qui refrénaient la licence ; membres du conseil souverain, on leur attribuait l'initiative de toutes les décisions où l'on trouvait à redire. Ceux qui les mettaient ainsi en cause, étaient, bien entendu, leurs ennemis ; les mécontents et les jaloux, ceux qui ne peuvent supporter nulle part l'action du prêtre, et qui voyaient partout la main ténébreuse d'un Jésuite. Ces hommes d'opposition étaient peu nombreux, mais, gens turbulents, ils faisaient beaucoup de bruit ; et leurs plaintes, retentissant au delà des mers, trouvaient un écho à la cour du roi, au cabinet du ministre Colbert.

Cependant, nous l'avouerons bien volontiers, il eût été préférable que le supérieur de la mission du Canada ne siégeât pas au conseil souverain ; cette haute fonction, sans être incompatible avec le ministère sacerdotal, pouvait en certains cas être plutôt préjudiciable au bien spirituel de la colonie. Le conseil était saisi de toutes les questions de l'ordre administratif, religieux, militaire, judiciaire et temporel. Le prêtre était donc appelé à émettre son avis sur toutes ces questions. Etant donnée son influence sur le gouverneur et sur les autres conseillers, n'y avait-il pas là un inconvénient et un danger ? Les Pères du Canada ne furent pas éloignés de penser ainsi, puisqu'ils se demandèrent, dans une consulte tenue le 6 août 1647, s'ils accepteraient la charge de conseiller. *Il fut conclu que ouy, qu'il le fallait faire*, dit leur Journal[1]. » En outre, nous

1. *Journal des Jésuites*, p. 93. — Nous avons vu, au ch. IX, p. 67, *note* 1, que le P. Jérôme Lalemant fut le premier Jésuite, membre du conseil de Québec. Obligé d'aller en France en 1650, il partit de

savons par plusieurs lettres inédites, conservées aux Archives générales de la Société, et écrites de Québec au

Québec le 2 novembre et nomma le P. Ragueneau vice-recteur du collège et supérieur de la mission. Ce dernier entra au conseil, au mois de novembre 1650 et en sortit le 6 août 1653, remplacé par le P. Le Mercier. Quatre Jésuites seulement firent partie de ce conseil : J. Lalemant, P. Ragueneau, F. Le Mercier et J. de Quen. Parmi eux, le P. Ragueneau seul y a occupé une grande place, beaucoup trop grande, à notre avis. Les Pères écrivirent à leur Général que le vice-recteur se mêlait beaucoup des affaires publiques du pays et des intérêts privés des colons : *Circa publica pariter et privata externorum*. Il continua à s'en occuper, même n'étant plus supérieur. Il exerçait surtout une influence considérable sur le gouverneur, M. de Lauson, dont il obtenait tout ce qu'il voulait. Les Pères qui se plaignirent avec plus de vivacité — leurs lettres existent aux Archives générales de la Société — sont Poncet, Vimont, de Quen et Le Mercier. Aussi le Général Nickel ordonna-t-il au Provincial de Paris d'éloigner le P. Ragueneau de Québec : » Dabimus operam apud R. P. Provincialem ut recenti malo opportuno efficacique remedio occurratur (Epist. P. G. Nickel, præp. gen. S. J. ad P. Vimont, 10 Januar. 1656). » Le Provincial transmit cet ordre au P. de Quen, supérieur de Québec, lequel écrivit au Général, octobre 1656 : P. Paulum Ragueneau, quando quidem ea erat P. Provincialis voluntas, ut è collegio Quebecensi amoveretur, ad residentiam *Trium Fluminum* misi, iniquo licet ferente animo Domino de Lauson, hujus regionis prorege. Vir est, fateor, ingenuus, singularis virtutis P. Ragueneau, sed sæcularibus negotiis plus æquo implicatus quam Societatem nostram decet et multarum in nos querelarum causa et odiorum. Cessabunt odia, si ab ejusmodi negotiis sese expediat et in missionem remotissimam mittatur. » Le P. de Quen avait raison. Le P. Ragueneau est un des Jésuites les plus intelligents que le Canada ait possédés ; d'une vertu éprouvée et d'un grand cœur, il avait cette faiblesse — personne n'est parfait en ce monde — de vouloir se mêler des choses politiques, de l'administration civile et des intérêts matériels des colons, plus qu'il ne convenait à un religieux. De là, beaucoup de plaintes, dont ses frères eurent à souffrir. On l'envoya en 1656 aux Trois-Rivières, et, de là, chez les Iroquois. Le P. Ragueneau accepta l'ordre de son supérieur avec une simplicité et un entrain qui témoignent d'une âme très élevée. Ses lettres sont nombreuses aux Archives générales de la Compagnie : pas un mot qui trahisse le moindre méconten-

R. P. Général de la Compagnie de Jésus[1], que plusieurs Pères auraient préféré voir leur supérieur en dehors du conseil. Sans doute qu'il y rendait service à la colonie et à la religion ; mais ce service, n'aurait-il pu le rendre, sans être conseiller, par des avis motivés, adressés au gouverneur et aux autres membres du conseil ? Et ainsi, que de plaintes intéressées n'aurait-on peut-être pas évitées ! Ce sentiment, que nous exprimons en toute liberté, ne saurait infirmer en rien le bien que les supérieurs de Québec firent dans cette charge, ni incriminer leur conduite ; il justifie encore moins les clameurs de leurs ennemis, et contre eux et contre les missionnaires du Canada.

Terminons ce chapitre, et, avec lui, cette période que lord Elgin appelle, dans une dépêche, l'*âge héroïque du Canada*. La population française n'était pas nombreuse ; elle ne possédait tout au plus que deux mille habitants, tandis que l'émigration anglaise, fixée dans le Massachusetts, s'élevait au delà de quarante mille. L'accroissement hâtif de la colonie anglaise eut de funestes conséquences au point de vue moral et religieux. Il n'en fut pas ainsi de la colonie française, qui, en se recrutant lentement de familles choisies, conserva ses principes de religion et de moralité ; de telle sorte que la faute justement reprochée alors au gouvernement de la Métropole de n'avoir pas activé davantage la colonisation, devint elle-même un grand bien pour le pays. Obligés de vivre du travail de leurs mains et d'être jour et nuit sur le qui-vive pour ne pas être surpris par l'ennemi, habitués à une vie de privations et de souffrances, ces colons très peu nombreux, qui faisaient en

tement. Dans toutes, même calme, même sérénité, même dignité ; dans toutes, on reconnaît l'homme de valeur et le vrai religieux. Aucun Jésuite du Canada n'a écrit autant et mieux que lui.

1. Le P. Goswin Nickel.

même temps le double métier de soldats et d'ouvriers, acquirent une énergie et un courage incomparables. Enfin, guidés et portés au bien par des prêtres zélés et instruits, édifiés et encouragés par des chefs croyants et d'une conduite irréprochable, éloignés des puissantes séductions du vice et des faciles entraînements du mauvais exemple, ils contractèrent ces habitudes chrétiennes et morales, qu'ils devaient transmettre à leurs descendants dans toute leur pureté, leur vigueur et leur simplicité. La justice des Canadiens-Français a rapporté aux Jésuites une grande part de l'honneur de ces beaux résultats. Quelques historiens veulent appeler cela légende; l'histoire, nous l'espérons, conservera ses droits et ne permettra pas que l'iniquité triomphe de la vérité.

Le pays était mûr pour une organisation définitive du pouvoir civil et militaire, pour l'établissement d'un évêché et du clergé séculier. Un nouvel ordre de choses va commencer; la colonie, après trente ans de luttes et d'efforts, est sortie du provisoire. Mazarin touche à sa fin et Colbert arrive au pouvoir. Quelle sera la place, quel sera le rôle des Jésuites dans la nouvelle colonie? C'est ce que nous verrons dans la suite de cette histoire.

LIVRE SECOND

DEPUIS L'ÉRECTION DU VICARIAT APOSTOLIQUE (1658) JUSQU'A LA FIN DU XVIIe SIÈCLE ET AU DELA

LIVRE SECOND

DEPUIS L'ÉRECTION DU VICARIAT APOSTOLIQUE (1658) JUSQU'A LA FIN DU XVIIe SIÈCLE ET AU DELA

CHAPITRE PREMIER

Pouvoirs spirituels des Jésuites au Canada. — L'érection d'un évêché à Québec demandée par l'assemblée générale des évêques de France : Messieurs Legauffre et de Queylus. — Le conseil des affaires ecclésiastiques propose des Jésuites pour l'évêché de Québec. — Prétentions de l'archevêque de Rouen sur le territoire de la Nouvelle-France. — Le supérieur du collège de Québec et l'abbé de Queylus nommés grands vicaires. — L'abbé de Queylus, curé de Québec; ses démêlés avec les Jésuites; son départ pour Montréal. — M. d'Argenson, gouverneur de Québec.

Le P. Charles Lalemant écrivait de Rouen, le 2 novembre 1633, au P. Charlet, assistant de France à Rome : « Avec le temps, il faudra un évesque au Canada; car, pour maintenant, ceux qui sont là ne dépendent d'aucun éveschés; et les enfants tant des Français que des sauvages baptizés ne peuvent être confirmés[1]. »

Le P. Lalemant disait vrai : « Avec le temps, il faudra un évesque au Canada. » Pour le moment, la présence du Prélat semblait inutile, la Colonie française se trouvant peu nombreuse, et les missions sauvages n'étant pas encore organisées. Au reste, les missionnaires jouissaient de pou-

1. Archives générales de la Compagnie.

voirs spirituels très étendus, qu'ils avaient reçus du Souverain Pontife, par l'entremise du R. P. Général et des Provinciaux. Ces pouvoirs, dont l'authentique se trouve aux Archives de la Société, furent renouvelés et accordés au général Mutius Vitelleschi, le 17 septembre 1629, par le pape Urbain VIII[1]. Etendus aux pays au delà des mers, à toutes les régions de l'Orient et de l'Occident, ils furent rédigés, en 1637, sous une forme nouvelle, comprenant vingt-huit articles. Cette même année, Sa Sainteté confirma de son autorité pontificale ces articles qui avaient été préalablement soumis à une longue étude, puis approuvés en congrégation générale, en présence de douze cardinaux et de quatre prélats[2].

Toutefois, les missionnaires des Indes avaient des privilèges particuliers, que le P. Petau supplia le Saint-Père

1. Ces pouvoirs datés du 17 septembre 1629 se trouvent, pp. 128-129, t. I, dans la « Colleccion de Bulas, Breves y otros documentos relativos a la Iglesia de America y Filipinas por el P. F. J. Hernaez, S. J. ; Bruselas, 1879. » On lit dans la bulle adressée au R. P. Général : « Quibuscumque presbyteris dictæ Societatis, quos tu, Fili Præposite, seu pro tempore existens præpositus Generalis istius Societatis Jesu per se vel alios ad id elegeris, seu elegerit, in quibusvis Orientis, Brasiliæ, Peru, novæ Hispaniæ, et *aliis ultramarinis regionibus insulisque Oceani maris ac occidentalibus* partibus degentibus... »

2. Anno 1637, sub Urbano VIII, regulæ seu formulæ facultatum pro missionariis in variis mundi partibus reformatæ sunt, et post longum studium stabilitæ, et demum in congregatione generali coram SS. duodecim cardinalibus in eâ præsentibus et quatuor Prælatis comprobatæ, et post à SS. D. N. firmatæ (Arch. gen.). Suivent les facultés en 28 articles, accordées pour quinze ans : « Ad annos quindecim tantum concessæ intelligantur. — On lit encore à la suite de ces facultés : « Innocentius Papa X ad quindecim iterùm annos concessit proxime venturos : Feria V 20 Februarii 1648. P. Hieronymus Lalemant, superior missionis seu residentiæ PP. Societatis in Canada indiarum novæ Galliæ eas facultates accepit secundùm novam formam, cum catalogum facultatum transcripsit ad verbum et punctim. »

de vouloir bien accorder aux Jésuites du Canada[1]. Le Provincial de Paris, le P. Étienne Binet, écrivit pour le même objet au Général de l'Ordre, et celui-ci adressa dans ce sens une supplique au Souverain Pontife[2]. Les privilèges furent accordés.

Munis de ces divers pouvoirs, les Jésuites administrèrent seuls le domaine royal d'outre-mer, en attendant que la Nouvelle-France fût dotée d'un évêché et d'un clergé séculier[3]. Ils attendirent plus de vingt ans.

1. « Sanctitatis tuæ pedibus affusi petimus ut nascenti huic ecclesiæ Canadensi, quæ Indis pridem attributa sunt, beneficia impertiri digneris. » (D. Petavii Epistolarum libri tres. Parisiis, S. Cramoisy, 1652, p. 264.)

2. La supplique du R. P. Général, rédigée en italien, est conservée aux Archives de la Société. Elle est du mois d'août 1638. L'année suivante, le P. Général au P. Binet : « Spero me a summo pontifice pro Canadensibus aliquid propediem habiturum. » Ces pouvoirs furent renouvelés par un décret de la Propagande le 7 août 1651, sur la proposition qui en fut faite par le cardinal Barberini : « Idem fuit decretum circa Canadam vel novam Galliam, ut vocant. » (Arch. gen.)

Le pape Urbain VIII avait renouvelé pour vingt ans, à la date du 17 septembre 1629, *pro utrâque indiâ aliisqne locis Oceani*, les pouvoirs accordés aux Jésuites par ses prédécesseurs. Innocent X les renouvela pour vingt ans le premier mars 1649. (Juris Pontificii de propagandâ fide, vol. I.)

3. L'abbé Ferland (*Cours d'hist.*, t. I, p. 277) est dans le vrai quand il dit que les Jésuites reçurent leurs pouvoirs de Rome. M. Faillon, au contraire, a cru bon d'*affirmer*, sans se donner la peine de prouver le fait, que « ces religieux s'adressèrent avant le départ, à l'archevèque de Rouen pour obtenir des pouvoirs » (t. I, p. 280). Le respect nous oblige de taire les motifs qui ont empêché cet écrivain d'être véridique ; mais le lecteur les devinera facilement, en lisant l'*Histoire de la Colonie francaise* et les *Remarques* (manuscrites) *sur la bulle de Mgr de Laval*. — Après avoir affirmé sans preuves que les Jésuites demandèrent leurs pouvoirs à l'archevêque de Rouen, M. Faillon conclut : la juridiction de l'archevêque de Rouen sur le Canada n'étant pas certaine, les pouvoirs par lui conférés aux Jésuites ne l'étaient pas non plus. Cette conclusion est exacte : *posito absurdo*,

Cependant le clergé de France, réuni en assemblée générale, au couvent des Augustins à Paris, fit une première démarche en faveur de cette institution, le 25 mai 1646. Dans la séance de ce jour, Mgr de Grasse « représenta à la Compagnie que c'était une chose digne de la piété et de la dignité du clergé de France de travailler à la perfection d'un si religieux dessein, afin que l'Église que Dieu avait assemblée au

sequitur quodlibet. — En outre, ajoute cet auteur, *il n'intervint jamais de Rome aucun acte officiel qui validât les pouvoirs dont usaient les PP. Jésuites.* Pourquoi *un acte serait-il intervenu*, puisque les Jésuites reçurent leurs pouvoirs de Rome et non de Rouen? Cet auteur aurait bien dû nous dire si jamais *il intervint de Rome un acte qui validât les pouvoirs dont usèrent* les premiers Sulpiciens du Canada, qui reçurent certainement de Rouen, et uniquement de Rouen, leurs pouvoirs. — Ajoutons que la thèse soutenue par M. Faillon contre les Jésuites porte une atteinte grave et injuste à la réputation de ces religieux et de l'archevêque de Rouen. Voilà, en effet, un archevêque qui confère des pouvoirs, à partir de 1632, sans savoir s'il a juridiction sur le Canada! Voilà des prêtres, bons théologiens, profès de leur ordre, qui vont demander des pouvoirs à un archevêque dont la juridiction n'est pas établie, qui n'a pas, d'après eux, le Canada sous sa dépendance (Lettre du P. Ch. Lalemant, citée plus haut, 2 nov. 1633)! Voilà des religieux, et parmi eux des hommes vraiment pieux, tels que Jogues, Brébeuf, Le Jeune, de Noüe, Daniel, etc., qui exercent pendant des années des pouvoirs, dont la validité est douteuse, et qui n'ont pas assez de bon sens et de conscience pour les faire valider à Rome! En vérité, M. Faillon traite lestement l'archevêque et les missionnaires; il compte par trop sur la naïve crédulité des lecteurs. — Si M. l'abbé Casgrain n'avait pas accepté sans contrôle, avec une précipitation fâcheuse, les assertions de l'abbé Faillon, il n'aurait pas trouvé *les Jésuites dans une position mal définie* (*Opinion publique de Montréal*, 5 nov. 1883), il ne leur aurait pas donné une leçon, à tout le moins inutile, de théologie. Peut-être aussi n'aurait-il pas approuvé cette *supposition* passablement déplacée de l'abbé Faillon dans les *Remarques sur la bulle de Mgr de Laval* : « La clause que Québec fut dans le diocèse de Rouen — clause insérée dans la bulle de Mgr de Laval (elle n'y est pas; voir *Pièces justificatives* n° VIII) — aura *apparamment* été insérée à la bulle sur la demande des RR. PP. Jésuites, afin de justifier par

pays du Canada, avec tant de merveilles, ne demeurât pas plus longtemps privée d'un évêque qui la gouvernât. » Puis il ajouta : « L'établissement d'un évêque en Canada ayant jusqu'ici été reculé à cause de la guerre qui était entre les deux plus puissantes nations du pays, maintenant que la paix établit la sûreté et le commerce entr'elles, il n'y a plus de sujet de différer. Les Français qui sont habitués en ces quartiers, désirent ardemment la consolation d'un pasteur qui les régisse dans l'ordre de la Hiérarchie, et leur administre, et à leurs enfants, le sacrement de la confirmation ; les Infidèles qui se convertissent, en ont particulièrement besoin, pour être fortifiés en la Foi qu'ils ont embrassée. Messieurs de la Compagnie de Montréal sont disposés à contribuer de leur part, tout ce qu'ils pourront pour la subsistance de l'évêque qui serait nommé et de son clergé [1]. »

Mgr Godeau, évêque de Grasse, ne met pas les Jésuites parmi ceux qui désiraient l'envoi d'un évêque au Canada. Cela se comprend : ami des Jansénistes [2], il n'aimait pas leurs adversaires, et en faisant le silence sur les missionnaires du Canada, il laissait assez voir, sans le dire, que ces religieux n'approuvaient ni l'institution d'un évêché à Qué-

là, et d'une manière authentique, la juridiction qu'ils avaient exercée au Canada, depuis la reprise du pays par les Français. » L'*apparemment* avec tout ce qui suit est du plus haut comique, et nous dispense de toute réflexion. Ne serait-il pas plus sage de faire jouer aux Jésuites un rôle moins ridicule ?... Ces derniers ne demandèrent pas seulement à Rome les pouvoirs dont ils avaient besoin au Canada, mais même les dispenses qui pouvaient être utiles aux Français. Nous possédons une copie de la supplique, datée de 1632 et adressée au Souverain Pontife.

1. *Collection des procès-verbaux* des assemblées générales du clergé de France, t. III, années 1645 et 1646, p. 379.

2. *Mémoires du P. Rapin*, par L. Aubineau, t. I, p. 132 ; t. II, p. 384, et t. III, *passim*.

bec, ni l'établissement d'un clergé séculier. La vérité est, comme les évènements se chargèrent de le montrer, que le temps n'était pas encore venu de fonder un évêché dans la Nouvelle-France. Marie de l'Incarnation écrivait, en effet, le 11 octobre 1646 : « On parle de nous donner un évêque en Canada. Pour moi, mon sentiment est que Dieu ne veut pas encore d'évêque en ce pays, lequel n'est pas assez bien établi. D'ailleurs, nos Révérends Pères y ayant planté le christianisme, il semble qu'il y ait de la nécessité qu'ils le cultivent encore quelque temps, sans qu'il y ait personne qui puisse être contraire à leurs desseins[1]. »

Les associés de Montréal n'étaient pas de cet avis. Établis depuis trois ans seulement à Villemarie, et désirant faire nommer évêque un de leurs membres, ils travaillèrent dès 1645 à faire ériger l'évéché de Québec et jetèrent les yeux sur M. Legauffre pour occuper ce siège épiscopal. Ce choix était excellent. Thomas Legauffre, autrefois maître des comptes à Paris, aujourd'hui prêtre et coadjuteur du P. Bernard, la Providence des prisonniers, des malades et des pauvres, était un homme d'un grand zèle et d'une haute vertu, qui avait donné trente mille livres pour la fondation du nouvel évêché. Mazarin approuva ce choix, les Jésuites y applaudirent. Mais Dieu renversa en quelques jours tous ces beaux desseins. M. Legauffre mourut pendant une retraite qu'il faisait sous la direction du P. Haysneuve[2], et il ne fut pas remplacé.

Pourquoi ne fut-il pas remplacé? Mgr Godeau en donna la raison dans l'assemblée de 1655 du clergé de France :

1. *Lettres spirituelles*, l. 42e.
2. *Lettres spirituelles* de Marie de l'Incarnation, lettre 42e. — *Histoire de la Colonie Française*, t. II, pp. 47 et suiv. — *Vie de Mgr de Laval*, par l'abbé Gosselin, t. I, ch. VIIe, p. 93.

« Sur la fin de l'Assemblée, tenue à Paris en l'année 1645, dit-il, Mgr le cardinal Mazarin y étant entré, je me suis servi de cette occasion pour représenter la nécessité d'établir un évêque dans la Nouvelle-France... Mais depuis ce temps-là les guerres arrivées entre les Hurons et les Iroquois dans le Canada, et les troubles de la France ont empêché l'exécution de ce dessein[1]. » Ces paroles justifient pleinement les Jésuites qui prétendaient, à l'époque de la première assemblée du clergé de France, que le temps n'était pas encore venu, à cause de l'état précaire où se trouvait la colonie, de créer un évêché à Québec[2]. M. Faillon est également forcé

1. *Assemblées générales* du clergé de France, t. IV, p. 368.

2. *Histoire de la Colonie Française*, pp. 47 et suiv.; — *Vie de Mgr de Laval*, par l'abbé Gosselin, pp. 95 et suiv. — Dans le chapitre VII du tome Ier, M. Gosselin ne fait que résumer ou copier M. Faillon, sans omettre les réflexions désagréables de ce dernier contre les Jésuites, ses insinuations injustes, sa manière de présenter les choses toujours en faveur des associés de Montréal. Citons deux exemples seulement. — 1) D'après M. Faillon, « il est bien probable que, sans les efforts de la Compagnie de Montréal, *on n'aurait point songé à donner un évêque à ce pays*, et qu'il en aurait été du Canada comme de la Martinique et des autres îles françaises... » Si cet historien ne nous avait pas habitués aux assertions gratuites, pour ne rien dire de plus, il y aurait de quoi étonner dans ces quelques lignes, que M. Gosselin n'a pas osé reproduire. *On n'aurait pas songé à donner un évêque au Canada!* Est-ce que, plus de vingt-cinq ans avant les *efforts de la Compagnie de Montréal*, le P. Biard n'avait pas proclamé la nécessité du gouvernement de l'évêque et des prêtres séculiers (*Relation* de 1616, p. 21)? M. Faillon cite lui-même ses paroles, t. II, p. 52. Est-ce que le P. Lalemant n'écrivait pas, dès 1633, au R. P. Général, par l'entremise du P. Charlet, assistant de France à Rome, qu'*avec le temps il faudrait un évêque au Canada, car ceux qui étaient là ne dépendaient d'aucun évêque?* — 2) Le 11 octobre 1646, la Mère Marie de l'Incarnation écrivait : *Pour moi, mon sentiment est que Dieu ne veut pas encore d'évêque en ce pays*; et elle donnait deux raisons de *son sentiment à elle* : d'abord le pays n'est pas assez établi; ensuite, *il y a de la nécessité que les Pères cultivent le christianisme*

d'en convenir : « Si l'on considère, dit-il, ce qui eut lieu immédiatement après (la mort de M. Legauffre), savoir que la paix avec les Iroquois fut rompue au bout d'une année

encore quelque temps sans qu'il y ait personne qui puisse être contraire à leurs desseins (*Lettre spirituelle* 47e). C'est *son sentiment* qu'elle exprime, et nous partageons sa manière de voir. Mais l'historien de Mgr de Laval part de là pour écrire ce qui suit, p. 96 : « Ces dernières paroles de Marie de l'Incarnation font suffisamment entendre que les Jésuites, outre la *raison avouée* qu'ils alléguaient pour s'opposer à la nomination du nouvel évêque, à savoir que le temps n'en était pas encore venu, *en avaient une autre qu'ils ne donnaient pas*, c'est qu'ils craignaient que ce nouvel évêque n'eût des vues différentes des leurs. » M. Gosselin renchérit ici sur son maître, M. Faillon, en mettant sur le compte des Jésuites, et en l'exagérant, le *sentiment personnel* de Marie de l'Incarnation. En outre, comment les Jésuites pouvaient-ils, après la mort de M. Legauffre, *s'opposer à la nomination d'un nouvel évêque, de crainte qu'il n'eût des vues différentes des leurs*, puisque, de l'aveu même de M. Gosselin (p. 99), « tout le monde était d'accord qu'il fallait que le nouvel évêque fût agréable aux Jésuites, alors seuls chargés de toutes les missions du Canada? » Ne pourrait-on pas, avec raison, émettre l'idée que *certains* se montrèrent très empressés à demander un évêque, pour faire nommer un de leurs amis, et écarter ainsi la nomination d'un Jésuite, nomination qu'ils redoutaient par dessus tout? Les Jésuites n'avaient pas la même ambition pour leur Ordre : ils le prouvèrent assez en refusant l'épiscopat, comme on le verra plus loin, en 1650. Déjà, au mois d'octobre 1648, le P. Vimont ayant écrit au R. P. Général qu'il n'y avait pas lieu de hâter la nomination d'un évêque, à cause des grands troubles et des guerres survenus au Canada, le général Piccolimini lui répondit le 20 janvier 1649 : « De episcopo non est quod moneat Ria Va ut lentè festinem ; ea enim cura non ad me pertinet, et *optandum id munus ab societate procul esse.* « (Arch. gen. S. J.) — Inutile de relever les inexactitudes de détail, qui ne sont pas rares dans Faillon, de la p. 48 à la p. 53; citons seulement, pour mémoire, cette phrase de la p. 48 : « *Le P. Georges Delahaye, qui prenait soin alors de la mission du Canada.* Le P. Delahaye fut, en effet, consulté, d'après ce que rapporte Marie de l'Incarnation (*Lettre spirituelle* 67e, p. 80), mais il ne *prenait nul soin de la mission de ce pays*; il était supérieur de la maison professe de Paris. C'est le P. Le Jeune qui était procureur à Paris de la mission de la Nouvelle-France, et le P. Charles Lalemant secondait ses généreux efforts pour la prospérité de cette mission.

et que la guerre avec ces barbares réduisit la Colonie française aux dernières extrémités, on conviendra en effet qu'un évêque n'était pas encore devenu nécessaire[1]. »

Cependant le gouvernement de la Métropole ne renonça pas à ce projet; il se contenta d'en ajourner l'exécution à de meilleurs jours. Ce qui le prouve, c'est que l'année suivante (1647) le Roi déclare, dans les articles dressés pour l'établissement du *Conseil* de Québec, que le supérieur des Jésuites fera partie de ce Conseil. « en attendant, dit l'arrêt, qu'il y ait un évêque au Canada. »

Les Cent-Associés, piqués au vif par la démarche prématurée de la Société de Montréal, s'avisèrent aussi de faire du zèle. En 1650, les directeurs de cette Compagnie prièrent la Reine-mère, Anne d'Autriche, d'obtenir de Rome l'érection de l'évêché, et ils proposèrent pour ce siège le P. Charles Lalemant. La Reine-mère, qui s'intéressait plus que personne, à l'avenir religieux du Canada, porta la demande des Directeurs au Conseil des affaires ecclésiastiques. Le P. Paulin, confesseur du Roi, y assistait. Trois noms furent discutés : Lalemant, Ragueneau et Le Jeune, tous trois Jésuites. Ragueneau avait déployé dans les missions huronnes les plus hautes qualités du supérieur dévoué, prévoyant et organisateur. Le Procureur de la mission à Paris écrivait de lui : « C'est un ouvrier intelligent et industrieux[2]. » L'auteur du répertoire du clergé canadien est encore plus louangeur : « Aucun missionnaire peut-être, dit-il, ne contribua davantage au progrès du christianisme en Canada et ne mérita mieux le titre d'apôtre[3]. »

1. *Histoire de la Colonie Française*, t. II, p. 53.

2. Epistola P. Pauli Le Jeune ad R. P. Generalem, ante Kal. Janarii an. 1654 : « Pater iste egregius est et industrius operarius in vinea Domini. » (Arch. gen. S. J.)

3. *Répertoire*, p. 33.

Mais on a dit avec raison que tel brille au second rang, qui s'éclipse au premier. Devenu recteur de Québec et supérieur des missions du Canada, en remplacement du P. Jérôme Lalemant, il mécontenta les missionnaires comme supérieur en s'immisçant trop dans les affaires civiles et administratives de la colonie, et comme membre du conseil, il déplut, toujours par le même motif, à un assez grand nombre de colons.

En revanche, il fut l'ami et le conseiller intime du gouverneur, M. de Lauson, dont il dirigeait la conscience; situation très délicate, dont il ne sut pas tirer bon parti pour le bien général de la colonie. Il se laissa sans doute entraîner par un amour excessif du bien public, par le désir très légitime de fortifier la foi dans les âmes, d'assurer à l'église la première place dans l'administration coloniale; il n'en fit pas moins fausse route[1]. Sa fonction de membre du conseil peut excuser en partie ses excès de zèle, elle ne les justifie pas complètement.

Charles Lalemant, que ses aventures sur mer ont rendu célèbre, n'avait ni le talent ni les défauts de son confrère. La vie dure du missionnaire à la recherche des âmes n'allait pas à son tempérament; s'il ne reculait jamais devant les ordres de l'obéissance, les supérieurs, qui savaient ses répu-

1. Lettre du P. Barthélemy Vimont au R. P. Général, Goswin Nickel, 16 oct. 1652 : « Verum est quod superior (P. Ragueneau) videtur se plurimum implicere cum Domino Gubernatore et aliis viris consiliariis hujusce regionis ad omnia plene gerenda negotiorum. Undè oriuntur clamores aliqui contra ipsum et contra nos. Sed videtur eum cogere aliqua necessitas ad stabiliendam coloniam et tuendum religionis statum » (Arch. gen. S. J.). — En 1655, le P. Poncet écrivait aussi au même P. Général : « P. Ragueneau nimis se immiscet in rebus gubernii, quarum rerum notitiam non habet... Gubernator est plenè ad manum Patris, et indè odia in Societatem suscitantur. » (*Ibid.*). D'autres lettres confirment ce qui est dit dans celles-ci.

gnances, ne le condamnèrent pas à vivre au milieu des sauvages. Il resta à Québec, et là il se conquit les sympathies de tous les colons, sans en excepter les coureurs de bois, qui faisaient pour lui ce que personne n'obtenait d'eux[1]. Le P. Le Jeune, son supérieur au Canada, comprit que ce Père rendrait plus de services à la mission, en qualité de procureur général à Paris, que dans ses fonctions de directeur des consciences et de régent à Québec; il le renvoya en France[2]. A Paris, il devint l'ami le plus écouté des directeurs de la Compagnie de la Nouvelle-France; il se répandit même très vite dans la société parisienne, et se lia d'amitié avec le prince de Conti. Actif, aimable, fidèle à ses amis, très dévoué, il sut remplacer ce qui lui manquait du côté de la science, par une éducation distinguée et un grand savoir-faire. On ne l'aimait pas à la Cour à cause de sa liaison avec le prince de Conti; on l'accusait même de favoriser la Fronde. Le P. Paulin l'avait en aversion; Anne d'Autriche redoutait son influence; Mazarin le faisait espionner. Le P. Lalemant était alors supérieur de la maison professe de Paris. Le Tellier prévient Colbert qu'il a besoin d'être surveillé, et Colbert lui répond : « Son Éminence (le cardinal Mazarin) m'ordonne de vous écrire que vous preniez la peine de vous informer du Père Le Mérac ou de quelque autre Jésuite, si on ne pourrait pas trouver quelque expédient pour faire changer avec bienséance le P. Lalemant. En ce cas, Son Éminence en écrira au Père Général[3]. » Trois jours plus tard, il écrit encore : « Son Éminence a été assurée par le P. Paulin qu'il (le P. Lalemant) ne ferait rien contre les

1. Voir les *Relations* de 1632, 1633, 1634, 1635 et 1636, *passim*.
2. *Relations* de 1638, p. 31; — de 1640, p. 37.
3. *Correspondance de Colbert avec Le Tellier*, Compiègne, 12 juin 1650, t. I, p. 12.

instructions et le bien du service du Roy, et, pour plus de précaution, elle vous prie de le faire éclairer de près par quelqu'un de vos amis de cette Compagnie [1]. »

Evidemment, cette candidature ne devait pas être agréable à la Reine-mère, et elle ne le fut pas, en effet. Cependant, on ne l'écarta pas. Peut-être *trouvait*-on là l'*expédient* recherché d'éloigner *avec bienséance* de Paris le *dangereux* supérieur.

Le candidat préféré de la Reine-mère était le P. Le Jeune[2], des trois le plus complet incontestablement. Son caractère manquait de souplesse; on sentait en lui l'homme de tête et de volonté; le cœur se montrait moins ou n'apparaissait qu'à travers la constance du dévouement. Le protestant converti ne se défit jamais de sa première éducation. Dur envers lui-même, il éprouvait une certaine peine à comprendre, dans ses rapports avec les inférieurs, la nécessité des ménagements. Son administration à Québec se ressentit plus d'une fois de la raideur native de son caractère. Moins doux que ferme, il ne sut pas assez mélanger dans une juste mesure ces deux éléments constitutifs d'un parfait gouvernement : la force et la suavité. Toutefois, des qualités de premier ordre rachetaient ce défaut : intelligence, savoir, sens pratique, connaissance des hommes et des choses, amour du devoir et du sacrifice, constance persévérante, il possédait tout cela à un haut degré, au dire de ses contemporains. A nôtre avis, ce fut le missionnaire le mieux doué de la Nouvelle-France au XVIIe siècle. Jérôme Lalemant et Paul Ragueneau se rapprochèrent le

1. Lettre du 15 juin 1650. (*Ibid.*). — *Voir* dans la « *Première jeunesse de Louis XIV*, par le P. H. Chérot; Desclée, 1692, » une lettre du Paulin, datée de Paris, 15 décembre 1652, pp. 133-135.

2. *Histoire de la Nouvelle-France*, par le P. de Charlevoix, t. I, p. 339.

plus de lui par l'ensemble de leurs qualités, ils ne l'égalèrent pas. Anne d'Autriche l'estimait particulièrement et le consulta souvent. Ce fut lui qu'elle recommanda à Rome. Ce qui n'empêcha pas le *Conseil des choses ecclésiastiques* de proposer les trois candidats et *de renvoyer aux Pères de la Compagnie de Jésus pour le choix de l'un des trois.* Les directeurs de la *Compagnie de la Nouvelle-France* ne s'en tinrent pas là : ils écrivirent au Général de l'Ordre une lettre collective, où ils demandaient pour évêque un Jésuite, et de préférence le P. Charles Lalemant[1].

Goswin Nickel, alors vicaire général de la Compagnie, les refusa tous trois, par cette raison que la règle de l'Ordre interdisait aux religieux l'accès des dignités ecclésiastiques. Le P. Lalemant et le P. Le Jeune, avisés de ce qui se passait, s'étaient déjà excusés de ne pouvoir accepter l'épis-

1. Lettre des directeurs de la Compagnie de la Nouvelle-France au R. P. Général; Paris, juin 1651. — Le P. Carayon a fait imprimer cette lettre dans ses *Documents inédits*, XII, p. 255. — Le P. Goswin Nickel y répondit, de Rome, le 31 juillet 1651 : Canadensis vestra Societas, Illustrissimi Domini, opus est plenum non modo liberalitatis magnificæ, sed etiam christianæ pietatis, quando scopus ejus est quod in cœlo terrisque est maximum, major Dei gloria salusque barbarorum. Si quid autem ad illud contulerunt PP. Nostri de suis laboribus, ne vitæ quidem ipsi parcentes, sicut commemoratis, fecerunt omninò illi quod facere debuerunt, ut dignum vocatione suâ probarent animum, Deoque creatori suo fidele præstarent obsequium, pro quo mori lucrum. Jam verò quod vos charitatis ardore incensi, cogitatis de procurando errantibus ovibus magno pastore seu episcopo per autoritatem regii consilii stabilito, qui sit unus è Societate nostrâ, I. E., Pater Carolus Lalemant, domus professæ parisiensis præpositus, in hoc profecto eximiæ ergà nos voluntatis signum certum agnoscimus; credo autem vobis esse notam satis instituti nostri rationem et arctam votorum obligationem.

Vos itaque facilè videbitis quod Deo gratius vestræque nobilissimæ associationi fuerit commodiùs. Intereà vero Deum precabor ut copiosâ vos benedictione impartiatur, compensans largissimè temporalia æternis et terrena cælestibus. (Arch. gen. S. J.)

copat; ils étaient du reste absolument opposés à la nomination d'un religieux d'un ordre quelconque, et le P. Lalemant écrivait au P. Charlet, assistant de France à Rome, de *prendre garde qu'aucun religieux n'eût cette charge*[1].

Le *Conseil des choses ecclésiastiques* et les directeurs de la *Compagnie de la Nouvelle-France* n'insistèrent pas, parce que la France était à cette époque trop bouleversée par les agitations des Frondeurs; l'affaire de l'évêché de Québec en resta là jusqu'à de meilleurs jours.

Depuis quatre ans, du reste, la situation des missionnaires du Canada s'était profondément modifiée au point de vue de la juridiction ecclésiastique. Nous avons vu qu'en 1632 et les années suivantes, ils avaient reçu les pouvoirs de Rome directement, qu'on leur avait même communiqué les facultés accordées par les souverains pontifes aux Indes Orientales. Comme le Canada ne dépendait d'aucun évêché, ils n'avaient demandé l'*approbation* à aucun évêque. Or, en 1647, des lettres venues de France leur apprirent que Mgr l'archevêque de Rouen prétendait avoir droit de juridiction sur les pays de l'Amérique septentrionale.

D'où venait cette prétention, et que s'était-il passé? Chose curieuse! L'assemblée générale du clergé de France, commencée le 26 mai 1645 et terminée le 28 juillet 1646, ne contient nulle trace de cette juridiction nouvelle. N'était-ce cependant pas le lieu et l'occasion de parler d'une question de cette importance? Et, l'assemblée dissoute, voici

1. Archives génér. de la Compagnie. — M. de la Tour dit dans la *Vie de Mgr de Laval*, pp. 10 et 11 : « La reine Anne d'Autriche avait offert cet évêché (de Québec) aux Jésuites comme plus propres que d'autres à y maintenir le bien qu'ils avaient heureusement commencé ; mais ils le refusèrent, parce que leur institut les exclut de toutes les dignités ecclésiastiques. »

que Mgr de Harlay se déclare l'Ordinaire de la Nouvelle-France.

Sur quoi s'appuyait donc cette prise de possession du territoire canadien? Sur ces faits très simples. Beaucoup de colons sortaient du diocèse de Rouen, et l'embarquement pour le Canada se faisait soit au Havre, soit à Dieppe. D'un autre côté, les missionnaires, qui partaient de l'un de ces ports, demandaient à l'archevêché les pouvoirs pour la traversée; il est probable aussi que les prêtres séculiers [1], qui vinrent partager les travaux des Jésuites de Québec, de 1634 à 1648, firent voile de l'un ou l'autre de ces ports et se munirent, avant le départ, auprès de l'autorité diocésaine, des pouvoirs spirituels pour l'exercice de leur ministère sacerdotal; et ainsi l'archevêque de Rouen, Primat de Normandie, s'habitua peu à peu à regarder le Canada comme partie intégrante de son domaine. Ce fut Mgr de Harlay, qui fit le premier acte d'autorité sur la Nouvelle-France; et son successeur alla jusqu'à soutenir que le seul fait d'avoir envoyé au Canada des prêtres de son diocèse, mettait ce pays sous sa dépendance [2].

Cette prise de possession ne pouvait être correcte : un diocèse ne s'agrandit pas ainsi. Pour que les pays d'outre-mer, nouvellement acquis, vinssent faire partie du territoire administré par l'archevêque de Rouen, une concession du siège apostolique eût été nécessaire; et, dans le cas présent, il n'y eut aucun bref, aucune parole, aucun acte

1. Citons, parmi ces prêtres, M. Jean Le Sueur de Saint-Sauveur, qui arriva à Québec le 8 août 1634; M. Gilles Nicolet, qui vint à Québec en 1635; M. Antoine Faulx, qui est au Canada, en août 1641, et retourna en France en 1644; M. René Chartier, arrivé à Québec le 15 août 1643; M. Guillaume Vignal, qui débarqua à Québec le 13 sept. 1648.

2. *Histoire de la Colonie Française*, t. II, p. 329. — M. Gosselin, dans la *Vie de Mgr de Laval*, p. 130.

positif de Rome autorisant le Primat de Normandie à étendre sa juridiction, en dehors de son diocèse, sur le continent américain. C'est ce que fit savoir la Propagande à Mgr de Harlay par l'entremise de M. de Gueffier, conseiller d'État, résident de France à Rome[1]. Les droits de l'archevêque de Rouen n'étaient fondés sur aucun titre, et si les raisons qu'il alléguait pour les affirmer eussent été valables, les évêques de Nantes, de la Rochelle, de Bayonne et d'autres ports de départ, auraient pu faire valoir les mêmes raisons pour s'arroger les mêmes droits[2]. De là conflit de juridiction.

Quoi qu'il en soit de cette grave question, aujourd'hui résolue, mais enveloppée alors d'obscurités, grâce aux empiètements de l'église gallicane, il reste un fait certain, c'est qu'en France, dès 1647, beaucoup de personnes considéraient le Canada comme relevant directement, au spirituel, de l'autorité archiépiscopale de Rouen. Il semble même que le gouvernement pensait ainsi, puisqu'il défendit à Rome les prétentions de Mgr de Harlay[3]. Au Canada, on professait une doctrine différente, à en juger par le *Journal des Jésuites*, qui déclare « que jusques en l'an 1647 on n'avait eu raport à aucun évêque pour le gouvernement spirituel de ce pays[4] ».

1. *Histoire de la Colonie française*, t. II, p. 329.

2. L'abbé de la Tour dit dans ses mémoires sur la vie de Mgr de Laval : « L'archevêque de Rouen n'avait pour lui que des pouvoirs accordés à plusieurs missionnaires lors de leur départ, ce qu'il appelait *possession*, et ce que les évêques de Lizieux, de Saint-Malo, de Vannes, de Nantes, de Mallezais (La Rochelle), de Bordeaux, de Bayonne, avaient aussi bien que lui, puisqu'ils avaient également donné des pouvoirs aux missionnaires qui étaient partis de divers ports de mer situés dans tous ces diocèses; ce qui n'avait pu incorporer à son église des terres nouvellement découvertes. »

3. *Faillon*, t. II, p. 333 : Lettres patentes de Louis XIV.

4. P. 196.

Un évènement de peu d'importance en soi, quoique très significatif dans la matière qui nous occupe, est une preuve nouvelle de l'indépendance de l'Église du Canada à cette époque; il prouve du moins qu'elle croyait ne pas relever de l'archevêché de Rouen. « M. l'abbé de Quelus, raconte Charlevoix, était venu à Québec, muni d'une provision de grand-vicaire de l'archevêque de Rouen; mais comme la juridiction de ce prélat sur la Nouvelle-France n'était fondée sur aucun titre, et que les évêques de Nantes et de la Rochelle avaient les mêmes prétentions que lui; l'abbé de Quelus ne fut point reconnu en qualité de grand-vicaire et s'en retourna en France[1]. » Ceci se passait en 1644, et, l'année suivante, le clergé de France se réunissait en assemblée générale. Si la juridiction de Mgr de Harlay sur le Canada eût alors existé réellement, il n'aurait pas manqué de porter plainte contre le supérieur de Québec, rebelle à son autorité et refusant de reconnaître son grand vicaire. Il n'en fallait pas tant, on le sait, pour soulever, en ce temps-là, les protestations de l'épiscopat français contre les privilèges des religieux, contre leur esprit ou prétendu esprit d'insubordination. Or, il n'est trace nulle part, dans les procès-verbaux de l'assemblée générale, non seulement d'une protestation, mais même d'une plainte du Primat de Normandie, contre l'acte d'autorité du supérieur de la mission.

Aussi très grand fut l'étonnement des missionnaires, lorsqu'ils apprirent que ce prélat considérait le Canada comme relevant de sa juridiction. L'inquiétude vint bientôt se mêler à la surprise, et cela se comprend. Car, dans la persuasion où ils vivaient depuis plus de quinze ans, que le territoire de la Nouvelle-France n'était soumis à aucun

1. *Histoire générale de la Nouvelle-France*, t. I, p. 340.

évêque, jamais ils n'avaient fait approuver les pouvoirs reçus de Rome. Ils avaient exercé les fonctions ecclésiastiques, légitimé les mariages, admis les religieuses à la profession, sous l'autorité immédiate du Souverain-Pontife. Et en cela ils avaient agi avec la plus parfaite correction; il ne leur était venu à l'idée ni d'agir ni de pouvoir agir autrement. Les lettres de France troublèrent, bien entendu, cette quiétude très légitime; elles soulevèrent, bien à tort, dans les esprits de quelques timorés des doutes sérieux sur la validité de certains mariages et des professions religieuses.

Puis, que faire désormais? Fallait-il ne rien changer à la conduite du passé, ou se soumettre franchement à la juridiction de l'archevêque de Rouen? Avant toute décision. il y avait une question de fait à résoudre : les territoires conquis et possédés par la France dans l'Amérique septentrionale dépendaient-ils du diocèse de Rouen? Les éléments d'information manquaient pour se prononcer sur cette question préalable. Le P. Vimont fut donc chargé d'aller se renseigner en France et de consulter ensuite les théologiens de l'Ordre[1].

Ce qu'il apprit à Paris sur la question de fait n'apporta pas grande lumière dans son esprit; tout se réduisait à ceci, que Mgr de Harlay avait manifesté son autorité spirituelle par plusieurs actes de juridiction. Mais ce pouvoir était-il réel? n'était-il pas usurpé? A notre avis, le P. Vimont eût mieux fait d'interroger la Propagande sur

1. Le 15 octobre 1647, le P. Vimont écrivait de Québec au R. P. Général : « Quia res eget consilio et ope veteris nostræ Franciæ statuit P. Superior, negocio cum consultoribus deliberato, mittere me in Galliam, præsertim cum sint pleraque alia de quibus hic dubitamus et quæ cum P. Provinciali consultanda sint. Brevi, Deo dante, navem conscendemus in Galliam navigaturi. » (Arch. gen. S. J.)

ce point capital, de demander à Rome s'il existait un acte pontifical autorisant l'agrandissement du domaine spirituel de l'archevêque de Rouen. Par là on eût peut-être évité les difficultés que fit naître dans l'avenir la reconnaissance des prétendus droits du Prélat. Mais, à Paris, les Pères pensèrent qu'il y aurait de graves inconvénients à se livrer à cette espèce d'enquête et qu'il était préférable d'accepter le fait accompli. Étant donné du reste les pouvoirs très amples que les missionnaires tenaient directement du Saint-Siège, les théologiens ne voyaient pas quelles fâcheuses conséquences pourrait avoir, au point de vue du ministère, l'approbation de l'archevêque, en supposant qu'elle ne fût pas valide.

Cette opinion avait sa raison d'être. En conséquence, dit le *Journal des Jésuites*, « après avoir consulté Rome, les principaux Pères de nostre Compagnie de la maison professe et du collège, le sens le plus commun fut qu'il fallait s'adresser et attacher à M. de Rouen[1]. » Cette

1. P. 186. — Le P. Vimont consulta Rome, en effet ; mais il n'attendit pas la réponse du Général, et comme les Pères de la maison professe de Paris et ceux du collège de Clermont furent d'avis qu'il fallait *s'attacher à M. de Rouen*, il écrivit de suite au P. Pingeolet pour obtenir de Sa Grandeur les lettres de grand vicaire. Le R. P. Général ne croyait pas, comme bien d'autres, à l'autorité que s'arrogeait Mgr de Rouen sur le Canada. Aussi écrivit-il, le 28 décembre 1648, au P. Etienne Charlet, provincial de Paris : Fertur Patrem Vimont vicariatum nescio quem ab illustrissimo Rothomagensi episcopo patentibus litteris accepisse. » (Arch. gen. S. J.) Il écrit encore le 18 janvier : « Non intelligimus cur Patres Canadenses cum haberent ab Innocentio X facultatem administrandi omnia sacramenta etiam parochialia in diœcesibus ubi non erunt episcopi vel ordinarii aut eorum vicarii, vel in parochiis ubi non erunt parochi vel ubi erunt de eorum licentiâ, tamen confugerint ad archiepiscopum rothomagensem ut ab eo juridictionem acciperent. » (Arch. gen. S. J.)

Enfin, dans une autre lettre, il s'exprime ainsi sur les raisons que

décision prise, le P. Vimont pria le P. Pingeolet, recteur du collège de Rouen, d'obtenir de Sa Grandeur des lettres de *Vicaire général* pour le supérieur des Jésuites de Québec. Sa Grandeur les accorda volontiers, et deux ans après, le 30 avril 1649, « elle envoya une patente bien ample, adressée au R. P. assistant, par laquelle elle établissait le supérieur de la mission son *vicaire général* avec toutes les précautions possibles pour le bien de la Compagnie[1]. »

Il faut croire que les missionnaires ne se montrèrent pas très fiers de leur nouvelle dignité, puisqu'ils « ne jugèrent pas à propos de faire encore éclater beaucoup au dehors cette affaire[2] », et cela pendant cinq ans. Et puis, le Général de la Compagnie n'avait pas approuvé la démarche du P. Vimont à Rouen ; il ne croyait pas à l'autorité de l'archevêque sur le Canada. L'archevêque lui-même ne paraissait pas très sûr de la légitimité de sa juridiction, tellement il procédait avec mystère et timidité, intervenant le moins possible et sans bruit.

Son successeur et neveu, Mgr François de Harlay de Champollion, sortit de cette prudente réserve ; il affirma hautement ses prétentions, en faisant publier dans la Nouvelle-France le jubilé du Souverain-Pontife, Innocent X. « Cette publication, sous son nom et autorité, dit le *Journal des Jésuites*, est le premier acte qui ait paru notoirement dans le pays[3]. »

l'archevêque de Rouen met en avant pour prouver son autorité spirituelle sur le Canada : « Rationes illustrissimi archiepiscopi rothomagensis nullius hic momenti judicantur (Romæ, 28 feb. ; Arch. gen. S. J.)

1. *Journal des Jésuites*, p. 186. — On trouvera aux *Pièces justificatives*, n° IX, ces lettres de grand vicaire, conservées aux Archives génér. de la Société.

2. *Journal des Jésuites*, p. 186.

3. *Ibid.*, p. 185.

Au reçu du mandement de l'archevêque, les Jésuites furent passablement embarrassés, car les fidèles ignoraient que le Canada relevât du diocèse de Rouen. Quelques personnes et les religieuses avaient seules été mises au courant de cette affaire. Aussi le supérieur, honoré de la fonction de grand vicaire, consulta-t-il le gouverneur avant de publier le mandement, afin de dégager sa responsabilité. Le gouverneur fut d'avis qu'on devait lire le mandement et proclamer le Jubilé, ce qui eut lieu le jour de l'Assomption (1653); le P. Lalemant profita de la circonstance pour annoncer à la grand'messe que Mgr de Harlay avait pleine et entière autorité sur la nouvelle Colonie française[1]. A partir de ce jour, sa juridiction fut reconnue et acceptée de tous. Nous verrons plus loin que le Saint-Siège ne l'admettait pas.

Deux ans après cet évènement, qui plaçait officiellement l'Église du Canada sous le gouvernement spirituel du

1. Pour justifier sa conduite, le P. J. Lalemant, vice-supérieur depuis le 6 août (*Journal des Jésuites*, p. 185), expose longuement (*Ibid.*, pp. 185-187) les raisons qui le firent agir. On lit, entre autres, celles-ci : « Son nepveu successeur en sa charge (François de Harlay de Champollion) envoya une semblable patente à celle de son oncle au R. P. assistant, qui nous fut icy apportée avec le mandement pour la publication du Jubilé... On a de plus à noter que le susdit nepveu successeur, estant coadjuteur de son oncle, donna lettre démissoire au sieur Gendron pour recevoir les Ordres l'an 1652 ; et ce en considération qu'il estait son sujet pour avoir demeuré environ 10 ans en ce pays ; le même, depuis la mort de son oncle, a donné un autre mandat pour faire inquisition sur la vie et sainte mort de nos Pères ; de sorte que tout cela mis ensemble a fait juger que la chose estait venue à sa maturité pour la faire dorénavant paraistre et esclater au dehors quand besoin serait ; ce qui s'est fait *nunc primum* par la publication susdite du Jubilé soubs le nom et authorité de mondit seign. Archevesque de Rouen, qui fut qualifié notre prélat ce jour là 15 d'aoust, en la présence de M. le Gouverneur et de tout le peuple assemblé pendant la grande messe. » (*Ibid.*, p. 187).

Primat de Normandie, l'assemblée générale du clergé de France se tenait au couvent des Augustins, à Paris [1].

Les directeurs de la Société de Montréal, qui désiraient beaucoup avoir au Canada pour évêque un membre de la Congrégation de Saint-Sulpice, saisirent aussitôt l'assemblée de cette double question : l'établissement à Québec d'un siège épiscopal, et la nomination à cet évêché d'un prêtre sulpicien. Ils prièrent même Mgr Godeau de proposer et de faire nommer l'abbé de Queylus. C'est dans la séance du 10 janvier (1657), présidée par le cardinal Mazarin, que l'évêque de Vence désigna cet abbé comme ayant toutes les qualités requises pour les hautes fonctions de l'épiscopat. En outre, persuadé que ni le Roi ni Mazarin n'accepteraient un évêque hostile ou simplement peu sympathique aux Jésuites, il ajouta, de son propre chef ou sur la recommandation des Associés, que la personne de l'abbé de Queylus était agréable aux Pères Jésuites, avec lesquels il faut qu'un évêque soit de bonne intelligence pour l'avancement de l'Évangile en ces quartiers-là [2] ».

Cet hommage rendu à la bonne intelligence entre l'abbé et les Jésuites avait son prix : il servait merveilleusement les desseins de Mgr Godeau. Par malheur, les Jésuites n'agréaient pas M. de Queylus [3]. Mgr Godeau avait soigneu-

1. « Cette assemblée, communément appelée de 1655, dura 19 mois, moins deux jours. Elle commença le 25 octobre 1655 et finit le 23 mai 1657. » (*Procès-verbaux*, p. 1, t. IV.)

2. *Procès-verbal* de l'assemblée de 1655, t. IV, p. 369.

3. M. l'abbé Faillon, t. II, p. 275, dit : « Il paraît que les Pères Jésuites avaient d'abord agréé la personne de M. de Queylus ; mais peu après... ils songèrent à proposer eux-mêmes un sujet à la Reine. » Si les Jésuites avaient agréé M. de Queylus le 10 janvier pour proposer quelques jours après à sa place l'abbé de Laval, ils auraient fait preuve d'une bien grande légèreté. Tout ce qui s'est passé au Canada, avant et après l'assemblée de 1655, ne donne-t-il pas un démenti à cette parole de Mgr de Vence *que la personne de*

sement caché le nom de son candidat à l'assemblée jusqu'au 10 janvier ; il s'était contenté, le 9 août de l'année précédente, d'attirer l'attention des prélats sur la nécessité de l'érection d'un évêché à Québec, puis il leur avait dit « qu'il avait un abbé qui voulait bien accepter ce poste, et aller sacrifier parmi les sauvages son bien et sa personne ; mais qu'il ne pouvait pas encore le nommer[1]. » Aussitôt que les Jésuites connurent le candidat de l'évêque de Vence et de l'assemblée, ils proposèrent, dans ce même mois de janvier, à la nomination du roi l'abbé François de Laval de Montigny. Cette proposition fit échouer la candidature de l'abbé de Queylus, et les associés de Montréal, après cet échec, ne songèrent plus qu'à faire partir pour Montréal les quatre ecclésiastiques de Saint-Sulpice, désignés par M. Olier : Gabriel Souart, prêtre de Paris ; Dominique Galinier, prêtre de Mirepoix ; d'Allet, diacre de Paris, et enfin M. de Queylus, leur supérieur[2].

M. de Queylus était agréable aux PP. Jésuites, et à celle de M. Faillon, *que les Jésuites avaient d'abord agréé la personne de M. de Queylus?* M. Gosselin l'a si bien compris qu'il s'est séparé sur ce point et de Mgr Godeau et de M. Faillon : « Les Jésuites, dit-il, soit qu'on ne les eût pas consultés d'avance, soit qu'on les eût mal compris, jugèrent qu'il valait mieux avoir pour évêque un homme de leur choix. » (T. I, p. 98.)

Sur l'abbé de Queylus et les Jésuites, le lecteur peut consulter M. Faillon, t. II, ch. XII, § 5, 6, 7, 8, 9, 10, 11, 12, et du § 23 au § 31 inclusivement ; et M. Gosselin, qui suit presque toujours pas à pas M. Faillon, t. I de la *Vie de Mgr de Laval*, p. 98 et p. 111 et suiv.

1. *Procès verbal*, t. IV, p. 369. — Mgr Godeau, sacré évêque de Grasse en 1636, avait uni Vence à Grasse en 1644 ; mais à partir de 1653, il ne retint plus que Vence.

2. On lit dans la *Vie de M. Olier*, par l'abbé Faillon, t. III, p. 411 : « La Compagnie de Montréal s'était efforcée depuis vingt-un ans de défricher et de peupler le pays... Mais cette compagnie ayant perdu la plupart de ses membres les plus opulents... ; de plus, se voyant chargée de dettes énormes....., résolut de substituer à sa place les

M. de Queylus se fit nommer, avant de partir, official et grand vicaire de l'archevêque de Rouen pour la Nouvelle-France. Il emporta avec lui ses *lettres patentes*[1].

Les Sulpiciens s'embarquèrent à Saint-Nazare le 17 mai 1657 ; à la fin de juillet, ils arrivaient à Québec.

M. l'abbé de Queylus[2] eut beaucoup d'amis, et ses admirateurs ne lui ont pas épargné les éloges. D'après M. Faillon, son panégyriste, c'est un ecclésiastique pieux, dévoué, instruit, détaché des biens du monde[3]. Le récollet, Chrestien Le Clercq, rend de lui le même témoignage[4]. Colbert et l'intendant Talon louent son désintéressement, sa piété et son zèle[5]. Ce portrait est flatté, disent quelques-uns ; à notre

ecclésiastiques du séminaire de Saint-Sulpice. Les Associés remirent donc, par contrat du 9 mars 1663, l'île de Montréal entre les mains du séminaire de Saint-Sulpice. »

1. Ces *lettres patentes* sont conservées à l'archevêché de Rouen, reg. in-fol., depuis le 26 mars 1657, fol. 7. Elles sont du 22 avril 1657. Voir aux *Pièces justificatives*, n° X.

On trouve dans ce même registre la lettre de Mgr l'archevêque de Rouen conférant les pouvoirs aux Sulpiciens à leur départ pour le Canada. Elle est également datée du 22 avril 1657. Les trois Sulpiciens nommés dans cette lettre sont MM. de Queylus, Souart et Galinier.

2. Ou Caylus de Thubière de Lery (*Faillon*, t. II, p. 272).

3. *Histoire de la Colonie Française*, t. II, p. 272, et p. 289. — *Vie de M. Olier*, t. II, pp. 442 et suiv.

4. *Premier établissement de la Foi*, t. II, p. 19.

5. *Correspondance de Colbert*, passim. — Mgr Godeau fait un éloge semblable de l'abbé de Queylus devant l'assemblée de 1655, t. IV, p. 369.

On nous a envoyé de Québec différents manuscrits, parmi lesquels se trouvent : 1) une notice sur l'abbé de Queylus extraite d'un ms. du séminaire de Montréal, intitulé : *Catalogue historique*..... 2) une vie de M. de Queylus, par M. Grandet, celle-là même que M. Faillon dit exister à Paris, dans sa *Vie de M. Olier* de 1841. Nous devons dire que ces deux documents fourmillent d'erreurs ; aussi M. Faillon lui-même, qui leur emprunte ici et là quelques détails, ne les reproduit pas en entier. Ces notices relèvent souvent de la fan-

avis, il est vrai, mais pas achevé. Personne n'est parfait en ce monde ; il manque à ce portrait quelques traits, qui auraient mieux donné la physionomie de l'homme. Le caractère n'était pas à la hauteur de ses vertus. La susceptibilité était grande en lui, l'impressionnabilité extrême. D'un tempérament violent et emporté, il ne savait pas le maitriser. Faut-il dire que ses démêlés avec Mgr de Laval et avec les missionnaires ne donnent pas une haute idée de son humilité ? L'ambition, malgré le soin qu'il prend de la cacher, perce à travers beaucoup de ses actes. Il voulait être le premier au Canada, soit comme grand vicaire, soit comme évêque ; nous ne lui en faisons pas un reproche, nous constatons un fait. Toutefois, ce désir fut-il contenu dans de sages limites ? Et, pour le satisfaire, ne se laissa-t-il pas aller à des actes d'humeur et d'insoumission, qu'il fut sans doute, après coup, le premier à regretter ? Ce sont là des ombres au tableau ; le tableau n'en conserve pas moins ses beautés. Mais ces ombres, qu'on n'a pas assez fait ressortir, expliquent les évènements qui vont suivre.

On se rappelle que l'abbé de Queylus était venu à Québec vers 1644, muni de lettres de grand vicaire de l'archevêque de Rouen et que les Jésuites avaient refusé de le reconnaître. Ce refus, bien que motivé, l'avait profondé-

taisie. M. Grandet, prêtre très pieux de Saint-Sulpice, né à Angers le 30 juillet 1646, a laissé une *Histoire manuscrite du séminaire d'Angers*, laquelle a été publiée en 1893 par l'abbé G. Létourneau, et beaucoup d'autres manuscrits d'un grand intérêt. Mais la bonne foi de cet ecclésiastique a été assez souvent surprise là où il n'a pas vu par lui-même; ses appréciations sur certains personnages doivent donc être contrôlées. Tels récits et notices biographiques sont remplis d'erreurs ; les dates sont souvent inexactes. C'est ce que nous avons nous-même constaté par la lecture des manuscrits de ce prêtre, qui fut le troisième supérieur du séminaire d'Angers.

ment blessé. Il avait vu aussi avec déplaisir l'échec de sa candidature à l'épiscopat et la préférence donnée par les Pères à l'abbé de Montigny. Nous ne dirons pas avec M. Vigier[1] qu'il n'avait pu *digérer ces affronts*; l'expression n'est pas respectueuse. Ces incidents avaient néanmoins laissé au fond de son cœur un souvenir pénible, dont l'historien doit tenir compte dans l'appréciation des faits. De leur côté, les missionnaires durent ressentir une certaine gêne, en voyant débarquer à Québec celui qu'ils avaient forcé de repasser en France quelques années auparavant.

Cependant, au début, ni l'abbé ni les Jésuites ne laissèrent rien paraître de leurs sentiments réciproques. Le P. de Quen gouvernait alors la mission de la Nouvelle-France. C'était un religieux d'une bonté pleine de suavité, un missionnaire qui ne reculait jamais devant la besogne; l'amour des âmes le rendait entreprenant. Il ne puisait pas la passion du sacrifice dans sa volonté, car sa volonté était faite de faiblesse, mais dans son cœur et en Dieu. Moins bien doué encore du côté de l'intelligence que de la volonté, il inspira de sérieuses craintes à ses amis, quand ils le virent prendre en main le gouvernement de la mission. Comment allait-il l'administrer?

Un tel supérieur avait peut-être ce qu'il faut pour calmer par son aimable douceur les vifs ressentiments de l'abbé de Queylus. Malheureusement, il ne possédait pas les qualités supérieures de raison éclairée et de fermeté prudente et sage, qui eussent été si nécessaires dans la situation nouvelle où allait se trouver la mission[2].

1. *Notes* manuscrites sur l'abbé de Queylus.

2. « Patrem Joannem de Quen superiorem verè bonum habemus et suavem in gubernando; optandum fuisset ut his temporibus et ingenio fortior et prudentior extitisset et quem naturæ dona magis commendarent. » (Epist. P. Ragueneau ad R. P. Generalem, 20 Aug. 1658, Arch. gen. S. J.)

A la nouvelle de l'arrivée de l'abbé de Queylus, le P. de Quen, n'écoutant que son cœur, accourt au devant de lui à l'île d'Orléans et le conduit à Québec; il lui fait visiter la résidence, l'église, Sillery.

Peu de jours après, M. de Queylus lui rend sa visite, et, dans le courant de la conversation, il lui montre ses lettres de grand vicaire. Le P. de Quen, qui n'avait eu aucun avis de sa révocation, aurait pu faire observer qu'il se démettrait volontiers de sa charge aussitôt après avoir reçu un ordre officiel de l'archevêque de Rouen; qu'en attendant il était de son devoir de continuer ses fonctions de vicaire général, d'autant plus que les lettres patentes accordées à M. de Queylus n'annulaient pas les pouvoirs donnés antérieurement au supérieur des Jésuites. Elles n'en parlaient pas[1].

Par amour de la paix, le P. de Quen préfère se retirer, sans calculer les conséquences de sa déférente bonté, ou plutôt de sa faiblesse[2]. Nous devons dire cependant qu'il

1. Voir aux *Pièces justificatives*, nº X.

2. Il est à regretter que l'abbé Faillon ait été chercher dans la *Morale pratique des Jésuites* par le docteur Arnauld, presque tous ses renseignements sur les démêlés de M. de Queylus avec les Jésuites. Il eût pu puiser à source plus pure. Il ne pouvait ignorer que l'œuvre d'Arnaud a été frappée de la censure de la congrégation de l'index et qu'un arrêt du Parlement de Paris l'a condamnée. M. Faillon prétend que le docteur Arnauld n'a fait que reproduire le *Mémoire* de M. d'Allet, le secrétaire et l'*alter ego* de M. de Queylus. Si cela est, nous devons dire que ce *Mémoire* ne fait pas honneur à M. d'Allet : il suffit de le lire en entier pour voir que c'est un pamphlet; aussi M. Faillon se garde-t-il de le citer jusqu'au bout. Nous aimons mieux croire qu'on l'attribue à faux au secrétaire de M. de Queylus. M. Tross, comme nous l'avons déjà dit, a cherché aux *Archives nationales*, à l'endroit indiqué par M. Faillon, les Mémoires de d'Allet; mais *ces cartons*, dit-il, *ne contiennent pas de Mémoires de M. d'Allet.* (V. ses *notes*, pp. 59 et 60). M. Faillon, il est vrai, renvoie assez facilement à des sources qui n'existent pas; aussi faut-il accepter ses renseignements sous bénéfice

réserva ses droits jusqu'à plus ample informé. C'était déjà trop d'avoir remis entre les mains de M. de Queylus l'exercice de l'autorité dont il était dépositaire depuis plus d'un an[1].

M. de Queylus ne se fait pas prier; il entre immédiatement en fonction, et le premier acte de son administration est de maintenir dans sa charge le P. Poncet, qui desservait l'église paroissiale de Québec. Il le fait avec l'agrément du P. de Quen, qui se réserve d'une façon expresse, en qualité de supérieur religieux, le droit de déposer son inférieur,

d'inventaire. En dehors d'Arnauld et de d'Allet (ce qui est la même chose), il cite aussi à l'appui de son récit sur M. de Queylus et les Jésuites, tantôt Dollier de Casson, tantôt Belmont, qui ne sont venus que plus tard au Canada, et par conséquent n'ont pas été témoins oculaires. M. Dollier a écrit sur l'arrivée des Sulpiciens à Québec et leurs difficultés avec les Jésuites des pages si invraisemblables que M. Faillon ne les a pas reproduites. M. B. Sulte n'a pas eu les mêmes scrupules (t. III, ch. XI). Nous devons du reste dire que les récits des sulpiciens se ressemblent tous pour le fond.

Il est à regretter aussi que M. Gosselin n'ait rien trouvé de mieux, dans *Vie de Mgr de Laval*, que d'abréger M. Faillon.

V. Faillon : *Histoire de la Colonie Française*, t. II, p. 276 à p. 283, et p. 289 et suiv.; — Gosselin : *Vie de Mgr de Laval*, p. 111 et suiv.

M. Faillon dit à la page 281 : « Les lettres de grand vicaire du recteur de Québec portaient cette clause expresse que, dès qu'il y aurait en Canada des ecclésiastiques séculiers munis des mêmes pouvoirs, le recteur ne ferait plus usage des siens. » Nous voulons croire que M. Faillon n'a jamais lu les pouvoirs accordés aux Jésuites par Mgr de Rouen, sans quoi il n'eût jamais écrit une pareille fausseté. Il n'y a rien de tel dans les lettres patentes. V. aux *Pièces justificatives*, n° IX.

1. On lit dans une lettre manuscrite du P. de Quen au R. P. Général, 3 sept. 1658 : « Verum est me noluisse ullum actum (potestatis vicarii generalis) exercere ab eo die, quo D^nus abbas de Queylus significavit mihi suas litteras, ne malum aliquod indè oriretur ; potestatem tamen ac jus nec debui nec potui deponere, nisi prius mihi certum fieret revocatum esse ab illust^mo D^no archiepiscopo Rhotomagensi qui hoc mihi concesserat... » (Arch. gen. S. J.)

quand il le jugera à propos, et de le remplacer par un autre de son choix[1].

Après cet acte d'autorité, il part pour Montréal avec ses trois ecclésiastiques dans les premiers jours d'août; et le 12 du même mois, le P. Claude Pijart, préposé depuis sept ans à la desserte de la cure de Villemarie, résigne ses fonctions pastorales entre les mains de M. Gabriel Souard. Le 3 septembre, il est à Québec, où son supérieur, le P. de Quen, lui confie l'administration de l'église paroissiale en remplacement du P. Poncet. Il y avait à peine cinq semaines que ce dernier avait été confirmé dans sa charge curiale par le nouveau grand vicaire. Que s'était-il passé depuis?

Comme nous l'avons dit ailleurs, le P. Poncet était un religieux actif, dévoué, entreprenant, d'une nature impressionnable, prime-sautière. Dans les missions huronnes, il montra de rares qualités apostoliques, bien qu'il exerça souvent la patience de ses supérieurs par son esprit d'indépendance, qui frisait parfois l'insoumission[2]. La captivité et les souffrances qu'il endura chez les Iroquois modifièrent singulièrement cette nature de feu, passablement exubérante. Sans rien perdre de son zèle, il devint susceptible, soupçonneux, irascible, d'humeur chagrine. Ses lettres au

1. « Inter nos (Dnum abbatem de Queylus et me) convenimus liberam mihi semper esse potestatem deponendi P. Poncetum ab eo munere et alium ejus loco constituendi, prout necessitas requireret, et alio mittendi; et hæc est instituti nostri ratio. » (Ep. P. de Quen, *ibid.*)

2. Le P. Vimont écrit au général Caraffa le 15 oct. 1646 : « Pater J. Poncet quoad obedientiam male se gessit ab eo tempore quo versatur in hac missione. » (Arch. gen. S. J.). — Le 22 janvier, le général lui répond : « Vel meo, si opus est, nomine, P. Poncet ad obedientiam excitandus est omni ope; clarèque admonendus fore ut in Galliam remittatur nisi brevi ac seriò emendet quæ secùs in eo notantur, censenturque à vobis obstari fructui quem ab illo istic societas sperabat. » (*Ibid.*)

R. P. Général, de 1655 à 1657, indiquent un état d'esprit assez inquiétant : il est mécontent de tout et de tous, il dépeint tout ce qu'il voit sous les plus sombres couleurs ; aujourd'hui il veut partir du Canada et être envoyé dans une autre mission ; un mois après, il demande à rester où il est [1]. Il est défiant, dissimulé : c'est un malade à guérir, et le P. de Quen, en médecin charitable, entreprend sa guérison.

Nommé supérieur de Québec, il lui confie la direction de la cure. Il se figurait qu'il n'avait affaire qu'à un esprit chagrin et mécontent, qu'il le remettrait sur pied à force de soins affectueux et vigilants. L'excellent cœur du P. de Quen se révélait ici une fois de plus, au détriment peut-être de la prudence et du bien de la colonie.

Le P. Poncet avait besoin de calme et de repos, et aussi d'une leçon : il eût fallu le renvoyer en France. A peine à la tête de la paroisse, il échappe le plus possible à la surveillance de son supérieur, il dirige et administre à sa façon, et sa façon est loin d'être la bonne [2].

C'est sur ces entrefaites que M. de Queylus le confirme dans sa charge de curé. Il lui remet aussi, avec ordre de la lire en chaire, la bulle d'indulgence accordée par Alexandre VII à l'occasion de son exaltation au souverain Pontificat. Le P. Poncet, qui croit sans doute n'avoir plus de comptes à rendre de son administration paroissiale qu'au nouveau grand vicaire, porte la bulle à la connaissance des fidèles, sans prévenir son supérieur religieux. Il y avait là un esprit d'indépendance, ou un manque de jugement,

1. Lettres du 31 juillet 1655 au R. P. Général ; — du 11 août 1655 ; — du 27 sept. 1655 ; — du 9 sept. 1656. (Arch. gen. S. J.)

2. Le P. Vimont écrivait au R. P. Général, le 6 septembre 1658 : « Pater Poncet, cujus in paræciâ malè regendâ et ludendo superiore detegebam malum usum... » (Arch. gen. S. J.)

qui pouvait amener de graves inconvénients, dans la situation nouvelle où se trouvait le gouvernement religieux du pays. Aussi, le P. de Quen, après avoir pris l'avis de son conseil, fait ce qu'il aurait dû faire dès le principe, à l'arrivée de l'abbé de Queylus[1]; il enlève la direction de la paroisse au P. Poncet et la confie au P. Claude Pijart, qui venait d'administrer Villemarie, à la satisfaction de ses paroissiens, pendant plusieurs années.

Malgré ses défauts saillants et ce grand esprit d'indépendance qui le conduisaient parfois à de déplorables écarts, le P. Poncet ne manquait ni de piété, ni de zèle. Il accepte en religieux son changement, et, comme la mission iroquoise s'annonçait cette année riche des plus belles espérances, il demande avec instances d'être envoyé à Onnontagué. De graves raisons, sa santé surtout, pouvaient motiver un refus; mais on crut devoir accéder à ses désirs. Ce fut une imprudence, dont rien ne faisait prévoir les conséquences fâcheuses.

En se rendant à Onnontagué, le P. Poncet s'arrête à Montréal. L'abbé de Queylus lui fait raconter les divers incidents qui ont amené son remplacement; et, sous le faux prétexte d'une violation de ses droits de grand vicaire, peut-être aussi parce qu'il trouvait l'occasion favorable de lever le masque, il empêche le Père de continuer sa route[2],

1. C'est par déférence pour l'abbé de Queylus que le P. de Quen avait laissé le P. Poncet dans sa charge, d'après ce qu'il écrit au R. P. Général : « Jam ab anno superiore parochum constitueram P. Poncetum; ea tamen fuit nostra in Dnum Queylus benignitas, ut quod postulavit hâc in parte libenter concesserimus, nec P. Poncetum ab officio parochi deposuerimus. » (Arch. gen. S. J.)

2. Le 3 septembre 1658, le P. de Quen écrit au R. P. Général : « Queritur Dominus Abbas, quod Patrem J. Poncetum ab officio parochi deposuerim, cujus vices gerere ipse Dominus de Queylus voluerat. Meminisse debet Dominus Abbas nullam ei me hâc in re fecisse injuriam, quando quidem ità inter nos conveneramus. Meliori jure de Domino

le ramène à Québec, renvoie le P. Pijart de sa cure et prend lui-même la direction de la paroisse. C'était la guerre ouverte déclarée aux Jésuites. Le P. Poncet, cause involontaire de la rupture entre ces religieux et le grand vicaire, comprend aussitôt l'étendue de son étourderie et la situation très délicate où il s'est mis imprudemment. Il demande à rentrer en France, et part le 18 septembre par le premier vaisseau[1].

Nous sommes entré dans les menus détails qui précèdent, donnant à chacun sa part de responsabilité, afin de détruire la ridicule légende, insérée dans la *Morale pratique*, puis reproduite dans l'*Histoire de la Colonie Française* et dans la *Vie de Mgr de Laval*[2], laquelle fait de M. de Queylus un aimable grand vicaire, et du P. Poncet, un martyr.

Abbate conquerer ego, quod dictum Patrem ab incæpto, jussu meo, itinere, Quebecum reduxerit penè reluctantem, falsas causatus rationes, scilicet ut rationem muneris sui redderet, et ut iterùm eidem officio restitueret ad delendam sibi illustrissimoque archiepiscopo Rothomagensi à me illatam per depositionem Patris Ponceti injuriam. Nulli enim injuriam facio utens jure meo stansque promissis; aliundè vero non tenebatur P. Poncetus Domino Abbati rationem reddere sed mihi. » (Arch. gen. S. J.)

1. On lit dans la même lettre : « Gratiam hanc petiit à me P. Poncetus ut in Galliam remitterem potius quam ad barbaras gentes : acquievi ejus petitioni. Verum etsi nolentem remisissem in Galliam, et rectè eum remisissem ne molestiam sanè magnam, quam nobis creaverat hùc appellens Dominus Abbas, augeret. Necesse erat hinc ipsum discedere, Patrum omnium consultorum judicio, ad sedandam excitatam in nos tempestatem. » (*Ibid.*)

2. Cette légende, partout la même, inventée par M. de Queylus ou par son secrétaire, M. d'Allet, ou plutôt par les deux, a été reproduite dans l'*Histoire du Montréal*, par Dollier de Casson; dans la *Morale pratique* du docteur Arnauld, dans la *Colonie Française* par M. Faillon, pp. 281 et suiv., dans la *Vie de Mgr de Laval* (t. I, ch. VIII, p. 109 et suiv.) par M. Gosselin, qui copie l'abbé Faillon, enfin dans les *Canadiens français*, par B. Sulte, t. III, ch. XI. Elle a paru d'abord dans la *Morale pratique*. On se demande comment et pourquoi certains historiens ont été la chercher en si beau lieu, et se sont évertués à lui donner l'allure d'une histoire vraie.

L'auteur de la *Colonie Française*, après avoir rapporté à sa façon, sur le témoignage d'Arnauld, les évènements que nous venons de raconter, ajoute par manière de conclusion : « Si cette nouvelle administration (de M. de Queylus) put occasionner d'abord quelque froissement entre les ouvriers évangéliques, malgré les intentions pures dont les uns et les autres étaient animés, il est certain que, de part et d'autre, ils s'efforcèrent d'entretenir entre eux la bonne harmonie. » Cette façon expéditive de passer sous silence les actes arbitraires de l'abbé de Queylus est peut-être dans les règles de la charité ; elle n'est pas conforme à la justice.

Jusqu'ici, en effet, cet historien s'est attaché à donner le beau rôle à son héros, rôle plein de tact et de modération, défiant la plus ombrageuse critique ; tandis que les missionnaires sont accusés d'avoir failli à leur devoir, d'avoir empiété sur les pouvoirs du grand vicaire. Il va jusqu'à trouver la conduite du P. de Quen très dure, injuste même à l'égard de son subordonné, le P. Poncet[1]. La vérité historique ainsi faussée, M. Faillon se montre bon prince ; il se contente de dire que « le supérieur des Jésuites et M. de Queylus, *une fois celui-ci installé curé de Québec*, se préviennent et se visitent mutuellement pour cimenter entre eux l'union et la paix[2]. » Pas un seul mot de ce que nous lisons dans les *Annales* des Ursulines de Québec : « Pendant le peu de temps que l'abbé de Queylus fut à Québec, il *donna bien de l'exercice* surtout à nos RR. PP. Jésuites, pour lesquels il ne paraissait pas avoir bonne volonté. Il détourna aussi M. Vignal, qui était chapelain et confesseur de notre communauté, et l'engagea de monter à Montréal, en quoi il nous desservit beaucoup[3]. »

1. T. II, p. 290.
2. T. II, p. 292.
3. *Les Ursulines de Québec*, t. I, p. 219.

Cet *exercice* que l'abbé *donna aux RR. PP. Jésuites* ne manque pas de variété. Il leur interdit de dire la messe, de prêcher et de confesser dans l'église paroissiale ; il leur défend de remplir les fonctions du ministère sacerdotal en dehors de la chapelle du collège[1] ; il les attaque souvent dans ses sermons au peuple, il se permet de les comparer aux Pharisiens[2] ; il les accuse d'avoir abusé de leurs pouvoirs de grand vicaire ; il prétend que les mariages faits par eux sont nuls ; il leur intente un procès pour se faire remettre leur résidence qu'ils ont bel et bien construite à leurs frais et sur leur terrain, ou pour les obliger à lui en bâtir une[3] ; enfin il adresse au Général de la Compagnie de Jésus un long mémoire, où il entasse les plus odieuses accusations[4] contre le supérieur de la mission et les

1. « Conatus est interdicere nos ab omnibus functionibus nostris extrà ecclesiam nostram, nexus potestate prius ab ipso accepta. » (Epist. P. de Quen, 3 sept. 1658 ; Arch. gen. S. J.)

Parfois cependant il se fait remplacer par les Pères, ou bien il leur permet de dire la messe hors de chez eux. *Journal des Jésuites*, années 1657 et 1658.

2. *Journal des Jésuites*, p. 222. — « Sæpè nos in concionibus malè excepit, non sine auditorum stomacho. » (Epist. P. de Quen, *ibid.*)

3. *Ibid.*, p. 226. Les Jésuites avaient reçu de la communauté de Québec une somme de 6.000 livres pour la construction de leur résidence. Mais ils préférèrent rendre cette somme et construire à leurs frais sur leur propre fonds. (*Voir* la note, tirée des archives de la fabrique de Notre-Dame de Québec et insérée dans le *Journal des Jésuites*, p. 226.) — Le 3 sept. 1658, le P. de Quen écrivait au Général G. Nickel : « Dominus abbas de Queylus litem in nos intentavit ut domum ipsi ædificaremus. Lite cecidit, et quidem juste. » (Arch. gen. S. J.)

4. Le R. P. Général, G. Nickel, répondit, de Rome, à M. l'abbé de Queylus, le 18 février 1658 :

« Accepi litteras Ven^lis^ D^nis^ V^æ^ 18 sept^bris^ ad me datas quibus aliqua de Patribus nostris mecum expostulat, qui in missione Canadensi versantur, quasi ipsi minus deferrent. Certus sum Patres nostros nunquam impedivisse ne episcopus istuc transmittatur, nihil enim habuit ab ortu suo societas nostra sibi gravius quam ut

missionnaires. A l'en croire, le P. de Quen aurait maltraité le P. Poncet, il l'aurait même jeté en prison[1]; les Jésuites se livreraient au commerce des pelleteries[2], ils vivraient autrement qu'en France, leur obéissance ne serait ni simple, ni prompte[3]; l'autorité du grand vicaire serait méconnue.

illustrissimos ecclesiæ prælatos humilibus obsequiis demereatur illisque in salutem animarum inserviat, nullâ aliâ sibi propositâ mercede quam majoris summi numinis gloria. Quod si quid istic contigisset quod hujus intentionis puritati tantisper adversaretur, huic ego statim pro muneris mei ratione prospicerem; verùm nihil prius statuere possum quam super his nostros etiam Patres audierim. Unum addo Patrem Josephum Poncetum aliosque societatis nostræ missionarios juxtà institutum nostrum nulli loco esse affixos, sed semper eos in superiorum suorum dispositione esse ut mittantur in hanc vel illam mundi plagam ubi majus Dei obsequium et animarum auxilium speratur; et licet non possimus ordinariam habere juridictionem, possumus tamen delegatam ut in Indiis aliisque locis. Cæterum Illustrissima D. V[a] satis intelligit non posse promoveri barbarorum conversionem, nisi omnes in eumdem finem uno animi consensu conspirent : plus enim destrueretur uno die quam multorum annorum spatio promoverint primi missionarii, qui pro X[ti] evangelio posuerunt animas suas, et nascentem sanè ecclesiam non tantum sudoribus suis sed sanguine liberaliter irrigarunt. Nec mirari debet D. V[a] si P. Joannes de Quen, missionis Canadensis superior, prædictum patrem removerit ab officio parochiali, cum Paulus III Felic. record. edicto an. 1649. xv Kal. nov. nolit superiorem quemquam è suis subjectis deputare ad ullum ecclesiæ ministerium et si quos iis deputare contingeret, nihilominùs sub ordinis correctione existant, et cum expedire judicabunt eosdem romovere possint. » (Arch. gen. S. J.)

1. « Scribit P[i] V[æ] Dominus de Queylus me parùm humaniter erga P. Poncetum habuisse, me in carcerem ipsum conjecisse. Quam sit hoc parum veritati consentaneum satis advertit P. V., cum iste agendi modus non sit in societate usitatus. » (Epistola P. de Quen, 3 sept. 1658, ad R. P. Generalem; arch. gen. S. J.)

2. « ... Improbat sordidam in nobis nescio quam negociationem. Dico hoc falsum esse ; absit verbo injuria... » (*Ibid.*)

3. « Scribit Dominus Abbas nostrorum qui hic degunt aliam esse vivendi rationem ab eâ quam tenent in Galliâ Jesuitæ, neque parem hic esse in obediendo simplicitatem et alacritatem, quasi nos de

Chose étrange ! Il se plaint au P. Général du P. Vimont sur différents points, et sur ces mêmes points il en fait l'éloge dans ses lettres au Provincial de Paris [1].

Le Général, Goswin Nickel, envoya le *Mémoire* de l'abbé de Queylus au P. de Quen [2], qui y répondit le 3 septembre 1658 par une lettre restée inédite, et qui jette un jour nouveau sur les évènements de cette époque. On ne connaissait ces évènements que par le *Journal des Jésuites*, qui en dit fort peu de chose, et par la *Morale pratique*, qui

laxioris vitæ et inobedientiæ vitio perstringeret. Hoc sanè quam falsò et iniquè scriptum sit utraque clamat Gallia vetus et nova. Novit etiam P. V. nihil esse nobis charius hìc, quam superiorum obedire mandatis. Segnem hâc in virtute hìc adhùc nullum vidi ; strenuos omnes et promptos ad solum nutum superioris, vel in rebus difficillimis video, et in regularum omnium observatione observantissimos. Parcat Deus Omnip. ei qui talia scripsit de nobis. » (Epist. P. de Quen, *ibid.*)

1. « Me ut audio, apud vestram Paternitatem Abbas vituperavit, et nunc mira scribit in Galliam ad meam laudem in iisdem rebus quas vituperabat. Est ingenium ejusmodi hominum, qui religiosos persequuntur ; bene aut male dicant isti homines, idem illis, dummodo religiosos oppugnent. » (Epistola Patris B. Vimont ad R. P. Generalem, 6 sept. 1658 ; Archiv. gen. S. J.)

2. Voici la lettre du P. Général qui accompagnait l'envoi du mémoire : « Mittimus ad R. V. exemplar litterarum quas Dominus Abbas de Queylus 18 sept. proxime elapsi ad nos dedit. In his advertet R. V. quid iste in nostris reprehendat. Rescripsimus ad ipsum nihil posse a nobis prius statui quam audiverim R. V. aliosque PP. qui in missione Canadensi versantur. Quare mittat ad nos accuratam de omnibus informationem, ut si forte ille easdem aliasve similes nobis querelas ingereret, haberemus quæ illi ad singula accusationis capita respondeamus. » (Romæ, 18 jan. 1658, ad. P. J. de Quen ; Arch. gen. S. J.)

Le P. de Quen répondit à cette lettre le 3 sept. 1658, et le P. Général lui accusa réception de son mémoire justificatif, le 16 déc. 1658 : « Binas R. V. litteras accepi eadem Die 3 sept. datas, quibus nobis exponit statum missionis simulque respondet ad capita accusationis Domini Abbatis de Queylus. Quod ad Dominum Abbatem spectat, spero fore ut illust^mus^ Episcopus ecclesiæ Canadensi destinatus cuncta suo adventu componat. » (Arch. gen. S. J.)

en dit beaucoup de mal, au grand désavantage des Jésuites et pour le plus grand bien de l'abbé. La réponse du P. de Quen nous a servi de guide jusqu'ici ; elle est en tout conforme à ce que rapportent les lettres des consulteurs[1] de la mission, lesquelles se conservent aux Archives générales de la Compagnie. Ces consulteurs sont tous des hommes dignes de foi, des religieux exemplaires : ils s'appellent Barthélemy Vimont, Claude Pijart, Paul Ragueneau, Pierre Chastelain, François Le Mercier, et enfin Jérôme Lalemant, qui reviendra de France à Québec quelques mois après les tristes démêlés entre ses confrères et M. de Queylus, et dont les lettres adressées à Rome[2] ne seront qu'une confirmation du récit circonstancié du P. de Quen et des consulteurs.

Nous avons dit plus haut que le supérieur de la mission avait consenti, par amour de la paix et pour le bien de la religion, à se dessaisir de ses fonctions de grand vicaire en faveur de M. de Queylus, à la réserve de ses droits jusqu'à sa révocation officielle par l'archevêque de Rouen. Quelques jours après, il écrivit au P. de Brisacier[3], recteur du collège

1. Lettres, datées de Québec, qui se trouvent aux archives générales, et que nous avons copiées : lettre du P. Vimont, 6 sept. 1658, au R. P. Goswin Nickel ; — lettres du P. Claude Pijart au même, 26 août 1658 et 31 sept. 1659 ; — lettres du P. Ragueneau au même, 1er sept. 1657 et 20 août 1658 ; — lettre du P. Chastelain au même, 6 août 1658 ; — lettres du P. Le Mercier au même, 20 août 1658 et 16 oct. 1659.

2. Les lettres du P. Lalemant au R. P. Général sont du 16 sep. 1659 et du 8 sept. 1661.

3. Le 17 déc. 1657, le R. P. Général écrivait au P. de Quen : « Forte ipse archiepiscopus Rothomagensis ad quem scripsit Reva Va et Cum quo aget Rector rothomagensis, P. Joannes Brisacier, nomine vestro, improbavit quæ omnia fecit Abbas de Queylus. » (Arch. gen. S. J.)

Le R. P. Général écrivit aussi le même jour au P. Annat, confesseur du roi, à Paris : « Accepi litteras Patris J. de Quen,

de Rouen et le pria de s'informer à l'archevêché si Sa Grandeur lui avait retiré ses pouvoirs de vicaire général. La réponse de Mgr de Harlay arriva à Québec le 11 juillet 1658. « Pour terminer, y est-il dit, les différents qui sont intervenus entre le Sr abbé de Queylus et le vénérable supérieur des Jésuites de la maison de Québec, *tous deux nos grands-vicaires* dans la partie de notre diocèse appelée la Nouvelle-France ; en attendant qu'il y soit plus amplement pourvu par notre autorité, nous avons ordonné que le Sr abbé de Queylus exercera dorénavant et du jour de la présente ordonnance le vicariat que nous lui avons donné,

superioris missionis Canadensis 20 sept. proximè elapsi ad me datas, quibus mihi significat Illust. archiepiscopum Rothomagensem misisse ad novam Franciam æstate præterita Abbatem de Queylus pro suo vicario generali, qui *statim nostros vexare cœpit*, velle se, ait, omnia quæ hactenus illic gesta essent per nostros examinare ; abuti nos potestate et juridictione vicarii generalis, matrimonia quæ à nostris parochi vices agentibus celebrata essent nulla esse, non posse nos baptisare sine suâ facultate ; de nostris disponere suum esse, ità ut patrem J. Poncet à superiore missum aliò, revocarit Quebecum, ut ab eo paræciæ administrationis rationem exigeret. His malis remedium non aliud videmus quam ut episcopi quem rex christianissimus destinavit Canadensi ecclesiæ profectionem omni quâ poterit ratione maturet reverentia vestra. » (Arch. gen. S. J.)

Le même jour encore, le R. P. Nickel écrivait au P. de Brisacier, recteur du collège de Rouen : « Scripsit ad me 20 Sept. hujus anni Pater J. de Quen, superior missionnis Canadensis, vexari se et suos ab abbate de Queylus, proximâ æstate illùc misso ab illust. archiep. Rothomagensi, ut vicarii sui generalis officio fungeretur, asserente matrimonia per nostros parochorum vices agentes celebrata nulla esse, eos abuti potestate et juridictione vicarii generalis quam obtinuerant, posse se de nostris ad libitum disponere, aliaque quæ non parùm nascentem hanc ecclesiam pertubarunt. Cresceret in dies malum nisi archiepus illusmus pro suo zelo et pietate maturè prospiciat. Videbit Ra Va an posset ab eo impetrare ut vel illius Abbatis potestas revocaretur, vel ità ageret cum nostris ut non ad destructionem sed ad ædificationem novam Franciam adierit. » (Arch. gen. S. J.)

suivant tous les pouvoirs qu'il contient, dans l'étendue de l'île de Montréal; comme aussi le supérieur des Jésuites de la maison de Québec exercera les mêmes pouvoirs que nous lui avons accordés, sans que ni l'un ni l'autre des deux grands vicaires puissent rien entreprendre dans les deux différents territoires sans le consentement l'un de l'autre. » Cet acte est fait et signé à Paris le 30 mars 1658[1].

Le lecteur aura sans doute remarqué ces expressions : « Pour terminer les différents intervenus entre M. de Queylus et le supérieur des Jésuites, *tous deux nos grands-vicaires*[2] ». Le P. de Quen n'avait donc pas été révoqué[3]? Rien n'indique, du reste, cette révocation dans les *lettres patentes* accordées à l'abbé à la date du 22 avril 1657. L'archevêque se borne à donner au nouveau grand vicaire les pouvoirs les plus étendus, sans retirer ces mêmes pouvoirs à l'ancien : ce sont deux puissances, indépendantes l'une de l'autre, agissant parallèlement, et relevant toutes deux directement de leur supérieur commun, le primat de Normandie[4]. Si M. de Queylus se fût fixé à Montréal, dès

1. Archevêché de Rouen, reg. fol. 40.

2. M. Faillon a eu grand tort d'omettre ces expressions à la page 300, t. II.

3. Le P. de Quen interprète ainsi l'*acte* de l'archevêque dans une lettre du 3 sept. 1658 au R. P. Général : « Illustrissimus archiepiscopus rothomagensis misit ad me litteras, quibus *confirmat* vicarii generalis Quebeci et in aliis locis adjacentibus, jam à multis annis ab ipso *concessam* nobis *potestatem*. Scripsit et ab Dominum Abbatem de Queylum epistolam, quæ constituit illum vicarium generalem in insula montis regalis tantum. » (Arch. gen. S. J.)

4. *Pièces justificatives*, n° X. — Quand nous disons *leur supérieur commun*, nous n'entendons pas pour cela accorder à l'archevêque de Rouen une autorité spirituelle que de fait il n'avait pas sur le Canada, et que Rome ne reconnut pas, comme nous le verrons bientôt. Nous parlons d'après les idées reçues alors : à cette époque, on croyait, bien à tort, que la Nouvelle-France était soumise à l'archevêché de Rouen, et le Primat de Normandie le croyait plus que personne.

son arrivée au Canada, s'il n'eût pas affiché la prétention d'être seul grand vicaire ; si, pour parvenir à ses fins, il n'eût pas forcé le sens de ses *lettres patentes*, la paix religieuse n'aurait pas été troublée, comme elle le fut, dans la Nouvelle-France, sur la fin de 1657 et dans la première moitié de l'année suivante[1].

Le huit août *de cette dernière année*, dit le *Journal des Jésuites*, le supérieur *de Québec* fit signifier[2] sa patente de grand vicaire à M. l'abbé ; et ce dernier retourna définitivement à Montréal, mais *avec peine*, quinze jours après la signification[3].

M. Gosselin écrit à l'occasion de ce départ cette unique phrase peu probante : « Il *dut* laisser des regrets à Québec chez bon nombre de personnes[4]. » M. Faillon en dit plus long, mais avec peu d'assurance : « *Il paraît* que son administration était assez généralement estimée et aimée[5]... Il

1. A Rome, on n'approuvait pas la conduite de M. de Queylus. Le R. P. Général écrivit au P. Annat, le 25 fév. 1658 : « Speramus fore ut brevi summus Pontifex annuat Votis Christmi regis (il demandait au pape la nomination de l'abbé de Laval comme évêque de Québec) eòque libentiùs quo modus agendi Abbatis de Queylus passim improbatur. » (Arch. gen. S. J.)

2. P. 258.

3. *Ibid.*, p. 259. — Le P. Vimont écrivait au R. P. Général le 6 sept. 1658 : « Dominus de Queylus discessit tandem hinc, hinc *ægre.* » On lit encore dans une lettre du P. de Quen au Général, 3 sep. 1658 : « Augusto mense profectus est D. Abbas ad insulam montis regalis, ut in eo loco vicarii generalis munere fungatur de mandato illust. archiep. Rothomagensis. » (Arch. gen. S. J.)

4. *Vie de Mgr de Laval*, t. I, p. 115.

5. *Histoire de la Colonie*, p. 293. — M. Faillon semble citer à l'appui le témoignage de la Mère Juchereau qui ne dit rien de cette *administration estimée et aimée* ; elle nous apprend seulement que l'abbé, *homme de qualité, d'une rare vertu et d'un mérite distingué*, aimait beaucoup les sœurs hospitalières. (*Histoire de l'Hôtel-Dieu de Québec*, pp. 110 et 114.)

se faisait aimer non seulement des personnes de considération, mais aussi du peuple, envers lequel il se montrait libéral[1]... *Il paraît* que son départ fit naître, quoique sans raison, des inquiétudes de conscience, et douter si l'on pouvait s'adresser aux Jésuites pour l'administration des sacrements[2]. »

Le gouverneur, M. d'Argenson, grand ami de l'abbé de Queylus, est plus net et davantage dans le vrai : « Le départ de M. de Queylus a *un peu* alarmé notre pays, d'autant que ce qu'il y avait de prêtres séculiers ont quitté, à la réserve de deux autres[3]. » Cette lettre est du 3 septembre. Deux jours après, il écrit : « Je ne puis pas bien vous dire ce qu'on pourrait faire pour dissiper les inquiétudes de conscience qu'on s'est imaginées[4]. » Le départ de M. de Queylus a donc *un peu alarmé le pays*, il a fait *imaginer des inquiétudes de conscience*. Les personnes ainsi *alarmées* et *inquiètes* étaient-elles nombreuses ? Il est à croire que non, puisque peu de personnes se confessaient à l'abbé et aux prêtres séculiers, et qu'au dire de M. d'Argenson lui-même, les *Confessionnaux des Pères étaient fort*

1. *Histoire de la Colonie française*, p. 298. — M. Faillon renvoie comme preuve au *Journal des Jésuites*, 21 oct. 1657 ; or, il n'est question en cet endroit que du *discours* prononcé par l'abbé contre les Jésuites, et de la *défense* que les Français doivent organiser contre les Iroquois. Il renvoie également aux *Lettres* de Marie de l'Incarnation, 1658, qui ne disent mot de l'abbé.

2. M. Faillon a raison de dire *il paraît* et de ne pas *affirmer* ; car il donne de singulières preuves *des inquiétudes de conscience* que le départ de l'abbé fit naître. Les voici : plusieurs profitèrent des derniers jours de sa présence à Québec pour faire baptiser leurs enfants ; d'autres, après son départ, firent ondoyer leurs enfants, au lieu de les porter de suite à l'église. (T. II, p. 302.)

3. Lettre citée par M. Faillon, t. II, p. 301.

4. *Ibid.*, p. 302.

fréquentés[1]. Il ne dit rien du confessionnal de l'abbé, ni de celui des prêtres, ce qui est très significatif. Un fait à remarquer : le gouverneur, qui regrette le départ de l'abbé et des prêtres, qui est du parti de M. de Queylus et partisan résolu du clergé séculier, se confesse à un Père Jésuite[2]. Pour diriger la conscience de quelques fidèles, pour calmer leurs alarmes et dissiper leurs inquiétudes, il restait à Québec *deux ecclésiastiques séculiers*[3] : en vérité, n'était-ce pas suffisant ? Ajoutons qu'ils se nourrissaient de craintes bien imaginaires, pour ne rien dire de plus, ceux qui *doutaient* (y en avait-il ?) *si l'on pouvait s'adresser aux Jésuites pour l'administration des sacrements*[4]. Est-ce que l'*acte archiépiscopal* du 30 mars n'accordait pas les mêmes pouvoirs à M. de Queylus et au supérieur de la mission ?

Les correspondances inédites des missionnaires ne tiennent pas sur le départ de l'abbé le même langage que l'historien de la *Colonie française*. Nous leur faisons deux emprunts à titre de document : « Tout, dit le P. de Quen, est à la paix à Québec, où nous avons repris la direction de la cure et où nous exerçons les fonctions de grand vicaire à la grande satisfaction de tout le monde[5]... » —

1. Lettre de M. d'Argenson à M. de Morangis, 5 sept. 1658, citée par M. Faillon, t. II, p. 293. — Nous avons vu, dans le chapitre précédent, que M. de Queylus avait à peine quelques pénitents.

2. « Unum è nostris patribus habet pro confessario. » (Epistola P. de Quen ad R. P. Generalem, 3 sept. 1658 ; Arch. gen. S. J.)

3. Lettre de M. d'Argenson, citée par M. Faillon, t. II, p. 301.

4. M. Faillon, t. II, p. 302.

5. « Pacata sunt jam omnia Quebeci, ubi parochi vices agimus et generalis vicarii munus singulari omnium gratulatione. » (Epistola ad R. P. Generalem, 3 sept. 1658.)

Le R. P. Général répond à la lettre du P. de Quen, le 16 déc. 1658 : « Pacem, quam recessus Domini Abbatis de Queylus attulit vobis, haud dubiè confirmabit adventus episcopi, qui societatem peculiari benevolantiâ complectitur. » (Arch. gen. S. J.)

« Nous vivons ici dans la paix, dit encore le P. Pijart, depuis le départ de l'abbé de Queylus pour Montréal[1]. »

Les missionnaires se maintinrent-ils toujours, pendant la courte durée de l'administration de M. de Queylus, dans les bornes de la modération et de la charité ? Leurs lettres l'affirment. « Nous avons supporté, écrit le P. de Quen, tous ses agissements avec calme et modestie, comme il convient, sans cependant jamais rien céder de nos droits[2]. » Malgré ce témoignage qu'ils se rendent à eux-mêmes, nous ne voudrions pas affirmer qu'ils se montrèrent tous irréprochables. Ils étaient hommes, et plusieurs purent bien oublier, dans la vivacité de la lutte, les lois de la prudence et de la charité. Un fait certain, et ce fait seul les justi-

1. « Vivimus hic quieti ex quo Dominus Abbas de Queylus mandato Domini archiepiscopi Rothomagensis aliò abiit. » (Epist. ad R. P. Generalem, 26 Aug. 1658. » (Arch. gen. S. J.)

L'abbé de Latour dit dans la *Vie de Mgr de Laval* : « La qualité de grand vicaire et ses coups d'autorité ne firent pas fortune ; à l'exception de ceux qui étaient venus avec lui, personne ne voulait le *reconnaître*, malgré les ordonnances qu'il publia et les censures qu'il fumina... Ses démarches déplurent quelquefois et aliénèrent les esprits. » Cit. par M. Vigier dans sa *Notice historique* sur l'abbé.

2. « Pacificè omnia et modeste, ut decet, tulimus ; de jure tamen nostro nihil remisimus. » (Ep. P. de Quen ad R. P. Generalem, 3 sept. 1658.)

Le R. P. Général avait exhorté le P. de Quen à la patience, le 17 déc. 1657 : « Accepi litteras R^{æ} V^{æ} 20 Sept. hujus anni ad me datas quibus significat abbatem qui ab illust^{mo} archiepiscopo Rothomagensi vicarii generalis potestatem obtinuit vobis non levem molestiam creare. Patienter illam ferre debet R^{a} V^{a} usque dum per Episcopum quem rex Christ^{mus} brevi à suâ Sanctitate obtinebit, omnibus medeatur. » (Arch. gen. S. J.) — Il lui écrit aussi d'avoir espoir et d'agir avec prudence : « R^{a} V^{a} non debet statim ad primam exortam procellam persecutionis cuncta desperare, sed difficultatibus pro suâ prudentiâ obstare, et expectare tranquillitatem quam Deus Canadensi ecclesiæ suæ brevi, uti speramus, restituet per episcopum societati nostræ benevolum, quem expectat R^{a} V^{a}. » (Arch. gen. S. J.)

fierait, c'est que l'abbé de Queylus, dans son mémoire adressé au R. P. Général, ne leur reproche ni une parole peu charitable ni un acte irrévérencieux. Le supérieur de Québec a lésé ses droits en remplaçant sans son autorisation le P. Poncet par le P. Pijart ; et c'est tout. Le reste, comme nous l'avons vu, est une suite d'accusations sans fondement, qui ne concernent en rien les rapports de l'abbé avec les Pères. On a cependant reproché au P. Pijart d'avoir accusé l'abbé, dans une lettre privée, d'*être violent et de faire aux Jésuites une guerre plus fâcheuse que celle des Iroquois*[1]. Mme d'Ailleboust, femme du gouverneur, trouva cette lettre, se permit de la lire et la montra au grand vicaire, qui en conçut une grande irritation. La violation du secret épistolaire était blâmable ; peut-on en dire autant d'une communication confidentielle, que l'indiscrétion d'une femme a livrée à la publicité ?

Cependant la paix, qui régnait à l'église de Québec, n'était pas sans mélange. M. de Lauson avait quitté le Canada avant la fin de son commandement[2], laissant, pour le remplacer, son fils, M. de Charny, auquel succéda bientôt M. d'Ailleboust, un des membres de la Société de Montréal. Celui-ci semblait n'être là que le lieutenant du vicomte d'Argenson.

Pierre de Voyer, vicomte d'Argenson, d'une famille de robe, avait été nommé en 1657 gouverneur général du Canada, grâce à l'appui de M. de Lamoignon, alors premier président. Il n'arriva à Québec que le 11 juillet 1658[3].

1. *Journal des Jésuites*, p. 222.

2. « Dominus de Lauzon, calumniis et clamoribus oppressus, coactus est ante finem suæ gubernationis in Galliam remeare ; et de facto navem conscendit magno omnium Gallorum et neophytorum gaudio. » (Epist. P. Vimont ad R. P. Generalem, 28 Aug. 1656 ; Arch. gen. S. J.)

3. *Journal des Jésuites*, p. 237.

Agé de 32 ans, célibataire, intelligent, brave, bon catholique[1], *sage au possible*, selon l'expression d'Aubert de la Chesnaye[2], on en disait monts et merveilles avant son arrivée[3]. Ce n'était pas un ami des Jésuites de France, ni de ceux du Canada ; ses sentiments à leur égard s'éloignaient beaucoup de la justice et de la vérité. En revanche, il estimait et aimait particulièrement l'abbé de Queylus[4]. On le reçut à Québec avec enthousiasme : beaucoup espéraient qu'il rachèterait Israël[5].

A peine installé, le gouverneur, qui a peu vécu et peu vu, se figure, comme tous ceux que la fortune a portés d'emblée au pouvoir, qu'il peut se passer avantageusement du conseil des sages et de l'expérience des vieux. Il éloigne

1. « Appulit ad nos hoc anno novus prorex, annos natus 32, non uxoratus, vir sane ingeniosus, strenuus, virtute præditus. » (Epist. P. de Quen ad R. P. Generalem, 3 sept. 1658 ; Arch. gen. S. J.)

2. *Mémoires* de M. Aubert de la Chesnaye.

3. « Dnus d'Argenson, gubernator noster novus magnas spes etiam adhuc absens dederat. » (Ep. P. Vimont ad R. P. Generalem, 6 sept. 1658 ; Arch. gen. S. J.)

4. « Novus prorex non est noster. Addictus est Domino Abbati de Queylus. » (Epistola P. de Quen, *ibid.*) — « Novus gubernator, qui *suprà nos, nihil ad nos*, ita sanè se gessit in componendis rebus Domini de Queylus nobiscum, itá locutus est, ut satis appareat malè ipsum affectum esse erga Patres nostros, eaque de nobis sentire, tùm qui hic sumus, tùm qui in Gallia, quæ sint omninò procul à vero et iniqua sint. » (Epist. P. Ragueneau ad R. P. Generalem, 20 Aug. 1658 ; Arch. gen. S. J.)

M. Faillon dit dans son *Histoire*, t. II, p. 466 : « Ce gouverneur était parti de France sans avoir jamais témoigné d'inclination particulière pour les Révérends Pères Jésuites, quoique le conseiller d'État, son frère, professât pour eux le plus entier dévouement. Ce dernier en conçut même quelque peine et s'en ouvrit confidemment à M. de Laval, avec lequel il avait des liaisons particulières. »

5. « Novum hoc anno Gubernatorem habuimus è Galliâ, Dominum d'Argenson : sperabant nonnulli quoniam ipse redempturus esset Israël. » (Epist. P. Ragueneau ad R. P. Generalem, 20 Aug. 1658; Arch. gen. S. J.)

de lui les anciens conseillers, et s'entoure d'hommes nouveaux, d'une jeunesse présomptueuse, dont il prend conseil [1].

Un mois après son arrivée, l'enthousiasme du premier jour s'est changé en froid, si bien que le P. Ragueneau écrit à Rome : « Je n'espère rien de l'avenir ; je crains la ruine des Français ; j'ai peur d'une guerre horrible. Ce qui augmente mes terreurs, c'est le caractère du nouveau gouverneur [2]. »

Vers la même époque, le P. Vimont écrit également : « M. d'Argenson ne paraît satisfaire ni les sauvages, ni les Français, ni les Religieux. L'expérience le changera peut-être et lui ouvrira les yeux. Mais il me semble plus probable pour le moment, que sans un miracle de la Providence, l'œuvre de la colonisation tombera plutôt qu'elle ne s'élèvera [3]. »

Enfin, le P. de Quen dit au P. Général : « Nous avons tout à redouter de l'union de l'abbé et du gouverneur ; car l'union fait la force. Mais si Dieu est pour nous, qui sera contre nous. Tout notre espoir est en lui [4] .»

Si le ciel s'était rasséréné après le départ de M. de Queylus, il n'était cependant pas sans nuages ; on décou-

1. « Suo genio res agit ; utitur juvenum consilio. » (Epist. P. de Quen ad P. Generalem, 6 sept. 1658 ; Arch. gen. S. J.)

2. « Mihi sanè sperare non licet ; timeo ruinam Gallorum, et ab Iroquæis bella, horrida bella. Timorem hunc auget meum ingenium novi Gubernatoris... » (Epist. P. Ragueneau, *ibid.*)

3. « Neque barbaris, neque Gallis, neque personis religiosis satisfacere videtur Dominus d'Argenson. Experientia forte illum mutabit et aperiet oculos... Quidquid sit, major est probabilitas, sine Dei miraculo, destructionis quam ædificationis. » (Epist. P. Vimont, *ibid.*)

4. « Ab utroque nobis timendum ; vis unita fortior est. Verùm si Deus pro nobis, quis contra nos. In eo tota spes nostra est. » (Epist. P. de Quen, *ibid.*)

vrait des points noirs à l'horizon. M. d'Argenson ne tarda pas, en effet, à déclarer la guerre aux missionnaires, guerre sourde et hypocrite, d'autant plus dangereuse que ceux-ci ne pouvaient se mettre en garde ni se défendre. Ils apprenaient par l'un et par l'autre le travail souterrain qui se faisait contre eux, soit à Québec, soit aux Trois-Rivières; on s'efforçait de démolir leur autorité, de détacher d'eux les fidèles. Les choses en vinrent bientôt à ce point que les Jésuites finirent par craindre, et non sans raison, que le gouverneur et l'abbé ne surprissent la bonne foi de l'archevêque de Rouen et n'obtinssent des lettres patentes modifiant de nouveau l'administration religieuse du Canada[1].

L'avenir s'annonçait plein de périls, et les Pères se demandaient avec inquiétude par quel moyen ils échapperaient à ses menaces. « Il n'y a qu'un moyen de sortir de là, écrit le P. Ragueneau; c'est la nomination d'un évêque qui ne soit pas l'ennemi de la Compagnie[2]. »

1. « Spes est adversariis nostris mutationis procurandæ. Quid facilius esse iis potest, quam ut securis nobis nihilque opinantibus mandatum aliquod novum obtineant ab archiepiscopo Rothomagensi, qui susdeque omnia subvertat. » (Epist P. Ragueneau ad P. Generalem, 20 Aug. 1658; Arch. gen. S. J.)

2. « Ut opinor, nullus erit finis, donec episcopus advenerit, qui societati nostræ iniquus non sit, nostrorumque Patrum operâ utatur. » (*Ibid.*)

Le P. de Quen, comme tous les Pères, pensait ainsi; il désirait la nomination d'un évêque et il ajoutait : « Expediret paucos, hic sacerdotes seculares degere. » (26 Aug. 1658.) — Nous avons vu plus haut qu'il resta deux prêtres à Québec après le départ de l'abbé de Queylus.

Le P. Général partageait l'avis des missionnaires du Canada, comme nous le voyons par sa réponse du mois de déc. 1658 au P. de Quen : « Doleo quidem quod novis hisce turbis evangelii cursus impediatur; sed quoniam unica, ut scribit Rª Vª, est via medendi his incommodis, nostram omnem operam hic adhibemus, ut optatus vobis episcopus quantocitius opera christianissimi regis obtineatur, qui, ut spero, cuncta componet. » (Arch. gen. S. J.) —

Marie de l'Incarnation, qui pensait en 1646 que *le pays n'était pas encore assez fait* pour demander la présence d'un évêque, est aujourd'hui de l'avis du P. Ragueneau : « M. de Bernières me mande, dit-elle, et le R. P. Lalemant me confirme que l'on veut nous envoyer pour évêque M. de Montigny, qu'on dit être un grand serviteur de Dieu. Ce serait un grand bien pour ce pays d'avoir un supérieur permanent ; et *il est temps que cela soit*, pourvu qu'il soit uni, pour le zèle de la religion, avec les RR. PP. Jésuites[1]. »

Il était temps, en effet. Les uns et les autres réclamaient un évêque, mais pour des motifs différents : ceux-ci pour mettre fin aux agissements de l'abbé et du gouverneur, ceux-là pour détruire ou diminuer l'influence des Jésuites, tous les hommes d'ordre et de foi pour endiguer le vice qui commençait à se répandre[2], et pour établir d'une façon stable la paix religieuse, troublée pendant les quelques mois d'administration de M. de Queylus. Ces derniers espéraient aussi que la présence d'un évêque pourrait seule prévenir le mal, qui naîtrait inévitablement, à un moment donné, du conflit des deux autorités ecclésiastiques. Faut-il ajouter que des Français peu recommandables, qui étaient parvenus à se glisser dans la colonie à la faveur des troubles religieux, faisaient entendre leur note dans ce

Il lui fait savoir qu'il écrit au P. Annat, pour que celui-ci hâte le départ de l'évêque : « Scribo ad P. Fr. Annat ut maturet adventum episcopi quem rex christianissimus ecclesiæ Canadensi destinavit. » Il espère que l'arrivée de l'évêque mettra fin aux dissensions : « Controversias Domini Abbatis de Queylus componet, ut spero, adventus Illust. episcopi, qui Canadensi ecclesiæ destinatur. » (Arch. gen. S. J : Epist. ad P. Ragueneau, 16 déc. 1658.)

1. *Lettres spirituelles*, 42e let., p. 80.

2. On lit, pp. 10 et 11, dans le *Mémoire sur la vie de Mgr de Laval*, par l'abbé de La Tour : « Le vice commençait à se répandre ; il fallait une autorité supérieure pour en arrêter le cours. »

concert général? Ils attendaient d'un nouveau régime, d'une organisation nouvelle, une plus grande liberté dans le commerce de l'eau-de-vie, une plus grande facilité de mœurs.

M. d'Argenson était le premier à reconnaître qu'un évêque *ajusterait facilement toutes choses*, « puisque, disait-il, nous voyons qu'il est désiré de tous ; chacun est bien disposé à le recevoir ; pour moi, je le crois très avantageux au pays [1]. »

M. de Gueffier, agent de France à Rome, à cette époque, ne fut donc que l'écho des ardents désirs de toute la colonie française au Canada, quand il supplia le Saint-Père d'envoyer au plus tôt un évêque dans la Nouvelle-France : « D'après ce qu'on a mandé au Roy, disait-il à Sa Sainteté, Sa Majesté craint que, faute de secours, la religion va se perdre au Canada [2]. »

Ce secours va lui être donné.

1. *Lettres* de M. d'Argenson, 5 sept. 1658 et 14 oct. 1658 ; cité par M. Faillon, t. II, p. 303.
2. Cité par M. Faillon, t. II, p. 321.

CHAPITRE SECOND

Mgr de Laval : élève aux collèges de la Flèche et de Clermont, membre de la Société des bons amis à Paris, désigné pour un vicariat apostolique au Tonkin, nommé vicaire apostolique au Canada et évêque de Pétrée. — Son arrivée à Québec ; le P. Jérôme Lalemant, grand vicaire. — L'évêque de Pétrée et M. de Queylus. — M. d'Argenson et les questions de préséance. — M. d'Avaugour et la traite de l'eau-de-vie. — Colbert et les Jésuites. — Organisation du vicariat apostolique et du gouvernement de la Nouvelle-France. — M. de Mésy et son administration. — MM. de Courcelles, de Tracy et Talon.

Nous avons dit, au chapitre précédent, que les Jésuites proposèrent à la Cour pour le nouvel évêché de Québec M. l'abbé de Laval de Montigny.

Né le 30 avril 1622 au château de Montigny-sur-Avre, dans le diocèse de Chartres, l'abbé François de Laval de Montigny appartenait à l'illustre maison de Montmorency. A l'âge de neuf ans, à la rentrée d'octobre de 1631, il fut envoyé au collège royal de la Flèche, pour y commencer le cours de ses études littéraires. Ce collège, fondé par Henri IV, comptait alors quatorze cents élèves, parmi lesquels trois cents pensionnaires, l'élite de la noblesse de France.

Le P. Claude Noirel dirigeait ce grand établissement, et le P. Louis Milquin exerçait les fonctions de principal au pensionnat. Noirel fut bientôt remplacé par l'ami de Descartes, le mathématicien Étienne Noel, qui lui-même eut pour successeur le théologien Cellot[1]. Tous trois furent les supérieurs du jeune François.

Là, pendant ses dix années d'études littéraires et philosophiques, il vit passer bien des Pères, dont il fit la connaissance : Jacques Nouët et Étienne de Champs[2], plus tard ses conseils et ses amis ; Pierre Pijart et Gabriel Lalemant, ses surveillants, tous deux missionnaires au Canada quelques années après, le second, martyr de sa foi et de son dévouement ; René de Gamache, le fondateur du collège de Québec ; Claude d'Ablon, Jacques Buteux, Jacques de la Place, Simon Le Moyne, Charles Turgis, Jacques Bonin, Jean Dolbeau, scholastiques de la Compagnie de Jésus, alors étudiants, les uns de philosophie, les autres de théologie, qui, à quelques années de là, devaient parcourir en apôtres les profondes forêts de l'Amérique septentrionale.

Plusieurs de ses professeurs de la Flèche ont laissé un nom justement célèbre dans l'histoire du XVIIe siècle. Jean de Rienne, dont il suivit les enseignements de physique et de mathématiques, a écrit sur la *Lumière* et sur l'*Algèbre* ; c'est le fruit de quarante ans de professorat[3]. Jean-Baptiste de la Barre devient un des bons prédicateurs de son temps. Le plus célèbre de tous, c'est François Vavasseur, poète distingué, le *meilleur humaniste* de cette époque[4], « un de ces esprits critiques et vigoureux qui trouvent à mordre, même sur de bons ouvrages et qui ne laissent rien pas-

1. Le P. Noirel fut recteur du collège de 1630 à 1637 ; le P. Noel, de 1637 à 1640 ; et le P. Cellot, d'octobre 1640 à 1643.

V. la *Bibliothèque des Écrivains de la Compagnie de Jésus*, articles : *Étienne Noël* et *Louis Cellot.*

2. *Bibliothèque des Écrivains*... articles : *J. Nouet* et *Et. de Champs.*

3. *Bibliothèque des Écrivains*... art. : *J. de Riennes.*

4. L'abbé d'Olivet, *Histoire de l'Académie*, I, p. 322. — *Bibliothèque des Écrivains*, art. : *F. Vavasseur.*

ser[1]. » Il enseigna la rhétorique à François de Laval. Au sortir des études classiques, François entra en philosophie; Jean de la Croix, professeur de logique, lui ouvrit les portes de ce froid sanctuaire[2].

Au pensionnat, le P. Bagot était chargé de la Congrégation, qui n'admettait dans ses rangs que les élèves d'humanités, de rhétorique, de philosophie et de théologie, et, par exception, quelques écoliers de troisième d'une vertu et d'un mérite reconnus. Depuis huit ans qu'il occupait, à la Flèche, avant l'admission du jeune François, les chaires de philosophie et de théologie, il n'avait cessé de diriger cette congrégation, d'où sortit toute une phalange d'hommes illustres en tout genre. Plusieurs seront plus tard, à Paris, l'ornement de la grande Congrégation des externes, l'élite des œuvres de dévouement. Malheureusement il fut enlevé à ce poste au mois d'août 1634, et envoyé au collège de Clermont, à Paris, où il devait remplir les mêmes fonctions qu'au pensionnat Henri IV[3].

1. *Port-Royal*, par Sainte-Beuve, t. III, p. 456.

2. Voici la liste des professeurs de François de Laval, à la Flèche, année par année.

Septième,	1631-1632;	professeur,	Un F. coadjuteur
Sixième,	1632-1633;	—	P. Nic. Le Marchant
Cinquième,	1633-1634;	—	item
Quatrième,	1634-1635;	—	P. Claude Siron
Troisième,	1635-1636;	—	item
Humanités,	1636-1637;	—	P. J. B. de la Barre
Rhétorique,	1637-1638;	—	P. Fr. Vavasseur
Logique,	1638-1639;	—	P. J. de la Croix
Physique,	1639-1640;	—	P. J. de Riennes
Mathématiques,	1640-1641;	—	P. de Riennes.

M. Gosselin (*Vie de Mgr de Laval*, t. I, p. 35) se trompe quand il dit que François de Laval alla faire à Paris sa *philosophie*. A la Flèche, les cours de grammaire commençaient en *septième*; la philosophie durait trois ans, comme au collège de Clermont à Paris.

3. *Bibliothèque des Écrivains*, art. : *Jean Bagot*.

Pierre Meslant, qui le remplaça auprès des théologiens et des Congréganistes, ne resta pas au dessous de sa tâche. Il avait toutes les qualités nécessaires pour s'emparer de l'âme et de l'intelligence des enfants ; puis sa nature sympathique subjuguáit facilement les cœurs. « Il serait difficile, écrivait son Provincial, le P. Filleau, de trouver dans l'histoire de la Compagnie, une perfection supérieure, peut-être même comparable à la sienne. » A vingt-deux ans, il faisait ce vœu qu'il garda inviolable jusqu'au dernier jour : « Je fais vœu de chercher toujours et en tout le plus grand honneur de Dieu et sa plus grande gloire[1]. » D'un esprit très ouvert, brillant et profond en même temps, il fut devenu une des gloires de son ordre, si Dieu n'eût brisé sa vie, dans la plénitude de toutes ses facultés, à l'âge de quarante-deux ans. L'intarissable poète du Collège Henri IV, Jean Chevalier, chanta sur tous les tons de la muse latine les vertus et les qualités de ce compagnon d'armes, de ce religieux ami ; Pierre Mesland était mort, en se rendant à pied de la Flèche à Rouen, chez les Bénédictins de Bernay. Il laissa dans son collège, où personne n'enseigna plus longtemps que lui, d'unanimes regrets.

Ce fut lui qui reçut au nombre des Congréganistes François de Laval, et qui, plus que personne, fit pénétrer au plus profond de son âme et de son cœur les plus nobles sentiments de foi et de charité. Si les germes de l'éducation morale et religieuse sont dus à l'action première du P. Bagot, ils grandirent et se développèrent sous l'heureuse influence du P. Mesland, qui pendant cinq ans

1. *Vie manuscrite du P. Mesland* ; Arch. de l'école Sainte-Geneviève, rue Lhomond 14, *bis*, Paris. — *Bibliothèque des Écrivains de la Compagnie de Jésus*, par les PP. de Backer, article : *Pierre Mesland*.

(1634-1639) conduisit dans les voies du ciel son docile pénitent. Il avait reconnu vite toutes les richesses cachées dans cette nature d'enfant, droite, ferme et élevée, et il s'était attaché à lui comme les saints s'attachent à tout ce qui porte une empreinte mieux marquée du passage de Dieu.

Le P. François Pinthereau, qui lui succéda, continua avec amour l'œuvre des deux premiers directeurs. Tout le monde connaît ce controversiste distingué, l'adversaire déclaré du Jansénisme[1].

Sa philosophie terminée, François de Laval se rendit à Paris, au collège de Clermont, pour y étudier la théologie, dont le cours durait quatre années entières comme à la Flèche. Ce collège, rouvert en 1618 par Louis XIII et appelé plus tard Louis-le-Grand, comptait plus de deux mille élèves, et le pensionnat réunissait tous les beaux noms de France, les fils des plus hauts personnages de la Cour. C'était le pensionnat à la mode. Tout s'y faisait avec autrement de luxe qu'à Henri IV; précepteurs, laquais et domestiques y affluaient, au service des jeunes seigneurs. François s'installa au quartier des théologiens, car les fils de famille ne dédaignaient pas alors de suivre les cours de théologie, d'approfondir les questions ardues de la *somme* de Saint-Thomas[2].

1. *Bibliothèque des Écrivains de la Compagnie de Jésus*, par les PP. de Bracker, article : *Pinthereau, François*. Le P. Pinthereau prit la direction de François de Laval, au début de la seconde année de philosophie, c'est-à-dire au mois d'octobre 1639.

2. M. Gosselin prétend dans la *Vie de Mgr de Laval*, t. I, p. 36, que François retrouva, en arrivant à Paris, le P. Bagot et ses anciens condisciples Pallu, Chevreuil, de Maizerets, Bourdon, etc... Nous devons dire ici avec regret que le ch. II et une grande partie du ch. III sont absolument fantaisistes. Le P. Bagot était alors à Rome

Le P. Julien Hayneufve, l'aimable et pieux ascète dont les méditations ont été traduites en plusieurs langues, gouvernait cet établissement, le plus important de cette époque. On avait eu soin de réunir autour de lui les illustrations de la théologie scholastique et de la morale, Denis Petau, Claude Boucher, Philippe Labbe, Denys Auger[1]. Denis Petau, le plus célèbre de tous, attirait au pied de de sa chaire beaucoup d'auditeurs, et de toutes les classes sociales.

C'est sous ces illustres maîtres qu'étudia pendant quatre ans François de Laval. Dans cette maison, il connut encore Jacques Sirmond, « la plus haute et la plus modeste science de ce temps[2]; » Antoine Sirmond[3], son neveu; Simon le Bossu, qui se fit un nom dans l'ascétisme et la

et la plupart de ceux que cet historien nomme comme ayant été élevés à la Flèche, n'y parurent jamais. Par exemple, Mgr Pallu fit ses études à Tours, Boudon et Ango de Maizerets, à Rouen. Boudon suivit le cours de théologie de Clermont en qualité d'externe; il eut donc alors peu ou point de rapports avec Mgr de Laval. Le P. Bagot, autour duquel M. Gosselin fait tourner toute la première éducation de François de Laval, ne l'a connu, en définitive, que de neuf à douze ans, et à la fin de sa théologie. Il fut son préfet des classes au collège de Clermont pendant un ou deux ans. — Pierre de Conti, condisciple de Molière, était encore en rhétorique en 1641-1642. (*Le Moyne*, par le P. Chérot, p. 15.) — Les erreurs de détail sont si nombreuses dans les premiers chapitres de la *Vie de Mgr de Laval* par M. Gosselin, que nous renonçons à les signaler.

1. Voir dans la *Bibliothèque des Écrivains* l'article qui a été consacré à ces religieux par les PP. de Bracker. Le P. Petau fut professeur de théologie scholastique en 1641, 1642 et 1643, ainsi que le P. Boucher. Au mois d'octobre 1644, ils furent remplacés par les Pères François Pinthereau et D. Auger. Le P. François Haireau, professeur de morale en 1641 et 1642, fut remplacé par le P. Philippe Labbe.

2. *Manifeste apologétique...* Paris 1644... — *Bibliothèque des Écrivains...* Article : *Jacques Sirmond.*

3. *Bibliothèque des Écrivains...* Article : *Antoine Sirmond.*

prédication[1]; Pierre Royer, Étienne de Bauny, Louis Mairat, J. B. Saint-Jure; enfin Pierre Le Moyne, sur qui Boileau a versifié cette double injustice, parodie de deux vers de Corneille sur le cardinal Richelieu :

Il s'est trop élevé pour en dire du mal;
Il s'est trop égaré pour en dire du bien[2].

Claude Boucher dirigeait la Congrégation des pensionnaires des classes supérieures, et, quand il la quitta en 1643, il en confia le gouvernement spirituel à son collègue, Denys Petau. Le P. Bagot, de retour de Rome où il venait d'exercer les fonctions de *reviseur général* des livres, prenait, cette même année, au collège de Clermont, la direction des hautes études.

Inutile de dire que François fut un des membres les plus fervents de la *Congrégation des pensionnaires*, un des étudiants les plus remarquables et les plus appliqués du cours de théologie. Aussi Mgr Servien, évêque de Bayeux, écrira-t-il bientôt du jeune étudiant devenu prêtre : « Il était licencié en droit canon de l'Université de Paris, très versé dans les lettres, tant sacrées que profanes[3]. »

1. *Bibliothèque des Ecrivains...* Article : *Simon Le Bossu.*

2. *Étude sur la vie et les œuvres du P. Le Moyne*, par le P. H. Chérot; Paris, 1887, p. 424. — Le P. Filleau, provincial de Paris, écrivait, le 6 janvier 1645, au Général Mutius Vitelleschi, au sujet des Pères du collège de Clermont : Hæc laus est à multis jam annis Collegii parisiensis quod antiquiores et eminentiores etiam doctrinâ et meritis, præeant aliis omnibus virtutis exemplo, exercitatione et studio, quod hodiè excellenter faciunt omnium antiquissimus P. Jacobus Sirmon, 86 annos natus, P. Petrus Royerius, P. Stephanus Bauny, P. Ludovicus Mairatius, P. Dyonisius Petavius, P. Johannes Baptista Saint-Jure, P. Johannes Bagotius, etc. » (Arch. gen. S. J.)

3. *Vie de Mgr de Laval*, par l'abbé Gosselin, t. I, p. 48.

Au mois d'août 1645, François de Laval terminait sa théologie, et, au lieu de diriger ses pas vers la carrière sacerdotale, comme tous ses maîtres le croyaient et comme il le désirait lui-même ardemment, il se voit forcé d'imprimer à sa vie une autre direction. Deux de ses frères venaient de tomber au champ d'honneur, à un an de distance jour pour jour, l'aîné à la bataille de Fribourg (3 août 1644), et le cadet à la bataille de Nordlingen (3 août 1645). Ces deux pertes douloureuses et les vives instances de Mgr de Péricard, évêque d'Évreux, lui dictent son devoir. Il renonce au canonicat de la cathédrale d'Évreux dont on l'avait pourvu à l'âge de quinze ans, et il rentre dans sa famille pour remplacer ses deux frères auprès de Madame de Montigny.

Mais la Providence, toujours impénétrable dans ses desseins de miséricorde, avait sur lui d'autres vues. Aucune puissance humaine ne put en empêcher la réalisation. L'évêque d'Évreux est frappé subitement d'une maladie mortelle au moment où il ne s'y attend pas. Ce coup imprévu était-il un avertissement de Dieu, une leçon? Avant de paraître au tribunal de la divine Majesté, le prélat se demande, dans la sincérité de sa conscience, s'il n'a pas eu tort de détourner de sa vocation, par ses conseils et ses vives instances, François de Laval, son cousin. Mu par le repentir, il le mande auprès de son lit de mort, et là, de sa voix mourante, il l'exhorte à obéir à la voix de Dieu, qui l'appelle à lui dans la vie sacerdotale; il le nomme même archidiacre de l'église d'Évreux. Il rendit le dernier soupir le 22 juillet 1646.

Aucune parole ne pouvait être plus agréable à François que celle de l'évêque mourant, l'invitant à se consacrer au service de l'Église. Il renonce aussitôt à son droit d'aînesse, à ses titres à la seigneurie de Montigny, en faveur de son frère, Jean-Louis de Laval, et il part pour Paris, où il prend sa licence en droit canon et reçoit l'onction sacerdotale, le 23 septembre 1647.

L'année même de son retour à Paris, un fait, insignifiant en soi, mais qui ne fut pas sans importance pour le bien de l'Église, venait de s'accomplir dans la célèbre congrégation des Externes[1] du collège de Clermont. Le P. Bourdin, dont on connaît les luttes philosophiques avec Descartes, dirigeait depuis assez longtemps cette congrégation, lorsque ses travaux et son âge l'obligèrent de la confier à d'autres mains vers la fin de 1645. Sa retraite fut, du reste, le salut de l'œuvre, car il l'avait conduite ou l'avait laissée aller peu à peu à la routine et à l'effacement. On ne possède pas généralement tous les talents : professeur de sciences distingué pour l'époque, le P. Bourdin resta, comme directeur de congrégation, au dessous de sa tâche.

Ce fut le P. Jean Bagot qui lui succéda[2], et qui donna à cette pieuse institution un éclat qu'elle n'avait jamais eu avant lui, qu'elle n'eut jamais après.

Ce religieux est bien connu des Annalistes du XVIIe siècle[3].

1. Elle était appelée la *grande congrégation*. La *petite congrégation* se recrutait surtout parmi les élèves de rhétorique, de seconde et de troisième.

2. Nous disons que le P. Bagot succéda au P. Bourdin, car le P. Mathurin Moreau, professeur de théologie, resta quelques mois à peine à la tête de la congrégation, après la retraite du P. Bourdin.

3. Le P. Jean Bagot, né le 11 juillet 1591, entra dans la Compagnie de Jésus, à Nancy, une première fois le 2 janvier, et une seconde fois le 8 juin 1611. Ces dates sont prises dans les Catalogues de la Cie (Arch. gen.). C'est donc à tort que quelques écrivains ont fixé la date de sa naissance à 1580, et d'autres à 1590 (les *Vies des saints de Bretagne*, par Dom Lobineau, nouvelle édit. par l'abbé Tresvaux, t. IV, p. 344; — *Vie de M. Bourdon*, par Collet, prêtre). Il naquit à Rennes, et non à Saint-Brieux, comme le croit l'abbé Tresvaux (*Vies des saints*

D'un caractère très décidé, d'une grande patience et aussi d'une ténacité de Breton peu ordinaire, il avait, dès l'âge de vingt ans, montré ce qu'on pouvait attendre de son indomptable nature, tempérée, disent les contemporains, par une merveilleuse suavité et une grande simplicité de mœurs, deux qualités fort rares dans un tempérament de fer et de feu.

Né à Rennes en 1691, il fait de brillantes études littéraires, puis trois ans de philosophie, et, un beau jour, sur le refus de son Père de le laisser entrer dans la Compagnie de Jésus, il s'enfuit d'Orléans, où il suivait les cours de droit, et se retire à Nancy, au noviciat des Jésuites, où on l'admet le 2 janvier 1611 [1]. Grande colère à Rennes, à cette nouvelle! Le fugitif est arraché du noviciat, ramené chez

de Bretagne, ibid., note); car nous lisons dans les Litteræ annuæ S. J., anni 1611, p. 116 : « Parens... morabatur Rhedonibus, armoricæ clarâ et principe civitate. » Dans les *Scriptores Provinciæ Franciæ S. J.*, 1670, le P. Rybeyrete dit : « J. Bagot, Rhedonensis. » Le même Père le fait entrer dans la Compagnie, bien à tort, en 1609; les Catalogues disent formellement 1611. — Après le noviciat, il professe successivement à Verdun la 5e, la 4e et la 3e (1613-1616); il fait sa théologie à Clermont (1616-1620); il enseigne la philosophie à Rennes (1620-1622), puis à la Flèche la philosophie (1622-1626) et la théologie (1626-1634), enfin à Paris la théologie (1634-1639). — Envoyé à Rome, au mois d'octobre 1639, comme reviseur général des livres, il en revient en août 1643 et est nommé au collège de Clermont préfet des classes supérieures, charge qu'il garde jusqu'au 12 mai 1653, date de sa nomination comme supérieur de la maison professe de Paris. Remplacé en mai 1656 par le P. Jacques Renault, il resta dans cette maison jusqu'à sa mort, qui arriva le 23 août 1664. (Cat. Prov. Franciæ; arch. gen. S. J.)

1. « Emenso philosophiæ curriculo.... Aureliam mittitur ad jus civile perdiscendum. Ibi dat litteras in patriam, quibus contendit sibi ut liceret in religiosâ familiâ Deo vivere... Pater nihil respondet, hic iterum scribit et dùm rursus tacetur, continuum Patris silentium tacitam rei concessionem interpretatus, dat se in viam, Nanceium venit, atque in tirocinium admittitur. » (*Annuæ litteræ*, 1611, p. 116).

lui, tansé d'importance[1]. Tout est mis en œuvre pour le faire renoncer à sa vocation, prières, menaces, persécutions de toutes sortes. Quelques membres du clergé et le Parlement interviennent[2] : rien n'y fait. Exaspéré, son Père le chasse de chez lui; il ne trouve d'asile nulle part, pas même chez sa sœur[3]. Puis, revirement complet : aux rigueurs et aux mauvais traitements succèdent les pleurs, les tendresses, toutes les caresses de l'affection paternelle et maternelle[4]. Le jeune homme est lancé dans toutes les fêtes, dans les distractions les plus séduisantes[5]... Des amis avaient conseillé ce système d'attaque, bien plus fatal à une vocation que la lutte ouverte et déclarée. Ils en furent pour leurs frais d'invention. Après quelque temps de fêtes, Jean se jette aux genoux de son Père pour lui demander l'autorisation de rentrer au noviciat, et, sur son refus, il s'échappe une seconde fois et revient à Nancy[6].

Le noviciat terminé, il professe trois ans la grammaire à Verdun, il étudie quatre ans la théologie au collège de Clermont, et de Paris il est envoyé à Rennes, où il a eu tant à lutter et à souffrir, pour y enseigner la philosophie

1. *Annuæ litteræ*, 1611, pp. 116-118. Les lettres de Nancy racontent au long tout ce que les parents firent pour ramener Jean à Rennes, et la façon dont il fut reçu.

2. *Ibid.*, p. 118.

3. « Post dies aliquot, iterùm bellum, iterùm machinæ admoventur; sed cum se in pristino animi proposito exhibuisset, ita odiosus parenti factus est, ut domo ejiceretur... Foris, cum neque apud sororem neque apud patruum ob paternæ iracundiæ metum locum inveniret ullum... » (*Ibid.*, p. 119.)

4. « Revocatus, lacrymis compositaque ad animi teneritudinem voce oppugnatur... » (*Ibid.*)

5. « Joci, voluptas et lautitiæ proponuntur..... » (*Ibid.*, p. 120.)

6. Elogia defunct. Prov. Franciæ in Arch. rom.; — Scriptores Prov. Franciæ S. J., à P. H. Rybeyrete, p. 407; — *Annuæ litteræ* novit. Nanc., 1611.

dans ce même collège des Jésuites, témoin jadis pendant six ans de ses succès littéraires et philosophiques [1]. Les sentiments de sa famille à son égard avaient bien changé : le religieux avait triomphé de l'irritation de tous les siens par ses affectueuses et aimables attentions; la beauté et la ferme générosité de son caractère firent du persécuté une petite idole.

En 1622, il est au Collège royal de la Flèche, où, pendant onze ans, il se livre avec succès à l'enseignement de la philosophie et de la théologie ; de là il vient à Paris, pour y succéder, dans la chaire de théologie, à deux hommes, Denis Petau et Jacques Sirmon dont la réputation est devenue Européenne. S'il n'a pas la valeur, la puissante envergure de ses devanciers, il ne s'en fait pas moins remarquer par l'étendue et la profondeur de son enseignement [2]. Les contemporains sont unanimes à louer son grand savoir, sa piété peu ordinaire et sa simplicité pleine de dignité [3]. Le Général de la Compagnie, Mutius Vitel-

1. Dans les *Vies des saints de Bretagne*, t. IV, p. 345, on dit que les Jésuites ne possédaient pas alors d'établissement en Bretagne. C'est une erreur. L'année même où le P. Bagot entra dans la Compagnie, il y avait à Rennes, au collège, 28 religieux de l'ordre, 10 prêtres, 6 professeurs, 5 scholastiques et 7 frères coadjuteurs (*Annuæ litteræ*, 1611, p. 81). Le collège avait été ouvert en 1604-1605 (Catal. Prov. Franciæ in Arch. rom.). Or, comme les parents habitaient Rennes, il est plus que probable que Jean suivit les cours de cette école, la plus importante, à cette époque, dans la province. Elle était du reste la seule qui professât trois ans la philosophie, et les *Catalogues* de la Compagnie disent formellement que Jean Bagot entra au noviciat de Nancy, après avoir consacré trois ans à l'étude de cette science.

2. Rybeyrete dit de lui : « Philosophiam theologiamque scholasticam pluribus annis docuit magnâ nominis et doctrinæ famâ. » — Dans l'*Elogia defunct. Provinciæ Franciæ* (Arch. rom.), on lit : « Magnâ cum laude docuit. »

3. Lettre circulaire du P. J.-B. Ragon à la mort du P. Jean Bagot, « de Paris ce 23 d'aoust 1664 » (Arch. dom. ; collect. Rybeyrete) ; —

leschi, cherchait alors un reviseur des livres et un théologien; au mois de septembre 1639, il l'appelle à Rome, et, quatre ans plus tard, il le renvoie au collège de Clermont, où ce Père gardera plus de onze ans la direction générale des études des classes supérieures.

Ce n'était pas une sinécure que la charge de *Préfet*

Bourdon dans *La vie cachée en Dieu* (2e part., ch. II) en fait ce portrait : « Le P. Bagot, l'un des savants hommes de notre siècle, mais beaucoup plus savant dans la science des saints que dans celle de l'école... » Puis il parle longuement de ses vertus et de ses mérites. — *Vies des saints de Bretagne*, p. 346 : « Sa réputation de sagesse et de piété fut cause qu'on jeta les yeux sur lui pour l'important emploi de confesseur de Louis XIV. L'humble religieux fut si peu flatté de ce choix, qu'il se démit le plus tôt possible. — Le P. Charles Paulin, confesseur du roi, étant mort le 12 avril 1653, « le lendemain, dit le P. Chérot (*La première jeunesse de Louis XIV*, p. 177), Louis XIV s'adressa à un confrère du défunt, le P. Jean Bagot, et communia à Saint-Germain-l'Auxerrois, la paroisse du Louvre. »

M. Bénigne Vachet, *prêtre des missions étrangères*, fait aussi un grand éloge du P. Bagot, dans ses « *Mémoires* pour servir à l'histoire générale des missions et aux archives du séminaire de Paris ». Il dit que sa *science était singulière, qu'il a été un des savants de son temps et l'un des plus grands théologiens* (p. 26); il loue ses éminentes vertus et ses belles qualités, de la p. 26 à la p. 30. Ces *Mémoires*, composés au XVIIe siècle et imprimés, il y a quelques années, chez V. Goupy, à Paris, se trouvent très difficilement. Ils contiennent, à côté de beaucoup d'erreurs, des renseignements intéressants et curieux. L'auteur, né à Dijon en 1641, entra au séminaire des Missions-Étrangères quelques années seulement après sa fondation, et partit pour Siam le 13 avril 1669. Il passa les trente dernières années de sa vie, de 1690 à 1720, à écrire ses *Mémoires* et quelques notices biographiques sur plusieurs de ses confrères. Ces notices manuscrites, au nombre de treize, se trouvent à la Bibliothèque Mazarine dans un volume in-4 intitulé (Bibl. Maz., n° 2985) : « Vies de plusieurs missionnaires envoyés dans l'Inde et la Chine, par l'abbé Vachet. » A la fin de la seconde notice consacrée à M. Martineau, on lit cette note d'une autre main que celle qui a écrit la notice : « Nota que M. Martineau était parti de Siam en 1695, près de huit mois avant la mort de M. de Metellopolis, et que M. Vachet, auteur de ces vies des missionnaires, *brouille et confond tout à son ordinaire.* »

général dans un collège, où l'on ne comptait pas moins de mille étudiants dans les cours de philosophie et de théologie. Cependant, tout en conservant cette charge, le P. Bagot accepte, au mois d'octobre 1646, la direction de la Congrégation des Externes [1]. Cette Congrégation va devenir entre ses mains une puissance.

Il ne faudrait pas juger de cette pieuse réunion par les associations similaires de notre époque. Elle admettait parmi ses membres, outre les étudiants d'élite de philosophie et de théologie, tous externes, des prêtres, des religieux, des gentilshommes, des magistrats, jusqu'à des prélats; et ces fervents congréganistes se réunissaient, une ou deux fois par semaine, dans une chapelle du collège de Clermont, aujourd'hui Lycée Louis-le-Grand.

A peine le nouveau directeur a-t-il pris possession de sa charge, qu'il se fait autour de son confessionnal un concours extraordinaire de pénitents. La science et la piété, unies dans un caractère droit, ferme, plein d'élan, sans écart ni exagération, ont le don d'attirer les âmes. Celles-ci savent d'instinct surnaturel que là elles trouveront tout à la fois la voie, la lumière et l'impulsion.

Le P. Bagot devient vite, comme nous dirions aujourd'hui, le confesseur à la mode des plus fervents chrétiens de la société parisienne, des prêtres, des évêques. Toutefois, la jeunesse des écoles formait le groupe le plus compact, et aussi le plus intéressant de sa direction [2]. Il savait qu'on peut beaucoup obtenir d'un jeune homme bien doué, dont

1. Catal. Prov. Franciæ in Arch. gen. S. J.

2. Elogia defunct. Prov. Franciæ in Arch. gen. S. J.; — *La vie cachée en Dieu*, par Bourdon, 2e part., ch. II; — *Mémoires* de B. Vachet, pp. 26-29; — *Vie nouvelle de H.-M. Boudon*, par Mgr Mathieu, archevêque de Besançon, 2e partie, pp. 33 et suiv.; — *Lettres sur la Congrégation des missions étrangères*, par J.-F.-O. Luquet, prêtre, p. 8.

les tristesses et les déboires de la vie n'ont pas comprimé les élans du cœur, ni tari la source des généreuses illusions, des espérances pures.

Autre est l'apostolat auprès des chrétiens déjà avancés dans l'existence; autre l'apostolat auprès de ceux qui, le cours des études terminé, cherchent l'orientation de leur vie, et, en attendant, ne demandent qu'à se dévouer. Ces derniers, bien et fortement dirigés, sont l'appui et le ressort le plus puissant des œuvres charitables dans une ville !

C'est à eux principalement que le P. Bagot fit appel, à Paris, pour ses œuvres de bien. Elles ne manquaient pas. Hôpitaux, prisons, mansardes du pauvre, ateliers de l'ouvrier, tout cela était à visiter, à consoler, à instruire, à soulager. Puis, il y avait les élèves externes du collège de Clermont et des autres établissements scolaires, à maintenir dans le devoir, à éloigner du mal [1].

Nombreux furent les congréganistes qui répondirent à l'appel du zélé directeur. Parmi eux [2] se trouvaient François Pallu, de Tours [3]; Vincent de Meurs, de Tonquédec en Bretagne [4]; Bernard Gontier, de Dijon; Ango de Maizerets [5] et Luc Fermanel [6], de Rouen; Henri-Marie Boudon, de la Fère;

1. *La vie de M. Henri-Marie Boudon*, par Collet, et la *Nouvelle vie*, par Mgr Mathieu, passim.

2. Cette liste, qui est très incomplète, se trouve aux *Archives nationales* (M. 204) dans un manuscrit intitulé : « Mémoire de l'origine du séminaire des missions pour les pays étrangers. »

3. François Pallu, né à Tours en 1625, oncle du P. Martin Pallu, Jésuite, fit ses études au collège de sa ville natale, dirigé par les Pères de la Compagnie de Jésus.

4. Vincent de Meurs, docteur en théologie, naquit en 1628.

5. Jean-Baptiste-Bernard Gontier, élève des Jésuites de Dijon. — Ango de Maizerets ou des Mezerets, né à Rouen, où il fit ses études chez les Jésuites. (Voir son éloge dans la *Vie de Mgr de Laval*, par l'abbé Gosselin, t. II, pp. 234 et suiv.)

6. Luc Fermanel, né en 1629 à Rouen, où il étudia chez les Jésuites, se lia alors d'une étroite amitié avec H.-M. Boudon, son condisciple.

Pierre de la Motte-Lambert et son frère, Nicolas Lambert de Boissière, de Lisieux[1]; Jacques de Bourges, de Paris[2];

Prêtre le 15 octobre 1658, il signa l'acte d'association qui donna naissance au séminaire des missions étrangères. Cet acte, outre son nom, porte ceux d'Armand Poitevin, de Michel Gazil, de Vincent de Meurs, de François Bézard et de Nicolas Lambert (Arch. nat., m. 213). D'abord procureur du séminaire et des missions, il fut élu supérieur de la Congrégation le 12 janvier 1674 et réélu en 1677. Il mourut le 26 avril 1688. — On sait que les premiers évêques des missions étrangères, Mgrs Pallu, de La Motte-Lambert et Cotolendi décidèrent avant de s'embarquer pour l'Extrême-Orient de fonder une compagnie de commerce pour les mers de l'Inde et de la Chine; et, la résolution prise, ils s'occupèrent de se procurer les navires nécessaires pour commencer l'entreprise. Ce fut le père de M. Fermanel, grand commerçant à Rouen, qui fit construire en Hollande les bâtiments de commerce. On conserve à la *Bibliothèque nationale* (Franc., n° 15796, fol. 276-278) les conventions passées entre les sociétaires : « Compagnie de la Chine pour la propagation de la foy et l'establissement du commerce dans l'empire de la Chine, les royaumes du Tonkin et de la Cochinchine et isles adjacentes... Pour l'exécution de ce dessin, l'on a fait choix de la personne du sieur L. Fermanel, marchand bourgeois, demeurant à Rouen, auquel est donné pouvoir de faire bâtir et construire, en Hollande ou ailleurs, deux vaisseaux... ; les faire armer et équiper, etc... ; de faire élection d'un tel nombre d'officiers et de mariniers qu'il jugera nécessaire... ; comme aussi de s'assurer d'une ou de deux personnes étrangères, expertes au commerce de la Chine, auxquelles sera donné pouvoir de vendre et débiter les marchandises qui y seront portées, et d'acheter dans le pays celles qui seront propres à être apportées pour le bien et le profit de la société... » Suivent les articles de la convention. Mgr Luquet (*Lettres sur la Congrégation*, p. 23) prétend que M. Pallu émit le premier la *grande pensée de l'établissement de cette compagnie de commerce*, qu'il composa à cette occasion un *mémoire extrêmement remarquable* (*ibid.*, note), et il ajoute : « C'est peut-être une des règles les plus parfaites qu'on puisse proposer, pour sanctifier les opérations commerciales » (*ibid.*, note).

1. Pierre de La Motte devint évêque de Berythe, et son frère Nicolas, parti comme missionnaire en 1666, mourut en mer près des côtes de Guinée.

2. Jacques de Bourges, né en 1630, fit ses études au collège de Clermont. Il accompagna en Cochinchine Mgr Pierre de la Motte,

François Bézard, de Pezenas[1]; Sain, de Tours; Bernard Picquet, de Paris[2]; Joseph Duchesne, de Périgueux[3]; Ignace Cotolendi, d'Aix[4]; Louis Chevreuil, de Rennes[5]; enfin Michel Gazil, Poictevin[6], Jean Dudouy[7], Thiery, Thiersant[8], de Chameçon[9], Louis Bulteau et Pajot de la Cha-

évêque de Bérythe et vicaire apostolique de la Cochinchine. Il devint en 1679 évêque d'Héliopolis et vicaire apostolique du Tonkin. Il mourut le 19 août 1714.

1. F. Bézard, né en 1622, fit ses études théologiques au collège de Clermont. Il entra au séminaire des Missions-Étrangères, fut élu assistant en 1664 et supérieur le 9 décembre 1670. Il mourut le 6 mars 1681.

2. Bernard Picquet (ou Piques), docteur de Navare, proposé en 1653 pour être nommé vicaire apostolique de la Cochinchine et évêque, ne fut pas sacré, et accepta la cure de Saint-Josse, à Paris.

3. Joseph Duchêne, docteur en Sorbonne, devint évêque de Bérythe, partit en 1679 pour la Cochinchine et mourut à Siam le 17 juin 1684.

4. Ignace Cotolendi, né le 24 mars 1630, devint évêque de Métellopolis et vicaire apostolique de la Chine. Mort le 16 août 1662, au village de Paracol, près de Mazulipatam.

5. Louis Chevreuil, né vers 1628, fut élevé à Rennes, au collège des Jésuites. Nommé provicaire de Mgr Cotolendi, il mourut à Siam le 10 novembre 1693.

6. Michel Gazil, né en 1629, reçut les ordres mineurs en 1653 et la prêtrise en 1655. Il fut choisi en 1662 pour être un des procureurs des vicaires apostoliques des Indes. Élu en 1668 supérieur du séminaire des Missions-Étrangères, il donna sa démission en 1670 et mourut le 14 janvier 1679. — Poictevin devint « grand vicaire des affaires de Mgr l'évêque du Canadas, M. de Laval » (Arch. nat., M. 204).

7. Jean Dudouy ou Dudouyt devint, avec Ango de Maizerets, un des auxiliaires les plus utiles de l'évêque de Québec, Mgr de Laval. Il arriva au Canada en 1662, fut nommé grand vicaire en 1671, et envoyé en France pour y obtenir le renouvellement des défenses de la vente de l'eau-de-vie, il y mourut le 15 janvier 1688. M. Gosselin (t. I, p. 382, et t. II, pp. 226 et suiv.) en fait grand éloge.

8. M. Thiersant devint aumônier de la reine, et Thiéry, curé de Tours.

9. M. de Chameçon ou Foissy de Chamesson accompagna au Tonkin Mgr d'Héliopolis, et, quoique laïc, il rendit de grands services aux missions (*Histoire de l'établissement du Christianisme dans les Indes Orientales*, par Seryès, Paris, 1803).

pelle[1]. L'histoire de la Société des Missions-Étrangères nous a conservé tous ces noms [2].

M. de Laval, dès son arrivée à Paris en 1646, se lie avec la plupart de ces jeunes gens et confie au P. Bagot la direction de sa conscience. Le directeur ne pouvait rencontrer une âme plus docile et plus droite, un cœur plus élevé; Laval fut de toutes les œuvres, un des plus zélés.

Cependant, la route d'un jeune homme de vingt à trente ans, est bordée de précipices; on a beau se tenir sur ses gardes, on risque souvent de faire un faux pas. Pour se mettre davantage à l'abri du péril, quelques-uns des jeunes gens que nous venons de nommer résolurent, en 1650, d'habiter ensemble; ils espéraient ainsi se soutenir mutuellement et vivre d'une vie plus parfaite. Ils n'étaient que cinq : Laval, Pallu, Gontier, Fermanel et Boudon. Les deux premiers avaient déjà reçu la prêtrise. Ils louèrent plusieurs chambres à l'auberge de la *Rose blanche*, près du

1. Louis Bulteau, né en 1625 à Rouen, docteur en Sorbonne, devint curé à Rouen. — Pajot de la Chapelle exerça longtemps l'office de procureur des missions. Il était laïc, d'après ce que nous lisons dans le manuscrit M. 204 (Arch. nat.) : « Les trois évêques avant de partir (pour les Indes) nommèrent six procureurs, pour avoir soin de recevoir leurs pensions et revenus, leur envoyer des ouvriers, recevoir leurs lettres et leur faire réponse, dont trois étaient ecclésiastiques, sçavoir, M. de Meurs, M. Fermanel et M. Gazil, et trois laïques, sçavoir, M. le président de Garibal, M. le comte d'Argenson, et de la Chapelle Pajot, directeur de l'Hospital général. » M. de la Chapelle demeura jusqu'en 1674 dans une maison de la rue de Saint-Étienne des Grez, où s'étaient retirés, en 1662, plusieurs de ceux qui habitaient rue Saint-Dominique. En 1674, il s'établit, rue du Bac, au séminaire des Missions-Étrangères (Arch. nat., M. 204).

2. Les noms que nous venons de citer se trouvent aux Archives nationales (cartons M. 204; — M. 203; — MM. 516). Le manuscrit M. 204 est intitulé : Origine du séminaire des missions étrangères.

collège de Clermont, où ils restèrent jusqu'à l'année suivante, inséparables dans les œuvres, fidèles aux mêmes exercices de piété, à la même règle. Mais le lieu était bien mal choisi pour une pareille réunion; ils ne tardèrent pas à s'en apercevoir. « Comme c'est l'ordinaire dans les auberges, disent les *Mémoires de Bénigne Vachet*, on recevait à la *Rose blanche* toutes sortes de gens; il s'y en rencontra d'humeurs bien différentes et quelquefois de vicieux[1]. »

Au mois d'octobre 1650, les cinq associés louent au faubourg Saint-Marcel, dans la rue Copeaux, une maison assez vaste pour s'y loger avec ceux de leurs amis, désireux d'embrasser leur genre de vie. Il s'en présenta une douzaine dès le début[2]. D'autres vinrent bientôt se joindre à la petite communauté, si bien qu'il fallut chercher un local plus considérable, et la réunion se transporta dans la rue Saint-Dominique, au faubourg Saint-Jacques[3].

Dans ces divers établissements, quelle existence réglée, vraiment monacale ! Les chroniques du temps ne tarissent pas d'éloges sur ce groupe de jeunes gens. Travailleurs infatigables et chrétiens décidés, ils placent au premier rang de leurs obligations, le travail, la pratique austère de la vertu, la piété : puis viennent les œuvres de dévouement[4]. Presque tous sortent des collèges des Jésuites;

1. *Mémoires pour servir...*, p. 10.

2. *Mémoire pour servir...*, p. 12. M. Vachet cite, parmi les nouveaux, Ango de Maizerets, de Meurs, Gazil, Chevreuil et Dudouyt. — La rue Copeaux était à l'endroit où passe aujourd'hui la rue Lacépède. (*Note*, p. 13, de M. Launay, dans l'*Histoire générale des Missions-Étrangères*, t. I.)

3. *Mémoire pour servir...*, pp. 16 et 17 ; — Origine du séminaire des missions étrangères (*Arch. nat.*, M. 202) ; — *Vie de M. Boudon*, par Collet; — *Vie nouvelle* de H.-M. Boudon, pp. 41-44.

4. *Ibid.* — Dans une lettre au R. P. Général, 5 déc. 1653, le P. Bagot dit de ces congréganistes : « Omnes sunt indolis ad pietatem

ceux qui ne doivent pas aux Pères la formation de leur intelligence, leur doivent l'éducation du cœur, le sens des choses de Dieu[1].

Le P. Bagot les guidait tous, et avait plus à faire pour les modérer que pour les activer. On les appelait la *Société des bons amis*. Leur zèle opéra tant de bien que l'envie et la haine s'émurent ; on essaya de les écraser sous le ridicule, et on publia contre eux un libelle diffamatoire, intitulé *Contra Bagotianos*, lequel fut répandu à profusion à Paris et dans la province[2].

Cette *Société des bons amis* ressemblait plus à une communauté religieuse qu'à une réunion de jeunes gens, tellement l'union était intime, la vie de prière, de travail et de charité, réglée dans les moindres détails. L'unique ornement de la salle où ils se réunissaient pour leurs exercices de piété, était un tableau représentant les cœurs de Jésus et de Marie, avec cette inscription : *Cor Jesu, cor Mariæ, cœtûs nostri gloria*[3].

aptissimæ... In iisdem ædibus iisdem studiis simul vacant aut etiam aliis pietatis officiis quæ in sodalitio parthenico commendantur ; neminem in suum contubernium admittunt nisi palam profiteatur se Societatis studiosissimum, ejusque tam doctrinæ quam moribus addictissimum. Quotquot Nostri eos norunt, et amare et admirari. » (In Arch. rom.)

1. P. Bagot, dans la même lettre : « A teneris annis in nostris gymnasiis atque sodalitiis ad pietatem fuerunt instructi. »

M. Gosselin (*Vie de Mgr de Laval*, t. I, p. 36), écrit : « La plupart des anciens condisciples de François de Laval, Pallu, Chevreuil, de Maizerets, Boudon, etc., étaient eux-mêmes à Paris ; la congrégation de La Flèche se trouvait donc au complet. » Inutile de dire que tout cela est inexact. Pallu fut élevé à Tours, Chevreuil à Rennes, de Maizerets et Boudon à Rouen.

2. *Vie nouvelle de M. H.-M. Boudon*, pp. 43 et suiv. ; — *Etudes religieuses* de la Compagnie de Jésus, XLVI.-18, p. 275.

3. *Vie nouvelle de H.-M. Boudon*, pp. 43-48 ; — *Mémoire pour servir...*, par B. Vachet, pp. 13-15, 17 et suiv.

Les membres de cette Société si unie n'avaient cependant ni la même éducation, ni la même fortune, ni le même caractère, ni le même tempérament. Ils s'étaient rencontrés et aimés dans une même et ardente aspiration vers les réalités du monde d'au delà ; et, dans les voies diverses où s'engagea leur avenir, ils restèrent fidèles à l'inébranlable affection de leurs années de jeunesse.

Henri-Marie Boudon était l'âme de cette Société. Né à la Fère, en Picardie, le 14 janvier 1624, et élevé au collège des Jésuites de Rouen, où il avait eu comme condisciple Luc Fermanel, il était venu à Paris au mois d'octobre 1642, pour y suivre les cours de philosophie et de théologie au collège de Clermont. Logé pauvrement rue de la Harpe, il se voyait obligé de mendier son pain de chaque jour ; mais ses talents supérieurs et sa vertu peu commune imposaient à tous le respect et l'admiration. Quand François de Laval fit sa connaissance, en 1646, il fut frappé de tout ce qu'il y avait de grand et de beau dans cette nature, où la pauvreté dignement supportée ne faisait que donner un reflet de plus à l'éclat de la sainteté. Il s'attacha à Boudon et lui donna l'hospitalité [1] dans sa propre maison jusqu'au jour où ils allèrent habiter ensemble à la *Rose blanche*. C'est Henri Boudon qui avait eu le premier l'idée de cette réunion, c'est lui qui mit en rapport l'abbé de Laval avec Jean de Bernières-Louvigny, le baron de Renty, le P. Nicolas de Condé, Claude Le Glay, dit le bon

1. Henri-Marie Boudon avait douze ans quand il se rendit à Rouen pour y suivre, comme externe, les cours du collège des Jésuites. En six ans, il fit toutes ses études littéraires, et il alla à Paris en 1642 pour faire trois ans de philosophie, et quatre ans de théologie au collège de Clermont. François de Laval le recueillit chez lui, en 1648. (*Vie de Boudon*, par Collet, et la *Vie nouvelle*, par Mgr Mathieu.) — Quand l'abbé de Laval fut nommé vicaire apostolique de la Nouvelle-France, il se démit de son archidiaconé d'Evreux en faveur de Boudon.

Lorrain, le Frère Fiacre, et beaucoup d'hommes de bien et d'action, devenus les amis du mendiant de la rue de la Harpe[1].

La *Société des bons amis* fixa à ce point l'attention générale qu'on se demanda avec raison si la Providence ne les préparait pas à l'accomplissement d'un grand dessein. Quant à eux, ils n'avaient pour lors aucun but déterminé : ils travaillaient, ils priaient, ils se dévouaient, et, dans cette vie très remplie de chaque jour, ils attendaient l'heure des manifestations divines. Cette heure sonna sur la fin de 1652. Voici à quelle occasion !

Le premier prédicateur de la Foi au Tonkin, et l'un des plus remarquables missionnaires de la Cochinchine, le P. Alexandre de Rhodes, avait été délégué à Rome par les Jésuites de ces contrées lointaines, avec la mission de recruter en Europe des ecclésiastiques, qui consentissent à partager les périls de leur laborieux apostolat[2].

1. *Vie de H.-M. Boudon*, par Collet ; — *Vie nouvelle...*, passim.

2. Le P. de Rhodes raconte lui-même (*Sommaire des Voyages et Missions* du P. A. de Rhodes ; Paris, 1653, 3e partie, pp. 79 et 80) que ce fut par commission expresse de ses confrères « qu'il vint à Rome, *principalement*, dit-il, pour trouver moyen de secourir ces belles églises, en leur procurant des évêques et en leur donnant de nouveaux ouvriers évangéliques. » Dans ses *Voyages et Missions* (Paris, 1854, 3e partie, p. 337), il affirme encore que « ses supérieurs l'envoyèrent en Europe dans le but de représenter au Saint-Père l'extrême besoin où étaient les chrétiens d'Orient d'avoir des évêques, aux princes chrétiens la grande pauvreté des ouvriers qui travaillaient en ces missions, et au R. P. Général de la Compagnie les grandes espérances qu'il y avait de convertir tous ces royaumes, si l'on y envoyait des prédicateurs qui leur annonçassent l'évangile. » — « Mes supérieurs, ajoute-t-il, me donnèrent ces trois commissions, dont je me suis chargé très volontiers. »

Dans sa *Relation du voyage de l'évêque de Bérythe* (p. 7), M. de Bourges, dont nous avons parlé plus haut, confirme le récit du P. de Rhodes : Il vint en Europe, « chargé, dit-il, de représenter au

Le P. de Rhodes quitte le Tonkin en 1647, il traverse la Perse, il arrive à Rome, où il assiste, en qualité de procureur, à trois congrégations générales de son ordre, il entretient du but de son voyage les généraux Piccolomini, Gottifredi et Nickel[1], et, pendant les trois ans qu'il passe dans la ville

S. Siège l'état des églises naissantes du Tonkin et de la Cochinchine, et le besoin qu'elles avaient du secours des évêques. »

Les affirmations du P. de Rhodes et le témoignage de M. de Bourges n'ont pas empêché Mgr Luquet d'insinuer dans ses *Lettres sur la Congrégation des Missions* (*Note*, pp. xxxii et xxxiii et pp. 4-6) que le P. de Rhodes s'était rendu à Rome *en secret*, à l'insu de ses supérieurs et même contre l'intention de la Compagnie. Il appuie son insinuation du mémoire adressé à Rome en 1693 par Mgr de Métellopolis, dans lequel on lit ces paroles : « P. Al. de Rhodes, vir verè apostolicus, cum videret crebras in regionibus illis persecutiones fieri, nec diu servari posse religionem nisi ipsorummet indigenarum ope, qui sacerdotio initiati, facile inter suos latitare possint ; Pater inquam Alexander *Clam Lusitanis patribus Romam abiit*... » On comprend les motifs qui ont déterminé Mgr de Métellopolis à s'écarter de la vérité historique ; mais, pourquoi M. Luquet, après avoir cité les paroles peu conformes à la vérité, *clam lusitanis patribus*, de Mgr de Métallopolis, n'a-t-il pas apporté le témoignage du P. de Rhodes, qui affirme le contraire ? « Mon supérieur (le provincial portugais), dit le P. de Rhodes, me donna commission d'aller à Rome *principalement* pour... » Pourquoi a-t-il passé sous silence les paroles de M. de Bourges, *chargé de représenter* ...? Que la loyauté est qualité rare !

Dans un livre récent (*Histoire générale de la Société des Missions-Étrangères*, par A. Launay, de la même Société), il est bien dit que le P. de Rhodes « vint en Europe demander au Souverain Pontife des évêques pour le Tonkin et la Cochinchine », mais on a soin de taire qu'il était envoyé dans ce but par ses confrères, et particulièrement par son provincial (t. I, p. 8). — M. Vachet écrit avec franchise dans ses *Mémoires*, p. 45 : « Les Jésuites des Indes considérant qu'à la Cochinchine, au Tonkin et à la Chine, il y avait déjà plusieurs milliers de chrétiens, crurent qu'il était à propos de députer au Saint-Siège l'un des leurs qui serait le mieux informé de l'état de ces missions. »

1. Le P. de Rhodes (*Voyages*, ch. XIX) arriva à Rome le 27 juin 1649, et y séjourna pour les affaires de sa mission jusqu'au 11 sep-

éternelle, il fait connaître à tous publiquement et aux cardinaux en particulier le dessein qui l'amène des extrémités de l'Orient, il expose au Souverain Pontife de vive voix et dans un long mémoire les pressants besoins des églises d'Asie, la nécessité d'y fonder un clergé indigène et des évêchés indépendants de la couronne de Portugal.

Innocent X applaudit au zèle du vaillant missionnaire, il loue son plan d'apostolat, il veut le sacrer premier évêque du Tonkin et n'y renonce que sur le désir de l'apôtre ; les généraux de la Compagnie l'encouragent et approuvent son entreprise ; enfin, le 11 septembre 1652, le Jésuite, fort des approbations du Saint-Père, sort de Rome sur l'ordre de son Général pour se rendre en France[1], où il espère trouver ce qu'il est venu chercher de si loin, ce qu'il n'a rencontré nulle part, ni en Italie, ni ailleurs, une phalange d'apôtres pour le Tonkin et la Cochinchine[2].

tembre 1652. Le P. Vincent Caraffe, général de la Compagnie, était mort trois semaines avant l'arrivée du P. de Rhodes, le 8 juin 1649. Son successeur, le P. Piccolomini, élu le 21 décembre 1649, mourut le 17 juin 1651, et fut remplacé, le 21 janvier 1652, par le P. Gottifredi, qui mourut deux mois après son élection. Le P. Goswin Nickel fut nommé à sa place le 17 mars 1652.

1. Le P. Bagot écrit au P. Général dans la lettre déjà citée du 5 déc. 1653 : « Cum primùm hic à *Paternitate vestrâ missus*, missionis illius res promoturus, P. Alexander de Rhodes advenit, tàm libris istic (Romæ) primùm italico, dein hic (Parisiis) gallico idiomate editis, quam voce et coram in publicis privatisque congressibus docuit quanta in illis oris seges jam ad messem albesceret, quamque multos illa operarios idoneos postularet. » — M. Launay, p. 9, dit que le Pape donna l'ordre au P. de Rhodes de chercher des sujets ; il ne parle pas du P. Général. — P. 13, le même auteur ajoute : « Le P. de Rhodes vint à Paris, cherchant toujours des évêques, selon l'ordre qu'il en avait reçu du Souverain Pontife. » C'est toujours le P. de Rhodes, qui agit indépendamment de ses supérieurs, ce qui est absolument contraire à l'histoire.

2. On trouve, rue Monsieur, 15, Paris, un manuscrit in-4° intitulé : « Memorie intorno alle missioni... estratte d'All' Archivio della

« J'ai cru que la France, écrit-il lui-même, étant le plus pieux royaume du monde, me fournirait plusieurs soldats qui aillent à la conquête de tout l'Orient pour l'assujettir à Jésus-Christ, et particulièrement que j'y trouverais des évêques qui fussent nos Pères et nos Maîtres en ces églises. Je suis sorti de Rome à ce dessein, après avoir baisé les pieds au Pape[1]. »

A Paris, le P. de Rhodes reçoit le même accueil, les mêmes encouragements qu'à Rome, auprès des Pères de Lingendes, provincial de France, Charles Lalemant, supérieur de la maison professe, Charles Paulin, confesseur de Louis XIV, et Jean Bagot, directeur de la grande Congrégation[2].

S. Congreg^{ne} de Propaganda fide per ordine della S. M. di Clemente XI da Niccolò Forteguerri Segret^{rio} della d^{a} Cong^{ne} et dal medesimo dedicate alla santità di Papa Benedetto XIII. » Or, on lit dans ce manuscrit, à propos de la mission du P. de Rhodes : « (P. Rodes) incominciò egli subito a cercàre prima in Napoli, e poi in Roma Ecclesiastici di gran fervorè, acciòche consa grati vescovi si volessero transportàre nella Cina. Mà in duo città cosi grandi non ritrovarono ne pur'uno ; onde si transferi a Parigi. »

1. *Voyages et Missions* du P. A. de Rhodes ; Lille, 1884 ; p. 319. — L'abbé Gosselin (*Vie de Mgr de Laval*, t. I, p. 37) fait venir à tort, une première fois, le P. de Rhodes à Paris, entre 1641 et 1643.

2. La correspondance de ces Pères avec le Général se conserve aux Archives générales de la Compagnie. Elle montre : 1° que le P. de Rhodes n'agissait pas indépendamment de la Compagnie, mais plutôt qu'il agissait de concert avec le P. Général et les supérieurs de Paris ; 2° que le Provincial de Paris, le Supérieur de la maison professe, les consulteurs et le Général s'intéressaient à la mission du P. de Rhodes et travaillaient à l'exécution de son grand dessein, lequel consistait à trouver des évêques et des prêtres pour les Indes Orientales. — Le P. Bertrand traite longuement cette question dans l'*Histoire de la mission du Maduré* (t. I, p. 193 et suiv.). — C'est le 27 janvier 1653 que le P. de Rhodes arriva à Paris, et, aussitôt après son arrivée, le 31 janvier, il obtenait, par l'entremise du P. Paulin, une audience du roi. Au sortir de l'audience, il

A peine arrivé, il se met à prêcher, suivant ses expres sions, « la grande croisade contre tous les ennemis de la foi qui sont dans le Japon, dans la Chine, dans le Tonkin, la Cochinchine et la Perse...[1] » Aussitôt une infinité de lettres lui arrivent des cinq provinces de la Compagnie de Jésus, en France ; les Pères lui demandent de les enrôler dans la glorieuse milice. Ils s'adressent à leurs supérieurs, ils écrivent au Général pour solliciter cette faveur. On en choisit vingt, qui doivent se tenir prêts à partir, au premier signal, avec l'apôtre du Tonkin[2].

Le but principal de l'apôtre n'était pas atteint ; il voulait sans doute emmener avec lui aux extrémités de l'Orient les frères de Saint-François-Xavier, il désirait davantage établir une hiérarchie ecclésiastique complète dans les chrétientés de l'Asie ; et pour cela il lui fallait des évêques et des prêtres. En trouver, n'était pas chose facile ; depuis trois ans qu'il était en Europe, il n'y avait pas réussi. Et puis, il importait que les évêques choisis fussent indépendants de la couronne de Portugal ; par conséquent, ils devaient avoir ou on devait leur assurer hors de ce royaume des titres et des revenus ; des ressources étaient également nécessaires pour la fondation et l'entretien des séminaires destinés au recrutement du clergé indigène[3].

Ce n'était pas là une mince entreprise, et, pour la con-

écrit au P. Général : « Tertia jam lux præteriit ex quo Parisios appuli, et nunc ex Regis christianissimi palatio redeo, in quo summâ benevolentiâ fui exceptus tùm à Rege, tum à Reginâ, qui me in multis interrogarunt benignissimè ; ad interrogata satisfacere coactus sum. Spero R[i] Patris Paulini operâ *quidquid speramus habituros*, sicuti ejusdem operâ fuimus introducti apud Regem. » (Arch. gen. S. J.)

1. *Voyages du P. de Rhodes*... Lille, 1884, p. 319.

2. *Ibid.*, p. 320.

3. *Histoire de la mission du Maduré*, t. I, 191 et 192; ch. IV, pp. 321 et suiv.

duire à bonne fin, le missionnaire ne néglige rien. Le 5 décembre 1653, le P. Bagot écrivait au Général, Goswin Nickel : « Depuis que le P. Alexandre de Rhodes est arrivé ici, envoyé par votre Paternité pour y travailler au bien des églises d'Asie, il n'a cessé, soit par les livres, soit par les prédications, soit par les entretiens, d'enseigner que sur ces terres lointaines les épis étaient mûrs pour la moisson et qu'on demandait de nombreux et bons ouvriers pour la cueillir [1]. »

C'est le P. Bagot lui-même qui lui fait trouver ses ouvriers. La *Société des bons amis* habitait encore, en 1652, à la rue Copeaux [2].

Le P. Bagot invite l'apôtre à dîner avec eux. Celui-ci accepte volontiers, et là, dans cette réunion intime, dans ce cercle choisi, il se laisse aller à tous les élans de son zèle : il raconte avec émotion le triste état de ses chrétientés, ses travaux et ceux de ses frères, les luttes et les sacrifices des missionnaires, leurs espérances ; il expose le but de son voyage en Europe, la nécessité d'un clergé indigène. Ces paroles ne devaient pas tomber sur une terre ingrate ou mal préparée.

En sortant de là, le P. de Rhodes dit au P. Bagot : « J'ai trouvé dans ces jeunes gens des dispositions plus parfaites que celles que j'ai cherchées dans les séminaires et les autres lieux de l'Europe [3]. » D'après Bénigne Vachet, il aurait ajouté : « Voilà les gens que Dieu me destine [4] ! » Il

1. Voir à la page 262 la note 1.

2. Quelques auteurs disent à tort que la *Société des bons amis* habitait à la rue Saint-Dominique, quand le P. de Rhodes vint à Paris. Ce n'est qu'en 1655 qu'elle se transporta dans cette rue, en quittant l'immeuble, devenu trop petit, de la rue Copeaux.

3. *Vie de H.-M. Boudon*, par Mgr Mathieu, Besançon, 1837, p. 54.

4. *Mémoires* pour servir à l'histoire générale des Missions et aux Archives du Séminaire de Paris. Paris, V. Goupy, p. 15.

ne se trompait pas. Interrogés s'ils consentiraient à le suivre, ils répondent tous et avec enthousiasme d'une manière affirmative. La même proposition avait déjà été faite à des prêtres, auxquels le P. de Rhodes s'était ouvert de ses projets dans des conférences privées, et plusieurs avaient semblé vouloir répondre à son appel, dans un premier moment d'entraînement ; mais l'heure de l'exécution venue, le cœur leur manqua.

Il n'en fut pas de même des congréganistes du P. Bagot [1]. Ce dernier se voit même obligé de modérer leur ardeur : « Messieurs, leur dit-il, l'on ne va pas si vite dans des matières d'une si haute importance. Il n'appartient qu'à Dieu de vous éclairer. C'est pourquoi je suis d'avis que nous fassions une retraite de dix jours ; je la ferai avec vous pour demander au Père des lumières de vous faire connaitre son adorable volonté [2]. » La retraite se fait, et les congréganistes n'en sortent que plus fervents et plus décidés. Ils ont vu que Dieu les veut aux Indes ; ils ont résolu d'y aller, pour y être apôtres [3].

1. Le P. Bagot écrit au P. Général, dans sa lettre du 5 décembre 1653 : « De iisdem missionibus inter plerosque ecclesiasticos collationes habitæ sunt ; et, ut contingere solet, non pauci exardescere visi sunt. Enim verò cum res seriò urgeri cœpit, et qui militiæ illi adeo sanctæ nomen dare vellent rogati sunt, cæteris ferè omnibus animo deficientibus, illi nostri (Parthenici) P. Alexandro de Rhodes sese magnâ animi alacritate obtulerunt. »

Neuf mois auparavant, le 14 février 1653, le P. de Rhodes avait écrit de Paris au P. Général : « Multos hic reperi perdivites ac pios qui missiones nostras adjuvare cupiunt, non solùm *Persicam, cui à Paternitate vestrâ sum addictus*, sed etiam Sinicam, Tonchinensem et Concincinicam, atque ad hoc cogitant *viginti minimum*. » (In Arch. rom.)

2. Benigne Vachot, *Mémoires* pour servir à l'histoire..., p. 48.

3. Le P. Bagot au P. Général, 5 déc. 1653 : » Re Deo obnixè commendatâ, et eorum confessariis aliisque viris pietatis prudentiæque eximiæ communicatâ, visum est expedire ut in negotio tam novo, pro voluntate Dei seriùs explorandâ, illi exercitia Societatis

Mais, comment exécuter cette résolution? Quelle voie prendre pour arriver au but? Quelques jeunes gens désirent s'enrôler sous le drapeau de Saint-Ignace et partir immédiatement avec le P. de Rhodes. Le P. de Rhodes, consulté, répond qu'on peut les admettre en qualité de novices dans la Compagnie, et leur faire faire en route leur noviciat. Les exemples de ce genre ne sont pas rares, dit-il, dans l'histoire des missions de l'ordre[1]. A Rome, le Général ne partage pas cet avis; il exige quatre ou cinq mois de noviciat à Paris, avant le départ[2].

La mesure était sage, et, comme on songeait surtout à établir aux Indes une hiérarchie ecclésiastique, comme, à cet effet, on voulait emmener d'Europe des évêques et des prêtres, le P. Bagot conseille aux jeunes candidats à la Compagnie de Jésus de s'unir de préférence aux évêques qui seront envoyés au Tonkin, en Chine et en Cochinchine. Ce conseil est suivi, car ils désiraient avant tout consacrer leur vie au salut des âmes[3].

spiritualia apud nostros facerent. Indè verò in consilio propositoque confirmati, de ejus exequendi ratione seriò cogitatum est. »

1. Le P. Bagot au P. Général, 5 déc. 1653 : « Consultus P. de Rhodes suggessit nullam sibi commodiorem (rationem) videri quam si, in societatem admissi, noviciatum in itinere peragerent. Quod cum nobis novum ac inusitatum vixque sperandum videretur, addidit illi non deesse exempla in historiis missionum tam Indicarum quam Anglicarum, in quibus nonnulli ipso in carcere admissi dicuntur. Tum verò ecclesiastici illi exultare, cum omnes jampridem toti societati essent devoti, et quominus in eam ingressum peterent pudore quodam aut simili causâ fuissent impediti; id verò se percipere velut votorum suorum summam.»

2. *Ibid.* : « Tentatum illud est à R° P. Assistente Galliæ per litteras. Tùm à P. Alexandro, tùm à me rogatus, ut Paternitatis vestræ super re animum exploraret; hunc animum ab eo consilio non omninò alienum esse significavit, spemque fecit voti obtinendi, si illi quatuor aut quinque menses ante discessum in domo tyrocinii agerent. »

3. Le P. Bagot écrit dans une autre lettre : « Addo has litteras iis quas P. Al. de Rhodes scribit Paternitati vestræ pro admittendis

Les évêques étaient, à ce moment, arrêtés dans la pensée du P. Bagot, et tous faisaient partie de la *Société des bons amis*. C'étaient François Pallu, François de Laval et Bernard Picquet (ou Piques), le premier, chanoine de Saint-Martin de Tours, le second, archidiacre d'Evreux, le troisième, docteur de Sorbonne ; tous trois, prêtres. Le Père donne leur nom au P. Alexandre de Rhodes [1], et, sur

in societatem nonnullis qui se missionibus Sinarum devovent. R. P. Assistens jam mihi significavit Paternitati vestræ gratam esse illorum petitionem ; quia vero sperantur episcopi eò mittendi ex Galliâ, quotquot rei statum notum habent, arbitrantur satius esse si illi tanquam comites episcorum hinc proficiscantur ; ne Paternitati vestræ sim molestus, R. P. Assistentem de re totâ plenius certum facio, et precor ut Paternitati vestræ quas scribo, communicet. » — Dans la longue lettre écrite au P. Assistant, le P. Bagot dit qu'il conseilla aux jeunes candidats d'accompagner en Asie les évêques qui y seraient envoyés et de s'attacher à eux, en leur faisant comprendre : « Nihil ferè promoveri posse nisi mittantur episcopi qui indigenas ad ecclesiastica munera idoneos sacris initiarent, Japonicam ecclesiam extremum jam spiritum agere et miserum in modum mori, quia excluso externis aditu, nulli ferè sunt in eâ sacerdotes, qui si ex indigenis assumpti fuissent, externo subsidio deficiente, ecclesiam illam conservarent... » (In Arch. rom.)

1. Le P. de Rhodes regardait déjà sa mission comme terminée, puisqu'il écrit au P. Général, le 29 août 1653 : « Ego cum reliquis sociis è nostrâ societate, per oceanum, quantociùs fieri poterit, navem conscendam ut Armusiam petam ; sed mihi aliqui socii desunt ut compleatur vigenti operariorum, pro quibus abundè nobis hic omnia parantur, et ipsa regina christianissima jam octo millia francorum largita est pro illis. (Arch. gen. S. J.) — Dans une lettre du 14 février 1653 au même, il avait dit : *Viâ Armusiâ cogito in Persicam tendere.* (*Ibid.*) Toutefois, il ne put partir aussitôt qu'il l'aurait voulu, comme nous le voyons par une lettre adressée au P. Général, le 24 oct. 1653 : Significavi P[i] V[æ] causas cur visum fuerit Patribus nostris ut adhùc in Galliâ commorarer usque ad mensem martium ; quarum prima fuit et præcipua quia Roma promittuntur Episcopi pro Tonchinensi et Concincinicâ missionibus ; viri autem primarii qui id curant rogaverunt superiores nostros ut illos episcopos à me expectari juberent, quia, si ego abirem prior, illi longum incognitum iter arripere non auderent ; altera quoque

la demande de ce dernier, le nonce du Saint-Siège, à Paris, Mgr Bagni, les propose au cardinal Antoine, préfet de la Propagande, comme très dignes, sous tous rapports, d'être promus à l'épiscopat en Chine, au Tonkin et en Cochinchine [1].

Il semble que Rome n'accepta alors que deux des candidats proposés, puisqu'elle exigea, avant de procéder à leur nomination, qu'on assurât en France les revenus nécessaires à deux évêchés. Les fonds sont aussitôt trouvés et déposés, car beaucoup de dames et de messieurs de l'aristocratie parisienne s'intéressaient particulièrement à cette fondation [2].

Les évêques étaient désignés, et les missionnaires qui devaient les accompagner aux Indes, la plupart encore laïques, étaient nombreux, tous dans la ferveur de l'âge et l'ardeur du dévouement. Se croyant sûrs de leur départ, ils adressent au R. P. Général, par l'entremise du P. Bagot, une double requête : la première concernant leurs biens, la seconde, leur vocation. La lettre du P. Bagot, qui porte à Rome ces requêtes, est du 5 décembre 1653 : « Les évêques désignés et les missionnaires, écrit-il, demandent d'abord qu'on leur donne le P. Alexandre de Rhodes pour guide de leur voyage et pour chef de la mission ;

causa fuit, quia navigatio per oceanum nondum erat parata. (*Ibid.*) — Le P. de Rhodes profita de ce retard pour aller à Rome présenter les évêques proposés.

1. Le P. Bagot au P. Général, 5 déc. 1653 : « Actum eâ de re est cum illustrissimo nuncio apostolico ; tentati istic (Romæ) animi, spes facta favoris eminentissimi Antonii, qui, congregationis de fide propagandâ præses, multum posse dicitur. » — *Lettres sur la Congrégation*, p. 11.

2. P. Bagot au même, 5 déc. 1653 : « Istinc (Romæ) oblatæ quædam conditiones quas hic (Parisiis) viri illi primarii ultrò acceperunt, ac pro *duobus episcopis sustentandis* necessarios proventus perpetuos consignatâ pecuniâ fundarunt. »

ensuite que nos procureurs qui seront chargés en Europe des fonds appliqués à nos missions des Indes, se chargent aussi de l'administration de leur fortune et de leurs revenus, ou du moins qu'ils leur fassent parvenir leurs revenus comme ils le font pour les Jésuites[1]. » Rien de plus juste que cette demande : « Elle me paraît très équitable, et je ne puis m'empêcher d'y accéder », répondit le P. Général, le 5 janvier 1654[2].

La seconde requête présentait plus de difficulté. « Les missionnaires, dit le P. Bagot, désirent être soumis à votre Paternité, à la Compagnie et à ses supérieurs, en qualité de catéchistes ou même de serviteurs, ou, si vous l'agréez, à titre de coadjuteurs ; ils espèrent que leur conduite leur méritera d'être admis un jour dans la Compagnie. Quant aux évêques désignés, qui ne peuvent, à cause de leur situation, exprimer le même désir que les missionnaires, ils prient votre Paternité de leur permettre de se lier à la Société par le vœu qui y rattache les prélats tirés de son sein ; ils sont prêts, au cas où ils seraient chassés d'un royaume, d'aller où les supérieurs croiront devoir les envoyer pour exercer leurs fonctions[3]. » Le Général Nickel répondit, à la

1. Le P. Bagot au R. P. Général, 5 déc. 1653 : « Flagitant tam episcopi designati quam comites ut, sicut alii nostri, P. Alexandrum viæ ac missionis ducem habeant ; deindè ut Europæ procuratores nostri missionum illarum, qui his destinatos proventus administrabunt, suas quoque facultates et proventus curent, aut certè sibi traditas eâdem operâ ac nostrorum redditus transmittant. »

2. Rome, 5 janvier 1654 : « Quæ petitiones, cum æquitatis plenissimæ videantur, iis non possum non accedere. »

3. P. Bagot, lettre du 5 déc. 1653 : « Optant isti ecclesiastici (comites) eodem modo Paternitati vestræ ac societati, hujusque superioribus commendari ac subjici, quo illi quorum in historiâ Sinensi sermo est, catechistæ atque adeò famuli domestici, nec enim titulum hunc aut onus detrectant, aut certè, si placet, adjutores habeantur ; sperant ideò fore ut illic ità superioribus faciant satis ut tandem omninò in societatem admittantur. »

même date, que les missionnaires pouvaient être certains de la bienveillante protection de la Compagnie[1]. » La sagesse lui interdisait d'en dire plus long, cela se comprend ; car il cherchait avant tout à réaliser le plan du P. de Rhodes. Puis il ajoute : « Pour ce qui regarde le vœu que les évêques désirent faire, ils peuvent l'émettre s'il leur semble expédient devant le seigneur ; mais il faut leur faire bien comprendre que ce n'est qu'un vœu simple et de dévotion, qui n'est accepté ni par la Compagnie ni par nous[2]. »

Les évènements que nous venons de raconter s'étaient passés dans le courant de l'année 1653. Mais les circonstances modifièrent sensiblement, les années suivantes, les positions acquises jusque là.

Dans les entreprises pour la gloire de Dieu, il arrive souvent qu'au moment où tout semble prospérer, un obstacle imprévu survient, qui détruit les plus belles espérances... Le P. de Rhodes avait enfin recruté sa milice apostolique, après beaucoup de démarches et de laborieux efforts ; celle-ci, de son côté, ardente de zèle, pleine de courage et de confiance, n'attendait, pour dire adieu à la France et voguer vers l'Extrême-Orient, que la consécration de ses évêques et la bénédiction du Souverain-Pontife ; et voilà que l'ambassadeur de Portugal, à Rome, soulève la plus vive opposition, à la nouvelle de la nomina-

1. Lettre du 5 janvier : « Certi sint de patrocinio ac tutelà societatis. » Le P. Général ne fait aucune allusion aux emplois que les missionnaires s'offraient à remplir. Il y a, dans ce silence, une prudente réserve que les circonstances commandaient.

2. *Ibid.* « Poterunt quidem ejusmodi votum, si ità ipsis in Domino visum fuerit, emittere ; verum agendum omnino ut intelligant esse illud votum simplex quod neque à societate neque à nobis acceptetur. »

tion des évêques français : « Redoutant de voir la France s'introduire à leur suite en Extrême-Orient, enlever au Portugal les débris de ses colonies, détruire le reste de son influence et ruiner son commerce[1], » il prétend que la nouvelle institution porterait une atteinte grave aux droits de son souverain.

On sait que le pape Martin V, en récompense des services rendus à la religion par la couronne de Portugal, avait accordé à ses souverains des droits particuliers en Asie, « et de nombreuses faveurs temporelles et spirituelles, dont l'ensemble constituait ce qu'on a appelé le patronage du Portugal[2]. » C'est en vertu de ces droits et de ces faveurs que l'ambassadeur de Jean IV et d'Alphonse VI s'opposa à la nomination de trois prêtres français aux évêchés du Tonkin, de la Chine et de la Cochinchine.

En présence de cette opposition, et pour ne pas irriter un puissant adversaire, dont il importait, pour le bien des églises d'Asie, de ménager les susceptibilités, Innocent X eut recours à une des grandes forces de la cour romaine : il temporisa... Malheureusement, la mort devait le surprendre et l'empêcher de terminer l'œuvre si bien commencée par les Pères Bagot et de Rhodes : il mourut le 7 janvier 1655, au moment où il espérait une conclusion prochaine des négociations[3].

Un mois auparavant, le P. de Rhodes s'était embarqué à Marseille pour la Perse, où ses Frères devaient bientôt le rejoindre par la voie de Lisbonne, sur les vaisseaux portugais. On l'y attendait impatiemment, depuis qu'on savait que le Général Nickel l'avait chargé de fonder

1. *Histoire générale de la Société des M.-É.*, t. I, p. 18.
2. *Ibid.*, pp. 15 et 16.
3. *Lettres sur la Congrégation...*, p. 12.

cette mission dont l'apôtre avait lui-même conçu le projet en traversant cette contrée. Du reste, sa présence n'était plus nécessaire en Europe, depuis qu'il y avait trouvé des évêques et des prêtres. La solution des difficultés, qui retardaient leur départ, ne dépendait pas de lui ; sa présence même pouvait gêner les pourparlers entre les cours de Rome et de Lisbonne, car on n'ignorait pas, dans cette dernière, la vigoureuse campagne qu'il avait menée contre le patronage portugais[1]. Enfin, pour le cas où quelqu'un

1. Dans l'*Histoire de la mission du Maduré*, t. I, p. 299, le P. Bertrand dit, note 1 : « Dès l'an 1652, longtemps avant son arrivée en France, le P. de Rhodes avait été destiné à fonder la mission de Perse (Lettre du P. de Rhodes au R. P. Général, 14 fév. 1653), dont lui-même avait conçu le projet en traversant cette contrée ; l'exécution fut quelque temps suspendue ; mais quand le P. Général eût perdu l'espérance de voir se réaliser de sitôt le projet du Tong-King, il dut naturellement hâter l'expédition de la Perse, vu que les missionnaires destinés à cette entreprise attendaient depuis long-temps, le moment du départ... » Par cette note, le P. Bertrand répond à une *assertion aussi gratuite que peu charitable* de M. Luquet, prétendant qu'on avait *écarté* les PP. de Rhodes et Bagot, « qui avaient témoigné jusqu'alors le plus de zèle pour faire réussir (le projet de création des évêchés en Asie). On nomma, ajoute M. Luquet, le P. de Rhodes supérieur des missions de Perse, avec ordre de partir sans délai, et le P. Bagot fut envoyé hors de Paris » (p. 13). Ce que cet auteur dit du P. Bagot n'a pas plus de fondement. Nommé supérieur de la *maison professe de Paris*, le 12 mai 1653, ce Père resta dans sa charge le temps voulu par les constitutions, c'est-à-dire jusqu'au mois de mai 1656, où il fut remplacé par le P. Renault. Remplacé, il ne fut pas *envoyé hors de Paris* ; il resta, en qualité de P. spirituel, de confesseur, etc..., à la maison professe qu'il habita jusqu'à sa mort. (Arch. gen. S. J.) — Désirant isoler l'action des Pères de Rhodes et Bagot de l'influence de la Compagnie, M. Luquet n'a pas reculé devant des inventions coupables, jusqu'à vouloir faire croire à un blâme du P. Général contre ces deux Pères.

Le P. Général avait d'abord décidé que le P. de Rhodes partirait pour la Perse avec vingt Pères Jésuites. Mais le roi de Portugal ayant offert le passage gratuit sur ses vaisseaux aux missionnaires,

des évêques désignés viendrait à manquer, le P. Bagot n'était-il pas là pour indiquer un remplaçant dans la *Société des bons amis*? Quoi qu'on en ait dit, il pouvait partir *sans le regret d'avoir échoué*[1], avec la ferme persuasion que l'Annam aurait bientôt sa hiérarchie ecclésiastique.

C'est ce qui arriva, en effet. La mort d'Innocent X retarda les négociations, elle ne les interrompit pas : elles aboutirent moins de quatre ans plus tard, vers le milieu de

le R. P. Nickel accepta les offres du monarque pour vingt-cinq de ses religieux, parmi lesquels onze Français ; et comme il n'eût pas été prudent de faire embarquer à Lisbonne le Père de Rhodes, qui était accusé d'avoir violé les droits du patronage portugais, il le fit partir avec une autre troupe de missionnaires. (Arch. gen. ; — *Mission de la Cochinchine et du Tonkin*, p. 71, note.)

1. Cette assertion très gratuite de M. Launay (*Hist. générale de la Société des M.-É.*, p. 21) a pour but de montrer que le P. de Rhodes ne fut pour rien dans la fondation de la Société. Il ne nous appartient pas de contredire cet auteur sur un point si délicat ; c'est du reste l'opinion de quelques modernes, et on en devine assez les motifs secrets. Les contemporains professaient une opinion contraire. Vingt-deux ans après la fondation de la Société, le 6 janvier 1685, Fénelon disait, dans son discours sur l'Épiphanie, prononcé dans l'église même des Missions-Étrangères : « Il ne sera pas effacé de la mémoire des justes le nom de cet enfant d'Ignace qui, de la même main dont il avait rejeté l'emploi de la confiance la plus éclatante, forma une petite Société de prêtres, germes bénis de cette communauté. » — H.-M. Boudon est du même avis, dans le *Chrétien inconnu*, l. II, ch. I. — Le P. Bertrand, t. I, pp. 192 et 193, écrit cette phrase très significative : « La part qu'eut le P. de Rhodes dans l'origine de cette congrégation est un fait trop bien constaté par les historiens de l'époque, pour qu'on ait pu le révoquer en doute. » M. B. Vachet écrit dans ses *Mémoires*, p. 26 : « C'est par ses avis (du R. P. Bagot) qu'on s'est uni ensemble et qu'on a commencé le grand ouvrage des missions étrangères... C'est lui qui a travaillé au choix que l'on a fait des premiers évêques de la Chine et du Canada... C'est lui dont la Providence s'est servie pour l'accomplissement de ses desseins... » *Ibid.*, Sur le rôle du P. de Rhodes, v. les pp. 15, 16, 45, etc...

1658, sous le pontificat d'Alexandre VII. Un seul des premiers évêques désignés, M. Pallu, fut nommé vicaire apostolique du Tonkin, et deux autres membres de la *Société des bons amis*, MM. Pierre de la Mothe-Lambert et Cotolendi, reçurent en partage les vicariats apostoliques de la Cochinchine et de la Chine[1].

Cette importante affaire, qui avait conduit en Europe le P. de Rhodes, était enfin terminée. S'il n'eut pas le bonheur d'assister à sa conclusion, il eut, avec le P. Bagot, l'honneur de l'avoir préparée, d'avoir trouvé et présenté au Souverain-Pontife[2] des évêques et des prêtres, animés

1. *Histoire générale de la Société des M.-É.*, p. 34 ; — *Mémoires* de B. Vachet, p. 54.

Dans une lettre datée du mois de juillet 1653, quelques *hommes religieux* (A. Launay, p. 18) supplièrent le Souverain-Pontife *de créer des évêques in partibus et de les députer en Asie au nom du siège apostolique*. Ils croyaient que la nomination d'évêques avec le titre de vicaires apostoliques, c'est-à-dire d'évêques dépendant du Souverain-Pontife, tournerait les difficultés que le Portugal pourrait susciter, si on créait des *évêques avec les pouvoirs et le titre d'ordinaire*. Cette démarche fut faite avant le départ pour Rome du P. de Rhodes et des six membres de la *Société des bons amis*. Le Saint-Siège tint néanmoins compte de la supplique, signée par Henri, archevêque nommé de Reims, Vincent de Paul, Duplessis, Colombet et autres. V. l'*Histoire générale de la Société*, pp. 18-20.

2. *Mémoires* de B. Vachet, p. 48 : « Le P. de Rhodes était tous les jours chez eux (à la rue Copeau), et enfin, après plusieurs conférences, pour bien prendre toutes les mesures possibles, l'on convint de députer six de l'assemblée pour se rendre à Rome aussitôt ou un peu après lui, et qu'il les présenterait au Souverain-Pontife, après l'avoir instruit de tout ce qui s'était passé sous ses yeux à Paris, et des rares qualités de ces messieurs. Le pape, désabusé de ses préventions contre les Français, les reçut très favorablement. Il écouta avec une attention merveilleuse la petite harangue que lui fit M. de Pallu au nom de tous, et il leur promit une issue favorable de cette affaire, après qu'ils se furent engagés à n'être point à charge au Saint-Siège, et à donner dans Rome une

d'un vrai zèle apostolique, n'ayant d'autre ambition que d'étendre dans l'Extrême-Orient le règne de Jésus-Christ. Sans ces évêques et ces prêtres, tous pénitents du P. Bagot, membres les plus actifs de sa congrégation, tous attirés vers l'Asie à la voix de l'apôtre du Tonkin et sur les conseils de leur directeur, la *Société des missions étrangères* aurait-elle atteint le but pour lequel elle fut suscitée?

De 1660 à 1662, les trois vicaires apostoliques partirent de France, accompagnés de leurs anciens amis de la rue Copeau et de la rue Saint-Dominique, MM. de Bourges,

caution solvable pour fonder les trois vicariats avant de partir pour les missions... » — A la page 49, M. Vachet raconte qu'on fit partir le P. de Rhodes secrètement à Rome, sans dire adieu à *ces messieurs*. Il eût été plus exact de dire que la présence à Rome du P. de Rhodes n'était pas de nature à faciliter les négociations entre le pape et l'ambassadeur de Portugal. Ce qu'il avait pu faire, il l'avait fait, trouver des évêques et des missionnaires, et les présenter au Souverain-Pontife : le reste ne pouvait être résolu que par voie diplomatique. En outre, on réclamait sa présence en Perse. Aussi, sur le conseil du P. Général, il quitta Rome, et pour ne pas éveiller l'attention du public, il jugea plus sage et plus prudent de partir sans bruit pour Paris et d'y attendre la solution des difficultés soulevées à Rome par l'ambassadeur de Portugal.

Cette solution se faisant attendre, le P. Bagot écrivit le 23 mai 1654 au R. P. Général : « Cum moras longiores hic nectat P. Alexander spe habendorum episcoporum, quos ipse per Persidem abducat versus Tonquinum, Patres consultores Paternitatem vestram rogant, ut, quia istic (Romæ) est ubi de episcopis illis agitur videtque quid sperari possit, statuat quamprimum quid tum ille pater tum alii ad missiones Lusitanicas destinati facturi sint et quandonam discessuri. » (Arch. gen. S. J.) — Le P. Général, persuadé que l'affaire des évêques français traînerait en longueur, conseilla au P. de Rhodes de partir, ce qu'il fit vers la fin d'août : « Abiit (Parisiis) ante octo dies P. Alexander de Rhodes », écrit le 4 sept. 1654 au P. Nickel, le P. Pierre Le Cler, procureur des missions du Tonkin, de la Chine et de la Cochinchine. Le 16 novembre, il s'embarqua à Marseille.

Chevreuil et de Chameçon : ils se dirigèrent vers l'Extrême-Orient par la voie de Marseille.

Pendant ce temps, de 1653 à 1658, qu'étaient devenus l'abbé de Laval et l'abbé Picquet, proposés l'un et l'autre, comme nous l'avons vu, pour des sièges épiscopaux en Asie ? Ce dernier, persuadé peut-être que le projet de la création des évêchés n'aboutirait jamais, accepta la cure de Saint-Josse, à Paris. Quant à l'abbé de Laval, il attendit, partageant sa vie entre la solitude et les bonnes œuvres, une partie de l'année à l'ermitage de Caen, chez M. de Bernières [1], le reste du temps, à Paris, avec ses compagnons d'apostolat.

Au début de l'année 1557, il en était là, attendant toujours la solution des difficultés pendantes entre les cours de Rome et de Lisbonne, quand Mgr Godeau, évêque de Vence, proposa le 10 janvier à l'assemblée générale du clergé de France, réunie à Paris, l'abbé de Queylus pour le siège épiscopal de la Nouvelle-France. Cette candidature ne plaisait pas et ne pouvait plaire aux Jésuites de cette mission : le lecteur a vu plus haut pourquoi. Aussi songèrent-ils à lui en opposer une, qui leur fût agréable : ils sondèrent l'abbé de Laval, qui, sans être découragé,

1. Jean de Bernières-Louvigny, dont nous avons déjà parlé, était, à Caen, un des membres les plus assidus de la *Congrégation des Messieurs*, dirigée par les Pères Jésuites. Il avait fait construire dans la cour extérieure du couvent des Ursulines, dont la sœur Jourdaine de Sainte-Ursule était supérieure, un bâtiment qu'on appelait *Ermitage*. Le P. Chrysostôme de Saint-Lô, un des directeurs les plus éclairés de son temps, en avait tracé le plan. C'est là que Jean de Bernières vivait avec quelques amis d'une haute piété. D'autres y passaient quelque temps pour s'y recueillir, comme le P. Eudes, H.-M. Boudon, le baron de Renty, Dudouyt, de Maizerets, de Mésy, etc... C'est là que l'abbé de Laval allait chaque année prier et s'édifier.

souffrait cependant de ne pas trouver encore, aux extrémités de l'Asie, un aliment à son activité dévorante et à son besoin de sacrifices. La Nouvelle-France lui offrait un vaste champ d'apostolat ; il y avait beaucoup à souffrir au milieu des sauvages de l'Amérique septentrionale, sous leur rude climat ; et puis, là comme en Asie, il importait d'établir au plus tôt la merveilleuse hiérarchie catholique ; l'abbé accepta les ouvertures des Jésuites de Paris.

Ces Jésuites étaient Louis Cellot, provincial ; Jacques Renault, supérieur de la maison professe ; Paul Le Jeune[1], procureur de la mission du Canada ; Jérôme Lalemant, ancien recteur de Québec ; François Annat, confesseur du Roi ; Charles Lalemant et Jean Bagot, directeur et ami de l'abbé. Tous savaient que nul choix ne pouvait mieux convenir au Canada. Ils le proposèrent au roi qui l'agréa avec empressement, et, dès le mois de janvier[2], il écrivit à Sa Sainteté la lettre suivante :

1. M. Gosselin (t. I, p. 99, note 2, *Vie de Mgr de Laval*), dit : « Il est possible que le P. Le Jeune ait connu Mgr de Laval écolier à la Flèche... » Cela n'est pas possible, attendu que le P. Le Jeune quitta la Flèche en 1618 et n'y revint plus ; les *Catalogues* de la province de France sont précis sur ce point. En outre, la correspondance des Pères de Paris, désignés dans le texte, ne permet pas de douter que le P. Bagot eut le premier l'idée d'opposer la candidature de l'abbé de Laval à celle de M. de Queylus, et qu'il sonda l'abbé à ce sujet. L'idée ayant été agréée par les autres Pères, le P. Annat fut chargé d'en parler au roi, et le P. Le Jeune à la reine.

2. Nous disons : *dès le mois de janvier.* En effet, voici ce que M. de Gueffier, notre chargé d'affaires à Rome, écrit le 26 février 1657 à Monseigneur le comte de Brienne : « Au mesme temps du receu de votre susdite dépesche (la lettre de M. de Gueffier assigne à cette dépêche la date du 26 janvier : *J'ay receu l'honneur de votre dépesche du 26 janvier*) j'ai eu aussy celle dont il a plu au Roy m'honnorer par laquelle Sa Majesté me commande de faire auprès de Sa Sainteté toutes les instances que je jugeray nécessaires pour avancer le bon œuvre qu'elle désire de l'érection d'un evesché

« Très Sainct Pere, ceux qui soubz la protection de cette couronne ont entrepris de porter la foy ez pays septentrionaux de l'Amérique, ont si heureusement réussis dans leurs pieux desseings, par les bénédictions qu'il a plu à la divine bonté de donner à leur travail, qu'ils se croyent obligez de demander l'establissement d'un évesque et d'un siège épiscopal, afin que les âmes converties puissent recevoir les sacrements qui ne peuvent estre conférés que par ceux qui en ont le caractère. Sur quoy ils ont eu recours à nous pour demander à Vostre Sainteté ce qu'ils jugent absolument nécessaire ; et nous ayant fait comprendre les advantages qui en reviendront à notre sainte religion, nous supplions Votre Sainteté de vouloir donner la dernière perfection à cette Église naissante ; et, d'autant que la conduitte en doit être commise à une personne de piété, de savoir et zelle pour les advantages de l'Église, nous avons cru ne pouvoir jetter les yeux sur un sujet plus digne de cet employ que le P. François de Laval de Montigny, dont les vertus l'ont rendu si fort recommandable, qu'il a esté recherché de plusieurs endroits d'aller

dans les pais septentrionaux de l'Amérique appelez maintenant la Nouvelle-France. » (V. aux *Pièces justificatives*, n° XI.) Or, on voit dans la suite de cette lettre de M. de Gueffier qu'à cette époque, 26 janvier, le roi avait déjà écrit au pape pour le même objet.

M. Faillon (*Histoire de la Colonie Française*, t. II, 314, note (*) dit que la lettre du roi au pape se trouve aux *Archives du ministère des affaires étrangères* : 1° dans le volume *Rome*, 1644, trois derniers mois de cette année ; 2° dans le volume *Rome*, 1658, *Supplément*, vol. 195, p. 122. Nous n'avons pas trouvé cette lettre dans *Rome*, *1644*. On sait que M. Faillon, en supposant qu'elle avait été écrite en 1644, en avait fait un singulier usage dans la *Vie de M. Ollier*, édit. 1841, t. II, p. 441. Plus tard, il reconnut (*Histoire de la Colonie Française*, t. II, p. 315, note) que la date de cette lettre était le commencement de l'année 1657.

travailler à la Vigne du Seigneur. Et sans que Dieu l'a voulu réserver pour la Nouvelle-France, il fut party pour le Tonkin, ainsy qu'il en avait esté conjuré par ceux qui y ont annoncé l'Évangile. Mais comme il fist faire des prières, affin qu'il pleut à la divine bonté de luy donner les lumières nécessaires pour cognoistre ce qui estait de sa volonté, il se sentit poussé par des mouvements secrets d'aller plus tost dans un pays sauvage et rigoureux comme la Nouvelle-France où l'on ne trouve que difficilement les choses nécessaires à la vie que dans un autre plus commode et plus civilisé tel que luy parut celuy qu'on luy proposait récemment. Vostre Sainteté aura esté sans doute informée des bonnes qualitez de l'âme de ce bon prestre ; nous espérons qu'elle sera d'autant mieux disposée à s'en servir pour fonder une Église, qu'il n'a pas moins de zelle pour la gloire de Dieu qu'en ont eu ceux qui l'ont précédé dans son employ, dont le soing et le travail a appelé à la cognoissance de Dieu des nations entières, et leur ont faict recevoir agréablement le joug de l'Évangile. Nous eussions pu proposer à Vostre Sainteté plusieurs personnes qui eussent pu avancer ce bon œuvre, si nous n'avions jugé celle dudit de Laval leur devoir être préférée par les témoignages que nous ont rendus de son insigne piété des personnes très éclairées ; en sorte que ma cognoissance estant fortifiée de la leur, nous avons lieu de croire qu'il serait difficile de commettre le soing d'un si vaste pays, à quelqu'un qui peut s'en mieux acquitter que lui... [1] »

1. Nous avons cru devoir donner presque en entier cette lettre de Louis XIV au pape Alexandre VII, parce que M. l'abbé Faillon, et, après lui, M. l'abbé Gosselin ne l'ont pas reproduite exactement. (V. *Histoire de la Colonie Française*, t. II, p. 315 ; — *Vie de Mgr de Laval*, t. I, p. 99.) — Le lecteur trouvera cette lettre aux *Archives du ministère des affaires étrangères* : *Rome*, vol. 195, an. 1668, *Supplément*, fol. 122.

Cette lettre demandait deux choses, à la prière des Jésuites, d'abord la création d'un évêché à Québec, ensuite la nomination à cet évêché de l'abbé de Laval, proposé déjà pour le vicariat apostolique du Tonkin.

Les lenteurs de la Cour romaine sont connues. Ici, comme dans toutes les affaires importantes, elle procèda lentement. Le roi de France n'épargna cependant aucune démarche pour faire réussir et réussir vite son dessein[1]. Il réclame la médiation auprès du Pape des cardinaux Calonne, Aquaviva, Brancaccio, Ludovisio, Carpegna, Ginetti; il écrit à l'assistant des Jésuites de France, le P. Le Cazre, et au cardinal Bichi, l'intermédiaire de la Cour de France auprès du Saint-Siège; il ordonne à son chargé d'affaires, M. de Gueffier, de faire *toutes sortes d'instances*. La reine et le comte de Brienne, ministre d'Etat, écrivent à ce dernier dans le même sens. Les Jésuites, de leur côté, se remuent à Rome et à Paris[2].

1. M. l'abbé Faillon (*Histoire de la Colonie Française*, t. II, pp. 313 et suiv.) raconte longuement cette interminable négociation, à l'aide de la correspondance de M. de Gueffier, notre chargé d'affaires à Rome, avec monseigneur le comte de Brienne. M. Gosselin (t. I, pp. 103 et suiv.) suit et abrège M. Faillon. Nous renvoyons le lecteur à ces deux historiens. Toutefois, comme ces messieurs ne donnent pas complètement cette correspondance, qu'elle est même reproduite parfois assez inexactement dans la *Colonie Française*, nous l'insérons en entier aux *Pièces justificatives*, n° XI. La correspondance de M. de Gueffier se trouve à Londres, au *British Museum*, dans deux vol., Harley 4541 A et B. Nous l'avons fait copier et collationner avec soin. A la suite de cette correspondance, nous avons fait imprimer d'autres documents inédits, et en particulier quelques lettres des RR. PP. Généraux Goswin Nickel et Paul Oliva, à Mgr de Laval. Elles se trouvent sous le n° XII.

2. *Pièces justificatives*, n° XI. — Le Général, Goswin Nickel, écrit au P. Cellot, provincial de France, le 17 décembre 1657 : Doleo quod nostri in novâ Franciâ turbentur per sacerdotes sæculares, nec video aliud remedium, ut scribo ad patrem J. de Quen, quam cele-

Ces démarches nombreuses et fort pressantes[1] ne parviennent pas à accélérer le mouvement très lent de la Cour romaine. A toutes les instances elle répond par des demandes d'explications ou de suppléments d'informations[2].

M. de Gueffier accuse le secrétaire de la Propagande, dont il n'est pas satisfait : « Il ne reste plus, dit-il, qu'à proposer l'affaire à la Propagande, à quoi l'on n'a pas pu jusqu'ici disposer le secrétaire de la dite Congrégation[3]. » M. de Laval était le candidat des Jésuites, et la Propagande goûtait peu les Jésuites, encore moins leurs candidats

rem adventum episcopi societati nostræ benevoli, quem Rex christianissimus illis regionibus destinavit. Quare Rª Vª agat cà de re cum patre Fr. Annat, et quâ poterit ratione eam promoveat. Nos hic episcopi destinati institutionem omni quo poterimus modo pro viribus promovebimus. (Arch. gen. S. J.)

1. Le général G. Nickel au P. Le Jeune, à Paris, 24 déc. 1657 : Quod spectat ad episcopum in novam Franciam transmittendum, id certè efficaciùs præstabitur per Regem Christ^mum *qui urget*, quam per nos. Si tamen privatim sese offerat occasio agendi cum summo Pontifice, non prætermittemus illi necessitatem exponere occurrendi quamprimum nascentibus malis (Arch. gen. S. J.). — Le même au même, 11 février 1658 : Desperare non debet tam citò Rª Vª res Canadensis missionis, cum Deo non desint media quam plura quibus hujus nascentem ecclesiam tueatur. Episcopum certè illùc transmittendum *strenuè hic urget* apud summum Pontificem Rex Christ^mus ; nos intereà si quid in eo negotio promovendo possumus apud suam Sanctitatem, illud non patiemur desiderari. (Arch. gen. S. J.) — Le même au P. Annat, à Paris ; Rome, 25 février 1658 : Si Rª Vª cum patre P. Le Jeune et P. H. Lalemant strenue promovet negotium episcopi ad missionem Canadensem destinati, ut suis ad 18 Jan. datis significat, nos hic pariter in hunc finem operam omnem adhibemus, et speramus fore ut brevi summus Pontifex votis annuat Christ^mi regis, eòque libentiùs quo modus agendi Abbatis de Queylus passim improbatur et rationes illustrissimi archiepiscopi rothomagensis nullius hìc momenti judicantur. (Arch. gen. S. J.)

2. *Pièces justificatives*, nº XI.

3. *Vie de Mgr de Laval*, t. I, p. 118.

pour les missions. Faut-il croire ce que raconte l'historien de Mgr de Laval, que les Associés de Montréal n'avaient pas perdu tout espoir de faire triompher la candidature de M. de Queylus, qu'on se remuait pour sa nomination, que des influences considérables l'appuyaient fortement à Rome et paralysaient ainsi les efforts et les démarches de la Cour de France en faveur de l'abbé de Montigny[1]?

Quelles que soient les raisons de la lenteur de la Cour pontificale, plus de quinze mois s'écoulèrent entre l'envoi de la lettre de Sa Majesté au Souverain Pontife et l'expédition des bulles nommant l'abbé François de Laval de Montigny évêque de Pétrée et vicaire apostolique du Canada. Elles ne furent envoyées en France que dans les premiers jours de juillet[2]; et le 8 décembre 1658, le nonce du Pape consacra le nouvel évêque dans l'église de l'abbaye de Saint-Germain-des-Prés, au grand mécontentement de l'archevêque de Rouen.

1. *Vie de Mgr de Laval*, t. I, p. 118.

2. *Ibid.*, p. 119; — *Faillon*, t. II, 2e partie, ch. XIII. — M. Faillon dit à la page 329 : « Il est à remarquer qu'en l'instituant vicaire apostolique, elle (la bulle) disait en propres termes que Québec était situé dans le diocèse de Rouen. » Pas un mot de vrai dans cette assertion. Voir la bulle aux *Pièces justificatives*, n° VIII. — M. Faillon a voulu justifier cette assertion dans une note intitulée : « *Remarques sur la bulle de Mgr de Laval pour l'évêché de Pétrée.* Là, il prétend qu'il y a eu plusieurs bulles. Pourquoi ne produit-il pas la bulle, où il est dit que Québec était dans le diocèse de Rouen?... Ajoutons que la correspondance de M. de Gueffier prouve surabondamment qu'il n'y a eu qu'une bulle. Du reste, si Rome avait commis l'imprudence de dire que Québec dépendait du diocèse de Rouen, le gouvernement français ne se serait-il pas appuyé sur cette clause contre la Cour romaine, qui ne voulut jamais reconnaître cette dépendance? N'y aurait-il pas du moins fait allusion? Dans les longs pourparlers entre Rome et Paris sur cette dépendance, jamais on ne découvre la moindre trace de cette phrase que *Québec était dans le diocèse de Rouen.* Contentons-nous de dire, pour la justification de l'abbé Faillon, que la mémoire lui a fait défaut.

Nous n'avons pas à raconter ici quels orages soulevèrent à l'archevêché de Rouen la nomination du vicaire apostolique et sa consécration. Ce travail est fait[1], et il n'entre pas dans notre sujet de le résumer ou de le reproduire. Ce qu'il importe seulement de savoir, c'est que Mgr de Harlay voulut interdire à Mgr de Laval l'exercice de ses fonctions épiscopales dans le Canada et qu'il fit défendre par le Parlement de Rouen à tous les officiers du royaume et à tous les sujets du roi de le recevoir et de le reconnaître comme vicaire apostolique[2].

Louis XIV ne suivit pas l'archevêque dans cette voie ; son ministre blâma l'intervention maladroite et inconvenante du Parlement, et lui-même, par lettres patentes du 27 mars 1659, ordonna « que le sieur de Laval de Montigny, évêque de Pétrée, fût reconnu par tous ses sujets dans l'étendue de la Nouvelle-France, pour faire les fonctions épiscopales » ; mais, d'un autre côté, il voulut que « ces fonctions épiscopales se fissent sans préjudice des droits de la juridiction de l'ordinaire, c'est-à-dire *de l'archevêque de Rouen* ; et cela en attendant l'érection d'un évêché, dont le titulaire serait suffragant de l'archevêque[3]. »

Rome ne pouvait admettre les prétentions de Mgr de Harlay sur les pays conquis de la Nouvelle-France ; elle fit donc savoir par le chargé d'affaires, M. de Gueffier, qu'elle ne reconnaissait pas ses prétendus droits, que ces droits ne reposaient sur aucun fondement solide[4]. En même temps, elle représenta au cardinal Mazarin que la Cour de France « voulait imposer des lois au Pape dans une matière pure-

1. *Faillon*, ch. III, 2e partie, t. II.
2. *Pièces justificatives*, n° XII.
3. *Faillon*, t. II, p. 333 : *Lettres patentes du Roy* pour l'établissement d'un vicaire apostolique au Canada.
4. *Pièces justificatives*, n° XI.

ment ecclésiastique », déclarant *suffragant de l'archevêque de Rouen* l'évêché qu'on devait ériger au Canada[1] » ; elle blâma cette réserve de la lettre royale *sans préjudice des droits de la juridiction de l'ordinaire*, et ces autres paroles de la même lettre : *Nous avons accepté le vicaire apostolique du consentement irrévocable de l'archevêque de Rouen*[2]. Mais ces représentations et ce blâme ne modifièrent en rien la manière de voir du Gouvernement français. Mazarin maintint les prétentions de Mgr de Harlay, et Mgr de Harlay se sentant soutenu par le ministre continua à se croire et à se dire l'*Ordinaire* des pays compris dans l'Amérique septentrionale[3]. Cette situation mal définie créera des difficultés à tous, à Mgr de Laval, à M. de Queylus, aux Jésuites et aux Canadiens français, comme nous le verrons bientôt.

Muni des lettres patentes du roi et d'une lettre de recommandation adressée par la Reine mère à M. d'Argenson, gouverneur de Québec[4], Mgr de Laval ne songe plus qu'à partir pour le Canada. Il demande et fait demander au Général de la Compagnie d'emmener avec lui, comme supérieur de la mission de la Nouvelle-France, le P. Jérôme Lalemant, alors recteur du collège Henri IV de la Flèche[5], et le jour de Pâques, 13 avril 1659, il s'em-

1. *Faillon*, t. II, p. 334.
2. *Ibid.*
3. *Ibid.*
4. *Vie de Mgr de Laval*, t. I, pp. 132 et 134; — *Histoire de la Colonie Française*, t. II, pp. 330 et suiv.
5. La consécration n'avait pas encore eu lieu, que Mgr de Laval demanda au P. Général, par l'entremise du P. Le Jeune, que le P. Jérôme Lalemant fût mis à la tête de la mission du Canada. Celui-ci avait été nommé, au mois de septembre, recteur du Collège royal de la Flèche ; le P. Le Jeune transmit le 31 octobre au Général

barque à la Rochelle avec ce Père, trois prêtres, Jean Torcapel, Philippe Pélerin et Charles de Lauzon-Charny, enfin un jeune homme tonsuré, Henri de Bernières.

Le 16 septembre de la même année, le P. Lalemant écrit à son Général, Goswin Nickel : « Nous sommes arri-

Nickel le désir de Sa Grandeur. Le R. P. Nickel, qui désirait ne pas éloigner de la Flèche le P. Lalemant, répondit au P. Le Jeune le 9 déc. 1658 : Intelligo ex litteris R[æ] V[æ] 31 oct. datis gratum fore illust[o] Dom[o] de Laval de Montigny, ecclesiæ Canadensis futuro episcopo, si pater H. Lalemant missionibus novæ Franciæ præficeretur. Ignorabat scilicet jam esse Collegii Flexiensis rectorem constitutum ; cumque res integra non sit, dabit nobis veniam illust[us] episcopus, si minus hâc in re possim suis votis satisfacere. Non deerunt alii quorum ope et studio uti posset, ipseque Patribus nostris imprimis commendabo ut quibus poterunt officiis ejus benevolentiam demereantur. (Arch. gen. S. J.) — Mgr pria le P. Renault, provincial de Paris, d'insister, et le P. Général répondit à celui-ci, le 21 décembre : « Libenter concedo illustrissimo Dom[o] de Montigny P. H. Lalemant, quem secum in novam Franciam deducat, futurum totius missionis superiorem. » Il recommandait en même temps au Provincial de ne communiquer cette décision au P. Lalemant qu'à l'époque du départ de Mgr pour le Canada. La réponse du Général n'était pas parvenue au P. Renault, que Mgr lui-même écrivait au R. P. Nickel pour le même objet, le 3 janvier 1659. Le R. P. Nickel lui répondit par le plus prochain courrier : Redditæ mihi sunt litteræ illust[æ] ac reverend[æ] Dom[ni] V[æ] 3 Januarii datæ, quibus postulat tibi nostrum concedi patrem H. Lalemant pro missione Canadensi. Ubi à Patre provinciali intellexi eam esse mentem Illust. Dom[is] V[æ], ut pater H. Lalemant transiret ad novam Franciam, statim ad eum rescripsi me liberrimè annuere quam *sibi ipse vocat gratiam* ; jam concessam adeò non revoco. (Arch. gen. S. J.) — Mgr avait fait à Paris la connaissance du P. Lalemant et l'appréciait beaucoup. Il partageait l'avis du P. Le Jeune que la présence de ce missionnaire était nécessaire au Canada dans les circonstances difficiles où se trouvait le pays. Voici ce qu'en disait le P. Le Jeune au R. P. Nickel, le 31 octobre 1658 : « Dicam ingenuè neminem ad id munus Superioris aptiorem videri, in eo potissimum statu in quo res sunt positæ. Vir est fortis, strenuus, prudens piusque. Sive spectetur D[nus] Abbas de Queylus, sive prorex, sive Dominus episcopus, sive nostri, nemo est profectò qui majori prudentiâ possit omnia temperare. (Arch. gen. S. J.)

vés à Québec le 16 juin, après une heureuse navigation. Mgr a été reçu comme un ange de Dieu[1]. »

Les lettres des missionnaires ne tarissent pas d'éloges sur le nouvel évêque. C'est un ange de modestie, un prélat d'un courage remarquable[2], un pasteur pieux[3], un homme vraiment saint[4], selon le cœur de Dieu, qui cherche non ses intérêts, mais ceux de Jésus-Christ ; un évêque d'un zèle à la fois agissant et prudent, aimant sincèrement les néophytes[5]. On ne pouvait mieux désirer ; on ne pouvait faire un meilleur choix pour la bonne administration de l'église naissante de la Nouvelle-France[6].

Le gouverneur de Québec[7], Marie de l'Incarnation[8],

1. « Flexiâ discessi 10 Aprilis. Rupellam 13 appuli die sancto Paschæ. Eodem die vela fecimus in comitatu Illustrissimi Episcopi Petrææ. Quebecum pervenimus ad 16 Junii, felici plane viarum successu. Istic receptus est Illustmus Episcopus tanquam Angelus Dei. » (Arch. gen. S. J. ; Epist. P. Lalemant ad R. P. Generalem.)

V. la *Relation* de 1659 : *Lettre première*.

2. « Verè Angelus apparet corporis et animi modestiâ, sed simul egregiâ fortitudine. » (Epist. P. J. Lalemant ad R. P. Generalem, 16 sept. 1659 ; Arch. gen. S. J.)

3. « Dedit hoc anno mense Junio Roma Pastorem, virum sane pium. » (Ep. P. de Quen ad R. P. Generalem, 6 sep. 1659. Arch. gen. S. J.)

4. « Adventus Revmi atque Illustmi Domini Episcopi Petrææ, viri omnino sancti »... (Epist. P. Le Mercier ad R. P. Generalem, 16 oct. 1659. Arch. gen. S. J.)

5. « Vicarius apostolicus vir est secundum cor Dei, qui non quærit quæ sua sunt sed quæ Jesu Christi, zelo æquè efficax et prudens, neophytorum amantissimus. » (Epist. P. Ragueneau ad R. P. Generalem, 7 oct. 1659 ; Arch. gen. S. J.)

6. « Vix ut alium credam magis idoneum reperiri potuisse, qui spes omnium et desideria impleat. » (*Ibid.*) ; — « Ejusmodi est ut nihil desiderari videatur eorum quæ necessaria sunt ad bonam et rectam hujus ecclesiæ nascentis gubernationem. » (Epist. P. de Quen ad R. P. Generalem, 6 sept. 1659 ; Arch. gen. S. J.)

7. *Vie de Mgr de Laval*, t. I, p. 166.

8. *Lettres spirituelles et Lettres historiques*, pp. 203 et 545.

M. Boucher, gouverneur des Trois-Rivières[1] ; la sœur Juchereau, religieuse de l'Hôtel-Dieu de Québec[2], et la sœur Morin[3], religieuse de l'Hôtel-Dieu de Montréal, tracent de Mgr de Laval le même portrait que les Jésuites ; c'est un prélat d'une grande piété, d'un zèle admirable, d'une haute vertu, tel que l'église du Canada pouvait le désirer.

Le choix du nouveau supérieur paraît être également du goût de tout le monde. Le retour du P. Jérôme Lalemant est *un bien pour tout le pays*, dit la Mère de l'Incarnation[4]. Les Jésuites le voient revenir avec reconnaissance, presque avec enthousiasme. C'est que son absence avait causé un grand vide parmi eux. Personne ne l'avait remplacé depuis son départ pour la France, car de tous ceux qui restaient au Canada, nul ne possédait au même degré le don du commandement et de l'administration[5], la

1. *Histoire véritable*... Montréal, 1882, p. 9.
2. *Histoire de l'Hôtel-Dieu*, p. 116.
3. *Annales de l'Hôtel-Dieu de Montréal.*
4. *Lettres historiques*, p. 541.
5. Le P. J. Lalemant avait le don du commandement à un haut degré. On lui reprochait, paraît-il, une sévérité excessive ; mais l'âge, l'expérience et la vertu l'avaient corrigé : « Quod si *nimiæ severitatis insimulatus fuerit*, dit le P. Le Jeune (Epist. ad P. Generalem, 31 oct. 1658), id, ætas, experientia et virtus emendarunt. » Il exigeait surtout de ses inférieurs une obéissance prompte, et il était le premier à donner l'exemple de cette vertu. Le P. Le Jeune cite, à ce sujet, un fait qui mérite d'être rapporté. Il écrit au R. P. Général, le 25 avril 1659, douze jours après le départ du P. Lalemant à la Rochelle pour le Canada : Existimavi meas esse partes significare P[ti] V[æ] quam prompto et quam alacri animo ejus obtemperaverit mandatis R. P. H. Lalemant, collegii Flexiensis rector. Feriâ quintâ in Cœnâ Domini, hoc est die Jovis, decimo aprilis, acceptis mane V[æ] Paternitatis litteris, eo ipso die ante octavam horam matutinam reliquit collegium et urbem Flexiensem, Rupellam contendens. Eam attigit sabbato sancto, et postridiè qui erat decimus tertius aprilis Resur-

valeur intellectuelle et morale. Sans doute que la mission comptait, ainsi que l'écrivait le P. Lalemant[1], des religieux vraiment pieux, obéissants, réguliers, dévoués et même intelligents, tels que Chaumonot, d'Ablon, Ragueneau, Le Quen, Le Mercier, Le Moyne, Druillettes et Claude Pijart, mais elle n'avait pas un homme pour tirer parti de ces précieux éléments. Aussi force est de constater, pendant les trois années d'absence du P. Lalemant, une certaine timidité d'action, une diminution d'élan et d'enthousiasme, un commencement de paralysie dans les œuvres. On marche, on se traîne, on n'est pas enlevé; la grande époque de 1635 à 1650 se perd déjà dans un lointain obscur. Plus de missions : celle des Iroquois, entreprise depuis trois ans avec succès, vient de se terminer misérablement. Tout se réduit à deux résidences, celles de Québec et des Trois-Rivières.

rectioni dominicæ dicatus, expleto de more sacro, ad navim ob ventum contrarium à quibusdam diebus subsistentem anchoris, evolavit. Dominus episcopus Petreensis, qui jam aliquot ante diebus conscenderat ventumque expectabat propitium, Patrem excepit tanquam è cœlo missum. Iis verò cum gaudio consalutantibus, ventus qui primo quidem Domini episcopi ac postmodum Patris Hieronymi adventum operiri videbatur, ab eâ cœli parte perflare cœpit quam dudùm nautæ vehementissimè expectabant. (Arch. gen. S. J.)

Le P. Lalemant aimait à ce point l'obéissance, que rien n'aurait pu lui faire enfreindre cette vertu. Il aurait voulu ne jamais quitter le Canada; ses supérieurs l'obligèrent néanmoins, à la sollicitation de ses parents, de revenir en France en 1656. Or, quand il fut question de lui faire accompagner Mgr de Laval, le P. Le Jeune voulut savoir de lui si l'opposition de ses parents serait un obstacle à son départ, au cas où le P. Général songerait à le renvoyer à Québec.

« Volui ex eo rescire, dit le P. Le Jeune au Général Goswin (31 oct. 1658), nùm indè (ex suis consanguineis) pararetur obex ejus profectioni, si fortè mitteretur iterùm undè exivit. » Le P. Lalemant lui répondit en souriant, subridens : « Quasi verò me caro et sanguis morari possint quominus exequar superiorum mandata! » (Arch. gen. S. J.)

1. « Nostros hic suo more religiosè viventes reperi. » (Epist. P. J. Lalemant ad R. P. Generalem, 16 sept. 1659; Arch. gen. S. J.)

Sillery n'a plus de néophytes ni de catéchumènes, parce que la peur des Iroquois les a forcés de se réfugier à Québec ou de s'enfuir au loin, vers le Nord, au milieu des bois; par suite, tous les Pères, un seul excepté, ont dû quitter cette résidence[1]. Il existe donc un réel découragement parmi les missionnaires; ils souffrent, ils se plaignent, ils tournent leurs regards vers la France, et ils demandent, sans oser l'espérer, le retour de celui qui seul peut appliquer le remède au mal[2].

Le P. Lalemant revient à Québec, et aussitôt le P. Druillettes écrit au R. P. Général : « Tous tant que nous sommes ici, nous remercions votre paternité de nous avoir rendu ce Père et de l'avoir placé à la tête du collège de Québec et de la mission. Tout le monde le désirait, et il est le seul qui puisse satisfaire tout le monde[3]. » D'Ablon, Le Mercier,

1. « Ad duas residentias seu domicilia nostros reperi redactos et reductos : Quebensem scilicet et trium Fluminum; Syllerii enim residentia, cum, jam sylvestres nullos sive neophytos seu catechumenos propter quos instituta est, habeat, ipsis in varia dispersis aut Quebeci collectis, in illâ degunt unus tantum Pater et unus Frater cum domesticis aliquibus, Quebecum subinde adventantibus à quo unâ tantum aut alterâ leucâ distant. » (Epist. P. J. Lalemant ad R. P. Generalem, 16 sept. 1659; Arch. gen. S. J.)

2. Les lettres envoyées à Rome de 1650 à 1659 sont l'expression de ce découragement et de ces plaintes; mais en même temps elles nous montrent des religieux, tous hommes de Dieu, qui ne demandent qu'à se sacrifier, à se dévouer pour le salut des âmes. (Arch. gen. S. J.)

3. « Nos omnes, quotquot hic sumus, gratias agimus Paternitati vestræ ob Patrem Hieronymum Lalemant nobis redditum, præpositum huic Collegio et missioni. Is est planè qui omnium votis expectatus potest omnibus satisfacere. » (Epist. P. Druillettes ad R. P. Generalem, 20 oct. 1659; Arch. gen. S. J.)

« Me sperare meliora certe jubet felix atque insperatus... reditus P. Lalemant. » (Epist. P. Le Mercier ad R. P. Generalem, 16 oct. 1659; Arch. gen. S. J.)

« Gratias ago Paternitati vestræ quod P. Hier. Lalemant, sæpè ad id munus à me exoptatum, superiorem miserit. » (Epist. P. Cl. Pijart ad R. P. Generalem; Arch. gen. S. J.)

Pijart expriment les mêmes remerciements. « Votre Paternité, dit le P. d'Ablon, est venu à propos à notre secours dans notre grande affliction; elle a relevé nos courages en nous renvoyant le P. Lalemant... Je ne puis dire avec quelle joie nous l'avons reçu[1]. »

La réception du vicaire apostolique à Québec fut aussi brillante qu'elle pouvait l'être dans une ville qui sortait à peine de terre, et où s'élevaient çà et là, en dehors des édifices publics, du collège et des communautés religieuses, des habitations très modestes et quelques baraques. Le gouverneur, les Jésuites, les élèves, tous les Français et les néophytes vont au devant du pasteur sur le quai de la basse ville[2]. On le conduit en procession à l'église paroissiale, et de là au collège, sa première résidence, où les écoliers représentent dans la chapelle une pièce en son honneur[3].

Mgr devait habiter tour à tour chez les Jésuites, à l'hôpital, au couvent des Ursulines, de nouveau chez les Jésuites,

1. « Rebus nostris afflictissimis opportunè consuluit Paternitas vestra, et animos nostros erexit per Hieronymum Lalemant, quem ægrè dimisit Flexia, et optare vix ausi fuissemus hic præsentem habere superiorem. Quo simus gaudio complexi dici non potest, nam is est authoritate suà et virtute, et suavi simul et efficaci moderamine domi forisque, qui omnibus faciat satis. » (Epist. P. d'Ablon ad R. P. Generalem, 9 oct. 1659; Arch. gen. S. J.)

2. « Placuit Deo ut... ingenti omnium gaudio exceptus fuerim; me plebs effusa, me christianissimi regis prorex, me religiosæ domus ipsique adeo Patres Societatis Jesu, qui huic vineæ Domini jam multos ante annos allaborant, me ad unum omnes excepere ut pastorem suum summique Pontificis vicarium. » (Epist. Domini de Laval ad illustrissimos et reverendissimos Dominos S* Congr. Prop. de fide, 1569; *Arch. de la Propagande*, vol. 256, p. 18.)

V. *Relation* de 1659, lettre première; — *Marie de l'Incarnation*, Lettres, p. 540; — *Journal des Jésuites*, p. 258.

3. *Journal des Jésuites*, p. 261.

et enfin dans une pauvre maison louée, à l'endroit où s'élève aujourd'hui le presbytère de Québec. Le supérieur de la mission remet entre ses mains la direction de la paroisse, dont l'administration est confiée à M. Torcapel[1]; quelque temps après, la paroisse des Trois-Rivières sera également administrée par le clergé séculier[2], et les Jésuites, fondateurs de ces deux paroisses, recevront en partage le lot qu'ils désirent, celui qu'ils préfèrent à tout, les missions sauvages. Nous y reviendrons dans le chapitre suivant.

Quelque chaude que fut la réception faite à Mgr de Laval, ce serait une erreur de croire qu'elle fut un signe manifeste du rapprochement des esprits. Deux partis divisaient la colonie, assez peu dessinés à la surface, au fond nettement séparés : D'un côté, la majorité, formée des missionnaires, des communautés de femmes et de tous les colons sincèrement dévoués à l'Église et au représentant du siège apostolique; de l'autre, le gouverneur qui subissait bien plus qu'il n'agréait l'évêque de Pétrée, tout en reconnaissant ses éminentes qualités, l'abbé de Queylus qui désirait vivement rester le grand vicaire de l'archevêque de Rouen et garder ainsi son indépendance à Montréal, enfin les amis, peu nombreux du reste, de l'un et de l'autre, et un groupe de catholiques douteux et de commerçants, qui ne s'accommodaient guère de la présence d'un prélat très charitable et

1. « Le jour de la Circoncision, 1660, Mgr monta en chaire, et dit que pour juste reconnaissance des services que les Jésuites l'espace de 30 ans avaient rendus à la paroisse, dont ils avaient eu le soin et la conduite, les vêpres et le sermon ce jour-là ne se diraient à la paroisse, mais que processionnellement on viendrait chez eux les dire tous les ans; ce qui fut commencé cette année... » (*Journal des Jésuites*, p. 272). — M. Torcapel fut nommé curé de Québec le 13 août 1659; la faiblesse de sa santé le força de rentrer en France l'année suivante.

2. *Journal des Jésuites*, p. 352.

très ferme, incapable de transiger avec son devoir et sa conscience.

Mgr de Laval connaissait ce double courant, où s'agitaient les deux fractions inégales de la Colonie française; cette division le préoccupait grandement, sans toutefois abattre son inébranlable courage. L'attitude que prendrait M. de Queylus lui causait un sujet plus grave encore de préoccupations, le bruit courant à Québec que cet abbé susciterait des troubles [1]. Ces préoccupations se compliquaient aussi, les premiers jours de son arrivée, de l'état d'incertitude des communautés religieuses et des fidèles les mieux pensants, qui se demandaient à quelle autorité il fallait obéir. « A peine Mgr de Laval fut-il débarqué, est-il dit dans l'*Histoire de l'Hôtel-Dieu de Québec*, qu'il y eut plusieurs discussions pour sçavoir à qui les communautés obéiraient, et nous nous trouvâmes assez embarrassés, car M. l'abbé de Queylus avait des pouvoirs de Mgr l'archevêque de Rouen, qui avait été reconnu jusqu'alors pour le supérieur du pays : bien des personnes disaient qu'il était au dessus de Mgr de Laval, qui n'était que vicaire apostolique [2]. »

Il faut avouer que cette situation générale des esprits ne laissait pas d'être inquiétante. M. de Queylus n'allait-il pas s'en emparer à son profit? Il semble que Mgr le craignait, si on en juge du moins par ce qu'il écrivait à cette époque à la congrégation de la Propagande : « Je vous demande cette seule grâce, disait-il; si quelqu'un voulait troubler ici l'union des âmes, usez de toute votre autorité pour l'en empêcher; car l'esprit de Jésus-Christ n'est pas là

1. « Timor et rumor erat fore ut qui se vicarium Archiepiscopi Rhotomagensis dicebat Abbas de Queylus graves in Episcopum turbas excitaret. » (Epist. P. J. Lalemant, 16 sept. 1659, ad R. P. Generalem. Arch. gen. S. J.)

2. P. 117.

où il n'y a pas l'esprit de charité; et sans l'esprit de J.-C. nos travaux, notre zèle, tous nos efforts par conséquent resteraient sans résultats[1]. »

Cependant une démarche de l'abbé vint dissiper pour quelque temps les inquiétudes très fondées de Sa Grandeur. Au commencement du mois d'août, sept semaines après l'arrivée du vicaire apostolique, il descendit enfin à Québec et « promit toute amitié *au représentant du Saint-Siège*; *il alla jusqu'à* protester que quelque lettre et pouvoir qui luy serait envoyé, il ne l'accepterait pas[2]. » En ce moment il ignorait, au dire du P. Lalemant, les difficultés qui avaient surgi en France entre l'archevêque de Rouen et l'évêque de Pétrée au sujet du vicariat apostolique, et la prétention de l'archevêque de maintenir son grand vicaire de Montréal dans ses mêmes fonctions; c'est pourquoi il fit sa soumission entière[3].

Cette soumission fut-elle le signal de celle de tous les fidèles? Ces paroles de Marie de l'Incarnation porteraient à le croire : « Cet abbé, écrit-elle à son fils, est descendu de Montréal pour saluer notre prélat; il était établi grand vicaire en ce lieu là par Mgr l'archevêque de Rouen; mais aujourd'hui tout cela n'a plus lieu et son autorité cesse[4]. » De fait, les communautés religieuses de femmes, jusque là

1. « Hanc unam gratiam à vobis postulo ut si quis unquam unionem animarum velit interturbare, hunc auctoritas vestra reprimat; ubi enim deest spiritus charitatis ibi et Christi spiritus, sine quo frustrà esset omnis labor, omnis nostra industria omnesque adeò conatus nostri. » (Epist. Domini de Laval ad Ill^mos et Rev^mos Dominos S. Cong. de Prop. fide; Arch. de la Prop., à Rome.)

2. *Journal des Jésuites*, p. 264.

3. « Cum prædictus vicarius nesciens quid pro se actum esset in Galliâ, in omnibus ipsi (*Domino* de Laval) se subjecit. » (Epist. P. J. Lalemant ad R. P. Generalem, 16 sept. 1659. Arch. gen. S. J.)

4. *Lettres historiques*, p. 542.

hésitantes, reconnurent définitivement la juridiction du vicaire apostolique, « et leur exemple s'étendit bientôt à tout le pays[1]. » M. d'Argenson, dont les instructions qu'il avait reçues de la Cour étaient formelles sur ce point[2], ne contribua pas peu à la soumission de l'abbé d'abord, puis à celle de toute la colonie[3].

Tout semblait marcher au gré des désirs de Mgr de Laval. Si l'union des cœurs n'était pas faite, l'unité de juridiction était reconnue et acceptée. C'était un grand pas en avant. Pourquoi, un mois à peine après la louable démarche de l'abbé de Queylus, un évènement que Monseigneur redoutait, vint-il jeter le trouble dans cette heureuse harmonie?

L'archevêque de Rouen, on l'a vu plus haut, avait maintenu ses prétentions sur la Nouvelle-France, malgré les remontrances et les observations de la Propagande. En vertu de ses prétendus droits, il soutenait que le Saint-Siège ne pouvait envoyer au Canada, sans son consentement, des vicaires apostoliques, *ni rien y établir touchant le gouvernement de cette église*; et comme Mgr de Laval, qui dépendait directement et uniquement de Rome, qui avait pour lui l'approbation du roi, crut devoir passer outre, il se promit de lui faire de l'opposition par tous les moyens en son pouvoir[4]. Son premier acte dans cette voie fut de

1. *Vie de Mgr de Laval*, t. I, p. 183. — V. *Histoire de la Colonie Française*, t. II, p. 339.

2. Lettres patentes du roi en date du 27 mars 1659.

3. *Vie de Mgr de Laval*, p. 184.

4. Mgr de Laval écrivait à la fin de 1659 aux cardinaux de la Propagande : « Haud scio an satis resciverint illustrissimæ dominationes vestræ quantis conatibus egerit in Galliâ Dominus Archiepiscopus rothomagensis ut se opponeret voluntati Beatissimi Patris Nostri, qui me vicarium suum apostolicum huc mittebat. Contendit nimirum

renouveler à M. de Queylus ses pouvoirs de grand vicaire, et il obtint du roi, le 11 mai 1659, des lettres patentes autorisant cet abbé à continuer ses mêmes fonctions à Montréal, sans préjudice néanmoins de l'autorité du vicaire apostolique. C'était créer deux juridictions spirituelles au Canada, indépendantes l'une de l'autre, préjudiciables l'une à l'autre; c'était élever autel contre autel[1].

A peine Louis XIV eut-il accordé à Mgr de Harlay les lettres patentes demandées pour le grand vicaire de Montréal, qu'il comprit la grandeur de sa faute et les tristes conséquences qui en résulteraient. Aussitôt par deux nouvelles lettres, adressées, le 14 mai, l'une à M. d'Argenson, l'autre à Mgr de Laval, il dérogea à celles du onze. La lettre au gouverneur portait : « Quelque lettre que j'aie accordée à l'archevêque de Rouen, mon intention n'est pas que lui ni ses grands vicaires s'en prévalent, jusqu'à ce que, par l'autorité de l'Église, il ait été déclaré si cet archevêque est en droit de prétendre que la Nouvelle-France soit de son diocèse[2]. »

Toutes ces lettres n'arrivèrent à Québec que le 8 septembre. M. de Queylus, qui avait formellement promis de ne pas reprendre ses fonctions de vicaire général, même

juridictionem hujus ecclesiæ Canadensis suam unius esse, ratus hic nihil posse Supremum Pontificem tum ut vicarios constituat apostolicos, tum ut quidquam statuat quod spectet ad regimen hujus ecclesiæ; fuique monitus ante discessum meum (è Galliâ), mira eum sibi polliceri ut sese mihi opponat eaque infringat omnia quæcumque hic possem statuere. » (Arch. de la Propagande, à Rome.)

1. Mgr de Laval écrivait le 22 oct. 1661 au souverain pontife : « Sic nimirum fieret ut altare contra altare in hac nostrâ canadensi ecclesiâ erigeretur. » (Arch. de la Propagande, à Rome.)

Voir aux *Pièces justificatives*, n° XII, quelques pièces concernant l'opposition de l'archevêque de Rouen.

2. *Histoire de la Colonie Française*, t. II, p. 341, extrait de la lettre. — *Vie de Mgr de Laval*, t. II, p. 186, lettre citée en entier.

s'il recevait de nouvelles lettres patentes, « se voyant nanti de pouvoirs de Monseigneur de Rouen et de la lettre du roi du 11 juin, leva le masque et voulut se faire reconnaître grand vicaire de Mgr de Rouen [1]. » Il ignorait que Mgr de Laval possédât des lettres annulant ses pouvoirs; celui-ci les lui montra, le gouverneur lui communiqua également les ordres qu'il avait reçus du roi; de sorte que, dit le Journal des Jésuites, *il fut contraint de désister* [2]. Ce désistement n'était ni franc ni irrévocable : le 22 octobre, il partit pour la France [3] afin de faire trancher ce qu'il appelait la question de juridiction.

Le départ de M. de Queylus n'était sans doute pas pour déplaire à Mgr de Laval; mais il y avait tout à craindre de ses intrigues à Paris et à Rome. Mgr le pensait du moins; aussi écrivit-il au roi, au pape, aux éminentissimes cardinaux de la Propagande pour les mettre en garde. Il leur recommande surtout de ne délivrer aucune lettre, aucun écrit dont puisse se prévaloir l'abbé contre l'autorité du vicaire apostolique; en outre, il supplie Sa Majesté de lui défendre de retourner au Canada, ce qui a lieu le 27 février 1660 : « Je vous écris cette lettre, dit le roi à M. de Queylus, pour vous dire que mon intention est que vous demeuriez dans mon royaume; vous défendant très

1. *Journal des Jésuites*, p. 264. — M. d'Argenson prétend dans une lettre du 21 oct. 1659 que « l'abbé s'est bien comporté; car il s'est contenté de s'expliquer de toutes choses avec M. de Pétrée; et après il n'a voulu faire éclater aucune marque de son pouvoir ». (*Faillon*, t. II, p. 342.) Ce témoigne d'un ami peut être en partie exact; mais l'avenir montra que l'abbé avait bien levé le masque.

2. *Journal*, p. 264.

3. Le P. Vimont s'embarqua sur le même vaisseau, et ne revint plus au Canada. (*Journal des Jésuites*, p. 267.) — *Vie de Mgr de Laval*, t. I, p. 188.

expressément d'en partir sans ma permission expresse[1]. »

La défense était formelle. L'abbé essaye de la faire lever, mais inutilement. Le supérieur de Saint-Sulpice, M. de Bretonvilliers, intervient sans être plus heureux ; et cependant il signe une déclaration par laquelle il promet que ses ecclésiastiques résidant ou devant résider dans la suite à Montréal, ne reconnaîtront d'autre juridiction que celle du vicaire apostolique.

Le refus du roi d'obtempérer aux désirs de MM. de Bretonvilliers et de Queylus, ne décourage pas ce dernier. Il part pour Rome à l'insu du nonce de Paris, et, à Rome, il s'adresse à la Daterie, à l'insu de la Propagande. Il mène son affaire rapidement, sans bruit; il s'y prend si bien qu'il obtient de la Daterie une bulle qui d'abord autorise l'érection à Montréal d'une cure indépendante du vicariat apostolique, qui ensuite donne au supérieur de Saint-Sulpice à Paris le droit de présentation à cette cure, et à l'archevêque de Rouen le droit de nomination[2].

1. Archives de l'archevêché de Québec. Lettre citée par M. Gosselin, t. I, p. 191.

Nous devons dire que M. Gosselin, qui a suivi M. Faillon, à peu près pas à pas, jusqu'à ce moment, l'abandonne définitivement le jour où commence la révolte de l'abbé contre Mgr de Laval. Il aurait dû, dans l'intérêt de la vérité, l'abandonner plutôt, à savoir, à l'époque des démêlés de M. de Queylus avec les Jésuites. Une chose surtout étonne le lecteur, c'est qu'à la page 188, t. I, M. Gosselin attaque vivement et avec raison le *prétendu Mémoire* de M. d'Allet inséré dans la *Morale pratique d'Arnaud*, et qu'il n'ait pas cru en devoir dire un mot à la page 112 et aux pages suivantes; et cependant en cet endroit, il résume M. Faillon, qui a presque tout puisé dans la *Morale pratique*, 3e partie, ch. XII. Il est vrai qu'aux pages 112 et suiv. il s'agit des missionnaires, tandis que plus tard il est question de Mgr de Laval et de M. de Queylus.

2. Le 21 oct. 1661, Mgr de Laval écrit aux cardinaux de la Propagande : « Ad nos relatum est Dominum Abbatem de Queylus istinc reducem obtinuisse erectionem ecclesiæ hic parochialis, cujus præ-

Muni de cette bulle, il se fait présenter pour la cure de Montréal par M. de Bretonvilliers et nommer par Mgr de Harlay; et, au mépris de la défense royale, il s'embarque pour Québec, où il arrive incognito au commencement du mois d'août 1661. Là, son premier soin est de se rendre à la résidence de Mgr de Laval, et de lui communiquer la bulle de la Daterie apostolique et un mandat de l'archevêque de Rouen qui charge l'évêque de Pétrée de présider à l'installation du curé de Montréal.

Qu'on juge de l'étonnement de Mgr ! Tout, en effet, a lieu de l'étonner : le retour de l'abbé, la bulle de la daterie, la création d'une paroisse indépendante, la reconnaissance des droits de l'archevêque de Rouen sur le Canada. En présence de faits si étranges, la pensée lui vient que la bulle a dû être obtenue d'une manière subreptice. En conséquence, il refuse, jusqu'à plus ample informé, de mettre l'abbé en possession de sa cure. Il le supplie de ne pas monter à Villemarie ; aux prières, qui restent inefficaces, il joint la défense, puis la menace de suspense[1].

sentatio concessa fuerit superiori seminarii Sancti Sulpicii, quod est in suburbio Parisiensi, institutio vero reservata fuerit archiepiscopo rothomagensi, tanquam ordinario harum Canadiæ regionum. » (Arch. de la Propagande, mss.)

1. Voici la lettre que Mgr de Laval écrivit, le 22 octobre 1661, au Pape Alexandre VII, et qui contient tout ce que nous venons de raconter sur le voyage en France et à Rome de M. de Queylus et sur son retour au Canada : « Scripseram Superiore anno de Abbate de Queylus, vereri me ne pacem hujus ecclesiæ domesticam interturbaret occasione prætensæ juridictionis archiepiscopi Rothomagensis, cujus se vicarium esse sic semper præsumpsit ut auctoritatis apostolicæ vix ulla ratio haberetur. Impeditus idcirco fuerat christianissimi regis imperio, ne hùc ad nos remearet ecclesiam hanc nostram scissurus. Sed mutato statim consilio Romam profectus est istucque sic res egit suas ut à sanctitate vestrà obtinuisse dicatur erectionem parochialis ecclesiæ apud montem regium, cujus præsen-

Rien n'y fait. M. de Queylus, dont l'*Histoire de la Colonie Française* porte si haut la vertu et la piété, part furtivement en canot pour Montréal, dans la nuit du 5 au 6 août; et le vicaire apostolique, qui a épuisé tous les moyens d'action sur cet esprit égaré ou révolté, a recours définitivement aux armes spirituelles et prononce contre lui les censures ecclésiastiques.

tatio concessa fuerit Superiori seminarii Sancti Sulpicii in suburbio parisiensi, cujus vero promotio archiepiscopo Rothomagensi fuerit reservata. Sic nimirum intellexi ex mandato quodam archiepiscopi Rothomagensis ad me transmisso, quo mihi ipse facultatem facit tanquam ordinarius loci à sanctâ sede constitutus, ut parochum nominem in monte regio Abbatem de Queylus; nec enim alius nominari posset, quin hoc ipso fundatio parochiæ foret irrita uti constat ex contractu fundationis quem de industriâ sub hâc dictâ conditione fabricavere; sed videlicet aliundè ad me rescriptum fuit subreptitias esse illas litteras Romæ obtentas à Domino Abbate de Queylus, neque vero eam esse mentem Sanctitatis vestræ ut archiepiscopus Rothomagensis juridictionem hic habeat ullam, quæ sanè componi nequaquam potest cum juridictione meâ vicarii apostolici: quæcumque enim à me statui possent, si mihi reniteretur seque mihi opponeret vicarius archiepiscopi Rothom., qui juridictionem hic suam haberet, eadem irrita et frustrà à me statuta contenderet, uti hoc anno contigit. Rogo itaque sanctitatem vestram ut abs te ritè intelligam quæ sit vera mens tua super ea contentione. Satis enim intelligo autoritatem hic omnem sedis apostolicæ meamque vicarii apostolici pessum datum iri, si archiepiscopus Rothom. juridictionem hic habeat. Id enim verò hoc præsenti anno nuper expertus sum dùm hùc Quebecum appulit Abbas de Queylus auctoritate hâc suâ vicarii archiepiscopi Rothom. fretus, qui nec precibus meis ullis, neque prohibitionibus iteratis acquievit. Huc è Galliâ penetrarat occultis artibus contra prohibitionem regis christianissimi, voluerat illudere subreptitiis litteris, sed jussus est à rege sine morâ in Galliam redire, redditurus rationem inobedientiæ suæ, et à prorege nostro coactus est obsequi imperiis regiis : nunc vereor ne in Galliâ redux nova omnia moliatur novisque artibus et expositione falsâ rerum nostrarum obtineat aliquid è curiâ Romanâ quo pacem hujus Canadensis ecclesiæ interturbet. Eodem nimirum spiritu aguntur inobedientiæ et divisionis, quos secùm è Gallia adduxit socios sacerdotes, qui montem regium occupant... » (Arch. de la Propagande, à Rome; mss.)

M. Faillon s'apitoie sur le sort de l'abbé ; il le peint comme une victime de Mgr de Laval. En vérité, de pareilles victimes sont-elles si à plaindre ?

Cependant, on avait appris à la cour le départ mystérieux pour le Canada de M. de Queylus, et le roi, fort mécontent, avait donné ordre au gouverneur de le faire repasser immédiatement en France. L'ordre lui fut signifié à Montréal, et, le 22 octobre, il s'embarqua avec M. Boucher, gouverneur des Trois-Rivières [1].

Louis XIV avait ignoré jusqu'à ce jour les agissements de l'abbé à Rome et l'existence de la bulle de la Daterie apostolique. Une lettre de Mgr de Laval lui apprit tout ce qui s'était passé, et il fit aussitôt parvenir à la chancellerie romaine, et par son ministre et par le nonce de Paris, l'expression de ses très justes plaintes. Ces plaintes furent écoutées, comme cela devait être : le Saint-Siège fit savoir à l'abbé qu'il ne devait s'attribuer aucun droit dans la colonie de Montréal ; il empêcha aussi l'exécution de la bulle de la Daterie. Et ainsi se termina la déplorable lutte

1. Le 8 sept. 1661, le P. Lalemant écrivait au R. P. Chrystophe Lehorrer, vicaire général S. J., à Rome : « Quid de æmulo Abbate de Queylus futurum sit nondum scimus. Huc venit, post dies duos discessit de nocte, ad suum montem regalem pervenit, nequicquam opponente se illustrissimo Petraensi episcopo. Eo convolavit novus gubernator statim à suo hùc adventu ; habet ipse in mandatis à rege ut in Galliam redire compellat. Nondum indè rediit gubernator, atque adeò quid futurum sit, nondum scimus. Tanta contra jus fasque propositi in Abbate tenacitas, aliquid infrà gratiam sapit et bonos omnes male officit ; arbitrantur tamen illi officium se præstare Deo. Faxit Deus ! »

Dans un P.-S., il ajoute : « Ex quo hæc à me scripta sunt, rediit ad nos novus Gubernator (M. d'Avaugour) ex monte regali, ubi, significatâ Abbati præfato christianissimi regis voluntate, effecit ut ad nos rediret navem propemodùm conscensurus ad reditum in Galliam. » (Arch. gen. S. J.) — *Journal des Jésuites*, p. 303.

engagée par M. de Queylus contre l'autorité du vicaire apostolique[1].

Cette lutte, qui sortait un peu du cadre de cette histoire, nous ne pouvions l'omettre, car elle nous révèle dans le caractère de celui qui la souleva, certaines particularités

1. Mgr de Laval ne reçut qu'en 1665 la nouvelle officielle de la mesure définitive prise contre l'abbé de Queylus par la Propagande et le Souverain-Pontife. Voici ce qu'il écrivit au Préfet de la Propagande le 7 des Calendes de novembre 1665 :

« Eminentissime Domine, litteræ Eminentiæ vestræ Augusto mense anni 1663 datæ nonnisi post biennium ad nos perlatæ sunt : quibus benevolum sacræ congregationis in nos animum jampridem mihi notum, satis superque intellexi. Nihil itaque est quod nos deinceps anxios teneat circa parochias hic instituendas nobis inconsultis, cum visum fuerit sacræ congregationi Abbatem de Queylus suo nomine aut Sanctissimi monere, ne quid sibi hujusmodi arrogaret in Colonia montis Regalis, et de facto nihil ab eo tempore auditum quod in eâ re ultrà moliretur. » (Arch. de la Propagande, à Rome ; mss.)

Plus tard, en 1668, M. de Queylus revint au Canada, après la renonciation définitive de l'archevêque de Rouen à toute prétention sur l'église du Canada. — L'archevêque n'y renonça cependant tout à fait, dit M. Gosselin (t. I, p. 203, *note*), que lorsque Québec fut érigé en évêché. Colbert lui écrivit alors qu'il ne voyait aucun moyen de forcer la congrégation consistoriale à mettre Québec dans l'archevêché de Rouen. « Le pape, dit-il, prétend que vous n'avez pu acquérir aucun droit de ce côté. » Il invitait cependant l'archevêque à faire un mémoire sur ce sujet. Le mémoire fut fait et envoyé par Colbert à l'abbé Bourlemont, à Rome, avec ordre de le présenter au Saint-Siège et au cardinal Rospigliosi. « S'ils résistent, disait Colbert, n'insistez pas ; acceptez l'évêché relevant du Saint-Siège, jusqu'à ce qu'il y ait un archevêché au Canada. » Les prétentions de l'archevêque de Rouen ne furent pas maintenues par les bulles de l'évêché de Québec. » (Arch. du Canada, Rapport de M. l'abbé Verreau, 1874.)

Voir sur tout ce qui à rapport aux démêlés du vicaire apostolique et de l'abbé : 1° *La Vie de Mgr de Laval*, par M. Gosselin, t. I, p. II, ch. IV ; — 2° *Histoire de la Colonie Française*, t. II, p. II, p. 336 et suiv., pp. 472 et suiv.

que son panégyriste, M. Faillon, a soigneusement dissimulées, et qui expliquent assez son attitude et ses procédés à l'égard des missionnaires pendant ses quelques mois d'administration à l'église paroissiale de Québec.

Mgr de Laval ne sortait d'une difficulté que pour lutter contre une autre. Les démêlés qu'il eut avec le gouverneur, M. d'Argenson, pour être moins graves que les précédents, eurent cependant leur importance dans une colonie naissante, où l'organisation ecclésiastique était à ses débuts. Ce furent des questions de préséance qui les divisèrent. Elles se rencontrèrent un peu partout, à l'église et hors de l'église : à l'église, où le gouverneur voulait, contrairement aux décisions de l'évêque, avoir son banc dans le chœur, et être encensé immédiatement après l'officiant ; hors de l'église, où il revendiquait la première place et le premier salut dans toutes les réunions publiques et privées auxquelles il assistait avec Sa Grandeur.

Aux processions, il voulait encore faire passer les corps civils avant les marguilliers ; et Monseigneur s'y opposait, parce que ces derniers sont, dans le gouvernement de l'église, les aides de l'évêque et les administrateurs laïques des biens ecclésiastiques [1]. M. d'Argenson était marguillier d'honneur avant l'arrivée du vicaire apostolique, et, en cette qualité, il assistait aux délibérations du conseil de fabrique ; Monseigneur supprima ce titre honorifique. Le gouverneur offrait le pain bénit dans le courant de la messe au son des fifres et des tambours ; Monseigneur décida qu'à l'avenir la bénédiction et l'offrande du pain se feraient avant l'*Introït* [2].

1. *Conc. de Trente*, sess. XXII, De reformatione, cap. IX.

2. *Histoire de la Colonie Française*, t. II, pp. 466 et suiv. ; — *Vie de Mgr de Laval*, t. I, l. II, ch. V.

Il y en aurait trop long sur ce sujet[1], s'il fallait tout raconter, et si ces questions de préséance entraient dans le tracé de cette histoire. Nous n'avons pas à donner non plus notre opinion personnelle sur ces démêlés, ni à décider qui des deux avait raison, de l'évêque ou du gouverneur, ni à dire si « Monseigneur, dans son désir de prévenir des abus et de mettre tout dans un ordre parfait, ne montra pas un peu trop de zèle et ne dépassa pas quelquefois la mesure[2] » ; si M. d'Argenson, l'ami de M. de Queylus, ne chercha pas à créer des difficultés au vicaire apostolique et à rendre sa situation intenable, sous le spécieux prétexte de défendre les droits de l'autorité civile.

Si nous avons signalé plusieurs sujets de conflit entre les représentants du pouvoir religieux et du pouvoir civil, c'est parce que l'historien de Mgr de Laval a jugé à propos d'y mêler les missionnaires et de leur prêter un rôle, qui ne fut certainement pas le leur.

« Ce qui a lieu de nous surprendre, dit-il, c'est que les Jésuites, au lieu de se prononcer franchement sur cette question du droit de préséance de l'évêque sur le gouverneur, prirent le parti, *pour ne pas se compromettre*, de n'inviter à dîner ni le gouverneur ni l'évêque[3] ; et, au catéchisme solennel, qui se donnait dans leur chapelle, sous forme d'action ou de dialogue, de ne faire saluer ni

1. Par exemple, Mgr voulait que le gouverneur ne communiât qu'après les acolythes, qu'il ne reçût également qu'après eux les cierges, les rameaux, etc... (*Journal des Jésuites*, 1659, *Noel.*)

2. *Vie de Mgr de Laval*, t. II, p. 225.

3. Le *Journal des Jésuites* dit (2 déc. 1659, p. 269) : « Personne ne fut invité au réfectoire pour disner, dont la raison principale est que d'inviter l'évesque sans le gouverneur *aut contra*, cela ferait jalousie, et l'un ne veut pas quitter à l'autre pour le premier rang. » Pourquoi M. Gosselin ne cite-t-il pas ce passage et se permet-il d'écrire : *pour ne pas se compromettre* ?

l'un ni l'autre par les élèves, au commencement et à la fin de l'action [1]. *C'était faire preuve de plus d'habileté que de courage* [2]. »

M. Gosselin fait d'un trait de plume le procès des Jésuites ; il ne prend même pas la peine de se demander si la sagesse ne dictait pas leur conduite ; si leur réserve n'était pas plutôt de nature à les compromettre auprès du Prélat, leur ami dévoué, sans nul espoir de leur conquérir les bonnes grâces de M. d'Argenson, leur ennemi [3].

1. On lit dans le *Journal des Jésuites* (février 1661, p. 291) : « Huit jours après, *cette petite action* s'estant renouvelée où Mons. le gouverneur et Mons. l'évesque estaient, et M. le Gouverneur ayant tesmoigné n'y vouloir assister en cas qu'on y saluast Mons. l'évesque devant luy, on luy fit trouver bon que les enfants eussent les mains occupées pour ne saluer ny l'un ny l'autre, ce qui s'entend du prologue et de l'épilogue ; ce qui fut signifié et commandé aux enfants... » M. Gosselin n'aurait-il pas mieux fait de citer ce passage, au lieu d'accuser les Jésuites *de plus d'habileté que de courage* ?

2. *Vie de Mgr de Laval*, p. 214.

3. M. d'Argenson était venu de France, dans des dispositions peu favorables aux Jésuites. Ces dispositions ne firent que s'accentuer au Canada. Que leur reprochait-il ? « Il serait bien à souhaiter, écrivait-il de Québec le 7 juillet 1660 (*Papiers d'Argenson*), que toutx ceux de la maison du P. Lalemant suivissent ses sentiments ; ils ne se mesleraient pas de censurer plusieurs choses comme ils font et laisseraient le gouvernement des affaires à ceux que Dieu a ordonné pour cela. » Il fallait bien trouver quelque sujet d'accusation contre ces religieux, pour justifier son injustifiable animosité contre eux. Mgr de Laval qui les connaissait bien, entreprit de modifier les sentiments du gouverneur à leur égard ; mais il n'y réussit pas, comme il appert par une lettre qu'il écrivit de Québec, le 20 octobre 1659, à M. d'Argenson, frère du Gouverneur. « J'ai reçu, dit-il, dans mon entrée dans le pays de Monsieur votre frère toutes les marques d'une bienveillance extraordinaire ; j'ay fait mon possible pour la recongnoistre et luy ay rendu tous les respects que je dois à une personne de sa vertu et de son mérite joint à la qualité qu'il porte ; comme son plus véritable ami et son fidelle serviteur, j'ay creu estre obligé de luy donner un advis important pour le bien de l'église, et quy luy

L. P. Lalemant, supérieur de la mission, pouvait être un homme prudent ; à coup sûr, on ne l'accusa jamais d'un manque de courage ; il passait aux yeux de tous, même du gouverneur, pour *une personne d'un grand mérite et d'un sens achevé*[1]. Ce portrait serait singulièrement flatté, il faut l'avouer, si la conduite de ce religieux avait été, dans ces circonstances difficiles, celle d'un homme qui ne veut pas se *compromettre*, *habile* mais *peu courageux*. Il était si loin d'avoir peur de se montrer, de se *prononcer fran-*

devait estre utile s'il l'eust pris dans la même disposition que je suis asseuré que vous l'auriez receu : c'estait seul à seul à cœur ouvert avec marques assez évidentes que ce que je luy disais estait vrai, veu qu'il estait fondé sur des sentiments que j'avais veu moi-mesme paraistre en diverses assemblées publiques ; cependant il ne fist que trop congnoistre qu'il ne trouvait auqunnement bon que je lui donnasse cet advertissement, et *me voulut faire embrasser le party de ceux qui avaient tout sujet de se plaindre de son procédé envers eux*, mais que je ne prétendais auqunnement justifier n'en ayant aucune plainte de leur part pour luy faire et d'ailleurs estant assez désintéressés ; vous pouvez bien juger quels sont ceux dont je veux parler (*les Jésuites*) sans vous les nommer, puisque vous même qui avez une affection sincère et bien réglée pour *ces dignes ouvriers évangéliques* m'avez avoué que vous *aviez douleur de le voir partir* (le Gouverneur) *dans les sentiments où il estait à leur égard*, sans beaucoup de fondement du moins suffisamment recongneu pour lors ; ce que je luy dis avoir sceu de vous pour ne rien omettre de ce que je me persuadais qui estait capable de lui faire avouer une vérité qui n'estait que trop apparente, ce qui devait un peu calmer son esprit sembla l'aigrir, et se fascha de ce que vous m'aviez fait cette ouverture ; je ne scais depuis ce qu'il a pensé de moy, mais il me semble que je luy sois suspect et qu'il aye crû que *j'embrasse la cause de ces bons serviteurs de Dieu à son préjudice; mais je puis bien asseurer qu'ils n'ont pour luy que des sentiments de respect* et que la plus forte passion que j'aye est de le voir dans une parfaite union et intelligence avec eux. »

1. Lettre de M. d'Argenson du 7 juillet 1660 : « De toutes ces contestations que j'ay eu avec M. de Pétrée, j'ay toujours faist le R. P. Lalemant médiateur ; c'est une personne d'un si grand mérite et d'un sens si achevé, que je pense qu'on ne peult rien y adjouter. »

chement sur les questions de préséance, qu'il écrivait à son Général, à Rome, de recommander à tous les missionnaires de *répondre à la grande bienveillance de Monseigneur pour la Compagnie de Jésus par tous les offices possibles*[1].

Toutefois l'affection très marquée de l'évêque pour les Pères ne leur faisait perdre de vue ni la prudence ni la charité. Le devoir de leur profession leur conseillait d'éviter tout ce qui pouvait être une occasion d'augmenter l'acuité des rapports entre les deux autorités, comme les invitations à dîner et aux séances littéraires ; ce devoir, ils le remplirent, et l'évêque ne blâma jamais cette réserve, dont il comprenait fort bien la sagesse. Cependant, si quelqu'un avait le droit de se plaindre, n'était-ce pas lui ? Quant au gouverneur, il ne pouvait qu'approuver cette conduite ; et de fait, lui, qui se montra toujours *également injuste et envers les missionnaires et envers le vicaire apostolique*[2], il choisit en toute rencontre comme *médiateur*[3] entre lui et Monseigneur, le P. Lalemant, dont il ne pouvait s'empêcher de reconnaître le *grand mérite* et le *sens élevé*.

Ce gouverneur, auquel il serait puéril de refuser de belles qualités[4], ne donna pas ce qu'on attendait de

1. « Illust^{mus} Petraensis episcopus, vir sanctitatis eximiæ, qui solam divini nominis gloriam spectat et fidei apud barbaros dilatationem, *nostros omnes* paterno affectu complectitur. Vestra Paternitas suis commendet ut quibus valeant officiis tantæ benevolentiæ respondeant. » (Epist. P. J. Lalemant au R. P. G. Nickel, 7 janvier 1661. Arch. gen. S. J.)

2. « Gubernator fuit semper nobis iniquior et Societati nostræ et Domino Petraensi episcopo. » (Epist. P. Ragueneau ad R. P. Generalem, 15 sept. 1661. Arch. gen. S. J.)

3. Lettre du 7 juillet 1660.

4. Marie de l'Incarnation fait le plus bel éloge de ce gouverneur dans ses *Lettres historiques*, p. 567. Elle reconnaît cependant, comme les Pères Jésuites, dans leurs lettres confidentielles

sa piété et de sa bravoure. Dès le début, il fit fausse route ; par ses préférences et ses préventions, il troubla le bon accord qui avait toujours régné dans la colonie entre le pouvoir civil et le pouvoir ecclésiastique. N'avait-il pas mieux à faire que de se quereller avec son évêque ou de se mettre en opposition avec les religieux, en face des Iroquois dont la puissance et l'audace grandissaient chaque jour ? En 1659, les Français, comme on l'a déjà vu, sont forcés d'abandonner nuitamment le poste de Gannentaha, afin de ne pas être massacrés par les Onnontagués. L'année suivante, une des plus agitées de cette époque si tourmentée, l'armée iroquoise, plus forte qu'elle ne l'a jamais été, se montre à l'embouchure de la rivière de Richelieu. Son dessein est de surprendre Québec, puis d'attaquer Trois-Rivières et Montréal. Ce plan aurait peut-être réussi, sans la vaillance de dix-sept colons de Villemarie, guidés par Daulac [1], soldat d'énergie et de décision.

Ces héros se confessent, communient, et jurent de ne jamais demander quartier, de se soutenir fidèlement les uns les autres [2]. Le 1er mai, ils s'enferment dans un petit fort formé de pieux plantés en terre, au pied du saut des Chaudières, sur la rivière des Outoauais ; et là, ils attendent de pied ferme l'ennemi. Quarante Hurons et six Algonquins les y rejoignent. C'était une troupe bien peu nombreuse contre des centaines d'Iroquois ; et les Français, qui ne comptaient pas sur les Hurons et les Algonquins, n'avaient pas approvisionné le fort. Pendant sept jours, ils soutiennent

adressées au R. P. Général, « le défaut de personnes de conseil... et le défaut d'intelligence qu'il avait avec les premières puissances du pays ».

1. *Dolard* dans les *Relations* des Jésuites ; *Daulard* dans quelques actes publics.

2. *Ferland*, t. I, pp. 455 et suiv. — *Relation* de 1660, p. 14 ; — *Lettres historiques* de Marie de l'Incarnation, pp. 449 et suiv.

victorieusement les continuels assauts de l'ennemi. Mais, après cette vigoureuse résistance, les Hurons, torturés par la faim et la soif, passent au nombre de trente à l'armée des assiégeants. En même temps, cinq cents Agniers débouchent des profondeurs de la forêt. Aussitôt un dernier effort est tenté. Tous ces sauvages se ruent sur les palissades pour les rompre à coups de haches. Rien ne décourage les Français. Une lutte désespérée s'engage, sanglante, meurtrière ; les cadavres s'amoncèlent autour du fort ; ils sont si nombreux qu'ils servent aux assaillants pour escalader le rempart et pénétrer dans la place. Tous les assiégés, à l'exception de quatre Français et de quatre Hurons faits prisonniers, tombent les armes à la main. Un prisonnier évadé a porté à dix-huit cents les Iroquois qui ont pris part au siège [1].

Cette lutte héroïque force l'ennemi à rentrer dans ses cantons, mais elle ne met pas fin à la guerre. La guerre recommence en 1661. Au commencement de l'été, les Iroquois ont déjà pris ou tué vingt-trois Français à Montréal, quatorze aux Trois-Rivières, d'autres à Tadoussac, à la côte de Beaupré et dans l'île d'Orléans. Le sénéchal, Jean de Lauson, et quelques Français sont tués en combattant à la hauteur de la rivière Maheust [2]. Deux prêtres de Saint-Sulpice, MM. Le Maistre et Vignal, sont

1. *Lettres historiques*, p. 531 ; — *Ferland*, p. 457.

2. *Voir* sur ces évènements : *Relations* de 1660 et 1661 ; — *Lettres historiques*, 58e, 59e, 60e, 61e ; — *Ferland*, t. I, p. 467. — Le P. Lalemant au R. P. Chrystophe Lehorrer, vicaire général de la Compagnie, à Rome ; Québec, 8 sept. 1661 : « Timor quem timebamus accidit nobis ; ad 70 enim et ampliùs ex nostris Gallis vel occidere vel captivos abduxere barbari nostri, et inter eos quos occiderunt, fuit nobilitatis princeps *seneschallus* vulgò dictus. » (Arch. gen. S. J.)

pris à l'île de Montréal : le premier a la tête coupée, le second est rôti et mangé[1].

Tous ces évènements retentissent douloureusement au cœur de la colonie. « La persécution des Iroquois, écrit Marie de l'Incarnation, tient tout le pays dans des appréhensions continuelles[2]. » A Québec, où l'alarme est grande, les communautés de l'Hôtel-Dieu et des Ursulines se retirent chaque soir avec les pensionnaires dans une partie du collège, qui n'est pas occupée, pour se mettre à l'abri d'un coup de main. « Des redoutes sont élevées sur les points les plus exposés ; et des piquets d'hommes armés sont placés tous les soirs dans les couvents, qu'on fortifie non seulement pour protéger les religieuses, mais encore pour y protéger quelques familles, car toutes ne pouvaient se loger au fort Saint-Louis[3]. »

Ainsi se vérifiaient ces paroles, qu'on dirait prophétiques, écrites par le P. Ragueneau au R. P. Général, le 20 août 1658 : « Je n'espère rien de l'avenir ; je crains la ruine des Français ; j'ai peur d'une guerre horrible. Ce qui augmente mes terreurs, c'est le caractère du nouveau gouverneur[4]. »

Pour surcroît de malheur « une maladie universelle se communique comme une espèce de contagion dans toutes les familles... L'on n'avait jamais tant veu mourir de personnes au Canada que cette année 1661[5] ».

1. M. Vignal avait été chapelain des Ursulines et vicaire de M. de Queylus à Québec. Il quitta Québec avec l'abbé en 1658, passa en France et en revint Sulpicien, le 7 septembre 1659, avec M. l'abbé Le Maistre. Il fut blessé le 25 octobre 1661 dans l'Ile-à-la-Pierre. M. Le Maistre fut tué le 29 août 1661.

2. *Lettres historiques*, p. 564. — « Bellum nobis valdè laboriosum est cum Iroquæis. » (P. Chastelain au R. P. Général ; Québec, 18 sept. 1661. Arch. gen. S. J.)

3. *Ferland*, t. I, p. 453.

4. *Voir* p. 234.

5. *Lettres historiques*, p. 564.

PAUL RAGUENEAU S.J.
Professeur du Grand Condé
a Bourges

Il aurait fallu des hommes pour résister aux bandes iroquoises et les détruire ; et la colonie diminuée par la guerre et la maladie avait à peine de quoi se défendre dans ses forts. Le P. Le Jeune, procureur de la mission à Paris, fut prié d'obtenir du gouvernement de prompts secours. Il adressa dans ce sens une supplique au roi : « Voicy, lui disait-il, votre Nouvelle-France aux pieds de Votre Majesté... La Reine, votre très honorée mère, dont la bonté est connue au delà des mers, a empesché jusques à présent la ruine entière du Canada ; mais elle ne l'a pas mis en liberté. Elle a retardé sa mort, mais elle ne luy a pas rendu la santé, ny les forces. Ce coup est réservé à Votre Majesté[1]. »

Louis XIV entendit *les soupirs et les sanglots de la pauvre affligée*[2], selon l'expression du suppliant ; il promit des troupes. Cette promesse releva le courage des colons, qui supportèrent vaillamment les attaques continuelles de l'ennemi, dans l'espérance d'un meilleur avenir. Mais on célébrait alors à Versailles des fêtes magnifiques en l'honneur de la naissance du dauphin ; le cardinal Mazarin mourait à Vincennes, laissant vacante auprès du roi la place de premier ministre ; et le roi, au milieu des réjouissances de la cour et des graves embarras d'un gouvernement personnel hardiment inauguré, n'eut guère le temps de songer à la petite colonie de la Nouvelle-France. « De son

1. *Relation* de 1661, pp. 1 et 2. — Marie de l'Incarnation écrivait le 2 septembre 1660 : « Plusieurs des plus honnêtes gens de ce pays sont partis pour aller en France ; et particulièrement le R. P. Le Jeune y va pour demander du secours au roy contre nos ennemis. » — Il y a une erreur au sujet du P. Le Jeune, qui n'alla pas en France en 1660, mais en 1649. Parti de Québec le 31 octobre 1649 (*Journal des Jésuites*, p. 130), il fut nommé procureur de la mission du Canada en 1650 et ne quitta plus la France.

2. *Ibid*, p. 1.

côté, la Compagnie des Cent-Associés ne s'occupait presque plus du pays, si ce n'est pour réclamer fortement le millier de castors qu'on ne lui payait point[1]. »

M. d'Argenson devait ressentir plus que personne, à cause des responsabilités de sa haute situation, tout ce qu'il y avait d'affligeant et de douloureux dans les malheurs et les cruelles inquiétudes où se débattait la colonie. Impuissant à remédier au mal, fatigué d'esprit et de corps, mal ou pas conseillé, toujours en lutte avec le pouvoir ecclésiastique, il demanda à être relevé de ses fonctions et fut remplacé, le 19 septembre 1661, par le baron d'Avaugour[2]. S'il ne réussit pas mieux dans son gouvernement, il ne faut pas l'attribuer à l'absence de qualités administratives, ni à un défaut de courage ou de vertu, car ce gentilhomme n'était pas sans mérites et sa piété était sincère[3]. Ce qui lui manqua, ce furent les conseils, une vue nette de la situation, un esprit dégagé de préventions et de préjugés, peut-être aussi une certaine largeur d'idées et de sentiments.

Tout autre était le caractère du baron d'Avaugour. « Homme de résolution et d'une grande droiture, il s'en piquait trop et ne savait pas se replier[4]. » Raide et inflexible, cassant et impérieux, entêté comme pas un, il se faisait un point d'honneur de ne pas revenir sur une décision prise. « Il a servi longtemps en Allemagne pendant que vous y étiez, écrivait Colbert à M. de Tracy; vous devez avoir connu ses talents aussi bien que son

1. *Ferland*, t. I, p. 466.
2. *Lettres historiques*, p. 567.
3. On trouve dans les *Papiers d'Argenson* des lettres de ce gouverneur où son caractère se révèle admirablement.
4. *Charlevoix*, t. I, p. 350.

caractère bizarre et quelque peu impraticable[1]. » Sa vie de quarante ans au milieu des camps l'avait mieux préparé à être chef d'armée que gouverneur; il était plus homme d'épée que de plume[2]. Au demeurant, il y avait en lui la foi robuste du charbonnier, agissante, peu éclairée. On le reçut à Québec avec enthousiasme, car on connaissait sa bravoure et l'on comptait sur la vigueur de son bras.

A peine débarqué, il visite tous les postes, il se renseigne sur l'ennemi, il étudie toutes les ressources dont le pays dispose, et, dans sa rude franchise, il avoue qu'il ne s'explique pas comment M. d'Argenson a pu préserver la colonie de la ruine avec si peu de soldats, et qu'il s'en retournera en France, sans même attendre d'être rappelé, si on ne lui envoie pas, l'année prochaine, les troupes promises[3]. En outre, pour hâter cet envoi ou l'assurer, il députe à Paris le gouverneur des Trois-Rivières, Pierre Boucher, un des hommes le plus au courant des choses du Canada, lequel est admirablement reçu du roi et revient l'année suivante, le 27 oct. 1662, avec deux cents colons et cent soldats[4]. Trois mois avant l'arrivée à Québec de ce secours inattendu, Mgr de Laval était parti pour la France, accompagné du P. Ragueneau[5].

Le but de ce voyage est connu. Le P. Ragueneau,

1. *The old Regime in Canada*, by Francis Parkman, p. 120. — Consulter sur le baron Dubois d'Avaugour : Lachenaye, *Mémoire sur le Canada* ; Avaugour, *Mémoire*, 4 août, 1663.

2. Nous donnons aux *Pièces justificatives*, n° XIV, la lettre qu'il écrivit, le 13 octobre 1661, au grand Condé. On jugera de l'homme par le style. Cette lettre se trouve, au château de Chantilly, dans les « Papiers de Condé, série P, t. XXV, fol. 162 ».

3. *Lettres historiques*, p. 567 ; — *Relation* de 1661, pp. 10 et 11.

4. *Journal des Jésuites*, p. 313.

5. *Ibid.*, p. 310 ; — *Lettre* 64e, p. 574, de Marie de l'Incarnation. — Mgr de Laval et le P. Ragueneau s'embarquèrent à Québec pour la France, d'après le *Journal des Jésuites*, le 12 août 1662.

membre du conseil de Québec, aimé et estimé du grand Condé, allait implorer la protection de son ancien élève en faveur de la colonie[1]; et Mgr voulait se plaindre lui-même au roi de l'étrange conduite du nouveau gouverneur, qui, en protégeant la vente de l'eau-de-vie, compromettait gravement l'avenir religieux de la Nouvelle-France[2].

La question de la vente de l'eau-de-vie est une de celles qui ont le plus passionné le Nouveau-Monde au XVIIe siècle. Avant la prise de Québec par les Anglais (1629), on

1. Le P. Ragueneau avait été nommé membre du conseil le 1er octobre 1661 (*Journal des Jésuites*, p. 302), par M. d'Avaugour. Celui-ci annonça cette nomination au grand Condé le 13 octobre 1661 : « J'ay mis a la teste d'un conseil général pour le cervisse du roy et le bien du peis le reverend pere Ragnaust (*sic*), lequel a l'honneur d'estre connu de vostre altesse, et avec trois autres tous les jours il deslibere des afaires publiques. Par son merite, jay creu ne pouvoir rien de mieux. Sy locasion s'en offre, je suplie votre altesse d'octoriser cette conduite, et d'estre tout persuadé que (ce sont) les Jesuistes qui ont le plus travaié (travaillé) pour le peis. » (*Papiers de Condé*, sér. P, t. XXV, fol. 162.) — Aussitôt installé membre du conseil, le P. Ragueneau écrivit, le 12 octobre 1661, au grand Condé, pour lui demander *son puissant secours contre les Iroquois*. Voir cette lettre aux *Pièces justificatives*, n° XIV. — Le P. Ragueneau, une fois en France, y fut retenu par ses supérieurs, en qualité de procureur de la mission de la Nouvelle-France, en remplacement du P. Le Jeune.

2. *Lettre politique*, 63e, p. 572, de Marie de l'Incarnation. — Après son voyage, de retour à Québec, Mgr de Laval écrivait aux cardinaux de la Propagande, le 26 octobre 1663 : « Tandem salvus et incolumis has oras appuli, redux è Galliâ quo ecclesiarum nostrarum sollicitudo me compulerat ; ut scilicet rei christianæ per Gubernatoris incuriam, ut minimùm dicam, dilabenti, succurrerem. » (Arch. de la Propagande, à Rome, vol. 256, p. 55.) — Le P. G. Druillettes avait écrit de Québec au R. P. Général, l'année précédente, 17 sept. 1662 : « Dictus Gubernator ebriositati velut habenas laxavit ; sed illustrissimus noster episcopus, qui eâ potissimùm de causâ in Galliam redivit, à rege impetrabit, ut speramus, opportunum huic malo remedium. » (Arch. gen. S. J.)

n'avait jamais entendu parler des désordres causés chez les sauvages par les boissons enivrantes. Les Anglais introduisirent les premiers dans le pays ce fléau destructeur, qu'ils vendaient aux sauvages en échange des fourrures apportées par les chasseurs algonquins ; et les sauvages, entraînés par un irrésistible penchant, buvaient sans mesure, pour le plaisir de s'enivrer, et, dans l'ivresse, ils devenaient pires que des bêtes féroces.

En rentrant à Québec, les Français marchèrent sur les traces des trafiquants anglais, et ils continuèrent de vendre aux Indiens des spiritueux, malgré les prohibitions les plus expresses des gouverneurs Champlain[1], Montmagny[2], d'Ailleboust[3], Maisonneuve[4], malgré l'édit du roi du 7 mars 1657 et les défenses sous peine de péché de M. de Queylus[5] et des missionnaires.

Le P. Le Jeune et le P. Vimont n'ont pas d'expressions assez énergiques pour peindre les affreux ravages, les conséquences terribles des liqueurs fortes. Païens et néophytes se livrent aux plus déplorables excès d'immoralité et de barbarie. Aux chants de joie succèdent toujours les plus honteux débordements, des cris, des hurlements, des altercations, des luttes sanglantes. Le sang se mêle aux libations. Les pères égorgent leurs enfants, les maris tuent leurs femmes. Les femmes s'enivrent comme les hommes et ressemblent alors à de vraies furies. Rien de plus horrible qu'une cabane de sauvages, au réveil du matin, quand ils reviennent à eux défigurés, abattus, entourés parfois des cadavres de leurs parents ou de

1. *Relation* de 1633, p. 32.
2. *Relation* de 1643, p. 36.
3. *Vie de Mgr de Laval*, t. I, p. 288.
4. *Histoire de la Colonie Française*, t. III, pp. 31 et suiv.
5. *Journal des Jésuites*, p. 233.

leurs amis, le désordre partout, la honte sur les visages [1].

Cependant ni ces scènes d'orgie et de sang, ni les défenses, ni les ordonnances, ni les menaces des plus graves châtiments ne parviennent jamais à mettre un frein à l'avarice et à la cupidité des trafiquants. Ils étaient peu nombreux, l'infime minorité, tous âpres au gain, ennemis des Jésuites, qui contrariaient fort leur commerce illicite. Ils n'avaient qu'un but : obtenir de riches fourrures à vil prix, au prix de quelques bouteilles d'eau-de-vie ; et pour y parvenir, ils faisaient la contrebande un peu partout, sur les bords du Saint-Laurent, ordinairement loin des postes français. Il faut le dire, ces vendeurs d'eau-de-vie devinrent plus nombreux et plus audacieux à l'époque où s'inaugura au Canada la lutte religieuse entre M. de Queylus et les missionnaires ; et quand Mgr de Laval arriva à Québec, le désordre avait pris de telles proportions qu'il crut devoir recourir aux foudres de l'Eglise [2] pour empêcher un commerce, qui nuisait aux intérêts moraux et religieux des colons français, opposait une barrière insurmontable à la conversion des Indiens, et replongeait les néophytes dans toutes les horreurs du paganisme.

Cependant, avant d'agir, il tint avec les Jésuites, et dans leur collège et à l'évêché, de longues conférences [3], dans

1. *Relation* de 1633, p. 32 ; — *Relation* de 1642, p. 43 ; — *Relation* de 1643, p. 36 ; — *Relation* de 1660, p. 34 ; — *Lettres historiques* de Marie de l'Incarnation, *Lettre* 63e, pp. 571 et 572. — *Vie de Mgr de Laval*, par l'abbé Gosselin, t. I, ch. IX, pp. 279 et suiv. ; — *Mémoire sur la Vie de M. de Laval*, premier évêque de Québec (par l'abbé Bertrand de Latour) ; Cologne, 1761, l. V, pp. 68 et suiv.

2. *Lettre* 63e, de la Mère Marie de l'Incarnation, p. 572.

3. D'après le *Journal des Jésuites*, p. 268, la première conférence eut lieu le 26 ou 27 nov. 1659. — *Ibid.*, p. 269, réunion le 4 déc. au collège, le 5 déc. à l'évêché.

lesquelles cette question fut sérieusement examinée : Est-il permis d'excommunier ceux qui vendent de l'eau-de-vie aux sauvages, lesquels ne boivent que pour s'enivrer ou avec l'arrière-pensée de commettre quelque mauvais coup pendant l'ivresse ? La réponse à cette question ne pouvait faire aucun doute pour personne : elle fut définitivement arrêtée dans le sens de l'affirmative.

Fort de l'approbation des Pères et des membres de son clergé, Mgr monta en chaire, le 6 mai 1660, jour de l'Ascension[1], et, dans un discours patriotique, où il expliqua la grièveté de la faute commise par les traitants, il fulmina la sentence d'excommunication *ipso facto* contre ceux qui oseraient à l'avenir se livrer à ce honteux trafic des boissons alcooliques. Cette mesure énergique, soutenue dans la chaire et au confessionnal par le zèle des prédicateurs et des confesseurs, produisit le plus salutaire effet. Le P. Lalemant écrivait quelques mois plus tard : « Les désordres n'ont plus paru depuis l'excommunication, tant elle a été accompagnée des bénédictions du ciel[2]. »

Le baron d'Avaugour, en prenant possession du gouvernement de la colonie, se rangea du côté de l'évêque dans sa campagne contre les traitants européens. Il donna des ordres sévères contre la vente de l'eau-de-vie aux sauvages et tint la main à leur exécution ; il ne recula même pas devant la peine de mort[3].

Cette ferme attitude de l'autorité religieuse et de l'autorité civile reçut l'approbation de tous les honnêtes gens : à Québec, à Villemarie et aux Trois-Rivières, ce ne fut qu'un concert unanime de félicitations de la part des vrais catholiques, c'est-à-dire, de la grande majorité des colons.

1. *Journal des Jésuites*, p. 282.
2. *Relation* de 1660, p. 35.
3. *Mémoire sur la vie de M. de Laval*, p. 80.

Les néophytes applaudirent également, car ils voyaient avec une profonde tristesse l'ivrognerie se propager parmi eux, bien qu'ils n'eussent pas assez de courage pour refuser la liqueur de feu, ni pour se tenir dans les limites de la tempérance chrétienne.

Un grand bien était donc déjà obtenu, lorsqu'un incident de peu d'importance en soi vint détruire en quelques instants le fruit de deux années de rigueurs salutaires.

Une femme de Québec est surprise en contravention et conduite aussitôt en prison par ordre du gouverneur. A la prière de ses parents et de ses amis, le P. Lalemant se décide à intercéder pour elle. Il va trouver M. d'Avaugour, qui le reçoit fort mal et lui répond brusquement : « Puisque la traite de l'eau-de-vie n'est pas une faute punissable pour cette femme, elle ne le sera désormais pour personne[1]. »

Le P. de Charlevoix, qui raconte aussi cet incident, le termine par cette réflexion fort juste : « Un peu plus de sang-froid lui aurait fait répondre au supérieur qu'il faisait son devoir, en implorant sa clémence pour cette femme ; et que, pour lui, le sien l'obligeait de faire justice. Mais il ne consulta que sa mauvaise humeur et sa droiture mal entendue ; et ce qu'il y eut de pis, c'est qu'il se fit un point d'honneur de ne point rétracter l'indiscrète parole qui lui était échappée[2]. » Le caractère du gouverneur se retrouve tout entier dans ce fait.

Les trafiquants apprennent vite que le gouverneur laisse pleine liberté à la traite. Cette liberté devient bientôt licence : l'eau-de-vie se distribue à profusion, les sauvages s'enivrent, les néophytes apostasient. Les Indiens convertis, qui ont le courage de résister à ce déplorable entraînement,

1. *Mémoire sur la vie de M. de Laval*, p. 80.
2. *Histoire de la Nouvelle-France*, t. I, p. 361.

s'enferment les uns à Sillery, les autres au cap de la Madeleine[1]. L'évêque, les Jésuites, les prêtres séculiers, tout ce qu'il y a de personnes respectables dans la colonie, même les capitaines des sauvages, ont beau faire des représentations au baron d'Avaugour et le supplier de faire exécuter ses ordonnances sur la traite, rien ne peut fléchir ce caractère raide, absolu et entêté[2] ; et le désordre, toléré ou favorisé, prend en peu de temps à Québec les proportions les plus effroyables. Marie de l'Incarnation écrit à son fils le 10 août 1662 : « Il y a en ce pays des Français si misérables et sans crainte de Dieu, qu'ils perdent tous nos nouveaux chrétiens leur donnant des boissons très violentes, comme de vin et d'eau-de-vie pour tirer d'eux des castors. Ces boissons perdent tous ces pauvres gens, les hommes, les femmes, les garçons et les filles même ; car chacun est maître dans la cabane quand il s'agit de manger et de boire, ils sont pris tout aussitôt et deviennent comme furieux. Ils courent nus avec des épées et d'autres armes, et font fuir tout le monde ; soit de jour soit de nuit, ils courent dans Québec sans que personne les puisse empêcher. Il s'ensuit de là des meurtres, des violements, des brutalités monstrueuses et inouïes. Les Révérends Pères ont fait leur possible pour arrêter le mal tant du côté des Français que de la part des sauvages ; tous leurs efforts ont été vains[3]. »

La supérieure des Ursulines ajoute : « Mgr notre Prélat

1. *Relation* de 1663, p. 8 ; — *Cours d'histoire*, t. I, p. 481.

2. *Mémoire sur la vie de M. de Laval*, p. 81.

3. *Lettres historiques*, p. 571. — Le P. Lalemant écrit dans la *Relation* de 1663, p. 7 : « Je ne veux pas décrire les malheurs que les désordres (de l'ivrognerie) ont causés à cette église naissante. Mon encre n'est pas assez noire pour les dépeindre de leurs couleurs... C'est tout dire que nous perdons *en un mois* les sueurs et les travaux de dix et vingt années. »

a fait tout ce qui se peut imaginer pour arrêter le cours *du trafic des boissons* comme une chose qui ne tend à rien moins qu'à la destruction de la foi et de la religion en ces contrées. Il a employé toute sa douceur ordinaire pour détourner les Français de ce commerce[1]. »

Ce moyen n'ayant produit aucun résultat, l'évêque remet en vigueur contre les traitants l'excommunication *ipso facto*, portée en 1660 et suspendue l'année suivante[2]. Cette mesure, commandée par les circonstances, jette les trafiquants dans une fureur indescriptible, et devient le signal d'une persécution dont se ressentiront longtemps l'évêque et ses prêtres, surtout les Jésuites. On prétend que les Jésuites troublent injustement les consciences, on refuse à l'autorité religieuse le droit de frapper de censures les vendeurs d'eau-de-vie, et « on ne tient aucun compte des foudres de l'Église sous prétexte que l'Église n'a point de pouvoir sur les affaires de cette nature[3] » ; on accuse les missionnaires d'exercer sur le prélat une influence absolue et de le pousser dans une voie de sévérité outrée, très préjudiciable à la religion et à l'avenir de la colonie. Des libelles diffamatoires circulent de main en main. Tout cela est, il est vrai, l'œuvre seulement de quelques Français, qui ne sont venus au Canada que dans le but de s'enrichir et qui ne veulent pas être entravés dans l'exercice du prétendu droit de trafiquer librement, même au détriment de la foi et de la moralité des indigènes.

Le gouverneur, témoin de tout, ferme les yeux et laisse faire, si toutefois son silence et son inaction n'encouragent pas les coupables. « Les Français méprisent les remon-

1. *Lettres historiques*, p. 571.
2. *Ibid.*, p. 572 ; — *Mémoire sur la vie de M. de Laval*, pp. 81 et 82.
3. *Lettres historiques*, p. 572.

trances du Prélat, dit Marie de l'Incarnation, parce qu'ils sont maintenus par une puissance séculière qui a la main forte[1]. »

En présence de tant de maux, Mgr de Laval « a pensé mourir de douleur, on le voit seicher sur le pied[2]. » Désolé, découragé, ne sachant comment arrêter les désordres qui vont chaque jour grandissant, il s'embarque pour la France, comme nous l'avons dit, afin d'exposer au roi la triste situation où se trouve la Nouvelle-France par la faute du baron d'Avaugour[3].

Des lettres nombreuses et des mémoires avaient précédé son arrivée. Les trafiquants y formulaient d'une manière plus vive encore les mêmes plaintes et les mêmes revendications que dans les libelles répandus dans Québec : ils se plaignaient avec amertume de ce qu'ils appelaient la sévérité intolérable, le gouvernement oppressif du clergé ; ils réclamaient la liberté de vente des spiritueux comme un droit et sous le spécieux prétexte du bien public et de l'intérêt général du commerce ; ils prétendaient que l'autorité religieuse s'aventurait sur le terrain de l'autorité civile et se substituait à elle en frappant d'excommunication les traitants européens ; ayant tout intérêt à ménager Mgr de Laval, que le roi et la reine-mère estimaient particulièrement, ils s'en prenaient aux Jésuites, et, par une tactique habile, ils faisaient remonter jusqu'à eux la responsabilité de tous les actes épiscopaux ; à les entendre, la Compagnie voulait dominer seule sur la Nouvelle-France, elle dirigeait l'évêque, instrument passif entre ses mains, elle faisait et défaisait les gouverneurs, elle terrorisait toutes les

1. *Lettres historiques*, p. 572.
2. *Ibid.*
3. *Mémoire sur la vie de M. de Laval*, p. 83.

consciences par de continuelles menaces d'excommunication. Le secrétaire du baron d'Avaugour, Péronne de Mazé, vint à Paris justifier la conduite de son maître et appuyer les réclamations des trafiquants [1].

Ces réclamations, on le pense bien, produisirent une vive impression dans l'entourage du roi, sur les ministres et seigneurs de la cour, tous naturellement ombrageux, fort disposés à voir partout les empiètements du pouvoir ecclésiastique sur le pouvoir civil; et longtemps cette impression, mélange singulier de préventions et de craintes, sera partagée par les gouverneurs qui se succèderont à Québec. Même l'esprit clairvoyant et très libéral de Colbert ne sut pas être assez indépendant pour démêler les motifs secrets, passablement intéressés, des adversaires déclarés de l'évêque et des religieux de la Compagnie de Jésus. « Il pensa un instant qu'il fallait autoriser la vente de l'eau-de-vie aux Indiens pour obtenir leur alliance, et que les funestes résultats de la traite étaient exagérés par le clergé canadien [2]. »

Six ans plus tard, il se demandera encore qui a raison du clergé ou des trafiquants au sujet de la traite des boissons : « Le commerce du vin et des eaux-de-vie avec les sauvages, dit-il dans ses instructions à M. de Bouteroue, a esté un sujet de perpétuelle contestation entre l'évêque de Pétrée et les Jésuites, et les principaux habitants et ceux qui trafiquent en ce pays-là. L'évêque et les Jésuites ont prétendu que ces boissons enivraient les sauvages, qu'ils n'y pouvaient prendre aucune modération, et que l'ivresse les rendait paresseux à la chasse et leur

1. *Journal des Jésuites*, p. 310.

2. *Le Canada sous la domination française*, par L. Dussieux, 2e édit., p. 68.

donnait toute sorte de mauvaises habitudes tant pour la religion que pour l'estat. Les principaux habitants et les trafiquants au contraire prétendent que l'envie d'avoir des boissons, qui sont troquées chacunes, oblige les sauvages d'aller à la chasse avec plus d'application. Il faut bien examiner ces deux sentiments, et que l'intendant en donne son avis raisonné au Roy[1]. »

Colbert dit encore au même intendant : « A l'égard du spirituel, les avis de ce pays-là portent que l'évêque de Pétrée et les Jésuites y établissent trop fortement leur autorité par la crainte des excommunications, et par une trop grande sévérité de vie qu'ils veulent maintenir[2]. »

Les Jésuites, bien entendu, sont représentés par le grand ministre comme jouissant d'une autorité exagérée et abusive : « Ceux qui ont fait, dit-il, les relations les plus fidèles et les plus intéressées de ce pays ont toujours dit que les Jésuites, dont la piété et le zèle ont beaucoup contribué à y attirer les peuples qui y sont à présent, y ont pris une autorité qui passe au delà des bornes de leur véritable possession, qui ne doit regarder que les consciences. Pour s'y maintenir, ils ont été bien aises de nommer l'évêque de Pétrée pour y faire les fonctions épiscopales, comme étant dans leur entière dépendance ; et même jusqu'ici, ou ils ont nommé les gouverneurs pour le Roy en ce pays-là, ou ils se sont servis de tous les moyens possibles pour faire révoquer ceux qui avaient été choisis pour cet employ sans leur participation[3]. »

Colbert ne donne-t-il pas aux Jésuites une importance qu'ils n'ont pas ? Ceux-ci méritent-ils tant d'honneur et tant de blâme ?... *Ces relations* qu'il dit *les plus fidèles et les*

1. Saint-Germain, 5 avril 1668.
2. *Ibid.*
3. *Instruction* au sieur Talon. Paris, 27 mars 1665.

plus désintéressées avaient fortement impressionné le ministre; et cet ancien élève des Jésuites de Reims[1], qui avait confié l'éducation de ses enfants aux Pères de cette Société[2], eut beaucoup de peine à se défaire, si jamais il s'en défit complètement, de ses appréciations peu bienveillantes en certains points sur les missionnaires de la Nouvelle-France. Il appartenait à l'école qui entend soumettre le spirituel au temporel, l'autorité religieuse à l'autorité civile, et il trouvait que l'influence de la Compagnie au Canada était trop prépondérante et trop absorbante. Cette idée perce dans toutes les instructions qu'il donne et qu'il donnera dans la suite aux gouverneurs généraux.

C'est dans ces circonstances que Mgr de Laval arrive à Paris. Ses ennemis d'outre-mer avaient prévenu la Cour contre lui et surtout contre les religieux, qui le gouvernaient, disait-on. Aussi « a-t-il bien du démêlé en France,

1. *Lettre* de l'abbé Nicolas Colbert, citée par P. Clément, I, xxiv.
2. Le 20 août 1662, Colbert écrivait au Général de la Compagnie, Goswin Nickel : « ..... Vous prévenez par des remerciements les actions de grâces que j'ai à vous rendre du soin que vos Pères prennent de l'éducation de mes enfants et de leur inspirer des sentiments conformes à leurs devoirs... Sa Majesté, qui connaît parfaitement le mérite et le caractère de ceux qui composent cette Société si célèbre, et qui d'ailleurs est bien persuadée du progrès qu'elle fait dans toutes les parties du monde, et pour la religion et pour les bonnes mœurs, n'a pas besoin d'être sollicitée pour lui donner sa protection royale en toutes occasions. Pour moi, je m'estimerais infiniment heureux si je pouvais dans quelques-unes vous faire connaître par mes très humbles services avec combien de passion et de respect je suis... »
Le 6 novembre 1671, il écrivait au Général, Paul Oliva : « ... La parfaite connaissance que j'ai des grands services que votre Compagnie rend continuellement à l'Église, joint à la reconnaissance de l'éducation de mes enfants... » (*Lettres*, etc..., de Colbert, par P. Clément, t. VII, pp. 22 et 57.)

écrit Marie de l'Incarnation, au sujet des boissons qu'on donnait aux sauvages[1]. » Cependant, Louis XIV, qui professait pour lui la plus haute estime, et qui jeune encore avait l'esprit plus dégagé de préjugés que ses ministres et les gens de son entourage, le reçoit avec la plus grande bienveillance et l'écoute avec attention.

Le 26 octobre 1663, l'évêque de Pétrée rend compte à la Propagande, en ces quelques lignes, du succès de son entrevue : « Le roi très chrétien m'a reçu avec une extrême bonté, et m'a accordé tout ce que je lui ai demandé[2]. » Parmi ses demandes figuraient l'interdiction de la traite de l'eau-de-vie et le remplacement du baron d'Avaugour. La traite est défendue, M. d'Avaugour rappelé, et le chevalier de Mésy nommé gouverneur, à la demande de Monseigneur qui l'a connu à Caen et qui fait grand cas de sa piété et de ses qualités administratives[3]. Nous verrons bientôt si ce choix fut heureux.

1. *Lettres historiques*, p. 589.

2. « Excepit me rex christianissimus benignè admodùm ac postulatis omnibus meis acquievit. » (Arch. de la Propagande, à Rome, vol. 256, p. 55.)

M. de Latour dit également dans son *Mémoire sur la vie de M. de Laval*, p. 83 : « Mgr parla au Roy avec tant de zèle apostolique qu'il finit par être écouté et qu'il obtint tout ce qu'il demanda. »

On lit dans l'*éloge funèbre* de Mgr : « Il eut le bonheur de voir la droiture de ses intentions reconnue, la vérité triompher du mensonge et la traite de l'eau-de-vie défendue avec sévérité. »

La Sorbonne approuva, en 1662, la conduite de Mgr au sujet de la vente des boissons, et elle jugea *très sages* et *très justes* les mesures qu'il avait cru devoir prendre. Voir *Mandements des évêques de Québec*, t. I, p. 41.

Consulter sur le voyage de Mgr en France l'abbé Gosselin, t. I, 2e partie, ch. XII.

3. « Novum gubernatorem rex his regionibus præfecit, qui rem christianam pietate suà sustentet promoveatque. » (Arch. de la Propagande ; loc. cit.)

Sa mission terminée, Monseigneur repart pour le Canada avec le nouveau gouverneur, deux prêtres, Louis Ango de Maizerets et Hugues Pommier, trois jeunes ecclésiastiques, le P. Rafeix, jésuite, des soldats et des colons. Le commissaire du roi, Gaudais-Dupont, les accompagne, chargé par Sa Majesté de prendre possession au nom de la couronne des pays de l'Amérique septentrionale.

A son retour à Québec, le prélat écrit au préfet de la Propagande : « Me voicy enfin arrivé en nostre Église après un long et fascheux voyage de plus de trois mois sur mer, dans un vaisseau plein de malades et de morts au nombre de plus de quarante, sans que toutefois Dieu aye permis que je fusse du nombre. Je le prie que ce soit pour sa gloire [1]. »

Une grande et consolante nouvelle l'atttendait à son débarquement sur la terre canadienne. Le scandaleux trafic des liqueurs spiritueuses avait cessé comme par enchantement, sous l'impression de terreur produite par un évènement que l'esprit de foi de la population regarda comme un avertissement d'en haut. « Le ciel et la terre nous ont parlé bien des fois depuis un an, » disait le P. Lalemant dans la *Relation* de 1663. Il faisait allusion aux violents tremblements de terre qui ébranlèrent tout le Canada et jetèrent ses habitants dans la consternation. La première secousse arriva le 5 février 1663 [2]; les autres se succédèrent pendant six mois presque sans interruption. Sur plusieurs points, le sol fut bouleversé. On n'eut cependant à déplorer la perte de personne [3].

Ces convulsions de la nature ne devaient pas laisser

1. Arch. de la Propagande, vol. 256, p. 61.
2. *Relation* de 1663, p. 3.
3. *Relation* de 1663, ch. II, p. 3.

indifférente la population française, ni les sauvages. « Quand Dieu parle, dit le P. Lalemant, il se fait bien entendre, surtout quand il parle par la voix des tonnerres ou des Terre-tremble, qui n'ont pas moins ébranlé les cœurs endurcis que nos plus gros rochers, et ont fait de plus grands remuements dans les consciences que dans nos forêts et sur les montagnes [1]. » Les vendeurs d'eau-de-vie comprirent la voix terrible de Dieu et suspendirent la traite ; les néophytes apostats revinrent à l'église.

Il importait de profiter de ce changement radical dans l'esprit des colons français et des dispositions bienveillantes du nouveau gouverneur, pour commencer la réalisation des projets que Sa Grandeur avait soumis au roi et que le roi avait approuvés. Sans perdre de temps, l'évêque de Pétrée se met à l'œuvre. Il fonde le séminaire de Québec qu'il confie aux prêtres des Missions-Étrangères de Paris [2] ; le petit séminaire s'élèvera plus tard, et recueillera les enfants qui se destinent à la vie sacerdotale. Les écoliers fréquenteront les classes des Pères Jésuites [3]. Sur la côte de Beaupré, on crée une institution pour les fils des

1. *Relation* de 1663, p. 7.

2. Mgr de Laval écrivait, le 24 oct. 1665, aux cardinaux de la Propagande : « Seminarium sacerdotum instituimus hic, quod Seminario Parisiensi ad missiones extraneas, quod jam ab eminentissimo cardinali legato robur accepit, aggregandum putavi. » (Arch. de la Propagande, vol. 256, p. 63.) — Au mois d'octobre 1666, il dit au préfet de la Propagande : « Ad quod Seminarium constituendum miserunt operarios ex Europâ, qui Seminarium parisiense pro missionibus extraneis moderantur. » (Arch. de la Propagande, vol. 256, p. 78.)

3. « Plurimi ex indigenis Gallis in Seminario Quebecensi nostris impensis erecto instituuntur ; optimæ sunt indolis, pietatem amant, disciplinarum capaces existunt, philosophiam atque theologiam edocentur. » (Lettre de Mgr de Laval aux cardinaux de la Propagande, en 1671. — Arch. de la Propagande.)

paysans : elle a pour but de leur enseigner les éléments de la grammaire et du calcul et de les former à différents métiers, surtout à l'agriculture. Le pays est divisé en paroisses avec des curés amovibles et appartenant au séminaire, qui reçoit toutes les dîmes, se charge de la subsistance des prêtres et s'oblige à les assister en santé et en maladie.

Québec, Montréal et Trois-Rivières sont les paroisses principales ; d'autres paroisses d'une moindre importance s'établissent successivement ici et là, aux environs de Québec, sur les bords du Saint-Laurent [1]. La colonie de Villemarie passe des mains de la *Compagnie de Montréal* à celles de la Société de Saint-Sulpice [2] ; l'abbé Gilles Perot bâtit l'église paroissiale, MM. Souard et de Queylus fondent le séminaire ; déjà les religieuses hospitalières de Saint-Joseph, créées à la Flèche par M. de la Dauversière, ont pris la direction de l'Hôtel-Dieu, élevé par Mlle Mance avec l'aide de Mme de Bullion, et Marguerite Bourgeois organise pour l'éducation des petites filles la *Congrégation de Notre-Dame* [3].

Ainsi l'église du Canada prend peu à peu une forme régulière ; mais, si l'on en croit M. Gosselin, l'œuvre capitale de l'évêque de Pétrée, c'est le séminaire ; il en parle même avec un tel enthousiasme, pour ne rien dire de plus, qu'il semble perdre de vue la vérité historique.

Il manquait un couronnement à l'édifice religieux, encore de modeste apparence, que Mgr de Laval venait d'élever

1. Mgr écrit, en octobre 1666, au Saint-Père : « ... Ut provideatur parochiis quæ circumquaque exurgunt. » (Arch. de la Propagande, vol. 256, p. 80.)

2. *Histoire de la Colonie Française*, t. III, ch. XXII, pp. 58 et suiv.

3. *Ibid.*, *passim*.

dans la Nouvelle-France. Il n'y avait pas d'évêque de Québec.

Le 24 octobre 1665, le vicaire apostolique écrit au préfet de la Propagande, à Rome : « Je supplie votre éminence de me vouloir continuer son affection, employant sa faveur et crédit tant envers Sa Sainteté qu'envers Messeigneurs les Cardinaux de la Congrégation qui vous reconnaît pour son chef, à ce qu'il leur plaise ériger en titre d'évêché, cette Église, selon l'instance et la poursuite qu'en fait le Roy auprès de Sa Sainteté ; pour lequel dessein Sa Majesté nous a mis un abbaye en main, qu'il désire être affectée à sa fondation [1]. »

1. Arch. de la Propagande, vol. 256, p. 61. — Le 26 oct. 1663, Mgr de Laval avait écrit aux cardinaux de la Propagande : « Abbatiam mihi rex christianissimus credidit, ad subsidium Canadensis episcopatûs, quem si summus pontifex erigat quamprimum stabiliatque, rem fecerit profecto ecclesiarum harum bono maximè conducentem ac omnium judicio pene necessariam. Ideoque oro vos etiam atque etiam obtestorque, Eminentissimi Domini, ut pro vestrà pietate ac religionis zelo, id à sanctitate suà exoretis executioni quam citissimè mandari. » (Arch. de la Propagande, vol. 256, p. 55.)

L'année suivante, 26 oct. 1664, il adresse la même supplique aux cardinaux, puis il ajoute : « Hujus erectionis titularis episcopatûs ex parte Sanctitatis suæ, et vestrà, tum ex parte Regis, qui ad hoc Abbatiam jam mihi commisit, promptum felicemque spero exitum ; est enim sensus omnium benè sentientium istud ad Dei gloriam multum conducere et ad ecclesiæ hujus stabilimentum. » (Arch. de la Propagande, vol. 256, p. 57.)

Le 24 oct. 1665, il écrit sur le même sujet au Souverain-Pontife : « Unum est quod multi putant ad multa profuturum, si videlicet placeret Sanctitati vestræ episcopatum hic fixum statuere ; præcisa enim ex hoc spes esset nonnullorum, qui spe mutationis varia moliuntur. Audio regem christianissimum istud apud Sanctitatem vestram urgere. Liceat mihi dicere quod sentio, periculum aliquod esse in morà. Creata est enim societas quædam mercatorum in Galliâ, quæ omnia sibi usurpare posse videtur, sacerdotes quos voluerit mittere, parochias creare, parochos nominare et de rebus

Mgr de Laval avait, en effet, dans son voyage en France, supplié Louis XIV de s'intéresser à la création d'un évêché à Québec. Louis XIV était entré dans ses vues ; il lui avait promis de le proposer pour ce nouveau poste, il avait même assigné au futur évêché les revenus de l'abbaye de Maubec. Restait à obtenir du Souverain-Pontife l'érection de ce siège épiscopal. Le 28 juin 1664, Louis XIV adresse une supplique à Sa Sainteté, le pape Alexandre VII[1] ; Monseigneur en fait autant de son côté, il écrit aussi au Général des Jésuites de plaider sa cause auprès du Saint-Père[2] ; il expose aux cardinaux, dans une série de lettres très pressantes, les motifs de la supplique royale[3].

Malheureusement, les cours de Rome et de Paris, qui voulaient l'une et l'autre ce nouveau siège, différaient sur les conditions : en France, on exigeait que l'évêque de Québec relevât de l'archevêché de Rouen, jusqu'à ce que le

ecclesiasticis multa statuere, prætextu, puto, quod nullus sit hic ordinarius ; ex quo fit ut is sit omninò necessarius ut obviam multis hujusmodi incommodis eatur. » (Arch. de la Propagande, vol. 256, p. 67.)

1. *Histoire de la Colonie Française*, t. III, p. 427.

2. Voir aux *Pièces justificatives* le n° XIII.

3. Quelques-uns de ces motifs se trouvent dans les notes qui précèdent. En voici d'autres plus graves.

Dans une lettre d'octobre 1666 à Sa Sainteté, Mgr dit : « Quæ omnia creavi nutare videntur et ruinam minari antequam sint, defectu scilicet fundamenti stabilis, hoc est episcopi titulum habentis. Quæcumque enim ab alio proficiscuntur statuta et decreta, ea nonnisi caduca, transitoria, et ad nutum revocabilia existimantur, et ab iis infringenda qui dominatum aliquem superiorem in nos habere se putant aut fingunt, ad quos ex condicto sit recursus ; undè bella et lites. Plura non addam, facilè enim intelliget Sanctitas Vestra quò ista pertineant. Tres sunt anni cum ex Gallia rediens, diploma regium mecum attuli, quo jubebantur populi decimas solvere. Detrectarunt id præstare habitatores, prætexentes nullum hìc esse episcopum, neque consequenter parochum cum titulo... » (Arch. de la Propagande, vol. 256, p. 80.). — *Pièces justificatives*, n° XII.

Souverain-Pontife y pût établir une métropole et plusieurs diocèses; à Rome, on désirait qu'il dépendît immédiatement du siège apostolique [1]. Il fallut des années pour arriver à une entente. Enfin, après de nombreuses négociations, l'accord se fit sur cette base : le roi recevra le droit de nomination à l'évêché de Québec, et l'évêché relèvera immédiatement du Saint-Siège. Une bulle [2] du pape Clément X confirma cet accord en 1674 et transféra l'abbé de Montigny, François de Laval, du siège de Pétrée au nouvel évêché de Québec. Le diocèse de la Nouvelle-France était fondé.

Pendant que Mgr de Laval organisait ce diocèse et le dotait d'une église cathédrale, de cures, d'un grand et d'un petit séminaire, d'une école pour les fils des paysans, Colbert établissait au Canada un nouveau système administratif et faisait rentrer dans le domaine royal les terres de l'Amérique septentrionale. Gaudais-Dupont prit possession de ce domaine au nom du roi; puis il reçut le serment de fidélité des habitants et régla la justice et les fonctions judiciaires.

De ce nouvel ordre de choses, nous ne dirons que ce qui est nécessaire à l'intelligence de cette histoire. La Compagnie des Cent-Associés est dissoute, et tous ses droits sur le Canada sont remis à la Couronne en 1663. Par une ordonnance de la même année, un conseil souverain est établi à Québec, composé du gouverneur, de l'évêque, de l'intendant, de plusieurs conseillers et d'un procureur du roi. Le gouverneur, première autorité de la colonie, a la direction des forces militaires et des affaires extérieures.

1. *Pièces justificatives*, n°s XII et XIII.

2. Cette bulle est imprimée dans les *Mandements des évêques de Québec*. Québec, 1887, t. I, p. 82. Elle est datée du 1er octobre 1674.

L'intendant est chargé de l'administration du pays : police, finances, marine, commerce, routes, approvisionnements sont sous sa direction, ainsi qu'une partie de l'administration de la justice. Organisé à l'exemple de nos parlements et investi des mêmes prérogatives, le conseil souverain a le droit d'enregistrer les édits, ordonnances, déclarations et lettres patentes du roi, pour leur donner force de loi. Il juge en appel et en dernier ressort les causes civiles et criminelles. Trois tribunaux subalternes sont établis à Québec, Trois-Rivières et Montréal. L'autorité suprême du gouverneur général est sagement contrôlée par l'intendant, qui examine les mesures du gouverneur et en fait rapport au ministre d'État, avec lequel il communique directement.

C'est ainsi que la Nouvelle-France prend une nouvelle forme, entre dans une ère nouvelle : elle s'organise en diocèse sur le modèle de ceux de France, elle adopte les principes d'administration qui existent dans la mère-patrie, tout un système administratif et judiciaire qui la régira jusqu'à la conquête des Anglais. Le roi subvient aux dépenses les plus considérables ; il paye les troupes et les employés supérieurs, il subventionne le clergé, il bâtit les églises, il aide les congrégations religieuses et les hôpitaux [1] ; la propriété est soumise au régime féodal et des seigneuries sont octroyées aux personnes dont on veut récompenser les services.

Le chevalier de Mésy est chargé d'inaugurer la nouvelle administration avec le titre de *gouverneur et lieutenant général en Canada, Acadie, Terre-Neuve et autres pays de la France septentrionale.* Il devait sa nomination à Mgr de Laval, qui avait fait sa connaissance chez M. de

1. *Colbert et le Canada*, p. 39.

Bernières, à l'Ermitage de Caen, et était devenu son ami ; les Jésuites ne le connaissaient pas, et c'est bien à tort que, dans ses *Instructions à Talon*, Colbert leur attribue le choix de ce gouverneur [1]. *Il faisait profession d'être dévot* [2], dit le ministre, et il l'était réellement, du moins il l'était devenu, car il avait été dans sa jeunesse *un homme de peu de conduite* [3]. M. de Bernières l'avait *gagné à Dieu* [4]. Il était major de la ville et du château de Caen, quand le roi lui proposa le gouvernement de la Nouvelle-France ; et lui l'accepta « dans la seule vue de s'y sanctifier, en procurant la gloire de Dieu, le service du roi et le bien de la colonie [5]. »

Les débuts de son administration contrastèrent singulièrement avec le gouvernement du baron d'Avaugour. *Une grande union* existe entre lui, l'évêque et les autres membres du conseil [6]. Un arrêt, en conformité de celui du Conseil d'État donné le 7 mars 1657, défendait de vendre aux sauvages des boissons enivrantes, sous peine, la première fois, de trois cents livres d'amende, et, en cas de récidive, du fouet ou du bannissement. L'année suivante et le 15 juillet 1665, la défense est renouvelée, d'abord, sous peine, pour les contrevenants, de la confiscation de tous leurs biens et du bannissement, puis, sous peine de cinq cents livres d'amende et de telle autre punition que le conseil jugera à propos [7]. Québec est appelé *ville* ; le

1. *Instructions à Talon*. Paris, 27 mars 1665.
2. *Ibid.*
3. Vieille chronique citée par l'*Union libérale de Québec*, 2 nov. 1889.
4. *Lettres historiques*, p. 590.
5. Lettre de M. de Mésy, du 28 février 1664, citée par M. Faillon, t. III, p. 67.
6. *Lettres historiques*, p. 589.
7. Archives de la Marine, *Gouverneurs*, de 1663 à 1679.

Canada, *province* ou *royaume*; un maire et des échevins sont élus; le gouverneur se montre très pieux et très sage [1].

« Tout cela sonne gros et commence bien, dit Marie de l'Incarnation après avoir raconté les heureux débuts du nouveau régime; mais il n'y a que Dieu qui voie quelles en seront les issues [2]. »

Ces issues que Dieu seul voyait, ne furent pas celles que ces beaux commencements semblaient présager. Il était dans la destinée de Mgr de Laval de rencontrer partout des obstacles à l'accomplissement de son œuvre ; cette fois, ils vinrent du côté où ils n'auraient jamais dû exister, du chevalier de Mésy, l'ami et le protégé de l'évêque ; si bien, dit la Mère Juchereau, « que, par une sorte de fatalité, M. de Laval ne fut pas longtemps à se repentir de son choix [3]. »

Il serait trop long et en dehors de notre sujet de raconter comment le gouverneur changea brusquement de conduite vis-à-vis du vicaire apostolique, et par quelles mesures arbitraires et violentes il jeta le trouble dans la colonie et dans toutes les branches de l'administration civile. Ce qu'il importe de savoir, c'est que « diverses passions de colère et d'avarice qu'il avait cachées dans le commencement éclatèrent en lui [4] » ; voici à quelle occasion.

L'édit de création d'un conseil souverain à Québec portait que le gouverneur et l'évêque devaient nommer *conjointement et de concert* les conseillers, le procureur et le greffier. Ces *officiers publics* pouvaient être, au bout de

1. *Lettres historiques*, p. 589.
2. *Ibid.*, p. 590.
3. *Histoire de l'Hôtel-Dieu* de Québec, p. 171.
4. Instructions de Colbert à Talon. Paris, 27 mars 1665.

chaque année, changés ou continués par le gouverneur et l'évêque, toujours *conjointement et de concert*. Selon la teneur de cette clause, M. de Mésy et Mgr de Laval nommèrent, en 1663, membres du conseil, MM. de Villeray, de la Ferté, d'Auteuil, le Gardeur de Tilly et Damours ; procureur général, Jean Bourdon, et greffier, Peuvret de Mesnu. C'étaient des hommes de probité, jouissant de l'estime de tous ; Sa Grandeur les connaissait, elle les indiqua au gouverneur, qui les agréa.

Tout alla bien dans les commencements : parfaite entente entre tous les membres du conseil, entre l'autorité civile et l'autorité religieuse. Peu à peu le gouverneur conçut un violent chagrin ne n'avoir pas dans la colonie l'autorité absolue des anciens gouverneurs, d'être obligé de partager le pouvoir avec le vicaire apostolique, enfin de se voir privé, par les changements apportés à l'administration du Canada, d'une assez forte partie du traitement que la Compagnie des Cent-Associés payait à ses prédécesseurs. Les intrigants qui avaient aigri le baron d'Avaugour, ne manquèrent pas de faire sentir au chevalier de Mésy l'infériorité de sa situation, et à force d'habileté et de flatterie, ils parvinrent à le pousser dans une voie où il devait bientôt trouver l'abîme.

Un beau jour, il demande au conseil de lui assurer un traitement égal à celui des autres gouverneurs ; le conseil refuse. Outré de cet échec, il exclut successivement du conseil, de sa propre autorité, MM. de Villeray, de la Ferté, d'Auteuil et Bourdon, comme coupables, prétendait-il, « d'avoir voulu se rendre maîtres du conseil, contre les intérêts du roi et du public, dans le but de favoriser des particuliers ; d'avoir formé et fomenté des cabales, contrairement à leur devoir et au serment de fidélité qu'ils avaient prêté au roi [1]. » Cet abus de pouvoir accompli, il prie l'évêque « de se joindre à lui pour faire une assemblée du peuple, à l'effet de choisir d'autres officiers [2]. » « Ni ma conscience, ni mon honneur, répond l'évêque, ni le respect et l'obéissance que je dois aux volontés du roi, ni la fidélité et l'affection que je dois à son service, ne me permettent (de procéder à la nomination d'autres conseillers ou officiers), jusqu'à ce que, dans un jugement légitime, les personnes inculpées aient été convaincues des crimes dont on les accuse [3]. »

Cette réponse ne déconcerte pas le gouverneur. Le 19 septembre 1664, à la fin de la première année du conseil, il remplace lui-même, sans consulter l'évêque, les conseillers qui lui déplaisent par des conseillers de son choix. Puis, les vexations de toutes sortes se succèdent : M. Bourdon reçoit l'ordre de repasser en France, M. de Maisonneuve est destitué de sa charge de gouverneur de Montréal et remplacé par M. de Pezart de la Touche ; la vente de l'eau-de-vie aux sauvages, interdite quelques mois auparavant, est permise ou du moins tolérée. « A son de tambour réitéré, il fait publier en ville une pancarte d'injures contre M. l'évêque et autres [4]. » A la tête de ses gardes et de la garnison du fort, il investit la maison du vicaire apostolique, peut-être pour l'intimider, si toutefois il n'obéit pas à d'autres sentiments plus coupables [5].

Le roi avait autorisé Monseigneur à prélever la dîme sur les

1. *Vie de Mgr de Laval*, t. I, p. 439.
2. *Ibid.*
3. *Ibid.*, p. 440 ; — *Cours d'histoire*, t. II, p. 22.
4. *Journal des Jésuites*, 5 oct. 1664, p. 329. — Voir dans *The old régime in Canada by Francis Parkman*, pp. 413 et 414 : 1. Ordre de M. de Mésy de faire sommation à l'évêque de Pétrée, 13 février 1664 ; 2. Réponse de l'évêque de Pétrée, 16 février 1664.
5. *Vie de Mgr de Laval*, par de Latour, p. 120.

colons pour l'entretien des prêtres séculiers et la bâtisse des églises. Cette dîme [1], fixée d'abord à la treizième partie des récoltes, puis réduite au vingtième pendant six ans, avait été un sujet de plaintes et de récriminations de la part des colons, qui trouvaient la charge beaucoup trop lourde pour leurs revenus. M. de Mésy, au lieu de prendre la défense de Mgr de Laval et de faire exécuter l'ordonnance royale sur le payement de la dîme, « écrit à la cour en faveur des habitants et déclare, dit Latour, qu'elle ruinera et fera déserter la colonie [2]. » Il appuie ensuite la résistance des colons.

Tous ces actes arbitraires du gouverneur, son attitude hostile vis-à-vis du clergé et des missionnaires [3] ne découragent pas la patiente fermeté ni la bonté miséricordieuse de l'évêque de Pétrée. « Aux injures et à l'insolence, il oppose le silence et la résignation. Il prie beaucoup et fait

1. Les Jésuites eurent à la payer comme tout le monde. Ils le firent en cédant à Mgr la moitié de la somme qui leur était allouée pour leurs missions par le trésor public : « Voluntariè patimur ut ex quinque millibus librarum pensionis annuæ, quas nobis Rex aliàs ex fisco publico attribuit, bis mille quingentos ipse habeat episcopus, quas nos ipsi illi in singulos annos numeramus, juxta Patris J. Renault felicis memoriæ Provincialis beneplacitum. » (Epist. P. J. Lalemant ad P. Generalem ; Quebeci, 20 Jul. 1664. Arch. gen. S. J.)

2. *Mémoire sur la vie de M. de Laval*, t. I, p. 158.

3. A cette époque, 20 juillet 1664, le P. J. Lalemant écrit au R. P. Général : « Quod externos spectat, graves inter Gubernatorem et illust. episcopum intercessere contentiones, quæ me in desperationem adduxerunt pacis illius optatissimæ, quæ inter hujusmodi sublimitates esse deberet. Erat enim Gubernator episcopi operâ regi cognitus et probatus et ad eum gradum erectus. Hæc est remora multorum bonorum quæ alioqui præstari possent. Pacificè quantum in nobis est cum utroque vivimus, et sine alterutrius offensione ; effugere tamen non possumus, quin suspicetur Gubernator nos in partes Illust. episcopi inclinare ; ex quo videtur in nos commoveri et minus bene sentire et velle. » (Arch. gen. S. J.)

prier pour son ancien ami. Avis charitables, représentations bien motivées, sévères réprimandes, il n'épargne rien pour le ramener dans la voie du devoir ; mais, par tous ces bons procédés, il ne réussit qu'à l'irriter davantage [1]. »

Cet esprit avait plus que des travers, il était mal équilibré. La colère, la moindre contrariété lui faisaient perdre la tête. C'est là la meilleure excuse, si elle en est une, d'une administration, où l'arbitraire le dispute à l'incohérence.

Un jour, après un démêlé avec l'évêque, il écrit aux Jésuites, pour leur demander ce qu'il doit faire, car « il ne sait, dit-il, comment concilier ses obligations envers l'évêque et envers le roi [2]. » Le P. Lalemant se charge de la réponse ; et, comme il soupçonne un piège dans la demande du gouverneur, il se contente de lui répondre : « Le différend entre les deux autorités est tout à la fois du ressort du tribunal de la conscience et de celui du civil ; pour le premier, il faut s'en rapporter au confesseur ; quant au second, ce n'est pas à des religieux de juger de quel côté est le tort [3]. »

Cette réponse, très peu compromettante, satisfit-elle M. de Mésy ? Il est probable que non, car il entendait bien s'en servir comme d'une arme à double tranchant et contre l'évêque et contre les religieux ; aussi avait-il prié les Pères de mettre leur avis au bas de sa demande et de lui renvoyer sa lettre.

Quoi qu'il en soit, il n'en fit après cela ni plus ni moins la guerre aux Jésuites ; bien qu'il se confessât à eux, il ne pouvait leur pardonner ni leur influence, ni leur atta-

1. *M. Gosselin*, t. I, pp. 447 et 448.

2. *Ibid.*, p. 441.

3. Archives de la Marine, *Canada*, t. I, de 1656 à 1669, dernier jour de février 1664. Lettre citée par M. Faillon, t. III, p. 98.

chement à Mgr de Laval ; sur les faux rapports de ses conseillers intimes, il les regardait comme les chefs de l'opposition qu'il rencontrait et dans le clergé et dans les fidèles. Il eut même soin, dans les *Mémoires* qu'il adressa à Colbert pour sa défense, d'insister sur le grand crédit dont ils jouissaient dans la colonie ; et ces *Mémoires*, il faut l'avouer, nuisirent passablement à la cause des missionnaires. « Bien des gens se persuadèrent, dit Charlevoix, que les plaintes du gouverneur n'étaient pas sans fondement : on jugea de ce qui était par ce qui pouvait être, et on conclut que des personnes qui avaient un si grand crédit, devaient, naturellement parlant, mettre tout en usage pour le conserver, et pouvaient bien en abuser quelquefois [1]. »

Les *Mémoires* justificatifs de M. de Mésy se plaignaient aussi de Mgr de Laval et de ses prêtres. « Mais en récriminant, dit Charlevoix, il ne s'était pas disculpé, et l'évêque de Pétrée avança contre lui des faits dont il ne se purgea point [2]. » Les dépositions du conseiller de Villeray et du procureur général Bourdon furent encore plus écrasantes. De telle sorte que le conseil du roi se décida à rappeler le gouverneur et à le remplacer par Daniel de Remi, seigneur de Courcelles. En même temps, Louis XIV nomma Jean Talon intendant de la Nouvelle-France, et il donna ordre au marquis de Tracy, lieutenant général de ses armées, de se rendre au Canada et d'y rester tout le temps nécessaire pour soumettre et réduire à l'impuissance les Iroquois. Tous trois étaient en outre chargés de faire une enquête sur la conduite de M. de Mésy [3].

Le jugement de Dieu prévint celui des hommes. Avant leur arrivée, M. de Mésy tomba gravement malade.

1. *Histoire de la Nouvelle-France*, t. I, p. 377.
2. *Ibid.*
3. Instructions de Colbert à Talon, 27 mars 1665.

Il se fit aussitôt transporter à l'hôpital, et sentant sa dernière heure venir, il appela Monseigneur, le pria d'entendre sa confession, se réconcilia sincèrement avec lui, et mourut dans la nuit du 5 au 6 mai 1665, après avoir reçu tous les sacrements de l'Eglise [1].

Avant de mourir, il avait écrit cette lettre au marquis de Tracy, alors en route pour le Canada : « J'aurais eu une consolation très grande, si votre arrivée en ce pays avait précédé ma mort, afin de vous entretenir des affaires de la colonie, dont j'ai fait connaître au Roy les particularités les plus importantes. Mais Dieu ayant disposé de mes jours pour m'appeler à lui, j'ai prié M. de Tilly de vous donner les éclaircissements, avec les écrits de ce que j'ai envoyé au roi l'année dernière, et de ce qui s'est passé ensuite entre M. l'évêque de Pétrée, les Pères Jésuites et moi. Vous éclaircirez bien mieux que je n'ai pu le faire ce que j'ai mandé touchant leur conduite dans les affaires temporelles. Je ne sais néanmoins si je ne me serai point trompé, en me laissant trop légèrement persuader ; et je remets à votre prudence et à l'examen que vous en ferez la définition de cette affaire. C'est pourquoi, si vous trouvez quelque défaut dans mes procédés, je vous conjure de le faire connaître au roi, afin que ma conscience n'en puisse être chargée, mon intention n'ayant jamais été autre que de servir fidèlement Sa Majesté et de maintenir l'autorité de la charge dont elle m'a fait la faveur de m'honorer en ce pays [2]. »

Cette lettre était un commencement de réparation, une

1. *Journal des Jésuites*, pp. 330 et 331 ; — *Faillon*, t. III, pp. 100, 101 et 102 ; — *Gosselin*, t. I, pp. 449 et 450.

2. Registre des jugements et délibérations du conseil, fol. 21. — Voir Faillon, t. III, p. 101 ; — *Ferland*, t. II, p. 33 ; — *Gosselin*, t. I, p. 449.

atténuation du mauvais effet produit à la cour par les *Mémoires* de M. de Mésy contre l'évêque de Pétrée, les Jésuites et les Prêtres. « Ces *Mémoires*, dit encore Charlevoix, firent naître des soupçons, dont quelques personnes eurent dans la suite bien de la peine à revenir [1]. » Parmi ces personnes, il faut citer Colbert, qui consentit à révoquer de Mésy, « sauf à prendre de bonnes précautions pour donner des bornes à la puissance des ecclésiastiques et des missionnaires [2]. » Dans ce but, il donna cette instruction à Talon, le 27 mars 1665, au moment de l'envoyer au Canada en qualité d'intendant : « Il est absolument nécessaire de tenir dans une juste balance l'autorité temporelle qui réside en la personne du roi et en ceux qui le représentent, et la spirituelle qui réside en la personue du s^r Evesque et des Jesuittes, de manière touttes fois que celle-cy soit inférieure à l'autre. »

Cette politique prévaudra désormais dans la Nouvelle-France ; elle sera la règle de conduite des gouverneurs et des intendants, la source féconde de beaucoup de conflits.

1. T. I, p. 377. — Les accusations calomnieuses contre les Jésuites étaient si graves, que le P. Le Mercier, supérieur des missions de la Nouvelle-France, présenta une requête à MM. de Tracy, de Courcelles et Talon, à leur arrivée au Canada, les suppliant « tres humblement de faire rechercher de la vérité des choses qui ont esté escrites à leur desavantage par ledit sieur de Mésy à Sa Majesté, à ce que la vérité connue, il leur plaise en informer et éclairer qui il appartient, de les (les Jésuites) purger du blasme qu'on leur y donne. » Voir cette requête aux *Pièces justificatives*, n° XV.

M. de Tracy *conseilla* au P. Le Mercier *de ne pas poursuivre cette affaire*, attendu : « 1° que les *accusations portées contre les Pères* sont dans une lettre escrite au Roy, qu'on suppose estre secrette ; 2° qu'eux (MM. de Tracy, de Courcelles et Talon) ont escrit à Sa Majesté avantageusement pour la justification des Pères. » (*Ibid.*). — Cette requête est conservée aux *Archives nationales*, carton M. 242.

2. *P. de Charlevoix*, t. I, p. 378.

CHAPITRE TROISIÈME

Les missions sauvages confiées aux Jésuites. — Le P. Ménard chez les Outaouais. — Le P. Allouez au lac Supérieur et à la baie des Puants : missions du Saint-Esprit et de Saint-François-Xavier. — Les Pères d'Ablon et Marquette à Sainte-Marie-du-Saut. — Grande réunion des sauvages au Saut, et prise de possession par les Français des pays d'en haut. — Les Pères d'Ablon et Druillettes à Nekouba ; le P. Nouvel au lac Saint-Barnabé, chez les Papinachois ; le P. Albanel et Denys de Saint-Simon à la baie d'Hudson. — Expéditions de MM. de Courcelles, Sorel, de Tracy contre les Agniers. — Régiment de Carignan. — L'intendant Talon. — La paix et ses bienfaits : commerce, agriculture, industrie, population, paroisses, écoles, missions. — Retour au Canada des Récollets et de M. de Queylus. — Les Jésuites chez les Iroquois. — Etablissements à la prairie de la Madeleine et au Saut-Saint-Louis.

Nous avons dit, au chapitre précédent, que dans l'organisation du vicariat apostolique, Mgr de Laval avait confié à ses prêtres et aux Sulpiciens la desserte des paroisses, et aux Jésuites l'évangélisation des sauvages.

Ces derniers seuls comprenaient et parlaient la langue des indigènes, ils connaissaient leurs mœurs, leurs lois, leurs habitudes de vie ; ils savaient par quels moyens arriver à leurs âmes en dépit des résistances que rencontraient les saintes et austères doctrines de l'évangile ; enfin, à force de dévouement et de patience, ils avaient conquis sur eux une influence incontestée. En outre, l'œuvre des missions plaisait davantage à ces conquérants avides de sacrifices, bien mieux faits pour les luttes contre le paganisme et la barbarie que pour l'administration des églises paroissiales ou la direction et la surveillance des intérêts de la colonie au sein du grand conseil de Québec.

Ces conquérants, qui avaient montré tant d'héroïsme, des qualités d'apôtres incomparables au pays des Hurons et chez les Iroquois, semblaient n'être plus que l'ombre d'eux-mêmes, depuis que les fureurs de la guerre avaient anéanti leurs missions et les retenaient captifs dans les forts de Québec, de Montréal et des Trois-Rivières. Cette captivité leur pesait lourdement, et leurs lettres de cette époque au R. P. Général révèlent un état général de souffrance, le regret de ne plus vivre au milieu des sauvages, loin des postes français.

Il était donc naturel que Mgr de Laval leur confiât la charge des missions [1]. Ils l'acceptèrent avec joie et reconnaissance comme le plus beau lot de l'héritage de Dieu en ces vastes contrées du Nouveau-Monde. « Il n'y a pas de nation si barbare ni si éloignée, écrivait Mgr de Laval, où ils ne brûlent de porter leur zèle et leurs travaux apostoliques [2]. »

1. *Gosselin*, t. I, p. 247.

2. « Ad Lucra animarum sunt impigri ; neque ulla gens est tam barbara tamque remota, quo eorum sollicitudo et cura apostolica non se extendat. » (*Relat. missionis Canadensis*, an. 1560). — En confiant aux Jésuites la charge des missions, Mgr conféra en même temps à chacun de ceux qui y étaient envoyés le titre de *grand vicaire*. C'est ce que nous apprend une lettre du P. J. Lalemant, adressée de Québec, en janvier 1668, au R. P. Général : « Illust. Episcopus nos universim et singulos de Societate ad missiones euntes titulo *vicariorum suorum generalium* verbo et scripto cohonestat, subjiciens nobis in suis functionibus, si quos contingat nobiscum concurrere ex sacerdotibus sæcularibus. » (Arch. gen. S. J.). — On lit encore dans une lettre adressée cette même année, 1er sept. 1668, au R. P. Général par le P. Le Mercier : « Episcopus omnibus et singulis Patribus nostris, qui Iroquæis ad fidem instituendis vacant, litteras dedit, quibus omnibus constet eos esse suos inibi vicarios

A l'arrivée du vicaire apostolique au Canada, il y avait seize prêtres, religieux de la Compagnie de Jésus, dispersés dans les stations qu'ils occupaient alors, à Québec, aux Trois-Rivières, à Sillery et à Miscou.

Le P. Chaumonot évangélisait les Hurons réfugiés à Québec; le P. Albanel, les Algonquins à Tadoussac et aux environs; les Pères Richard et de Lyonne, les tribus sauvages depuis Gaspée jusqu'à la partie de l'Acadie occupée par les Anglais. Cette dernière mission devait passer quelques années après, comme on l'a déjà vu, des mains des Jésuites à celles des fils de Saint-François, ces apôtres dévoués de la presqu'île acadienne[1].

Le nouveau mouvement vers les missions lointaines, sous le vicariat de Mgr de Laval, date de 1660. Le 29 octobre

generales. » (Arch. gen. S. J.). — Ces deux lettres expliquent pourquoi quelques missionnaires mettent après leur nom le titre de *grand vicaire*. On trouvera aux *Pièces justificatives*, n° XVI, le modèle des *Lettres de vicaire général* accordées par Mgr de Laval à chaque missionnaire. Toutefois, le Général de la Compagnie défendit aux missionnaires du Canada d'user de leurs pouvoirs de grand vicaire à l'égard des ecclésiastiques n'appartenant pas à la Compagnie. Les Jésuites se conformèrent à cet ordre, comme nous l'apprend une lettre du P. Le Mercier, 26 août 1670 : Quoad *Patentes* attinet missionariis nostris ab illust. episcopo concessas, quandò *ita jubet Paternitas vestra*, illis omnino, prout hactenùs fecerunt, patres nostri non utentur quoad illam partem *quæ juridictionem in externos continet*. (Arch. gen. S. J.)

1. Personnel de la mission, en 1659. A Québec : P. J. Lalemant, supérieur du collège et de la mission; Pères Ragueneau, ministre, Vimont, Le Mercier, d'Ablon, Chastelain, Chaumonot, Albanel, Claude Pijart, Allouez. — A Sillery : Druillettes et Bailloquet. — Aux Trois-Rivières : Ménard, Frémin et Le Moine. — A Miscou : de Lyonne et Richard.

Le P. Lalemant, arrivé avec Mgr de Laval au mois de juin, fut nommé supérieur le 6 août 1659 et entra en charge le 8 septembre. Le P. de Quen, son prédécesseur, mourut un mois plus tard, le 8 octobre. Le P. Vimont partit pour la France, le 22 octobre.

de cette année, l'évêque écrivait au pape Alexandre VII : « Cet été, un prêtre de la Compagnie de Jésus est parti pour une mission, éloignée de plus de cinq cents lieues de Québec. Ce pays est habité de nations innombrables qui n'ont jamais entendu parler de la foi catholique. Sept Français se sont joints à cet apôtre, eux pour acheter des castors, et lui pour conquérir des âmes. Il aura beaucoup à souffrir et tout à craindre de l'hiver, de la faim, des maladies et des sauvages. Mais l'amour de Jésus-Christ et le zèle des âmes triomphent de tout[1]. »

Ce prêtre est le P. René Ménard, supérieur de la résidence des Trois-Rivières. En revenant de Montréal à Québec, au mois d'août, Mgr avait rencontré une flottille de soixante canots, montée par plus de trois cents Outaouais, qui remontait le fleuve, après avoir laissé ses pelleteries aux Trois-Rivières. Au milieu des sauvages, il aperçoit le P. Ménard et lui demande où il va. Sur sa réponse qu'il se rend au lac Supérieur et même au delà, si la gloire de Dieu l'exige, l'évêque manifeste quelque étonnement et de l'inquiétude. Le missionnaire, en effet, âgé de cinquante-cinq ans, mais déjà brisé par les travaux, les pénitences et des fatigues excessives, marchait courbé comme un vieillard.

Le P. Ménard comprend la pensée inquiète, le regard étonné de Mgr, et lui dit avec un pieux abandon : « Que dois-je faire, Monseigneur? » « Mon Père, lui répond celui-ci, toute raison semble vous retenir ici ; mais Dieu,

1. « Unus è Societate Jesu sacerdos hâc æstate iter suscepit in missionem longinquam *quingentis* (?) et amplius ultrà Quebecum leucis ad gentes numerosissimas quæ de fide Christianâ nihil hactenùs edoctæ sunt. Septem cum eo Galli socios se adjunxere, hi quidem pelles Castoreas mercaturi, ille animas. Toleranda multa, metuenda omnia ab hyeme, à fame, à morbis, ab hostibus,... Sed nimirùm amor Christi omnia vincit zelusque animarum. » (Arch. de la Propagande, vol. 256, p. 24.)

plus fort que tout, vous veut en ces quartiers-là[1]. » Ces paroles sont pour le missionnaire comme la voix de Dieu, une force et une consolation. « Que de fois, écrit-il dans son journal, je les ai repassées dans mon esprit au milieu du bruit de nos torrents et dans la solitude de nos grandes forêts[2] ! »

Il incline la tête sous la bénédiction épiscopale, et se remet en route avec les sauvages, à la grâce de Dieu! Il n'emportait avec lui ni sac de voyage, ni cadeaux pour les Indiens, ni vivres. Il allait, accompagné du fidèle domestique, Jean Guérin, là où l'esprit du Seigneur le poussait, sans trop savoir où, convaincu seulement qu'il ne reviendrait pas de cette lointaine expédition[3]. Avant de quitter Trois-Rivières, le 27 août, il adressait ces quelques lignes d'adieu à un de ses amis : « Je vous escris probablement le dernier mot, que je souhaite être le sceau de notre amitié jusques à l'éternité... Dans trois ou quatre mois vous pourrez me mettre au *Memento* des morts, vu le genre de vie de ces peuples, mon âge et ma petite complexion; nonobstant quoi, j'ai senti de si puissants instincts, et j'ai vu en cette affaire si peu de nature, que je n'ai pu douter qu'ayant manqué à cette occasion, je n'en dusse avoir un remords éternel. Nous avons été un peu surpris, pour ne pouvoir pas nous pourvoir d'habits et d'autres choses; mais celui qui nourrit les petits oiseaux et habille les lis des champs, aura soin de ses serviteurs ; et quand il nous arriverait de mourir de misère, ce serait pour nous un grand bonheur[4]. »

1. *Relation* de 1664, p. 2 ; — *Charlevoix*, t. I, p. 356 ; — *Gosselin*, t. I, p. 274.

2. *Relation* de 1664, p. 2.

3. *Journal des Jésuites*, août 1660 ; — *Relation* de 1660, chap. VI, pp. 28 et 29.

4. *Relation* de 1660, p. 30.

Au mois d'octobre, il atteignait le lac Supérieur après six semaines d'un pénible voyage, où les Outaouais le traitèrent comme un esclave, l'obligeant à ramer toute la journée et à traîner dans les portages de lourds fardeaux, malgré sa faiblesse extrême et ses infirmités. Les tourments de la faim furent horribles : les voyageurs se virent forcés de piler des ossements humains qu'ils trouvèrent sur la route près de cabanes abandonnées ; ils les firent bouillir et les avalèrent en guise de sagamité.

L'hiver arrivait. Le Jésuite hiverna avec les Outaouais dans une baie du rivage méridional du lac, à laquelle il donna le nom de Sainte-Thérèse, et pendant huit mois son industrieuse et persévérante charité s'efforça de gagner à Jésus-Christ cette race immorale et stupide, grossière entre toutes, insensible aux sublimes beautés de la morale évangélique. D'après son journal, le résultat de ses efforts fut presque nul ; seules, quelques âmes prédestinées écoutèrent sa voix : « Dans le reste des barbares il ne trouva qu'opposition à la Foy, à cause de leur grande brutalité et de leur infâme polygamie[1]. »

Il n'y avait rien à espérer de cette nation dégradée. Le P. Ménard le comprit par une longue et dure expérience, et, à l'exemple de l'apôtre saint Paul, il résolut de porter à d'autres peuplades, plus dignes de le recevoir, le flambeau sacré de la foi.

Quelques familles indiennes, débris de la tribu huronne, habitaient alors à l'extrémité occidentale du lac Supérieur, sur la rive méridionale, à la pointe Chagouamigon. Dans l'été de 1661, il fait ses adieux aux Outaouais et part avec un armurier français et quelques Hurons pour aller évan-

1. *Relation* de 1663, p. 20.

géliser les restes de cette tribu, à laquelle il avait consacré jadis pendant dix ans les prémices de son apostolat dans l'Amérique septentrionale.

Les Français, qui avaient hiverné avec lui à la baie de Sainte-Thérèse, « mettent tout en œuvre pour le détourner de ce voyage ; ils l'assurent qu'il est de cent lieues au moins, que les chemins sont affreux, et que, dans l'épuisement où il est, il y a grande imprudence à s'y engager. Il leur répond qu'il ne peut finir plus glorieusement sa course, qu'en cherchant à gagner des âmes à Jésus-Christ [1] ; » et malgré leurs prières et leurs représentations, il se sépare d'eux et de ses néophytes, le cœur attendri, l'âme forte : « Adieu, mes chers enfants, leur dit-il en les embrassant ; je vous dis le grand adieu pour ce monde, car vous ne me reverrez plus. Je prie la bonté divine que nous nous réunissions dans le ciel [2]. »

Il ne devait plus, en effet, revoir ses *chers enfants*. Après quelques semaines de marche, les vivres étant épuisés, les Hurons, sous prétexte d'aller en chercher, abandonnent près d'un lac le Père et l'armurier français. Ceux-ci les attendent pendant quinze jours, mais inutilement. Dévorés par la faim, « ils raccommodent un petit canot qu'ils trouvent au milieu des broussailles, y jettent leurs paquets et s'embarquent pour continuer leur voyage. Un jour, vers la mi-août, le P. Ménard était descendu à terre, pendant que son compagnon conduisait le canot à travers un rapide dangereux. Arrivé à l'autre bout de ce passage difficile [3], » l'armurier attend le missionnaire, qui ne paraît pas. Il le cherche, il l'appelle en vain. Découragé, il remonte sur son canot qu'il laisse aller au courant de la rivière, et, deux

1. *Charlevoix*, t. I, p. 357.
2. *Relation* de 1663, p. 21.
3. *Ferland*, t. I, p. 493.

jours après, il arrive à un village huron, d'où il envoie un jeune sauvage à la recherche du Père. Au bout de quelques heures, le Huron revient, effrayé, dit-il, par la rencontre des ennemis.

Qu'était devenu le P. Ménard? Etait-il mort de faim et de fatigue? Avait-il été assassiné? On sait seulement que, peu de temps après sa disparition, on découvrit un Saki, portant des objets qui avaient appartenu à la Robe noire; et à quelques années de là, au dire de Nicolas Perrot, « on trouva chez les Sioux son bréviaire et sa soutane, qu'ils exposaient dans les festins et auxquels ils vouaient leurs mets [1].

Depuis cinq ans, c'était la seconde tentative infructueuse d'évangélisation des peuplades sauvages de l'Ouest [2]. La première avait échoué au début par la mort du P. Garreau,

1. *Cours d'histoire du Canada*, t. I, p. 493; — *Charlevoix*, t. I, p. 357; — *N. Perrot*, publié par le P. Tailhan, pp. 84-92.

Voir sur le P. Ménard : *Relation* de 1660, ch. VI; — *Relation* de 1661, ch. III; — *Ibid.*, p. 41; — *Relation* de 1663, ch. VIII; — *Relation* de 1664, ch. I; — 1665, p. 9; — *P. Renati Menard* vita et mors (Arch. gen. S. J.); — *Patrignani*, Menologio, 10 Agosto, p. 98; — *Nadasi*, Annus dier. Memorab., 10ª Aug., p. 93; — *Dreus*, Fasti S. J., 10ª Aug., p. 306; — Brasseur de Bourbourg, *Histoire du Canada*, t. I, pp. 75, 94, 95; — *Marie de l'Incarnation*, pp. 533, 569; — Shea, *History of the Catholic Missions among the indian tribes...*, p. 356.

« Jean Guérin, le fidèle compagnon du P. Ménard, avait été laissé chez les Outaouais; il y demeura, remplissant une partie des fonctions du missionnaire, instruisant, exhortant, baptisant. L'année suivante, il fut tué par la décharge accidentelle d'un fusil. » (*Ferland*, t. I, p. 494.)

2. Ces peuplades ne comprenaient pas seulement les Hurons et les Outaouais chassés de leurs pays par les Iroquois et réfugiés soit sur les bords du lac Supérieur, soit au delà du grand lac, mais les Outagamis, les Sakis, les Mascoutins, les Miamis, les Amikoués, les Sioux, les Illinois, les Kilistinons ou Cris, etc...

frappé d'une balle, dans une embuscade d'Iroquois, au dessus de Montréal [1].

La mort de ces deux apôtres ne découragea pas leurs frères. Le 8 août 1665, le P. Claude Allouez s'embarque sur l'Ottawa, désireux de continuer l'œuvre du P. Ménard et de fonder dans l'Ouest une mission sauvage. Allouez, qu'on surnommera plus tard l'*apôtre de toutes les nations des Outaouais*, était admirablement taillé pour cette lointaine entreprise. Arrivé depuis peu de temps au Canada, il rappelait par la sincérité de ses vertus et les élans de son zèle les plus vaillants ouvriers de l'époque héroïque des missions huronnes.

Né en 1622 dans le Forest, au village de Saint-Didier, il fit ses études littéraires au Puy, au collège de la Compagnie de Jésus. François Régis, que le pape Clément XI éleva plus tard au rang des Bienheureux, remplissait alors la ville de la renommée de son nom et du bruit de ses conversions et de ses miracles. Professeur de grammaire de 1625 à 1628 [2], il consacrait les dimanches et les fêtes à l'instruction religieuse des enfants et des pauvres de la campagne; il n'avait pas encore reçu la prêtrise. Devenu prêtre, il revint au Puy en 1634, après plusieurs années d'absence : le P. Le Jeune venait de rouvrir la mission du Canada, et Régis désirait si ardemment aller le rejoindre qu'il écrivit à son général, Mutius Vitelleski : « Je me sens un si véhément désir de passer au Canada, pour m'y consacrer au

1. N. Perrot, p. 84, paraît être « le seul qui rejette sur un Français l'assassinat du P. Garreau. Les relations des Jésuites se taisent sur cette circonstance assez peu flatteuse pour l'amour propre national. » Le P. Tailhan penche pour l'opinion de Perrot dans sa note I sur le chap. XV, p. 228.

2. Régis arriva au Puy au mois d'octobre 1625 et en partit au mois d'octobre 1628.

salut des peuples sauvages qui l'habitent, que je croirais manquer à la vocation divine, si je ne vous manifestais pas les sentiments que Dieu m'inspire à cet égard. Je vous les expose aujourd'hui et je vous supplie très instamment d'exaucer mes vœux malgré mon indignité [1]. » Le Général ne refusa pas son consentement, mais il ajourna la réalisation des projets de Régis : « J'aurai égard, lui dit-il, à vos pieux désirs, lorsque le temps les aura un peu plus mûris. Il faut, en attendant l'ordre de la Providence, que vous affermissiez ces bons sentiments par l'oraison et par la pratique des vertus nécessaires au ministère évangélique [2]. » Régis n'insista pas : Dieu avait d'autres desseins sur lui, il l'appelait à être l'apôtre du Velay, du Vivarais et des Cévennes.

Allouez commençait sa classe de quatrième, quand le religieux inaugura au Puy ces ferventes prédications qui devaient remuer si profondément la ville. Il assista à ses sermons et à ses catéchismes, il lui révéla les secrets de sa conscience, ses généreuses aspirations ; il le consulta sur son avenir, sur l'appel à l'apostolat qu'il entendait au fond de son âme. On sait que les paroles d'un saint tombant sur un cœur de jeune homme bien préparé y laissent d'ordinaire une empreinte que ni le temps ni les vicissitudes de l'existence ne parviennent pas toujours à effacer ; souvent elles impriment à toute la vie sa direction et une puissance merveilleuse d'expansion. Les paroles de Régis produisirent sur Allouez une si pénétrante impression qu'il semble que l'âme du maître passa toute entière dans le docile disciple.

Au sortir de sa rhétorique, le 25 septembre 1639, Claude

1. Le Puy, 15 décembre 1634. Voir la *Vie de J.-F. Régis*, par le P. Daubenton, p. 82.
2. Rome, 30 janvier 1635 (*Vie de J.-F. Régis*, p. 83).

Allouez entre au noviciat des Jésuites à Toulouse, avec son frère Ignace, un autre disciple de François Régis. Dès cette époque, il pense aux missions lointaines, surtout à celles du Canada. L'apostolat chez les sauvages est une faveur, et cette faveur, il devait l'attendre longtemps. Il étudie, après le noviciat, un an la littérature, trois ans la philosophie, quatre ans la théologie; il enseigne sept ans la grammaire, les belles-lettres et la rhétorique; enfin il consacre trois ans soit à l'étude de sa propre perfection, soit au laborieux ministère de la prédication [1]. Il désespérait déjà de voir ses vœux s'accomplir et il se résignait sous la

1. Le P. Claude-Jean Allouez (on écrit encore Allouetz, Aloez, enfin, dans les *Lettres historiques* de Marie de l'Incarnation, Dallois), né à Saint-Didier dans le Velay, le 6 juin 1622, entra au noviciat de la Compagnie, à Toulouse, le 25 septembre 1639, et fit ses vœux de profès à Rhodez, le 18 octobre 1657. Au sortir du noviciat, il étudia la rhétorique un an (1641-1642), la philosophie à Billom (1642-1645); il enseigna à Billom la grammaire (1645-1649), les Humanités (1649-1650), la rhétorique (1650-1651); puis il fit sa théologie à Toulouse (1651-1655) et sa troisième année de probation à Rhodez (1655-1656); enfin, nommé prédicateur à Rhodez, il y resta jusqu'à son départ pour Québec, où il arriva le 11 juillet 1658.

Le P. Carayon, XIII, p. 211, le fait naître en 1620, et Margry, t. I, p. 59 (*Découvertes et établissements*...), en 1613. C'est une double erreur. Les *catalogues* de la Compagnie (Arch. gen. S. J., indiquent le 5 juin 1622.

Consulter sur le P. Allouez, sur sa vie et ses travaux : *Relations de la Nouvelle-France*, de 1664 à 1672; — *Relations inédites de la Nouvelle-France*, t. I, p. 125 et suiv.; t. II, pp. 20, 306 et suiv.; — *Relation abrégée* du P. Bressani, trad. par le P. Martin; appendice, p. 315; — *Lettres historiques* de M. de l'Incarnation, pp. 621, 627, 638, 648, 650, 670; — *Charlevoix*, t. I, pp. 292, 293 et suiv., 397, 398, 405, 438, 439, 447, 448, 449 etc...; — *Cours d'histoire*, t. II, *passim*; — Elogia defunctorum Prov. Tol. (Arch. gen. S. J.); — Shea, *History of the Catholic Missions*, p. 413; — Bancroft, *History of the United States*, t. II, p. 803; — Brasseur de Bourbourg, *Histoire du Canada*, t. I, p. 120 et suiv.; — *Bibliothèque* des écrivains de la Compagnie de Jésus, par de Backer, art. Allouez; — Margry, *Découvertes*..., t. I, p. 65; — *N. Perrot*, p. 128, etc.

main de Dieu qui le retenait en France, quand une lettre du P. Rochette, provincial de Toulouse, datée du 3 mars 1657, lui est remise à Rhodez : elle l'autorisait à partir pour la Nouvelle-France.

« A cette nouvelle, lisons-nous dans un de ses écrits trouvés après sa mort, je laissai la lettre du R. P. Provincial, et je me dis souvent à moy-mesme : c'est le Seigneur qui me fait une si grande grâce; j'en suis dans l'estonnement et l'admiration... c'est ici un coup de sa droite qui m'a exalté par la plus sublime de toutes les vocations. Seigneur, je suis à vous : secondez-moy dans cette divine entreprise, afin que je me sauve et me sanctifie moy mesme en travaillant au salut et à la sanctification du prochain [1]. »

Seigneur, je suis à vous! Toute la carrière apostolique du P. Allouez, laquelle dura les trente-trois années de son divin maître, fut la réalisation complète de ce beau sentiment, de cette donation entière de lui-même au Seigneur. Un an après sa mort, son supérieur, le P. d'Ablon, écrivait au P. Jacques le Picart, provincial de Paris : « Depuis son arrivée en Canada jusqu'à sa mort, il a toujours esté intrépide dans les dangers et infatigable dans les travaux pour la conversion des âmes [2]. »

D'une taille moyenne, solidement bâti comme les montagnards de son pays, dur à la besogne, habitué aux froides températures, d'une volonté ferme et persévérante, prudent, judicieux, instruit, d'un caractère entreprenant, calme à la surface, très chaud au fond, le P. Allouez semblait prédestiné aux missions de la Nouvelle-France [3]. Dans ses

1. Margry, *Découvertes...*, t. I. p. 65.
2. *Ibid.*, p. 62.
3. Vires firmæ, ingenium bonum, judicium bonum, prudentia multa, tenax in propositis, profectus in litteris et in theologia magnus, talentum ad missiones eximium (Catal. 2ae Prov. Franciæ, in arch. gen. S. J.).

papiers, il traçait ainsi le portrait du missionnaire canadien : « Les religieux de la Compagnie de Jésus qui passent de l'ancienne France à la Nouvelle doivent y être appelés par une spéciale et forte vocation. Il faut qu'ils soient des gens morts au monde et à eux-mêmes, des hommes apostoliques et des saints qui ne cherchent que Dieu et le salut des âmes. Il faut qu'ils aiment d'amour la croix et la mortification, qu'ils ne s'épargnent point, qu'ils sachent supporter les travaux de la mer et de la terre, et qu'ils désirent plus la conversion d'un sauvage qu'un empire. Il faut qu'ils soient dans les forêts du Canada comme autant de précurseurs de Jésus-Christ, et que, dans des petits Jean-Baptiste, ils soient autant de voix de Dieu, lesquelles crient dans les déserts pour appeler les sauvages à la connaissance du Sauveur. Enfin, il faut qu'ils aient mis tout leur appuy, tout leur contentement, tous leurs trésors en Dieu seul, à qui seul appartient de choisir ce qu'il veut pour le Canada [1]. » En adressant ces lignes au Provincial de Paris, le P. d'Ablon ajoutait : « Voilà comment le P. Allouez, de sainte mémoire, s'est, sans y penser, dépeint luy-mesme par ses propres paroles, qu'il n'avait écrites que pour sa consolation particulière [2]. »

Il fallait à la mission du Canada des apôtres de cette trempe, car « la Nouvelle-France, dit encore Allouez, est le pays du monde le plus propre à concevoir le sens littéral de ces paroles du Sauveur : *Voilà que je vous envoie comme mon Père m'a envoyé, en vous envoyant comme des brebis au milieu des loups*. En effet, il nous envoie dans de vastes forêts parmi des sauvages cruels, qui s'entre-mangent les uns les autres. Qu'en devons-nous donc

1. Margry, *Découvertes...*, t. I, p. 71.
2. *Ibid.*, p. 72.

attendre sinon des coups de dents ou des effets encore plus horribles de la Barbarie [1]. »

Claude Allouez part de France pour le Canada avec le gouverneur, M. d'Argenson. A Québec et aux Trois-Rivières, il fait l'apprentissage de la vie du missionnaire; il apprend en même temps les langues algonquine et huronne. En 1665, il se dirige par l'Ottawa vers les contrées qui avoisinent le lac Supérieur. Ce n'est pas sans peine qu'il parvient à s'embarquer : l'année précédente, les Outaouais, qui remontaient dans leur pays après la traite, avaient refusé de le recevoir sur leurs canots. Cette année, même opposition : « Un des plus considérables de cette nation, dit Allouez, me déclare sa volonté et celle de ses peuples, en termes arrogants et avec menace, de m'abandonner en quelque île déserte, si j'ose les suivre [2]. »

Ces menaces ne l'effrayent pas. Il monte sur une barque avec quelques trafiquants français, et suit les Outaouais. En route, la barque se brise. Les Français sont recueillis sans difficulté par les canots indiens; quant à lui, après s'être fait recevoir à force de supplications dans une barque, il est bientôt déposé et laissé seul sur la rive déserte du fleuve. Abandonné des hommes, il s'adresse à Dieu, et un capitaine Outaouais venant à passer, prend pitié de lui, l'embarque, lui met un aviron en main et le fait ramer sans trêve ni merci. « Mais cet homme, animé de saintes espérances, dit le protestant Bancroft, ne redoutait ni la faim, ni la nudité, ni le froid, ni les fatigues et la lassitude de jour et de nuit [3]. »

Le 1er septembre, il atteint les rapides entre les lacs

1. Margry, *Découvertes...*, t. I, p. 69.
2. *Relation* de 1667, p. 5.
3. *History of the United States*, vol. II, p. 803.

Supérieur et Huron ; puis il pénètre dans le lac Supérieur, longe la rive méridionale, s'arrête à la baie Sainte-Thérèse, et de là, suivant les traces du P. Ménard, il traverse plus heureusement que lui le portage de Kecwaiwona [1], et arrive à la pointe Chagouamigon, à l'extrémité sud-ouest du grand lac.

A Chagouamigon, il y avait deux gros bourgs, habités, l'un par les Hurons de la nation du Petun, qui, chassés par les Iroquois de leur pays, s'étaient réfugiés à Michillimakinac, puis à l'entrée de la baie des Puants et enfin à l'extrémité occidentale du lac Supérieur ; l'autre par les Algonquins, compagnons d'exil des Hurons, qui appartenaient aux trois tribus des Outaouais Sinagaux, Outaouais Kiskakous et Outaouais Keinouché [2]. Ces Algonquins, après avoir abandonné les îles huronnes, où ils s'étaient d'abord retirés, et après avoir erré des années dans le Michigan-Ouest et le Visconsin actuels, habitaient depuis 1660 la pointe Chagouamigon, où ils se livraient à la chasse et à la pêche.

Allouez élève entre les deux bourgs, sur les bords du lac, une petite chapelle d'écorce, où les Hurons, autrefois convertis à la foi chrétienne par l'illustre martyr, Charles Garnier, viennent s'instruire, se confesser, et reprendre les pratiques religieuses qu'ils ont abandonnées dans l'exil. Il confère le baptême à plus de cent enfants qui ne l'ont pas encore reçu [3].

Les Algonquins se montrent plus rebelles aux pressantes exhortations du missionnaire. « Ces peuples, est-il dit

1. Keweenaw ou Quioacounan.

2. *Relation* de 1667, p. 17. Cette *Relation* les appelle *Outaoüacs Kiskakoumac, Outaoüsinagouc*. — Perrot, p. 241.

3. *Relation* de 1667, p. 16.

dans son journal, sont fort peu disposés à la Foy, parcequ'ils sont les plus adonnez à l'idolatrie, aux superstitions, aux fables, à la polygamie, à l'instabilité des mariages, et à toute sorte de libertinage, qui leur fait mettre bas toute honte naturelle. Tous ces obstacles n'ont pas empêché que je ne leur aie prêché le nom de Jésus-Christ, et publié l'évangile dans toutes leurs cabanes et dans notre chapelle, qui se trouvait pleine depuis le matin jusques au soir, où je faisais de continuelles instructions sur nos mystères et sur les commandements de Dieu [1]. » En deux ans, le Père baptise une centaine d'enfants et quelques adultes [2].

Son zèle ne s'étend pas seulement aux Hurons et aux Algonquins. Des Outagamis, des Sakis, des Illinois, des Christinaux ou *Gascons du Canada*, des Sioux orientaux ou Nadouessioux, les Pouteouatamis et les Chippaouais ou Sauteurs se rendent à Chagouamigon, les uns par curiosité pour voir la robe noire, les autres pour s'instruire [3]; tous entendent la parole de Dieu. Le Jésuite, qui parle six langues [4], se fait comprendre de tous, excepté des Sioux, avec lesquels il traite par interprètes [5].

Après la défaite des Hurons, les Nipissings s'étaient retirés en grand nombre sur les bords du lac Alimibegong, entre le lac Supérieur et la baie d'Hudson [6]. « Depuis près de vingt ans, ils n'avaient veu ny pasteur, ny entendu

1. *Relation* de 1667, p. 17.
2. *Ibid.*
3. *Relation* de 1667, p. 18, 23; — *Charlevoix*, t. I, p. 397.
4. *Lettres historiques* de M. de l'Incarnation, p. 648.
5. *Relation* de 1667, ch. IX, X, XI, XII, XIII et XIV.
6. Le lac Alimibegong ou Népigon se décharge dans le lac Supérieur. *Relations* de 1658, p. 20; — de 1667, p. 24; — de 1670, p. 93.

parler de Dieu... Leur bourgade était composée de sauvages, la pluspart idolâtres et de quelques anciens chrétiens... Vingt faisaient profession publique de christianisme [1]. » Le P. Allouez va les visiter ; il reste quinze jours au milieu d'eux, instruisant, confessant et baptisant, et revient à son poste de Chagouamigon, auquel il donne le nom de *pointe du Saint-Esprit.* Ce fut la première résidence, la première mission de l'Ouest.

Dans son *Histoire des Etats-Unis*, Bancroft raconte avec enthousiasme sa merveilleuse fondation, puis il ajoute : « Après avoir résidé, près de deux ans, principalement sur la rive méridionale du lac Supérieur, et avoir *attaché son nom d'une façon impérissable aux découvertes progressives faites dans l'Ouest*, Allouez revient à Québec [2] », portant avec lui des échantillons de cuivre qu'il a trouvés sur les bords du lac. La moisson était mûre, mais il n'avait pas d'ouvriers pour la cueillir ; et puis il voulait avoir un Jésuite à poste fixe à Chagouamigon, afin de pouvoir se transporter plus librement dans de nouvelles régions et découvrir d'autres peuples, sans négliger par de fréquentes absences la mission du Saint-Esprit, où la Foi grandissait avec les conversions. Il ne reste que deux jours à Québec, à peine le temps de se reposer, et repart accompagné du P. Louis Nicolas et d'un domestique.

D'un talent médiocre, d'une intelligence peu cultivée, le P. Nicolas [3] n'avait pas été élevé sur les genoux d'une

1. *Relation* de 1667, pp. 24 et 26.

2. *Bancroft*, vol. II, p. 805.

3. Né à Aubenas (Ardèche), le 24 août 1634, le P. Nicolas entra dans la Compagnie de Jésus, à Toulouse, le 16 sept. 1654. Après le noviciat, il professe à Saint-Flour quatre ans, et au Puy en Velay un an, les classes de grammaire (1656-1661). Il suit de 1661 à 1663 le cours de philosophie à Tournon, et part en 1664 pour le Canada.

duchesse. Il joignait à la rudesse native du montagnard une brusquerie d'allures assez vive, qui ne le fit pas goûter des gentlemen français. En revanche, il ne reculait jamais devant la besogne, fut-elle pénible; sa robuste constitution pouvait se faire à tout; si son zèle n'était pas toujours réglé ni éclairé, du moins il n'en manquait pas. On crut qu'il conviendrait au P. Allouez dans cette mission du Saint-Esprit, « où l'on vivait d'écorces d'arbres une partie de l'année, une autre partie d'arrestes de poisson broyées, et le reste du temps de poisson ou de bled d'Inde[1]. » En outre, dans ce pays, il fallait compter sur soi pour vivre, et non sur la générosité des sauvages. Le missionnaire devait construire sa cabane de ses propres mains, aller chercher sa nourriture dans les rivières et dans les bois, ou se la procurer par des échanges, quand il pouvait obtenir des trafiquants français quelques menus objets chers aux Indiens. Le P. Nicolas était apte à tout cela.

Il fut donné au P. Allouez, qui le laissa à la pointe du Saint-Esprit, et prit lui-même la direction du Sud.

Arrivé à la baie des Puants, il y fonde la mission de Saint-François-Xavier. De là il rayonne sur les contrées environnantes; il parcourt en apôtre le village des Ousakis et les bourgs des Pouteouatamis, des Outagamis ou Renards, des Miamis[2], des Sakis[3], des Mascoutins[4] et des Malomines[5].

— Les renseignements que les archives générales nous fournissent sur ce missionnaire sont très précis : « Magnus zelus animarum et virtute probata, viribus firmis, ingenium valde mediocre, prudentia exigua, profectus in litteris et in theologia parvus, incompositi mores quoad exteriorem hominem, præcipites et frequentes nimium in agendo motus, quibus Gallis non probatus. »

1. *Relation* de 1667, p. 26.

2. Ou Miamiak, Miamioück, Oumiamis et Oumamis.

3. Ou Sacks, Ousakis.

4. Ou Maskoutens et Mackoutens.

5. Ou Maloumines, Manomines, Maroumines, Folles-Avoines.

Dans tous les endroits où il s'arrête, il visite les cabanes, il organise des réunions, il prêche, il baptise les enfants et les adultes en danger de mort. Pour le moment, c'est la semence de l'évangile qu'il jette un peu partout sur ces terres infidèles ; plus tard, quand l'heure de la miséricorde aura sonné, cette semence grandira et fructifiera [1].

Allouez ne passe que six mois dans cette mission, où les Pères Druillettes et André viennent de Québec le remplacer et continuer l'œuvre qu'il a à peine ébauchée ; de la baie des Puants, il se dirige, par ordre de son supérieur, vers le Saut-Sainte-Marie [2].

Ce supérieur était le P. d'Ablon, dont nous avons déjà parlé, et qui venait de fonder *au pied du rapide*, entre les lacs Supérieur et Huron, la résidence de Sainte-Marie, centre de toutes les missions de l'Ouest. Il habitait là avec le P. Marquette, ce découvreur bien connu des géographes, qui est encore au delà de l'Atlantique l'objet d'une sorte de culte.

L'abbé de Gallinée, prêtre de Saint-Sulpice, décrit ainsi cette résidence dans le récit de son voyage au Saut : « Nous arrivames le 25 mai (1670) à Sainte-Marie du Sault, qui est le lieu où les R. P. Jésuites ont fait leur principal establissement pour les missions des Outaouacs et des peuples voisins. Ils ont eu depuis l'an passé deux hommes à leur service, qui leur ont basty un fort joly fort, c'est-à-dire un quarré de pieux de cèdres de douze pieds de haut avec une chapelle et une maison au dedans de ce fort, en sorte qu'ils se voient à présent en estat de ne dépendre des sauvages en aucune manière. Ils ont un fort grand désert bien semé où ils doivent recueillir une partie de

1. *Relation* de 1670, pp. 92 et suiv.
2. *Relation* de 1670, p. 101.

leur nourriture ; ils espèrent même y manger du pain avant qu'il soit deux ans d'icy [1]. »

Les Pères d'Ablon et Marquette, arrivés en 1668 chez les Outaouais, s'étaient établis en cet endroit, parce que chaque année, du printemps à la naissance de l'hiver, les Sauteurs, peuple errant de ces contrées, s'y réunissaient en grand nombre pour la pêche de l'atticameg, poisson blanc très délicat, qu'on trouve en abondance dans la rivière de Sainte-Marie ; ils espéraient encore, en se fixant dans cette contrée fertile, rendre les sauvages sédentaires et les amener peu à peu au défrichement et à la culture du sol [2].

Cinq ans avaient suffi aux Pères Allouez, d'Ablon et Marquette, *cet illustre triumvirat*, comme les appelle Bancroft [3], pour fonder les trois missions du Saint-Esprit, de Saint-François-Xavier et de Sainte-Marie, là où aucun missionnaire n'avait pénétré avant eux. Ils avaient porté le nom sacré du vrai Dieu du Saut à Chagouamigon et de Chagouamigon à la baie des Puants; ils avaient vu ou visité toutes les nations qui s'étendent du pays des Illinois

1. Margry, *Découvertes...*, t. I. p. 161.

2. *Relations* de 1669, p. 17-20 ; — de 1670, p. 78-86, 87-92. — « La moisson est si abondante à Sainte-Marie du Sault, écrivait le P. Marquette en 1669, qu'il ne tient qu'aux missionnaires de baptiser tous ceux qui sont là au nombre de deux mille ; mais l'on n'a pas osé jusques à cette heure se fier à ces esprits qui sont trop condescendants de peur qu'ils ne continuent après le baptême dans leurs superstitions ordinaires. On s'applique surtout à les instruire et *à baptiser les moribonds*, qui sont une moisson plus assurée. » (*Relat.* de 1669, p. 20.) — Cette sévérité dans l'administration du baptême n'a pas empêché M. de Galinée, sulpicien, d'écrire l'année suivante sur cette même mission de Sainte-Marie-du-Saut, où les Jésuites l'avaient *reçu avec toute la charité possible* : « Les Pères ont une pratique qui me semble assez extraordinaire, qui est qu'ils baptisent les adultes hors du danger de mort... » (Margry, t. I, p. 162.)

3. *Bancroft*, vol. II, p. 805.

au lac Supérieur; ils avaient parcouru dans toute sa longueur la baie des Puants et le nord du lac Michigan; du lac Michigan ils avaient pénétré dans le lac Huron pour se rendre de là à Sainte-Marie-du-Saut. Enfin, en 1670, d'Ablon et Allouez s'embarquaient sur un canot, arrivaient au fond de la baie des Puants, descendaient chez les Mascoutins et allaient évangéliser les Illinois au sud-ouest du lac Michigan [1].

Ces vastes régions s'ouvraient à l'activité française en même temps qu'à la Foi chrétienne. La France arborait son drapeau partout où le missionnaire plantait la croix. Les protestants eux-mêmes ont rendu aux Jésuites ce témoignage d'avoir été les apôtres du Christ et de la France dans les *pays d'en haut*, comme on disait alors; dans le *Far-West*, comme disent aujourd'hui les pionniers Américains. « Toutes les traditions de cette époque, écrit l'historien protestant des États-Unis, témoignent en faveur des missionnaires de la Compagnie de Jésus. L'histoire de leurs travaux est liée à l'origine de toutes les villes célèbres de l'Amérique française; et il est de fait qu'on ne pouvait doubler un seul cap ni découvrir une rivière que l'expédi-

1. *Relation* de 1671, pp. 42-47. — Les Illinois habitèrent d'abord le Far-West. En ayant été chassés par leurs ennemis, ils se réfugièrent sur les rivages du lac Michigan ou *Michiganon*, auquel ils laissèrent leur nom. Les Iroquois les forcèrent encore à quitter ce pays, et ils se retirèrent au delà du Mississipi, à l'exception cependant d'une des nations illinoises, qui élut domicile dans le voisinage des Mascoutins. Peu à peu les autres nations repassèrent le Mississipi et s'étendirent sur un immense territoire, borné au nord par la rivière des Renards, le Visconsin, le lac Michigan et la rivière Saint-Joseph; à l'ouest et au sud, par la rivière des Miamis et l'Ohio; à l'ouest, par la rive occidentale du Mississipi qu'ils occupaient en certains points (Nic. Perrot, édit. par le P. Tailhan, p. 220 et suiv.; — *Relations* de 1670, p. 91; — de 1671, pp. 24, 25, 47, 49; — de 1658, p. 21; — de 1660, p. 12; — de 1667, p. 21; .....)

tion n'eût à sa tête un Jésuite [1]. » Le professeur d'histoire à l'école militaire de Saint-Cyr, L. Dussieux, ne refusait pas à ces religieux le même tribut d'admiration. Dans le petit livre où il résume ses belles leçons de 1850 sur les luttes héroïques de la France au Canada, il écrit ces quelques lignes, qui sembleraient une exagération de la part d'un autre historien : « Les Jésuites allèrent prêcher la foi aux nations qui habitaient les rives du lac Supérieur et commencèrent à avoir les premiers aperçus sur la géographie des parties centrales et occidentales de l'Amérique du Nord... La géographie, le commerce et la politique française faisaient d'immenses progrès à la suite de la foi. On ne saurait trop insister sur ces grands travaux des Jésuites et sur leurs résultats [2]. »

Plus loin, le même historien ajoute : « L'intendant Talon sut mettre à profit, pour l'augmentation de la puissance de la France, les progrès et les découvertes des missionnaires dans les pays d'en haut. Il avait formé le dessein de prendre possession de toutes les terres au Nord et à l'Ouest du Canada. Les peuples qui habitaient ces régions étaient de race algonquine et fort préparés par les missionnaires à notre alliance [3]. »

Pour exécuter son dessein, l'intendant conçut le projet de convoquer toutes les nations sauvages du Nord et de

1. *History of the United States*, vol. II, chap. XX.

2. *Le Canada*, 2e édit., p. 65. — La carte des lacs Supérieur, Huron et Michigan, faite à cette époque par les missionnaires des Outaouais, a été insérée dans la *Relation* de 1670. V. la *Cartographie succincte de la Nouvelle-France*, par Harrisse, n° 201. — Comme on peut le voir dans la *Cartographie succincte* (n° 202, p. 194), et dans la *Cartographie de la Nouvelle-France*, de M. G. Marcel (n° 7, p. 8), les Jésuites firent aussi une carte de la *Nouvelle découverte faite en l'année 1672*, carte continuée par Marquette.

3. *Ibid.*, p. 69.

l'Ouest à la résidence des Pères, à Sainte-Marie-du-Saut, comme étant un point central et de facile accès, et là, dans une grande assemblée générale, de leur proposer de se mettre sous le protectorat de la France. L'idée ne manquait ni de grandeur, ni d'à propos. Mais comment prévenir toutes ces peuplades dispersées et leur faire accepter cette réunion? Talon jeta les yeux sur un voyageur capable de mener à bien l'entreprise, Nicolas Perrot, homme d'esprit et habile, très jeune encore, puisqu'il avait à peine vingt-sept ans, et qui s'était enrôlé, comme *engagé*, au service des missionnaires. L'engagement ne dura pas longtemps, assez cependant pour lui permettre de visiter la plupart des peuplades indigènes et d'apprendre leurs langues. En 1670, il avait quitté le service des Jésuites, tout en restant leur ami dévoué et il se livrait au commerce des pelleteries ; mais ce « n'était pas un trafiquant vulgaire, uniquement préoccupé de ses intérêts et de ceux de ses commettants. Dès le commencement de sa carrière, il comprit combien il importait à la colonie et à la France de voir toutes les nations de l'Ouest unies entre elles contre l'Iroquois, l'ennemi commun [1]; » et, dans toutes ses courses chez les nations situées à l'ouest des grands lacs, il ne perdit jamais de vue ce but élevé [2]. Les sauvages l'estimaient et il exerçait sur eux la plus heureuse influence.

Au printemps de 1670, Perrot descendit à Montréal avec une flottille de trente canots indiens, par la rivière des Français, le lac Nipissing et l'Ottawa. Talon le voit et charge cet infatigable explorateur de préparer la grande assemblée du Saut-Sainte-Marie ; l'intendant ne pouvait

1. Note du P. Tailhan sur le *Mémoire* de Perrot, p. 260.
2. *Ibid.*, pp. 260 et suiv.

s'adresser à un agent plus habile et plus actif. Perrot passe l'hiver (1670-1671) chez les Amikoués, au bord du lac Huron, d'où il expédie des courriers au Nord et à l'Ouest, pour inviter les tribus à se trouver, le mois de juin suivant, au Saut, où le Gouverneur général devait envoyer un de ses capitaines avec mission de leur faire connaître ses volontés.

Ce capitaine était M. de Saint-Lusson, désigné pour prendre possession du pays des Outaouais, au nom du roi de France. Le 14 juin[1], plus de quatorze nations se rendent à la réunion des contrées les plus éloignées. D'Ablon, Druillettes, André, Allouez et Perrot y assistaient, ce dernier en qualité d'interprète[2].

Sur une éminence qui domine la bourgade des Sauteurs, les Français plantent d'un côté la croix, de l'autre un poteau surmonté des armes de France. M. de Saint-Lusson, entouré des missionnaires et des Français, se place près de la croix, et les sauvages se pressent autour d'eux, attentifs, étonnés. Après le chant du *Vexilla regis* et de l'*exaudiat*, qui se mêle au bruit sourd des vagues bondissantes de la rivière Sainte-Marie, le P. Allouez se lève, et dans un discours algonquin, pittoresque et imagé, il

1. Un *acte* de la prise de possession des pays des Outaouais est conservé aux archives de la marine. A la fin de l'acte on lit : « fait à Sainte-Marie-du-Sault le 14e jour de juin, l'an de grâce 1671. » C'est donc par erreur que la *Relation* de 1671, p. 26, indique le 4 juin. C'est aussi par erreur que Perrot, p. 127, assigne pour date à cette cérémonie l'année 1669. Peut-être est-ce le copiste qui s'est trompé. Enfin, Perrot dit que le P. Marquette assista au conseil; il se trompe, car le Père était alors avec les Hurons et les Outaouais, qui n'arrivèrent au Saut qu'après la réunion. Du reste, le nom du P. Marquette ne figure pas parmi les signataires du procès-verbal.

Voir sur cette réunion : *Perrot*, p. 126, chap. XX, et la note, p. 290; — *Relation* de 1671, p. 26 et suiv.

2. Procès-verbal de la réunion (Ministère de la marine).

célèbre d'abord les grandeurs du Christ, fils de Dieu, puis il redit la puissance du roi de France, et s'efforce de persuader aux sauvages qu'il ne peut rien leur arriver de plus avantageux que de mériter la protection d'un tel monarque ; qu'ils l'obtiendront s'ils le reconnaissent pour leur grand chef. Un immense cri d'approbation répond au discours de l'orateur. M. de Saint-Lusson lit la commission qu'il a reçue du Gouverneur, Perrot l'explique ; les sauvages reconnaissent le roi de France pour leur père ; tout le pays est mis sous la protection de Sa Majesté, et la cérémonie se termine par le *Te Deum* et un beau feu de joie [1].

Bancroft termine par cette réflexion le récit de cette prise de possession des pays d'en haut : « C'est ainsi que la puissance de la France et sa foi religieuse se manifestaient hautement en présence des antiques races de l'Amérique et au cœur de notre continent. Mais cette ambition hardie des serviteurs d'un monarque guerrier était condamnée à ne laisser aucune trace durable [2]. » Hélas ! un siècle ne s'était pas écoulé, et, de la domination française dans cette partie de l'Amérique du Nord, il restait à peine le souvenir de cette pacifique conquête, préparée et obtenue par les soins et les travaux des missionnaires.

Pendant que ces évènements s'accomplissaient dans l'Ouest, que les apôtres de l'Évangile annonçaient le Christ et portaient le nom de la France aux sauvages des pays d'en haut, d'autres Jésuites parcouraient à l'Est le territoire canadien entre le Saint-Laurent et la baie d'Hudson, dans l'espoir de découvrir de nouveaux peuples à évangéli-

1. *Relation* de 1671, pp. 26, 27 et 28 ; — *Perrot*, ch. XX, p. 126, et notes sur le ch. XX, p. 290 et suiv.
2. *History of the United States*, vol. II, p. 807.

ser ou pour porter les secours de la religion aux tribus qui les réclamaient instamment.

On a vu que déjà en 1641 le P. de Quen avait visité le lac Saint-Jean, que, dix ans plus tard, le P. Buteux s'était rendu par le Saint-Maurice chez les Attikamègues, à la hauteur des terres, où la rivière Matawin prend sa source. Depuis lors, les voyages s'étaient ralentis ; les missionnaires ne s'étaient pas aventurés dans l'intérieur des terres, et les timides peuplades du Nord, au lieu de descendre à Québec et aux Trois-Rivières, où elles craignaient de rencontrer les Iroquois, allaient trafiquer à Tadoussac, poste français plus éloigné de l'ennemi.

Un jour cependant (1660) on apprend qu'un Algonquin, qui a voyagé dans les environs de la baie James et y a rencontré beaucoup de ses compatriotes fugitifs, est revenu au Saint-Laurent par le Saguenay, chargé de présents pour le Gouverneur de la Nouvelle-France. Cette nouvelle inspire à deux Jésuites entreprenants le désir de marcher à la découverte de la *Mer du Nord* — c'est ainsi qu'on appelait la baie d'Hudson — par le même chemin. Au commencement de juin de l'année 1661, les Pères d'Ablon et Druillettes s'engagent dans le Saguenay sur une flottille de quarante canots, montés par les Indiens ; ils dépassent Chicoutimi et arrivent sur les bords du Saint-Jean, magnifique lac, long de quinze lieues et large de dix, alimenté par plus de douze rivières et situé vers le 49° de latitude nord. Aucun Français ne s'était encore avancé au delà de ce pays, dont les missionnaires, dans leurs récits, signalent la beauté ravissante, l'excellence des terres et la douceur relative du climat. Dans les premiers jours de juillet, ils sont à Nekouba, source de la rivière du même nom, qui se décharge dans le lac Saint-Jean, et de là ils écrivent au P. Jérôme Lalemant : « Nekouba est un lieu célèbre, à cause d'une foire qui s'y tient tous les ans, à laquelle tous les sauvages d'alentour se rendent pour leur petit commerce [1]. Nous avons passé, pour venir ici, par des forêts capables d'effrayer les voyageurs les plus assurés, soit pour la vaste étendue des grandes solitudes, soit pour l'âpreté des chemins également rudes et dangereux... »

La foire se tenait à Nekouba, à l'arrivée des Pères ; aussi plusieurs nations s'y trouvaient-elles réunies. « Nous avons vu, dit la même lettre, des peuples de huit ou dix nations, dont les unes n'avaient jamais ni vu de Français, ni entendu parler de Dieu ; les autres, qui ayant été baptisées autrefois à Tadoussac ou au lac Saint-Jean, gémissaient depuis plusieurs années après le retour de leurs pasteurs. Nous avons donc la consolation d'avoir fait entendre l'Évangile à diverses nations, dont plusieurs enfants ont été baptisés, plusieurs adultes instruits, plusieurs pénitents réconciliés par le sacrement de confession [2] ». Les missionnaires, après quelques jours de repos, se disposaient à continuer leur route, mais les sauvages qui les accompagnent refusent d'aller plus loin, à la nouvelle que les Iroquois ont battu la nation des Écureuils et se dirigent vers la *mer du Nord*. Force est de rentrer à Tadoussac [3].

Pendant ce temps, le P. Bailloquet descendait le Saint-Laurent jusqu'à l'embouchure du fleuve, et, s'enfonçant dans les terres, dans la direction du nord-est, il visitait les « Papinachois, les Bersiamites, la nation des Monts pelés, les Oumamiouek et autres alliées de celle-ci [4]. »

1. *Relation* de 1661, sect. I, p. 13 et suiv.
2. *Ibid.*
3. *Ibid.*, sect. II, p. 21.
4. *Ibid.*, p. 29 ; — *Charlevoix*, t. I, p. 351.

On lit dans *Charlevoix* : « Il trouva partout des sauvages, à qui il ne manquait, pour être de bons chrétiens, que d'être instruits ; il en

Tadoussac restait le centre de toutes les missions organisées dans ces vastes contrées, au nord du grand fleuve. C'est là que les Indiens venaient se faire instruire et recevoir les sacrements depuis les bords de la baie d'Hudson jusqu'à l'île d'Anticosti ; c'est de là que partaient les missionnaires pour porter aux tribus sauvages les lumières et les consolations de la Foi.

En 1664, tandis que le P. Druillettes visite les peuplades errantes du Saguenay, le P. Henry Nouvel s'avance, à travers mille dangers, jusqu'au lac Manikouagan, auquel il donne le nom de Saint-Barnabé [1]. L'année suivante, il revient sur les bords du même lac continuer son œuvre d'évangélisation, puis il passe l'hiver au lac Saint-Jean sous la tente des chasseurs, et, l'été suivant, au milieu des Papinachois [2]. Il combinait un voyage à la *mer du Nord* ; il avait réuni de nombreux renseignements en vue de cette excursion apostolique ; mais l'année du départ, le conducteur, un capitaine Oumamiois, de la vallée d'Hudson, ne paraît pas au lieu du rendez-vous [3].

Sous sa direction, la mission de Tadoussac devient si fervente, que Marie de l'Incarnation écrit le 1er septembre 1668 : « Les nations du Nord sont les sauvages les plus soumis et les plus dociles pour nos saints mystères que l'on ait encore rencontrés. Il y a peu de temps que le P. Nouvel en amena cinq cents à Tadoussac qui témoignèrent une extrême passion de voir Monseigneur notre prélat. Si tôt que sa Grandeur en fut avertie, elle partit pour les aller visiter et les féliciter de leur soumission à la

baptisa plusieurs, et surtout quantité d'enfants moribonds, et laissa une moisson bien préparée. » (*Ibid.*)

1. *Relation* de 1664, p. 14.

2. *Ibid.*, p. 20.

3. *Relation* de 1664, pp. 19 et 20 ; — *Relation* de 1665, ch. VI, p. 13.

foi; et pour ne pas perdre une occasion si favorable, elle donna le sacrement de confirmation à ceux qui se trouvèrent disposés pour le recevoir. D'autres Pères vont joindre le P. Nouvel pour accompagner les sauvages dans les bois durant leurs chasses et dans leur hivernement [1]. »

Toutefois, le rêve des missionnaires était de visiter les peuplades de la baie d'Hudson, de découvrir, comme ils disaient, la mer du Nord; et plusieurs fois ils essayèrent de le réaliser, sans y réussir, les Indiens refusant toujours de les conduire.

Une circonstance imprévue leur permit enfin de mettre leur projet à exécution. On sait que Sébastien Cabot pénétra le premier dans la Méditerranée de l'Amérique du Nord. Après lui, l'infortuné Henri Hudson s'en ouvrit la route en 1610 et y laissa son nom. Les voyages vers cette nouvelle mer se succédèrent ensuite à des intervalles assez rapprochés : les navigateurs anglais, Button, Fox, James, et le français Jean Bourdon y vinrent par le détroit d'Hudson et explorèrent la baie jusqu'au rétrécissement de l'extrémité méridionale, auquel le nom de *baie James* est resté attaché. Le but de presque tous ces voyages, entrepris par mer, était la recherche d'un passage de l'Atlantique au Pacifique par le nord du nouveau continent. Aussi les explorateurs ne songèrent-ils pas à y créer des établissements commerciaux. Et cependant il y avait là un champ à exploiter pour la traite des pelleteries.

Deux transfuges français, Chouard des Groselliers et Radisson, devaient avoir le triste honneur de découvrir cette riche exploitation à l'Angleterre; ils offrirent à Rupert, neveu de Charles Ier, d'ouvrir au commerce anglais ces pays nouveaux. Rupert accepta l'offre, et, en 1668, il envoya

1. *Lettres historiques*, p. 628; — *Relation* de 1668, pp. 22 et 24.

dans la baie, sous la conduite des deux transfuges, plusieurs navires, qui rapportèrent des cargaisons de peaux de castor. La Compagnie de la baie d'Hudson fut aussitôt fondée, et le fort Rupert élevé à l'embouchure de la rivière Nemiscau.

Grande fut l'émotion religieuse et patriotique à Québec, à la nouvelle de ces derniers évènements, qui portaient une si grave atteinte à la prédication de l'Évangile et au commerce de la colonie. Talon revenait de France, où l'avaient appelé les affaires du gouvernement colonial. Il apprend par des Algonquins « que deux vaisseaux Européens cabannent assez près de la baie d'Hudson [1] » et aussitôt il prend une mesure énergique : « il y fait passer par terre quelques hommes de résolution, pour inviter les Kilistinons, qui sont en grand nombre dans le voisinage de cette baie, de descendre à Québec [2] », afin d'y trafiquer directement avec les Français ; puis il les charge de planter le drapeau national sur cette terre encore inconnue des colons et d'en prendre possession au nom du roi de France. *Ces hommes de résolution* étaient le P. Charles Albanel, Denys de Saint-Simon et un autre Français.

Charles Albanel, autrefois missionnaire à Tadoussac, y avait connu les Kilistinons. Il parlait facilement leur langue et savait comment manier leur naturel défiant. En outre, cet industrieux enfant de l'Auvergne possédait deux qualités très utiles à cette longue et périlleuse entreprise, la ténacité persévérante de ses compatriotes et une ardeur infatigable.

Il y avait cependant en lui plus du découvreur que du missionnaire ; il aimait plus à voyager qu'à convertir, à voir des nations nouvelles qu'à les évangéliser. C'est le

1. Lettre à Colbert; Québec, 10 novembre 1670. (*Margry*, I, p. 84).
2. *Ibid.*

type du voyageur, ce n'est pas le modèle de l'apôtre, ni du religieux. Ses supérieurs n'eurent pas à se louer de lui, les premières années de son séjour à la Nouvelle-France. Il finit par comprendre sa sublime mission, et le chercheur d'aventures devint ce qu'il aurait dû toujours être, un chercheur d'âmes. S'il n'a rien perdu en 1670 de son goût prononcé pour les voyages, il est du moins alors convaincu que l'apostolat est le premier but du missionnaire[1].

Le 22 août 1670, il s'embarque sur le Saguenay avec Saint-Simon, un Français et six sauvages. Contraint d'hiverner sur les bords du lac Saint-Jean, il se remet en route au mois de juin de l'année suivante, traverse le lac des Mistassins, descend la rivière Nemiscau et arrive le 1er juillet sur les bords de la grande baie, au village de *Miscoutenagechit*, où les sauvages, qui avaient demandé

1. Le P. Charles Albanel, né en Auvergne en 1616, entra au noviciat des Jésuites le 16 sept. 1633, après son cours de philosophie. Au sortir du noviciat il professa la grammaire, les humanités et la rhétorique dans différents collèges, à Cahors, à Carcassonne, à Mauriac et à Aurillac; puis il fit sa théologie à Tournon. Le 23 août 1649 il arrivait au Canada. — Le P. Lalemant écrit sur lui au R. P. Général, le 20 juillet 1664 : « Veteranum illum operarium, optimi ingenii naturalis, et qui potens est verbo et sermone apud barbaros sed vitâ non satis religiosâ. » Il avait déjà écrit le 8 sept. 1661 : « Si unum excipias. P. Carolum Albanel, vivunt omnes nostri patres religiosè, eximii omnes et omni genere virtutis egregii. » A partir de 1668, le P. Albanel est entré dans la vraie voie du missionnaire, et le 26 août 1670, le P. Le Mercier peut écrire au R. P. Oliva qu'il en est pleinement satisfait, puis il ajoute : « Hiemavit cum sylvestribus christianis, quos *Montanenses* vocant, quibus tetrâ lue correptis mirâ charitate adfuit, cum bonâ ædificatione gallorum quibuscum erat. » (Arch. gen. S. J.)

Consulter sur les travaux de ce missionnaire : *Relations* de 1651, 1666, 1669, 1670 et 1672; — *Relations inédites*, t. I, *Journal du P. de Crépieul*, p. 320 ; t. II, pp. 4, 5, 46 et suiv.; — *Lettres historiques*, p. 672; — *Charlevoix*, pp. 477 et 478; — *Découvertes...*, *Margry*, t. I, p. 92.

un missionnaire pour les évangéliser [1], le reçoivent avec de grandes démonstrations de joie. Dans les endroits où il passe, « il fait des actes de prise de possession, suivant les ordres qu'il en a ; il les signe avec le sieur de Saint-Simon et les fait aussi signer par les chefs de dix ou douze nations sauvages, qu'il avait eu la précaution de rassembler, pour être témoins de cette cérémonie [2]. »

Le 5 juillet il repart pour Québec, où il débarque les premiers jours d'août, « après un voyage extrêmement difficile » de deux cents portages et de quatre cents rapides. « Jusques ici, dit le P. Albanel, on avait estimé ce voyage impossible aux Français, qui après l'avoir entrepris déjà par trois fois, et n'en ayant pu vaincre les obstacles, s'étaient vus obligés de l'abandonner dans le désespoir du succès. Ce qui paraît impossible, se trouve aisé quand il plait à Dieu. La conduite m'en était dûe, après dix-huit ans de poursuites que j'en avais faite, et j'avais des preuves assez sensibles que Dieu m'en réservait l'exécution... Je n'ai pas été trompé dans mon attente, j'en ai ouvert le chemin en compagnie de deux Français et de six sauvages [3]. »

L'année suivante, cet intrépide voyageur, âgé de cinquante-sept ans, se remettait en route pour la baie d'Hudson, dans le seul désir d'y prêcher Jésus-Christ. Sur ce voyage, le P. d'Ablon écrivait au Provincial de France ces quelques lignes, qui n'étaient pas originairement destinées à la publicité : « Il a hiverné en chemin à plus de cent lieues d'ici, mais ce n'a pas été sans beaucoup souffrir. Car outre la famine et les autres misères qui sont

1. Les sauvages de la baie d'Hudson avaient envoyé en 1661 des députés à Québec pour obtenir des missionnaires. En 1671, une nouvelle députation vint faire la même demande.

2. *Charlevoix*, t. I, p. 478.

3. *Relation* de 1672, p. 56.

ordinaires en ces sortes d'hivernements; après avoir dépensé tout ce qu'il avait porté pour vivre, s'en servant pour gagner et conserver ses sauvages; après avoir été longtemps couché sur terre sans pouvoir remuer à cause d'une chûte fâcheuse, il a été abandonné des sauvages qui le devaient conduire, et des Français qui le devaient accompagner. Nonobstant tout cela, ayant de plus appris que les Anglais s'étaient rendus par mer dans l'endroit même où il allait, qu'ils s'y étaient fortifiés, et menaçaient de le tuer s'il se hasardait à y venir, nonobstant tout cela, dis-je, il n'a pas laissé de poursuivre son chemin, ne s'appuyant que sur la Providence[1]. »

Pendant plus de deux ans, on n'entendit pas parler de lui; il courut même le bruit qu'il avait été tué par les sauvages[2]. Ce furent les Anglais qui le firent prisonnier et ne le rendirent à la liberté qu'en 1676. Grand honneur pour un apôtre de souffrir pour la foi! Il ne tira pas de ce second voyage le fruit qu'il en attendait, les Anglais ne l'ayant pas laissé libre d'exercer son apostolat. Au premier voyage, il avait administré le baptême à deux cents sauvages, enfants ou adultes; il avait gagné à Jésus-Christ tous les capitaines et les principaux chefs, et il avait pu constater avec bonheur que les deux grands obstacles à la propagation de la foi parmi les Indiens, la superstition et l'immoralité, n'offriraient pas, chez ces nations du Nord, une résistance sérieuse aux triomphes de l'Évangile[3].

On peut se demander si ce voyage fut aussi satisfaisant au point de vue commercial qu'au point de vue religieux.

1. *Relations inédites de la Nouvelle-France*, t. II, p. 4. Lettre du P. d'Ablon au R. P. Pinette, provincial de France; Québec, 24 oct. 1674.

2. *Relations inédites*, II, p. 46.

3. *Relation* de 1672, p. 56.

Sans doute que les députés, envoyés par l'intendant du Canada pour prendre possession au nom de la France de toutes les terres septentrionales, remplirent consciencieusement leur mission. Toutefois les changements survenus dans le gouvernement colonial, par suite du rappel de Talon et de son remplacement à Québec, occasionnèrent de regrettables délais dans l'occupation par un poste français de cette partie de l'Amérique du Nord. Les Anglais en profitèrent pour agir en maîtres dans ce pays, et accaparer la plus grosse part, sinon la part tout entière, de la troque des pelleteries; ils construisirent même plusieurs forts destinés à maintenir leur domination sur la grande baie. De cette situation il devait sortir, comme on le verra bientôt, une lutte ardente et opiniâtre entre les deux nations rivales de France et d'Angleterre; et leur rivalité pour posséder la baie d'Hudson fit couler plus d'une fois le sang sur ces contrées du Nord, où le P. Albanel et Denys de Saint-Simon avaient arboré, après tant d'efforts, en présence des principaux capitaines des tribus sauvages, le drapeau aux fleurs de lis de Louis XIV.

L'œuvre de la propagation de la Foi et de l'influence française dans la région du bassin inférieur du Saint-Laurent, au sud des lacs Érié et Ontario, ne faisait pas les mêmes rapides progrès qu'au Nord et au Nord-Ouest de la Nouvelle-France. Au sein de cette confédération redoutable des cinq nations Iroquoises, où leur ministère avait dû cesser en 1658, les Jésuites essayèrent plus d'une fois, depuis l'établissement du vicariat apostolique, de reprendre le cours brusquement interrompu de leurs missions; et chaque fois ils en furent empêchés par l'implacable hostilité de ce peuple de guerriers.

En 1660, des députés d'Onnontagué et de Goyogouen

ramenèrent à Montréal quatre prisonniers français, et demandèrent en échange l'élargissement de huit de leurs compatriotes [1].

Le chef de l'ambassade, Garakontié, le plus célèbre capitaine des Onnontagués, grand ami autrefois des missionnaires, était chargé de proposer, outre l'échange des prisonniers, la paix avec les deux cantons, à la condition toutefois que la Robe noire irait habiter dans leur pays : « Sans cela, dit-il, point de paix, et la vie de vingt français captifs à Onnontagué est attachée à ce voyage [2]. »

Le gouverneur ne se crut pas autorisé à répondre à cette proposition ; il renvoya l'affaire au vicomte d'Argenson, qui voulut l'examiner en présence des habitants de Québec, tant elle lui semblait grave à cause de la perfidie si connue des Iroquois, de leur manque absolu de toute loyauté. Fallait-il accorder aux ambassadeurs un missionnaire Jésuite? N'était-ce pas le livrer sûrement à la mort [3]? « Jamais les Jésuites, dit Ferland, n'avaient hésité à se rendre dans les lieux où leur présence pouvait produire quelque bien ; la crainte des insultes, des mauvais traitements, de la mort, ne les arrêtait point quand ils avaient reçu l'ordre d'aller travailler à la gloire de Dieu. Mais les autorités entrevoyaient de nouvelles trahisons derrière les belles promesses des Iroquois ; on craignait que ces rusés politiques ne se servissent du missionnaire comme d'un otage, au moyen duquel ils pourraient imposer des conditions. Malgré ces justes appréhensions, la crise était si violente pour la colonie, qu'on pria le supérieur des Jésuites d'envoyer un de ses religieux au secours des pau-

1. *Relation* de 1661, p. 7.
2. *Ibid.*, p. 8.
3. *Ibid.*, pp. 8 et 9.

vres prisonniers. Pour la cinquième fois, le P. Simon Le Moyne eut l'honneur d'être appelé à exposer sa vie dans les cantons iroquois [1]. »

Le 21 juillet 1661, le P. Le Moyne part gaiement de Montréal avec les députés iroquois, heureux d'aller rendre les Français à la liberté et d'apporter les consolations de la foi aux Hurons chrétiens, captifs depuis près de douze ans. Il espérait aussi déposer les semences de la vérité religieuse au cœur des Onnontagués et des Goyogouins [2].

1. *Cours d'histoire du Canada*, t. I, p. 470. — Voir : *Relation* de 1661, section I, p. 8 ; — *Lettres historiques* de Marie de l'Incarnation, lettre LXI ; — *Découvertes*, Margry, t. I, p. 40.

2. Mgr de Laval écrivait aux cardinaux de la Propagande, le 21 octobre 1661 : « Unus (è Societate Jesu) versus meridiem medios inter hostes Iroquæos missus est periculoso exitu atque incerto. quibus nimirum barbaris nulla fides. Venerant ad nos tres hostium legati, quatuor quos habebant captivos gallos nobis reddituri ut octo socios suos quos captivos habebamus vicissim ipsis reponeremus ; spem faciebant certam, si unus è missionariis nostris iter vellet suscipere apud Iroquæos fore ut non vacuus rediret, eidem reddendos utique vigenti alios gallos et amplius illic captivos, simulque omnes redituros ante hiemem ; addebant multos illic vivere christianos Hurones captivos, qui sacerdotem optarent à quo docerentur, multos Iroquæos qui doceri etiam percuperent ; idipsum prescribebant ad nos captivi illic galli, sancteque affirmabant segetes albas hic esse ad messem. In spem contra spem, in Deo fidentes, sacerdotem unum illùc misimus qui ad nos quidem non rediit. » (Arch. de la Propagande, vol. 256, p. 26.) — Le 8 sept. 1661, le P. J. Lalemant écrivait au P. Chrystophe Lehorrer, vicaire général de la Compagnie, à Rome : « Cursum missionum nostrarum extendimus ; ad Austrum apud barbaros ipsos hostes nostros, tot proditionibus reos et infames, missus est P. Simon Le Moyne, veteranus illarum regionum missionarius. Isti enim cum ex captivis gallis ad viginti selegissent, quibus à flammis parcerent, miserunt qui dicerent liberos dimittendos, si ex vestibus nigris (hoc est ex nostris) aliquis ad ipsos rediret, rem christianam promoturus. Hoc à nobis *efflagitante gubernatore et populo*, non fuit integrum non acquiescere, animo præsertim subserviendi consiliis et judiciis Dei inscrutabilibus, qui

Il fait son entrée à Onnontagué en vrai triomphateur, entre deux haies d'hommes, de femmes et d'enfants. Est-ce de bon augure? Quelques mois après, neuf Français sur vingt sont mis en liberté et conduits à Montréal ; les autres et le Jésuite restent prisonniers à Onnontagué. Le P. Le Moyne ne s'en plaignit pas : « Il souffrait volontiers ses chaînes pour rompre celles des Français [1]. » Cependant, après les plus persévérants efforts, grâce surtout à l'habileté et au tact intelligent de Garakontié, il peut délivrer les autres Français et les ramener lui-même à Québec dans le courant de l'été de 1662 [2].

Il ne devait pas survivre longtemps à cette dernière ambassade au pays des Iroquois. Les privations, les mauvais traitements, les fatigues de l'apostolat au milieu de périls sans nombre, avaient altéré sa robuste santé. Il n'avait échappé à la mort que par une protection spéciale de la Providence, les sauvages ayant, dès son arrivée, décidé de le tuer et donné des ordres pour lui fendre la tête [3]. Il mourut au cap de la Madeleine, le jour de la fête de son patron, le 24 novembre 1665 [4].

La mort de ce vaillant apôtre fut une perte pour la mission ; les sauvages firent son éloge dans leur langue imagée. En présence du marquis de Tracy, dans une audience solen-

hâc occasione forte uti voluit ad salutem alicujus prædestinati ; ad hanc igitur periculosam provinciam libenti animo ex obedientiâ convolavit prædictus Pater à nobisque discessit 21 Julli. » (Arch. gen. S. J.)

1. *Relation* de 1662, p. 14.

2. *Relation* de 1662, ch. V, p. 11 et ch. VI, p. 13.

3. *Ibid.*, p. 13. — Pour tout ce qui précède sur l'ambassade du P. Le Moyne, consulter : *Relation* de 1661, ch. II, section I et II ; — *Relation* de 1662, ch. IV, V et VI ; — *Lettres historiques*, lettres LXI et LXII ; — Ferland, l. I, ch. XIII, p. 469 ; — Charlevoix, t. I, pp. 349 et 352.....

4. *Journal des Jésuites*, p. 339.

nelle qui lui fut accordée à Québec, Garakontié s'adressa au Père et lui dit au nom des Onnontagués : « Ondessonk (c'était le nom sauvage du P. Le Moyne), m'entends-tu du pays des morts, où tu es passé si vite ? C'est toi qui as porté tant de fois ta tête sur les échafauds des Agniers ; c'est toi qui as été courageusement jusque dans leurs feux en arracher tant de Français ; c'est toi qui as mené la paix et la tranquillité partout où tu passais, et qui as fait des fidèles partout où tu demeurais. Nous t'avons vu sur nos nattes de conseil décider de la paix et de la guerre ; nos cabanes se sont trouvées trop petites quand tu y es entré, et nos villages même étaient trop étroits quand tu t'y trouvais, tant la foule du peuple que tu y attirais par tes paroles était grande..... Nous te pleurons, parce qu'en te perdant, nous avons perdu notre Père et notre Protecteur [1]. »

Cependant le moment arrivait où un grand coup allait être frappé contre les plus redoutables ennemis des Français. C'était l'heure choisie par Dieu pour l'établissement de missions durables dans chacun des cantons de la confédération iroquoise.

Nous avons dit, à la fin du chapitre précédent, que le Roi avait nommé M. de Courcelles gouverneur général du Canada, et le marquis de Tracy commandant en chef des forces militaires. Celles-ci se composaient d'un côté des Canadiens-Français, de l'autre de quelques compagnies du régiment de Carignan sous la conduite du colonel de Salières. Les officiers et les soldats de ce régiment s'étaient distingués à la bataille de Saint-Gotthard, gagnée en Hongrie (1664) contre les Turcs. Leur indomptable courage avait décidé la victoire. De retour de Hongrie, on les

1. *Relation* de 1666, p. 5.

embarqua pour la Nouvelle-France « sur une escadre, qui portait aussi MM. de Courcelles et Talon, un grand nombre de familles, quantité d'artisans, des engagés, les premiers chevaux qu'on ait vus en Canada, des bœufs, des moutons, en un mot, une colonie plus considérable que celle qu'on venait renforcer[1]. »

Le marquis de Tracy[2] joignait au titre de lieutenant-

1. *Charlevoix*, t. I, p. 381.

2. Pendant son séjour dans l'Amérique méridionale, à Cayenne, à Saint-Domingue et à la Guadeloupe, Alexandre de Prouville, marquis de Tracy, s'était montré le protecteur et l'ami des Jésuites, missionnaires en ces pays. Le Général des Jésuites l'en remercia, le 20 janvier 1665, par une lettre, où il lui recommandait en même temps ses religieux de la Nouvelle-France : Intellexi ex litteris Patrum nostrorum, qui in *Americâ meridionali* versantur peculiaria officia quæ ipsis excellentia vestra, pro suâ ergà societatem nostram benevolentiâ, præstitit. Pro his ut officii mei et debitæ gratitudinis ratio exigit humillimas gratias ago, simulque rogo enixè ut eosdem Societatis nostræ operarios, qui saluti animarum incumbunt in *Americâ Septentrionali* paris benevolentiæ significatione persequi velit. Spero illos habituros esse in Excellentiâ vestrâ peritissimâ defensorem ac protectorem. Cum enim illi laboribus suis nihil aliud quærant quam divini laudis laudem, animarum salutem ac piissimi Regis X[mi] gloriam, probèque noverim Excellentiam vestram eumdem finem spectare, persuasum habeo locum favoris inventuros esse apud eum cui eâdem voluntatum consiliorumque ratione consentiunt. Non deerunt illi certissimè debitis Excellentiæ vestræ officiis. (Arch. gen. S. J.). — Les Jésuites du Canada se montrèrent, en effet, vis-à-vis du vice-roi, pleins de déférence et de gratitude, comme celui-ci le fit savoir, cette année même, à leur Général, et le Général lui répondit, le 5 janvier 1666 : « Non satis esse duco, quod intelligam Patres nostros, qui in novà Francià versantur, quibuscumque possunt humilis obsequii significationibus probare gratitudinem suam Excellentiæ vestræ, nisi ipsis ego quoque adjungar. » — Le marquis de Tracy fit plus que de protéger les missionnaires. il écrivit au roi pour les laver des reproches dont les calomnies de M. de Mésy avaient cherché à les noircir. Le P. Oliva l'en remercie dans la même lettre : Audio de Patribus nostris tam amanter tamque benevolè Excellentiam vestram esse sollicitam, ad Parisiensem usque Christianissimi regis aulam, ut minimè memores acceptæ gratiæ tam

général des troupes celui de vice-roi, et l'on doit avouer que ce dernier ne déplaisait pas à ce gentilhomme qui aimait le luxe, l'étalage en tout. A Québec, il ne sortait jamais sans être précédé de vingt-quatre gardes et de quatre pages, sans être suivi de six laquais aux livrées royales et de plusieurs officiers richement vêtus. C'était une faiblesse bien pardonnable dans un grand seigneur doué des plus belles qualités personnelles, homme de bien, chrétien convaincu, soldat d'expérience et de courage, administrateur plein de verdeur et d'activité, quoique septuagénaire. La population française et les sauvages le reçurent avec enthousiasme et le saluèrent comme un sauveur [1].

Sa mission était de réduire les Iroquois ; dès son arrivée, il se prépare à la remplir. Il fait construire trois forts sur la rivière qui conduit aux Agniers : celui de Sorel sur l'ancien fort de Richelieu, et ceux de Saint-Louis (plus tard Chambly) et de Sainte-Thérèse. Dans la suite, on bâtit encore les forts de Saint-Jean et de Sainte-Anne (ou de Lamothe) [2].

Les Agniers et les Onneiouts, les deux nations les plus rapprochées de la rivière Richelieu et les plus hostiles à la France, s'inquiétaient assez peu des préparatifs de guerre des Français ; accoutumés depuis longtemps à faire trem-

insignis futuri simus, nisi Illust. Magnitudinis vestræ multa magnaque in nos promerita libentissimè ubique et linguis et animis prædicemus. (Arch. gen. S. J.)

1. *Relation* de 1665, chap. I et II.

2. Le fort de Sainte-Thérèse fut construit par le colonel de Salières et celui de Sainte-Anne par Lamotte-Cadillac. Sorel donna son nom au fort élevé sous sa direction, et Chambly bâtit le fort Saint-Louis au pied d'un courant connu aujourd'hui sous le nom de rapides de Chambly. (V. *Ferland*, t. II, ch. III et IV.)

bler leurs ennemis, ils se croyaient invincibles, ils ne s'imaginaient pas que des troupes européennes osassent jamais porter la guerre dans leurs cantons. Leur confiance était peut-être augmentée par le voisinage des Anglais, qui, après plusieurs incidents, étaient parvenus à enlever aux Hollandais la Nouvelle-Belgique, devenue aussitôt la Nouvelle-Angleterre [1]. Les Iroquois, placés entre les Anglais et les Français, n'étaient-ils pas portés à se croire forts de toute l'animosité qui divisait les deux plus grandes nations de l'Europe?

A peine les forts Sorel, Chambly et Sainte-Thérèse sont-ils construits que M. de Courcelles, emporté par son caractère chevaleresque, obéissant peut-être aussi à un puéril sentiment de vanité, décide d'aller attaquer les Iroquois dans leur propre pays, au cœur même de l'hiver. Avait-il consulté le lieutenant-général? Il est probable que non. Il se flattait d'avoir facilement raison de l'ennemi avec quelques centaines de soldats, et n'était pas fâché de jouir seul de la gloire de l'avoir vaincu et réduit à l'impuissance.

Par malheur pour lui, il ne se rendait aucunement compte de la situation. Il ne connaissait ni le canton des Agniers, où il prétendait descendre, ni les chemins qui y conduisent. Ses troupes ne faisaient que d'arriver de France, et elles n'étaient habituées ni aux rigueurs du froid du Canada, ni aux longues marches en raquettes sur les rivières et à travers les bois. Et puis, les soldats ne pouvaient emporter des vivres que pour quelques jours; le reste du temps, il fallait se nourrir du produit de la chasse,

1. Après l'occupation de la Nouvelle-Belgique par les Anglais, Manhatte reçut le nom de Nouvelle-York, et Orange celui d'Albany. Le territoire compris entre l'Hudson et la Delaware s'appela Nouveau-Jersey.

et la chasse est un art en ces contrées, à cette époque de l'année.

Mais le gouverneur, impatient d'agir, ne veut pas voir les difficultés, ni entendre les observations. Sur la fin de janvier 1666, il quitte le fort Sainte-Thérèse, sans même attendre les Algonquins qui doivent lui servir de guides, ses soldats n'ayant même pas le nombre suffisant de raquettes et de couvertures. Le P. Rafeix suivait les troupes en qualité d'aumônier. En route, le gouverneur s'égare et arrive à quelques milles d'Orange, croyant tomber en plein pays iroquois. Prévenu de son erreur par un marchand hollandais, il revient sur ses pas et se voit forcé de rentrer au fort Sainte-Thérèse, après avoir eu plusieurs officiers tués ou blessés par les Agniers, et avoir perdu une soixantaine de soldats, morts de faim et de misères. S'il n'eût rencontré au retour les guides algonquins, qui lui procurèrent des vivres, pas un homme ne serait revenu vivant[1].

L'humiliation de M. de Courcelles était grande, son irritation le fut plus encore. Blessé dans son amour-propre, et n'ayant pas le courage de supporter la responsabilité de ses imprudences et de son impardonnable précipitation, il ne trouva rien de mieux que de charger les Jésuites de ses propres torts, de les accuser d'avoir empêché les Algonquins de lui porter secours. En vérité, on ne se serait guère attendu à trouver les Jésuites en cette affaire. Ils protestèrent bien haut contre cette inique, ou plutôt, contre

1. *Mémoire* de M. de Salière des choses qui se sont passées au Canada les plus considérables depuis qu'il est arrivé. (Arch. de la Biblioth. nat., fonds français, vol. 4569, fol. 98...) ; — *Charlevoix*, t. I, p. 385 ; — *Relation* de 1666, pp. 6-8 ; — *Gosselin*, t. I, p. 477 ; — *Garneau*, t. I, l. IV, ch. I ; — *Faillon*, t. III, 3e partie, l. I ; — *Histoire du Montréal*, par Dollier de Casson, de 1665 à 1666 ; — *Journal des Jésuites*, janvier, février et mars 1666.

cette sotte accusation, et personne n'y ajouta foi, si ce n'est peut-être l'intendant Talon, qui était assez porté à voir dans les évènements désagréables la main ténébreuse de ces religieux [1]. Comme le fait observer un historien, quel intérêt pouvaient-ils bien avoir « à faire échouer une expédition qui devait être toute à l'avantage de leurs missions sauvages [2] ? » En outre, ajoute B. Sulte, — et on peut l'en croire quand il parle des Jésuites, — « les Algonquins étaient commandés par Godefroy de Normanville, un Canadien qui ne cédait ni aux religieux ni aux autres influences [3]. »

Cependant, le premier moment de mauvaise humeur passé, M. de Courcelles finit par rendre justice aux Jésuites indignement calomniés, il leur rendit sa confiance dont ils n'avaient jamais démérité, et, dans l'avenir, il ne fut pas une seule fois question entre eux de ce léger nuage [4].

Le gouvernement colonial ne pouvait rester sous le coup de la piteuse expédition du mois de janvier. En juillet, le capitaine Sorel reçoit l'ordre de marcher contre les Agniers. A vingt lieues des villages ennemis, il rencontre les députés de ce canton, porteurs de paroles de paix ; il se laisse fléchir, et les conduit lui-même à Québec, avec quelques Français, prisonniers des Iroquois, au lieu de mettre une fois pour toutes à la raison cette tribu perfide et les Ouneiouts, ses voisins [5].

Comme toujours, la paix n'était pas sincère, et l'expé-

1. *Journal des Jésuites*, p. 343, mars 1666.
2. *Gosselin*, t. I, p. 478.
3. *Sulte*, t. IV, p. 86.
4. *Gosselin*, t. I, p. 479 ; — *Journal des Jésuites*, mars 1666.
5. *Journal des Jésuites*, juillet et août 1666 ; — *Relation* de 1666, p. 7.

dition dut être reprise en automne. Le marquis de Tracy voulut la commander en personne, malgré son grand âge. Elle se composait de six cents soldats du régiment de Carignan, de six cents Canadiens-Français et d'une centaine de sauvages, Hurons et Algonquins ; en tout, treize cents hommes. Deux Jésuites, les Pères Albanel et Raffeix, et deux ecclésiastiques, MM. du Bois d'Esgrisettes et Dollier de Casson, suivaient les troupes.

Le 3 octobre, départ du fort de Sainte-Anne. Les quatre villages des Agniers n'offrent aucune résistance : les habitants les ont abandonnés à l'approche des Français, et se sont enfuis effrayés dans la profondeur des forêts. Tracy livre sans pitié les bourgades aux flammes et détruit toutes les provisions qu'il ne peut emporter ; il y en avait « en si grande quantité, dit l'annaliste, qu'elles auraient suffi pour nourrir la colonie pendant deux ans. » Peut-être eût-il été préférable de profiter de l'épouvante générale des Iroquois pour porter dans tous les cantons le fer et la flamme ; mais l'hiver avançait et le commandant jugea plus sage de ne pas poursuivre ce premier succès ; « il ne voulait pas s'exposer à trouver, en revenant, les rivières gelées, et, sur ses derrières, un ennemi pour le harceler [1]. » Du reste, le but de son expédition était en partie atteint : les Agniers étaient humiliés sinon détruits, et cette leçon était de nature à les tenir pour longtemps en respect. Puis, l'audace et la hardiesse des Français avaient montré à toute la nation confédérée qu'on pourrait facilement l'atteindre malgré son éloignement, et qu'elle avait à craindre, à la première révolte, de se voir infliger le terrible châtiment des Agniers [2].

1. *Vicomte de Lastic*, p. 130.

2. B. Sulte dit en parlant de cette dernière expédition, t. IV, p. 87 : « Cette expédition est absolument ridicule, n'en déplaise aux

Consternés, en effet, à la vue de leurs villages incendiés, pressés d'ailleurs par l'horrible famine, les Agniers demandèrent sincèrement la paix ; les autres cantons suivirent leur exemple, et la paix, signée cette même année 1666, dura dix-huit ans. Dix-huit ans de paix ! C'était chose inouïe pour le Canada [1].

Pendant ces dix-huit années, le ciel ne fut sans doute pas sans nuages ; des lueurs sinistres troublèrent de temps à autre l'horizon assombri ; mais la tranquillité relative et si longtemps attendue, dont jouit le Canada jusqu'en 1684, permit de sortir définitivement du *statu quo*, du moins de progresser plus vite qu'on ne l'avait encore fait, de fonder au septentrion et à l'occident de nouvelles et florissantes

historiens. Il ne s'y fit que des bévues, ajoutées à celles de la campagne précédente (de M. de Courcelles). » Cet historien est le seul à penser ainsi. Il ne faut pas s'étonner de ce langage ; on sait qu'il ne manque aucune occasion d'attaquer la France et de traiter les Français comme de simples Jésuites ; la justice et la vérité historique sont le cadet de ses soucis.

V. sur l'expédition du marquis de Tracy : « *Relation* de 1666, p. 8 ; — *Journal des Jésuites*, septembre, octobre et novembre 1666 ; — *Histoire du Montréal*, de 1666 à 1667 ; — *Lettres historiques*, 70e, 73e, 74e, 75e ; — *Lettres spirituelles*, 13e, p. 195 ; — *Lettre* de Mgr de Laval au pape, 15 oct. 1666, vol. 256, fol. 80 ; — *Faillon*, t. III, 3e p., ch. II ; — *Charlevoix*, t. I, p. 385 et suiv. ; — *Gosselin*, t. I, 2e p., ch. XXI. — Le P. Oliva félicite de ses succès le marquis de Tracy dans la lettre suivante du 8 janvier 1667 : Ubi perlatus primùm ad nos fuit nuper à Patribus Nostris Canadensibus felix nuncius fugati hostis importunissimi, nihil habui antiquius quam ut Domni Vestræ eventum hunc fortunatissimum gratuler. Accedit insuper nova causa scribendi, ab justo videlicet gratitudinis nostræ sensu petita. Cum enim accepi non cessare Excellentiam vestram cum Societate nostrâ ipsis in locis agere liberaliter et beneficentissimè, gratitudinem ipse testari meam repente ut debui sic pariter et magno animo volui, paucis id quidem et jejunis verbis, sed quæ arcanos mentis sensus atque omni ex parte sinceros produnt. (Arch. gen. S. J.)

1. *Ibid.* ; — *Garneau*, t. I, p. 195 ; — *Lettres historiques*, 76e.

missions, d'explorer des régions inconnues et d'y planter le drapeau de la France, d'affermir et d'étendre les bases de la prospérité matérielle et commerciale du pays, de donner enfin à la Nouvelle-France l'organisation religieuse et politique, qu'elle conservera l'espace de plus d'un siècle, en la soumettant toutefois à des perfectionnements successifs.

La plupart des historiens ont raconté avec force détails les progrès accomplis pendant cette période relativement longue de paix et de tranquillité ; il serait donc superflu de redire ce qui a été exposé ailleurs avec une consciencieuse exactitude. Seulement il ne sera pas inutile, pour l'intelligence des évènements qui vont suivre, de résumer ici les faits les plus marquants.

Talon est le principal et le plus intelligent promoteur de tous les progrès. Représentant du ministre Colbert, il réalise avec une remarquable hauteur de vue, un merveilleux sens pratique, les grandes idées de son chef sur la Nouvelle-France. « Depuis que Talon est ici en qualité d'intendant, écrit Marie de l'Incarnation, le pays s'est plus fait et les affaires ont plus avancé qu'elles n'avaient fait depuis que les Français y habitent[1]. » Les Jésuites, qui n'ont pas toujours eu à se louer de ses procédés, lui rendent le même témoignage : « Il n'a point cessé, dit leur supérieur, d'appliquer tous ses soins pour le bien universel du pays[2]. »

Ces témoignages sont l'expression de la plus pure vérité. Grâce à son zèle éclairé et infatigable, une impulsion puissante est donnée à l'agriculture, à l'industrie et au commerce. On défriche les terres, on cultive le lin, le chanvre, l'orge, le blé, les plantes légumineuses ; on organise des

1. *Lettres historiques*, p. 634. — De Québec, 1668.
2. *Relation* de 1668, p. 2.

pêches sur les rives du Saint-Laurent ; on élève du bétail, on exploite les forêts, on construit des vaisseaux [1], on fait venir de France des instruments de labour, toutes sortes d'outils pour les divers métiers [2].

Des ingénieurs découvrent des mines de fer à Gaspé, à la baie Saint-Paul et près des Trois-Rivières. On signale au delà de Montréal des mines de plomb et de charbon. Les Jésuites trouvent une ardoisière à cinq lieues du lac du Saint-Sacrement [3] ; ils apprennent par les Outaouais l'existence de mines de cuivre au lac Supérieur et envoient à Québec plusieurs échantillons de ce métal [4]. Les soldats du régiment de Carignan ayant apporté de l'argent monnayé, l'argent circule dans le pays sans mettre fin cependant aux échanges ni diminuer le taux du numéraire, dont la valeur est un quart de plus qu'en France [5].

Des établissements se forment pour la fabrication des chapeaux, des souliers, la préparation des cuirs et des draps ; des tanneries s'établissent à Québec et à Montréal, ainsi que des moulins à eau, des fabriques de savon et de potasse, des manufactures de cordes, de toile à voile, de serges. Les écoles apprennent à filer aux femmes et aux jeunes filles. Pour supprimer la consommation du vin et des liqueurs fortes, maintenir par conséquent la tempérance et encourager l'agriculture, on bâtit à Québec une première

1. Lettre de Colbert à Talon, 11 février 1671. (*Collection de manuscrits*, t. I, p. 206.)

2. *Lettres historiques*, 81e, 84e ; — *Relations* de 1667, ch. I ; — de 1668, ch. I.

3. « Je passai une belle ardoisière que nous avons trouvée à cinq lieues du lac Saint-Sacrement... Elle est toute semblable à celles que j'ai vues dans les Ardennes de notre France. » (*Relation* de 1668, p. 5.)

4. *Relation* de 1670, p. 83-86.

5. *Histoire de la Colonie Française*, t. III, p. 247.

brasserie. En quelques années, le pays apprend à manufacturer lui-même les objets de première nécessité[1].

On fixe deux jours de marché par semaine à Québec et à Montréal pour soustraire les colons à l'inconvénient d'acheter aux revendeurs. Talon envoie à La Rochelle des bois de mâture et de construction pour la marine royale; il fait transporter sur le marché des Antilles du merrain, des planches, une grande variété de poissons, des pois, des huiles de loup marin et de marsouin[2].

Louis XIV révoque le privilège de la Compagnie des Indes occidentales, dix ans après sa création, et prend à sa charge toutes les obligations de la Compagnie et autres; en même temps il donne la liberté au commerce, à la culture et à l'industrie. A ce régime de liberté, il y a toutefois une exception capitale : pas de navires, pas de marchandises, pas de négociants étrangers à la Colonie, pas de marchandises coloniales vendues directement par les particuliers aux étrangers. C'est le pacte colonial du XVIIe siècle.

Des chemins s'ouvrent d'une localité à l'autre. Aux environs de Québec se forment les villages de Bourg-Royal, de Bourg-la-Reine, de Bourg-Talon; ici et là, le long du Saint-Laurent, sur plus de 80 lieues de pays, se dressent de nouvelles bourgades, de nouvelles habitations[3]. La population française, en dépit des recommandations de Colbert et des instructions de l'intendant, s'éparpille et se fixe dans des localités isolées, partout où la traite peut

1. *Lettres historiques*, 81e et suiv.; — *Relation* de 1667, ch. I; — de 1668, ch. I; — de 1670, p. 2; — *Faillon*, t. III, pp. 242, 243, etc...; — *Ferland*, t. II, pp. 59, 60.

2. *Ibid.*

3. *Ferland*, pp. 58, 69 et 70; — *Relation* de 1667, ch. I; — *Faillon*, t. III, pp. 220-224, p. 234.

se faire facilement, où la chasse semble plus abondante. Le fort de Catarakoui, commencé par M. de Courcelles, continué et terminé par M. de Frontenac, s'élève sur la rive septentrionale du lac Ontario : ce poste avancé, centre de commerce assez important, est destiné principalement à fortifier la paix en maintenant les Iroquois dans le respect dû à la puissance militaire de la France.

L'activité n'est pas moins grande à Montréal que dans les autres parties de la Colonie française. L'humble bourgade se développe sur les flancs de la montagne, elle s'enrichit du Séminaire de Saint-Sulpice, d'établissements publics, d'habitations privées; elle devient un gros bourg, d'autres diraient une petite ville. Ses colons, gens de travail, vigoureux soldats et bons chrétiens, achètent des concessions aux Sulpiciens, seigneurs de l'île, et s'établissent au coteau Saint-Louis, au pied du courant de la rivière Saint-Pierre, à la Longue-Pointe, à la Pointe-aux-Trembles, à Lachine [1].

Dans toute la Colonie, de Gaspé et de Tadoussac au lac Ontario, du fort Sorel au lac Saint-Sacrement, règne une fiévreuse activité, bienfait de la paix. « Le roi ayant donné tout pouvoir à M. Talon, écrit Marie de l'Incarnation, celui-ci fait de grandes entreprises sans craindre la dépense [2]. »

La paix de Bréda, conclue en 1667, vient encore contribuer à la prospérité générale de la Colonie. L'Acadie est rendue à la France; et Plaisance, au sud-ouest de Terre-Neuve, devient un poste important et le principal comptoir des Français.

On a dit que la colonisation d'un pays est en raison

1. *Faillon*, t. III, p. 226.
2. *Lettres historiques*, p. 642 ; — *Relations* de 1667 et 1668, ch. I.

directe du nombre des colons. Quoique cette formule ne soit pas entièrement exacte, il convient d'avouer cependant que plus le nombre des colons est grand, plus grand aussi et plus rapide est en général le développement agricole, commercial et industriel. La paix avec les Iroquois fut le signal d'un heureux mouvement d'immigration au Canada. Il aurait pu, il aurait dû être plus accentué ; au risque de froisser les susceptibilités de certains historiens par trop optimistes, nous ne craignons pas de dire qu'il fut très faible, surtout comparé à l'accroissement merveilleux des possessions anglaises. Mais, par rapport au passé, il se fit après la paix un accroissement considérable de population de la Nouvelle-France, du moins pendant plusieurs années. En arrivant au Canada en 1665, Talon n'y avait guère compté que trois mille âmes ; trois ans plus tard, le recensement donne un chiffre de plus de six mille habitants, y compris les soldats congédiés. « C'est une chose prodigieuse, dit la Mère Marie de l'Incarnation, de voir combien le pays se peuple et se multiplie [1]. » La Colonie se recrute d'un assez grand nombre de familles et d'engagés venus de France et d'un millier d'hommes environ du régiment de Carignan. « Ces soldats étaient en général animés du désir de travailler au triomphe de la foi ; ils laissèrent à leurs enfants les traditions les plus pures. Ce sont eux et leurs descendants qui ont fait de si grandes choses en Amérique. Ils ont conquis un continent, et ces sauvages qu'ils ont soumis, ils se les sont attachés par les liens d'une sincère affection. Pendant un siècle, ils ont repoussé les attaques des colonies voisines, et ces adversaires qu'ils ont tenus en échec, ils ont conquis leur admiration, au point de devenir à leurs yeux des héros

1. *Lettres historiques*, lettre LXXXIIIe.

légendaires, et d'être chantés et célébrés par leurs plus grands écrivains : Fenimore Cooper, Washington Irving, Longfellow, Bancroft et Parkman [1]. »

Afin de pourvoir au mariage des nouveaux colons, Colbert fait passer au Canada, pendant plusieurs années, des orphelines élevées aux frais du roi à l'hôpital général de Paris et des filles de la campagne recrutées principalement dans le diocèse de Rouen, toutes « de bonne famille et de bon exemple, ayant une santé capable de résister au climat et aux plus rudes travaux [2]. »

A ce peuple de colons, les marques d'encouragement ne manquent pas. Les premières années de leur établissement, les uns reçoivent des secours en argent, des vivres, des terres, des instruments de travail, même des chevaux; d'autres, des gratifications de différentes sortes, suivant leurs besoins et leurs situations; d'autres encore, surtout les officiers et les colons qui se sont distingués par leur valeur et par leur mérite, des lettres de noblesse et des concessions seigneuriales. Le roi veut que la colonie arrive à se soutenir par ses propres ressources, et, dans ce but, il encourage les bonnes volontés, il récompense les sacrifices et les dévouements. Après la suppression de la Compagnie des Indes occidentales, il prend à sa charge les obligations de cette Compagnie : traitement des fonctionnaires, entretiens des ecclésiastiques, subventions aux

1. *Colbert et le Canada*, p. 40.

2. *Histoire de la Colonie Française*, t. III, p. 208 et suiv.

V. sur l'accroissement de la population à cette époque : *Relation* de 1667, pp. 2 et 3; — de 1668, pp. 2 et 3; — *Lettres historiques*, de 1667 à 1670, passim; — *Faillon*, t. III, 3e p., ch. IV; — *Colbert et le Canada*, pp. 30 et 34; — Rameau, *Les Canadiens*, 2e p., pp. 28 et suiv.; — *Ferland*, t. II, ch. V.

écoles, aux hôpitaux et aux missions, frais du culte, secours pour l'érection et la réparation des églises et chapelles [1].

La nouvelle organisation civile, inaugurée en 1663, se perfectionne et se complète en prenant pour base le fonctionnement des institutions de la mère patrie, et y superposant les exigences locales, les nécessités individuelles et les besoins coloniaux. Dans chaque paroisse, les colons composent une communauté, qui a une forme régulière d'administration. Les particuliers en état de porter les armes sont tous soldats et forment le corps de la milice; cette milice a ses chefs désignés par le gouverneur. Outre ces chefs militaires, on trouve dans les paroisses les plus importantes des officiers de justice qui jugent en première instance, des officiers municipaux, un syndic ou procureur fiscal. On peut appeler de la sentence d'un juge au Conseil souverain de Québec. Les droits seigneuriaux obligent les colons à payer pour leurs terres certaines redevances aux seigneurs.

Les postes avancés, en face de l'ennemi, sont commandés par des officiers auxquels on octroie souvent des seigneuries, en récompense de leurs services signalés; en général, ce sont des officiers sans fortune, dont la vie s'est passée sur les champs de bataille, soldats de bravoure, français de dévouement.

L'augmentation rapide de la population ne devait pas être favorable à la moralité publique; la conséquence fut une sévère et parfois terrible répression. On se montrait particulièrement impitoyable pour les crimes et délits de nature à compromettre la paix si laborieusement acquise

1. *Faillon*, t. III, pp. 220-225, pp. 236-241, p. 241 note et 254, enfin ch. VI de la 3e p., *passim*; — *Relations* de 1667 et 1668, *loco cit.*; — *Lettres historiques*, *loco cit.*

avec les sauvages. C'est ainsi que M. de Courcelles condamne à mort trois français, coupables d'avoir jeté à l'eau un Iroquois pour lui enlever ses fourrures [1].

Cependant les intérêts économiques du Canada et l'organisation des diverses branches de l'administration coloniale ne faisaient pas oublier le fondement de toute société durable, la religion, ni l'école, cet engin social, de tous peut-être le plus puissant et le plus efficace.

Nommé définitivement évêque de Québec, Mgr de Laval fait bâtir des églises, modestes pour la plupart, dans les lieux où il y a beaucoup de fidèles; outre Québec, il érige en paroisses, Villemarie, Trois-Rivières, La Chine, la Pointe-aux-Trembles, Port-Royal, La Magdeleine et autres bourgades [2]; et, dans ces paroisses, s'établissent peu à peu les confréries de la Sainte-Famille, de la Sainte-Vierge, du Scapulaire ou de Sainte-Anne. C'est le P. Chaumonot qui fut le fondateur de l'association de la Sainte-Famille. La congrégation des hommes, sous le vocable de la Sainte Vierge, avait été fondée à Québec, dès 1657, par les Jésuites, et conserva toujours la piété et le zèle des premiers temps [3].

Marie de l'Incarnation écrivait le 17 octobre 1668 : « La moisson est grande; Dieu envoie aussi des ouvriers en proportion [4]. » En effet, le nombre des prêtres augmente en peu d'années dans une belle proportion : à la translation des reliques de saint Flavien et de sainte Félicité (1666), on compte « quarante-sept ecclésiastiques en surplis, chapes, chasubles et dalmatiques [5]. »

1. *Lettres historiques*, p. 645.
2. *Mandements des évêques*, t. I, p. 50.
3. *Autobiographie du P. Chaumonot*, pp. 58-66.
4. *Lettres historiques*, p. 632.
5. *Lettres historiques*, 73e lettre ; — *Journal des Jésuites*, p. 348.

Les Récollets absents du Canada, depuis la prise de Québec (1629), y rentrent en 1670 et reprennent sur les rives du Saint-Laurent, où les premiers ils ont planté la croix, le cours de leurs beaux travaux apostoliques ; Talon, leur protecteur et leur ami, les ramène lui-même de France et les rétablit dans leur ancienne maison, qui n'est plus qu'une ruine, et sur leurs anciennes terres, occupées déjà par divers particuliers et par les religieuses hospitalières de Québec [1].

Les Sulpiciens de Montréal voient aussi leur communauté s'augmenter : aux premiers venus viennent se joindre successivement, dans un but d'apostolat, Dollier de Casson, ancien capitaine de cavalerie de l'armée de Turenne, Gilles Pérot, Frémont, Jean Cavelier, frère du découvreur Cavelier de la Salle, Michel Barthélemy, François de Salignac de la Motte-Fénelon, frère de l'archevêque de

1. *Lettres historiques*, p. 647 ; — Archives de la Préfecture de Versailles, lettre autographe, 10 nov. 1670 ; — *Pièces et documents* sur la tenure seigneuriale, pp. 346 et 357 ; — Margry, *Découvertes...*, t. I, p. 89 ; — Archives de la marine à Paris, *Mémoires généraux sur le Canada*, 1667 ; Registre des ordres du roi, fol. 132, 15 mai 1669 ; Registre des expéditions concernant les compagnies des Indes, 1670, fol. 38 et 39 ; — *Premier establissement de la foi...*, par le P. Le Clercq, t. II, pp. 86, 87 et 88.

Les Récollets arrivèrent au nombre de six, conduits par le R. P. Allart, leur Provincial. Le R. P. Le Mercier, supérieur des Jésuites au Canada, annonça en ces termes au P. Etienne Deschamps, provincial de Paris, le retour à Québec des Pères Récollets : « Les RR. PP. Récollets que M. Talon a amenez de France, comme un nouveau secours de missionnaires pour cultiver cette église, nous ont donné un surcroît de joie et de consolation ; nous les avons reçus comme les premiers apôtres de ce païs, et tous les habitants de Québec pour reconnaître l'obligation que leur a la Colonie Françaíse, qu'ils y ont accompagnée dans son premier établissement, ont été ravis de voir ces bons religieux établis au même lieu, où ils demeuraient, il y a plus de quarante ans, lorsque les Français furent chassés du Canada par les Anglais. » (*Relation* de 1670, p. 2.)

Cambrai, Claude Trouvé, de Bréhant de Gallinée, Lascaris d'Urfé, et Antoine d'Allet, l'ancien secrétaire de l'abbé de Queylus.

M. de Queylus est le supérieur de cette Société d'hommes choisis [1]. Désireux de vivre au Canada, et bien

1. On a beaucoup parlé des difficultés qui s'élevèrent au Canada entre les Jésuites et les Sulpiciens, à la suite des démêlés entre l'abbé de Queylus et les Pères. Ces difficultés furent réelles, mais le tort ne vint pas, comme nous l'avons vu, du côté où M. Faillon veut bien le mettre; et si elles se continuèrent après l'arrivée de Mgr de Laval, la faute n'en fut pas encore aux Jésuites. Nous ne reviendrions pas sur ce sujet, si l'histoire était plus juste à leur égard. L'abbé de Queylus fut la cause de ces rapports pénibles. Le P. Le Jeune l'écrivait de Paris au Général : « Non ignorat Paternitas Vestra quantæ difficultates exortæ sint inter Congregationem sacerdotum ecclesiæ sancti sulpicii et Patres nostros Canadenses propter Dominum Abbatem de Queylus qui plurimùm negotii nostris facessivit Kebeci, multasque in istis regionibus turbas excitavit. » M. de Queylus était un des Sulpiciens les plus remarquables, istius societatis sacerdos non postremus (P. Le Jeune, *ibid.*), et à ce titre son influence sur ses confrères était grande. Aussi tous les Sulpiciens de Villemarie épousèrent-ils sa querelle, plus ou moins vivement, d'après ce que nous apprend une lettre du P. Lalemant au Général, datée de Québec, 12 février 1668 : « Jam septem numero sacerdotes S. Sulpicii in montis regalis seminario numerantur, alii septem de novo ex Galliâ adveniunt, quorum dux et antesignanus Abbas de Queylus, episcopatûs Quebensis aliàs candidatus, qui aliquot ante annos hùc veniens et rediens multis nobis titulis molestus fuit. Ii omnes non alio animo sunt quam hactenùs fuerunt, qui a negotio nobis facessendo nunquam desistant. » Il importait de faire cesser cette situation, de créer des rapports bienveillants entre les deux sociétés, alors divisées, mais faites pour s'entendre. Le Général recommande au P. Le Mercier, recteur de Québec, de ne rien négliger pour cela, et le P. Le Mercier lui répond, le 1er sept. 1668 : « Affirmare possum Paternitati vestræ nihil nos prætermissuros esse quod ad charitatem erga sacerdotes S. Sulpicii servandam conferre possit. » — Le Général écrit dans le même sens au P. de Champs, provincial de Paris, et l'invite à chercher le moyen de remédier à ce mal, *de mediis quibus huic malo iretur obviam* (12 février 1669) ; il fait la même recommandation au P. Ragueneau, procureur de la mission du Canada : « Inve-

résolu de ne plus se soustraire à la dépendance due à son évêque, il a obtenu de Mgr de Laval l'autorisation de revenir à Villemarie. Monseigneur le reçoit avec une affection toute paternelle, le nomme grand vicaire et exprime hautement la satisfaction que lui cause son retour. Aimable vengeance d'un saint évêque, qui a oublié à ce point le passé, qu'aucun nuage ne semble s'être jamais interposé entre le prélat et l'abbé!

Les Jésuites, de leur côté, reçoivent de France de nouveaux sujets, à mesure que les missions se multiplient et que les œuvres se fondent : de 1660 à 1670, vingt-trois nouveaux religieux arrivent au Canada, et, parmi eux, des missionnaires, dont le nom restera : Henri Nouvel, Julien Garnier, Pierre Raffeix, Louis Nicolas, Thierry Beschefer, Jacques Bruyas, Étienne de Carheil, Jacques Marquette, Pierre Millet, Jean de Lamberville, François de Crépieul et Antoine Dalmas. La plupart de ces noms

niat Rª Vª aliquod aliud remedium quam patientiam, humilitatem ac charitatem nostrorum, quod omnium adversariorum telis opponere debent; agat de eâ re cum Provinciali, et diligenter simul inquirite quibus viis hujus abalienationis progressus impediri efficaciter atque in benevolentiam mutuam commutari possit (12 février 1669). » — Le P. Ragueneau et le P. de Champs cherchèrent, ils firent des démarches; mais leurs efforts n'aboutirent pas de sitôt. Les difficultés ne cessèrent définitivement qu'après le retour en France de M. de Queylus. Le 25 octobre 1678, le P. d'Ablon écrivit au P. Claude Boucher, assistant de France à Rome : « Nous sommes dans la plus parfaite union qui puisse estre avec MM. les ecclésiastiques de Saint-Sulpice, à Montréal. M. Tronson, supérieur de ceux de Paris, m'en a escrit une lettre de réjouissance et de civilité. » Tous les détails qui précèdent, et d'autres qu'il est inutile de donner ici, sont tirés des Archives générales de la Compagnie de Jésus. Il ne faut pas les oublier, quand on lit l'*Histoire du Montréal*, par Dollier de Casson, le *Récit de ce qui s'est passé de plus remarquable dans le voyage de MM. Dollier et Gallinée*, etc...

reviendront souvent sous notre plume dans la suite de cette histoire [1].

Avec la paix, l'éducation morale et religieuse prend aussi de nouveaux accroissements. Nous ne redirons pas ici ce que nous avons écrit longuement ailleurs sur le collège des Jésuites à Québec, où un cours régulier d'études, y compris la philosophie et la théologie, est sérieusement organisé, ni sur le petit séminaire, ni sur l'institution de Saint-Joachim au cap Tourmente, à la fois ferme modèle et école des arts et métiers.

Les jeunes filles sont comme les garçons l'objet de soins particuliers. Aux Ursulines, sept religieuses de chœur et deux converses sont employées tous les jours à l'instruction des filles françaises; et, si nous en croyons la Mère Marie de l'Incarnation, ces petites filles n'ont pas le caractère commode, elles exercent fortement la patience de leurs maîtresses : « Trente filles, écrit-elle à son fils, nous donnent plus de travail dans le pensionnat que soixante ne font en France [2]... S'il n'y avait pas des Ursulines pour les élever et les cultiver, elles seraient pires que des sauvages [3]. » Mgr de Laval apprécie beaucoup l'éducation donnée par ces vaillantes institutrices; au dire de la supérieure, *il en est ravi* [4]. Elles ont des pensionnaires, des externes, et quelques sauvagesses. Ces dernières vivent avec les pensionnaires. Mais quelles difficultés pour les *franciser*! « A vous parler franchement,

1. Citons encore les Pères Charles Simon, Claude Bardi, confesseur du marquis de Tracy, Jean Pierron, Louis de Beaulieu, Philippe Pierson, Jean Blanchet, Louis André, Guillaume Mathieu et Vaillant de Gueslis. Jacques Robaud mourut en soignant les malades sur le vaisseau qui le conduisait au Canada en 1670.

2. *Lettres spirituelles*, p. 238.

3. *Ibid.*, p. 276.

4. *Ibid.*, p. 239.

écrit Marie de l'Incarnation à son fils, le 17 octobre 1668, cela me paraît très difficile. Depuis tant d'années que nous sommes établies dans ce pays, nous n'en avons pu civiliser que sept ou huit, qui aient été francisées ; les autres qui sont en grand nombre sont toutes retournées chez leurs parents, quoique très bonnes chrétiennes. La vie sauvage leur est si charmante, à cause de sa liberté, que c'est un miracle de les pouvoir captiver aux façons d'agir des Français qu'ils estiment indignes d'eux, qui font gloire de ne point travailler qu'à la chasse ou à la navigation, ou à la guerre [1]. » Le témoignage d'une personne de cette haute raison et de cette longue expérience ne réduit-il pas à leur juste valeur les utopies de certains ministres de France, de gouverneurs et d'intendants du Canada, qui, sans aucune connaissance pratique de la situation, s'imaginaient volontiers que la *Francisation* des sauvages était chose très simple, qu'il suffisait pour cela d'un peu de bonne volonté de la part des instituteurs et institutrices, que le mauvais vouloir des Jésuites ou un zèle malentendu avaient seuls entravé cette grande œuvre de civilisation ?

A Montréal, les Sulpiciens forment deux établissements séparés, deux institutions à part, de l'école de Marguerite Bourgeois, où se réunissaient dans le principe les garçons et les jeunes filles [2]. L'école de Mlle Bourgeois, devenue l'Institut de Notre-Dame, organise un pensionnat de demoiselles et une congrégation d'externes [3], tandis que l'abbé Souart, d'abord curé de Villemarie, puis maître d'école, prend la direction des garçons [4]. Les petites sau-

1. *Lettres historiques*, p. 633.
2. *Faillon*, t. III, p. 264.
3. *Ibid.*, p. 265.
4. *Ibid.*, p. 264.

vagesses à Notre-Dame, et les petits sauvages au séminaire de Saint-Sulpice, apprennent à lire, à écrire, à parler français [1].

Talon, dans ses dépêches à Colbert, ne tarit pas d'éloges sur le zèle que déploie M. de Queylus pour l'éducation des indigènes ; il supplie le ministre d'envoyer « quatre lignes qui marquent à M. de Queylus et à sa communauté avec quel agrément le roi apprend le zèle qu'ils témoignent pour le christianisme et le service de Sa Majesté [2]. » De fait, *ils en témoignaient* beaucoup, surtout pour la francisation des sauvages ; mais leur panégyriste, M. Faillon, est forcé d'avouer, et cet aveu est précieux dans sa bouche, que « le caractère des enfants, naturellement impatients de toute discipline, rendait inefficaces les soins qu'on prenait de leur éducation [3] ». Les Sulpiciens pensèrent qu'ils réussiraient mieux, qu'ils obtiendraient peut-être d'excellents résultats, en séparant les petits sauvages des Français. Ils les éloignèrent donc de Villemarie et les placèrent « au dessus de La Chine, à *Gentilly*, sur le bord du fleuve Saint-Laurent [4]. » Louis XIV ne fut pas plus content, paraît-il, des Sulpiciens que des Jésuites, les premiers n'ayant pas eu plus de succès que les seconds dans l'éducation à la française des enfants des Indiens [5] ; et cependant les éloges et les encouragements ne firent pas défaut à M. de Queylus et à ses collaborateurs, et leur zèle pour la francisation des sauvages fut autrement apprécié que celui de Mgr de Laval et des

1. *Faillon*, t. III, pp. 270, 272 et 273.
2. *Ibid.*, p. 274.
3. *Ibid.*, p. 277.
4. *Ibid.*, p. 281.
5. *Ibid.*, p. 279.

France [1].

Le 17 octobre 1668, Marie de l'Incarnation écrivait encore à son fils : « Depuis que nous jouissons du bonheur de la paix, nos missions fleurissent et prospèrent avec beaucoup de bénédiction. C'est une chose merveilleuse de voir le zèle des ouvriers de l'Évangile. Ils sont tous partis pour leurs missions avec une ferveur et un courage qui nous donnent sujet d'en espérer de grands succès [2]. »

Nous avons raconté, au commencement de ce chapitre, les progrès et les découvertes des missionnaires de la Compagnie de Jésus au nord du Saint-Laurent et dans les pays d'en haut ; ils ne furent pas les seuls ni les plus importants pendant cette heureuse période de tranquillité ou de suspension d'armes. Les missions, les voyages, les explorations géographiques vont se multiplier, principalement du côté de l'Occident. Terminons ce chapitre par le résumé de ces divers travaux, accomplis le long du Saint-Laurent, chez les Iroquois et dans la région des grands lacs. Le chapitre suivant nous conduira jusqu'au Mississipi, aux confluents du Missouri et de l'Arkansas, enfin jusqu'à l'embouchure du *Père des eaux*.

Deux Sulpiciens, MM. de Fénelon et Trouvé fondent une mission à Kenté, sur la rive septentrionale du

1. *Faillon*, ch. VI, § X et suiv. — On trouve aux Archives de Saint-Sulpice, dans les manuscrits ayant appartenu à M. l'abbé Faillon, carton R., I, sur le Canada, un *Mémoire* d'un Sulpicien de Montréal contre les Jésuites, dans lequel ceux-ci sont accusés de ne pas vouloir mêler les sauvages aux Français, de les laisser dans l'ignorance, etc. Ce mémoire contient d'autres accusations formulées d'une manière assez violente. Après l'essai infructueux de ses confrères pour la francisation des sauvages, est-il téméraire de penser que l'auteur du *Mémoire* n'a exprimé que ses idées personnelles ?

2. *Lettres historiques*, p. 632.

lac Ontario [1]. Un autre Sulpicien, M. d'Urfé, établit une autre mission à la baie qui porte son nom [2]. MM. Dollier de Casson et de Gallinée [3] vont en 1669, en compagnie de Cavelier de la Salle, à la recherche du fameux passage qui devait conduire alors à la Chine et au Japon. Arrêtés en route par des difficultés imprévues, abandonnés par leur compagnon de route, ils traversent l'Ontario, l'Érié, le lac Huron, montent au Saut-Sainte-Marie, et rentrent à Villemarie, après avoir pris possession au nom du Roi des pays qu'ils ont parcourus.

Trois ans auparavant, les Jésuites s'établissaient de nouveau, à la demande des ambassadeurs iroquois, sur *la terre des martyrs*, au sud de l'Ontario. En 1668, ils y comptaient cinq missions, une dans chaque canton : Sainte-Marie à Tionnontoguen, chez les Agniers; Saint-François-Xavier, à Onneyouth; Saint-Jean-Baptiste, à Onnontagué; Saint-Joseph, à Goyogouen, et Saint-Michel, à Tsonnontouan. Six missionnaires évangélisent tout ce pays, du lac Saint-Sacrement au lac Érié : Jean Pierron, Jacques Frémin, Étienne de Carheil, Jacques Bruyas, Julien Garnier et Pierre Millet [4].

Les plus illustres, ceux du moins qui ont converti le plus d'indigènes ou laissé un souvenir plus durable dans

1. *Faillon*, t. III, p. 193 et suiv. — Ces deux ecclésiastiques abordèrent à Kenté le 28 octobre 1668 ; — *Relation* de 1668, pp. 20 et 31.

2. *Faillon*, t. III, p. 283.

3. *Relation de M. de Gallinée*, imprimée par Margry, t. I, p. 112, *Découvertes...* Le voyage de MM. Dollier et de Galinée eut lieu en 1669-1670. M. Faillon consacre le ch. VII du t. III, à décrire ce voyage; pp. 284-306.

4. *Relation* de 1668, ch. II, III, IV et V ; — de 1669, ch. I, II, III, IV et V ; — de 1670, ch. V, VI, VII, VIII et IX ; — de 1671, seconde partie, pp. 13-24. — Le P. Le Mercier, recteur de Québec, écrit au R. P. Oliva, général de la Compagnie de Jésus, 1er sept. 1668 : « Inter operarios, tres selegimus Patres J. Garnier, st. de Carheil et P. Millet, Iroquæis ad fidem erudiendis daturos operam. Pater Julianus Garnier,

les annales du Canada, sont Pierron, Fremin, de Carheil et Bruyas, quatre figures bien différentes, quatre ouvriers n'ayant rien de commun par le caractère, le tempérament et le savoir, mais tous d'une vertu supérieure, d'un grand ascendant sur l'esprit des sauvages.

Pierron est une de ces natures à aptitudes variées, dont la science est plus étendue que profonde [1]. Élève brillant de

trium linguarum peritus, algonquinæ scilicet, huronicæ et iroquensis, 13ª die Maii præsentis anni, opportunâ occasione datâ, cum uno ex strenuis æquè ac piis domesticis, qui se ad vitam societatis obsequio dederunt, profectus est ad missionem *Sancti Fr. Xaverii* apud eos iroquæos quos vocant *Onneiout*, socius futurus patris J. Bruyas viri planè apostolici, postmodum vicinæ missionis *Sancti J. Baptistæ*, in quâ excolendâ tres olim posuimus annos, curam habituri (Onnontagué). Pater St. de Carheil nuperrimè solvit hoc portu, ultrà etiam pervecturus ad populos *Oiogouenronnon* (Goyogouen), quæ est quarta iroquæorum natio, cui à *S. Josepho* nomen est. Pater Joannes Pierron, missionarius apud Iroquæos *Anniegerronon* (missio à *Sanctâ Mariâ*) indè hùc missus à P. Jacobo Firmin, istis missionibus præposito, ut illustrissimo ac Reverendissimo episcopo nobisque palàm faceret, quis sit inibi rei christianæ status, quæ spes affulgeant fidei latius amplificandæ. » (Arch. gen. S. J.).

1. Jean Pierron, né à Dun-sur-Meuse le 28 septembre 1631, entra au noviciat des Jésuites à Nancy le 21 novembre 1650 et fit sa profession des quatre vœux au Canada le 4 mars 1668. Après son noviciat, il fait trois ans de philosophie (1652-1655) à Pont-à-Mousson, puis il professe un an la grammaire dans ce collège, deux ans (1656-1658) la troisième et un an (1658-1659) les humanités à Reims, un an (1659-1660) les humanités et un an (1660-1661) la rhétorique à Verdun. Envoyé de nouveau à Pont-à-Mousson, il y étudie la théologie quatre ans (1661-1665). De 1665 à 1667, il professe encore la rhétorique à Metz, et en 1667 il part pour le Canada. Les *Catalogi triennales* (Arch. gen. S. J.) font de lui ce portrait : « Vires firmæ, ingenium et judicium bona, prudentia magna, profectus in scientia multus, talentum habet ad missiones, ad Concionandum, ad multa. »

Voir sur la vie et les travaux du P. Pierron ; Catal. soc. prov. camp. (Arch. gen. S. J.) ; — Elogium defunct. Prov. Camp. (Arch. gen.) ; — *Journal des Jésuites de Québec*, *passim* ; — *Relations* de 1667, p. 28 ; — de 1668, p. 13, 32 ; — de 1670, pp. 23-44, 45, 46, 76 ; — *Relations inédites*, t. II, pp. 8, 12, 44, 100 ; — *Lettres de M. de l'Incarnation*, pp. 274, 624, 637.

lettres et de sciences, étudiant de théologie assez subtil, professeur estimé de grammaire, de littérature et de rhétorique, il dessinait encore, paraît-il, assez proprement. Avec cela, il ne manquait ni d'entrain, ni de feu sacré ; et, dès les plus jeunes années, la pensée lui était venue de consacrer sa vie à la conversion des peuplades sauvages de l'Amérique. Un jour, il apprend que le P. Maunoir et M. de Nobletz font merveille en Bretagne, à l'aide de tableaux représentant les principaux mystères de la Foi. Cette méthode d'enseignement lui paraît très propre à fixer l'attention des esprits mobiles et obtus, à leur faire mieux saisir la vérité religieuse ; et dans le dessein de l'introduire plus tard dans les forêts du Nouveau-Monde, il dessine, il peint, il copie des modèles de grands maîtres ; pendant son cours de régence et en théologie, il donne à la peinture toutes ses heures libres. Il ne passa jamais maître, croyons-nous ; il ne fut même qu'un peintre médiocre ; mais pour le but qu'il se proposait, il n'avait pas besoin d'être un Raphaël.

Arrivé à Québec le 27 juin 1667, il est de suite envoyé au pays des Agniers ; et, deux ans après, Marie de l'Incarnation écrit à son fils : « Le P. Pierron qui seul gouverne les villages et les bourgs des Agnerronnons, a tellement gagné ces peuples qu'ils le regardent comme un des plus grands génies du monde. Il a eu de très grandes peines à les réduire à la raison, à cause des boissons que les Anglais et les Flamands leur donnent. Comme le Père a divers vices à combattre, il a aussi besoin de différentes armes pour les surmonter. Il s'en trouvait plusieurs qui ne voulaient pas écouter la parole de Dieu, et qui se bouchaient les oreilles lorsqu'il les voulait instruire. Pour vaincre cet obstacle, il s'est avisé d'une invention admirable, qui est de faire des figures pour leur faire voir des yeux ce qu'il leur prêche de parole. Il instruit le jour, et la nuit il fait des tableaux, car il est assez bon peintre. Il en a fait un où l'enfer est représenté tout rempli de démons si horribles, tant par leurs figures que par les châtiments qu'ils font souffrir aux sauvages damnés, qu'on ne peut les voir sans frémir. Il y a dépeint une vieille Iroquoise qui se bouche les oreilles pour ne point écouter un Jésuite qui la veut instruire. Elle est environnée de diables qui lui jettent du feu dans les oreilles, et qui la tourmentent dans les autres parties de son corps. Il représente les autres vices par d'autres figures convenables avec les diables qui président à ces vices-là, et qui tourmentent ceux qui s'y laissent aller durant leur vie. Il a aussi fait le tableau du Paradis, où les anges sont représentés qui emportent dans le ciel les âmes de ceux qui meurent après avoir reçu le saint baptême ; enfin, il fait ce qu'il veut par le moyen de ses peintures. Tous les Iroquois de cette mission en sont si touchés, qu'ils ne parlent que de ces matières dans leurs conseils, et se donnent bien de garde de se boucher les oreilles quand on les instruit. Ils écoutent le Père avec une avidité admirable, et le tiennent pour un homme extraordinaire. On parle de ces peintures dans les autres nations voisines, et les autres missionnaires en voudraient avoir de semblables, mais tous ne sont pas peintres comme lui. Il a baptisé un grand nombre de personnes [1]. »

Le P. Fremin [2], supérieur de toutes les missions iroquoises, n'avait ni l'esprit ingénieux de son confrère, ni

1. *Lettres historiques*, pp. 637 et 638.

2. P. Jacques Frémin, né à Reims le 12 mars 1628, entra au noviciat de la Compagnie, à Paris, le 21 novembre 1646, et fit ses vœux de coadjuteur spirituel, à Québec, le 15 août 1660. Après son noviciat, il alla professer la grammaire à Alençon. A Moulins, il est ordonné prêtre en 1655, puis il part pour le Canada. En 1656, il est

son talent de peintre. D'une intelligence médiocre et peu cultivée, il ne s'était pas fait un bien lourd bagage théologique pendant la seule année qu'il étudia la morale. Cinq ans de professorat, à Alençon, dans les classes de grammaire, lui permirent cependant de combler le grand déficit des études grammaticales de son enfance. S'il n'était ni théologien, ni littérateur, s'il n'était pas heureusement doué du côté de l'esprit, en revanche il brillait par un bon sens et une force de persévérance très rares, il possédait à un haut degré les maîtresses vertus de l'apôtre, la piété, la patience et le courage. Avec cela, il avait de telles allures militaires qu'on le prenait pour un ancien capitaine de cavalerie. Peu de Jésuites ouvrirent, comme lui, à un si grand nombre d'enfants les portes du paradis ; dans le courant de son apostolat de trente-cinq ans, il en baptisa, dit-on, près de dix mille. Il n'y avait qu'une voix sur sa sainteté. On raconte qu'après sa mort il apparut au P. Chaumonot et lui dit très distinctement, au moment où celui-ci prononçait ces paroles de la messe des morts, *Si quis manducaverit ex hoc pane vivet in æternum* [1] : « Oui, je vis et je vivrai éternellement en celui qui m'a donné l'être [2]. »

Le P. de Carheil était le plus illustre de tous les mis-

envoyé à Onnontagué ; et, après la ruine de cette mission en 1658, il s'embarque à Québec pour la France le 6 sept. 1658. Au mois de juin 1660, il revient à Québec.

V. Elogia defunct. Prov. Franc. (Arch. gen. S. J.) ; — Catal. Soc. Prov. Franc. (*Ibid.*) ; — *Journal des Jésuites* de Québec, *passim.*

1. Si quelqu'un mange de ce pain, il vivra éternellement.

2. *Histoire de l'Hôtel-Dieu de Québec*, p. 351 ; — *Ibid.*, pp. 184, 263 et 350 ; — *Lettres historiques* de Marie de l'Incarnation, p. 647 ; — *Relations* de 1656, 1657, 1659, 1667-1672 ; — *Relations inédites*, t. I, pp. 179-189, 279-293 ; t. II, pp. 13, 49-70, 167-179, 217-227 ; — *Charlevoix*, t. I, pp. 323, 398, 402, 452.

sionnaires employés alors dans les cinq cantons. Son biographe l'appelle un *admirable inconnu* [1]. Il l'est sans doute en France, mais non au delà de l'Atlantique. De son vivant, on rendait justice, dans la Nouvelle-France, à sa valeur et à sa vertu. Charlevoix, qui l'avait connu, écrit que « les sauvages et les Français s'accordaient à le regarder comme un saint et un génie de premier ordre [2]. » Dès son arrivée à Québec, il fit concevoir de lui les plus belles espérances. « Nous attendons de grandes choses de ce Père, écrivait le P. Le Mercier au Général de la Compagnie, à cause des rares dons qu'il a reçus de Dieu, surtout une singulière grâce d'oraison, un singulier mépris de tout ce qui n'est pas de Dieu, et un incroyable zèle pour unir les âmes à Jésus-Christ par la foi [3]. » Marie de l'Incarnation ne pensait pas autrement que le P. Le Mercier : « C'est un très digne missionnaire et très saint homme... Un jeune homme d'environ trente-cinq ans, fervent au possible, savant dans les langues iroquoises [4]. » La longue vie de ce religieux au Canada ne fit que confirmer et même dépasser ce qu'on attendait de ses réelles qualités et de l'éminence de sa vertu. A Rome, on portait sur lui le même jugement qu'au Canada. Les notes conservées aux Archives générales de l'Ordre sur ce missionnaire signalent son talent supérieur, ses grands progrès dans lés langues et dans les sciences

1. *Un admirable inconnu*. Le R. P. Etienne de Carheil, par le P. Orhand, S. J. Paris, Retaux-Bray.

2. *Histoire de la Nouvelle-France*, p. 404.

3. Magna expectamus ab illo Patre propter eximia Dei dona, singularem imprimis orandi gratiam, contemptum omnium quæ non sunt Deus, atque, ad infidelium animas christo per fidem adjungendas, zelum incredibilem. (Lettre de 1666 au R. P. Paul Oliva, citée et traduite par le P. Orhand, p. 114. Arch. gen. S. J.)

4. *Lettres historiques*, p. 675.

théologiques, sa ténacité de volonté, sa grande expérience dans les missions [1].

Les historiens de nos jours ont ratifié lè jugement des contemporains. Citons quelques-unes de leurs appréciations : excellent littérateur, il aurait pu prendre place à côté des Vavasseur, des Commire, des Jouvency, des La Rue [2]... Comme philologue, il était remarquable; il parlait le huron et le dialecte des Goyogouins avec la plus grande élégance, et il composa dans les deux langues des ouvrages fort estimés dont plusieurs existent encore [3]... Il y avait en lui ce qui fait le poète, l'orateur, le penseur et l'écrivain... Sa haute vertu s'affirmait et s'imposait pour le moins avec autant d'éclat que son talent [4].

A première vue, ces témoignages peuvent paraître exagérés ; et cependant c'est bien là l'impression qui se dégage de la lecture de la vie et des lettres de ce missionnaire [5].

Cet enfant de la Bretagne était né au château de la Guichardaye, en la vieille paroisse de Carentoir, du diocèse de Vannes. Il conserva toute sa vie, trop peut-être, l'énergique rudesse de son pays ; « de taille médiocre, ferme et vigoureux, d'un visage de médaille [6], » ardent et austère, il était sorti tout d'une pièce du vieux moule breton. Moins rude et moins chaud, il eût moins demandé à la faiblesse d'autrui et en eût obtenu sans doute davantage. Sa force de caractère ne semble pas avoir été assez dirigée par les nécessaires tempéraments du zèle. Son supérieur, le P. d'Ablon, écrivait

1. Ingenii summi, profectus magni in linguis et rebus theologicis, experientiæ magnæ in missionibus. Talentum habet ad missiones et ad multa, propositi tenacius. (Arch. gen. S. J.)

2. *Relations inédites*, t. II, p. 367.

3. John Shea, *History of the Catholic missions*, p. 289.

4. Le R. P. Et. de Carheil, p. 104 et 113.

5. Voir dans *Un admirable inconnu*, l'appendice principalement.

6. *Ibid.*, p. 129.

au Provincial de France, le 24 octobre 1674 : « Ce saint homme est d'un zèle apostolique qui ne trouve pas que ses sauvages correspondent à ses soins ; mais je crois qu'il demande d'eux trop de vertu dans les commencements. S'il n'en sanctifie pas autant qu'il voudrait, il est bien certain qu'il se sanctifie lui-même d'une bonne façon [1]. » Cet excès de zèle ne provenait évidemment que d'un excès d'amour pour Dieu, et volontiers dirions-nous avec son biographe que beaucoup de missionnaires voudraient mériter le reproche, si reproche il y a, que le P. d'Ablon adressait au P. de Carheil, *apôtre trop zélé, un peu rude comme le granit de sa Bretagne* [2].

Débarqué à Québec dans les premiers jours d'août 1666 [3].

1. *Relations inédites*, t. II, p. 11.

2. *Un admirable inconnu*, p. 56.

Voici, d'après les catalogues de la Compagnie de Jésus, le *cursus vitæ* du P. de Carheil jusqu'à son départ pour le Canada. Né à Carentoir le 18 ou 20 novembre 1633 (ailleurs le 10 novembre 1634), il entra au noviciat des Jésuites, à Paris, le 30 août 1653. En 1655-1656, il enseigne la grammaire à Amiens ; puis il professe à Rouen la quatrième (1656-1657), la troisième (1657-1658), les humanités (1658-1660). A la Flèche, il fait sa troisième année de philosophie et passe son examen *de Universâ philosophia* de 1660 à 1661, et de la Flèche il se rend à Tours pour y professer la rhétorique (1661-1662). Envoyé à Bourges, il y suit pendant quatre ans le cours de théologie (1662-1666), et, le 12 mai 1666, il s'embarque pour le Canada.

V. sur ce missionnaire : *Relations* de la Nouvelle-France, an. 1668-1672 ; — *Relations inédites* du P. de Montezon, t. I et II, *passim* ; — *Charlevoix*, t. 1, pp. 398, 403, 568 et suiv. ; — *Vie du P. Et. de Carheil*, par le P. Ohrand ; — *Lettres historiques*, p. 673 ; — Shea. *History of the Catholic missions*, p. 209.

3. Le P. de Carheil, étant professeur de troisième à Rouen, en 1658, avait demandé dès cette époque la mission des Indes. Le P. Général lui répondit, le 9 déc. 1658 : « Intelligo ex tuis litteris ad me datis te libenter comitaturum *in indicas missiones* Patrem Hieronymum Lupum ; at adhuc cum theologiam non attigeris, nihil est quod urgeat immaturum discessum ; ubi tua studia et tertiam

Etienne de Carheil fut envoyé, deux ans après, à Goyogoüen pour y fonder la mission de Saint-Joseph [1]. Avant son établissement sur ce sol ingrat, difficile à remuer, Jacques Fremin et Jean Pierron avaient créé la mission de Sainte-Marie ou des Martyrs chez les Agniers ; Jacques Bruyas et Julien Garnier en avaient établi deux autres, le premier, celle de Saint-François-Xavier chez les

probationem absolveris, tunc videbimus an possit zelo tuo satisfieri. » Le P. de Carheil renouvelle, le 29 juin 1660, sa demande des missions, mais pour la Chine et le Japon ; même réponse du R. P. Général. Le 9 juillet 1662 et le 3 déc. 1663, le P. de Carheil, dans l'espoir de partir plus tôt pour les missions, supplie le P. Général de lui permettre d'aller à Québec où il fera sa théologie et apprendra la langue des sauvages ; même réponse du Général. Le 3 déc. 1664 il écrit encore de Bourges, où il fait sa théologie : « Reverende Adm. in X° Pater, P. C. Qui dies magno Indiarum apostolo, S. Fr. Xaverio sacer est, is me admonet ut R. A. P^tem^ Vestram quam possum vehementissimè obtester per amorem Dei, Domini Jesu crucifixi, ecclesiæ, Societatis, animarum inter barbaros pereuntium, audebo etiam dicere per amorem paternum mei, ut mittat me aliquando ad exteras missiones, præsertim Japonicam, Sinicam, Syriacam, Canadensem ; sin minus, in eas omnes, in quas commodum videbitur ad majorem Dei gloriam, sed omninò in aliquam, mittat ; idque obsecro, quam fieri celerrimè poterit, certè, ut tardissimè, post theologiam, cujus tertium jam annum ingredior. Neque enim vocantem Deum jam ferre amplius possum, qui me dies noctesque stimulat ut aliquando proficiscar. » — Le R. P. Oliva persévéra dans sa première résolution, sachant surtout que le P. Bordier, Provincial de Paris, désirait conserver en France le P. de Carheil, à cause de son beau talent de parole. Cependant, ce dernier ayant insisté, il se rendit à à ses désirs le 2 mars 1666 : « Mihi admodùm placet R^æ^ V^æ^ incensissimus zelus, quem significant litteræ 17 Januarii datæ. Undè nec possum denegare quam à me petit tam enixè Canadensem missionem. P. Provincialem admoneo per litteras hâc ipsâ de facultate quam R^æ^ V^æ^ concedo. » — Il écrit, en effet, le même jour au P. Provincial : « Pater de Carheil obtinuit à me facultatem missionis Canadensis ; nec eam certe potui ipsius zelo incensissimo denegare. » (Arch. gen. S. J.)

1. *Relations* de 1668, pp. 18 et 19 ; — de 1669, p. 12.

Onneiouts ; le second, celle de Saint-Jean-Baptiste chez les Onnontagués [1]. En 1668, le P. Frémin en organisait une cinquième, celle de Saint-Michel dans le canton des Tsonnontouans, le plus nombreux de tous [2], où aucun missionnaire n'avait encore prêché [3].

Bientôt d'autres Jesuites, quelques-uns pas des plus médiocres [4], viendront rejoindre ces premiers missionnaires des nations iroquoises : ce sont François Boniface [5], Pierre Raffeix [6], Jean de Lamberville [7], Jacques de Lamber-

1. *Relation* de 1668, pp. 4-8, 17.
2. *Relation* de 1670, p. 69.
3. *Relation* de 1670, p. 70.
4. « Voltaire et Michelet disent que l'on trie les Jésuites médiocres ou les saints idiots pour être grillés et rôtis dans les missions. Le P. de Carheil est une réponse et n'est pas la seule. » (*Un admirable inconnu*, p. 128.) Les Pères de Lamberville ne sont-ils pas, en effet, encore, une réponse à la calomnie de Voltaire et de Michelet?
5. François Boniface, né à Arras le 1er août 1635, entra au noviciat de la Compagnie, à Paris, le 30 septembre 1652. Etudiant de philosophie à la Flèche (1654-1656), puis professeur de sixième à Moulins (1656-1657), de cinquième et de quatrième à Vannes (1657-1659), de troisième et de seconde à Eu (1659-1661), de rhétorique à Hesdin (1661-1662), de nouveau élève de philosophie à la Flèche (1662-1663), et professeur de seconde à Arras (1663-1664), il suit enfin le cours de théologie à la Flèche (1664-1668), fait à Paris sa troisième année de noviciat et part en 1669 pour le Canada.
6. Pierre Raffeix, né au diocèse de Clermont, en Auvergne, le 15 janvier 1633, entré au noviciat de la Compagnie, à Toulouse, le 23 mars 1653, professe d'abord la quatrième et la troisième à Aubenas (1655-1657), la troisième et la seconde à Rodez (1657-1659), la seconde à Aurillac (1659-1660), et la rhétorique à Alby (1660-1661). puis il étudie la théologie à Toulouse (1661-1663) et part enfin pour le Canada en 1663.
7. Jean de Lamberville, né à Rouen le 27 déc. 1633, entré dans la Compagnie, à Paris, le 3 mars 1656, après avoir fait deux ans de philosophie et six mois de théologie. Le noviciat terminé, il étudie encore un an la philosophie, et va ensuite professer à Bourges la cinquième, la quatrième, la troisième et la seconde (1659-1663) ; de

ville[1] et Pierre Vaillant de Gueslis[2]. Ce qu'ils eurent tous à endurer de souffrances physiques et morales dans ces cinq nouvelles missions, Dieu seul le sait ! « Il faut, écrivait le P. Bruyas, que nous soyons ici disposés à tout, à la mort autant qu'à une vie persécutée[3] ; » car « le Canada n'est pas un pays de fleurs ; pour en trouver et en cueillir quelqu'une, il faut marcher longtemps parmi les ronces et les épines[4]. » Le P. de Carheil dit aussi : « Nous sommes parmy les Iroquois comme de perpétuelles victimes, puisqu'il n'est point de jour où nous ne soyons en danger

nouveau il est professeur de grammaire à Alençon (1663-1664), à Rennes (1664-1665) ; enfin il étudie la théologie à Bourges (1665-1669), fait sa troisième année de noviciat à Rouen et part pour le Canada en 1669. Profès le 15 août 1674.

Voir : Elog. defunct. prov. Franciæ (Arch. gen. S. J.) ; — Lettre circulaire pour annoncer sa mort (Arch. de la maison professe, Paris) ; — *Charlevoix*, t. I, pp. 468, 492, 495, 501 et suiv. ; — *Relations inédites*, t. II, pp. 39, 108, 196, 347 ; — Manuscrits de la rue Lhomond, lettres diverses de ce Père, et *Relations* de 1681, 1682, 1683.

1. Jacques de Lamberville, frère de Jean, né à Rouen le 24 mars 1641, entré au noviciat de la Compagnie, à Paris, le 20 oct. 1661, après sa philosophie. Profès en 1676. Le noviciat terminé, il enseigne à Alençon la cinquième, la quatrième, la troisième et la seconde (1663-1667), la seconde à Amiens (1667-1668), la rhétorique à Compiègne (1668-1669) et la seconde à Hesdin (1669-1670). Il fait la théologie à Bourges (1670-1674) et s'embarque en 1675 pour le Canada. — Voir : Elogia defunct. prov. Franciæ (Arch. gen. S. J.) ; — *Lettres édifiantes*, édit. 1781, t. VI, p. 50 ; — *Relations inédites*, t. II, p. 104 ; — *Charlevoix*, t. I, pp 501, 504, 574, 575 ; — Manuscrits de la rue Lhomond, lettre du 4 nov. 1686, etc.

2. Fr. Vaillant de Gueslis, né à Orléans le 20 juillet 1646, entré au noviciat de la Compagnie, à Paris, le 10 nov. 1665, après deux ans de philosophie. Il étudia, après le noviciat, au collège de la Flèche, un an la philosophie (1667-1668), deux ans la théologie (1668-1670) et partit en 1670 pour le Canada, n'étant pas encore prêtre.

3. *Relation* de 1670, p. 46.

4. *Relation* de 1672, p. 23.

d'être massacrés[1]. » Le P. Garnier *considère chaque moment comme le dernier de sa vie*[2]. La faim, le froid, les veilles, les fatigues du ministère et les courses continuelles, les calomnies, les dangers, voilà le calvaire de tous les jours ! « Les peines ne sont payées que de rebuts et de mépris[3] » ou de menaces de mort. A l'heure où l'apôtre y pense le moins, sa chapelle est attaquée et renversée[4]. Ce qu'il y a peut-être encore de plus dur pour lui, c'est d'ensevelir pour toujours ses talents et son dévouement dans une vie obscure, semée de croix sans éclat, où il ne rencontre ni joies de l'esprit, ni satisfactions du cœur, ni charmes des relations. Partout le péril, les croix, l'obscurité, et, il faut bien le dire, la stérilité ou le peu de fécondité de l'apostolat.

Un phénomène assurément très triste frappe le lecteur qui parcourt les longues et nombreuses *Relations* écrites de 1667 à 1680 sur les cinq missions iroquoises : d'un côté, le dévouement et le sacrifice portés aux dernières limites ; de l'autre, peu de conversions, à peine quelques baptêmes d'adultes en santé, un plus grand nombre de baptêmes administrés à des adultes moribonds. La plupart des baptisés sont des enfants, morts presque tous immédiatement après la réception du sacrement. Ainsi, dans le canton de Goyogouen, les *Relations* comptent en tout, à partir de 1668, pendant neuf années consécutives, trois cent cinquante-neuf baptisés, parmi lesquels près de deux cent quatre-vingts enfants, dont beaucoup sont allés au ciel après le baptême ; les adultes ont, en grande majorité, reçu le

1. *Relation* de 1670, p. 68.
2. *Relation* de 1672, p. 25.
3. *Relation* de 1669, p: 7.
4. *Relations* de 1668, p. 12 ; — de 1669, pp. 1, 7, 15 ; — de 1670, pp. 68, 77 ; — de 1672, pp. 23 et 24, etc.....

sacrement de la régénération à la dernière heure avant de paraître au tribunal de Dieu. Dans les autres cantons, la proportion est, à peu de chose près, la même [1]. Mince résultat, il faut l'avouer, d'efforts surhumains ! Et au nombre des convertis il importe de ne pas oublier les Hurons captifs qui furent, surtout dans la mission de Saint-Michel, la consolation et la gloire de l'apostolat des missionnaires [2].

Certes il ne faut pas juger de la moisson, comme l'a fort bien remarqué le biographe du P. de Carheil, par le nombre des âmes ni même par leur qualité, mais par la qualité du missionnaire et le nombre de ses douleurs [3]. Il n'en est pas moins vrai que les moissonneurs souffraient douloureusement de voir si peu d'épis s'élever de la semence si abondante jetée en terre. Et cette terre, ils la tournaient et retournaient en tout sens. Chaque jour, dans chaque canton, il y avait catéchisme pour les enfants, très souvent catéchisme pour les adultes. En dehors des instructions, le prêtre visitait les cabanes, parlant de Dieu, donnant le baptême aux adultes et aux enfants en danger de mort. Toute la journée du dimanche se passait à instruire les infidèles, les catéchumènes et les néophytes. Chaque semaine, les bourgs les plus éloignés du centre de la mission recevaient la visite du missionnaire ; il parcourait les

1. *Relations* de 1668, pp. 13, 16 ; — de 1669, pp. 6, 8, 12, 16, 17 ; — de 1670, 28, 37, ch. VI, pp. 62, 64, 69, 72, 78 ; — de 1671, pp. 13, 14, 18, 20 ; — de 1672, pp. 18, 19, 20, 23 ; — *Relations inédites*, t. I, pp. 6-8, 10, 22, 55, 57, 65, etc. — Parmi les baptêmes, il faut compter ceux des deux plus grands capitaines des Iroquois, de *Garakontié*, qui fut baptisé par Mgr de Laval, et eut pour parrain, M. de Courcelles, et pour marraine, Mlle Bouteroue, et de *Saonchiogoua*, baptisé également à Québec, par Mgr de Laval, en 1671. (*Relations* de 1670, p. 6, et de 1671, p. 3.)

2. *Relations* de 1670, pp. 61, 69 et 70.

3. P. 120.

rues, une clochette à la main, pour réunir les sauvages dans une cabane, où il les instruisait des vérités de la foi, et, le catéchisme terminé, il allait dans toutes les cabanes à la recherche des malades et des enfants. Aucune industrie du zèle n'était négligée, soit pour mieux faire comprendre les mystères, soit pour frapper davantage les imaginations : les tableaux et le jeu du *Point au point* étaient particulièrement goûtés des sauvages, beaucoup plus que les cordes de porcelaine du P. Millet, ses cartes et son miroir [1].

Ce dévouement, qui ne reculait devant aucun sacrifice, qui s'aidait de toutes les industries, ne fut pas cependant récompensé comme il devait l'être. Quelles en furent les raisons ? Nous avons signalé ailleurs, en parlant des Hurons, plusieurs obstacles à la conversion des sauvages, entre autres, les songes, l'influence des Jongleurs et la polygamie. Ces mêmes obstacles se dressèrent devant les Jésuites, dans les missions iroquoises, terribles, difficilement surmontables [2]. Ils ne furent pas les seuls. Charle-

1. *Relations* de 1669, pp. 2, 4, 7; — de 1670, pp. 28, 37, 38. — Nous avons parlé plus haut des tableaux du P. Jean Pierron. Il est lui-même l'auteur du jeu du *Point au point* qu'il décrit ainsi dans la *Relation* de 1670, p. 38 : « Ce jeu est composé d'emblêmes qui représentent tout ce qu'un chrestien doit sçavoir. On y voit les sept sacrements, tous dépeints, les trois vertus théologales, tous les commandements de Dieu et de l'Eglise, avec les principaux péchés mortels ; les péchés même véniels qui se commettent ordinairement y sont exprimez dans leur rang, avec des marques de l'horreur qu'on en doit avoir. Le péché originel y parait dans un ordre particulier, suivi de tous les maux qu'il a causez. J'y ai représenté les quatre fins de l'homme, la crainte de Dieu, les indulgences..... En un mot, tout ce qu'un chrestien est obligé de sçavoir s'y trouve exprimé par des emblêmes qui font le portrait de chacune de ces choses..... Ce jeu s'appelle du *Point au Point*, c'est-à-dire du point de la naissance au point de l'éternité. »

2. Une autre raison explique la rareté des baptêmes parmi les adultes, c'est que les missionnaires ne leur accordaient ce sacrement

voix nous en indique deux autres que nous retrouvons, du reste, en plusieurs endroits des *Relations de la Nouvelle-France* : « Comme j'ai eu, dit-il, le bonheur de vivre avec la plupart de ceux qui ont le plus souvent travaillé à cultiver cette portion de la vigne du Seigneur, laquelle, malgré leurs soins, est demeurée sauvage dans son terroir naturel, je me suis souvent informé de quelques-uns d'eux, de ce qui avait empêché le grain de la parole de prendre racine parmi un peuple dont ils vantaient beaucoup l'esprit, le bons sens et les sentiments nobles. Tous m'ont répondu que ce qui avait fait le plus grand mal était le voisinage des Anglais et des Hollandais dont le peu de piété, quoiqu'ils se portassent pour chrétiens, avait fait regarder à ces sauvages le christianisme comme une religion arbitraire [1]. » Pour détacher les Iroquois des Français, ils leur fournirent à profusion de l'eau-de-vie et leur firent de grands avantages pécuniaires; et pour les soustraire à l'influence des Jésuites, qui leur prêchaient la soumission à la France, ils employèrent sans scrupule la calomnie contre ces derniers.

Le second obstacle, le plus grave assurément, que

qu'après de longues épreuves. « Pour les adultes, il faut y procéder (au baptême) avec un grand discernement, de peur de faire plus d'apostats que de chrétiens. » (*Relat.* de 1668, p. 16.) — « Il n'y a pas grand nombre d'adultes, parce qu'on ne les baptise qu'avec beaucoup de précautions. » (*Relat.* de 1669, p. 4.) — « On ne se hâte pas de donner le baptême à ces peuples, on veut éprouver leur constance, de peur de faire des apostats, au lieu de faire de véritables fidèles. » (*Ibid.*, p. 13.) — « Comme nous nous défions de l'inconstance naturelle des Iroquois, j'en ai peu baptisé hors du danger de mort. » (1670, p. 28.) — Nous voyons par les autres *Relations* que les Pères ne se départirent jamais de cette sage précaution ; mais cela n'empêcha pas la calomnie de les accuser de conférer le baptême aux adultes très à la légère, en dehors de toutes les règles de la prudence.

1. T. I, p. 398.

signale Charlevoix, c'est le commerce des liqueurs spiritueuses, et comme conséquence fatale, l'ivrognerie. L'ivrognerie régnait en grand dans les cinq cantons ; et les missionnaires, malgré les plus louables efforts, furent impuissants à l'empêcher. Sans ce vice, la conversion des Iroquois eût peut-être marché rapidement [1].

Le voisinage des Anglais et des Hollandais, la traite de l'eau-de-vie, les exemples pervers auxquels les sauvages étaient exposés de la part de leurs compatriotes n'avaient pas seulement pour résultat immédiat d'entraver les conversions ; ils pouvaient, dans un temps donné, déterminer parmi les néophytes un courant d'apostasie. Déjà depuis deux ans on avait eu la pénible douleur d'enregistrer quelques cas. Il y avait là, par rapport à l'avenir de l'église iroquoise, un péril très alarmant qu'il importait de conjurer, sinon totalement, la chose étant impossible, du moins en partie. Les missionnaires le comprirent et se mirent au plus vite à la recherche des moyens. Celui qui leur parut le plus efficace et d'une exécution plus facile fut de soustraire à l'influence anglaise et à la puissance des mauvais exemples les catéchumènes et les néophytes qui consentiraient à quitter leur pays et à fonder ailleurs une colonie de peuplement agricole. Mais où s'établir ?

Les Jésuites possédaient alors près de Montréal un vaste terrain, appelé *Prairie de la Madeleine*, où ils avaient construit pour eux une maison de retraite et de repos, et où habitaient deux Pères, à la disposition des tribus sauvages [2]. Ne pourrait-on pas, se disaient les Pères des

1. *Relation* de 1670, p. 63. — Consulter sur le même sujet : *Relations* de 1668, p. 12 ; — de 1669, pp. 6, 16 ; de 1670, pp. 32, 37, 45, 63, 76.

2. Dans les *Catalogues* des Jésuites de la Nouvelle-France, on trouve, à la Prairie de la Madeleine : années 1668, P. Raffeix ;

missions iroquoises, élever un village autour de la résidence de la Prairie, et fonder sous la direction spirituelle des Jésuites une mission sédentaire, sur le modèle de Saint-Michel de Sillery ? Là, les Iroquois immigrés trouveraient, disaient-ils encore, avec le bienfait de la foi et la facile pratique de leurs devoirs religieux, beaucoup de terres d'une exploitation avantageuse, la pêche et la chasse en abondance, la facilité des relations commerciales. Tout cela était exact et d'une exécution très simple, à supposer qu'il se fît une immigration iroquoise. Elle eut lieu cependant contre toutes les prévisions et même plus nombreuse qu'on ne pouvait s'y attendre, les habitants de cette nation tenant résolument au sol, à leurs cantons.

En 1669, quelques familles vinrent se grouper autour de la résidence de la Prairie ; d'autres ne tardèrent pas à les y rejoindre, et bientôt il se forma de toutes ces familles une mission, dont le P. Jacques Frémin fut le premier apôtre et qu'il nomma *Saint-François-Xavier-des-Prés* [1].

1669, P. Raffeix ; 1670, PP. Raffeix et Philippe Pierson ; 1671 et 1672, PP. Frémin et Antoine Dalmas.

La *Prairie de la Madeleine* fut ainsi appelée du nom de son premier concessionnaire, Jacques de la Ferté, abbé de la Madeleine, chanoine de la Sainte-Chapelle de Paris, un des Cent-Associés de la Compagnie de la Nouvelle-France. Elle fut donnée et concédée aux Jésuites, à condition qu'ils emploieraient telles personnes qu'ils pourraient juger à propos pour cultiver les terres et que le donateur aurait part à l'avantage de leurs prières et saints sacrifices. En considération de l'assistance donnée par cet ordre religieux aux habitants de la Nouvelle-France, et des dangers auxquels ils s'exposent eux-mêmes en amenant les sauvages du pays à la connaissance du vrai Dieu. (1647, avril 1. — Cf. *Biens des Jésuites en Canada*, p. 61.)

1. *Relation* de 1672, p. 16, ch. II ; — *Relations inédites*, t. I, pp. 179 et suiv.

Nous donnons aux *Pièces justificatives* du tome III un document inédit très important, intitulé : *Narration annuelle de la mission du Sault depuis la fondation jusques à l'an 1686*. Cette narration est du P. Claude Chauchetière, qui fut longtemps attaché à cette mission.

Plus tard, elle fut transférée à quelque distance de là, près du Saut-Saint-Louis, où le sol, moins humide, était plus approprié à la culture du blé d'Inde, et on l'appela *Saint-François-Xavier-du-Saut* ou *Saut-Saint-Louis*[1].

Le bruit de cette fondation se répandit vite parmi les nations indiennes ; et l'on vit aussitôt accourir des quatre points cardinaux et se rendre à la mission de Saint-François-Xavier, des Hurons, des Algonquins, des Montagnais, des Outaouais, des Loups, des Mascoutins, des Mahingans et autres sauvages, tous désireux soit d'embrasser la religion catholique, soit de la mieux pratiquer[2]. Il y avait tout à craindre pour l'ordre public et pour la moralité de cette agglomération d'indigènes de toute provenance. « On fut donc obligé, dit le P. d'Ablon, de procéder à la nomination de capitaines pour le gouvernement de la bourgade et particulièrement pour la conservation de la foi. Les nouveaux capitaines assemblèrent aussitôt tout leur monde pour déclarer publiquement qu'on n'admettrait dans le bourg personne qui ne fût dans la résolution de s'abstenir de trois choses qui sont : l'idolâtrie du songe, le changement de femme et l'ivrognerie. Il fut arrêté que personne ne demeurerait parmi eux qu'il n'eût

1. *Relations inédites*, t. II, p. 167. — La mission de la Prairie fut transférée au Saut-Saint-Louis en 1675. Ce fut probablement vers la même époque que les Messieurs de Saint-Sulpice fondèrent la mission au lac des Deux-Montagnes, à une petite distance de Montréal ; cette mission, encore florissante, est toujours dirigée par les Sulpiciens, tandis que les Pères Oblats sont aujourd'hui chargés de celle du Saut-Saint-Louis (Caughnewaga). Le terrain du Saut-Saint-Louis fut ajouté à celui de la Prairie de la Madeleine par lettres patentes de Louis XIV, 1680, 9 mai ; confirmation le 15 juin 1717. (Arch. de la Province.)

2. *Relations inédites*, t. I, pp. 179 et suiv. ; — *Relation* de 1672, p. 16. — On comptait dans cette mission des membres de vingt-deux nations. (*Ibid.*)

fait auparavant protestation publique de renoncer à ces abominations, et que, si quelqu'un venait à y retomber, il serait chassé honteusement. Tout ceci s'étant fait publiquement, fut bientôt su de toutes les nations qui abordent de tous côtés vers ces quartiers, tellement qu'aucun sauvage ne vint demeurer à la Prairie, pas même en passant pour deux ou trois mois, qu'il ne s'obligeât à suivre les lois qui régissaient la nouvelle bourgade [1]. »

Le P. d'Ablon ajoute : « Ce fondement solide ainsi établi, on n'eut pas beaucoup de peine à introduire parmi les nouveaux venus la pratique des vertus et la dévotion fervente [2]. » Quant aux premiers fondateurs de cette chrétienté, ils furent tous des modèles de foi et de piété. Si l'on en croit les relations de l'époque, et toutes sont unanimes sur ce point, aucune mission du Nouveau-Monde n'égala celle de Saint-François-Xavier en beaux exemples de vertus et de dévouement [3]. Y eut-il même au Paraguay une réduction aussi fervente? C'est là que s'épanouit cette charmante fleur d'innocence, la Geneviève de l'Amérique du Nord, Catherine Tegakouita, cueillie par la main de Dieu dans son premier parfum, à l'âge de 23 ans. Là aussi grandirent, aimées et vénérées de tous, la pieuse Marie-Thérèse et Marie-Félicité sa fille [4].

1. *Relations inédites*, t. I, pp. 181 et 182.

2. *Ibid.*, p. 182.

3. *Relation* de 1672, ch. II; — *Relations inédites*, t. I, pp. 179 et suiv., 279 et suiv.; t. II, pp. 49 et suiv., 167 et suiv., 217 et suiv.; — *Relation* du P. d'Ablon (1673-1679) imprimée à Québec en 1860, pp. 229 et suiv.

4. Lettre de Mgr de Saint-Vallier sur l'*Estat présent de l'Eglise...* pp. 47 et 48; — *Charlevoix*, t. I, pp. 403, 572 et suiv., 585-86; — Lettre du P. Cholenec au P. Auguste Le Blanc, procureur des missions du Canada, 27 août 1715. — *Lettres édifiantes* : détails sur Catherine Tegakouita, surnommée la Geneviève de la Nouvelle-France; — Vie

Mgr de Saint-Vallier, qui avait visité cette mission et la connaissait mieux que personne, en parlait en ces termes dans sa lettre de 1687 sur l'ESTAT PRÉSENT DE L'ÉGLISE ET DE LA COLONIE FRANÇAISE DANS LA NOUVELLE-FRANCE : « *Dans ma première visite*, la piété que j'y vis, surpassa de beaucoup l'idée que j'en avais conçue par les rapports qu'on m'en avait faits... Les personnes engagées dans le mariage ne sont pas moins à Dieu que les vierges... On prendrait leur village pour un véritable monastère. Comme ils n'ont quitté les commodités de leur pays que pour assurer leur salut auprès des Français, on les voit tous portés à la pratique du plus parfait détachement, et ils gardent parmi eux un si bel ordre pour leur sanctification qu'il serait difficile d'y ajouter quelque chose [1]. » Puis le Prélat raconte les pratiques religieuses, la plupart vraiment héroïques, que s'étaient imposées les sauvages de Saint-François-Xavier-du-Saut pour chaque jour, chaque semaine, chaque mois et chaque année [2]. En lisant ces pages, qui rappellent les plus beaux âges de la vie monacale, on se demande si Mgr de Saint-Vallier n'a pas exagéré. Mais lui-même se charge de nous répondre : « Tout ce que j'ai dit de la manière de vivre des sauvages convertis dans cette mission, n'est point une description faite à plaisir ; c'est un récit sincère de son

manuscrite de Catherine Tegakouita, par le P. Claude Chauchetière, conservée à Québec ; — Vie de la même, par le P. Cholenec, ms.

Catherine Tegakouita, baptisée en 1675 par le P. J. de Lamberville, fut envoyée à Saint-Fr.-Xavier-du-Saut, où elle mourut en 1680. Sa réputation de sainteté et les miracles attribués à son intercession ont engagé les Pères du 3e concile national de Baltimore à demander au Saint-Siège l'introduction de sa cause de béatification, en même temps que celle du P. Jogues et de R. Goupil. (Notice historique de la Cie de Jésus au Canada, p. 45, *note*.)

1. *Estat présent de l'Église*, édit. de Québec, 1856, pp. 49 et 63.

2. *Estat présent de l'Église...*, pp. 49 à 66.

véritable état. Les Français de la Prairie sont si charmés de ce qu'ils y voient, qu'ils y viennent quelquefois joindre leurs prières à celles de ces bons chrétiens, et ranimer leur dévotion à la vue de la ferveur qu'ils admirent dans des gens qui étaient autrefois barbares [1]. »

Ce beau résultat était en grande partie dû au zèle industrieux du P. Frémin et du P. Cholenec [2]. Ce dernier, qui apparaît pour la première fois dans cette histoire, était né dans le Léonais, pays de l'ancienne province de Bretagne, formant aujourd'hui la partie septentrionale du département du Finistère; mais rien dans son caractère ne rappelait le pays du *droit de bris et d'épave*. Nature aimable et sympathique, d'une innocence et d'une simplicité charmantes, facile à s'éprendre de tout ce qui était beau et élevé, il était tout entier, cœur et âme, à ses chères ouailles, et il en parlait avec ravissement dans ses lettres, toutes sans apprêt, d'un style aisé et correct, ne sentant jamais l'ancien professeur de rhétorique [3]. « Dans le peu d'expérience que

1. *Estat présent de l'Église...*, pp. 66 et 67.

2. Pierre Cholenec, né au diocèse de Léon, le 30 juin 1641, entra au noviciat des Jésuites, à Paris, le 8 septembre 1659. D'abord professeur à Moulins de cinquième (1661-62), de quatrième (1662-63) et de troisième (1663-64), puis élève de philosophie à la Flèche (1664-67) où il est en même temps préfet du Sér. Prince Renaud d'Este, il professa ensuite à Eu les humanités (1667-68) et la rhétorique (1668-70). Enfin, après ses quatre ans de théologie (1670-74) au collège Louis-le-Grand à Paris, il partit pour le Canada au mois d'août 1674.

Le P. Cholenec a composé la vie de la sauvagesse Catherine Tegakouita, dont il était le confesseur. Le manuscrit de cette vie a servi à faire la lettre qui se trouve dans les *Lettres édifiantes*, publiées par Martin (t. I, p. 647). Charlevoix y a puisé aussi tout ce qu'il dit sur cette sainte fille; mais Charlevoix et les *Lettres édifiantes* n'ont fait qu'un très court abrégé du manuscrit du P. Cholenec.

3. *Lettres inédites*, t. II, pp. 168 et suiv., 217 et suiv.; — *Lettres édifiantes*, publiées par M. L.-A. Martin, t. I, de 647 à 668; — *Vie de Catherine Tegakouita*, par le P. Cholenec, ms.

j'ai, dit-il, j'ai bien vu des Français qui faisaient une particulière profession de vertu, et cependant, à moins que de m'arrêter sur les communautés séculières et régulières, j'avoue que je n'ai rien vu qui approche de ce que j'ai le bonheur de voir ici tous les jours [1]. »

Toutefois, en formant les sauvages à la vertu et à la piété, les Jésuites n'oubliaient pas de développer dans leurs âmes l'amour de la France, les sentiments du plus pur patriotisme. Quelques religieux, ennemis des Jésuites, — il vaut mieux ne pas les nommer — ont eu le triste courage d'écrire et d'imprimer le contraire. Plus juste, le successeur de M. de Frontenac, M. de la Barre, écrivait au ministre, à Paris, après le terrible accident qui renversa, en 1683, la chapelle de Saint-François-Xavier-du-Saut, *l'un des plus jolis édifices qui fut autour de Montréal* [2] : « Les Pères Jésuites, qui ont *acquis au Roi*, dans la mission du Saut-Saint-Louis joignant la Prairie de la Madeleine, *deux cents bons soldats Iroquois*, y ont souffert un grave accident... Une charité de Sa Majesté serait bien appliquée à la réparation de l'Église ; et le maintien de cette mission est d'une grande importance [3]. » De son côté, l'intendant Duchesneau avait dit dans une lettre au même ministre : « Dans la mission de la Montagne de Montréal, gouvernée par les MM. du séminaire de Saint-Sulpice, et dans celle du Sault de la Prairie de la Madeleine, qui en est proche, dans celles de Sillery et de Lorette, qui sont aux environs de Québec, toutes trois dirigées par les Jésuites, on élève les jeunes gens à la Française, excepté pour leurs vivres et leurs habits, qu'il est nécessaire de leur faire retenir, afin qu'ils ne soient pas délicats,

1. *Lettres inédites*, t. II, p. 225.
2. *Lettre de Mgr de Saint-Vallier*, p. 61.
3. Lettre au ministre, 1683.

qu'ils se trouvent plus dispos et moins embarrassés pour la chasse, qui fait leur richesse et la nôtre. On y a commencé à montrer aux jeunes gens à lire et à écrire... On ne peut trop favoriser ces missions et donner créance parmi les sauvages aux MM. de Saint-Sulpice et aux PP. Jésuites ; d'autant que non seulement ces missions mettent le pays en sûreté et y apportent des pelleteries, mais elles glorifient extrêmement Dieu et le Roi comme fils aîné de l'Église, par le grand nombre de bons chrétiens qui s'y forment [1]. »

D'après ces deux mémoires et ce que nous avons dit de la vie chrétienne des sauvages du Saut-Saint-Louis, on peut se faire une idée très exacte de cette mission de Saint-François-Xavier. A côté de la prière, le travail aux champs, la chasse et la pêche. Le sauvage se nourrit et s'habille à sa manière ; les enfants apprennent à lire et à écrire ; tous sont élevés dans le respect et l'amour de la France, il se préparent à défendre la Colonie, à en être les *bons soldats* [2].

Ces résultats avaient certainement dépassé les prévisions et les espérances des missionnaires Iroquois. Quand ils se décidèrent à éloigner de leur pays les catéchumènes et les néophytes de bonne volonté et à les réunir à la Prairie de la Madeleine, ils ne pensaient pas que cette mission serait un jour la plus pure gloire de l'Église du Canada. Pour eux, fidèles au poste que la Providence leur avait confié, ils continuèrent à évangéliser les cinq cantons au

1. Mémoire de M. Duchesneau au ministre, 1681.

2. Le 29 avril 1680, Louis XIV écrivait à M. de Frontenac : « J'ai accordé aux PP. Jésuites la concession qu'ils m'ont demandée au lieu appelé le Sault. joignant la prairie de la Madeleine pour l'établissement des sauvages, et j'ai ajouté à ce don les conditions qu'ils m'ont demandez, parce que j'estime que cet établissement est

prix des plus rudes sacrifices, mais heureux d'avoir placé pour boulevard devant la Colonie française, un village d'Iroquois chrétiens[1].

advantageux, non seulement pour les convertir et maintenir dans la religion chrestienne, mais mesme pour les accoutumer aux mœurs et façons de vivre françaises. » (*Collection de manuscrits*, t. I, p. 274.

1. Nous lisons dans la lettre de Mgr de Vallier, p. 63 : « Du temps que M. de la Barre était gouverneur du Canada, les sauvages du Sault-Saint-Louis lui offrirent cent cinquante de leurs meilleurs hommes pour marcher quand il lui plairait avec les troupes françaises, contre leur propre nation, si elle rompait la paix avec la France. On a vu en 1687 que cette proposition n'était pas une pure honnêteté, ni un compliment fait en l'air ; ils se sont joints au corps d'armée de M. le Marquis de Denonville pour aller attaquer leurs compatriotes jusque dans le cœur de leur pays, et ils ont donné par leur conduite un témoignage certain de la fidélité et de l'attachement qu'ils ont pour leur religion et pour leurs alliés. »

PIÈCES JUSTIFICATIVES

DU

TOME SECOND

PIÈCES JUSTIFICATIVES

DU TOME SECOND

I[1]

LIBER XIII PARTIS VI HISTORIÆ SOCIETATIS JESU

RES GESTÆ PER SOCIETATEM JESU IN AMERICÆ SEPTENTRIONALIS PARTE, QUÆ CANADA SEU NOVA FRANCIA DICITUR, A P. JOSEPHO JUVANCIO.

N. B. Ce manuscrit du P. Jouvancy est conservé aux Archives générales de la Compagnie de Jésus ; un second exemplaire se trouve à la Bibliothèque de Munich.

Voici comment le P. Jouvancy raconte la captivité du P. Jogues, d'après la correspondance autographe du martyr : *in suo autographo, undè hæc omnia singillatim descripsimus.* (V. p. 434.)

Iroquæi faciunt impetum in fines Huronum. — Cum res Christiana pulcherrime sic staret, Iroquœorum crudelitas omnia lacrymis et luctu miscuit. Regio illorum infra Kebeccum sedet ad meridiem et occasum. Veteres gerebant inimicitias cum Huronibus, recentiores cum Gallis, tum odio nominis christiani, tum potentiæ metu. Excurrebant identidem è suis finibus in Huronum fines, imo in vicinos Kebecci pagos et flammis ferroque quidquid occurrebat, vastabant. Immanitatem feræ nationis experta primum est societas anno MDCXLII. P. Isaacus Jogues Kebecco profecturus erat ad Hurones, ad tertium nonas sextiles, cum Gallis quinque ac pluribus barbaris. Altera

1. *Voir* plus haut, p. 33.

die, quam conscenderant naviculas, sub ipsam auroram humana vestigia conspiciunt impressa in littore. Huronum dux, vir fortis et christianus, consideratis vestigiis, non sunt, inquit, plures duodecim hostibus, si hostium hæc vestigia sunt; pergamus, ac si res ferat, pugnemus. Iroquœi partim substiterant in insidiis, partim in adversa latebant ripa, bellatores septuaginta, armis instructi, quæ illis Angeli et Batavi subministrant, non enim abest longè ab Iroquœis Virginia, et nova Hollandia. Postquam Hurones processere ad insidiarum locum, erumpit hostis, et ferreas fistulas in imparatos displodit. Procurrunt eodem tempore qui latebant in ultiore ripa et Huronum naviculas igneis glandibus pertundunt perfringuntque. Hurones, quorum numerus multo inferior, plerique inermes, cedere, relictisque naviculis in vicinum nemus præcipiti fuga tendere. Pauci restiterunt duce Renato quodam Goupilio, Gallo, qui turpem existimans fugam, tamdiu vim inimicam sustinuit dum oppresus numero et circumventus est. Hostis elapsos in sylvam Hurones persecutus retraxit plurimos è fuga.

P. Isaacus Jogues fugam facilem omittit ne Christianos deserat. — Poterat P. Isaacus captare latebras et hostem ancipiti prœlio distractum eludere. Ceteris fugientibus constitit in ipso pugnæ loco et ab Iroquœis, dum fugaces persequuntur, quasi prætermissus et ignoratus addubitavit aliquandiu quid consilii caperet. Demum apud se statuit christianos ab hoste captos, ac præsertim Goupilium, qui deducendum ipsum ad Hurones susceperat, non deserere. Igitur ultro se barbaris obtulit ejusdem cum ceteris captivis fortunæ socium. Miratus Iroquœus, cui tradita captivorum custodia tam insolentem in tanto periculo fiduciam, cunctari primo, demum postulantem ceteris addere. Statim Dei famulus id cœpit aggredi cujus causa potissimum remanserat. Ex Huronibus in hostium manus delapsis aliqui catechumeni dumtaxat erant : eos continuo sacra respersit unda, et idoneis monitis instruxit. Delectavit illum neophytorum egregia fortitudo ad omnes cruciatus excipiendos paratissima : sed incredibili dolore, ac etiam gaudio affecit duorum è caro et infelici agmine conspectus, qui cum evadere potuissent, redibant tamen ut ei vel opem aliquam ferrent, vel cum ipso saltem morerentur. Alter, dux ille Huronum erat; qui parum adversus insidias cautus, auctor extiterat pergendi porro et pugnandi; Eustachius Ahatsistarius illi nomen. Alter, juvenis Gallus, Guillelmus Costuræus. Et Eustachius quidem, re non segniter contra Iroquœos initio gesta, ubi nullam victoriæ spem esse vidit, pedibus salutem quæsiverat, jam insequentes longe fuerat prægressus, quæ pernicitas Huronum est, cum P. Isaaci memoria subiit. Repressit gradum, vestigia citius relegit, et in ejus amplexum ruens : sanctè, inquit, promiseram tibi, mi frater, futurum ut quæcumque tua sors foret, mea pariter esset; en adsum ut promissi fidem exsolvam, victurus tecum, aut tecum certè moriturus.

Accessit post paulo Costuræus. Ætate viribusque pollens, nec militiæ rudis, irruentes barbaros non sustinuerat modo, verum etiam repulerat, cæso ex eorum ducibus fortissimo, cujus nece dum attoniti trepidant, conjecerat se in densum nemus. Jam evaserat, cum abesse P. Isaacum respexit. Ubi te reliqui, mi pater, exclamat! Rursus perplexum iter sylvæ revolvens, ad amicum et hostes properat. Audit inconditos clamores, et insanos ovantium ululatus; nec diu moratus, Patrem videt constrictum cum reliquo captivorum agmine. Ruit in medios, et ejus genibus advolvitur. At barbari, ut juvenem conspexerunt, ira et furore æstuantes, ob ducem suum ab eo interfectum, invadunt catervatim, spoliant, et arreptis manibus ungues mordicus avellunt, digitosque comminuunt. Unus etiam manum mediam adacto gladii mucrone perforavit. Non potuit continere se Isaacus quin egregium juvenem amplexaretur, et ad patientiam apposita oratione accenderet : Christiana humanitas inhumana pectora efferavit, et velut indignati, quod quisquam inter tam immanes feras homo esset, fustibus et pugnis pium sacerdotem ab amico divulsum affligunt humi, infigunt crudos dentes digitis, ungues radicitus exstirpant, digitos ipsos rabidis morsibus plerosque commolunt.

In regionem Iroquæorum deducitur cum aliis captivis ac dire torquetur. — Hoc feralis tragœdiæ præludium quoddam fuit. In patriam reversuri prædam ac spolia inter se dividunt. Ejus præcipua pars erat supellex sacra, et instrumentum sacelli, quod Isaacus ad Hurones Kebecco deferebat, quodque non sine lacrymis diripi a sceleratis prædonibus, et indignum in modum attrectari cernebat. Imponuntur deinde in naviculas captivi viginti duo, ceteris aut elapsis fuga, aut in pugna cæsis. Jussus cum aliis cymbam conscendere senex quidem octogenarius : Quo tandem, inquit, pergam, homo id ætatis? Conficite hic, si lubet, potius capularem senem. Mihi quidem certum est hinc pedem non movere. Cum perstaret in sententia, eo ipso loco trucidatus est, ubi paulo ante novam in Christo vitam per baptismum acceperat. Ceteri grave et molestum unius mensis iter ingressi sunt. Ad æstum, famem, verborum contumelias accedebat acerrimus doloris sensus è vulneribus, et eorum putri sanie, nulla curatione adhibita. Sed nihil indignius P. Isaaco, ut ipse narrat, videbatur, quam quod Iroquœi per jocum et lidibrium vellerent sedate ac minutatim capillos barbamque miserorum : et ungues acutos (nam instar subularum prælongos et rigidos habent) in mollissimis quibusque partibus corporis defigerent.

Octavo, quam navigare cœperant, die, facta est in terram excensio. Barbari correptis è vicina sylva fustibus, descendentes è cymbis captivos exceperunt, et iteratis ictibus ad vicinum usque collem prosecuti sunt. Claudebat agmen P. Isaacus, quem in honore præcipuo apud Christianos esse intellexerant. Eum vero tanta immanitate ceciderunt, præsertim in anterioribus crurum ossibus, et in ipso vultu, ut semianimis corruerit. Instare illi tamen nihilo secius, ictusque ingeminare, donec crudeli misericordia, veriti ne, si pergerent, in ipso vestigio periret, ferire destiterunt, ac suo in sanguine natantem ipsimet in collem deportarunt. Ibi theatridium quoddam è comportatis corticibus exstruxerant, in quo propositi captivi tortique spectantium crudeles oculos facilius pascerent. In P. Isaacum primus furentium impetus incubuit. Digitorum qui superfuerant è priore carnificina, unum exurunt, alium crebro morsu convellunt, conteruntque; alium, ossibus divulsis, adhuc hærentem protrahunt, intortis ruptisque incredibili dolore nervis, quorum ingens numerus in manu et sensus accerrimus. Quidquod ingenio barbaræ crudelitatis, non adhibebant cultros et ferrum, sed conchylii cujusdam, quo abundant, testulam. Ea non incidebat nervos, sed tanquam serra desecabat. Hinc multis manus et brachia fœde intumuerunt. Accessit qui nares abscinderet : sed eum semel iterumque hoc tentantem occulta quædam vis repressit. Eodem ferè modo sævitum in ceteros. Atrocius in Eustachium Ahatsistarium, cui post comesos digitos, acutum bacillum inseruerunt in carpum sinistræ manus, et ad cubitum usque paulatim quasi terebrando adegerunt : quam lanienam vir fortis æque ac pius insigni mentis excelsitate pertulit.

Hæc in limine regionis, velut ad specimen, gesta. Quartodecimo Kalendas septembres, qui dies sacram Virgini in coelum Assumptæ lucem præcedit, ventum est in primum Iroquæorum pagum. Præstolabatur miserabilem catervam armata fustibus, spinis, aculeis et virgis è ferro ductuli confectis juventus, longo ordine hinc inde disposita. Jussi captivi lento gradu nudi procedere per medios ut ictuum grandinem, et plaudentium ludibria per otium ad satietatem exciperent. Fuit qui globulum ferreum magnitutidine pugni, e fune suspensum tam valide medias in scapulas impegerit P. Isaaco, ut propemodum ad terram conciderit, et obducto postea vulnere dolor extingui nunquam potuerit. Tandem in ferale pegma et crudelitatis theatrum omnes producti fustibus iterum accipiuntur. Subeunt delecti carnifices cum cultris et corporum extremas partes, torosæ carnis ac pulpam (nondum enim necare statuerant, sed cruciare tantum) temerè pro cujusque libidine, incidunt, lancinant, fodicant. Relicti erant P. Isaaco duo ungues. Illos ut facilius evellerent, carnem unguibus subjectam ad ipsa usque articulorum ossa radicitus eruerunt. In ejusdem caput sese vesana cædentium rabies violentius effudit. Oderunt enim tonsum verticem et curtos crines.

Barbaros quatuor casu oblatos baptizat. — Postridie, ipso die sacro Assumptæ in cœlum Deiparæ, pertrahuntur ad vicinum pagum. Erat sol calidissimus. Recruduerunt æstu liventes plagæ, cutisque brachiorum, colli, et tergi arefacta dissiluit. Dies duos, ac totidem noctes in hoc pago impasti manserunt. Mutatum genus carnificum, aucta carnificina. Vinctis post terga manibus pueris puellisque dediti sunt, quorum quanto vis infirmior, tanto petulantior protervia, tanto crudelitas molestior. Turba procax abstinere ferro duntaxat jussa, ne vitam eriperet, quam in novos usque cruciatus sufficere cupiebant, certatim in affecta et lacerata membra prunas et calentem favillam conjecit, eo molestiori supplicio quod per vincula quibus captivi coercebantur, non licebat aut declinatione corporis, aut manu grandinem igneam depellere. Ad hos ardores accedebat alter intestinus a fame et siti, quæ stomachum crudeli depascebant incendio.

Pergendum nihilominus fuit ad tertium pagum. Ibi objectæ sunt famelicis aliquot spicæ Indici frumenti : leve solatium tam diuturnæ inediæ. Alio sanctiore cibo famem Apostolicam, quæ animarum salute pascitur, explevit P. Isaacus. In eundem pagum adducti sunt eo ipso tempore Hurones aliunde quatuor, pariter captivi. Nactus locum duos ex illis alloquendi, Deum Christumque miseris, ad audiendum ipsa calamitate præparatis insinuat. Offerebant baptismo caput. Aquam arcessere promptum non erat. Hæc Divinæ providentiæ beneficio reperta commodum est, in foliis grandioribus spicæ indici tritici relicta ex rore matutino. Ad alios duos applicuit sese cum in proximum pagum turba captivorum simul ageretur, et quantum loci temporisque ratio ferebat, institutos hausta raptim lympha è prætereunte fluviolo, baptizavit. En cur verus Ignatii alumnus ultro se in captivorum agmen conjecerat. Satis gnarus animas quas servaret, quas juvaret, minime defuturas.

Continuo recepit mercedem Evangelicæ caritatis. Indignati barbari quod captivos aqua salutari respersisset, medium corripiunt, colligant arctissimè, ac sublimem pendulumque librant. Dolore victus ut fatetur ipse in suo autographo, unde hæc omnia singillatim descripsimus, paulum ingemuit, rogavitque barbaros ut vincula parumper laxarent. Quo rogabat magis, eò magis astringebant. Itaque cogitationem et preces ad Christum in cruce pendentem reflexit et exemplum de se ipso sumens intellexit quantos dolores pertulisset servator amantissimus, quando non lineis funibus, sed clavis ferreis constrictus pendebat, mole corporis tota è confixis manibus suspensa, aut in pedes pariter ferro crudeli trajectos incumbente. Ceterum post quartam circiter horæ partem Dei famulum cœpit anima deficere. Laxata sunt vincula ne citius moreretur, utque integram ad lentos ignes vitam afferret, quibus demum captivi omnes septimo, quam fuerant comprehensi die, damnati sunt. Deo aliter visum, cujus in manu mortalium corda et fata.

Gratias ingentes agebat superis agmen miserabile, cui concessum erat denique semel mori, cum Iroquœos incessit metus ne, si P. Isaacum et Hurones omnes trucidarent, grave bellum et inexpiabiles inimicitias susciperent adversus Gallos, quorum fortitudinem et arma non ita pridem quidam ex ipsis pulsi cæsique senserant. Re in deliberationem vocata decretum ut Gallis parceretur : ex Huronibus tres delecti, qui lentis ignibus absumerentur, ceteris usura vitæ concessa, parati confestim Huronibus rogi. Discedentes consolatus novissimis verbis sacerdos illud è Paulo Apostolo sæpius inculcavit : *Recogitate eum qui talem sustinuit a peccatoribus adversum semetipsum contradictionem. Hebr. C. 12.* Eustachio Ahatsistario, uni è tribus infelicibus victimis, absolutionem peccatorum nominatim impertiit, cum eam ille oculis in cœlum ex condicto sublatis expetiisset.

Fuerat ille P. Isaaco addictissimus, quem tanquam suum in Christo parentem venerabatur, et quoties ad novum aliquem cruciatum Pater deposcebatur, sive ungues avellendi, sive frustuarium excipiendum, sive quid aliud ejus generis pararetur, aderat continuo Eustachius, rogabatque tortores immanissimos ut omisso sacerdote, sævirent in se unum. Peculiari modo vocatus ad Fidem miros in ea progressus brevissimo tempore fecerat. Nondum societatis homines pedem in Canadam intulerant, cum gravia quædam pericula reputans, è quibus evaserat, cogitare cœpit non suis viribus, aut industria sua, partam sibi salutem et incolumitatem, sed ope cujusdam potentioris Genii, cujus in manu vita mortalium felicitasque sita esset. Ubi vero disserentes de Deo rerum omnium procreatore ac rectore Patres audivit, omnino sibi persuasit illum ipsum esse, cui accepta referre omnia deberet. Hunc invocare, illi se commendare, ab illo quicquid aggrederetur auspicari vehementius instituit.

Ac sane vix credibile est quot bellica facinora, quanta felicitate ediderit. Cum ante menses paucos ductaret Hurones non plures quinquaginta, inciderat in Iroquœos trecentos. Fudit omnes ac fugavit. Ætate proxima superiori, cum lacum ingentem trajiceret, qui Hurones ab Iroquœis dirimit, conspexit cymbas complures vulgaribus majores in se citatis remis invehi. Trepidantes socios fugamque circumspectantes accendit ad pugnam, et in hostes recta duxit. Ipse in primam quæ occurrit cymbam insiliens, arrepta securi caput unius diffindit, duos præcipites deturbat in flumen. Mox in medios ruens hostes promptissimum quemque mactat, tanto ceterorum terrore, ut cuncti fugam arripuerint. Victor in fluvium se demittit ac duos illos a se in profluentem dejectos capit abducitque. Ad hanc fortitudinis bellicæ laudem accedebant aliæ multæ, ingenii, humanitatis, liberalitatis, prorsus ut nihil desiderares nisi religionis veræ professionem. Hanc retardabat quædam in retinendis patriæ superstitionibus pertinacia : Quam exuere conatus operam diligentiorem erudienti sacerdoti dedit ac demum cœlesti gratia uberius infusa, fidelium cœtui additus est pridie Dominicæ Resurrectionis. Vix menses deinde sex in vivis superfuit, quibus omnes christianæ perfectionis numeros videtur explevisse, cumulumque beneficiis divinitus acceptis, heroica multarum horarum in lentis ignibus patientia feliciter addidisse.

Dum illi tres Hurones deflagrant, reliqui cum Gallis abducuntur in Iroquœorum, a quibus fuerant capti, pagum. Mos est non Iroquœorum modò sed finitimarum longè lateque nationum; ut quorum captivorum vitæ parcitur, ii adscribantur in aliquam indigenarum familiam, ut vicem locumque suppleant alicujus ex eadem familia, qui aut captus fuerit ab hostibus, aut in acie ceciderit. Sic jacturam suorum consolantur. Porro captivus ita cuipiam familiæ velut insitus, in ejusdem familiæ potestate ac manu est, ac durius humaniusve habetur prout fert eorum quibus addicitur natura vel voluntas. Ad hunc modum distributi certas in familias Galli Huronesque miseram dominis crudelibus servitutem servire cœperant, cum subito illorum vita rursum in discrimen ingens venit. Montemagnius, Canadæ gubernator, moliebatur arcem ad compescendos Iroquœorum impetus, quam Richelæam de Cardinalis Richelæi nomine appellavit. Illi hoc veluti frenum indignati concurrunt ut arcem evertant. Agmine tripartito per sylvas et noctem invadunt Gallos instantes operi. Jam munimenta prima perruperant, cum dux audacis turmæ, proceritate corporis et capitis ornatu, quod lato præcinctum torque, ex lapillis versicoloribus confecto, gerebat, conspicuus glande plumbea exanimis sternitur : duo præterea proceres cæsi, plerique vulneribus debilitati. Ceteri fuga dilapsi, et accepta clade ferociores in patriam se recipiunt. Fremere videlicet, Gallosque ad necem deposcere : non alias justius inferias mitti posse manibus suorum ad Richelæam arcem interfectorum : nec amittendam ulciscendæ injuriæ occasionem. Hæc vociferantes parant rogos, secures expediunt, diem et locum exercendæ carnificinæ destinant.

Batavi de redimendis captivis agunt. — Hic admirari licuit mirificam Divinæ Providentiæ vim ad suorum famulorum salutem excubantis. Batavorum fines ab isto pago distabant circiter bidui. Manavit ad illos fama captos ab Iroquæis Gallos in summo versari periculo. Legationem adornant. Reposcunt Gallos, pretium redimendis idoneum offerunt. Enim vero magna Iroquæis injecta dubitatio, quia fœdus et amicitiam alere cum Batavis summopere studebant. Cogitur concilium. Scinduntur animi studia in contraria. Gallos Batavis donandos, ne accepto quidem redemptionis pretio, multi censent : alii reducendos Kebeccum; sic ineundam communiter et a Batavis et a Gallis gratiam. Alii ferociores supplicium de captivis sumendum contendunt, id pertinere ad nationis gloriam, et ad sarciendam nuper acceptam cladem omnino necessarium : Batavos facile placatum iri. Vicit hæc sententia, quia plurium, et pejorum. Ergo ut Batavis utcumque satisfacerent, renunciant inclinare multorum sententiam ut Galli remittantur ad suos, nihil esse quod Batavi sint de illis soliciti, Kebeccum propediem reducendis. Nihil volebant aliud Batavi. Quamobrem legatione functi discessere. Soluti metu Iroquœi Gallos sic paulatim è medio tollere constituunt ut quam minino tumultu res ageretur. Ita necem illorum in casum aut privatas aliquorum inimicitias facile conjiciendam, nulla publica invidia.

Non longam interposuere moram, quin deliberata perficerent. Redibat sub vesperam in pagum P. Isaacus Jogues cum Renato Goupilio, et coronam B. Virginis alternis recitabant, cum barbaros adventare duos vident. Eorum unus ad Goupilium accedens securim, quam veste abditam gerebat, in ejus caput impetu tanto librat, ut semianimem ac sacra JESV et MARIÆ nomina ingeminantem dejecerit. Illico procumbit in genua P. Isaacus, et nudum sicariis caput offert. Verum jubetur surgere ac metu parcere, quia, inquiunt, alteri familiæ mancipatus es, a qua nullum interficiendi tui mandatum habemus. Surgit, et ad amicum suo sanguine innatantem accurrens ei peccatorum absolutionem novissimam impertit adhuc palpitanti. Quo animadverso percussores geminato ictu, jacentem confecerunt. (*3 Kal. octob. 1642.*) — Vir erat candidissimis moribus, pietate in Deum, humanitate in omnes, patientia in adversis rebus, singulari. Artem curandorum vulnerum egregiè callebat, quam chirurgicen vulgo vocant.

Totum se nostris regendum permiserat, operamque suam juvandis neophytis, interposita voti religione, dicaverat. Causa necis ipsi allatæ hæc præ ceteris proditur. Sanctæ crucis signum manu duxerat in pueri fronte. Id observans senex cujus in tugurio et potestate versabatur, maleficium credidit, ac nepoti suo præcepit, ut Gallum hunc interimeret. Magum plerique suspicabantur, et venificum, propter orandi consuetudinem. Annum quintum et trigesimum decurrebat.

Ærumnæ P. Isaaci inter barbaros. — P. Isaacus in suum reductus pagum servitutem iis aliquandiu servire perrexit quibus addictus erat. Eos in sylvas cogebatur sequi per altas nives et acerrima frigora seminudus, cum venationi darent operam. Ibi narrat parum abfuisse quin fame confectus interiret. Non deerant plerumque carnes, sed eas attingere sibi nefas duxit, qui erant dæmoni libatæ. Nam quoties ad sumendum cibum accingebant sese, prodibat in medium nescio quis, et partem carnium lautissimam quamque decerpens, eum, qui toto in cœtu maxime longævus, orabat, ut bene cibis precaretur : En, Alteskui (hoc illorum numen erat) has tibi carnes offerimus, rogamusque significes nobis quo degant in loco cervi, eosque agas in nostra retia. Deterritus hac impia consecratione P. Isaacus, decrevit emori potius millies quam profana degustare fercula. Radicibus arborumque baccis ægrè vitam sustentavit. Inde aliud etiam accessit incommodi, quod hanc abstinentiam interpretantes numinis sui contemptum et contumeliam, atrocissimum odium in veri Dei famulum conceperunt, et si qua in eum adhibuerant hactenus humanitatis officia, penitus denegarunt.

Neque par tot ærumnis potuisset esse, nisi Deus famulo suo piam et misericordem viduam, ut quondam prophetæ, paravisset. Obierat feminæ in pago primariæ filius. Hæc ut consolaretur dolorem suum, P. Isaacum in Filium adoptavit, in eumque maternam deinceps benevolentiam et curam induit. Ejus ope ac studio valetudinem paulum recuperavit, cumque suppeterent non maligne ad victum necessaria, totum se contulit ad perdiscendam gentis linguam, magna spe ingentis cujusdam fructus ad salutem animarum. Quippe in hoc tugurio non modo illius pagi, sed etiam totius regionis concilia habebantur. Cum primum balbutire potuit, capita Fidei cœpit ingerere confluentibus ad concilium primoribus. Ac vicissim illi multa cupidè sciscitari, quanta esset magnitudo solis, unde maculæ quas in Lunæ quasi facie cernimus, terræ ambitus quam late pateat, cur mare statis intervallis accedebat recedatve, aliaque generis ejusdem. Quibus cum præclarè satisfaceret, odium sensim amore ac veneratione mutabant. Sed his ille non contentus, rudes animos a rebus creatis ad procreatorem paulatim traducebat : ab eo mundum conditum et redemptum : mortales eidem in coelis fruendo natos, viam ad hanc felicitatem consequendam non esse aliam, atque verum numinis unius veri sempiternique cultum. Illum, quem nomine Aïteskui colerant, spiritum esse nequam, rebelle Dei mancipium, hostem generis humani. Perculsi rerum admirabilitate obstupescebant : nec pauci, præter infantes plurimos, morbo ingruente sunt baptizati. Jam P. Isaacus impune pagos omnes circumcursabat, patebant illi omnium aures, omnes casæ. Unam dum præteriret, vocari se audivit. Subit. Jacebat æger intus, qui simul atque Patrem conspexit, quæsivit num se nosset. Neganti, Ego ille sum, inquit, qui dum captus es primum, vincula laxavi, quæ te tam arctè stringebant. Ego vero, subjecit Pater, et gratiam habeo, et vincula, si vis, tua, meis istis longè graviora, solvam, teque in libertatem filiorum Dei vindicabo. Ingressus in hunc modum de sacro baptismate loqui, auditur placidè. Quid multa ? Credit æger, docetur uberius; regeneratus, paulo post pie moritur.

Ecce autem novum periculum. Iroquæorum manipulus militatum abierat. Spargitur rumor omnes captos ab hostibus aut necatos esse. Propinqui ad placandos interfectorum manes, P. Isaacum neci destinant. Ac trucidatus re ipsa fuisset eo ipso die, quo Christus Jesus pro humani generis salute piacularem sese Patri victimam obtulit, nisi rumor contrarius, et verior, nullo tamen, qui deprehendi potuerit, auctore certo sparsus moram crudelibus consiliis attulisset. Adfuere bellatores læti et incolumes, cum captivis duobus et viginti. Pagus a mœrore ad hilaritatem traductus, sacerdos periculo et metu solutus est. Divinæ Providentiæ nutu ad sempiternam salutem captivis afferendam servatus videbatur. Viri quinque tantum erant; reliqui septemdecim pueri vel mulieres, turba imbellis atque innoxia. Ac ne viri quidem ipsi hostes Iroquæorum, nullum enim bellum ante cum iis gesserant, ab illis longè disjuncti.

Sex captivos jamjam concremandos baptizat. — Sermone ignoto utebantur. Hinc difficultas major eos erudiendi, et ad baptismum adducendi, quo curas omnes et conatus P. Isaacus intendebat. Nec multum dabatur spatii, jam enim insontes victimas diræ neci crudelitas Iroquæa et ingluvies addixerat. Discruciabatur sacerdos animarum sitiens, quod ab æterno exitio vindicare miseros non posset, sermonis inscitiâ. Gestu, nutu, alloquitur, addit nutibus varias voces, è discrepantibus, quas norat, linguis depromptas. Algonquinum vocabulum, quod temere cum aliis jaciebat, exceptum est ab uno è captivis. Respondet Algonquinicè. Lætus majorem in modum Pater ubi eum Algonquinam tenere quoque linguam cognovit, quam ipse callebat, usus est illo interprete ad alios erudiendos. Capita Fidei præcipua volentibus tradit, ac sanguine Redemptoris dealbatos ad accipiendam immortalitatis stolam eo ipso die præparat quo Christo reviviscenti partam de morte victoriam Ecclesia gratulatur.

Per ferias sacræ Pentecostes alius captivorum globus eumdem in pagum est perductus. Viri statim deduntur neci, neque iis attenta sacerdotis experrecti caritas defuit. Feminas solebant ad opera domestica reservare, nunquam in eas hactenus sævitum. Nescio quid causæ tunc incidit cur unam flammis devoverint. Fortasse, quod ejusmodi sacrificio placandum dæmonem quispiam somniasset. Sane dum vivam videntemque concremarent, ut cuique corporis parti faces aut candentia ferramenta imponebant, exclamabat infaustus præco : Hanc tibi victimam adolemus Aireskue; Sis bonus o! et felix tuis, victoriamque pugnantibus annue. Ad eam per medios ignes arrepsit Isaacus, nam ut antea ipsam alloqueretur, potestas nulla fuerat. Semuista calicem aquæ frigidæ petiit. Pater in occasionem imminens scyphum aquæ dedit sitienti, et cum baptismo *fontem aquæ salientis in vitam æternam.*

Ad hunc modum egregius sacerdos in ipsis vinculis, quibus jacebat constrictus, barbaros donabat libertate filiorum Dei, neque ullum de iis bene merendi prætermittebat locum, a quibus sese levi momento, si cujus libido ita tulisset, aut si quod somnium incidisset, necandum videbat. Gravissimum adiit periculum exeunte Julio ejusdem anni MDCXLIII. Parantibus excursionem in Gallorum fines Iroquæis, unus ab eo litteras ad Gallorum Ducem commendatitias rogavit, credo ut illis fretus meliori esset conditione, si caperetur in acie; vel potius ut aditum ad Gallos nactus aliquid moliretur doli ac sceleris. Pater ita commendavit hominem, ut simul Gallos de hostium insidiis et consiliis admoneret, ne perfidæ genti facile fidem haberent, et contra vim æque ac dolos exubarent. Iroquæi litterarum fiducia propius ad arcem Richelæam subeunt, rati se tanquam amicos a Gallis excipiendos. Præmittunt istum è suo agmine cum epistola commendatitia : quæ simul atque lecta fuit, datus est in vincula tabellarius, displosa in Iroquæos rei eventum præstolantes in naviculis, tormenta bellica. Diffugiunt trepidi, relicta in metu ac fragore navicula cum armorum parte. In patriam reversi clamant se a sacerdote proditos, conscriptàs ab illo in perniciem gentis litteras, dedendum neci caput inimicum, et pœnas scelerato à sanguine repetendas. Nec moræ quicquam intercessisset, si tunc adfuisset in pago, ubi degere consueverat. Paulo ante discesserat ad stationem quamdam Batavorum, inde transiturus in Iroquæorum quemdam pagum, ut cremandis aliquot Huronibus captivis baptismum, si qua posset via conferret.

Dum ad necem conquiritur, afflavit rumor Batavos, de quibus haud ita pridem optimè meriti erant Galli; quippe vetuerant ne Hurones in eos, ubicumque occurrerent, sævirent, aut in ipsorum finibus aliquid hostile molirentur. Memores hujus humanitatis Batavi P. Isaacum faciunt de periculo, quod imminebat illi, certiorem, et hortantur ut Iroquæiś quorum in comitatu erat, elapsus, instructam in littore proximo navim conscendat, ac vela in Galliam (nam eò solvebat navis) faciat. Stationis Batavicæ præfectus ipsi obligat fidem suam fore ut eum Rupellam aut Burdigalam tutò deportandum curet. Pater noctem ad deliberandum petiit, stupente præfecto dubitare illum cunctarique in tanto discrimine. Postridie mane ad præfectum reversus, quam non extimescam Iroquæorum ignes, inquit, intelligere potuisti vel ex eo quod in deliberationem vocandum putaverim num occasione uterer, quam tua mihi humanitas obtulit. Sed quoniam ratio lexque Divina vetat ne nos in periculum temere conjiciamus, neque ulla in barbaros, quorum saluti me devovi, redundare utilitas ex mea nece potest accipio quod offers, navim vestram conscendam, vitamque me vobis debere, dum vivam profitebor. Navigationis sumptus, et quicquid mea causa erogabitur, persolvam statim atque littus Gallicum attigero.

Movit ea oratio Præfectum, et eos, quos in consilium adhibuerat. Spondent omnes si navim semel conscendat, tutum et incolumem fore. Consederat P. Isaacus cum Iroquæis aliquot, comitibus et custodibus suis, piscatum profectis, ad fluvii ripam prope stationem hanc Batavorum. Dabo operam, inquit præfectus Batavus, ut ad ripam præsto sit noctu cymba, quæ te dilapsum excipiat. His ita constitutis noctem cum istis piscatoribus transegit in horreo villæ Batavicæ, vigil et in omnem diffugiendi occasionem imminens. Sopitis omnibus evadebat, cum soluti villæ canes impetum in eum faciunt. Graviter a molosso vulneratus recipit se trepidè in horreum, seque velut ad somnum componit, sed Iroquæi latratibus canum excitati, et id quod erat suspicati, muniunt vectibus ostium seque propius illi admovent, ne quâ elabatur. Desparabat fugam, seque totum Divinæ Providentiæ permittebat. Appetente luce subiit in horreum villicus, quem ubi videt, leniter assurgens nutu monet, ut contineat canes, sic elapsus et hærentem in vado molitus ægrè cymbam, inde ad navim evadit. Hic magna inter nautas orta disceptatio. Erant qui negarent accipiendum; adfuturos procul dubio Iroquæos, et captivum suum repetituros : non irritandam esse barbaram gentem et fœderatam. Alii contra clamitabant indignum facinus si dederetur homo innocens immanissimorum hostium crudelitati, qui ad Batavos, tanquam ad asylum perfugisset : datam esse publicam fidem, nefas ipsam violari. Altercantibus visum posse conciliari sententias ita, si abderetur in latebras, ut oculos ac diligentiam investigantium Iroquæorum fugeret, si forte accederent ad navim. Id ubi stetit, demittunt illum in imam navigii partem, quo sordes omnes confluunt, et ubi mephitim tetram nulla salubris aura discutit. In hoc fundo biduum permansit, loci fetore propemodum enectus ut singulis horis animam acturus videretur.

Batavi vindicant illum in libertatem, et in Galliam deportant. — Interim adest novus hostis, evangelii Calviniani præco, et hæreseos minister. Nunciat venisse Iroquæos, et repetere captivum quem scirent apud Batavos abditum : ni actutum dedatur, minari se flammam tectis injecturos, armentis agrisque stragem illaturos. Immolandum publicæ rei ac necessitati unum, licet insontis, caput. Ita videri præfecto Batavici præsidii. Reclamant acriter nautæ; nunquam se commissuros profitentur ut eripiatur sibi qui suam in fidem se contulerit. Audiebat hæc Pater, et è suo erumpens cavo illas Jonæ voces usurpavit, *si propter me tempestas orta est, projicite me in mare.* Mox amplectens ministri manum, Duc, ait, quocumque lubet, sequor, et cum illo ad Batavorum stationem recta pergit. (*Die 30 Augusti 1643.*) Ut illum aspexere seminudum, languentem, ærumnis confectum et fame, subiit omnes commiseratio : tum etiam admiratio virtutis et patientiæ, ac tranquillitatis in tanta calamitate. Primum illud curæ fuit ut lateret. Ejus occultandi cura seni avaro data. Ab eo disjectus in apothecam seu cavum quendam, in quo lixivia fiebat, ibi diebus multis hæsit, aridi panis frustulis parcè datis ægrè victitans, et frigida grave olente, quam senex octavo quoque die in vas olidum conjiciebat. Hinc efferre pedem vetabatur ne veniret in conspectum Iroquæorum, identidem eò commeantium, abripiendus procul dubio et lacerandus. Jam enim de latebris inaudierant, jam illum spe devorabant, et minas præfecto Batavico, atque arma intentabant. Furentes mulsit ostentato auro ; cui nihil resistit etiam apud barbaros. Concertatum aliquandiu de redemptionis pretio. Conventum est in trecentos circiter nummos. Persoluto pretio impositus in cymbam (*Die 5 novembr. 1643*) et in Gallica provectus littora, primum Rhedonas exeunte Decembri anni MDCXLIII, denique Lutetiam incolumis tenuit : ad eosdem Iroquæos, et eadem pericula anno vertente rediturus. (*Maio, 1644.*)

II[1]

Liber xiii Partis vi Historiæ societatis Jesu

Res gestæ in Canada.... a P. Juvancio.

Captivité du P. Bressani

P. Josephus Bressanius ab Iroquæis capitur. — Interim soliciti Patres Kebeccenses de sociis ad Hurones profectis, de quibus perdiu nihil auditum fuerat, tentandum ad illos iter putaverunt. Difficilem provinciam recepit in sese P. Franciscus Josephus Bressanius, Italus, ante biennium advectus in Canadam, vir ingentis animi, et cuilibet labori ac periculo par. Mos erat Iroquæis excurrere ad solita latrocinia, cum primum æstas nivibus solutis recludebat itinera : Bressanius prævertendum ratus dat se in viam, cum adhuc horreret humus gelu V. Kal. Maias MDCXLIII. Comites adscissit sex Hurones quorum quatuor Divinæ legis uberius percipiendæ studio Kebecci per hyemem constiterant, et adolescentem Gallum. Jam fere locum periculi plenissimum evaserant, et ad insidias hostiles opportunum, cum una ex ipsorum cymbulis illisa cautibus frangitur. Emersere cum sarcinis vectores. Mora tamen eodem in loco, dum navicula reficitur, est necessario facta. Per hanc stetit quominus fluviolum tempori trajicerent, qui si fuisset transmissus maturè præteriissent, ab hostibus minime deprehensi.

Dum cunctantur, Huronum aliquis ferream displosit fistulam, ut sylvestres anseres transvolantes dejiceret. Eo sonitu excitati latentes in vicinia Iroquæi triginta struunt insidias post linguam terræ, quæ progredientibus Huronibus flectenda erat. Illuc ubi pervenit P. Bressanius, ut ejus navicula ceteris præiverat, videt cymbas tres in suam recta ferri. Non erat resistendi locus, itaque deditionem ultro facit, et ab Iroquæis capitur una cum duobus, qui vehebantur eadem cymbula, comitibus. Hurones reliqui cum

1. *Voir* plus haut, p. 41.

adolescente Gallo maxima remorum contentione diffugiunt; jam insequentium oculos evaserant, cum post alteram terræ linguam, quæ omnino præternaviganda ipsis erat, à duabus hostium naviculis intercipiuntur. Hic Huronum aliquis arrepta ferrea fistula ictum in hostem dirigebat, quem occupans Iroquæus glande plumbea trajectum sternit exanimem. Eo spectaculo conturbati ceteri ponunt arma, seque ac sua permittunt hosti. Victores, postquam vincula captivis injecere, spoliant miseros, frangunt, rapiuntque sarcinulas; vestimenta et quicquid necessariæ supellectilis Patribus deferebatur, inter se dividunt.

Mox ad eum quem necatum diximus vorandum se accingunt. Ac primum cor evellunt è pectore, deinde comam cum extima capitis pelle circumcidunt. Hoc illis est, ut diximus, trophæi loco : tum labra dissecant, postremo torosas reliqui corporis partes in frusta scindunt, congerunt in lebetes, incoquunt calidâ, et pœne crudas et recenti adhuc manantes cruore vorant. Ea fercula paulisper exsatiarunt istorum Læstrigonum feritatem : captivos mitius, ac Bressanium præsertim habuerant, donec post biduum alter Iroquæorum manipulus adfuit, qui commissa ferociter pugna cum Gallis ad Montem-regalem pulsus, uno è suis ducibus in acie cæso, ac male multatus, abscesserat. Enimvero in immerentem Bressanium, quem Gallum putabant, stomachum et furorem erumpunt : fustibus debilitant, inedia torquent, adhibent ad ligna verniliter comportanda, hauriendam aquam, et alios id genus mediastinorum labores, idque sub vesperam post iter diurnum pedibus nudis inter virgulta et palustres lacunas summa defatigatione confectum. Si quid vero parum commodè ex illorum sententia exequeretur, si mentem jubentium minus assequeretur sermonis inscitiâ, fustibus impactis erratum luebat, noctem vero trahebat sub dio, alligatus ad arborem.

Post dies septemdecim in his ærumnis transactos, ventum est in regionem Iroquæorum. Obvii primum fuere circiter quadringenti piscatores, qui ad ripam fluminis tuguria posuerant.

Crudelem in modum torquetur. — Ad aspectum captivæ turbæ clamorem læti sustulerunt, et omissis retibus ac piscatu, ad excipiendos novos hospites se accinxerunt. Detractæ statim Bressanio vestes, et agmini præire jussus. Duos in ordines distributi hinc inde barbari, et fustibus, spinis, flagellis armati, captivos lente procedentes horribili grandine salutarunt. Unus etiam, ceteris truculentior lævam Bressanii prehendens manum, ducto ab imis digitis ad carpum usque cultro immane ipsi vulnus inflixit. Nudus et sanguine diffluens collocatur in tabulato quodam editiori cum ceteris ad spectaculum et ludibrium, ibique jubetur more barbarico cantare, dum barbari epulabantur. Hac symphonia condiebant cibos : ac ne quid deesset hilarando convivio, dant signum captivis ut quisque saltet quam poterit elegantissimè. Non erat in hac arte Bressanius excellens, et in movendis ad numerum pedibus gravitatem ac modestiam religiosus vir ac sapiens retinebat. Offendit ea modestia spectatores improbissimos. Stimulant saltantem, pungunt acutis sudibus, verberant, ustulant. Nihil intolerabilius erat puerorum protervia, quibus obtemperandum erat, inepta, crudelia sæpe etiam contraria jubentibus. Alter jubebat cantare, alter tacere, utrilibet gereret morem, ab altero plectebatur. Cedo manum, inquiebat hic, ut eam tibi comburam : Ille, si porrigis manum, aiebat, tibi caput isto fuste comminuam. Cum tabaci fumum captabant indito ori siphunculo, jubebant Bressanium primas candentes sumere manu et in os tubuli immittere : tum illas iterum iterumque excutiebant, ut eas toties ab humo colligens ureretur.

Satiatis ludo crudeli pueris, appetente nocte duces primarii conclamabant, casa abeundo. Eia, juvenes, prodite, properate, ut noctem bonam captivis nostris apprecemur. Ad hanc vocem concurrebant in majorem aliquam casam. Ibi producebatur in medium Bressanius, quem alii fodicabant nudum aculeis, alii titionibus perurebant : alii saxa candentia brachiis, femoribus, tergo admovebant : hi calentem favillam, illi ardentes prunas in eumdem jactabant. Erant qui barbam, qui capillos vellerent. Jubebatur obire focum et premere nudis pedibus cineres calidos quibus subjecti erant aculei, defixis humi bacillis inspicatis. Tot inter lanienas cantandum, et premendus vultu sereno dolor. Denique apprehensis manibus aut rodebant ungues crudis dentibus et exstirpabant; aut digitos igne ferroque absumebant. E decem unus duntaxat, ac ne integer quidem illi relictus. Hæc manuum carnificina ultimum feralis tragœdiæ actum, ac fere quartam horæ partem occupabat, fuitque decies octies repetita.

Post alteram a media nocte horam, totus lacer et ambustus constringebatur vinculis et in humum nudam sub divo projiciebatur.

Sic dies octo transacti sunt in aditu et primo limine regionis. Successere tormenta graviora per mensem integrum, adeo ut miraretur ipse Bressanius quo pacto constare sibi tot inter mortes vita posset. Causa gravius in eum sæviendi hæc fuit. Nescio quis ipsum principem inter Gallos obtinere locum dixit. Excepere vocem ingenti cum plausu, et exquisitis torquere suppliciis ac devorare constituerunt in vicino, qui primus erat Iroquœorum, pago. Illuc festinarunt. (*Die 26. Maii 1643.*) Onustus gravi fasce Bressanius, impastus, coopertus vulneribus inter imbres nivesque, sequi properantes cogebatur, incussis verberibus, si paulo tardius incederet, quasi de industria traheret moras captans occasionem fugæ. Cum illum aliquando vires defecissent, in flumen decidit, nihilque propius factum est, quam ut aquis obrutus periret. Emersit, ac risu multo conviciisque est exceptus negligentiam et imbecillitatem exprobrantium : pœnasque sub vesperam; igne manibus admoto, dedit. Perductus denique in primum Iroquæorum pagum, et exceptus est majori quam antehac immanitate. Nam præter solitum fustuarium, manum illi cultro dissecuerunt, caput pectusque tot ictibus contuderunt, ut pœne oculum exculpserint, et in terram semianimis corruerit. Cumque tundere jacentem pergerent, motus commiseratione quispiam è proceribus illum in suum protaxit tugurium, et certissimæ subduxit neci. Neque finis cruciandi factus. Eo scelerati convolant : digitorum reliquias avellunt, aut adurunt, distorquent pedes ac luxant, stercus in os ingerunt, et alia pleraque indignissima, quæ referre pudor est, designant.

Cur interfectus a barbaris non fuerit? Venditur Batavis et in Galliam redit. — Videtur cœlum ipsum crudelitatem exhorruisse. Repentinus imber, et elisi nubibus cum fragore ignes metum tortoribus injecere. Fit fuga, captivi alium in pagum abducuntur. Carnifices defatigatos novi excepere. Bressanius prono in terram capite sublimibus vestigiis attollitur, et catena ferrea colligatus diu pependit. Mox deponitur et injectis vinculis raptatur ; inde per varias, ut cuique libido erat, cruciatuum formas, totis septem diebus circumductus vix retinuit spiritum in lacero corpore, ac vulneribus cooperto, è quibus incuratis et sanie marcida fluentibus tam intolerabilis existebat fetor, ut omnes tanquam a cadavere procul absisterent, nisi si quis forte ad cruciandum accederet. Toto corpore immundi errabant vermes, et ruptis digitorum articulis innascebantur tam frequentes, ut uno die quatuor ex uno proruperint. Intumuerant fœdum in morem manus et brachia, sic, ut admovere cibum ori non posset, nec erat qui operam hanc illi navaret. Quamobrem enecabatur fame humumque mandere cogebatur : aut cruda tritici Indici grana si qua projiciebantur, glutire gravi cum periculo. Somnum quominus carperet impediebant et vincula et vulnera. Præterea latebat in femore apostema putridum, certa necis causa. Jam ad arcem intimi pectoris contagio serpebat; frustra Iroquæi lapillis acutis non sine acerbissimo ejus dolore, illud aperire tentaverant : cum barbarus, sive torquendi, sive sanandi studio, cultrum prægrandem ter, quater in hanc ipsam vomicam defixit. Continuo erumpere pestilens pus, et omnes procul aufugere. Ceterum quia è fœtido cadavere in quo præter ossa, pellem, vulnera, nihil erat, ad consuetas epulas vix quidquam adhiberi posse cernebant : sive illos etiam tot vulnerum, tantæ patientiæ, tangebat commiseratio; sive quid aliud causæ fuerit, quod ne ipsi quidem satis explicare unquam potuerunt, ut Divinæ Providentiæ consilium appareat, virum fortem ad alia rursum pericula laboresque in eadem Canada fructuosos destinantis, communi consilio jubetur vivere, quandiu licebit, ac vetulæ venditur, cujus avus olim necatus ab Huronibus fuerat.

Solatium ingens animabus mortuorum inacie afferri putant, si quis eorum in locum captivus subrogetur, in quo ipsi velut reviviscant, aut cujus in honorem mactentur. Itaque Bressanium emit libenter vetula. Sed tristi merce lætata diu non est. Nemo in ejus tugurio consistere poterat, nemo fœtorem ferre, quem tot vulnerum sanies remittebat. Tolerabat mephytim horridam utcumque anus, et per sese olida, et in gratiam avi demortui; at ejus filiæ, jam grandes natu triste monstrum, oculis, naribusque respuebant, nec urgere matrem destiterunt ut aliquando tandem illud ejiceret ædibus : tum è mutilis truncisque manibus nulla, quamvis aliquando convalesceret, utilitas ad domestica ministeria capi poterat. Denique speravit aliquid nummorum colligi posse si venderetur. Itaque filio mandat, ut Bressanium ad proximam Batavorum arcem deducendum curet, emptoremque quovis pretio quærat. Batavi pro sua humanitate non solum Iroquæo pretium pro capite persolverunt, aureos admodum 20. verum etiam diligenti curatione persanatum imposuerunt in navim; qua Rupellam devectus est ad XVII. Kal. decembres anni MDCXLIV. Rependimus Batavis, quam debemus gratiam, et eorum beneficii perennem memoriam istis annalibus libentissimè consignamus.

Menses quatuor transegit P. Bressanius inter Iroquæos.

III[1]

Lettre du R. P. Jogues au R. P. André Castillon, de la Compagnie de Jésus

Montréal ce 12 septembre 1646.

Mon R. Père,
P. C.

J'ai reçu celle qu'il a plu à votre R. de m'escrire; elle nous oblige de vous mander quelque chose de notre nouvelle France et nommément de ce qui me concerne en particulier.

J'ai passé l'hyver à Montréal avec le P. Le Jeune; à la demy-may, je partis des trois Rivières en compagnie de M. Bourdon, ingénieur de la Nouvelle-France, pour faire un voyage aux Iroquois, desquels nous retournâmes en bonne santé au commencement de Juillet. Mons. notre Gouverneur fut bien aise qu'il m'accompagnast affin qu'il connust le pays; nous fismes une carte assez exacte de ces contrées[2], et fusmes bien reçus tant des Hollandais par lesquels nous passames que par les sauvages. Les principaux des Européens ny estoient pas, estant allez à l'autre habitation qui est vers la mer et qui est la principale pour les affaires. Nous ne manquâmes pas d'exercice en ce voyage tant sur l'eau que sur terre; nous fismes pour le moins 100 lieues à pied et pour l'ordinaire bien chargés. Je baptizai dans le bourg où nous demeurasmes quelques jours, quelques enfants malades qui sont maintenant devant Dieu, comme je crois; je confessai des chrestiens Hurons qui y estoient, nous fismes des présens et en reçumes de réciproques. Je suis sur le point d'y retourner pour y passer l'hyver, et ne revenir, *si je n'y*

1. *Voir* plus haut, p. 53.
2. Nous n'avons pu retrouver cette carte.

meurs, qu'au mois de juin de l'an prochain; l'affaire se traite maintenant aux 3 rivières, que si on ne m'y envoyait pas maintenant, ce seroit, Dieu aydant, pour le printemps. Mais je voys les affaires bien disposées pour partir bientôt et notre R. P. Superieur y est bien porté; il n'y a que mes lâchetés et mes misères qui forment de puissants obstacles au dessein que Dieu a dessus moy et sur ce pays. Priez le, mon R. P., qu'il me fasse selon ce qu'il désire, et que je sois un homme selon son cœur, *det mihi dominus latitudinem cordis sicut arenam quæ est in littore maris*. Qu'il élargisse un peu mon pauvre cœur qui est si étroit, et que par l'expérience du passé et des profusions de ses bontés et miséricordes dessus moi, j'apprenne à me confier totalement en luy, estant très assuré qu'il ne se retirera pas pour me laisser tomber, quand je me jetterai amoureusement dans les bras de sa divine et paternelle providence. N. S. nous a fait un beau présent que la paix; priez sa divine bonté qui nous l'a faite, qu'elle continue, car c'est d'elle que nous en espérons l'achèvement. Cette paix jointe à la traitte que le pays a maintenant, fait qu'il change de face notablement, qu'il croit en nombre d'habitants et que tout s'addoucit. Il ne paroist plus si rude qu'auparavant et on connoit par expérience qu'il peust porter de bons bleds et autres commodités pour la vie, principalement cet endroit de Montréal où nous sommes, qui est bien plus doux et tempéré que Québec; aussi est-il au milieu du tempérament, savoir est à 45 degrés. Plus de 80 canots hurons viennent de descendre avec quantité de pelleteries, ce qui fait espérer une année encore meilleure que la précédente qui estoit fort bonne. Je ne sais pas si cela ne donnera pas dans la veüe de Messieurs de la Compagnie, qui à peine pouvoient-ils fournir aux embarquements, quand ils avoient la traitte. C'est un bon rencontre que Dieu a donné la paix dans ce changement qui est fort avantageux pour le pays. Dieu la fasse croistre en bénédictions spirituelles encore plus qu'en temporelles et si *Magnificat quietem, magnificet et lætitiam*, mais principalement qu'il répande une abondance de son Saint-Esprit sur ceux qui travaillent au spirituel de ces contrées. C'est ce dont je supplie V. R. de prier N. S., et de vous souvenir nommément à l'autel d'un pauvre prestre, qui est à la veille d'estre 8 ou 9 mois sans sacrifice. Ce me sera un surcroit d'obligation de luy estre plus que jamais, mon R. Père, son très humble et obéissant serviteur selon Dieu.

Is. Jogues.

A Montréal ce 12 sept. 1646.

Dans une note le P. ajoute : « Je partirai dans 2 ou 3 jours pour le voyage des Iroquois.

Encore pour vie tout en N. S.

21 sept. aux 3 Rivières.

(Arch. de la Prov. de Lyon, rue Sainte-Hélène, 10. — Mss. du R. P. Prat.)

IV[1]

Epistola P. Pauli Ragueneau missa anno 1649 ad R. P. Claudium de Lingendes, provincialem Franciæ.

Depopulatio Oppidorum Missionis Scti Josephi apud Hurones facta per Iroquæos infideles

Anno 1648. — Mors P. Antonii Daniel.

Fœlicem plane cursum primitiva Huronum Ecclesia tenuit ad medium Anni salutis 1648 : fidelium crescente numero, expectatione nostra multis partibus majore, numeratis plus mille septingentis in hac novæ Franciæ Regione, qui salutaribus undis abluti Christi fidem amplexi sunt, omissis aliis quos magno quidem sed incerto numero in ipso persecutionis æstu a P. Antonio Daniele baptisatos infra videbimus.

Res una posse videbatur nascentis hujus Ecclesiæ tranquillitatem turbare, et rei Christianæ cursum morari, belli nimirum motus et terribilium hostium furor indomitus ; hi sunt quos Iroquœos vocant, gens fera bellique amans, humanique sanguinis ad stuporem avida, sine fide, sine lege, suisq. insolens victoriis quas retulit de cæsis sæpe fugatisq. Huronibus, ex quo bellici nitrati pulveris et catapultarum usum didicit ab Hollandis Hæreticis quos fœderatos habent et accolas, qua parte nova Hollandia in interiores Americæ plagas excurrit. Fuisset utinam vanus ille timor, nec præsaga nimium mens extitisset imminentis ab hoste periculi, sed ecce tibi sub initium mensis Julii ejusdem Anni 1648 miseranda calamitas per Iroquæos illata nostris Huronibus tristem eventum confirmavit. Cum enim Huronum plerique ad Gallos Quebeci commorantes profectionem parassent mercaturæ causa, cum armorum perita juventus expeditionem bellicam alio suscepisset, cum denique alios alius labor ab oppidis

1. *Voir* plus haut, p. 74.

suis extraxisset, improvisus hostis adfuit pagosque duos in finibus Regionis illius positos invadit, expugnat, incendit, solitæ crudelitatis ubique fœda relinquens vestigia.

Horum oppidorum alteri a sancto Josepho nomen fuit, quæ erat una ex missionibus nostris præcipua : familias supra quadringentas complectitur, hic excultæ ad Dei cultum adeo sacræ, ubi Christianis ritibus gens instituta fidem suam morum innocentia et sanctitate commendabat, nova in dies infidelium accessione facta.

Præerat huic ecclesiæ P. Antonius Daniel vir ingentis animi in aggrediendis pro dilatanda fide laboribus, invictæ in sustinendis patientiæ, magnarum omnino virtutum sed eximiæ ante omnia mansuetudinis, tali grege dignus Pastor. Sacrum de more vixdum absolverat post orientis solis primos radios, neque adhuc a sacello discesserant satis frequentes qui convenerant Christiani, cum audito hostium clamore horribili ad arma est subito trepidatum, ad pugnam alii sese proripiunt, fugam alii præcipitant, ubique terror, ubique luctus, ubique cædes. Unus interea præstat intrepidus Pater Antonius, pavidis reddens animum et Dei fideique bellum certare admonens, qua parte infestum urgere magis hostem sentit illuc advolat Deo plenus quem suo adhuc gestabat in pectore, et inter sacrificandum receperat, non Christianis modo Christianum robur, sed fidem etiam multis inspirat infidelium, tantoque visus est ardore loqui de mortis instantis contemptu deque gaudiis Paradisi, ut jam beatitudine sua frui videretur.

In hoc ultimo vitæ discrimine Baptismum petiere multi, fidei christinæ mysteriis prius imbuti, tanto numero ut cum singulis sufficere non posset uti coactus sit intincto in aquam sudario, et effusam circum se plebem per aspersionem abluere sacro ritu. Neque interea tamen hostilis remittebat furor, tormentario pulvere fumabant omnia, stridebant ad aures emissæ catapultis glandes ferreæ, ingens fragor auras implebat, multi ad Patris pedes prostrati cadebant, quos simul vitalis unda Baptismalis simul lethalis ictus excepere. Fugam ut reliquos cepisse videt, ipse in lucro animarum intentus alienæ salutis non immemor oblitus suæ ad ægrotos et invalidos senes Baptisandos currit, casas penetrat zeloque suo implet, matribus etiam infidelibus infantes suos certatim obtrudentibus ut aqua salutari purgatos cœlo præpararet. Tandem in ædem sacram se recipit velut in arcem suam et fidei propugnaculum quo plerosque Christianorum spes æternæ gloriæ et cathecumenorum multos perpulerat metus infernorum ignium; nusquam ibi oratum ardentius, nusquam veræ fidei et sinceri doloris certiora argumenta; hos Baptismo munit, illos peccatorum vinculis exsolvit, omnes divinæ Charitatis ardore inflammat, et spei roborat munimine. Hæc tum illius ferè vox unica : fratres mei hodie erimus in Paradiso, hoc credite, hoc sperate ut vos Deus æternum amore suo beatos efficiat. Jam Hostis vallum conscenderat totoque oppido subjectis ignibus ardebant casæ, cum monentur victores Barbari ingentem esse prædam, et facilem si templum versus properent, illic senum passim ac mulierum cum pueris magnam esse turbam. Accurrit illico Barbarorum multitudo furibunda, inconditisque clamoribus et horrendis circumfremit, vicinum hostem censere omnes qui templo claudebantur, quos fugam capere jubet bonus Pastor qua parte liber adhuc patet exitus. Ipse ut hostem moretur et fugienti gregi consulat obvium se dat Barbaro militi, ejusque furentem impetum frangit vir unicus quidem sed infidelibus terribilis ut castrorum acies ordinata; nec mirum cum divino plenus esset robore, apparuitque moriens fortis ut leo, qui tota vita sua mansuetudinem agni ostenderat, densis tandem confossus sagittis et lethali ictu emissæ in medium pectus catapultæ transverberatus, felicem animam, quam pro suis ovibus posuerat, bonus Pastor Deo suo reddidit, amabile nomen Jesu identidem inclamitans.

Sævitum Barbare in corpus exanimum, vix ullus hostium ut fuerit, qui mortuo novum vulnus non adderet, et morientis generositate ad rabiem concitati tot illum confecerunt plagis, quod capere corpus ejus potuit. Cum enim iram in eum suam expromere quisque omnem cuperet, nemo sufficere ad ultionem putabat imposita jam aliorum telis vulnera, nisi crudelem in innoxio sanguine tingeret manum, et indignationem suam hoc mulceret solatio : itaque cum alii nemo committeret, omnes se magnanimi Martiris imbuere colore voluerunt, pluresque adeo jam defunctum vulneravere; incensa demum æde sacrâ medias in flammas nudum cadaver injectum. Ita est concrematum ut ne minima quidem ossis ullius restaret particula, nec sanè poterat nobiliori rogo cumburi.

Dum sic hostes moratur, etiam post mortem fugienti et disperso gregi fidelium salutaris, multi in tutum se recepere, alios victor miles est assecutus, matres præcipue quas pendens ab ubere infantium sarcina retardabat, aut quarum latebras prodere puerilis ætas, sapienter adhuc timere nescia.

Decimum quintum Annum ponebat in hac missione Huronensi excolenda P. Antonius, unus ex primis Patribus nostris, qui, anno *1633*, eo pervenerunt ad veræ fidei fundamenta jacienda; qua quidem in expeditione jam ab eo tempore pati cœpit quidquid homo citra mortem sustinere potest.

Non est omittendum Divinam bonitatem circa eum in hoc vitæ extremo fuisse singularem, nam octiduum solidum in exercitiis spiritualibus peragendis juxta morem societatis absolverat *Kalendis ipsis Julii, qui quarto die necatus est*, ipseque postridie sine ulla mora in missionem suam convolarat eo spiritu plenus quo fideles curæ ejus commissos inflammabat.

Patria Deppensis erat, quæ civitas est Normanniæ in Galliæ Regno, mari oceanico exposita, portuque celeberrimo nobilis. Ingressus fuerat societatem Anno *1621* tum viginti et unum annos natus, vir sane egregius, vereque dignus societatis Jesu filius, humilis, obediens, per orationis usum cum Deo summè familiaris, invictæ semper patientiæ, infractique in rebus arduis animi, adeo ut nobis virtutum omnium exemplum illustre, christianis Barbaris fidei ac pietatis sensum eximium, omnibus desiderium sui grave reliquerit, ipsis etiam infidelibus; daturus demum ut speramus toti huic Nationi patronum in cœlis potentissimum.

Et vero uni è nostris (homini sanctitatis præcipuæ, et probatissimæ humilitatis) semel atque iterum post mortem adesse visus est : ac primum quidem nostris Patribus in concilium coactis, agentibusque ut solent de re christiana promovenda, quos omnes hortabatur ad salutem infidelium pro Dei gloria procurandam : postea se de novo conspiciendum obtulit augustiore vultu, et eo sane qui nihil humanum et mortale spiraret, annorum ut ex ore conjici poterat plus minus triginta, cum moriens octo et quadraginta numeraret, et in illo rogatus est confidenter ab eo cui se videndum dabat ecquid voluisset divina bonitas servi sui corpus tam indigne post mortem haberi, tamque inhonesto fœdatum vulnere flammis consumi, nihil ut hujus restaret nobis, ne cinis quidem exiguus, ad quæ verba tum ille : Magnus Dominus et laudabilis nimis, qui in hæc servi sui opprobria et contumelias respiciens, mihi multas animas ex ignibus Purgatoriis erutas dedit quæ meum in cœlum triumphum ornarent. (Arch. gen. S. J.)

EPISTOLA P. PAULI RAGUENEAU AD R. P. VINCENTIUM CARAFFA, PRÆPOSITUM GENERALEM S. J., ROMÆ

Quebeci, Kalendis Martii 1649

Noster admodum Reverende in Christo Pater
Pax Christi.

Accepi literas admodum Reverendæ Paternitatis Vestræ datas 20 Januarii 1647. Si quas ad nos rescripserit superiore anno 1648, nondum eas accepimus. Significat Paternitas Vestra gratos sibi esse nuntios de statu missionis hujus nostræ Huronensis; imo (quæ est ejus erga nos Paterna charitas) ad minima etiam descendit, seque jubet de omnibus fieri certiorem.

Patres hic sumus octodecim, coadjutores quatuor, Domestici perpetui viginti tres, famuli septem non perpetui (quibus solis stipendia solvuntur), quatuor pueri, octo milites : nimirum ita nos premit bellicus furor hostium barbarorum, ut nisi momento perire res nostras nobiscum velimus, fidemque adeo omnem extingui, in his regionibus jam satis late diffusam, omnino nobis necesse fuerit præsidium quærere eorum hominum, qui simul et operis domesticis, et rei rusticæ excolendæ, et præsidiis extruendis, et rei militari vacent. Cum enim hactenus superioribus annis, sedes nostra, quam Domum S^{tæ} Mariæ vocamus, multis hinc inde in omnem partem, Huronum nobis amicorum oppidis cincta esset, plus illis, quam nobis ipsis timebamus ab incursione hostili : sic adeo ut exiguo quantumvis numero, satis tuti tamen et securi viveremus. At longe mutata est facies rerum nostrarum, totiusque hujus regionis : tot enim cladibus fracti sunt Hurones nostri, ut expugnatis quæ in fronte erant præsidiis, ferroque atque igne vastatis, plerique mutare sedes coacti sint, retroque cedere : hinc quippe factum est, ut jam alieno nudi præsidio simus; jamque in fronte positi Nostri, nos viribus, nostris nos animis tueri, nostro nos numero debeamus.

1. *Voir* plus haut, pp. 74 et 90.

Hanc nostram Sanctæ Mariæ arcem dixerim an domum, tutantur qui nobiscum sunt Galli, dum Patres nostri longe lateque excurrunt per oppida Huronum disjecti, perque Algonquinas nationes procul a nobis positas; missioni quisque suæ invigilans, solique ministerio verbi intentus, omni curâ rerum temporalium in eos depositâ, qui domi subsistunt : et quidem res domesticæ tam felicem cursum tenent, ut quamvis numerus noster excreverit, atque optemus maxime novum ad nos auxilium mitti, et externorum hominum et patrum præcipue nostrorum ; nullo pacto tamen necesse sit impensas crescere ; imo in dies minuuntur magis, minoraque in annos singulos petimus ad nos mitti rerum temporalium subsidia : ita plane ut nos ipsos sustentare maxima ex parte possimus ex iis rebus, quæ hic nascuntur. Neque vero ullus nostrûm est qui hac in parte magnum levamen non sentiat earum ærumnarum, quæ prioribus annis et omnino graves erant, et insuperabiles videbantur. Habemus enim piscatus et venationis majora quam ante subsidia ; nec piscium modo adipem atque ova pullorum, sed suinas carnes et lacticinia, atque adeo boves, unde speramus rei nostræ familiari magnum incrementum. Hæc minute scribo, quia voluit ad se rescribi Paternitas vestra.

Res vero Christiana progressum hîc capit expectatione nostrâ multis partibus majorem : numeramus enim hoc postremo anno baptizatos, fere septingentos supra mille : omissis pluribus, quos a Patre Antonio Daniel infra dicemus fuisse baptizatos, quorum numerus constare nobis certo non potuit. Neque vero ii sunt Christiani, quantumvis barbari, quos pronum esset suspicari, rudes rerum cœlestium neque satis idoneos mysteriis nostris. Plerique sane res divinas sapiunt, atque intime penetrant; nec desunt nonnulli, quorum virtuti, pietati, et eximiæ sanctitati, invidere sancte possint etiam Religiosi sanctissimi. Sic plane ut qui hæc viderit oculatus testis, mirari satis non possit digitum Dei sibique adeo gratuletur, tam felicem provinciam, tam divitem donis cœlestibus, labori suo obtigisse.

Undecim missiones excolimus, octo linguæ Huronensis, tres Algonquinæ : totidem Patribus veteranis divisus labor. Linguæ addiscendæ quatuor vacant, superiore anno ad nos missi : quos quidem præcipuis missionariis comites adjunximus. Sic adeo ut tres solum Patres domi consistant; alter verum spiritualium Præfectus, alter Procurator et minister, tertius demum Christianorum curæ undique adventantium præpositus. Christianorum enim paupertati de paupertate nostra subvenimus, eorumque morbos curamus, non animi modo, sed etiam corporis : magno sane profectu Rei Christianæ. Numeravimus hoc postremo anno hospitio receptos nostro fere ad sex millia : ut mirum sit, in terra alienâ, in loco horroris et vastæ solitudinis, educi nobis videri mel de petra, oleumque de saxo durissimo : unde non nobis solum, hominibus exteris, sed ipsis etiam incolis fuerit provisum. Hæc eo dico, ut intelligat Paternitas vestra Divinæ erga nos munificentiæ largitatem. Cum enim hoc anno fames oppresserit circumstecta undique oppida, atque nunc etiam vehementius affligat, nulla nos tamen hinc mali labes attigit, imo annonæ habemus satis, unde tres annos vivere possimus commode.

Res una posse nobis videtur nascentis hujus Ecclesiæ felicem statum evertere, et Christianæ rei cursum morari : belli nimirum metus, atque hostium furor. Crescit enim in annos singulos, neque satis apparet unde auxilium nobis ullum adesse possit, nisi a Deo solo. Postrema quæ Huronibus nostris illata est clades, omnium fuit gravissima. Julio hæc obtigit mense superioris anni 1648. Cum enim Huronum plerique ad Gallos nostros Quebecum versus, profectionem parassent, mercaturæ causâ; alios alius labor ab oppidis suis extraxisset, multique expeditionem bellicam alio suscepissent; improvisus hostis adfuit, atque oppida duo expugnavit, invasit, incendit; solita ubique crudelitate abductæ in captivitatem matres cum pueris, neque ulli ætati parcitum.

Horum oppidorum alteri, a Sancto Josepho nomen fuit : quæ erat una ex missionibus nostris præcipuis, ubi extructæ ædes sacræ, ubi christianis ritibus gens instituta, ubi fides jam altas radices egerat. Præerat huic Ecclesiæ Pater Antonius Daniel, vir magni animi, magnæ patientiæ, magnarum omnino virtutum; sed eximiæ ante omnia mansuetudinis. Sacrum de more vix dum absolverat post orientem solem, neque adhuc ab æde sacrâ discesserant satis frequentes qui convenerant Christiani, quum audito hostili clamore, ad arma est subito trepidatum. Ad pugnam alii sese præcipiunt, ad fugam alii magis præcipites : ubique terror, ubique luctus. Antonius quâ parte infestum imminere magis hostem sensit, illuc advolat; suosque hortatur fortiter, nec christianis modo christianum robur, sed fidem plerisque inspirat infidelium; tanto animi ardore tum auditus loqui de mortis contemptu, deque gaudiis Paradisi, ut jam beatitate sua frui videretur. Et vero baptismum petiere multi; tanto numero ut cum singulis par esse satis non posset, uti coactus fuerit intincto in aquam sudario suo et circum se effusam plebem per aspersionem baptizare. Neque interea tamen hostilis remittebat furor : tormentario pulvere omnia late circum perstrepebant : multi circa eum prostrati, quos simul vitalis unda baptismi, simul læthalis ictus exciperet : fugam ut suos cepisse videt, ipse in lucra animarum intentus, alienæ salutis non immemor, oblitus suæ, ad ægrotos, ad senes, ad infantes baptizandos, casas penetrat, percurrit, zeloque suo implet. Tandem in ædem sacram se recipit, quo christianorum plerosque spes æternæ gloriæ, quo infernorum ignium metus, catechumenorum multos perpulerat : nunquam vehementius oratum, nusquam visa fidei veræ, ac veræ pænitentiæ argumenta certiora. Istos baptismo recreat, illos peccatorum vinculis exsolvit, omnes divinæ charitatis ardore inflammat. Hæc tum illius fere vox unica : fratres, hodie erimus in Paradiso; hoc credite, hoc sperate, ut vos Deus æternum amet.

Jam hostis vallum conscenderat, totoque oppido subjectis ignibus ardebant casæ; monentur victores esse divitem prædam et facilem, si templum versus properent : illic senum ac mulierum copiosum gregem, illic puerorum agmina. Accurrunt, ut solent, vocibus inconditis. Adventantem sensere hostem christiani. Capere eos fugam jubet Antonius, quâ parte liber adhuc est exitus : ipse ut hostem moretur, et fugienti gregi consulat bonus pastor, obvium se præbet armato militi, ejusque impetum frangit; vir unicus contra hostem; sed nimirum divino plenus robore, fortis ut Leo dum moritur, qui tota vitâ suâ mitissimus fuerat ut columba. Vere ut aptare illi possim illud Jeremiæ, dereliquit ut Leo umbraculum suum, quia facta est terra eorum in desolationem, a facie iræ columbæ, a facie iræ furoris domini. Tandem læthali ictu prostratus emissæ in eum catapultæ densisque confossus sagittis, felicem animam, quam pro ovibus suis posuerat bonus Pastor, Deo reddidit, Jesum inclamans. Sævitum barbare in ejus exangue corpus, vix ullus hostium ut fuerit, qui mortuo novum vulnus non adderet; donec incensâ demum æde sacrâ, medias in flammas injectum nudum cadaver ita est concrematum, ut ne os quidem ullum restaret : nec sane poterat nobiliore rogo comburi.

Dum sic hostes moratur, etiam post mortem fugienti gregi suo salutaris : multi in tutum se recepere : alios victor miles est assecutus, matres præcipue, quas pendentium ab ubere infantium onus retardabat; aut quarum latebras proderet puerilis ætas, sapienter adhuc timere nescia.

Jam quartum decimum annum posuerat in hac Missione Huronensi Antonius, ubique frugifer, vereque natus in salutem istarum gentium : sed nimirum maturus cœlo, primus omnium e societatis nostræ hominibus nobis ereptus est : inopinâ quidem morte, sed eâ tamen non improvisâ : sic enim semper vixerat, ut semper paratus esset mori : quamquam et visa sit Divina Bonitas erga ipsum fuisse singularis : nam octiduum integrum Exercitiorum spiritualium societatis absolverat calendis ipsis Julii, in hac domo Sanctæ Mariæ : ipsoque postridie, sine ullâ novâ ac ne unius quidem diei requie in missionem suam convolarat : Deo nimirum sane vehementius ardebat, quam ullo unquam igne crematum ejus corpus exarserit.

Patriâ Deppensis erat, honestis, piisque Parentibus : ingressus fuerat societatem anno 1621, tum viginti et unum annos natus, ad Professionem quatuor votorum fuerat admissus anno 1640; finem denique vivendi fecit quarto Julii 1648. Vir sane egregius, vereque dignus filius societatis; humilis, obediens, conjunctus Deo, invictæ semper patientiæ, infractique in rebus arduis animi : sic adeo ut nobis virtutum omnium exemplum illustre; christianis barbaris, fidei ac pietatis sensum eximium : omnibus, desiderium sui grave reliquerit, ipsis etiam infidelibus : daturus demum, et quidem speramus, toti huic regioni, Patronum in cœlis potentissimum.

Et vero uni e nostris (homini sanctitatis præcipuæ, et probatissimæ humilitatis; is fuit P. Josephus Maria Chaumonot) semel atque iterum post mortem adesse visus est. At primum quum nostris Patribus in concilium coactis, atque agentibus, ut solent, de re christiana promovendâ; videbatur interesse pater Antonius; qui nos consilio robore, qui nos omnes divino, quo plenus erat spiritu, recrearet. Patribus conspiciendum obtulit augustiore vultu, et eo sane qui nihil humanum spiraret, verum et ex ore conjici poterat, plus minus triginta. Rogatus Pater quomodo permittat Divina Bonitas servi sui corpus tam indigne post mortem haberi tanquam inhonesto vulnere fædatum, sic flammis consumi, nobis ut hujus nihil restaret, ac ne cinis quidem exiguus? Magnus, inquit, est Dominus et Laudabilis nimis. Respexit in hæc opprobria servi sui, atque ut ea Divino modo compensaret, dedit mihi multas animas purgatorii, quæ triumphum iu cœlis meum comitarentur.

Finem ut scribendi faciam, neque epistolæ modum excedam, addam P[tati] Vestræ quod primum omnium debuerat scribi; eum nimirum esse statum hujus domus, totiusque adeo missionis; vix ut putem quidquam addi posse ad pietatem, obedientiam, humilitatem, patientiam charitatem nostrorum; atque adeo ad exactam regularum observantiam. Omnium vere est cor unum, anima una, unusque spiritus societatis. Imo, quod magis mirum videri debeat, e tot domesticis hominibus, tam diversæ conditionis, tamque diversi ingenii; servis, pueris, domesticis, militibus; nullus omnino est qui serio saluti animæ suæ non vacet: plane ut hinc exulet vitium, hîc virtus imperet, hæc sanctitatis domus esse videatur. Quod nostrum sane est gaudium, pax in bello nostra, nostraque summa securitas: quidquid enim de nobis disponat divina Providentia, sive in vitam, sive in mortem, hæc erit consolatio nostra, quod Domini sumus, atque ut sperare licet, æternum erimus. Hoc ita ut fiat, petimus Benedictionem Paternitatis vestræ, et nobis et missioni nostræ: ego præcipue omnium indignissimus, sed tamen.

Rev[dæ] admodum P[tatis] V[æ].

Humillimus et obsequentissimus filius
Paulus Ragueneau.

Ex Domo Sanctæ Mariæ
apud Hurones in novâ Franciâ
Calendis Martii anni 1649.

Admodum Reverendo in Christo Patri nostro
Vincentio Caraffæ Præposito Generali
Societatis Jesu ROMAM.

V

Lettre du P. Ch. Garnier[1], miss. du Canada,

au R. P. Pierre Boutard de la Compagnie de Jésus, a Bourges.

M. R. P., P. C. Je vous remercie de tout mon cœur de la belle relique que vous m'avez envoyée. J'attends l'occasion de la mettre entre les mains de quelqu'un qui en fasse mieux son proffit que moi. Mais il faut que je vous fasse participant d'une nouvelle de ce pays qui est de grande consolation. C'est qu'il a plu à N. S. de donner la couronne de martyrs à deux de nos Pères, savoir est au P. J. de Brébeuf et au P. Gabriel Lallemant. Ils n'ont pas été fait mourir par un tyran qui persécute l'église, comme faisoyent les anciens tyrans; mais nous les appelons martyrs parce que les ennemis de nos Hurons leur ont fait beaucoup endurer en dérision de notre Ste Foy. Ces deux bons Pères estaient dans un bourg des Hurons, où ils avaient une église qu'ils administraient avec beaucoup de zèle et de sainteté. Le 16e de mars de cette année, de grand matin, ils eurent nouvelle assurée que l'armée ennemie venait fondre sur le bourg; ils se résolurent d'imiter J. C. le bon pasteur et de mourir pour leur troupeau. Ils demeurèrent donc (quoiqu'il leur eust esté très aysé de se sauver) pour confesser les chretiens et baptiser les catéchumènes et les infidèles, ce qu'ils continuèrent de faire jusqu'à ce que les ennemis saccageant le bourg, les prirent et les emmenèrent à une lieue de là, où ils leur firent endurer toutes les cruautés qu'ils font endurer à leurs ennemis; mais, ce qui est remarquable, c'est qu'ils leur firent souffrir plusieurs tourments en haine et dérision de notre Ste Foy. En dérision du baptême, ils les arrosèrent d'eau bouillante, et en dérision de ce

1. *Voir* plus haut, p. 81.

que nous disons qu'à mesure des souffrances on sera glorifié dans le ciel, ils les brulaient avec des tisons ardents, disant ça que je t'augmente ta couronne. Enfin, enrageant de ce que le P. de Brébeuf ne cessait au fort de ses tourments d'exhorter les chrétiens qui mouraient avec lui, de penser à l'éternité bienheureuse dans laquelle ils allaient entrer, ils lui fendirent la bouche avec un cousteau et lui coupèrent le nez. Mais la relation vous en apprendra davantage. Bénissez Dieu je vous prie de la faveur qu'il a faite à cette mission, en donnant cette couronne de gloire à ces deux grands serviteurs de Sa Majesté. Vous connaissiez bien le P. G. Lallemant, et vous vous souvenez bien comme il a toujours vécu dans une grande innocence et dévotion. Pour le P. de Brébeuf, c'est lui qui est l'apôtre des Hurons, et il a toujours vécu saintement; nous l'admirions icy. Dieu soit bény en ses saints! Vous verrez dans la *Relation* quelques bienfaits remarqués de sa vie.

SS. R[æ] V[æ]
Tuus in X.
Car. Garnier

De la résidence de Ste-Marie
aux Hurons, ce 27 avril 1649.

P. S. Je vous prie de faire part de ce mot de lettre au R. P. Jacques Favyer et de me recommander à ses SS. SS. et prières.

Le P. Mercier, le P. Chastelain et le P. Mesnard, P. Pijart, R. P. Ragueneau se recommandent particulièrement à vos SS. SS. et prières.

(Arch. de la Prov. de Lyon, rue
Ste-Hélène, 10, mss. du P. Prat.)

VI[1]

Epistola Patris P. Ragueneau ad R. P. Generalem V. Caraffa

13 mars 1650.

Noster admodum Reverende in Christo Pater,
Pax Christi.

Superiore anno nihil literarum accepimus ex Europa; imo ne Quebeco quidem responsum ad nos ullum est allatum, ad eas literas, quas scripseram, fusas satis, de rerum nostrarum statu. Ut ante cœperat, ita nunc etiam pergit manus Domini nos tangere. Nec querimur tamen, nec dicimus *miseremini mei, saltem vos amici mei*; quia potius lætamur, et gaudemus semper, quia et nostro, omnium quotquot hìc sumus, et ecclesiæ nostræ bono, eveniunt mala, quibus permittit Deus nos probari, et quibus sane nos coronet potius, quam affligat.

Intellexit Paternitas vestra, posterioribus meis literis de pretiosâ morte, aut potius martyrio Patrum nostrorum; Patris Antonii Daniel, Patris Joannis de Brebeuf, et Patris Gabrielis Lallement; quos barbari Iroquæi, Ecclesiæ huic nascenti eripuerant crudeliter, cum grege christiano pastorem etiam mactantes, unumquemque omnibus suis invigilantem.

Sub finem exeuntis ejusdem anni 1649, duo alii Patres simili morte perfuncti sunt, in statione sua : Pater Carolus Garnier, vir apostolicus, vereque natus in salutem istarum gentium, cuique nihil omnino deerat ad perfectam sanctitatem; et Pater Natalis Chabanel ejus socius, qui ex Provincia Tolosana ad nos venerat. Alter die septima Decembris occisus est, hostili manu, medio in oppido; quod victores Iroquæi irruptione facta, ferro atque igne vastarunt. Alter, postridie solum extinctus est, Immaculatæ Virginis Conceptioni sacro : incertum qua manu; an hostili an

1. *Voir* plus haut, pp. 92, 96, 98, 100, 107 et 108.

potius perfidi apostatæ, qui per sylvas invias errabundo Patri, ac profugo, necem sit molitus, ut ejus suppellectili, quantumvis paupere, veste nimirum et calceis, potiretur, pileoque jam lacero.

Sed de his fusius perscribam alibi. Neque vero bello solum afflicti sunt Hurones nostri; sed funesta fame, et contagiosa lue, simul omnes misere pereunt. Effossa passim e sepulchris cadavera, nec fratribus modo fratres, sed ipsis etiam matribus filii, jam evecti fame, pretiosa nuper pignora, filiisque parentes sui, pabulum non semel dedere : inhumanum quidem, nostrisque barbaris haud insuetum minus quam Europæis, qui suorum carnibus vesci abhorreant. Sed nimirum nihil in cibo discernunt dentes famelici; neque eum agnoscunt, in cadavere mortuo, quem parentem, quem filium, quem fratrem nuper vocarent, dum expiraret; imo neque humano, belluinoque stercori parcitum. Felices quibus amara glande et porcorum siliquis uti licuit, innocuo cibo, neque vero ingrato, cui fames condimentum daret; cuique hoc anno raritas, pretium longe majus fecit, quam antea frumento Indico solitum esset dari.

Hæc publica calamitas, inimica corporibus, animis salutaris fuit : neque enim hactenus laborum nostrorum fructus major extitit, nunquam altius descendit fides in pectora, neque hic usquam christianum nomen fuit illustrius, quam inter ruinas afflictæ gentis. Numeramus hoc posteriore anno, baptizatos barbaros, supra tria millia : verissime ut nobis dictum appareat effatum illud Apostoli, flagellat Deus omnem filium quem recipit. Superstites adhuc sumus in hac missione, Patres tredecim, coadjutores quatuor, domestici perpetui viginti duo, undecim alii famuli non perpetui (quibus solis stipendia solvuntur satis modica); sex milites, quatuor pueri, sexaginta omnino animæ; quibus cœlestia sic sapiunt, ut terrena decipiant : certè enim affirmare possum Paternitati vestræ, neminem unum esse qui in spiritu et veritate Deum non adoret; vere ut hæc dici possit esse Domus Dei, et Porta cœli.

Paternam erga nos Dei manum experimur; ita enim hæc nos mala cingunt, ut tamen nusquam attingant; nihil ut animis, nihil ut corporibus defuerit; non earum quidem rerum, quæ ad delicias, sed quibus natura satis sustentet se parvo contenta. Neque vero nobis solum hîc viximus; sed insuper nobis dedit divina munificentia, unde possemus christianorum paupertati ac miseriis, misericorditer subvenire, vix ut ullus restet in vivis, qui auxilio nostro non vivat; vix ut ullus sit mortuus, qui non agnoverit plus charitati nostræ debere se, quam ulli omnino mortalium omnium. Sic adeo ut parentes Patriæ publice jam vocemur, et omnimo simus : magnum sane adjumentum ad christianam fidem.

De futuro Dominus providebit, sufficit enim diei malitia sua. Sed tamen duæ res sunt, unde multum timemus huic missioni, ne ruinam trahat. Alterum, ab hostibus Iroquæis; alterum a defectu annonæ : neque enim satis apparet, unde huic malo obviam iri possit. Coacti sunt Hurones nostri, superiori anno, non modo suas domos, suaque oppida, sed agros etiam deserere : vexati nimis bello, ac perpetuis afflicti cladibus; fugientem gregem, secuti sumus Pastores; nostrasque etiam sedes, delicias dicam nostras, Sanctæ Mariæ domum reliquimus, excultaque a nobis jugera, quæ spem divitem messis darent : imo, operi manuum nostrarum, nos ipsi ignem subjecimus; ne hostibus impiis, tectum præberet Domus sancta : atque adeo una die, ac fere momento, absumi vidimus labores nostros, decem propemodum annorum : unde spes erat nobis, potuisse nos colligere, quæ necessaria nobis ad victum forent; adeoque perstare nos potuisse, in his regionibus, sine auxilio Galliæ. Sed Deo aliter visum est : desolata nunc domus, desolatique Penates; alio migrandum fuit, et in terra exilii nostri, novum exilium quærendum.

In conspectu continentis, viginti circiter milliaribus ab hac prima sede Sanctæ Mariæ, Insula est, vastissimo cincta lacu (quod mare melius vocetur) : illic stetere Hurones profugi, pars saltem maxima; illic etiam standum nobis fuit : illic struendæ novæ sedes, ubi nuper ferarum tecta fuerant; illic exscindendæ silvæ, nunquam ab orbe condito securim passæ; illic demum exstruenda præsidia, bellicus labor, non nobis solum, sed etiam barbaris. Hæ fuerunt artes nostræ, hic conatus noster continuus; non æstate modo, sed tota hyeme; ut jam satis tuti nobis videamur, ab hac parte; atque excipiendo communi hosti haud imparati : neque enim ligneo tantum vallo cincti sumus, ut moris hactenus fuerat; sed lapide, spissoque muro, quam difficili ad ascensum, tam facili ad defensionem; quique inimicum ignem non metuat, non arietem, tormentave ulla bellica quibus uti possint Iroquæi.

Sed operosior longe restat labor, evellendis arboribus, tellurique ad cultum agrorum parandæ, unde arcendæ fami, partim frumenta, partim radices, atque herbæ sufficiant; Tali enim cibo hîc vescimur; nullo utimur potu, nisi aquæ frigidæ : vix ullo vestitu, nisi ferarum pellibus, quas natura sine arte præbet. Gallinas decem, par unum porcorum reservavimus, boves duos, totidemque vaccas quantum scilicet servandæ prolis sit satis; annonæ frumenti Indici, in annum unum absumpta reliqua, ut charitati christianæ non deessemus : servatum tamen exiguum illud, quod dixi; quia charitas non agit perperam; nec debuit tam esse prodiga, curandis utique corporibus, nihil ut nobis reliqui faceret, quo possemus nos utcumque sustentare, qui fidei excolendæ, salutique animarum procurandæ incumbamus. Ut tamen omnia desint, Deo adjuvante, nusquam deerunt animi, nusquam spes deerit, nusquam patientia : charitas enim omnia potest, omnia sustinet. Hoc polliceri sancte possum, de omnibus quotquot hîc degunt, Patribus. Paratum habent pectus ad omnia : non cruces, non pericula, non cruciatus ullos exhorrent, quorum in conspectu vivunt, in quibus mori, habent in votis, eò feliciorem æstimantes missionis hujus statum, suæque vocationis dignitatem, quo propius positam ante oculos jam vident, crucem quisque suam, seque omnino in cruce positos; unde eos eripere, nullus mortalium possit; unde eosdem detrahere, sola jubentis Dei voluntas queat, qui per obedientiæ vocem eis loquatur. Amet nos, vestra Paternitas, filios suos et benedicat nobis, in cœlestibus, in christo; quia filii Crucis sumus, utinam in eâ moriamur. Hæc summa est votorum nostrorum, hæc spes nostra, hoc nostrum gaudium quod nemo tollet a nobis.

R[dæ] admodum P[tatis] V[æ]
Humillimus et obsequentissimus filius
Paulus Ragueneau.

Ex Domo Sanctæ Mariæ in
Insula Sancti Josephi apud Hurones
In Novâ Franciâ 13° Martii 1650

Admodum Reverendo in Christo
Patri nostro Vincentio Caraffæ
Præposito Generali Societatis Jesu, Romam.

VII [1]

Lettre du P. Charles Lalemant sur le voyage a Paris, en 1642, du P. Le Jeune.

Lettre au P. Étienne Charlet, assistant de France a Rome.

Paris, 28 février 1642.

Mon R. P., P. C. J'ai reçu celle qu'il a plu à V. R. de m'escrire en faveur des affaires pour lesquelles le P. Le Jeune est venu faire un tour en ce païs. Or, quoique toutes les affaires de la Nouvelle-France me soient extrêmement recommandées, si est-il vrai que ce que votre R. m'en escrit, augmente beaucoup mon affection, suivant laquelle je n'ai pas manqué de l'assister. Il a obtenu dix mille escus pour envoyer des hommes par de là, afin de fortifier contre les Iroquois et empescher leurs courses. Il eût bien encore désiré un secours plus puissant pour chasser ceux qui entretiennent les dits iroquois dans cette guerre, en leur fournissant des armes à feu, mais cette entreprise a esté jugée très hasardeuse : 1° parce qu'on ne sait pas leurs forces; 2° quand on les scauroit, il faudrait une somme notable pour fournir à la despense des hommes et des vaisseaux qui seront nécessaires à ce dessein ; 3° après tout cela, on ne seroit pas asseuré de l'emporter, et si le coup manquait, voilà une grande despense que nous aurions faict au Roy sans aucun succez, ce qui feroit que nous ne serions plus ouïs, lorsque nous aurions besoing de quelque secours plus aisé ; 4° je veux que nous emportions la place par force ; je demande après cela, qui est-ce qui asseurera nos flottes contre ceux qui auront esté chassez, et mesme le païs qu'ils tascheront de surprendre comme nous les aurons surpris : et est à remarquer que c'est la Compa-

1. *Voir* plus haut, p. 166.

gnie des Indes qui tient là cette habitation, qui s'en ressentirait si on l'avait enlevée ; 5° si le coup manque, cela ne laissera pas de les animer contre ceux de Kébec et fourniront plus que jamais des armes aux Iroquois et se pourront bien joindre à eux pour nous faire du mal dans le pais ; 6° quelle assurance certaine avons-nous que cela obligera les Iroquois de faire la paix avec nos sauvages ; et pourtant, c'est sur l'asseurance de cette paix que tout ce dessein est basty. Or, on demande si sur cette seule espérance dont nous n'avons pas d'asseurance, on doibt faire une despense certaine d'une si grande somme nécessaire pour ce dessein, et s'exposer dans les dangers ci dessus remarquez. Je prierais volontiers votre R. de me faire escrire son sentiment là dessus et afin qu'elle puisse mieux le donner, voicy les raisons que le P. Le Jeune produit pour poursuivre l'entreprise.

Si on ne chasse ces gens là par composition ou par armes le pais est toujours en danger de ruine, la mission en danger de se rompre, les religieuses en danger de retour et la colonie se peut perdre, la porte de l'évangile est fermée à quantité de nations fort peuplées, nos pères dans les périls d'estre pris et brulez.

Il y a espérance qu'on les peut chasser, M. de Noyers lui a faict espérer comme de la part de Monseigneur le Cardinal, et a comme donné parole qu'on donnera ce qu'il faut pour les chasser, pourveu que leurs forces ne soient pas excessives.

De composition il n'y a point d'apparence, car on lui a dit qu'il n'en fallait point attendre, d'autant que c'estoient des Arabes ; il fault donc y aller par force. Voilà ses raisons.

Je prie donc V. R. de me faire escrire là dessus son sentiment.

VIII[1]

Bulle qui nomme vicaire apostolique l'abbé de Laval de Montigny

Alexander Episcopus Servorum Dei, Dilecto filio Franscico de Laval de Montigny Electo Petrensi Salutem et Apostolicam Benedictionem.

Apostolatus officium meritis attamen imparibus Nobis ex alto commissum quo Ecclesiarum omnium regimini divina dispositione præsidemus utiliter exequi coadjuvante Domino cupientes solliciti corde reddimur et solertes ut cum de Ecclesiarum ipsarum regiminibus agitur committendis tales eis in pastores præficere studeamus qui populum suæ curæ creditum sciant non solum doctrina verbi sed etiam exemplo boni operis informare ; commissasque sibi Ecclesias in statu pacifico et tranquillo velint et valeant dante Dno salubriter regere et feliciter gubernare. Sane Ecclesiæ Petrensis quæ in partibus infidelium consistit certo quam præsentibus haberi volumus pro expresso modo pastoris solatio destituta ; Nos vacatione hujusmodi fide dignis relationibus intellecta ad provisionem ipsius Ecclesiæ paternis et sollicitis studiis intendentes post deliberationem quam de præficiendo eidem Ecclesiæ personam utilem ac etiam fructuosam cum Venerabilibus Fratribus Universæ Sanctæ Romanæ Ecclesiæ Cardinalibus habuimus diligentem, demum ad Te in decretis Franciæ tum ex legitimo matrimonio ac catholicis et nobilibus parentibus in diœcesi Carnotensi ortum ac in ætate legitima et presbyteratus ordine jampridem constitutum fidemque catholicam juxta articulos jampridem a Sede Apostolica propositos expresse professum omniaque alia requisita habentem, quique ut accepimus loci de Montigny in temporalibus Dominus existis, cuique apud Nos de litterarum scientia, nobilitate generis, vitæ mundi-

1. *Voir* plus haut, pp. 192 et 283.

tia, honestate morum, spiritualium providentia et temporalium circumspectione aliisque multiplicum virtutum donis fide digna testimonia perhibentur, direximus oculos nostræ mentis. Quibus omnibus debita meditatione perspectis, Te a quibusvis excommunicationis, suspensionis et interdicti aliisque ecclesiasticis sententiis, censuris et pœnis a jure vel ab homine quavis occasione vel causa latis, si quibus quomodolibet innodatus extiteris, ad officium prædictum dumtaxat consequendum harum serie absolventes et absolutum fore censentes juxta decretum nostrum in Sacra Congregatione de Propaganda Fide factum Ecclesiæ Petrensi prædictæ de persona tua nobis et eisdem fratribus ob tuorum existentiam meritorum accepta de fratrum eorumdem consilio apostolica auctoritate providemus, Teque illi in Episcopum præficimus et pastorem curam regimen et administrationem ipsius Ecclesiæ Tibi in spiritualibus et temporalibus plenarie committendo, in Illo qui dat gratias et largitur præmia confidentes quod dirigente Domino actus tuos prædicta Ecclesia sub tuo felici gubernio regetur utiliter et prospere dirigetur ac grata in eisdem spiritualibus et temporalibus suscipiet incrementa. Jugum igitur Domini tuis impositum humeris prompta devotione suscipiens curam et administrationem prædictas sic exercere studens sollicite, fideliter et prudenter quod Ecclesia ipsa gubernatori provido et fructuoso administratori gaudeat fuisse commissam. Tuque præter æternæ retributionis præmium nostram et dictæ Sedis benedictionem et gratiam exinde uberius consequi merearis. Nos enim ad ea quæ in tuæ commoditatis augmentum cedere valeant favorabiliter intendentes tuis in hac parte supplicationibus inclinati Tibi ut a quocumque quem malueris catholico antistite gratiam et communionem prædictæ Sedis habente, accitis et in hoc Tibi assistentibus duobus vel tribus aliis catholicis episcopis similiter gratiam et communionem habentibus, munus consecrationis recipere libere valeas ac eidem antistiti ut recepto prius a Te nostro et Romanæ Ecclesiæ nomine fidelitatis debitæ solito juramento juxta formam quam sub bulla nostra mittimus introclusam.

Munus præfatum auctoritate nostra tibi impendere licite posse facultatem concedimus per præsentes. Volumus autem et prædicta auctoritate statuimus atque decernimus quod nisi recepto a Te per ipsum Antistitem juramento prædicto idem Antistes munus ipsum Tibi impendere et Tu illud suscipere præsumpseritis idem Antistes a pontificalis officii exercitio et tam ipse quam Tu ab administratione tam spiritualium quam temporalium Ecclesiarum vestrarum suspensi sitis ex ipso. Præterea et volumus quod formam juramenti hujusmodi a Te tunc præstiti Nobis de verbo ad verbum per tuas patentes litteras tuo sigillo munitas per proprium nuncium quanto citius destinare procures, quodque et per hoc Venerabili Fratri Nostro Archiepiscopo Hierapolen. cui ecclesia ipsa Petrensis Metropoliticæ jure subesse dignoscitur nullum in posterum præjudicium generetur. Et insurper Tibi ut officium Vicarii Apostolici in regno Canadæ in America septentrionali ad quod Te destinavimus exercere possis, quodque ad dictam ecclesiam Petrensem quamdiu ab infidelibus detinebitur accedere et apud eam personaliter residere minime tenearis constitutionibus et ordinationibus Apostolicis dictæque Ecclesiæ Petrensis et juramento confirmatione apostolica vel quavis firmitate alia roboratis statutis et consuetudinibus cœterisque contrariis nequaquam obstantibus auctoritate et tenore præmissis de spiritali gratia indulgemus.

Datum Romæ apud Sanctam Mariam Majorem anno Incarnationis dominicæ millesimo sexcentesimo quinquagesimo octavo Tertio nonas junii, Pontificatus nostri anno quarto.

(Sign.) J. Card. Prodat. M. St de Nobilibus
visa de curia P. Ciampinus

(sur le revers) J. B. Laborne;
(sur le dos) Sta M. Secretaria Brevium.

(adresse) Pro Illustrissimo Domino Francisco a Laval de Montigny.

Bulla provisionis Ecclesiæ Petren.
De Martin. Delaborne.

Concordat cum Originali. In fidem etc.

Quebeci die 27 Novembris 1894.
B. Ph. Garneau p[ter] Secrius
Archid. Quebecen.

IX[1]

Pouvoirs de grand vicaire accordés au supérieur des Jésuites du Canada par l'archevêque de Rouen

Franciscus miseratione divina archiepiscopus Rothomagensis Normanniæ primas, Francisco Annato emerito Theologiæ professori ac Societatis Jesu pro Gallia assistenti dignissimo ad perpetuam rei memoriam et uberiorem novi nostri gregis Canadensis proventum. Quam necesse est viros apostolicos hierarchicæ jurisdictionis præsidiis muniri pro instituenda rite nascentis Ecclesiæ forma secundum ecclesiasticam disciplinam, tam est opportunum eosdem promptos et expeditos quasi cælestes nubes in omnem locum, omne munus, omnem occasionem faciendi fructus ab eis acceptam rependere et a nutu et manu eorum continuo pendere, quorum zelo, prudentiæ ac regimini tanquam Archangelis procuratio illa commissa est. Quod cūm et sanctorum Patrum canones et exempla nos doceant, ususque ipse et constans et diuturnus Pontificiæ dignitatis, quam a tot annis divina nobis pietas imposuit; aliunde vero lœtissimis animis complectamur ingentes illos fructus, quos in nova nostra Canadensis Ecclesiæ vinea operariorum vestrorum sudores perpetuo pariunt; tum etiam pro nostra ardentissima et in novellam hanc propaginem et in vestros tam sanctos utilesque labores charitate amplissime providere cupientes; de gemino illo commeatu et jurisdictionis hierarchicæ et expeditissimæ ad omnia libertatis, declaramus dedisse nos ac per has patentes litteras quantum opus est confirmare superiori totius missionis, quisquis ille fuerit, et quamdiu solum superior fuerit ex societatis vestræ legibus constitutus, *perpetui Vicariatus nostri* honorem, potestatem, jura, præeminentias, privilegia; quam potestatem cuicumque pro modulo functionis suæ ubique terrarum

1. *Voir* plus haut, pp. 208 et 216.

illarum communicare queat, sive per se sive per subordinatos quoscumque superiores, sed quam nemo nisi quantum et quamdiu ab eodem superiore sive mediate sive immediate concessa fuerit, exercere per illas Americæ plagas possit. Declaramus insuper quancumque talem potestatem, cuicunque tandem sive per nos ipsos sive per prædictum superiorem quomodocunque concessam aut concedendam, adeo nihil obstare quominus plene et perfecte superiorum suorum mediatorum aut immediatorum gubernationi subsit, etiam revocando vel suspendendo vel in alium transferendo usum ejusmodi potestatis, prout in Domino conducibilius judicaverint; ut cum potestas illa perfecta sit muneri apostolicæ hierarchiæ adjuncta, magis ac magis ipsum eidem gubernationi uniat subjiciatque ad omnem operam liberius et securius præstandam. Porro in ea Vicarii generalis potestate deferenda sic paterna nostra pietas intendit in nascentis nostræ vineæ et apostolicæ nostræ per illam missionis fructum bonumque, ut simul tamen societatis vestræ disciplinam, quæ longe nobis carissima est, salvam et integram velit. Declaramus denique nolle nos potestatem hanc cum omni suo honore jure præeminentia privilegio etiam in superiore illo residere aut administrari alio modo, quam quo ex societatis ejusdem vestræ instituto superiorum ordinatio præfixerit. Ita a nobis tanquam a capite plenitudo ac libertas potestatis hierarchicæ, a societate vestra, tanquam a speciali voluntatis nostræ interprete et administra attemperatio utriusque, ad spiritum suum ecclesiasticæ hierarchiæ devotissimum, a Deo denique supremo Hierarchiæ fonte ac primo omnis sacri ordinis Patre benedictio consequenter jugis et perpetua in vestram missionem descendet. Datum Gallioni in archiepiscopali arce nostra in audientia nostra Archiepiscopali, anno apertæ missionis Dominicæ milles[mo] sexcent[mo] quadrag[mo] nono die vel ultima mensis Aprilis.

Fr. Archiepiscopus Rothomagensis.

(Archives générales de la Compagnie de Jésus)

X[1]

Lettre de Mgr l'archevêque de Rouen nommant M. de Queylus grand vicaire du Canada

22 Apriles 1657.

Vicariatus generalis
pro Nova Francia

Franciscus miseratione divina archiepiscopus Rothomagensis Normaniæ Primas Dilecto nobis magistro Gabrieli de Quaylus Presbytero Ruthenensi Abbati de Locdieu in sacra facultate Theologiæ doctori Salutem et Benedictionem in Domino. Cùm in Novæ Franciæ Regione ultra mare sita nascentis Ecclesiæ non contemnenda primordia divina misericordia ponere dignata sit frequentibus Fidelium ex hoc continenti transmigrationibus et infidelium Incolarum conversionibus et huc usque diœcesis nostræ limites nova fidei accretione extendere, undè etiam majora in dies juvamenta sperantur, nec tam dissitas partes, ut par est, per nos ipsos Pastorali sollicitudine fovere ac regere valeamus, de tuis probitate, doctrina, pietate, et moribus in Domino confisi, ex nostra scientia libera spontanea voluntate Te dictum magistrum Gabrielem de Quaylus nostrum in spiritualibus ac temporalibus vicarium generalem nec non officialem ad prædictas Novæ Franciæ regiones nostræ diœcesis vice nostra regendas et gubernandas fecimus et constituimus, facimus et constituimus, dantes plenam et omnimodam potestatem quascumque causas Ecclesiasticas civiles criminales et alias ad forum nostrum de jure sive consuetudine spectantes judicandi et terminandi, quæcumque statuta ad dictum regimen necessaria condendi, prout expedire videbitur, quascumque personas Ecclesiasticas corrigendi, sententias et censuras ferendi, excommunicandi, suspendendi, interdicendi, absolvendi ab omnibus casibus et censuris etiam nobis reservatis aut reservandis, super votis dispensandi aut eas commutandi dispen-

1. *Voir* plus haut, pp. 212, 215 et 227.

sationes super denuntiationibus matrimonialibus et etiam esu carnium ovorum et lacticinorum concedendi licentias, etiam dandi aliis presbyteris capacibus prædicandi sanctum Dei Evangelium et sacramenta administrandi, novas etiam parrochias oratoria et beneficia Ecclesiastica erigendi et instituendi fundationes eorum acceptandi etiam fundatoribus laicis nominatione et præsentatione indulta nobis vel collatione et institutione reservata de dictis ecclesiis et beneficiis sic erectis aut erigendis veros idoneos et capaces providendi tam pro prima illa vice quam in posterum ubi eorum vaccatio quomodolibet contigerit, nec non omnes ecclesias et monasteria tam virorum quam fæminarum modo nostræ juridictionis, sive (*sic*) visitandi, ecclesias, illarumque cœmeteria benedicendi ac omnia ecclesiastica vestimenta benedicendi, litteras demissorias concedendi et generaliter omnia alia ad rectam dictarum partium administrationem spectantia exequendi quæ nosmet ipsi præsentes facere possimus. Et si hic minime expressa quæ pro expressis haberi volumus item substituendi quaslibet dicto officio partes promittentes sub fide nostra ratum habituros quidquid per te dictum nostrum vicarium generalem aut per te substituendos actum et gestum fuerit in illis nostræ diœcesis ultramarinis partibus.

Datum Parisii anno dominicæ dispensationis millesimo[1] (*sic*) septimo supra quinquagesimum die vero vigesima secunda Aprilis sub signo sigilloque nostris cum secretarii nostri ordinarii solito chirographo + sexcentesimo (*sic*).

Fr. Archiepiscopus Rothomagensis
De Mandato ill^{mi} ac Religiosissimi
Domini Domini Archiepiscopi
LENOIR.

---

1. Cette phrase a été ajoutée après coup.

XI[1]

Correspondance de M. de Gueffier, chargé d'affaires de France a Rome, avec Monseigneur le comte de Brienne

N.-B. — Cette correspondance se trouve au *British Museum*, à Londres.

A Monseigneur le Comte de Brienne.

Rome, 22 février 1657

Receue à Paris le 25 mars 1657.

Monseigneur,

..... Au mesme tems du receu de votre susdite dépesche J'ay eu aussy celle dont il a plu au Roy m'honorer par laquelle sa Majesté me commande de faire auprès de sa Sainteté toutes les Instances que je jugeray nécessaires pour avancer le bon œuvre qu'elle désire de l'érection d'un Evesché dans les pais septentrionaux de l'Amérique apellez maintenant la nouvelle France. Et avec cette dernière dépesche j'ay receu aussy celle que sa Majesté écrit à Messrs les Cardinaux Colonne, Aquaviva, Brancaccio, Ludovisio, Carpegna et Ginetti ausquels je ne manqueray, Dieu aidant, de les présenter, je dis à ceux qui sont présent, et d'envoier les autres à leurs adresses, si tost que cet ordinaire sera party.

..... Je fus voir M. le Cardinal Bichi devant hier l'ayant trouvé au lict, se portant néanmoins un peu mieux, a ce qu'il me dist. Avec cette ocasion, ne sachant point si le Roy luy avoit donné ordre de parler au Pape de l'érection de cet Evesché dans l'Amérique je luy dis le commandement que sa Majesté m'a fait de soliciter cet afaire là près Sa Sainteté, et que je pensais dans deux ou trois jours de faire demander audiance pour luy en parler et présenter le mémorial que j'ay fait dont je vous envoye icy la copie ; mais son Eminence me dist aussy tost que le Roy

1. *Voir* plus haut, pp. 279, 281, 282 et 284.

luy en avait écrit et mesme envoyé la lettre qu'il en a aussy écrite au Pape, m'ayant fait voir le contenu en la siene, que je trouvay toute semblable à la miene, ce qui me fit changer de résolution d'aler demander cette audiance là, son Eminence m'ayant dit qu'elle ne se trouvait à propos jusques à ce qu'elle eust fait cette première instance. Et qu'après je pouroy faire mes diligences soit près sa Sainteté, ou là où il sera besoin. De sorte que pour cette heure je ne puis rendre aucun conte à Sa Majesté ny à vous de cet afaire, mon dit S[r] le Cardinal m'ayant dit encore, que si tost qu'il poura sortir il verra le Pape et puis me le fera savoir; mais il est a craindre qu'il ne demeure longtems au lict, auquel cas je le priray de me donner la lettre du Roy pour la porter à Sa Sainteté afin que le bon œuvre de cette érection là soit au plutost expedié. Quand il s'y sera avancé quelque chose je ne manqueray aussi tost d'en donner conte au Roy et à vous, à qui je prie Dieu

Monseigneur

Donner en parfaite sante très longue et très heureuse vie. De Rome ce 26 février 1657.

Votre très humble très obeissant
et très obligé fidelle serviteur

GUEFFIER.

N.-B. — Harley 4541, A, fol. 43 *bis*, 45 et 45 *bis*.

MÉMORIAL DONT IL EST PARLÉ DANS LA LETTRE PRÉCÉDENTE, ADRESSÉE AU SOUVERAIN PONTIFE PAR M. DE GUEFFIER.

Reçu avec la lettre de M. Gueffier à Paris le 25 mars 1657.

Beat[me] Padre

Quelli che hanno portato la fede christiana dentro li paesi settentrionali dell'America sotto la protettione delli Rè di Francia tsanno cosi felicemente riuscito in questa santa impresa che non resta piu hora per la conservatione di questa Sta Chiesa nasciente che di stabilire un vescovo per governarle, e perchè Beat[mo] Padre, questa è cosa assolulam[te] necessaria per la consolatione delli nuovi seguita di molti altri vantaggi per la nostra

Sta religione, il Re X^{mo} ha pensato di suplicare la S^{tita} vostra di far questo stabilimento propovendogli per quest effetto il Padre Francesco di Laval de Montigny sopra la testimonianze date a sua Maesta della gran pieta di questo padre, con le attestationi di $Monsig^{or}$ di Bagni all' hora nuncio in Francia. Che oltre il merito che n'aquistara la S^{tita} Vostra appresso Iddio, delta sua Maesta gli ne restara con obligo partecolare, porche si tratta di mantenere et accressere la religione catolica apostolica e Romana in un paese chiamato hora la nuova Francia.

N. B. *Ibid.*, fol. 44.

A Monseigneur le Comte de Brienne

Rome, 5 mars 1657

Receue à Paris le 31 mars 1657.

Monseigneur,

Je commenceray cette lettre par le conte que je vous dois de ce que j'ai fait des dépesches que le Roy a ecrites à $Mess^{rs}$ les Cardinaux Colonna, Aquaviva, Brancaccio, Ludovisio, Carpegna et Ginetti, vous disant que ces trois derniers étans icy Je leur ay présenté les leurs, qu'ilz ont receues avec grand respect et joye de l'honneur que Sa Majesté leur en a fait, particulièrement le dernier, qui baisa la siene et la fit toucher au haut de sa teste, m'aiant priez d'assurer sa Majesté qu'elle peut faire état que de tous ceux de sa robe nul ne sera jamais plus fidelle et afectionné à son service que luy.

..... Les deux autres Cardinaux sunommés me firent de grandes instances de remercier tres umblement en leur nom sa Majesté des gracieuses réponses qu'il luy avoit plu leur faire et de l'assurer qu'ilz auront toujours en grande vénération sa dite Majesté et en particulière affection les intérests de son service et le bien de son royaume. Quant aux trois autres dépesches pour les Cardinaux absens Je les ay recommandées à leurs agens qui sont icy, lesquels ont assuré de les leur faire tenir sûrement.

Je vous ay mandé par ma dernière l'indisposition de M. le Cardinal Bichi, et ce qu'il m'avoit dit sur le commandement que le Roy m'avait fait de soliciter auprès du Pape l'érection de cet

Evesché dans l'Amérique. Je l'ay reveu depuis étant encore au lict, mais sans avoir plus guere de ces grandes douleurs de la goute qui l'ont fort tourmenté cette fois icy, et obligé les médecins de le faire bien purger, m'aiant de nouveau assuré que si tost qu'il poura, il verra le Pape pour luy présenter la lettre du Roy touchant ladite érection, mais c'est à savoir quand il le poura faire.

..... Devant que fermer cette lettre J'ay envoier savoir des nouvelles de la santé de M. le Cardinal Bichi pour vous en pouvoir donner avis, et l'on m'a mander qu'il se porte assez bien de sa goute, quoy qu'il soit la plupart du tems au lict. A cause de cela il n'a point encore été au Pape pour lui présenter la lettre du Roy touchant l'érection de l'Evesché de l'Amérique, mais il espère d'y pouvoir aler bien tost. C'est dont Je m'eclairciray moy mesme cy tost que cet ordinaire sera party, et si Je voy que la chose alle a la longue Je le priray de me bailler la dite lettre pour en faire la poursuite auprès de sa Sainteté et ailleurs ou il sera besoin.

Je prie Dieu

Monseigneur

Vous donner en parfaite santé très longue et très heureuse vie.

De Rome ce 5 mars 1657

Votre très humble très obéissant et très obligé fidelle serviteur

Gueffier.

N. B. *Ibid.*, fol. 47, 47 *bis*, 49 et 49 *bis*.

A Monseigneur le comte de Brienne

Rome, 13 mars 1657.

Receue à Paris le 8 apvril 1657.

Monseigneur,

..... Je fus hier chez monsieur le cardinal Bichi pour savoir s'il recevoit des visites depuis la mort de son frere; mais l'on me dit qu'il s'en est excusé envers un chacun pour d'icy a quelques jours. Quand j'auray l'honneur de le voir, je lui diray ce que j'ay fait avec le Pape pour l'érection de cet Evesché de l'Amérique et que Sa Sainteté me montra regreter la mort de son frère m'ayant dit que c'était un des dignes prélats de cette cour.

..... Je vous baise pour fin très humblement les mains en vous supliant de me tenir toujours

Monseigneur

De Rome ce 13 mars 1657.

fol. 52.

Votre très humble très obéissant et très obligé serviteur

GUEFFIER.

Au Roi

Rome, 13 mars 1657.

Receue à Paris le 8 apvril 1657.

Sire,

Outre la lettre que j'ay cru être obligé d'écrire à Votre Majesté pour lui rendre conte de ce qui s'est passé icy touchant cette assistance de la religion de saint Augustin en la personne d'un Français, sur ce que V. M. m'a commandé par sa dépesche du 2 février, je croy ne l'être pas moins de luy faire encore celle-cy, pour luy dire que suivant ses commandemens d'aler demander au Pape l'érection d'un Evesché en l'Amérique Sa Sainteté me fit l'honneur samedy dernier de me donner une très gracieuse et favorable audiance laquelle je pensay devoir commencer en lui disant que V. M. m'avait commandé de lui baiser les pieds de sa part, de se réjouir avec elle de sa bonne santé, et de l'assurer que là où elle aura moyen de la servir elle le ferait toujours bien volontiers.

..... Je lui parlay de la sudite érection, luy aiant allégué les raisons qui avoient obligé V. M. de lui en écrire la lettre que M. le cardinal Bichi luy en doit présenter, contenue au mémoire, dont copie est cy-jointe, lequel elle prist la peine de lire en ma présence, et puis montra qu'elle en aprouvoit plutost le contenu qu'autrement. De sorte, Sire, que j'espère qu'elle en accordera la grâce, auquel cas je ne manqueray d'en donner aussy tost avis à V. M. et d'en soliciter soigneusement l'expédition. Je prie Dieu

Sire

Donner à Votre Majesté en parfaite et très longue santé, toutes les prosperitez que lui souhaite

De Rome ce 13 mars 1657. Son très humble et très obéisssant et très fidelle sujet et serviteur

fol. 54 et 55. GUEFFIER.

A MONSEIGNEUR LE COMTE DE BRIENNE

Rome, 19 mars 1657.

Receue à Paris le 15 apvril 1657.

Monseigneur,

Vous aurez veu par mes lettres au Roy et à vous du 13 de ce mois la gracieuse et favorable audience que le Pape m'avoit donnée et que luy aiant parlé d'un érection d'un Evesché en l'Amérique que Sa Majesté désire y faire établir il avoit pris la peine d'en lire luy mesme en ma présence le mémorial, que je luy en présentay, dont je vous envoiay copie, et montra d'en agréer le contenu. Aiant encore esté au secrétaire des mémoriaux pour en savoir la réponse j'apris que Sa Sainteté l'avoit remis à la Congrégation de propaganda fide avec ce rescrit che referisca qui est signe qu'elle veut acorder la grace, à ce que m'en dist le secretaire de la dite congrégation, luy aiant demandé ce qu'il en pensait; mais qu'il étoit besoin pour pouvoir travailler à cette expédition là de savoir de quelle religion est le Père François de Laval de Montigny que l'on a oublié de marquer dans les lettres du Roy, au Pape, à M. le cardinal Bichi et à moy faisant seulement mention de quelques informations envoyées sur cet afaire là; mais sans dire qui. Et aiant fait demander aux banquiers expéditionnaires français qui sont icy si quelqu'un d'eux les avoient receues ilz ont tous dit que non. De sorte que ne se pouvant rien faire en l'expédition de cet evesché là sans savoir de quel Ordre est le nommé, je vous suplie me le faire savoir au plutost ou commander a quelqu'un qu'il me soit envoié avec les écritures et informations nécessaires pour faire expédier ces Bulles-là.

..... Jusques icy je ne vois point que ces dernières lettres qu'a aportées l'ordinaire disent rien qui me donne moyen de travailler à l'érection de l'Evesché de l'Amérique, qui ne se peut faire si l'on ne scait icy de quel ordre est ce religieux, que le Roy y nomme.

..... Je vous baise très humblement les mains demeurant toujours s'il vous plaist.

Monseigneur

De Rome ce 19 mars 1657.
fol. 57, 57 *bis* et 59 *bis*.

Votre très humble très obéissant et très obligé fidelle serviteur

GUEFFIER.

A MONSEIGNEUR LE COMTE DE BRIENNE

Rome, 27 mars 1657.

Receue à Paris le 29 apvril 1657.

Monseigneur,

....

Sur ce que je vous ay écrit par ma dernière qu'il faut savoir de quel Ordre est le Pére François de Laval de Montigny devant que pouvoir travailler à l'érection de l'Evesché de l'Amérique,

..... Je seray atendant ce qu'il vous plaira résoudre là-dessus.

..... Je prie Dieu, etc.

De Rome ce 27 mars 1657.
fol. 61 *bis*.

GUEFFIER.

A MONSEIGNEUR LE COMTE DE BRIENNE

Rome, 15 mai 1657.

Receue à la Fère le 12 juin 1657.

Monseigneur,

L'ordinaire de Lyon n'étant arrivé que dimanche dernier je receu ce jour-là l'honneur de votre dépesche du 13 avril, par laquelle il vous a plu me mander que sur la bonne relation que vous aviez faite au Roy de ce que j'avais traité avec le Pape tant pour l'érection de cet Evesché en la nouvelle France, que pour ce qui est de la supression de l'assistance de France en l'ordre des Augustins, Sa Majesté vous avoit témoigné de l'avoir eu fort agréable en me commandant de poursuivre la dite érection jusqu'à l'accomplissement et aussy la supression de la dite Assistance et l'éloignement de Rome du Père Guichens. Sur quoy je vous diray s'il vous plaist, que ne pouvant rien faire touchant le premier commandement, si l'on ne sçait icy de quel Ordre est celuy qu'elle a nommé à cet Evesché-là, et qu'il n'y ait quelque soliciteur chargé des informations de sa vie et mœurs et des autres écritures nécessaires, il est impossible d'y rien avancer, comme je vous ay mandé par ma lettre du 19 mars, ne pouvant assez m'étonner que ce nommé-là, s'il en a été averty, n'ayt encore pourveu à cela, semblant par là qu'il ne veuille accepter la grâce que le Roy luy en faict. Que s'il y pourvoit, et que quelque expéditionnaire me le face sçavoir en me donnant les informations, qu'il sera besoin, croyez, Monseigneur, que je ne perdray point de tems d'en faire toutes les poursuites requises et nécessaires et de vous rendre aussy-tost conte de ce qui en suivra.....

Je prie Dieu, etc.

De Rome 15 may
1657. GUEFFIER.
fol. 82 et 82 *bis*.

A MONSEIGNEUR LE COMTE DE BRIENNE

Rome, 29 may 1657.

Receue à la Fère le 24 juin 1657.

Monseigneur,

..... Depuis ce que dessus écrit l'ordinaire de Lyon est venu, qui fut vendredy dernier par lequel j'ai receu l'honneur de votre dépesche du 27 avril (qui fait mention de ma lettre du 27 mars) en laquelle j'ay veu l'information qu'il vous a plu me donner des qualitez de monsieur de Laval de Montigny pour m'en servir icy en l'expédition de l'Evesché que le Roy luy donne dans l'Amérique, ce que j'ay fait voir au secrétaire de la congrégation *de propaganda fide*, en laquelle l'afaire doit être résolu par ordre du Pape en la première assemblée qui s'en fera, m'étant un peu étonné que le dit s^{r} de Montigny n'ayt rien écrit icy de cet afaire-là ny donné charge à quelque banquier de Paris d'en commettre icy la solicitation et d'y envoier les informations de sa vie et mœurs atestées par des notaires et mesme par devant M. le Nonce, comme l'on a acoutumé. Si portant sans cela l'on peut faire expédier ses Bulles je ne manqueray pas d'y travailler, si tost que cela aura été résolu en ladite congrégation......

Je prie Dieu, etc.

De Rome ce 29 mai 1657 GUEFFIER.
fol. 88.

A MONSEIGNEUR LE COMTE DE BRIENNE

Rome, 12 juin 1657.

Receue à la Fère le 8 juillet 1657.

Monseigneur,

..... Quant à l'Etablissement d'un Evesché que le Roy veut faire en la nouvelle France, en ayant parlé au secrétaire de la congrégation *de propaganda fide*, à laquelle le Pape a remis l'afaire sur le mémoire que je lui en ay présenté pour l'expédier, il m'a dit en loüant grandement la piété de Sa Majesté qu'il était prest d'y travailler; mais qu'il était besoin auparavant d'avoir réponse sur le contenu au présent mémoire pour ce qu'autrement l'on ne pouroit savoir en quelles termes il faudroit faire la Bulle. C'est donc sur quoy j'atendray vos commandemens.....

Je vous baise très umblement les mains, etc.

De Rome ce 12 juin 1657. GUEFFIER.
fol. 97.

A Monseigneur le comte de Brienne

Rome, 19 juin 1657.

Receue à la Fère le 17 juillet 1657.

Monseigneur,

..... Monseigneur un vieil secrétaire de la Congrégation *de propaganda*, qui sçait l'instance que je fais au nom du Roy pour l'érection d'un Evesché en la nouvelle France et qui a connaissance de ces pais là étant aussy fort afectionné au service de Sa Majesté a dressé le mémoire cy joint contenant la façon dont il semble que l'on serait d'avis en ladite Congrégation qu'il fust procédé pour bien servir Dieu et la religion en ces pais là selon le grand zele que Sa Majesté montre en avoir. Et ayant veu le contenu audit mémoire j'ai cru que vous ne seriez pas marry d'en avoir la connaissance pour voir si vous y trouverez quelque chose qui serve aux bonnes intentions de sa dite Majesté.

....

Je prie Dieu, etc.

De Rome ce 19 juin 1657. Gueffier.
fol. 99 et 99 *bis*.

A Monseigneur le comte de Brienne

Rome, 24 juillet 1657.

Receue à Sedan le 13 aoust 1657.

Monseigneur,

..... Sur ce que vous m'avez mandé touchant l'afaire de M. de Montigny pour qui le Roy m'a ordonné de poursuivre l'expédition de l'Evesché en la Nouvelle France dont Sa Majesté le veut faire pourvoir, je vous diray que je n'ay point encore receu votre dépesche par laquelle vous me mandez de m'en avoir amplement informé. C'est pourquoy je suis atendant en impatience le Duplicata que vous m'écrivez m'en vouloir envoier, parce qu'autrement il est impossible de pouvoir rien avancer en cet afaire là pour les raisons que je vous ay mandées en ma lettre du 15 may (laquelle je vois que vous avez receu).....

Je prie Dieu, etc.

De Rome ce 24 juillet 1657 Sur le soir. GUEFFIER.

fol. 131 *bis*.

A MONSEIGNEUR LE COMTE DE BRIENNE

Rome, 30 juillet 1657.

Receue à Sedan le 21 aoust 1657.

Monseigneur,

..... Je n'ay point encore receu le Duplicata que vous m'avez mandé par votre lettre du 15 juin de me vouloir envoier touchant l'afaire de M. de Montigny qui m'en donnoit une ample information, sans quoy il est impossible que j'y puisse rien avancer comme je vous ay cy devant mandé, ne se trouvant icy personne qui ayct connoissance ny commission de cet afaire-là, et c'est chose étrange que Ledit S[r] n'en ayt point chargé quelque banquier de Paris pour donner ordre icy à un expéditionnaire d'en soliciter les Bulles, pouvant bien juger que c'est chose que je ne saurois faire moy mesme quand j'aurois toutes les informations, mémoires et argent qu'il faudra y dépendre.

....

Je vous baise très humblement les mains, etc.

De Rome 30 Juillet 1657. GUEFFIER.

fol. 137.

A MONSEIGNEUR LE COMTE DE BRIENNE

Rome, 11 septembre 1657.

Receue à Metz le 3 octobre 1657.

Monseigneur,

..... Monseigneur tout ce que dessus est écrit d'hier en atendant la venue de l'ordinaire de Lyon qui arrivera vers le soir et sur les 24 heures je receu l'honneur de votre dépesche du 16 aoust qui fait mention de ma lettre du 24 juillet; mais sans me rien commander sur l'afaire de M. de Montigny, à qui le Roy veut donner l'Evesché de la Nouvelle France, et au sujet de laquelle je vous ai donné avis n'avoir receu votre dépesche par laquelle vous m'en donniez l'ample information; sans laquelle l'on n'y peut rien faire icy, mayant mandé que vous m'en envoiez un Duplicata. C'est de quoy je vous fais souvenir s'il vous plaist, ci tant est que Sa Majesté persiste en cette volonté là,..... vous baisant pour fin très humblement les mains, etc.

De Rome ce XI
7 bre 1657. GUEFFIER.
fol. 158.

AU ROY

Rome, 17 décembre 1657.

Receue à Paris le 12 janier 1658.

Sire,

Je receu il y a cinq jours par les mains du Rd Père Assistant françois Jésuite la lettre que votre Majesté m'a fait l'honneur de m'écrire l'onze octobre dernier, par laquelle elle me commande de m'emploier soigneusement pour obtenir du Pape le titre d'Evesque *in partibus* en faveur de celuy dont je seray solicité par les Pères Jésuites, pour aller servir en la Nouvelle France. Suivant lequel commandement j'ay sû dudit Père Assistant le nom de celuy qu'ilz désirent de faire pourvoir de ce titre-là, et ce qu'il pensoit que je devois représenter à Sa Sainteté pour en obtenir la grâce, m'ayant nommé M. François de Laval de Montigny et les lieux où il se devoit emploier en ces pais-là pour les faire savoir à Sa Sainteté. Sur quoy je le priay de me les donner par écrit, comme il a fait, dont j'ay dressé un mémorial que je presenteray à ma première audiance au Pape, ayant cru, Sire, puisque Votre Majesté me commandoit de faire en cela, selon que je serois solicité desdits Pères Jésuites que je pourois faillir en quelque chose de cette poursuite là sans leurs avis. Si bien qu'il ne me reste plus qu'à demander l'audiance à Sa Sainteté pour y rendre mes devoirs, laquelle je mettray peine d'avoir le plutost que se poura, comme de rendre conte à Votre Majesté du succez de cet afaire-là, pour lequel il vous a plû me mander que monsieur Picolomini Nonce du Pape se doit emploier avec moy à la recommandation de la Reine, la grande piété de laquelle lui fait passionnément désirer cet établissement-là. Ce sera donc le plutost qui se poura, que rendra conte à Votre Majesté de ce qu'il aura fait avec le Pape

Sire

de Votre Majesté

Le très humble très obéissant et très fidelle sujet et serviteur

De Rome ce 17 Décembre 1857.

fol. 224, 224 *bis* et 225.

GUEFFIER.

A MONSEIGNEUR LE COMTE DE BRIENNE

Rome, 31 décembre 1657.

Receue à Paris le 24 janvier 1658.

Monseigneur,

Par l'ordinaire de Lyon qui ariva icy vendredy dernier au soir j'ay receu deux dépesches du Roy du 3 novembre l'une au sujet de Mons. de Montigny.....

Par votre sudite dépesche vous me commandez expressément comme a fait le Roy en la siene de faire tous les plus pressans offices qui se pouront en faveur de M. de Laval de Montigny. Sur quoy je vous diray, Monseigneur, que vendredy dernier je fus à l'audiance du Pape exprès pour cet afaire là, suivant les ordres que j'en avois déjà eu de Sa Majesté, n'ayant pu l'avoir plutost, ayant fait entendre à Sa Sainteté le grand besoin que l'on a mandé au Roy qu'avait la religion catholique en la Nouvelle France, qu'il y soit au plutost envoyé un Evesque *in partibus*, et qu'il ne s'en pouvoit trouver un plus capable que ledit s^r^, qui ofre d'y aler servir de tout son possible, ce qui fait que le Roy le recommande à Sa Sainteté avec tant d'afection, sur la crainte qu'a Sa Majesté qu'à faute de cet envoye ladite religion ne se perde dans le pais, ce que Sa Sainteté entendit fort bénignement, montrant qu'elle agréoit ce que je lui en dis. De sorte que j'espère qu'elle y fera une favorable réponse par écrit sur le mémorial, que je luy en présentay que je mettray peine d'avoir devant le partement de cet ordinaire pour vous la mander. Quand j'auray satisfait aux autres commandemens du Roy, je ne manqueray de rendre conte à Sa Majesté de ce qui s'y avancera.

..... J'ay eu la réponse du Pape sur l'afaire de M. de Montigny que Sa Sainteté a renvoyée à la Congrégation *de propaganda fide*, parce que c'est là où telles afaires s'expédient, et là où je soliciteray maintenant celle-cy.

..... Je prie Dieu, etc.

De Rome ce dernier jour de l'an 1657. Gueffier.

fol. 233, 234, 234 *bis* et 235.

A Monseigneur le comte de Brienne

Rome, 7 janvier 1658.

Receue à Paris le 3 feb[er] 1658.

Monseigneur,

..... J'ay commencé de soliciter la résolution dudit afaire de Canada en la congrégation *de propaganda fide*, à laquelle le Pape a envoié mon mémoire, le secrétaire d'Ycelle m'aiant demandé de quoy l'Evesque se pouroit entretenir. Sur quoy je luy ay fait voir la lettre que Sa Majesté m'en a écrite où elle dit qu'elle luy a déjà assigné mil francs par an, en atendant l'ocasion de mieux traiter un Evesque en ces pais-là, et qu'outre cela la Reyne avoit fait déposer quatorze mil francs pour les dépenses qu'aura à faire l'Evesque, quand il ira en ces pais-là de quoy il a montré d'être bien content. De sorte qu'il y a lieu d'espérer que cet afaire-là ira bien à la fin. J'en presse la résolution pour la première congrégation qui se doit tenir, que je croy qui sera cette semaine, ou en celle d'après, du résultat de laquelle je ne manqueray de vous donner aussytost avis.

..... Priant Dieu, etc.

De Rome ce 7 janvier 1658. Gueffier.

fol. 243.

A Monseigneur le comte de Brienne

Rome, 14 janvier 1658.

Receue à Paris le 13 febvrier 1658

Monseigneur,

..... J'alay hier voir M. le cardinal Meltio à qui la congrégation *de propaganda fide* a remis l'afaire de l'Evesché pour la Nouvelle France l'ayant prié au nom du Roy de vouloir au plutost la terminer, afin que M. de Montigny puisse s'y en aler ce printemps, comme Sa Majesté l'en presse pour le grand désir qu'elle a de conserver la religion catolique parmy ces barbares que le feu Roy et Elle y ont introduite par le moien des Pères Jésuites, Capucins et autres religieux français, ledit cardinal ayant montré d'être bien aise d'avoir cette ocasion de servir Sa Majesté. De sorte qu'il y a lieu d'espérer qu'il y travaillera diligemment, de quoy j'ay averty le s^{r} de la Borne à qui j'ay donné la charge d'expédier ces Bulles-là comme au premier et meilleur expéditionnaire français qui soit icy, afin d'en aler soliciter ledit s^{r} Cardinal.

..... Priant Dieu

De Rome ce 14 janvier 1658. Gueffier.

fol. 248 et 248 *bis*.

A Monseigneur le comte de Brienne

Rome, 21 janvier 1658.

Receue à Paris le 18 febvrier 1658.

Monseigneur,

...., Après cela je la supliay (la congrégation) de vouloir faire résoudre l'afaire de Mons. de Montigny pour un autre Evesché *in partibus*, afin qu'il s'en puisse aler au plutost vicaire apostolique en la Nouvelle France, le secrétaire de la congrégation *de propaganda fide*, à qui j'en avois parlé m'aiant mandé que ladite congrégation avoit remis à en traiter en la première qui se tiendra devant Sa Sainteté, qu'il espère, qui sera bientost. Depuis quoy l'on m'a donné un avis qu'il y avoit quelques personnes qui ont fait entendre à ladite congrégation qu'elle devait prendre garde que cette grace s'acordant, Sa Majesté ne prétende de nommer à l'avenir a cette Evesché là, comme elle fait à ceux qui sont en France, ce que je n'osay dire au Pape pour ce qu'en ayant fait quelques plaintes à M. le Cardinal Antoine, il me dist que ce n'estoit pas là la dificulté ; mais que l'on voudra savoir en ladite congrégation où et comment Sa Majesté assure les mils francs qu'elle a mandé avoir assignéz pour son entretien chaque année en atendant qu'on luy en donne d'avantage et qu'il se doute que l'on voudra être assuré de cela devant que consentir à l'expédition des Bulles, ayant ajouté qu'ilz voudront peut-être que ce fond-là soit assuré à Rome ou au moins dans Avignon, pour ne tomber aux inconvéniens qui sont arivez à l'Evesché de Babylone, où depuis si longtems celuy qui en a été pourveu, n'a point voulu aler. De sorte, Monseigneur, qu'aux discours de mondit s[r] le Cardinal il semble qu'il ne faut pas atendre résolution de cet afaire-là, que l'on ne sache en ladite Congrégation les ordres que le Roy y voudra donner, sur ce qui luy en doit être ecrit, à quoy l'on ajoutera peut être quelque chose pour faire déclarer à Sa Majesté qu'elle ne prétendra point cette nomination comme elle feroit peut être si elle fondoit un Evesché à ses dépens en ces pais-là.

Je prie Dieu, etc.

De Rome ce 21 janvier 1658. Gueffier.

fol. 250 *bis* et 251.

A Monseigneur le comte de Brienne

Rome, 11 febvrier 1658.

Receue à Paris le 10 mars 1658.

Monseigneur,

..... la Congrégation *de propaganda fide* n'a pas été plus soigneuse de résoudre celle de l'Evesché *in partibus* pour la Nouvelle France en faveur de M. de Montigny, tout ce que j'y ay pu avancer depuis longtems que j'en fais la poursuite ayant été que l'on a promis que de jeudy en huit jours ladite Congrégation en parlera au Pape, encore est-il à craindre qu'on ne luy mette en considération, comme je vous l'ay déjà mandé, que le Roy ne prétende la nomination de cet Evesché là aussy bien que ceux de son royaume, ce qui pouroit y faire prendre une mauvaise résolution.....

Je vous baise très humblement les mains, etc.

De Rome ce XI feb[r] 1658. GUEFFIER.

fol. 266 *bis*.

AU ROY

Rome, 24 febvrier 1658.

Receue à Paris le 24 mars 1658.

Sire,

J'ay veu par la dépesche que Votre Majesté m'a fait l'honneur de m'écrire le mois de janvier dernier, le mécontentement qu'elle a que les provisions du titre d'Evesque *in partibus* avec un grand Vicariat du Pape en la Nouvelle France pour M. de Montigny n'ayent été jusques icy expédiées, en quoy Votre Majesté a grande raison; mais je la suplie très humblement de croire que ce retardement n'est point arrivé faute que je n'aye fait toutes les diligences possibles pour cela tant aupres de Sa Sainteté que de la Congrégation *de propaganda fide* à laquelle elle a remis cet afaire. Et celle-cy est si chargée de tant d'autres et s'assemble si peu souvent que c'est une misère quand il y faut avoir afaire, ce qui m'obligea ces jours passez alant à l'audiance du Pape, dont j'ay donné avis à V. Majesté de luy en faire des pleintes, en supliant Sa Sainteté de vouloir ordonner à ladite Congrégation qu'elle dépesche au plutost cet afaire-là, ce qu'elle me dist qu'elle feroit. Et en efet aiant esté savoir du secrétaire de la dite Congrégation quel ordre elle en avoit eu, il me manda qu'en celle qui se tinst jeudy dernier cette afaire aiant été proposée devant Sa Sainteté, elle ordonnast qu'elle la dépeschast au plutost; mais qu'il falait auparavant avoir des assurances de la pension et que l'on ayt aussy le procès *de vita et moribus* dudit s[r] sur quoy aiant envoié savoir du Père Assistant Jésuite, qui solicite cet afaire avec grand soin, il m'a envoié les actes de la fondation de cette rente-là, que la Reyne en a faite. Et aiant apris qu'un français qui est icy nommé le s[r] Pallu avait ledit procès fort avantageux pour ledit s[r] de Montigny je l'envoiay prier de me l'aporter ce qu'il fit aussy tost, et à l'heure mesme j'envoiay le tout au sieur de la Borne qui est le plus ancien et meilleur expéditionnaire français pour en dresser les mémoires nécessaires et faire en sorte qu'on en ayt au plutost l'expédition, à quoy je ne manqueray pas d'aporter tous les soins que doit

Sire

de Votre Majesté

Le très humble très obéissant et très fidelle serviteur

De Rome ce 24 fébvrier 1658.

fol. 273, 273 *bis* et 274.

GUEFFIER.

A MONSEIGNEUR LE COMTE DE BRIENNE

Rome, 27 fébvrier 1658.

Receue à Paris le 24 mars 1658.

Monseigneur,

..... Après avoir aussy solicité depuis longtemps celuy de l'Evesché *in partibus* pour M. de Montigny, en quoy l'on n'a voulu aussy jusques à présent prendre aucune résolution quelque instance et diligence que j'y aye pû aporter principalement en la Congrégation *de propaganda fide*, je commence d'avoir quelque espérance qu'à la fin on l'acordera sur ce qu'ayant pris l'ocasion de me pleindre de ces longueurs-là à M. le Cardinal Rospilioso en luy présentant il y a trois jours la lettre du Roy, et du grand préjudice que ces longueurs-là aportent à la religion crétiene dans le Canada il me dist qu'il ne manqueroit pas d'en faire instance en la première congrégation où cet afaire-là se doit terminer.

..... Vous baisant pour fin très umblement les mains, etc.

De Rome ce 27 Février 1658.

GUEFFIER.

fol. 279.

A MONSEIGNEUR LE COMTE DE BRIENNE

Rome, 25 mars 1658.

Receue à Paris le 20 apvril 1658.

Monseigneur,

..... Pour ce qui est des assurances qu'on veut avoir icy touchant la pension pour M. de Montigny quand il sera Evesque *in partibus* et vicaire apostolique en la Nouvelle France, lesquelles vous me mandez que c'est à celuy qui poursuit pour luy les Bulles de les donner, leurs Majestés y ayans déjà pourveu, vous trouverez icy un mémoire de ce que j'ay fait sur cela qui vous fera voir que ce que s'y pouvoit faire, n'y a pas été oublié, nonobstant qu'il n'a été possible jusques icy de faire résoudre cett'afaire là en la Congrégation *de propaganda fide* à qui le Pape l'a renvoiée, dont je seray contraint à la fin de luy en aler faire des pleintes et du peu de respect que l'on porte en cela au Roy, au nom duquel je la solicite il y a cinq ou six mois quoy qu'il s'agisse en cela d'une chose de laquelle dépend entièrement le bien de la religion crétiene en ces pais là, étant encore contraint de me pleindre aussy à elle que nonobstant la grâce qu'elle a faite à la prière de Sa Majesté et les remercimens qu'elle luy en a faits aussy par une lettre expresse, il n'ayt été possible d'avoir l'expédition de M. l'abbé de Bazoches.

..... Je prie Dieu, etc.

De Rome ce 25 mars 1658. GUEFFIER.

fol. 292 *bis* et 293.

MÉMOIRE DONT IL EST QUESTION DANS LA LETTRE PRÉCÉDENTE, ENVOYÉE A MONSEIG^{r} LE COMTE DE BRIENNE,

De Rome, le 25 mars 1658.

Vers le carnaval le R^{d} Père Assistant français Jésuite aiant receu trois contrats de la fondation que la Reyne a faite d'une pension de mil francs pour M. de Montigny quand il aura été fait Evesque *in partibus* et Vicaire Apostolique en la nouvelle

France, il me les envoia aussy tost, comme je les communiquay de mesme au s[r] de la Borne que j'ay chargé de la solicitation de cet afaire surtout quand il en faudra expédier les Bulles. Sur quoy fut faite traduction de celuy où Sa Majesté se réserve la disposition de ladite fondation quand le Roy aura pourveu d'une semblable ou plus grande rente et fut donné avec le procès *de vita et moribus* dudit sieur, qu'avoit icy un nommé Mr Palut, qui agit aussy dans ledit afaire, au secrétaire de la congrégation *de propaganda fide*. De sorte qu'il ne reste plus qu'à l'y proposer, à quoy l'on n'a pu jusques icy disposer ledit secrétaire.

fol. 296.

A Monseigneur le comte de Brienne

Rome 15 apvril 1658.

Receue à Paris le 11 may 1658.

Monseigneur,

..... Enfin l'afaire de M. de Montigny est résolu ; mais comme il faut qu'il soit proposé en consistoire ce qui ne peut être qu'après les festes, voilà encore du tems qu'il faudra y avoir patience devant qu'on puisse travailler à l'expédition. Quant à celuy de M. l'abbé des Bazoches il est remis après lesdites festes ; mais avec espérance qu'alors il se résoudra à son contentement.

Je vous baise très umblement les mains, etc.

De Rome ce 15
Avril 1658. Gueffier.
fol. 312.

Decretum Sac. Cong[nis] Gnalis de Propag[da] fide habita die XI Aprilis

1658.

Ad relationem Em[mi] Dñi Card[lis] Meltii, Sac[a]. Cong[o] Vicarium Apostolicum cum aliquo titulo in Partibus, si S[mo] placuerit, decrevit esse transmittendum ad Regnum Canada in America

Septentrionali Franciscum de la Val de Montigny ut necessitatibus illius nascentis Ecclesiæ et Christianitatis opportunè provideri possit.

Ex audientia S^mi sub die 13 Aprilis 1658.

Relato per Secretarium suprd° Decreto S^mo D. Nro S^tas Sua illud bénigné approbavit et ad ulteriora in expeditione mandavit procedi.

M. Albericius sec^s.

Locus + sigilli.
fol. 322.

A Monseigneur le comte de Brienne

Rome 6 may 1658.

Receue à Paris le 1er juin 1658.

Monseigneur,

Je commenceray cette lettre par l'avis que je suis obligé de vous donner que j'ay tant pressé l'afaire de M. de Montigny que j'en ay eu à la fin le Decret aprouvé du Pape, comme vous verrez, s'il vous plaist, par la copie cy jointe ne l'aiant pû néanmoins avoir plutost que le premier jour de ce mois, que je baillay incontinent au s^r de la Borne, qui doit faire expédier ces Bulles-là, afin qu'il y face au plutost travailler, à quoy j'espère qu'il ne manquera pas, comme je ne feray aussy de vous mander quand elles seront expédiées, et audit s^r de Montigny mesme bien qu'il ne m'ayt jamais écrit un mot sur ce qui regardoit en cela son service.

Je prie Dieu, etc.

De Rome ce six^me may 1658. Gueffier.

Il y a eu ce matin Consistoire, auquel on a préconisé M. de Montigny pour l'Evesché Petrée *in partibus*. De sorte qu'au premier il sera proposé.

fol. 323 et 325.

A Monseigneur le comte de Brienne

Rome, 1er juillet 1658.

Receue à Compiègne le 7 aoust 1658.

Monseigneur,

Je receu hier l'honneur de votre depesche du 7 juin qui témoigne quelque contentement que vous avez voulu prendre des services que j'ay mis peine de rendre à Messieurs de Montigny et de Bazoches, l'un et l'autres aians grand sujet d'être bien obligez au Roy et à vous de leur avoir procuré de Sa Majesté les grâces dont ilz sont pour jouir à l'avenir avec beaucoup d'honneur et de réputation. L'on a envoié à M. de Bazoches par le sr Horavant il y a déjà quelque tems ses Bulles ; mais l'on a jusques icy tant fait de dificultez en celles de M. de Montigny, qu'il a été impossible de les lui envoier plutost que par cet ordinaire icy, comme le sr de la Borne, qui les solicite m'a mandé qu'il espère de faire.

. . . .

N'étant survenu autre chose depuis ma dernière qui mérite vous importuner davantage en celle cy je la finis, etc.

De Rome ce premier juillet 1658.

fol. 243. Gueffier.

A Monseigneur le comte de Brienne

Rome, 7 juillet 1658.

Receue à Compiègne le 7 aoust 1658.

Monseigneur,

..... Bien que je vous eusse mandé par ma dernière lettre que le sr de la Borne chargé de l'afaire de M. de Montigny, lui devoit envoier ses Bulles par cet ordinaire là, cela n'a pourtant pas été; mais deux jours après le partement dudit ordinaire le secrétaire de la Congrégation *de propaganda fide* me les envoia sur l'ordre qu'il en avoit eu, lesquelles je fis aussytost bailler audit s[r] de la Borne avec ordre de ne manquer pas de les envoier par celluy-ci.

..... Vous baisant pour fin très umblement les mains, etc.

De Rome ce 7 juillet
1658.
GUEFFIER.

fol. 348 et 348 *bis*.

A MONSEIGNEUR LE COMTE DE BRIENNE LE FILZ

Rome, 10 décembre 1658.

Receu à Lyon le 2e janvier 1659.

Monseigneur,

..... Monseigneur, depuis ce que dessus écrit le Pape m'a fait dire par le secrétaire de la Congrégation *de propaganda fide* qu'aiant eu avis que M. l'Archevesque de Rouen s'opposait au Vicariat apostolique de M. de Montigny en Canada, sur ce qu'il prétend que ce pais là est dépendant de son diocèse, Sa Sainteté désirait que je l'écrivisse à la cour afin que comme ça été à l'instance de la Reyne que ledit Vicariat a été donné, et dont elle a mesme fait la fondation, il plaisse aussy à Sa Majesté de faire ordonner à mondit sieur l'archévesque de désister de cette prétention là puisqu'elle n'est pas bien fondée, veu qu'il n'a aucun bref du Saint-Siège pour telle dépendance et ne l'a acquise pour y avoir été envoiez, comme il dit, des prestres de son dit Diocèse. Le sudit secrétaire aiant ajouté qu'en aiant fait rélation à Messrs les Cardinaux de ladite Congrégation ilz en avoient été fort étonnez. De sorte qu'il semble que mondit sieur fera prudemment de deférer aux ordres qui luy en pouront été donnez de la part de la Reyne ou du Roy mesme, crainte qu'autrement on ne prist icy (comme on pouroit peut être aussy faire par delà) des résolutions qui ne lui seroient pas favorables. Cependant je vous baise très umblement les mains en vous suppliant de me permettre que je me die toujours

Monseigneur

Votre très humble et très obéisssant serviteur

De Rome ce 10[e]
Décembre 1658.
fol. 420, 420 *bis* et 421.

GUEFFIER.

XII[1]

Lettre de Mgr de Rouen au Cardinal Mazarin

10 Dece. 1658, *a Pontoise.*

Monseigneur,

Votre Éminence n'aura pas oublié que deux jours auparavant son depart de Paris ie luy rendis compte du differend que j'avois eu avec monsieur le nonce touchant le Royaume de la nouvelle france. Sur cela elle me fit l'honneur d'entendre mes raisons avec plaisir, et comme elles estoient iointes aux interets de l'*Eglise Gallicane*, elle se fit assés entendre qu'elle vouloit les appuier d'une singulière protection. C'est Monseigneur ce qui m'oblige de faire maintenant à V. E. le recit d'une nouvelle circonstance qui est arrivée dans cette affaire dont ie m'assure qu'elle desapprouvera l'entreprise et la nouveauté. V. E. sçait, et ie luy ay dit la chose comme elle est, que ie suis en possession de gouverner pour le spirituel tout le pays *de la nouvelle France.* Cette nouvelle Colonie ayant mieux trouvé son compte à se mettre soubz l'Autorité de l'*Archevesque* de Rouen, a continué iusqu'a present a le recognoistre pour son Prélat : il y a plus de vingt cinq années que mon Predecesseur et moy exerçons cette charge sans contestation. J'en ay rassemblé tous les actes pour les faire voir à V. E. incontinent après son retour, et mesme à l'heure que ie me donne l'honneur d'escrire ces lignes à V. E. ie viens de recevoir des lettres du Pape dattées du 23 septembre par lesquelles j'apprens que les reglemens que j'avois faits entre l'Abbé de Quelus qui est mon grand vicaire dans l'Isle de Monreal, et le superieur des Jesuittes qui a la

1. *Voir* plus haut pp. 284, 296 et 331. — Les pièces que nous donnons sous le n° XII montrent l'opposition faite à la nomination de Mgr de Laval comme vicaire apostolique et les prétentions de l'archevêque de Rouen sur la Nouvelle-France. On trouvera quelques autres documents dans le t. II, chap. XIII, de l'*Histoire de la colonie française* par M. Faillon.

mesme fonction par mon autorité dans Quebec ont été ponctuellement executés. Cependant monseigneur la Reyne a demandé au Pape un evesque pour ces pays la, et au lieu d'en etablir un on a donné a Rome des Bulles de l'Evesché de Pétrée qui est une Province située dans l'Arabie a monsieur l'Abbé de Montigny avec commission de vicaire apostolique pour le Canada, parce que cette qualité de vicaire Apostolique est nouvelle et inouie dans tout le droit et dans nos maximes de france ou mesme il fault que les facultés des Legats soient enregistrées avant qu'elles soient executées. Messieurs les Prelats escrivirent une lettre circulaire a tous leurs confreres absents pour les prier de ne point ordonner ledit sieur Abbé de Montigny qu'on n'eust veu sa bulle auparavant et examiné ce qu'elle contenoit. V. E. approuva cette conduitte, et cela d'autant plus qu'on a abusé de l'intention du Roy veu qu'il a donné un Brevet pour etablir un Evesque dans la Nouvelle france, ce que le Pape n'a pas fait et que d'ailleurs dans les bulles dont j'ay une coppie il n'est pas fait mention du Brevet de sa Maiesté.

Voilà monseigneur l'estat ou estoient les choses quand V. E. est partie et cette affaire avec beaucoup d'autres sembloit devoir estre remise à son retour. Au préjudice de cela Monsieur le Nonce assisté de Messieurs les Evesques de Rodés et de Thou, pria les Religieux de l'Abbaye de Saint-Germain de luy prester une de leurs chappelles, pour y faire quelque fonction Pontificale, les coniurant de n'en parler à personne, de sorte que dimanche matin les portes fermées ils consacrerent l'Abbé de Montigny clandestinement, au mespris des Preslats dans un lieu pretendu exempt, sans la permission des grands vicaires de Paris qu'il dit au Pere Brachet estre des gens trop fascheux, et sans avoir egard à l'interest que le Roy a dans cette affaire. Monseigneur V. E. iuge bien que la matière ne nous permet pas trop de garder le silence mais parce qu'elle a fait connaistre qu'elle seroit bien aise que l'on remist les Assemblées a son retour, et que mesme dans une chose qui me regarde aussy bien que le general je ne voudrais pas chercher du support parmy des gens ou il y en pourroit avoir quelques uns qui ne seroient pas ses serviteurs, j'ay crû qu'il estoit de mon devoir de me plaindre a V. E. de cette conduitte de Monsieur le Nonce, qui a sacré un Evesque en cachette, dans une exemption d'un diocése, au mespris des ordinaires contre la resolution des Evesques Assemblés et au préiudice des libertés de l'Eglise de france, vous protestant monseigneur que j'ayme mieux trouver ma protection dans l'honneur de vostre Amitié que dans tous les secours que ie pourrois trouver ailleurs, et par des voyes qui fairoient noistre d'autres affaires.

Au moins monseigneur nais ie point voulu hasarder la voie d'une Assemblée de crainte q'uestant soubz la Presidence de monsieur l'Archevesque de Sens il ne s'elevast d'autres questions qu'il n'est pas a propos de remuer durant l'absence de V. E. pour cet effet Monseigneur ie m'en vas en Normandie suppliant très umblement V. E. que ma moderation et mon respect pour sa personne ne soit pas attribuée a manque de zele pour deffendre les droits de mon Eglise et quil paroisse q'uelle scait autant favoriser ceux qui agissent dans cet esprit, que d'autres qui voudroient tout mettre en œuvre sans avoir de pareils egars. J'ose Monseigneur me prommettre cette grace de la bonté de V. E. a qui ie ne prens pas la liberté de dire ces choses pour me faire valoir, mais seulement pour lui temoigner que ie ne manque pas de courage, d'autant plus que cette qualité est necessaire a celle

Monseigneur
de

Son tres humble tres obeissant et
tres obligé serviteur

De Ponthoise ce 10 dec.
1658.

ARCHEVESQUE DE ROUEN.

(Archives du Ministère des Affaires Étrangères. — Rome. — vol. 133. — 1657-1658. — Supplément. — fol. 596-598.)

LETTRE DE L'ABBÉ THOREAU A MAZARIN

Paris, X. dece. 1658.

Monseigneur,

Monsieur l'archevesque de Rouën n'aura pas manqué a donner advis a Vôtre emminence du suiet de plainte qu'il pretend avoir contre mons^r le nonce et deux autres prelats qui sacrerent dimanche dernier monsieur l'abé de *Montigni Evesque de Petrée* dans l'*églize de Saint-Germain des prez* nous avons veu dans ce rencontre quelques Evesques de ceux qui sont à Paris s'interesser avec mons^r de Rouën et souhaitter une assemblée pour empescher le cours *de plusieurs entreprises* qu'ils pretendent que faict continuellement *mons^r le Nonce sur l'aucthorité* Episcopale grand grief present de Mr de Rouën et qui le touche le plus au cœur est sa *pretention sur le Canada* quil dit faire partie de son diocese que ses predecesseurs y ont planté la Croix y ont êtabli la religion et tousiours dépuis cét establissement conduit cet Eglize par leurs Vicaires gñaux cela presuposé que le pape n'a pû establir un viccaire apostollique dans son diocese sans sa participation ce qu'il a faict par une clause insérée dans les bulles dudi Evesque de petrée il avoit eu quelque pensée par la disposition qu'il trouvoit dans certains Esprits de demander advis et conseil a ses confreres de ce qu'il avoit a faire ce qui ne se pouvoit faire que par une assemblée, ie l'alay voir aussytost que ien̄ eu l'advis et luy ayant remontré comme quoy Vostre Emminence avant son départ luy avoit tesmoigné approuver son procédé et entrer dans ses intherets qu'il estoit important d'esviter autant qu'on pouroit une assemblée dans laquelle sous prétexte d'entreprises faictes par Monsr le Nonce on pouroit entrer en d'autres mattieres dont il seroit le premier fasché et apres avoir examiné ensemble tous les inconvenians qui en pouroient arriver il changea de sentiment prist resolution de s'en retourner dans son diocese iusques au Retour de Vostre Emminence et ne rien faire que par ses ordres voulant tout attendre de sa protection.

Vostre Emminence n'aura pas desagreable que ie luy rende compte de la conference que iay eüe sur tout ce qui s'est passé avec Monsr le nonce lequel feignant d'avoir quelque affaire de mon frere a me communiquer passa hier a mon logis ou ne m'ayant pas rencontré tesmoigna qu'il avoit impatience de me voir ce qui m'obligea d'aller sur le soir a son logis iugeant bien ce qu'il avoit a me dire quelque resolution qu'il me parust avoir que ie entrasse en matiere ie l'obligé de s'ouvrir le premier a moy et me dit qu'on luy avoit donné advis que Monsr de Rouën nous sollicitoit mon confrère et moy pour une assemblée touchant quelques suiets de plaintes qu'il pretendait contre luy, me demanda si j'en avois cognoissance et me pria de luy dire ce que i'en sçavois. ie luy dis qu'a la vérité i'avois treuvé Monsr l'archevesque de Rouën fort uni de sentiment avec plusieurs de Messrs les Evesques qui sont a paris, pour se mettre a couvert de Liniustice qu'il prétendoit avoir receue par la clause inserée dans les bulles de *Mr Levesque* de petrée qui l'establit *viccaire apostolique dans une portion de son diocese* sans son consentement qu'il n'y avoit qu'une seulle chose qui avoit empesché une assemblée qui estoit l'absence de Vostre Emminence pour laquelle ils avoient la derniere defferance dans tous leurs intherets et qu'il me sembloit y avoir entre eux tous une grande disposition a se servir des moyens utiles et necessaires pour empescher le cours *de certaines entreprises* qu'on prétend qu'il faisoit sur L'aucthorité Episcopalle et que sur ce suiet de quelques procédures faictes par luy *dans l'abaye de Charonne* pres paris pour l'execuon *de quelques brefs de sa sainctelé* ie voyais disposition a se pourvoir par *appel comme d'abus au* parlement. ie Remarqué que le mot de *parlement quelque froideur* naturelle qu'il ayt luy fust de *dure digestion* et luy fust impossible de ne semporter contre *Monsr L'archevesque de Rouën* disant que s'il portoit son affaire au parlement qu'il feroit agir en justice contre luy pour avoir obligé le *parlement de Normandie* soubz le nom de procureur gñal a donner arrest portant deffences de mettre a Execuón la bulle de sa saincteté pour Levesché de petrée je lui dis que les procureurs gñaux des parlements n'avoient pas besoin de grande sollicitaón dans les affaires où ils se trouvoyent qu'il y alloit des intherests des droicts de la couronne il me parust depuis un peu *moins Eschauffé*, neantmoins apres l'avoir assuré qu'il n'y auroit point d'assemblée sur ce suiet qu'au retour de Vostre Emminence par ordre de laquelle toutes choses seroient réglées. Iay nay point voulu tesmoigner a M[r] L'archevesque de Rouën ce qui s'estoit passé dans nostre conferance de peur d'aigrir d'avantage son Esprit qui l'est assez. Iay creu seullement Monseigneur estre obligé de Rendre compte a Vostre Emminence de tout ce qui s'est passé en cette occasion avec la fidellité que doit faire

Monseigneur
de Votre Eminence
a Paris ce X decembre 1658.

Votre tres humble et
tres obeissant serviteur
L'ABBÉ THOREAU, agent.

Ie croy que votre Eminence *est informée* que
Il y a environ quinze jours que M[r] l'archevesque de Sens est a Paris et quelque quatorze ou quinze autres prelas.

(Archives du Ministère des Affaires Étrangères. — Rome. — vol. 133. — 1657-1658. — Supplément. — fol. 599-602.)

LETTRE DE L'ABBÉ THOREAU A MAZARIN

Paris, 20 dece. 1658.

Monseigneur,

J'ay creu qu'il estoit de mon debvoir d'envoier à vôtre Emmiminence copie de l'*arrest* que donna le parlement le X6j de ce mois contre Monsr l'abbé de Montigni et de l'informer aussi à quel point Monsr le Nonce a Esté surpris de ce que au mesme temps que Messrs les Evesques se sont plaincts de ses Entreprises le parlement a Rendu un arrest qu'il dit luy estre iniurieux et au Saint-Siège.

Aujourd'huy *un advocat* du parlement m'est venu voir de sa part c'est un homme d'esprit et intelligent et duquel mesme Monsgñr le Cardinal Cagni prenoit advis dans ses affaires Les plus importantes du Temps de sa nunciature lequel m'a dit que mons[r] le *Nonce l'avoit* mandé chez luy depuis l'arrest donné et luy tesmoignant son desplaisir le pria de luy donner advis sur ce qu'il avoit à faire contre cet arrest, qu'il luy avoit dit que si *les bulles avoient esté expédiées* à l'ordinnaire qu'il pouroit Estre bien fondé a demander reparation au roy, mais que La Clause qui déclare mons[r] L'*evesque de Petrée* viccaire *apostollique* dans le Canada inserée dans les dittes bulles sans qu'il soit porté que cette concession ayet esté accordée à l'instance et prierre du Roy n'est pas soustenable En france. En espagne mesme un suiet du Roy qui auroit Receu et Executté des bulles conceüees en cette manierre sans autre forme de Justice seroit retenu prisonnier, mais qu'en france les formes de Justice y avoient leur cours et Estoient plus douces que ce qu'il luy conseilloit de faire presentement estoit d'empescher l'assemblée des Evesques qu'on publyoit se devoir faire ce qui luy donna lieu de le prier de me venir voir de sa part et me têmoigna combien il luy seroit facheux de voir les Evesques et le parlement unis pour agir de concert contre le Saint-Siège je luy tesmoigné que ie donnerois advis à Vostre Emminence de L'arrest et de l'estat des choses et que selon ses ordres nous agirions et que c'estoit à Vostre Emminence à qui il devoit s'adresser et de laquelle il pouvoit Esperer protection Et assistance sur quoy il me dit que Monsr le Nonce estoit En Résolution d'escrire à Vostre Emminence pour luy demander un arrest du Conseil qui cassast celui du parlement ou du moins une *declaration du Roy* sadressant au grand conseil *par laquelle sa Maj[té]* Recognust que les bulles de l'evesché de Petrée avec la clause qui le déclare viccaire Apostollique auroit esté accordée à son instance et prierre que i'obligerois fort mons[r] le nonce si ie voulois escrire En cette conformité en Vostre Emminence. Je luy dis que ie n'estois pas persuadé que Vostre Emminence luy peust accorder auceune de ces deux demandes et qu'il se devoit fixer à une seulle qui est de prier Vostre Emminence de faire surseoir l'execuôn de cet Arrest iusques a son Retour attendu mesme que je voyois disposition a pousser les choses plus Avant ayant donné des actes de rehabilitation pour jrrégularité qu'on prétendoit qu'il ne pouvoit Exercer cet acte de jurisdiction En france qu'en vertu d'une Commission particullierre Enregistrée au parlement que la sienne ne l'ayant pas esté cela luy pouroit causer un nouveau suiet de mescontentement, on m'a Encore asseuré qu'il avoit consulté quelques autres advocats qu'il a treuvé tous d'un mesme sentiment Je suis

Monseigneur
De Votre Eminence
Le très humble et très
obéissant serviteur.
L'abbé Thoreau agent gal
du Clerge de france.

A Paris ce XX decembre
gbj c. L6 uj.

AU DOS :

A son Emminence
En cour.

(Archives du Ministère des Affaires Étrangères. — Rome. — vol. 133. — 1657-1658. — Supplément. — fol. 611-615.)

Extrait des Registres du parlement de Rouen

16 déc. 1658.

Veu par la cour la Requeste présentée par le procureur général du roy contenant que contre et au préiudice des droicts de l'eglise gallicanné et de ce royaume quelques particulliers auroient Entrepris dans les derniers temps d'éxécuter des brefs et bulles de cour de Romme d'une forme insolite sans lettres patantes et permission du roy et mesme que l'abbé de Montigny nay suict du roy et originaire du diocese de Chartres prétendant avoir obtenu bulles En cour de Romme de L'evesché de petrée avec la pretendüe quallité de viccaire apostollique en la province de Canada qui est une quallité nouvelle et incognüe en france. se seroit faict sacrer dans l'églize de st Germain des prez comme lieu Exempt sans l'aucthorité du Roy et permission de l'ord[re] ou de ses grands vicaires, se veut ingerer d'en faire les fonctions dans le Royaume ce qui ne se peut sans en blesser les droicts et privilleges, à Ces Causes Requeroit qu'il fust ordonné commission estre deslivrée aud[t] supplyant pour faire assigner En la Cour tant ledit abbé de Montigny qu'autres que besoin seroit pour rapporter et luy communiquer Les prétendus brefs et bulles obtenues executées sans la permission du Roy.

Pour jcelle à luy communiquée prendre sur la ditte Exécution telles Conclusions qu'il aviseroit, et cependant deffences tant aud[t] Abbé de Montigny qu'autres qui auroyent obtenu de semblables bulles de s'immiscer à l'exécution d'icelles sans les avoir preabablement présentées aud[t] Seigñr Roy et obtenu sur ce lettres patantes En la maniere accoustumée, lad[e] Requeste signée dud[t] supplyant, Ouy le rapport de Mr *Charles le prévost* conseiller du Roy en la d[e] Cour Et tout considéré laditte cour a ordonné et ordonne que Le Supplyant aura commission pour faire assigner En jcelle qui bon luy semblera aux fins de sa Requeste, cependant faict deffences aud[t] Abbé de Montigni et tous autres qui auront obtenu de semblables bulles de s'immiscer en l'exécuôn d'icelles sans les avoir preallablement presentez au Roy et obtenu sur ce lettres patantes En la manière accoustumée faict En parlement le X6j. décembre gbj. L6 uj.

(Archives du Ministère des Affaires Étrangères. — Rome. — vol. 133. — 1657-1658. — Supplément. — fol. 609.)

L'Archevêque de Rouen au Cardinal Mazarin

Paris, 3 mars 1659.

Monseigneur,

. . . .

V. E. ne trouvera pas mauvais que ie finisse cette lettre en la suppliant tres humblement de terminer *le demeslé que* j'ay avec monsieur l'Evesque de Petrée. Il a une commission de vicaire Apostolique pour le Canada, j'en suis l'ordinaire, ma posession est constante, j'en fairay voir quand il vous plaira tous mes tiltres a V. E. cependant monseigneur j'apprens que monsieur le Chancelier a ordre de luy expédier *des lettres patentes sur sa* commission ny ie ne puis ny ie ne veux l'empescher mais monseigneur V. E. doibt considérer, que comme les *facultés des* Legats nempeschent *pas celles des Ordinaires* dans les Royaumes ou *ils exercent* leurs pouvoirs, ainsy la qualité de vicaire *Apostolique* ne doibt pas m'empescher d'exercer *celle d'Ordinaire* dans le Royaume de Canada, et ce d'autant plus que cette qualité est nouvelle en france, que l'on n'en connoist pas les prerogatives, et quil ny en a rien de spécifié ny dans le decret de gratian, ny dans touttes les decretales. De sorte que pour accommoder cette affaire il faudroit que dans les *lettres patentes* qui seront dressées *il fust dit que monsieur l'Evesque* de Petrée *exercera librement* sa fonction de vicaire Apostolique dans toutte la nouvelle france, et que pour ioindre a cela tout le pouvoir necessaire pour reussir utilement dans ce lieu qu'il prendra un *vicariat* de L'Archevesque de *Rouen pour y faire* les fonctions d'ordinaire iusqu'a ce qu'il plaise à Sa Sainteté de creer un Evesque titulaire en ce pays la qui sera fait suffragant de l'Archevesché de Rouen : par ce moyen le Pape n'aura pas suiet de se plaindre puisque l'on permet a son vicaire Apostolique d'exercer sa fonction et les Evesques seront satisfaits, puisque le vicariat in Pontificalibus sauvera le droit des ordinaires.

Pardonnés moy s'il vous plaist monseigneur si cette lettre est un peu trop longue, les matieres ne m'ont pas permis de l'abreger davantage et puis on excuse volontiers les fautes des gens lorsqu'ils sont avec autant de respect et de passion que ie suis

Monseigneur

de V. E.

Le tres humble tres obeissant et tres obligé serviteur

de Paris ce 3 mars
1659

FV. Archevesque de Rouen.

(Archives du Ministère des Affaires Étrangères. — Rome. — 1659-1660. – Supplément. — vol. 137. — Fol. 105-106.)

N. B. Cette lettre n'est pas reproduite exactement dans l'*Histoire de la Colonie française* par l'abbé Faillon, t. II, p. 330.

Lettre du Roi a Crequi, ambassadeur de France a Rome

Fontainebleau, 28e juin 1664.

Mon cousin le sr......... de Laval Evesque de Petrée faisant les fonctions Episcopales dans le Canada en qualité de vicaire Apostolique seulement, J'ay creu qu'il seroit plus avantageux a cette Eglise naissante qu'jl y exerceat a l'advenir les mesmes fonctions en qualité d'Evesque diocesain Luy faisant establir a cette fin un siege Episcopal dans Quebec qui releve néantmoins et depende du siege Archiepiscopal de Rouen Et affin de luy faciliter l'obtention de cette grace J'ay consenty a l'Union et Incorporation perpetuelle au d. Evesché de l'abbaye de Maubec ordre de...... diocese de Bourges que J'ay affectée a L'Entretien dud. Evesque et de ses Chanoines sur quoy Je vous escris cette Lettre pour vous dire que mon Intention est que vous fassiez en mon nom touttes les Instances que vous estimerez necessaires auprez de sa Stété et ailleurs Pour obtenir les Bulles et provisions apostoliques necessaires aud. Sr Evesque de Petrée avec pouvoir de faire les fonctions Episcopales dans tout le Canada en qualité d'Evesque de Quebec et suffragant de L'Archevesque de Rouen suivant Les memoires et Instructions plus amples que vous en recevrez par celuy qui vous presentera cette lettre avec celle que J'escris a Sa Stété sur ce mesme sujet lequel estant chargé de la poursuitte des affaires dud. Sr Evesque de Petrée en cour de Rome vous Informera plus particulièrement des motifs de cet établissement Priant sur ce Dieu qu'jl vous ayt mon cousin en sa s[te] et digne garde Escript a fontainebleau le 28e juin *1664*.

LOUIS.

AU DOS

A mon Cousin le Duc
de Crequy Pair de France
Command[r] de mes ordres Premier
Gentilhomme de ma Chambre
et mon Ambassadeur Extrord[re]
a Rome.

(Archives du Ministère des Affaires Étrangères. — Rome. — vol. 166. — 1664-1665 — fol. 44.)

M. LE DUC DE CREQUY AU ROI

23. 7bre *1664* à Rome.

Sire,

....

Ensuitte, comme par les lettres que i'ay receus de Mr de Lionne du 30e du passé, il me mande que LIntantion de V. M. est que ie fasse Instance au Pape pour lestablissement d'un Siege Episcopal dans Quebec pour tont le Canada je portay cette affaire a Sa S[te] qui la receût tres favorablement; me tesmoigna qu'elle voulait faire ce que V. M. souhaittoit; et me chargea cependant d'en faire donner les Memoires necessaires au secret-taire de la Congregation de Propaganda fidé. Apres quoy ie me retiray.

....

Je suis avec un profond respect
Sire
de V. M[te].

Le tres humble, tres obeissant, et
tres fidelle serviteur et suiet

A Rome le 23e septembre 1664.

LE DUC DE CREQUY.

Lettre du Roi a Crequi

Versailles, 17. 8bre 1664.

Mon cousin J'ay receu votre depesche du 23e de l'autre mois par laquelle vous me rendez compte de ce qui s'estoit passé en laud^{ce} que vous aviez eue du Pape quelques Jours auparavant Sur quoy Je n'ay occasion de vous mander autre chose si ce n'est que J'ay approuvé et loüé tout ce que vous luy avez dict et nommement sur les plaintes qu'il vous a faites de mon Cousin le Card^{al} d'Est et de la Republique de Venise et touchant la creation d'un Evesché à Quebec dont Il vous a accordé la grace, et qu'il en faudra Incessamment faire solliciter les expéditions en datairie ou mon droit perpetuel a la nomination dud^{t} Evesché ne soit pas oublié, non plus que ce qui regarde la subiection a la metropole de l'Archevesché de Rouen.....

Escrit à Versailles le 17e octobre 1664.

Louis.

AU DOS

A mon cousin le Duc
de Crequy Pair de France
Command^{r} de mes ordres Premier
Gentilhomme de ma Chambre
et mon Ambassadeur Extraord^{re}
a Rome.

(Archives du Ministère des Affaires Étrangères. — Rome. — vol. 166. — 1664-1665. — fol. 136.)

Lettre de Colbert a M^{r} l'abbé de Bourlemont, a Rome

Led. Jour du 28e juin, 1669.

M.

La nouvelle france estant a présent de mon Département comme vous sçavez, Je vous prie de me faire sçavoir si vous avez fait quelques instances pour l'Erection d'un Evesché en ce pays, conformement au projet de bulles, que Mr de Lionne vous en a envoyé; et comme cette affaire importe beaucoup au repos des Peuples de ce pays la, et a la satisfaction de sa Majté Je vous prie en cas que vous ayez commencé quelques instances, de les redoubler pour obtenir de Sa Sté les bulles nécessaires pour cette Erection.

(Archives de la Bibliothèque Nationale. — Colbert. — vol. 204. Vc. — fol. 159.)

Lettre de Colbert a Mr l'archevesque de Rouen

(Cettre lettre semble datée de novembre 1669.)

M.

Le Roy ayant donné ordre a Mr l'abbé de Bourlemont son Resident a Rome de demander a sa Steté lErection d'un Evesché à Quebec en la nouvelle france, Il a envoyé un projet des bulles[1] qui ont été dressées pour cet effect; mais comme toutes les difficultez qui ont esté faites jusques a present pour en empescher l'expedition ont esté surmontées avec peine et avec beaucoup de temps et qu'il ne reste plus que celle de rendre cet Evesché suffragant de l'Archevesché de Roüen sur laquelle nous ne voyons plus de moyen d'obliger la congregon consistoriale qui a esté assemblée pour examiner cette affaire, d'accorder au Roy cette grace, avant que de donner ordre audt sr abbé de prendre ces bulles en la forme qu'ils les veulent donner, Sa Maté m'a ordonné de vous donner part des raisons qu'ils alleguent pour refuser cette condition.

Ils disent donc, que vous n'avez pù prendre aucun droict dans ce pays la, encores que vous y ayez envoyé des Ecclésiastiques pour y prescher l'Evangile, d'autant que le Pape a seul droict d'envoyer dans toutes les nations barbares, mais pour vous dire vraj cette raison nous paroist estre un faible prétexte et que la véritable est qu'ils croyent separer cette Eglise du Clergé de france lequel ils ne veulent pas fortiffier et c'est ce qui empes-

1. Ce projet de Bulle se trouve aux Archives du Ministère des Affaires Étrangères (Rome, t. XXXIX, 1668, vol. 192, fol. 132), avec ce titre : *Projet de Bulle de l'Evesché de Quebek avec les remarques* dont on a envoyé copie à Mr le duc de Chaulnes le 20 Juillet 1668.

chera qu'ils n'accordent cette condition, faites moy sçavoir s'il vous plaist vos sentiments sur ces lignes et me croyez.....

(Archives de la Bibliothéque Nationale. — Colbert. — vol. 204. V^c. — fol. 288-289.)

Lettre de Colbert a M^r l'abbé de Bourlemont

Le 8 novembre 1669.

M.

Je vous ay mandé par le dernier ordinaire que le Roy m'avoit commandé de donner part a M^r l'Archevesque de Roüen des difficultez que la Congregation consistorialle faisoit de rendre l'Evesché de Canada suffragant de son archevesché, affin d'avoir son sentiment sur ce qu'elles contiennent, Et je vous diray par celuy cy que sa Ma^té m'a ordonné de vous envoyer une copie de la lettre qu'il m'a escrite en response, et quelle desire que vous vous serviez de toutes ses raisons pour porter Sa S^teté et M^r le Cardinal Rospigliosj a rendre cette justice aud^t Sr Archevesque et donner au Roy cette satisfaction, mais s'ils demeurent fermes, Sa Ma^té consent que vous en preniez les bulles avec la condition de la deppendance jmmédiate au Saint Siège, Jusques a ce qu'il y ait des archeveschez establis en ce pays la, Je vous remercie des nouvelles que vous m'avez donné de mon frere, Je vous avoüe que j'en estois fort en peine.

Je suis.....

(Archives de la Bibliothèque Nationale. — Colbert. — vol. 204. V^c. — fol. 300.)

XIII[1]

Le R. P. Général Nickel a M. de Laval, a Paris

Parisios, Rev^mo ac ill^mo Dño Dño de Laval de Montigny.

Magnam mihi in Dno consolationem attulerunt litteræ Ill^æ D^nis V^æ ex quibus intellexi quam ardenti zelo feratur erga canadensium barbarorum conversionem, quam suo etiam effuso sanguine promovere vellet. Non immerito Patres nostri, qui dudum singularem ipsius virtutem perspectam et exploratam habent, ill^am D^em V^am ecclesiæ Canadensi perficiendam proposuerunt X^mo Regi, qui eamdem pro suâ erga viros pietate et meritis insignes summo pontifici nominavit. Certe ego hic quidquid in me fuit apud suam Sanctitatem adsecutus sum ut res ad exitum feliciter perduceretur, speroque fore ut Rex brevi intelligat nostros omnium conatus ipsius votis respondere.

Unum rogo Ill^am D^em V^am ut patres omnes societatis nostræ operarios, qui laboribus suis excolunt vineam D^ni in novâ Franciâ paterno complectatur affectu, quos sibi in omnibus tanquam filios amantissimos et obsequentissimos reperiet Illma D^io V^a.

Romæ, XVIII Martii 1658.

Le R. P. Gal Oliva a Mgr de Laval

Quebecum, Ill^o ac Rev^o episcopo Petræensi et Vic. ap. in N^a Franciâ.

Mixtum dolore gaudium percepi ex litteris Ill^æ ac R^æ D^nis V^æ 4 octobris proxime elapsi ad me datis, ut sicut nihil mihi gratius sit quam audire patrum nostrorum in vinea domini adlaborantium conatus, ita nihil molestius nunciari potest quam Evangelii

1. *Voir* plus haut pp. 281, 284, 296, 330 et 331.

cursum ab antiquis christiani nominis hostibus obstinatius retardari. Unum me recreat, adventus domini baronis du Bois d'Avaugour, qui pro suo zelo, prudentia et animi fortitudine, iroqœorum audaciam, acceptis è Galliâ suppetiis, retundet. Scribo ad P. Provlem ut viros optimos seligat, prædictis militum subsidiis adjungendos, qui sub auspiciis Illm ac Rm D. Vm fidem longè latèque diffundant. Deus servet incolumem.....

Romæ, 6 martii, 1662.

Le Gal Oliva a Mgr de Laval

Parisios, illmo ac rev. episcopo Petrœensi ac vic. ap. in N. Francia.

Intellexi ex litteris P. Hml Lalemant aliorumque patrum qui in missione Canadensi versantur paternum affectum quo eos Illma D. V. complectitur, simulque continua beneficia quibus ipsorum omnium corda sibi dudum indissolubili filialis amoris nodo conjunxit. Hæc peculiaria testimonia cum in totam societatem nostram redundent, muneris mei esse duxi, peculiari meo omniumque nomine gratias illi habere, quod hisce litteris meis facio quam studiosissime et humillimè possum. Et licet illma D. Va pro ardentissimo animarum zelo quo flagrat operarios evangelii suis precibus ubique comitetur, tamen mihi temperare non possum quin patres nostros in mediâ barbarie degentes et continuis et novis ærumnis afflictos amantissimi præsulis curæ ac patrocinio commendem ; illi vicissim, ut à me habent in mandatis, tantum benefactorem et patronum suis semper obsequiis omnique quæ debetur observantia et amore prosequentur. Illem Dem Vem Deus pro bono nascentis ecclesiæ Canadensis diu servet incolumem.

Romæ, 25 dec. 1662.

Le Gal Oliva a Mgr de Laval.

Quebecum in N. Francia, Ill. ac Rev. D. episcopo petrœensi...

Agnosco ex litteris Ill. ac Rev. D. Vm singularem benevolentiam qua societatem nostram complectitur, et cum eâ qua par est gratiarum actione et sinceri mei animi gratitudine admitto favorem quem Patribus nostris in Novâ Franciâ degentibus, ac nominatim in residentiis Syllerianæ et Beatæ magdalenæ conferre meditatur. De modo autem uniendi prædictis residentiis decimas ecclesiasticas, is mihi videtur instituto nostro commodior; si nempe quamdiù regio ista laborabit inopiâ sacerdotum sæcularium, tandiu nostri curam gerant parœciarum illarum; cum autem suppetent sacerdotes externi, tunc rejectà in eos animarum cura, vicarios episcopo pro tempore existenti offerant ab ipso approbandos, eisque ut fit in Galliis pensionem solvent ex reditibus annexarum parœciarum. Cumque alius modus convenientior mihi non occurrat, superest ut actis iterùm humillimè gratiis illᵐᵃ ac Revᵐᵃ D. Vᵃ, cui se societas nostra summè obstrictam fatetur, æternumque fatebitur, enixè efflagitem, ut dignetur paternum illum amorem erga operarios nostros conservare, quos vicissim non desinam quâ apud eos auctoritate valeo obstringere, ut tantâ gratia se dignos omni officiorum genere studeant exhibere. Ego verò assiduis apud Deum precibus agere pergam ut quem nascenti ecclesiæ parentem dedit, duitissimè servet.

Romæ, XI martii 1664.

Le Gᵃˡ Oliva a Mgr de Laval

Quebecum in N. F., Illᵒ ac Rev. episcopo petrœensi ac vic. ap.

Officiosissimas accepi Illᵐᵃᵉ ac Rᵐᵃᵉ D. Vᵃᵉ litteras 15 sept. proximè elapsi ad me datas, quibus suum erga societatem nostram animum novâ benevolentiæ significatione testatur et quasi non satis esset exemisse à decimis bona quæ istic patres nostri possident et paræcias duas residentiis Sillerianæ et Beatæ Magdalenæ annexuisse, addit paratum se esse nihil non agere societatis nostræ filiorum causâ. Gratias ago Illᵐᵃᵉ ac Revᵐᵃᵉ D. Vᵃᵉ quam humillime et studiosissimè possum eique polliceor Societatem nostram tot beneficiis ipsi obstrictam benefactoris sui ac protectoris memorem semper futuram. Gaudeo quod labores patrum nostrorum, qui istic in salute animarum procurandâ versantur, sapientissimo Pastori probentur; sciunt illi se à paterna ipsius charitate diligi ut filios, et illi vicissim parentem optimum ex animo colunt, nec leve certè habent in suis laboribus solatium quod sciant se amari ab eo cui secundùm Deum placere admodùm cupiunt.

Quod ad Episcopatum, quem rex christ^{mus}, cujus incomparabilis pietas et zelus ad alterutrum orbem extenditur, fundare cupit in novâ Franciâ, ubi primum certior factus ero quod de eo agatur apud summum pontificem, statim omni ope, quantùm in me erit, negotium istud promovebo, nec suæ sanctitati, data occasione, significare prætermittam, quantum ecclesia Canadensis debeat zelo Ill. ac Rev. D. V^{æ}, cui me cum totâ societate nostrâ obstrictissimum agnosco.

Romæ, 6 Januarii 1665.

Mgr de Laval au Gal Oliva

Kebeci, 22 oct. 1665.

R. adm. Pater, accepi quas placuit Paternitati V^{æ} ad me dare litteras, quibus currentem ad majora benevolentiæ erga societatem vestram officia, officiosis suis gratiarum actionibus non mediocriter impellit. Crescit in dies satisfactio quam de suis filiis hic degentibus semper speravi, quos ad omnia paratos invenio; si Deus promovere dignetur aparatum quem rex X^{mus} instituit ad debellandos iroquœos, habebunt illi amplissimum campum, in quo decurrat ipsorum zelus et industria; ad quos sublevandos et corroborandos nihil opportunius fieri potest quam si P^{as} V^{a} alios hùc operarios mittat : messis enim multa, operarii autem pauci, maximè cum sæcularium sacerdotum, præsertim idoneorum rara sit admodum copia, et eorum mihi delectus sit faciendus, qui regulares non aversentur, ne operis feliciter incœpti progressus impediatur. Nescio utrùm finem habuerit negotium de episcopatu fixo hic statuendo, de quo superiore anno scripseram ; si quid in eo ad majorem Dei gloriam, judicio P^{tis} V^{æ} fuerit, non dubito quin datâ occasione, apud Sanctitatem suam quod fieri potest P^{as} V^{a} perficiat. Ad hœc meipsum et ecclésiam mihi creditam, SS. SS. et orationibus P^{tis} V^{æ} et totius societatis Commendo.

Le Gal Oliva a Mgr de Laval

Quebecum, Illmo Ep^o^ Petrœensi...

Consueta beneficentiæ et benevolentiæ ergo me suæ Societatem que universam argumenta, illustr^ma^ D^lo^ V^a^ hùc ad nos transmisit cum litteris 22 octobris præteriti datis. Quæ ergo omnia, qua debui gravi et venerabundi animi significatione accepi; idque ill^mæ^ D^ni^ V^æ^ persuasum pridem esse et confido facile et vehementer cupio. Nec dubium quoque mihi esse potest, quin Patres istic nostri omnes, qui novâ in Franciâ desunt, studiosissime colere semper paternam illam charitatem adnitantur, quâ ipsos complecti ill^ma^ D^lo^ V^a^ dignatur.

Quantum attinet ad negotium de Canadensi episcopatu à sede apostolicâ instituendo, maximè mihi esse cordi pergit; atque ut felicius ex animi omnium nostri sententiâ transigatur, nihil nisi temporis opportunitatem expecto sumque sollicite in omnem occasionem intentus, ut illud proponere et urgere efficaciter possim. Speroque cum divinâ gratiâ rem aliquando tandem feliciter confectum iri. Saltem hoc habeat velim ill^ma^ D^lo^ V^a^ animo suo fixum certumque, eam æquè mihi immo magis quam ulli mortalium esse cordi. Precor Dnum Deum ut humillimis meis votis annuat, tum ad optatum rei hujusce eventum, tum ad ill^mæ^ D^nis^ V^æ^ incolumitatem, quam Divinæ ejus majestati commendati finem facere nullum volo.

Romæ, 16 martii 1666.

Mgr de Laval au Gal Oliva

Rev. admodum Pater, Pro ea quæ in ecclesiam mihi creditam redundat utilitate, non possum non gratulari P^t^ V^æ^ imò nec beneficii loco non ponere quod tam egregii hoc anno societatis operarii ad nos pervenerint; præsagium nobis fuit opportunum victoriæ, pro qua nunc temporis, cum hœc scribo, acriter contra fidei hostes pugnatur; ex illâ enim pendet operariorum functio ad sementem, ad quam agros idoneos per victoriam prævidens dñs messis, subministrat operarios qui suo tempore eos excolant; faxit Deus!

In negotio ad Episcopatûs titulum obtinendum à Sua Sanct[te], nullum video progressum. Urgeo tamen et hoc anno negotium apud omnes qui in eo aliquid valent. Experientia enim in dies fit nobis magis ac magis compertum ex hujus rei defectu, multa damna consequi; usque adeò ut ex eo capite detrectent habitatores decimas solvere, quia nec episcopatus, nec parochi titulum habent, et sint quasi vagi et incerti pastores; et hoc secundum est quod à Sua S[te] saltem interim postulo ut liceat mihi parochias harum regionum erigere in titulum et inter alias quebecensem, et eam sic erectam seminario nostro in perpetuum addicere, quod seminarium ex operariis seminarii Parisiensis ad exteras nationes conflavimus, quorum curæ committere cogitamus quos ex indigenis gallis in collegio vestro studentibus, noverimus ad res ecclesiasticas idoneos; in his enim operariis habemus homines sanæ doctrinæ et eximiæ pietatis, quibus juventutem informandam tuto credere possimus.

Hæc sunt præcipua, de quibus ad Suam Sanctitatem scribo; si aditum aliquem offendat P[tas] V[a] ad rem illam tractandam cum summo Pontifice, rem ut puto Deo gratam et huic Ecclesiæ valdè proficuam prestabit, meque ex eo capite de novo devinctum habebit, etsi jam totum societati multis titulis addictum. Deus admodum P[nam] B[tem] V[am] salvam et incolumen servet! admodum B[e] P. V. H[mus] et obs[mus] servus. — Franciscus Epis. Petrensis, v. ap.

Quebeci, idib. oct. an. 1666.

Le Gal Oliva a Mgr de Laval

Quebecum, Illmo Ep. Petrœensi...

Novum istud operariorum subsidium â me summissum in novam Franciam, quod tam insigni comitate Ill[a] D[io] V[a] gratulatur, litteris 15 oct. ad nos datis, ego feliciter destinatum intelligo, cum illud tanto præsuli accipio satis probari. Perrexerunt isti ex Europâ, ubi societas numero capitum longe auctior D[nem] V[am] Ill[mam] universa observat; eoque appulere, ubi pauciores additi, jam pluribus linguis et manibus huc romam usque perferunt D[nis] ejusdem V[æ] Ill[mæ] voluntatem ad novum ordinem ornandum complectendumque pronissimam. Atque unâ gratitudinem nostram mirum quantum inflammant.

Ad negotium quod attinet de quo agere mecum Illma Dio Va dignatur, oro quæsoque ne ambigat, quin maximæ curæ mihi sit futurum. Illud enim tùm ad divinam gloriam facere plurimum, ipse intelligo, tum ex illmæ Dnis Væ sententiâ, certus omnino et indubitatus affirmo. Undè nec prætermittam quidquid industriæ in me fuerit, totum illud in eam Dnis Væ curam apud summum pontificem opportunè ac diligenter impendere; ubi primùm rescire potero quod tractatum reipsâ negotium istud in curiâ romanâ, operam nostram posse admittere; Illi enim quorum versatur in manibus, renunciaverunt non prius â nobis verbum de eo esse faciendum, quam disertè fuerimus ab ipsis admoniti. Sic habeat igitur Dio Va Illa velim etiam atque etiam, ipsius causâ fore me semper in omnem ejusmodi occasionem intentum. Atque intereà enixissimis precibus meis omnia benignissimo Deo ac Dno nostro per quam studiosè commendabo.

Romæ, 25 Januarii 1667.

Le Gal Oliva a Mgr de Laval, a Québec

Ita felicitati meæ tribuo quod illæ Dnis Væ rebus prodesse ambiverim, ut studium etiam non excludam propensissimum quo fateor moveri me semper, adomnia ipsius negotia votaque, quantum in me facultatis fuerit promovenda... Immensas vero gratias divinæ majestati reddo, quod homines nostros suo sancto obsequio non inutiles dignetur efficere : quem admodum locuples nobis esse et assertor et testis illma Dio Va pergit, humanissimis litteris quas ab ipsâ cum consuetâ animi mei demissione recepi, 28 aug. superioris anni datas. Supremæ Dei Optimi benegnitati ex animo supplico ut illam D. Vam diutissimè servet incolumen tum suæ gloriæ tum obsequiis quoque nostris.

Romæ, 7 febv. 1668.

Le Gal Oliva a Mgr de Laval

Non est mihi facile verbis exprimere, honorisve plus an gaudii nobis attulerit Amant. ac Revæ Væ Mgnis epistola data quebeci 26 oct., cum in eâ urbanitate me cumulet sua, et nostrorum, qui istic degunt, zelum ac labores testimonio commendet sane luculento. Nihil nobis omnibus evenire optatius foret, quam ut eâ pietate atque prudentiâ praeditus antistes, quam in M^{ne} V^{a} Ill^{a} ac Rev^{a} suspiciunt omnes, toti huic ecclesiæ titulari episcopi nomine præsideret, hoc non Romæ sapientissime cogitatum ac pœnè decretum, ipsa, ut opinor, crescentis in dies coloniæ necessitas exiget. Nostri interim â Deo flagitare non desinent ut servet incolumem...

Romæ 19 fev. 1669.

Le Gal Oliva a Mgr de Laval

..... Cum erit novi Pontificis electio confecta, quam plus quam â tribus mensibus expectamus, nihil prætermittam commendationis atque diligentiæ sive per me sive per amicos, ut in fixum stabilitumque titulum erigatur episcopatus Quebecensis, cum potissimum impedimentum illud, quod opponebatur unicum, archiepiscopi Rothomagensis novam illam ecclesiam sibi suffraganeam esse cupientis, tandem aliquando sublatum esse dicatur.

Romæ, 8 aprilis 1670.

Le P. Oliva a Mgr de Laval

15 mars 1672.

Fortunatiorem me esse censerem, si laboribus adhibitis negotium illme D^{nis} V^{æ} ad exitum planè perducerem ; arbitrarer enim eo pacto me populorum multorum saluti fructuosius desudasse.

N. S. P. le Pape Innocent XI

à Mgr de Laval, à Quebec.

De Rome, le 30 mars 1678.

Innocentius papa XI

Venerabilis frater, salutem et apostolicam benedictionem. Pro sollicitudine quam de catholicæ religionis propagatione gerere debemus, longè gratissimæ acciderunt nobis litteræ Fraternitatis tuæ de prosperis ejusdem in istis oris successibus certiores nos facientes. Qui sane cum singularem vigilantiam strenuumque tuum in excolendâ recenti istâ vineâ Domini zelum luculenter ostendant, voluntatem tibi nostram majorem in modum conciliant, atque ad te meritis laudibus prosequendum valdè nos provocant. Pro explorato tibi esse volumus religiosis conatibus tuis omni ope ac studio semper nos adfuturos, nihilque ab hujus sanctæ sedis auctoritate desiderari passuros, quod ad lucrifaciendas animas conducere posse existimabimus. Quod autem iisdem in litteris scribis Patres societatis Jesu uti sedulos ac industrios operarios in obeündis muneris tui partibus magno tibi adjumento esse, in eâ nos opinione confirmat quam de religiossimâ societate jam pridem habebamus, quos propterea omni pastoralis officio charitatis â te foveri vehementer cupimus, atque ad pergendum tecum in prœclaro opere excitari. Reliquum est ut tibi persuadeas labores omnes tuos semper nos præ oculis habituros, nullamque, quæ se nobis offerat, occasionem demissuros, benevolentiam nostram reipsâ testandi Fraternitati tuæ, cui interim apostolicam benedictionem peramanter impertimur.

Datum Romæ apud stum Petrum sub annulo piscatoris die XXX martii MDCLXXVIII pontificatûs nostri anno secundo.

INNOCENTIUS XI.

XIV[1]

Archives de Condé (Chateau de Chantilly)

Papiers de Condé. Série P, tome XXV, fol. 157.

Lettre du P. Paul Ragueneau a M. le Prince (le grand Condé)

Monseigneur,

Québec, 12 oct. 1661.

Pax Christi.

Celle qu'il a plû à Vostre Altesse m'honorer, et la promesse qu'il vous a plû m'y faire de vous employer pour le bien de la Nouvelle France auprès de Sa Majesté, lorsqu'il faudra nous procurer quelque puissant secours contre les Iroquois, ennemys de la foy, m'oblige d'avoir recours à elle maintenant qu'il est temps, et que si nous perdons l'occasion, ce païs est perdu. Le Roy et la Reine mere ont promis à Monsieur Dubois d'Avaugour, qui cette année nous est venu pour gouverneur que l'an prochain il aurait un puissant secours de la part de leurs Majestez. Un regiment entretenu icy deux ou trois ans metroit fin à toutes nos craintes ; mais il n'en faut pas moins, je dis entretenu ; car ce païs ne peut aucunement porter cette depense, ny mesme la moindre partie. Maintenant que Dieu a donné la paix à la France, un des regimens entretenus ne cousteroit pas plus à l'espargne du Roy, icy en Canada, qu'il cousteroit en France ; et il sauveroit ce païs, qui merite d'estre conservé, pour la gloire de Dieu et l'honneur de la France. Si l'on pouvoit aller attaquer ces Iroquois, ennemis de la foy, par la Nouvelle Hollande, ce seroit la voye la plus courte, et le moyen le plus efficace. Monsieur Dubois d'Avaugour en escrit à leurs Majestez. Votre Altesse, d'un seul mot y peut beaucoup. C'est dont je la supplie, Il y va du salut des ames, et de quantités de nations

1. *Voir* plus haut, pp. 313 et 314.

tres peuplées, dont ces malheureux ennemis de la Foy empeschent la conversion. Procurant la gloire de Dieu, il procurera la vostre.

Monseigneur

A Quebec en la
Nouvelle-France
le 12 octobre 1661

Vostre tres humble et
tres obeïssant serviteur
PAUL RAGUENEAU.
de la Compagnie de Jesus.

LETTRE DU GOUVERNEUR DU CANADA
du bois d'Avaujour
PAPIERS DE CONDÉ. SÉRIE P.
tome XXV folio 162

Mr du Bois d'Avaujour
au Crand Condé
13 octobre 1661
à Québec.

Monseigneur,

Pour rendre conte à vostre Altesse de ce peis, je l'assure que le fleuve de sain Laurens est l'une des belle chose du monde, la plus fertile et la plus aisée à en fermer l'entrée a toute autre puissance et a l'ouvrir a deux estas aussy grands que la france.

Sinq ou sis compagnie de boesme iusqu'a present ont empesché d'en considérer la beauté et d'en chercher les aventaies, trois mille hommes establisse le peis et dissipe cette canaille par l'entree des holendois qui comme de bons marchands les assistent d'armes et de munitions.

Ou autrement douse cens hommes et trois cens soldats les areste sufisenmant en envoiant pour un en des farines aus premiers et a ceux sy subsistance pour trois ennees, que sy le roy ne veust faire ny l'un ny l'autre, qu'il laisse faire les gens du peis et qui les octorise. iassure a vostre Alt. que tout ira for bien, et qu'ils s'acroitront en la mesme fasson que tous les austres estas on fait, pourveu qu'ils ne soient point chargés de puissances inutiles comme de petis gouverneurs et de gens de iustice qu'on leur enuoie tous les iours.

Sur cette connoissance, sy le roy ne s'en mesle et ne m'envoie mon pain et celui de cent soldats que iay menés, iauray l'honneur d'en dire dauantaie a vostre Altesse l'ennee qui vient dieu aidant et selon moy iestimerois voler l'autel que de leur causer une charge qui ne peuvent encore porter ils sont a Quebec assez fors pour résister aux ennemis qu'ils ont, mais pour le reste des habitations elles sont bien encore plus sauvaiement semees que les sauuages mesmes, et pour le faire voir se sont mille hommes et en tout moins de trois mille ames logés en quatreuint lieue d'estendue, et aussy fort souuant paient cherement leur folie, ie puis assurer vostre Altesse qua une lieue et demie autour de Quebec il y a sufiseument de quoy substenter cent mille ame ce lieu est entouré d'eau sur les deus tiers et escarpe hors d'escalade, l'avenue a sing cent toise, si le tout estoit adiusté, deus fors a demie lieue de la, l'un a la teste de l'isle d'Orléans et sur l'autre bord du riuage, l'autre en cet estat, Quebec seroit le plus beau, le plus fort et le plus grand port du monde et brisac contre n'est qu'un ombre de la iusqu'a la mer il y a sis uins lieue, les nauires de quatre a cinq cent tonneaus y abondent et d'isy dens les terres la riuiere a plus de sing sent lieue de longueur, et l'on y rencontre des lacs de deus a trois cens lieue de tour ramplis d'isles des plus fertiles, vostre Altesse iuge du reste, je suis sens fin son tres fidelle seruiteur.

Du Bois d'Avaugour

a Quebec le 13 octobre 1661.

J'ay mis a la teste d'un conseil general pour le ceruisse du roy et le bien du peis le reuerend pere Ragnaust lequel a l'honneur d'estre connu de vostre Altesse et avec trois austres tous les iours deslibere des afaires publiques, par son merite i'ay creu ne pouvoir rien de mieus, sy locasion s'en ofre ie suplie uostre Alt. d'octoriser cette conduite et d'estre tout persuadé que les iésuites qui ont plus trauuaié pour le peis.

XV[1]

Copie de la Requeste présentée a Monseigneur de Tracy a Monseigneur le Gouverneur et a Monseigneur l'Intendant.

François Le Mercier supérieur des missions de la compagnie de Jésus en la nouvelle france se présente à vous, Messeigneurs, une requeste en main, non pour faire aucune plainte de la conduite de feu Mr de Mezy iadis gouverneur de ce pays en leur endroit ; mais pour vous supplier très humblement de faire rechercher de la vérité des choses qui ont esté ecrites à leur désavantage par ledit sieur de Mezy à sa Maiesté, à ce que la vérité connüe il vous plaise en informer et éclairer qui il appartient, de nous purger du blasme qu'on nous y donne, en voicy un extrait.

1° Pour sçavoir s'il est vray que Monsr l'Evesque et les PP. Jésuites se servent secrètement et adroitement d'un moyen de s'enrichir, qui est de traiter des boissons aux sauvages pour leurs pelteries, ostant ensuite tout commerce aux habitants de traiter des pelteries aux sauvages, Algonquins et Hurons, faisant leurs deux maisons, et trois ou quatre autres de la cabale, plus de marchandises que tout le Canada ce qui fait murmurer beaucoup de monde, mais dont personne n'ose parler par la crainte qu'ils ont d'eux estant dans une suietion captive sous leur conduite, et en un autre endroit il parle de cette captivité, comme si les peuples de ce pays y estoient enchaînés par la conduite de leurs Directeurs de conscience.

2° Sçavoir si le caresme de l'année 1664 le Prédicateur de leur maison changea le sujet de ses prédications au lieu des Evangiles prenant des histoires, et ce pour faire passer le sieur de Mezy pour calomniateur, ingrat, bourreau, conscience erronée, reprouvé etc.

1. *Voir* plus haut, p. 341.

3° Sçavoir quel procès il y a entre sa Maiesté et les Jésuites, dont on attend l'evenement en ce pays avec crainte.

4° Sçavoir si les PP. Jésuites ne veulent pas souffrir que les sauvages soient gouvernés sous les loix de sa Mai[té] et en quoy ils y trouvent si fort leurs avantages.

5° Sçavoir si la Religion des sauvages est bien imaginaire, s'ils ne sont chrestiens que par politique et par les gratifications qui leurs sont faites, et que hors cela ils sont tous dans leur erreur comme auparavant, ce qu'on leur voit prattiquer tous les iours.

Voilà Messeig[rs] ce qui nous a semblé de plus important contre notre Compagnie dans les susdites lettres écrites par le s[r] de Mezy à sa Maiesté, dont il a envoyé copie en france, pour estre communiquée à ses amis, et dont on a envoyé en ce pays plusieurs exemplaires.

Si pour estre criminel, il suffit d'être accusé, il n'y a point d'innocent au monde qui ne puisse être criminel; c'est pourquoy en toute justice l'accusateur doit prouver ce qu'il dit, a faute de quoy il doit estre censé calomniateur, et merite d'estre traité comme tel selon la rigueur des loix, et ce à proportion de la grieveté et conséquence des accusations.

Il nous suffit donc pour toute deffense de demander à Monsr de Mezy et à son défaut à ceux qui voudront soustenir son parti, qu'ils prouvent juridiquement ce que dessus, a faute de quoy on auroit sujet de demander qu'il fut déclaré calomniateur et par des calomnies de la dernière importance, soit qu'on ait égard à la personne du Roy à qui elles s'adressent, de l'indignation et bienveillance duquel dépend tout le bien que nostre Compagnie peut faire en ce pays pour le service de Dieu : soit qu'on ait égard à la matière qu'elles contiennent, surtout le dernier article, duquel on peut tirer des conséquences très préjudiciables, comme si on avoit fait passer depuis plus de trente ans des fourberies pour des vérités, dans ce qui a esté escrit et publié partout de l'establissement et du progrès du christianisme en ces contrées et des ouvertures d'y advancer le Royaume de Dieu dans des pays et des peuples presque infinis.

Quoy donc que nous ayons tout droit de demander le contenu cy-dessus, toutefois nous ne demandons contre Monsr de Mezy aucune rigueur de justice, mais seulement, qu'il vous plaise, Messeig[rs] faire en sorte que la vérité soit connüe, et nostre Compagnie purgée soit icy, soit en France des calomnies dont elle se trouve chargée par la plume dudit sieur de Mezy et vous ferez justice. A Kebek, ce 8 may 1666.

François Le Mercier.

Le sieur Chartier qui a cy devant esté nommé par nous Procureur de feu Monsr de Mezy comparaitra pour deffendre ses intérests sur la demande que font les Pères Jésuites dans la requeste cy dessus du 8 de may. fait à Quebek ce 9e du mesme mois et an.

Tracy Courcelle
Talon.

Le P. Le Mercier ajoute : Monsr de Tracy nous a conseillé de ne pas poursuivre cette affaire, après qu'il a eu conféré avec ces messieurs qui n'y avoient aucune inclination. La raison qu'il nous en a apportée est que ces articles sont dans une lettre escrite au Roy, qu'on suppose estre secrette, qu'on ne peut pas entreprendre de lacérer ; 2° qu'eux ont escrit à sa Maiesté avantageusement pour nostre justification, et ita est, ainsy tout va très bien.

(Archives Nationales, carton M. 242.)

XVI[1]

Lettres de vicaire général accordées aux missionnaires jésuites par Mgr de Laval

Franciscus gratiâ Dei et sanctæ sedis episcopus Petreensis, Vic. ap. in N. F., et inibi primus episcopus à Rege X° nominatus. Dilecto nostro in Dno filio N. sacerdoti religioso societatis Jesu, et, eo deficiente vel absente, homini ex eâdem societate ejus vices agenti salutem et benedictionem.

Non possumus satis laudare Deum, quod videmus zelum et charitatem, quâ omnes societatis vestræ patres pergunt impendere sese in hâc totâ novâ ecclesiâ, ut gloriam Dei christique regnum in eâ promoveant et ut procurent salutem animarum, quas placuit Deo nostræ curæ commitere. In primis autem est quod Deo maximam laudem tribuamus ob illum felicem successum, quem ille impertit tuis laboribus à multis annis, ex quo cum eo robore et firmitate animi operam tuam navas ut stabilias fidem in iis regionibus quæ ad septentrionem et occidentem pertinent. Undè committere non possumus, quin et ipsi et sociis eam lætitiam et consolationem animi singularem significemus, quam indè percipimus : atque ut quantum fas est, quopiam nostræ bonæ voluntatis testimonio, aliquid promovendis hisce gloriosis consiliis conferamus, confisi pietati, bonis moribus et doctrinæ tuæ *voluimus equidem te constituere nostrum vicarium generalem* in his omnibus præfatis regionibus, uti per has præsentes litteras facimus, talem te constituendo et stabiliendo. Ac proindè in eum finem eam concedimus potestatem et juridictionem, quæ possunt huic muneri adnecti, ut facias et stabilias nostri loco ea quæ judicaveris esse necessaria ad bonum et progressum spiritualem harum novarum ecclesiarum, quarum curam

1. *Voir* plus haut, p. 345.

libenter deponimus in tuam prudentiam et experentiam, quam te acquisivisse cognovimus in gubernatione horum neophytorum, desiderando et volendo, ut omnes missionarii quibus jam concesserimus, aut quibus in posterum concessuri essemus facultatem laborandi in missionibus horum tractuum, obediant et se conforment in omnibus rebus, quas stabiliendas esse judicaveris et ordinandas ad bonum et progressum divinæ gloriæ, ad salutem animarum et recentis christianismi bonam institutionem. In quorum fidem expediimus has præsentes litteras nostrâ manu necnon secretarii munitas, nostroque sigillo consignatas. Datum Kebeci in domo nostrâ ordinariâ, anno..... (Arch. gen. S. J.)

N. B. La plupart des missionnaires Jésuites reçurent ces lettres, mais en général ils n'en firent pas usage.

FIN DU TOME SECOND

TABLE DES MATIÈRES

DU TOME SECOND

CHAPITRE VIII

CHAPITRE IX

CHAPITRE X

LIVRE SECOND

DEPUIS L'ÉRECTION DU VICARIAT APOSTOLIQUE (1658) JUSQU'A LA FIN DU XVIIe SIÈCLE ET AU DELA

CHAPITRE I

CHAPITRE II

CHAPITRE III

PIÈCES JUSTIFICATIVES

FIN DE LA TABLE DU TOME SECOND

MACON, PROTAT FRÈRES, IMPRIMEURS